成功上市

注册制下IPO实战指南

卢旺盛　欧铭希　著

SUCCESSFUL LISTING: A PRACTICAL GUIDE TO IPO UNDER THE REGISTRATION SYSTEM

法律出版社 | LAW PRESS
北京

图书在版编目(CIP)数据

成功上市：注册制下 IPO 实战指南 / 卢旺盛，欧铭希著. -- 北京：法律出版社，2024

ISBN 978-7-5197-8861-2

Ⅰ. ①成… Ⅱ. ①卢… ②欧… Ⅲ. ①上市公司－公司法－中国－指南 Ⅳ. ①D922.291.91-62

中国国家版本馆 CIP 数据核字(2024)第 037794 号

成功上市

——注册制下 IPO 实战指南

CHENGGONG SHANGSHI

—ZHUCEZHI XIA IPO SHIZHAN ZHINAN

卢旺盛　欧铭希　著

策划编辑 朱海波　杨雨晴

责任编辑 朱海波　杨雨晴

装帧设计 鲍龙卉

出版发行 法律出版社

编辑统筹 法律应用出版分社

责任校对 邢艳萍

责任印制 刘晓伟

经　　销 新华书店

开本 710 毫米×1000 毫米　1/16

印张 35　　**字数** 350 千

版本 2024 年 6 月第 1 版

印次 2024 年 6 月第 1 次印刷

印刷 保定市中画美凯印刷有限公司

地址：北京市丰台区莲花池西里 7 号(100073)

网址：www.lawpress.com.cn

投稿邮箱：info@lawpress.com.cn

举报盗版邮箱：jbwq@lawpress.com.cn

销售电话：010-83938349

客服电话：010-83938350

咨询电话：010-63939796

书号：ISBN 978-7-5197-8861-2　　**定价**：128.00 元

凡购买本社图书，如有印装错误，我社负责退换。电话：010-83938349

序

本书的撰写，缘起于注册制推行正酣之时。2023 年 2 月 17 日，证监会发布股票发行注册制相关制度规则，酝酿了十个年头的注册制终于全面施行，社会各界欢呼雀跃，对注册制的未来充满良好期待。作为一名在中国资本市场 IPO 一线奋战了二十余载的证券律师，亲历了股票发行审核从审批制、核准制到注册制变革的全过程。一想到“注册制”这几个字，内心都会有小小的激动，不如写点东西，算是给勤勤恳恳二十年如一日的自己、给全新市场的一个最真诚的献礼，于是开始动笔。未料仅仅半年，市场“口风”急转，2023 年 8 月 27 日证监会下令阶段性收紧 IPO 节奏（“827”新政）[1]，直到本书成稿之时，已连续数月未有新的拟 IPO 企业上会，IPO 审核处于事实上的暂停状态[2]。经历了这一年的时间，我国资本市场又安静下来，大家都陷入沉思：我们还要不要推行注册制？这本书我们一边写，一边彷徨，还要不要写注册制？

注册制还是要推的，不仅要推，还要“走深走实”！2024 年 4 月 12 日国务院发布《关于加强监管防范风险推动资本市场高质量发展的若干意见》（新“国九条”），指出，要“推动股票发行注册制走深走实，增强资本市场制度竞争力”“坚持把资本市场的一般规律同中国国情市情相结合”“打造安全、规范、透明、开放、有活力、有韧性的资本市场”；仅仅一周之后的 4 月 19 日，证监会发布《关于资本市场服务科技企业高水平发展的十六项措施》[3]，重提“全面实行股票发行注册制改革”，并强调“科学合理保持新股发行常态化”，这给了市场一个大大的惊喜！笔者认为，中国资本市场正进入一个改革的“深水区”，目前企业上市的艰难，只是暂时的，是 IPO 注册制新政以来阶段性的整

---

[1] 《证监会统筹一二级市场平衡　优化 IPO、再融资监管安排》，载中国证券监督管理委员会官网 2023 年 8 月 27 日，http://www.csrc.gov.cn/csrc/c100028/c7428481/content.shtml。

[2] 《罕见！A 股 IPO 步入冰冻期，连续两月零受理、零上会》，载微信公众号“第一财经资讯”2024 年 4 月 8 日。

[3] 《中国证监会关于资本市场服务科技企业高水平发展的十六项措施》，载中国证券监督管理委员会官网 2024 年 4 月 19 日，http://www.csrc.gov.cn/csrc/c100028/c7474995/content.shtml。

理;随着监管部门对上市公司"出清"(退市)力度的加大和其他方面配套改革的加强[1],相信在不久的将来,IPO 市场必然重现活力,正如中国证监会主席吴清对新"国九条"的解读,"新'国九条'……从投资者保护、上市公司质量、行业机构发展、监管能力和治理体系建设等方面,勾画了一幅令人振奋、催人奋进的发展蓝图"[2]。

本书取名"成功上市",别有意味。一方面,怎样才算成功上市?符合上市条件、通过审核,实现上市敲钟的梦想,算是一种成功了,但这只是成功的第一步。注册制之下的股市生态已悄然发生变化,真正的成功上市,远不止于上市敲钟。君不见,中国 A 股 5000 家上市公司中,有相当一部分公司已交投清淡,失去融资功能,甚至存在退市风险。本书是想传达这样一种信息:企业上市,绝不应是一个短期行为;注册制之下,真正的成功上市,须有上市后持续稳定的发展,能够维持足够的市值、持续给投资者带来回报、不被股市边缘化。这也是注册制之下"成功上市"的应有之义。本书定稿时有个细节,书的封面背景弃用了上市敲钟图,而是选择了股市持续上涨 K 线图,即是想表达"成功上市"的真正内在含义。本书的"基础篇",就是想让企业家们对"上市"形成系统性的认知结构,在正确、全面理解上市的基础上,找到一条最适合自己的成功上市之路!这些基础认知内容是:**什么是上市、上市的本质是什么、要不要上市?如何读懂中国式注册制?上市最基本的条件是什么,有哪些共性条件和法定条件?在哪里上市更适合自己?怎样选择上市板块?**直接上市困难,**能不能"抱团"上市?有无好的借壳上市方式?**本书的解读能很好地打开企业老板们的上市思路。另外,**上市前如何引进投资人?上市的流程有哪些?如何选择最优最合适的上市中介机构?**最后笔者还特别总结了"**成功上市的关键:'五心'老板**",突出表达了企业上市成功的核心因素还是取决于老板个人。

本书取名的落脚点是"实战指南",突出实用性。本书的"实战篇",就是名副其实的实战指南。企业上市遇到的问题千千万,但我们可以去繁就简,归纳出其中共性的核心问题,本书高度提炼、归纳了"上市的五大核心条件":**"主体资格""独立性""资产""业务""规范运行"**。无论在哪个上市板块,上市的核心条件都绕不开这五个方

---

〔1〕《关于严格执行退市制度的意见》,载中国证券监督管理委员会官网 2024 年 4 月 12 日,http://www.csrc.gov.cn/csrc/c100028/c7473605/content.shtml。

〔2〕《深刻领会资本市场新"国九条"的精神实质——证监会党委书记、主席吴清就贯彻落实〈国务院关于加强监管防范风险推动资本市场高质量发展的若干意见〉接受记者专访》,载中国证券监督管理委员会官网 2024 年 4 月 12 日,http://www.csrc.gov.cn/csrc/c100028/c7473584/content.shtml。

面。在“实战篇”，我们对于每个核心条件按照“理论基础”“典型案例”“小结与建议”三个层次进行呈现。“理论基础”是从整体上解读监管部门设定该项上市条件的背后逻辑和基本要求，分析上市审核关注点，并清晰列示该领域的具体监管规则（读者查阅起来非常方便、实用）；“典型案例”基本都是遴选自注册制试点以来真实的 IPO 审核典型案例，时效性强，我们会对每个案例进行深度解剖和点评，将案例的直接参考价值清晰呈现给读者；“小结与建议”就上市条件归纳审核机关的监管尺度、标准和理念，并结合审核实务给出简洁明了、切实可行的解决方案。每个拟上市企业遇到的实务问题，或者 IPO 中介机构、相关投资机构人士遇到的专业困惑，几乎都能在这里找到最佳答案。这三个层次内容的组合，一定会令读者对我们的解读留下这样的印象：专业、清晰、完整、实用！

本书的特点是实务性强，专业性强，时效性强，内容全面，架构清晰，具有好的阅读感，是拟上市企业老板、高管抑或券商、会计师、律师等 IPO 中介专业人士以及专业投资机构人士不可或缺的“上市工作一本通”。

本书的完成，得益于我工作的机构大成律师事务所提供的成长土壤，感恩这个高端大气上档次的平台。本书的成稿，也得到我团队成员的大力支持，本书的第二作者欧铭希律师，就是我团队最优秀的青年才俊之一，他在本书的实战篇贡献了超高的悟性和实践智慧；还有团队成员刘佳宁女士承担了繁重的校稿工作，在此一并致谢。同时致谢我的家人。记得 2023 年国庆长假八天，本人未带家人出游，而是集中黄金时间撰写重要章节，每天“闭门造车”。我爱人从来都是以支持我的工作为第一要务，长假期间每天的工作就是搞好后勤、做最好吃的饭菜。

本书是由忙碌的执业律师完成，在繁忙的工作之余码字，难免有错漏之处，敬请读者批评指正。

祝愿我们 A 股早日走出低谷，股市长红；祝福每一位优秀企业家的企业都能脱颖而出、成功上市！

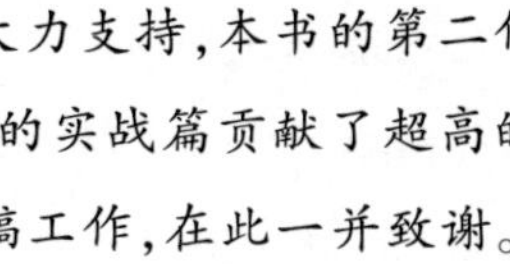

2024 年 4 月 23 日

目 录
content

基础篇

上市的十大基础认知

实战篇

上市的五大核心条件

基础篇

上市的十大基础认知

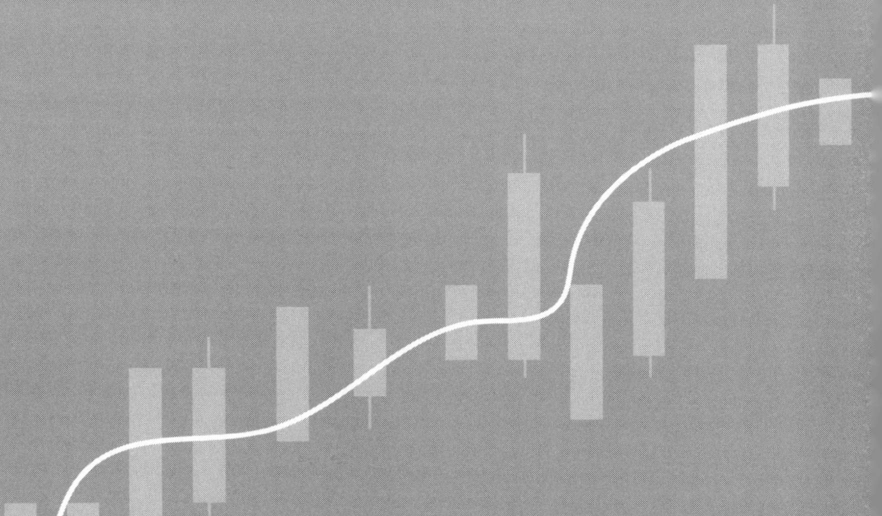

第一章

认识上市

第一节　上市是什么

所谓"上市",简言之,就是让企业的股票在市场(证券交易所)自由流通,企业由此成为一家公众公司。

"上市"的本意是指到交易市场进行交易,其英文可用"go public"表达,但实践中,往往用"IPO"(Initial Public Offerings 的简称)作为"上市"的通称。"IPO"是"首次公开发行"的意思,其中并没有"上市"的含义,这是为何呢?此通称可谓大有乾坤,道出了上市的关键内涵。企业要上市,必须有符合条件的可供交易的股票,为此,在上市前,企业需首次公开发行股票,为市场提供交易标的,因此,"上市"实际上是包含"首次公开发行"与"上市交易"两个环节的。基于公开发行股票可能给市场和社会带来的不确定性影响,各国政府往往都会对公开发行股票的行为进行严格监管,而上市交易只是首次公开发行的"衍生环节""附带行为",上市交易的审核基本上只是形式审查。"IPO"一词,弃"上市交易"而不用,仅取"首次公开发行"之意,正是体现了"首次公开发行"在整个上市审核中的核心地位。我国《证券法》严格规定了首次公开发行股票的条件,但并不规定具体的上市条件,与国际通行的"IPO"取义一脉相承。[1]

---

〔1〕《证券法》第 9 条第 1 款规定,"公开发行证券,必须符合法律、行政法规规定的条件,并依法报经国务院证券监督管理机构或者国务院授权的部门注册。未经依法注册,任何单位和个人不得公开发行证券……";第 9 条第 2 款规定,"有下列情形之一的,为公开发行:(一)向不特定对象发行证券;(二)向特定对象发行证券累计超过二百人……";第 46 条规定,"……申请证券上市交易,应当向证券交易所提出申请,由证券交易所依法审核同意,并由双方签订上市协议"。

第二节　上市的本质

如前文所述,上市是让企业的股票在证券市场自由流通。但股票自由流通只是企业上市的外在表现,上市的本质是什么呢?上市的本质可以归纳为“双重价值的实现”:一是于企业而言,可以将未来多年的预期净利润折现成企业当下的价值,企业卖的是“未来的故事”,让未来的故事有了现时的价值,是将未来的资产盘活了;二是于股东而言,可以便利变现,从而其所持的股份拥有了流动性溢价,是将静态的资产盘活了。这是非上市公司所不具备的,非上市公司一般是以净资产值为基础测算其价值,当然,也可以其未来数年的预期净利润为基础,按收益法对其进行评估,确定其折现价值。但有所不同的是,非上市公司的这种估价是“纯手工”的,公信力不一定足,且难有流动性溢价;证券交易市场则拥有充分市场化的、成熟的自动估值机制,成功登上这个平台的企业,随时被市场自动地明码标价(股价与市值),股东随时可以套现退出,流动性溢价无时不在。

第三节　上市的价值

我们可以从股票的起源、公司的起源来理解企业上市的价值。

公司从诞生的第一天起就需要有资金运作,如果有一个场所能够让公司募到资金,公司一定会争先恐后;而从投资人的角度,通过投资获利是投资人最原始的追求,如果有个场所能够自由买卖公司股票,由此获得流动性溢价,投资人一定趋之若鹜。因此,公司将发行的股票放到股票交易所进行交易,似乎能令公司利益与投资者利益完美统一,这就是上市的价值。

这一问题与股票的起源、股票交易所的起源有关。能够发行股票的现代意义的公司与股票交易所几乎是同时期产生的。“公司”是人类最伟大的发明之一。现代意义上的“公司”诞生在 400 多年前的荷兰。因为亚洲盛产胡椒,西欧人将胡椒从东方运回西方,可以获得 1000% 以上的利润,高额的利润让英国人、西班牙人和荷兰人趋之若鹜,虽然海路险恶,每运回一船胡椒都会因为风暴和海盗死去一半的水手,但他们仍然会铤而走险。随着越来越多的人参与到胡椒的海上贸易中来,胡椒生意的利润越来越薄,海上风险带来的巨大成本已经无法被消化。为了提高竞争力将生意做大,荷兰有个叫约翰·奥尔登巴内费尔特的律师向荷兰各家船队提出组建联合公司的建议,经过几番争议和讨论,他们最终决定成立一个股份制的联合公司,所有的荷兰居民都可以持有这个公司股份,然后大家按股份分享联合公司远洋贸易的利润。1602 年 3 月 20 日,荷兰的东印度公司成立了,这是世界上第一家股份公司,发行了世界上第一张股票。他们以发行股票的方式募集资金做大船队,化解了国内 40 多家船队的恶性竞争,与海上强国英国和西班牙抗衡,从此垄断 40% 的国际贸易,被称作“海上马车夫”。现代意义上的公司最重要的功能是筹集资金、隔离投资人的投资风险(投资人仅需以出资额为限承担有限责任)、令所有权与经营权分离,这一隔离与分离,立马让公司发行股份募集资金和股份流通成为可能,让投资人放心地投资。又因为东印度公司规定 10 年后分红,等不及的投资人有提前卖掉股票进行套现的需求,于是荷兰诞生了世界上第一个股票交易所。有了股票交易所,投资人可以自由退出、将股票的价值随时变现,却又不影响公司经营的稳定性。事实上,股票买入卖出时的差价有时候比公司分红还要多,股票交易就逐渐地火爆起来。大家发现了这个“秘密”,争先恐后向公司投资、购买公司发行的股票。于是,公司的资本实力越来越强,公司的生意越做越大,人类通过公司运营创造的财富越来越多。这就是“上市价值”的秘密。

第二章

读懂注册制

中国资本市场的建立已逾 30 年，三十而立，股票发行审核制度先后经历审批制、核准制，直到 2018 年 11 月 5 日，国家领导人在首届中国国际进口博览会开幕式上宣布，在上海证券交易所（以下简称上交所）设立科创板并试点注册制，标志着注册制改革进入启动实施阶段。2019 年 7 月 22 日，首批科创板公司上市交易。此后，党中央、国务院决定推进深圳证券交易所（以下简称深交所）创业板改革并试点注册制，2020 年 8 月 24 日正式落地。2021 年 11 月 15 日，北京证券交易所（以下简称北交所）揭牌开市，同步试点注册制。2022 年 3 月 5 日，国务院总理在政府工作报告中就 2022 年资本市场的发展指出，“完善民营企业债券融资支持机制，全面实行股票发行注册制，促进资本市场平稳健康发展”。2023 年 2 月 17 日，中国证监会发布全面实行股票发行注册制的相关制度规则，证券交易所、全国股转公司、中国结算、中证金融、中国证券业协会配套制度规则也同步发布实施，中国资本市场进入全面注册制时代。

“注册制”是一个很容易令人望文生义的词语，这与它在我们日常生活中的高频出现有关，例如，会员注册、婚姻登记注册、学员注册、公司登记注册……总体感觉这些注册就是“走个流程”，相对容易。而从“注册”二字的文字本身来理解，“注”有解释的意思，“册”本意是指串好的竹简，将需要披露的信息按要求编撰好，并予以解释和说明，亦即，注册也就是做个说明而已。或是因为各类“注册”的简便，尽管中国资本市场“注册制”已全面施行，实践中仍有不少人的理解存在误区，以为股票发行审核的“注册制”就等同于“备案制”“登记制”，或者称为“形式审查制度”；而面对股票发行上市审核实践中仍然可见的某些“实质审核”，不少人会产生不理解或者困惑。“注册制”与“核准制”的边界究竟在哪里？我国资本市场正在推行的是一种什么样的注册制？我国 IPO 审核制度又是如何一步一步走到今天的？

第一节　注册制的起源与特点

股票发行审核的注册制起源于美国。在美国制定和实施《1933年证券法》之前，美国各州就已经制定了各自的州证券法，这些法律采取家父主义立法模式，以保护投资者为最高目标，通过审核中的实质判断来保护投资人。美国堪萨斯州在1911年州立蓝天法中，就确立了“实质监管”的证券发行审批制度，授权注册机关对证券发行人的商业计划是否对投资者公平、公正、合理进行实质性判断。这种“家父主义”立法模式的初衷很好，但其实施效果证明，其并没有阻止不道德的发行人肆无忌惮地欺诈发行，因而基本上是不成功的。1929年经济危机，进一步加剧了公众对各州证券法实施效果的质疑与不满。在1929年“大萧条”之后，美国制定了《1933年证券法》，确立了以“强制信息披露”为基础的证券发行注册制。这就是“注册制”的起源。

“注册制”在国际上并无统一定义。由于各个国家或地区发展历史、投资者结构、法治传统和司法保障等方面存在较大差异，不同市场实施注册制的具体做法并不完全相同。因“注册制”并无统一定义，故只能以“具有注册制特点”来描述某地区的审核制度。目前，境外成熟市场，除美国外，还有英国、新加坡、韩国、我国香港等都采取具有注册制特点的证券发行制度。而因我国香港地区的“双重存档制”涉及对发行条件的实质判断，也有观点认为其兼具注册制与核准制的混合特点，这一说法具有一定的合理性。

注册制改革的本质是什么？2023年4月10日，时任中国证监会主席易会满在沪深交易所主板注册制首批企业上市仪式上致辞指出，“世界上没有统一的注册制模式，注册制改革的本质是把选择权交给市场，强化市场约束和法治约束，提高投融资的便利性”[1]。显然，注册制改革的核心是重构政府与市场的关系。由此，也引申出了“注册制”的应有特征。注册制统一的法理逻辑在于，发行人发行股票、募集资金，这本质上是一种民事契约行为，应体现“契约自由”、“卖者尽责”（发行人尽到充分信息披露的义务）、“买者自负”（投资者自行判断投资价值与风险、自行决定是否购买以及以何种价格购买）的原则，这就是注册制的特点之一，所谓的“市场主导”；政府不越俎代庖

---

〔1〕《易会满主席在沪深交易所主板注册制首批企业上市仪式上的致辞》，载中国证券监督管理委员会官网2023年4月10日，http://www.csrc.gov.cn/csrc/c106311/c7400991/content.shtml。

对股票的价值与风险进行审核，而只需履行好监管的职能，督促、监督发行人履行完全的信息披露义务，在执法环境和手段上对信息披露违规行为进行严厉打击，这就是注册制的特点之二，"强制信息披露"。上述逻辑是符合市场经济条件下政府与市场的各自定位的。2019 年 6 月 28 日，中国证监会有关负责人就设立科创板并试点注册制有关问题答记者问时清晰解读了注册制的前述两大特点："注册制是一种不同于审批制、核准制的证券发行监管制度，它的基本特点是以信息披露为中心，通过要求证券发行人真实、准确、完整地披露公司信息，使投资者可以获得必要的信息对证券价值进行判断并作出是否投资的决策，证券监管机构对证券的价值好坏、价格高低不作实质性判断。"[1]

第二节　中国资本市场改革历程

一、中国股票发行审核制度的演变

我国股票市场发展已逾 30 年。了解中国股票发行监管和定价制度的市场化转型的路径，有助于我们厘清中国资本市场的国情特点与 IPO 制度变迁之间的依存关系。

图 2 - 1 从准入制度和定价制度两个方面梳理了中国的 IPO 审核制度演变过程：

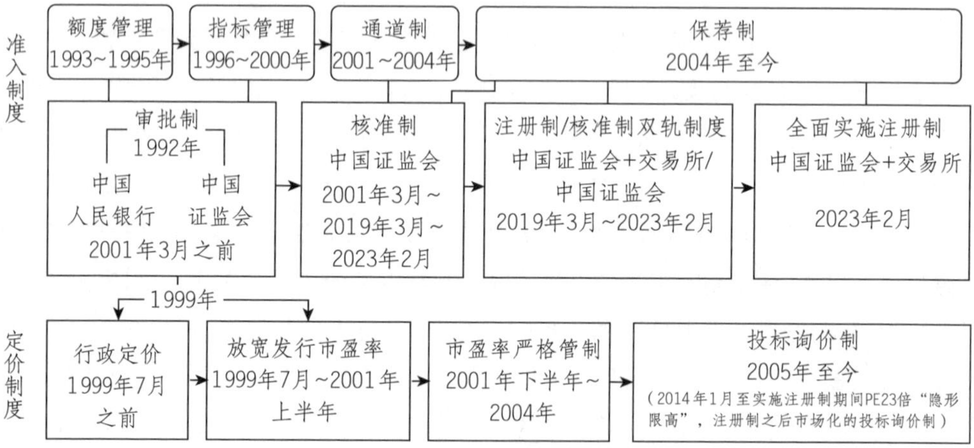

图 2 - 1　我国 IPO 审核制度的演变

[1] 《证监会有关负责人就设立科创板并试点注册制有关问题答记者问》，载中国证券监督管理委员会官网 2019 年 6 月 28 日，http://www.csrc.gov.cn/csrc/c100028/c1000978/content.shtml。

(一)我国 IPO 准入制度的演变

第一阶段:审批制(2001 年 3 月之前)。1984 年,经中国人民银行上海市分行批准,上海飞乐音响公司部分公开发行了规范化的股票,自此,我国股票的一级市场开始形成。我国股票市场一开始采用了审批制度,带有浓厚的行政色彩。1992 年前由中国人民银行审批,1992 年中国证监会成立后,由中国证监会审批。其间对发行规模的控制经历了两个阶段:

(1)1993 ~ 1995 年,对发行总量进行额度管理,采取控制股票发行总量和速度的"额度控制"的管理方法,原国家计划委员会、原国务院证券委员会等部门根据经济发展和市场供求情况,研究制定当年股票发行总体规模(额度或指标),并报国务院批准,然后根据国民经济发展的地位和需要,将总规模依据一定的标准进行划分,下达到各省、自治区、直辖市及国家有关部委。省级政府和国家有关部委推荐预选企业,证券监督机构对预选企业申报材料进行审批。企业需要经历两级行政审批,首先向所在地政府或国家有关部委提交额度申请,经批准后报中国证监会复审。中国证监会对企业进行实质审查,并对股票发行的规模、价格、方式、时间等作出安排。额度管理仅规定额度总量控制,未限制家数,各地政府在额度内选择尽量多推荐企业,导致上市企业规模偏小,一些具有行业代表性、关系国计民生的大中型企业难以发行股票。

(2)1996 ~ 2000 年,对发行规模采取了"总量控制,限报家数"的指标管理方法。国务院证券主管部门确定在一定时期内发行上市的企业家数,然后向省级政府和行业主管部门下达股票发行家数指标,省级政府或行业主管部门在上述指标内推荐预选企业。1997 年,中国证监会增加了对拟上市公司预选材料审核程序,对推荐企业进行预选,改变了两级行政审批制下单纯由地方推荐企业的做法,开始对企业进行事先审核。从"额度管理"转变为"指标管理",一定程度上解决了企业规模偏小的问题,但一些地方政府将上市作为国企纾困的手段,影响了上市公司质量,民营和外商投资企业难以进入市场,造成上市公司结构性失衡。

第二阶段:核准制(2001 年 3 月 ~ 2019 年 3 月)。2000 年 3 月 16 日,中国证监会发布了《股票发行核准程序》(已失效)和《股票发行上市辅导工作暂行办法》(已失效)。2001 年 3 月 17 日,中国证监会决定,废止额度条件下的审批制,全面执行股票发行核准制。核准制下对 IPO 发行规模的管理经历通道制(亦称推荐制)和保荐制两个阶段。

(1)2001 年 3 月 ~ 2004 年 2 月,实行的是通道制。通道制度是从审批制度向核准制度转变过程中推出的暂时措施,以具有主承销商资格的证券公司 2000 年所承销的项目数为基数分配其可以推荐公开发行股票的企业家数。证券公司将拟推荐企业逐一排队,按序推荐,每核准一家才能再报一家。通道制下,主承销商在一定程度上承担起股票发行的风险,也获得了遴选、推荐公司的权利。但发行通道由证券监管机构下达给证券公司,名额有限,受制于中国证监会的审核速度。

(2)2004 年 2 月,保荐制开始实施。保荐制实施后,通道制并未立即废止,每家券商仍需按通道报送企业,直至 2005 年 1 月 1 日彻底废止了通道制。在保荐制下,企业发行上市不但要有保荐机构进行保荐,还要具有保荐代表人资格的从业人员具体负责保荐工作。与"通道制"相比,保荐制强化了保荐人的连带责任,延长了保荐责任期。

第三阶段:核准制和注册制双轨制(2019 年 3 月 ~2023 年 2 月)。

(1)2019 年 3 月,新增科创板注册制试点。国家领导人在 2018 年 11 月 5 日中国国际进口博览会开幕式上宣布将在上交所设立科创板并试点注册制,2019 年 3 月 1 日,中国证监会发布《科创板首次公开发行股票注册管理办法(试行)》(已失效)和《科创板上市公司持续监管办法(试行)》,同时经中国证监会批准,上交所、中国结算随之发布相关业务规则,科创板在上交所正式设立。至此,中国 IPO 制度开始进入核准制和注册制双轨制。

(2)2020 年 6 月,注册制增量与存量同步深化改革。2020 年 4 月 27 日,中央全面深化改革委员会第十三次会议召开,会议审议通过了《创业板改革并试点注册制总体实施方案》。2020 年 6 月 12 日,中国证监会正式发布创业板改革并试点注册制的主要制度规则《创业板首次公开发行股票注册管理办法(试行)》(已失效),标志着创业板 IPO 和科创板一样开始采用以信息披露为核心的注册制股票发行制度,把选择权交给市场,提高资本市场透明度和真实性,标志着我国 IPO 注册制由增量改革过渡至增量和存量改革同步进行。

第四阶段:全面施行注册制(自 2023 年 2 月起)。

(二)我国 IPO 定价制度的演变

IPO 定价机制,是指关于获准首次公开发行股票的上市公司与其承销商在上市前确定发行价格出售给投资者的一种制度安排。定价是否合理不仅关系到发行人、投资人与承销商的切身利益,而且关系到股票市场资源配置功能发挥。新股发行定价机制改革是最能够体现我国证券市场巨变的一个改革过程。

第一阶段(1999 年 7 月之前),行政定价阶段:IPO 定价是由证监管理机构根据固定公式计算得出。

第二阶段(1999 年 7 月 ~2001 年上半年),放宽发行市盈率阶段:1999 年 7 月中国证监会对新股发行定价作了明确规定,要求发行公司与承销商以及机构投资者协商定价,新股定价可以超出发行价格区间。

第三阶段(2001 年下半年～2004 年),市盈率严格管制阶段:控制发行市盈率的做法开始实施,发行公司与承销商只能在严格的市盈率区间内,通过询价来决定股票的发行价格。要求:(1)发行价格区间的上下幅度约为 10%;(2)发行市盈率不超过 20 倍。

第四阶段(2005 年至今),询价阶段:2005 年施行的《中国证券监督管理委员会关于首次公开发行股票试行询价制度若干问题的通知》(证监发行字〔2004〕162 号,已失效)结束了我国新股发行价格管制的方式,采用先网下询价再网上定价发行的方式,询价制度开始实施。但其中,从 2014 年 1 月至注册制试点、全面施行之前,新股发行定价实际上是被严格限制在 23 倍市盈率之下。

二、我国注册制改革的背景、原因与历程

(一)为什么进行注册制改革

一是从微观来看,审批制、核准制之下存在的过度或过多的行政干预,不仅达不到“选美”(让真正优秀的公司上市)的目的,往往还可能滋生腐败,甚至破坏股市应有的资源配置功能。

如前文所述,我国股市的发行制度历经数次改革。1997 年之前实行的是指标制,每年年初由政府核定一个总的额度,然后将这个额度按照行政区划或部门进行分配,只要拿到上市额度,公司就可以公开发行股票并实现上市。这样的体制实际是沿袭了计划经济思维,其弊端是较为明显的。这样的体制不仅难以将优秀的公司选拔到股票市场上来,而且可能滋生股票发行过程中的腐败。

1998 年我国《证券法》颁布,该法律明确宣布股票发行制度将实行核准制。核准制废除了股票发行的额度计划,原则上只要符合上市标准的公司都可以按照规定的程序实现发行上市的目标,由中国证监会组织专门的人员对拟发行股票的公司材料进行审核。理论上,这样的体制与注册发行制度似乎很接近,但监管部门仍然存在过度的行政干预。最主要的表现是监管者有意识地控制新股发行的节奏和数量,其结果是股票发行成为稀缺资源,上市公司存在“壳价值”。有段时间中国股票市场的“壳价值”竟能被“炒”到 5 亿～10 亿元,即一个上市公司在没有任何经营收入的情况下,其市值也有 5 亿～10 亿元,这显然是违背正常的经济发展规律的。

而从监管逻辑来看,发行审核部门对拟上市公司的方方面面进行严格的实质审

核,其出发点是把“差公司”拦在股票市场之外,将“好公司”选拔出来并推荐给市场投资者。该逻辑隐含着监管者负责对上市公司进行投资价值的判断。市场实践表明,我国实施多年的发行核准制并没有拦住所谓“差公司”甚至“坏公司”的上市,相反,一些公司在上市之后经营业绩每况愈下,甚至出现“财务暴雷”,上市后不久就直接退市的情况。也就是说,监管者其实是无法替代投资者对股票进行价值判断的。

实行发行核准制,除易滋生寻租行为之外,还可能扭曲股票价格的形成机制,带来一系列妨碍股票市场功能发挥的后果:一些“垃圾”股不仅不退市,其价值还被严重高估,这些股票对新股的发行数量相当敏感,为了维护这些被高估的股价,就必然要控制新股发行的数量和节奏,导致“IPO 堰塞湖”的形成,真正优秀的公司无法通过股票市场来融资,而一些投资者没有合适的投资渠道,股市无法发挥它应有的配置资源功能。

注册制改革,方向是让市场在资源配置中真正发挥核心作用,通过将股票发行选择权交给市场,在让资源配置效率得到大幅提升的同时,尽量避免权力寻租。

二是从宏观来看,推进股票发行注册制改革不仅是发展资本市场的需要,也是国家整个金融体制改革的重要环节。

在宏观角度上,我国直接融资占比有待提升,金融业服务能力与实体经济需求相比仍有差距。直接融资和间接融资比例能够反映一国金融体系配置效率与实体经济是否匹配,提高直接融资比重有助于降低企业融资成本以及稳定杠杆率总体水平。但目前,我国金融结构仍是以间接融资及债权融资为主。2022 年度我国直接融资占比不及美国的一半。[1] 我国 2012 ~ 2022 年直接融资和间接融资的占比见图 2 – 2。

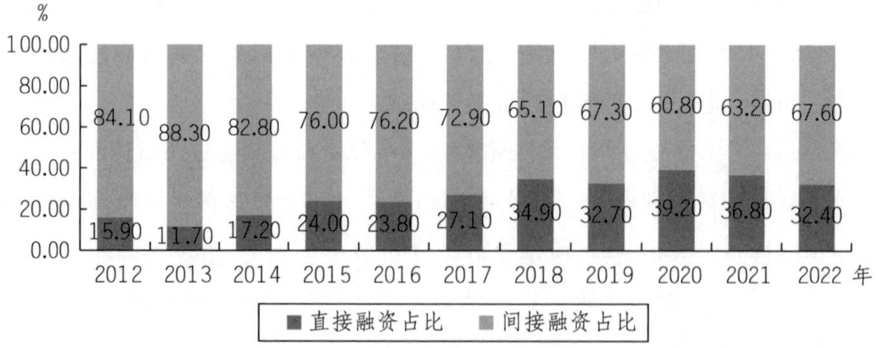

图 2 – 2　2012 ~ 2022 年直接融资和间接融资占比[2]

---

〔1〕《2022 年中国直接融资占比不足美国一半》,载微信公众号“深圳市创业投资同业公会”2023 年 7 月 14 日。

〔2〕《我国股票发行审核制度的历史变革》,载微信公众号“大象 IPO”2023 年 7 月 14 日。

如果资本市场无法发挥有效的直接融资功能，企业融资就会高度倚重间接融资，这样的融资结构很容易导致企业的高负债率。高负债如与产能过剩叠加，很容易导致企业的债务危机，并引发系统性的金融风险。如果企业能够通过股票市场补充资本金，则高负债率的危机就会得到缓解。党的十八届三中全会的《中共中央关于全面深化改革若干重大问题的决定》及2013年中央经济工作会议均提到"提高直接融资比重"，这正是针对我国金融结构缺陷而进行的战略部署。为提升企业融资效率，避免企业融资结构向单一渠道倾斜，推行全面注册制势在必行。

（二）我国注册制改革的历程

2013年11月，党的十八届三中全会将"推进股票发行注册制改革"写入《中共中央关于全面深化改革若干重大问题的决定》，这是注册制首次写入中央文件。而后，注册制各项筹备工作渐次铺开。

2019年7月22日，首批科创板公司上市交易，承担起资本市场注册制改革"试验田"的重要使命。运行1年之后，科创板各项制度创新经受住了市场考验，并在创业板注册制改革中"输出"了成功经验，2020年8月24日，创业板注册制改革正式落地。2021年11月15日，北交所揭牌开市，同步试点注册制。

2023年2月1日，全面实行股票发行注册制改革正式启动。当日，中国证监会就《首次公开发行股票注册管理办法》《上市公司证券发行注册管理办法》等全面实行股票发行注册制主要规则，向社会公开征求意见。2023年2月17日，中国证监会发布全面实行股票发行注册制相关制度规则（自公布之日起施行），相关配套制度规则同步发布实施。此举标志着注册制的制度安排基本定型，标志着注册制推广到全市场和各类公开发行股票行为，在中国资本市场改革发展进程中具有里程碑意义。中国证监会指出，经过4年的试点，市场各方对注册制的基本架构、制度规则总体认同，资本市场服务实体经济特别是科技创新的功能作用明显提升，法治建设取得重大突破，发行人、中介机构合规诚信意识逐步增强，市场优胜劣汰机制更趋完善，市场结构和生态显著优化，具备了向全市场推广的条件。[1] 2023年4月10日，主板IPO注册制下首批10家企业上市交易，注册制改革最关键的一步完成，股票发行注册制改革全面落地。正如上市仪式现场时任中国证监会主席易会满致辞所说，注册制改革是一场触及监管底层

---

〔1〕《中国证监会就全面实行股票发行注册制主要制度规则向社会公开征求意见》，载中国证券监督管理委员会官网2023年2月1日，http://www.csrc.gov.cn/csrc/c100028/c7047626/content.shtml。

逻辑的变革、刀刃向内的变革、牵动资本市场全局的变革，影响深远。[1]

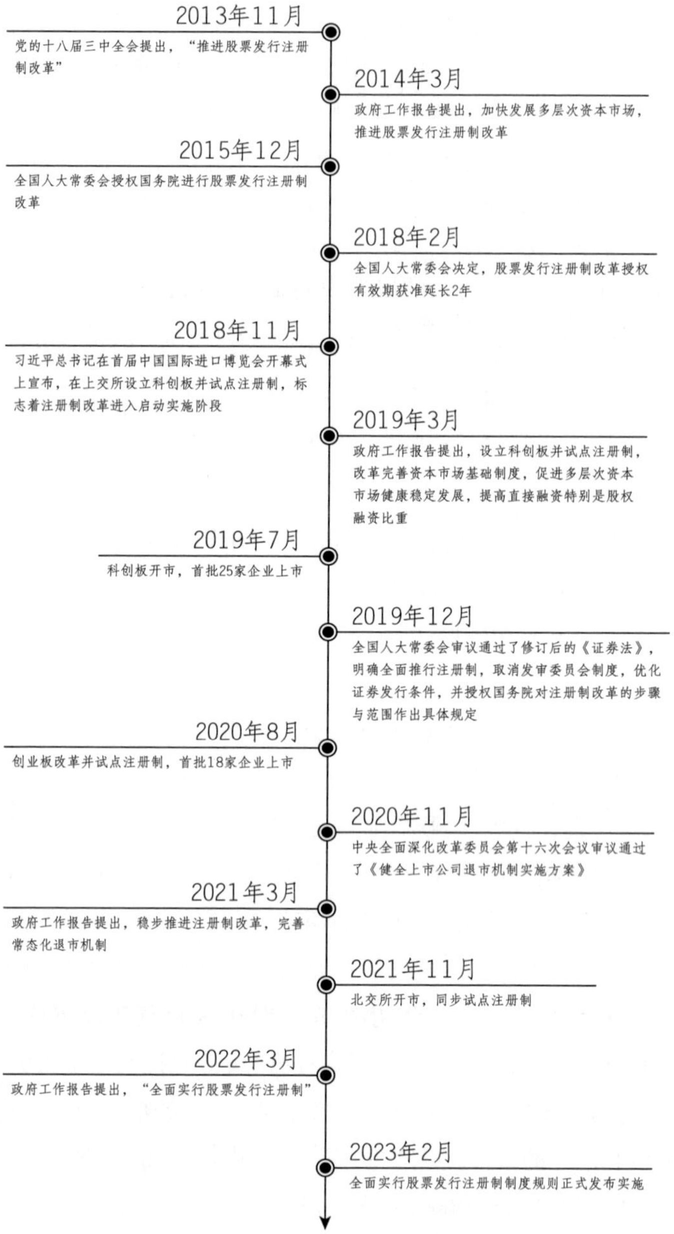

图 2－3　注册制改革大事记

---

〔1〕《沪深交易所主板注册制首批企业上市仪式举行》，载中国证券监督管理委员会官网 2023 年 4 月 10 日，http://www.csrc.gov.cn/csrc/c106311/c7400989/content.shtml。

第三节　如何理解中国式注册制

一、我国注册制的框架

注册制是比核准制更加市场化的股票发行制度。我国从注册制改革试点到全面实施,已初步建立起“一个核心、两个环节、三项市场化安排”的注册制架构,注册制改革的本质特征得到体现。

“一个核心”就是以信息披露为核心,要求发行人充分披露投资者作出价值判断和投资决策所必需的信息,确保信息披露真实、准确、完整。将核准制下发行条件中可以由投资者判断的事项转化为信息披露要求,完善以招股说明书内容与格式准则为主体的信息披露规则体系,提高信息披露的针对性、有效性和可读性。推动市场各参与主体归位尽责,明确发行人是信息披露第一责任人,中介机构对发行人的信息披露资料承担核查验证和专业把关责任,投资者根据披露的信息审慎作出投资决策,自主判断投资价值。

“两个环节”就是将审核注册分为交易所审核和中国证监会注册两个环节,各有侧重,相互衔接。交易所审核主要通过向发行人提出问题、发行人回答问题的方式来进行,督促发行人“讲清楚”、中介机构“核清楚”,使投资者“看清楚”,就企业是否符合发行上市条件和信息披露要求向中国证监会报送审核意见。中国证监会在注册环节对交易所审核质量及发行条件、信息披露的重要方面进行把关并监督。同时,综合运用多要素校验、现场督导、现场检查、监管执法等多种方式,落实信息披露责任,提高信息披露质量。

“三项市场化安排”:

一是设立多元包容的发行上市条件。综合考虑预计市值、收入、净利润、研发投入、现金流等因素设置多套上市标准,不要求企业在上市前必须盈利,允许特殊股权结构企业、红筹企业上市。

二是建立市场化的新股发行承销机制。对新股发行价格、规模等不设任何行政性限制,以机构投资者为主体进行询价、定价、配售,真正实现由市场供求决定价格。

三是构建公开透明可预期的审核注册机制。在交易所成立上市委员会(以下简称上市委),实行合议制。审核注册全程在线,电子化留痕,标准、程序、内容、过程、结果公开,各环节都有明确的时限要求,提高审核注册效率。驻中国证监会纪检监察组向交易所派出工作组开展驻点监督,突出重点,加大监督力度。压实交易所党委主体责任,交易所纪委向上市审核中心派驻现场监督小组进行嵌入式监督,切实加强对重点环节、关键人员的监督,严防利益输送等违法违纪行为。

二、注册制之下发生的变化

2023年4月10日,时任中国证监会主席易会满在沪深交易所主板注册制首批企业上市仪式上的致辞中归纳了注册制之下发生的重要变化:

一是理念的变化,坚持以信息披露为核心,监管部门不对企业的投资价值作判断。

二是把关方式的变化,主要通过问询把好信息披露质量关,压实发行人信息披露第一责任、中介机构"看门人"责任。

三是透明度的变化,开门搞审核,审核注册的标准、程序、问询内容、过程、结果全部公开,监督制衡更加严格,让公权力在阳光下运行。

四是监管执法的变化,对欺诈发行、财务造假等各类违法违规行为"零容忍",露头就打,实行行政、民事、刑事立体处罚,形成强有力的震慑。[1]

2024年1月19日,中国证监会综合业务司主要负责人在新闻发布会上介绍股票发行注册制改革的总体情况时指出,注册制改革以"建制度"为主线,统筹推进"一揽子"关键制度创新,形成四个方面的变化。一是在法治建设方面,近年来,新《证券法》、《刑法修正案(十一)》以及《中共中央办公厅、国务院办公厅关于依法从严打击证券违法活动的意见》等发布实施,资本市场法律制度体系的"四梁八柱"基本建成,大幅提高了欺诈发行、信息披露违法追责力度,从根本上扭转了资本市场违法成本长期过低的局面。二是在定价制度方面,我国新股发行长期处于"卖方市场",合理定价始终是个难题。注册制改革以来,注意平衡各方诉求,着力构建市场参与者充分博弈的新股发行定价机制。主要包括:不对新股发行价格设行政性限制,健全以机构投资者为主体的询价定价配售机制,引入差异化跟投制度,加强对报价行为的监管。三是在交易制度方面,以市场化便利化为导向,着力提高交易的有效性与稳定性。优化涨跌幅制度,完善盘中临时停牌制度,引入"价格笼子"机制,抑制非理性炒作。优化融资融券及转

[1] 《易会满主席在沪深交易所主板注册制首批企业上市仪式上的致辞》,载中国证券监督管理委员会官网2023年4月10日,http://www.csrc.gov.cn/csrc/c106311/c7400991/content.shtml。

融通机制,促进市场多空力量平衡。四是在退市制度方面,注册制畅通入口的同时,拓宽多元化退出渠道。2020 年启动新一轮退市制度改革,全面完善退市标准,简化退市程序,拓宽多元退出渠道,加大退市监管力度。退市改革以来,已有 104 家公司强制退市,是改革之前 10 年的近 3 倍。[1]

三、如何理解中国式注册制

前文我们讲到,注册制改革的本质是重构政府与市场的关系,要市场在资本市场资源配置方面发挥主导作用。全面施行注册制以来,“市场的主导作用”发挥得如何呢?

2023 年 2 月 17 日中国证监会发布了《监管规则适用指引——发行类第 8 号:股票发行上市注册工作规程》,将注册环节的审核前置到交易所受理 IPO 项目之后。就注册制全面实施后,中国证监会的审核权前置问题,不少人会质疑,中国证监会的“有形之手”干预到了材料受理阶段,这似在收权啊,之前不是总说要放权的吗?2023 年 8 月 27 日中国证监会提出“阶段性收紧 IPO 节奏”,又有人有疑问,注册制之下的 IPO 不是要市场化、常态化的吗?为何还要行政干预呢?如此等等,类似疑问,不一一列举。2024 年 3 月 15 日中国证监会发布《关于严把发行上市准入关从源头上提高上市公司质量的意见(试行)》,指出要优化多层次资本市场功能衔接,“一是以提高上市公司质量为导向,研究提高上市财务指标,优化板块定位规则,为市场提供更加优质多元的投资标的。二是进一步从严审核未盈利企业,要求未盈利企业充分论证持续经营能力、披露预计实现盈利情况,就科创属性等逐单听取行业相关部门意见”,依然强调对拟上市公司的审核把关。我们施行的究竟是一种什么样的注册制?

这就是中国式注册制。2023 年 2 月 1 日,中国证监会有关部门负责人就全面实行股票发行注册制答记者问时指出,根据党中央、国务院决策部署,证监会采取试点先行、先增量后存量、逐步推开的改革路径,先后在科创板、创业板和北交所试点注册制,推进“一揽子”改革,打开了资本市场改革发展的新局面。在试点过程中,我们探索形成了注册制改革三原则:尊重注册制基本内涵、借鉴全球最佳实践、体现中国特色和发展阶段特征。

要正确、客观理解中国式注册制。2020 年 10 月,时任中国证监会主席易会满受国

---

〔1〕《2024 年 1 月 19 日新闻发布会》,载中国证券监督管理委员会官网 2024 年 1 月 19 日,http://www.csrc.gov.cn/csrc/c100029/c7458464/content.shtml 。

务院委托向全国人大常委会汇报 IPO 注册制改革有关工作情况时指出,实施注册制,客观上要求政府"退一步",减少管制,还权于市场,同时又要"进一步",加强监管,维护市场秩序。中国证监会按照"放管服"改革要求,坚持刀刃向内、简政放权,只要是市场约束比较有效的领域就坚决放权。[1] 这里讲的是改革的方向和决心。易会满又强调,注册制改革的本质是把选择权交给市场[2],中国资本市场注册制改革在这方面作出了一些尝试。但是,形成有效的市场约束需要一个渐进的过程。我国资本市场发展仍不充分,"卖方市场"特征明显,再加上长期投资者发育不足,中介机构的定价和风控能力还比较薄弱。一系列更加市场化的制度安排需要各市场参与者逐步调适,短期内市场主体之间的充分博弈和相互制衡很难到位。这里讲的是中国国情。"考虑到我国证券市场发展时间比较短,基础制度和市场机制尚不成熟,市场约束力量、司法保障机制等还不完善,科创板注册制仍然需要负责股票发行注册审核的部门提出一些实质性要求,并发挥一定的把关作用"[3]。

2024 年 1 月 19 日中国证监会举行的新闻发布会上,综合业务司主要负责人周小舟在介绍"体现中国特色和发展阶段特征"这一注册制改革的基本原则时指出,"我国资本市场处于初级发展阶段,发行上市机会比较稀缺,市场参与主体不够成熟,法治诚信环境还不完善。特别是个人投资者超过 2.2 亿人,这是哪个国家都没有的,是最大的国情市情。针对这些特点,我国注册制形成了一系列具有中国特色的制度安排和监管政策。比如,板块定位,统筹一二级市场平衡,对是否符合产业政策加强审核把关等",并指出,"注册制改革是一场从底层逻辑到思想理念、行为方式的深刻变革,涉及资本市场入口与出口、一二级市场、投融资、立法与执法等各领域全链条,绝不是个别人讲的'注册制就是将 IPO 审核从证监会搬到交易所'"。

总之,注册制改革本身是一个不断发现问题、解决问题、探索完善的过程。在我国目前的发展阶段,资本市场有效市场的形成尚需时日,发行上市的选择权还不能完全交给市场。这就是中国式注册制的典型特征。

---

〔1〕《易会满主席受国务院委托向全国人民代表大会常务委员会报告股票发行注册制改革有关工作情况》,载中国证券监督管理委员会官网 2020 年 10 月 16 日,http://www.csrc.gov.cn/csrc/c100028/c1000685/content.shtml。

〔2〕《易会满主席在沪深交易所主板注册制首批企业上市仪式上的致辞》,载中国证券监督管理委员会官网 2023 年 4 月 10 日,http://www.csrc.gov.cn/csrc/c106311/c7400991/content.shtml。

〔3〕《证监会有关负责人就设立科创板并试点注册制有关问题答记者问》,载中国证券监督管理委员会官网 2019 年 6 月 28 日,http://www.csrc.gov.cn/csrc/c100028/c1000978/content.shtml。

第三章

上市的基本条件

上市几乎是所有企业追逐的目标，但不是每个企业都能上市，道理很简单，因这一经济活动的特有属性，政府对其是严格监管的，并为其设定一定的基本条件，往往只有少数企业能够达到上市条件。

第一节　上市的共性条件

纵然各个国家、地区的证券交易所均设定了具体的上市条件，但万变不离其宗，上市的原理和基本条件都是相通的。用通俗易懂的四个字概括的话，那就是“赚钱”和“规范”，如果用五个字的话，就是“规范地赚钱”，用六个字的话，那就是“很赚钱”“很规范”，古今中外，概莫能外。

企业上市，本质上是一种市场买卖行为，作为卖方的企业，如果不怎么“赚钱”，投资者凭什么会埋单？资本市场于企业而言，是“扶优”，让强者更强，而不是“扶贫”、做公益。上市，需要企业“赚钱”“很赚钱”。可能有人会问，中国资本市场注册制改革后，为何允许“未赚钱”的企业上市呢？我们说，要用辩证的眼光、发展的眼光审视一家企业的盈利能力，“未赚钱”，并不意味着“不赚钱”，企业目前虽然是“未赚钱”、是亏损，但如果未来能“很赚钱”，而且企业能将其未来很赚钱的“故事”与逻辑讲得清清楚楚、明明白白，也是符合上市要求的“盈利”属性的。有人可能还会质疑，我国资本市场注册制改革之后，不是不强调“企业的盈利能力”了吗，不是已经将原《证券法》中规定的上市条件“具有持续盈利能力”改为“具有持续经营能力”了吗？其实，这是对上市实质条件的误读。法律规定的“持续盈利能力”的上市条件是删除了,但这只是形式上的改变,正所谓“注册制改革,精简发行上市条件”,已将“持续盈利能力”调整为“信息披露要求”了,企业仍然需要在招股说明书中详细披露、论证其持续盈利能力,企业盈利能力这一关,还是得过!可以说,盈利能力,是企业上市最基础性的条件之一,市场不会放弃这一条件要求。

一、如何理解“赚钱”

(一)考察赚钱的十大基础性指标

1. 主业赚钱

上市考察的是企业主业的盈利能力,而非多种业务的“业绩拼凑”后的盈利能力,“非经常性损益”形成的业绩更不能纳入上市的业绩考核指标。

2. 依法纳税后还能很赚钱

不少企业在启动上市工作时,声称“现金流很好”“很赚钱”“业绩也很稳健”,但深入了解后才发现,企业一直未规范纳税。不少企业存在使用“两本账”或“多本账”以及个人银行账户的情况,大量的收入未报税。在我国法治监管尚不够健全的今天,这种企业有一定的代表性。如规范纳税,其报表中的净利润将所剩无几。显然这类企业的盈利模式“主要是赚取偷漏税的钱”,根本不具有真正的盈利能力。

3. 依法为全员缴纳社保公积金后还能很赚钱

企业为全员购买社保公积金是法律设定的一项基本义务。但同样是因为法治监管尚不够健全,不少企业并未依法严格履行该项义务。需测算,如果为全员购买社保公积金,会增加多少成本,对公司净利润的影响有多大。特别是对劳动密集型企业而言,影响较为明显。

4. 规范采购,采购成本提高后还能很赚钱

为降低成本,不少企业在采购材料时往往放弃要求供应商开具发票,这显然不符合企业上市的财务规范要求。如要求供应商开具发票,采购价格会提高,由此会导致企业采购成本的增加,从而影响企业净利润。需测算规范采购对企业盈利能力的具体影响。

5. 按照会计准则记账后,还能很赚钱

不同的记账方式会反映出不同的财务核算数据。企业要上市,在收入的确认、成本的核算等方面,只能严格按照会计准则进行记账。不少企业在启动上市工作前,往往都达不到会计准则的记账标准。而一旦按会计准则进行调整，净利润等财务数据往往会发生大的变化。需测算按照规范记账后企业的真实盈利水平。

6. 无依赖性地赚钱

拟上市企业的经营业绩不应主要来自与关联方发生的关联交易（实践中一般要求拟上市企业关联交易业务占比不得超过业务总量的30%）。而即便是30%以内的关联交易，其价格也应当是相对公允的，不得存在利益输送。

此外，也不能对单一客户、单一供应商存在重大依赖，实践中掌握的标准一般是单一供应商、客户的交易额不应超过总交易额的50%。

7. 同一控制下的赚钱

对于实施过并购重组、实际控制人发生过变化的拟上市企业，考察其盈利能力的报告期应当是自新的实际控制人实际拥有控制权时起算。

8. "五年规划"的赚钱

企业要上市，通常是要做好至少五年的"赚钱"规划。上市申报的三年报告期，需符合上市的财务指标要求；而上市申报后大约一年的审核期，业绩也要能持续，一般不得出现下滑；上市后至少是第一年的业绩要"撑"得住，这样才"对得起"督导券商（如上市后首年业绩下滑，督导券商有一定责任）和上市前持股的小股东（上市后满一年可以变现退出，退出时的股价需有业绩支撑）。

9. 持续地赚钱

企业应当是已经拥有了成熟的商业模式，拥有稳定的供应商和客户，具备一定的抗市场风险的能力，能够持续经营和持续盈利。企业的盈利并非来自偶发的、确定性不高的"业务大单"。

10. 行业不受限制地赚钱

在我国，IPO的政策性非常强，这主要体现在对申报企业所处的行业管控方面。《首次公开发行股票注册管理办法》规定，发行人生产经营符合法律、行政法规的规定，符合国家产业政策。有些企业，虽然有稳定的、持续的现金流，营业收入与净利润指标都很漂亮，"很赚钱"，但因其处于某个特定的行业，可能并不受资本市场的欢迎。国家的产业政策有时是多变的，由此考验企业对上市申报"窗口期"的英明选择。

企业提交IPO申报材料后，在交易所审核环节，中国证监会就会同步关注发行人是否符合国家产业政策。按照A股当前的审核实践，从事下列行业（或业务）的企业IPO将受限：

（1）《产业结构调整指导目录（2024年本）》中被列入限制类或淘汰类的行业。

(2)《市场准入负面清单(2022年版)》(国家发展改革委、商务部印发)明确禁止上市融资的行业,例如,义务教育阶段学科类培训机构一律不得上市融资,严禁资本化运作;上市公司不得通过股票市场融资投资义务教育阶段学科类培训机构,不得通过发行股份或支付现金等方式购买义务教育阶段学科类培训机构资产;禁止民办园单独或作为一部分资产打包上市。

(3)根据2023年年初以来的IPO审核实践,下列企业申报IPO会受到限制:产品为食品、家电、家具、服装鞋帽等相对传统、行业壁垒较低的大众消费类企业;从事快销餐饮连锁业务的企业(综合考虑经营期限、企业规模、品牌知名度、大众口碑、运营规范等因素审慎掌握);从事新冠核酸、抗原产业链等涉疫业务的企业(综合考虑疫情防控常态化以后生物医药企业涉疫业务收入占比、持续经营能力或者原为生物医药企业后参与涉疫业务等因素审慎掌握);经营稳健但没有多少成长空间的"小老树";股东或业务已经引发重大舆情的。

(4)周期性行业、受外部政策等因素影响较大的行业、生命周期明显的行业,例如,有色金属行业,对原材料价格过于敏感的行业,对政府扶持、补贴政策过于敏感的行业等。

(5)农业企业,此类企业盈利稳定性差,经营模式与销售模式复杂;存货难以有效盘点计量,现金交易多,核查难度大;有特别的税收优惠,财务造假成本低。历史上此类上市企业的财务造假占比最高。

(二)如何理解"规范地赚钱"

作为一家公众公司,显然其规范程度是要高于普通公司的,要"规范地赚钱"。可从以下方面理解这里的"规范"要求。

1. 历史沿革、股东

公司历史沿革的规范性,不存在"报告期"之说,从公司设立起,股东资格、股东出资、注册资本到历次股权演变的合法、合规性都会受到关注。

2. 业务资质

公司从事的业务必须合法合规,需要资质的,必须齐备;且资质要求延伸至公司的上下游,法律规定公司的供应商、客户需具备特定资质的,都必须齐备。对于资质类企业的业务,还要关注是否存在挂靠与被挂靠,业务的非法转包、非法分包等问题。

3. 独立性

控股股东、实际控制人与公司不存在同业竞争。

公司治理规范,有独立于控股股东和实际控制人的独立治理系统。

4. 内控规范

主要是财务内控要求,内控制度健全,报告期内不存在股东占用公司资金的情况。

5. 无重大违法

公司以及控股股东、实际控制人,公司的董事、监事和高管在报告期内不得存在重大违法行为,不存在重大的到期应偿债务。

第二节　上市的法定条件

就企业上市,我国实行的是发行与上市审核合一的制度。中国证监会颁布的《首次公开发行股票注册管理办法》第 5 条规定,“首次公开发行股票并上市,应当符合发行条件、上市条件以及相关信息披露要求,依法经交易所发行上市审核,并报中国证监会注册”,第 19 条规定,“交易所设立独立的审核部门,负责审核发行人公开发行并上市申请……交易所主要通过向发行人提出审核问询、发行人回答问题方式开展审核工作,判断发行人是否符合发行条件、上市条件和信息披露要求,督促发行人完善信息披露内容”,可见,无论是证券交易所的审核环节还是中国证监会的注册环节,都是对发行人是否符合发行、上市条件进行一体化审核。

但就具体的发行条件、上市条件而言,法律是有区分规定的。发行条件主要来源于《证券法》以及中国证监会有关规章的规定;上市条件,是由证券交易所依据《证券法》的授权在其颁布的规范性文件中进行规定(《证券法》在第 47 条仅作了概括性的授权规定,“申请证券上市交易,应当符合证券交易所上市规则规定的上市条件”。)。

一、法定的发行条件

(一)《证券法》的有关规定

就首次公开发行股票,我国《证券法》第 12 条规定了四个基本条件(具备健全且运行良好的组织机构;具有持续经营能力;最近 3 年财务会计报告被出具无保留意见审计报告;发行人及其控股股东、实际控制人最近 3 年不存在贪污、贿赂、侵占财产、挪用财产或者破坏社会主义市场经济秩序的刑事犯罪),并授权国务院证券监管机构(中国证监会)作出更具体的规定。

第十二条　公司首次公开发行新股,应当符合下列条件:

(一)具备健全且运行良好的组织机构;

(二)具有持续经营能力;

(三)最近三年财务会计报告被出具无保留意见审计报告;

(四)发行人及其控股股东、实际控制人最近三年不存在贪污、贿赂、侵占财产、挪用财产或者破坏社会主义市场经济秩序的刑事犯罪;

(五)经国务院批准的国务院证券监督管理机构规定的其他条件。

上市公司发行新股,应当符合经国务院批准的国务院证券监督管理机构规定的条件,具体管理办法由国务院证券监督管理机构规定。

公开发行存托凭证的,应当符合首次公开发行新股的条件以及国务院证券监督管理机构规定的其他条件。

(二)中国证监会颁布的规章

根据《证券法》的授权,就在上交所、深交所首次公开发行的条件,中国证监会发布的《首次公开发行股票注册管理办法》作出了具体规定。

第二章　发行条件

第十条　发行人是依法设立且持续经营三年以上的股份有限公司,具备健全且运行良好的组织机构,相关机构和人员能够依法履行职责。

有限责任公司按原账面净资产值折股整体变更为股份有限公司的,持续经营时间可以从有限责任公司成立之日起计算。

第十一条　发行人会计基础工作规范,财务报表的编制和披露符合企业会计准则和相关信息披露规则的规定,在所有重大方面公允地反映了发行人的财务状况、经营成果和现金流量,最近三年财务会计报告由注册会计师出具无保留意见的审计报告。

发行人内部控制制度健全且被有效执行,能够合理保证公司运行效率、合法合规和财务报告的可靠性,并由注册会计师出具无保留结论的内部控制鉴证报告。

第十二条　发行人业务完整,具有直接面向市场独立持续经营的能力:

(一)资产完整,业务及人员、财务、机构独立,与控股股东、实际控制人及其控制的其他企业间不存在对发行人构成重大不利影响的同业竞争,不存在严重影响独立性或者显失公平的关联交易;

（二）主营业务、控制权和管理团队稳定，首次公开发行股票并在主板上市的，最近三年内主营业务和董事、高级管理人员均没有发生重大不利变化；首次公开发行股票并在科创板、创业板上市的，最近二年内主营业务和董事、高级管理人员均没有发生重大不利变化；首次公开发行股票并在科创板上市的，核心技术人员应当稳定且最近二年内没有发生重大不利变化；

发行人的股份权属清晰，不存在导致控制权可能变更的重大权属纠纷，首次公开发行股票并在主板上市的，最近三年实际控制人没有发生变更；首次公开发行股票并在科创板、创业板上市的，最近二年实际控制人没有发生变更；

（三）不存在涉及主要资产、核心技术、商标等的重大权属纠纷，重大偿债风险，重大担保、诉讼、仲裁等或有事项，经营环境已经或者将要发生重大变化等对持续经营有重大不利影响的事项。

第十三条　发行人生产经营符合法律、行政法规的规定，符合国家产业政策。

最近三年内，发行人及其控股股东、实际控制人不存在贪污、贿赂、侵占财产、挪用财产或者破坏社会主义市场经济秩序的刑事犯罪，不存在欺诈发行、重大信息披露违法或者其他涉及国家安全、公共安全、生态安全、生产安全、公众健康安全等领域的重大违法行为。

董事、监事和高级管理人员不存在最近三年内受到中国证监会行政处罚，或者因涉嫌犯罪正在被司法机关立案侦查或者涉嫌违法违规正在被中国证监会立案调查且尚未有明确结论意见等情形。

根据《证券法》的授权，就在北交所向不特定合格投资者公开发行股票的条件，中国证监会发布的《北京证券交易所向不特定合格投资者公开发行股票注册管理办法》作了具体规定。

第二章　发行条件

第九条　发行人应当为在全国股转系统连续挂牌满十二个月的创新层挂牌公司。

第十条　发行人申请公开发行股票，应当符合下列规定：

（一）具备健全且运行良好的组织机构；

（二）具有持续经营能力，财务状况良好；

（三）最近三年财务会计报告无虚假记载，被出具无保留意见审计报告；

（四）依法规范经营。

第十一条　发行人及其控股股东、实际控制人存在下列情形之一的，发行人不得

公开发行股票:

(一)最近三年内存在贪污、贿赂、侵占财产、挪用财产或者破坏社会主义市场经济秩序的刑事犯罪;

(二)最近三年内存在欺诈发行、重大信息披露违法或者其他涉及国家安全、公共安全、生态安全、生产安全、公众健康安全等领域的重大违法行为;

(三)最近一年内受到中国证监会行政处罚。

(三)证券交易所的规范性文件

根据《证券法》的授权,上交所、深交所、北交所(以下简称三大交易所)制定上市规则具体规定了上市条件,并分别颁布了“发行上市审核规则”。

二、法定的上市条件

我国 A 股三大交易所有主板、科创板、创业板、北交所四个板块,三大交易所规定的四个板块上市的具体条件有所不同。上市条件总体上可以分成财务指标要求和非财务指标要求两个方面。财务指标要求方面,具有表决权差异安排的企业以及红筹企业作为特殊企业,有特别的规定。

(一)财务指标要求

1. 一般企业的财务指标要求

法律上对于不具有表决权差异安排且非红筹的一般企业的财务指标要求见表 3－1。

表 3－1 一般企业财务指标要求

主板	①最近 3 年净利润[1]均为正,且最近 3 年净利润累计不低于 2 亿元,最近 1 年净利润不低于 1 亿元,最近 3 年经营活动产生的现金流量净额累计不低于 2 亿元或者营业收入累计不低于 15 亿元;

[1] 净利润以扣除非经常性损益前后的孰低者为准,下同。

续表

主板	②预计市值[1]不低于50亿元,且最近1年净利润为正,最近1年营业收入不低于6亿元,最近3年经营活动产生的现金流量净额累计不低于2.5亿元; ③预计市值不低于100亿元,且最近1年净利润为正,最近1年营业收入不低于10亿元
科创板	①预计市值不低于人民币10亿元,最近2年净利润均为正且累计净利润不低于人民币5000万元,或者预计市值不低于人民币10亿元,最近1年净利润为正且营业收入不低于人民币1亿元; ②预计市值不低于人民币15亿元,最近1年营业收入不低于人民币2亿元,且最近3年累计研发投入占最近3年累计营业收入的比例不低于15%; ③预计市值不低于人民币20亿元,最近1年营业收入不低于人民币3亿元,且最近3年经营活动产生的现金流量净额累计不低于人民币1亿元; ④预计市值不低于人民币30亿元,且最近1年营业收入不低于人民币3亿元; ⑤预计市值不低于人民币40亿元,主要业务或产品需经国家有关部门批准,市场空间大,目前已取得阶段性成果。医药行业企业需至少有一项核心产品获准开展二期临床试验,其他符合科创板定位的企业需具备明显的技术优势并满足相应条件
创业板	①最近2年净利润均为正,累计净利润不低于1亿元,且最近1年净利润不低于6000万元; ②预计市值不低于15亿元,最近1年净利润为正且营业收入不低于4亿元; ③预计市值不低于50亿元,且最近1年营业收入不低于3亿元[2]
北交所	①预计市值不低于2亿元,最近2年净利润均不低于1500万元且加权平均净资产收益率平均不低于8%,或者最近1年净利润不低于2500万元且加权平均净资产收益率不低于8%; ②预计市值不低于4亿元,最近2年营业收入平均不低于1亿元,且最近1年营业收入增长率不低于30%,最近1年经营活动产生的现金流量净额为正; ③预计市值不低于8亿元,最近1年营业收入不低于2亿元,最近2年研发投入合计占最近2年营业收入合计比例不低于8%; ④预计市值不低于15亿元,最近2年研发投入合计不低于5000万元

---

〔1〕 预计市值,是指股票公开发行后按照总股本乘以发行价格计算出来的发行人股票名义总价值,下同。

〔2〕 根据深交所《关于未盈利企业在创业板上市相关事宜的通知》(深证上〔2023〕105号),属于先进制造、互联网、大数据、云计算、人工智能、生物医药等高新技术产业和战略性新兴产业的创新创业企业可适用该条标准。

此外，为了明确科创板第五套上市标准对于医疗器械企业的适用情形，2022 年 6 月 10 日，上交所发布了《上海证券交易所科创板发行上市审核规则适用指引第 7 号——医疗器械企业适用第五套上市标准》[1]，规定：①发行人应当符合国家医疗器械科技创新战略，拥有关键核心技术等先进技术，科技创新能力和科技成果转化能力突出，医疗器械产品具有显著的检验检测、诊断治疗、健康促进等价值。②发行人的核心技术产品应当属于国家医疗器械科技创新战略和相关产业政策鼓励支持的范畴，主要包括先进的检验检测、诊断、治疗、监护、生命支持、中医诊疗、植入介入、健康康复设备产品及其关键零部件、元器件、配套件和基础材料等。③发行人的核心技术产品研发应当取得阶段性成果，至少有一项核心技术产品已按照医疗器械相关法律法规要求完成产品检验和临床评价且结果满足要求，或已满足申报医疗器械注册的其他要求，不存在影响产品申报注册和注册上市的重大不利事项。④发行人应当满足主要业务或产品市场空间大的标准。发行人应当结合核心技术产品的创新性及研发进度、与已上市或在研竞品的优劣势比较、临床需求和细分行业的市场格局、影响产品销售的有关因素等，审慎预测并披露是否满足主要业务或产品市场空间大的标准，相关预测应当充分、客观，具有合理的依据。⑤发行人应当具备明显的技术优势。发行人应当结合核心技术与核心产品的对应关系，核心技术获取方式，核心技术形成情况，核心技术先进性衡量指标，与境内外竞争对手比较情况，技术储备和持续研发能力，创业团队和核心技术人员学历背景、研发成果、加入发行人的时间、是否具有稳定性预期等方面，披露是否具备明显的技术优势。⑥发行人应当不存在核心技术产品研发失败、主要业务或产品商业化生产销售预期明显不足等可能对企业持续经营能力产生重大不利影响的事项。

根据上述各板块对一般企业的财务指标要求可以见得，主板对于拟上市企业报告期内的净利润，抑或说盈利能力的要求较为严格，三项指标均要求企业在报告期内净利润为正，这也体现了其重点支持业务模式成熟、经营业绩稳定、规模较大、具有行业代表性的优质企业的“大盘蓝筹”特色。相较而言，科创板、创业板和北交所对于企业的盈利能力则有一定的包容性，科创板五项指标中仅第一项指标要求净利润为正，创业板三项指标中前两项要求净利润为正，北交所四项指标中仅第一项要求企业净利润

[1] 2023 年 8 月 25 日，上海证券交易所发布《关于修改、废止部分业务规则和业务指南的通知》(上证发[2023]138 号)，将该规则名称修改为“上海证券交易所发行上市审核规则适用指引第 5 号——医疗器械企业适用第五套上市标准”。

为正。当然，如前文所述，未设定申报前的盈利能力标准并不意味着放弃对企业持续盈利能力的要求，企业仍需保证预计市值等其他条件的满足。

此外，可以注意到，除主板的"大盘蓝筹"特色外，其他三个板块的财务指标也分别反映了其各自优先支持的企业类型。例如，创业板的 IPO 定位主要为服务成长型创新创业企业，因此尽管此次深圳证券交易所在 2024 年 4 月 30 日发布了《深圳证券交易所创业板股票上市规则》(2024 修订)(深证上〔2024〕340 号)，提高了创业板第一套上市标准的净利润指标及创业板第二套上市标准的预计市值、收入等指标，但相比于其他板块，其对企业的目前盈利能力要求并不算高，反而更看重企业的发展潜力和成长空间；而科创板重视支持拥有关键核心技术、科技创新能力突出、主要依靠核心技术开展生产经营的企业，因此其部分财务指标中涉及了对研发投入和研发成果的要求，且其要求的研发投入比例相对创业板来说较高；北交所主要服务于创新型中小企业，因此其对企业预计市值、净利润和营业收入等财务指标均设置了相对较低的底线。

2. 具有表决权差异安排的企业

表决权差异安排，即同股不同权。表决权差异安排是指发行人依照《公司法》(2023 修订)第 144 条的规定，在普通股份之外，发行拥有特别表决权的股份(以下简称特别表决权股份)。上市公司应当在章程中规定每份特别表决权股份的表决权数量。每份特别表决权股份的表决权数量应当相同，且不得超过每份普通股份的表决权数量的 10 倍。除了公司章程规定的表决权差异外，普通股份与特别表决权股份具有的其他股东权利应当完全相同。[1]

表决权差异安排是我国《公司法》在公司治理领域的一项重要进步，该种安排能够实现满足公司融资需求和控制权需求的双重目标。这是因为，公司在上市前通常需要进行多轮融资，以获得足够的资金支持，而在这个过程中，创始人的股权可能会逐渐被稀释，导致他们的控制权减弱。表决权差异安排可以放大创始人的股权表决权，保障其对公司经营决策方面的控制权。

法律上对于具有表决权差异安排的企业的财务指标要求见表 3 – 2。

---

〔1〕《上海证券交易所科创板股票上市规则》(2023 年 8 月修订)(上证发〔2023〕128 号)。

表 3－2　具有表决权差异安排的企业财务指标要求

主板	①预计市值不低于 200 亿元，且最近 1 年净利润为正； ②预计市值不低于 100 亿元，且最近 1 年净利润为正，最近 1 年营业收入不低于 10 亿元
科创板	①预计市值不低于 100 亿元； ②预计市值不低于 50 亿元，且最近 1 年营业收入不低于 5 亿元
创业板	
北交所	①市值不低于 6 亿元，最近 2 个会计年度经审计的净利润均不低于 1500 万元，加权平均净资产收益率平均不低于 8%，或者最近 1 个会计年度经审计的净利润不低于 2500 万元，且最近 1 年加权平均净资产收益率不低于 8%； ②市值不低于 6 亿元，最近 2 个会计年度经审计的营业收入平均不低于 1 亿元，且最近 1 个会计年度经审计的营业收入增长率不低于 30%；最近 1 年经营活动现金流量净额为正； ③市值不低于 8 亿元，最近 1 个会计年度经审计的营业收入不低于 2 亿元，最近 2 个会计年度合计研发投入占合计营业收入的比例不低于 8%； ④市值不低于 15 亿元，最近 2 个会计年度研发投入累计不低于 5000 万元〔1〕

3. **红筹企业**

根据《监管规则适用指引——发行类第 4 号》、《深圳证券交易所股票发行上市审核规则》、《上海证券交易所科创板股票上市规则》（2023 年 8 月修订）等的规定，红筹企业是指注册地在境外、主要经营活动在境内的企业。

目前，除北交所外，其他各板块均为红筹企业提供了上市通道。不过，根据北京市人民政府于 2023 年 7 月 21 日发布的《北京市贯彻落实加快建设全国统一大市场意见的实施方案》（京政发〔2023〕16 号），北京市计划推动红筹企业在北交所上市等方面的改革尽快落地。因此，红筹企业未来也可能有机会在北交所进行上市。

目前，主板、科创板及创业板对于红筹企业的财务指标要求见表 3－3。

〔1〕《北京证券交易所股票上市规则（试行）》（北证公告〔2023〕49 号）暂未对具有表决权差异安排的企业的上市标准作出明确的规定，仅规定“发行人具有表决权差异安排的，该安排应当平稳运行至少一个完整会计年度，且相关信息披露和公司治理应当符合中国证监会及全国股转公司相关规定”。而根据《全国中小企业股份转让系统挂牌公司治理指引第 3 号——表决权差异安排》（股转系统公告〔2020〕270 号）的相关规定，设置表决权差异安排的挂牌公司应符合本表中的四套指标。

表 3－3　红筹企业财务指标要求

<table>
<tr><th>标准</th><th>已在境外上市的红筹企业</th><th>未在境外上市的红筹企业</th></tr>
<tr><td>主板</td><td rowspan="3">①市值不低于 2000 亿元；
②市值 200 亿元以上，且拥有自主研发、国际领先技术，科技创新能力较强，在同行业竞争中处于相对优势地位</td><td>①预计市值不低于 200 亿元，且最近 1 年营业收入不低于 30 亿元；
②营业收入快速增长[1]，拥有自主研发、国际领先技术，在同行业竞争中处于相对优势地位，且预计市值不低于 100 亿元；
③营业收入快速增长，拥有自主研发、国际领先技术，在同行业竞争中处于相对优势地位，且预计市值不低于 50 亿元，最近 1 年营业收入不低于 5 亿元</td></tr>
<tr><td>科创板</td><td rowspan="2">①营业收入快速增长，拥有自主研发、国际领先技术，同行业竞争中处于相对优势地位，且预计市值不低于人民币 100 亿元；
②营业收入快速增长，拥有自主研发、国际领先技术，同行业竞争中处于相对优势地位，且预计市值不低于人民币 50 亿元，最近 1 年营业收入不低于人民币 5 亿元</td></tr>
<tr><td>创业板</td></tr>
</table>

（二）非财务指标要求

除财务指标外，各板块还对拟上市公司的主体资格、财务规范性、持续经营能力等非财务指标作出了要求，具体见表 3－4。

[1] 表 3－3 所称营业收入快速增长，指符合下列标准之一：(1) 最近 1 年营业收入不低于人民币 5 亿元的，最近 3 年营业收入复合增长率 10% 以上；(2) 最近 1 年营业收入低于人民币 5 亿元的，最近 3 年营业收入复合增长率 20% 以上；(3) 受行业周期性波动等因素影响，行业整体处于下行周期的，发行人最近 3 年营业收入复合增长率高于同行业可比公司同期平均增长水平。处于研发阶段的红筹企业和对国家创新驱动发展战略有重要意义的红筹企业，不适用“营业收入快速增长”的上述要求。

表3-4 拟上市公司非财务指标要求

<table>
<tr><th colspan="2">项目</th><th>主板</th><th>科创板</th><th>创业板</th><th>北交所</th></tr>
<tr><td colspan="2">主体资格</td><td colspan="3">发行人是依法设立且持续经营3年以上的股份有限公司，具备健全且运行良好的组织机构，相关机构和人员能够依法履行职责；
有限责任公司按原账面净资产值折股整体变更为股份有限公司的，持续经营时间可以从有限责任公司成立之日起计算</td><td>发行人为在全国股转系统连续挂牌满12个月的创新层挂牌公司</td></tr>
<tr><td rowspan="2">股本及股份比例</td><td>发行后股本总额</td><td>发行后股本总额不低于5000万元</td><td colspan="3">发行后股本总额不低于3000万元</td></tr>
<tr><td>公开发行的股份比例</td><td colspan="3">公开发行的股份达到公司股份总数的25%以上；公司股本总额超过4亿元的，公开发行股份的比例为10%以上</td><td>公开发行后，公司股东人数不少于200人，公众股东持股比例不低于公司股本总额的25%；公司股本总额超过4亿元的，公众股东持股比例不低于公司股本总额的10%</td></tr>
<tr><td colspan="2">财务规范性</td><td colspan="3">发行人会计基础工作规范，财务报表的编制和披露符合企业会计准则和相关信息披露规则的规定，在所有重大方面公允地反映了发行人的财务状况、经营成果和现金流量，最近3年财务会计报告由注册会计师出具无保留意见的审计报告</td><td>最近3年财务会计报告无虚假记载，被出具无保留意见审计报告</td></tr>
<tr><td colspan="2">内控制度</td><td colspan="3">发行人内部控制制度健全且被有效执行，能够合理保证公司运行效率、合法合规和财务报告的可靠性，并由注册会计师出具无保留结论的内部控制鉴证报告</td><td>上市公司应当建立健全内部控制制度，公司董事会负责内部控制制度的有效实施</td></tr>
<tr><td colspan="2">独立性</td><td colspan="3">资产完整，业务及人员、财务、机构独立，与控股股东、实际控制人及其控制的其他企业间不存在对发行人构成重大不利影响的同业竞争，不存在严重影响独立性或者显失公平的关联交易</td><td>上市公司控股股东、实际控制人应当采取切实措施保证公司资产独立、人员独立、财务独立、机构独立和业务独立，不得通过任何方式影响公司的独立性</td></tr>
</table>

续表

<table>
<tr><th colspan="2">项目</th><th>主板</th><th>科创板</th><th>创业板</th><th>北交所</th></tr>
<tr><td rowspan="5">持续经营能力</td><td>主营业务</td><td>最近3年内主营业务没有发生重大不利变化</td><td colspan="3">最近2年内主营业务没有发生重大不利变化</td></tr>
<tr><td>控制权</td><td>最近3年实际控制人没有发生变更</td><td colspan="3">最近2年实际控制人没有发生变更</td></tr>
<tr><td>管理团队</td><td>最近3年内董事、高级管理人员没有发生重大不利变化</td><td>最近2年内董事、高级管理人员没有发生重大不利变化；且核心技术人员应当稳定且最近2年内没有发生重大不利变化</td><td colspan="2">最近2年内董事、高级管理人员没有发生重大不利变化</td></tr>
<tr><td>股权清晰</td><td colspan="3">股份权属清晰，不存在导致控制权可能变更的重大权属纠纷</td><td>控股股东和受控股股东、实际控制人支配的股东所持有的发行人股份不存在重大权属纠纷</td></tr>
<tr><td>风险事项</td><td colspan="3">不存在涉及主要资产、核心技术、商标等的重大权属纠纷，重大偿债风险，重大担保、诉讼、仲裁等或有事项，经营环境已经或者将要发生重大变化等对持续经营有重大不利影响的事项</td><td>对发行人主要业务有重大影响的土地使用权、房屋所有权、生产设备、专利、商标和著作权等不存在对发行人持续经营能力构成重大不利影响的权属纠纷</td></tr>
</table>

续表

<table>
<tr><th>项目</th><th>主板</th><th>科创板</th><th>创业板</th><th>北交所</th></tr>
<tr><td>合法合规性</td><td colspan="3">发行人生产经营符合法律、行政法规的规定,符合国家产业政策;
最近3年内,发行人及其控股股东、实际控制人不存在贪污、贿赂、侵占财产、挪用财产或者破坏社会主义市场经济秩序的刑事犯罪,不存在欺诈发行、重大信息披露违法或者其他涉及国家安全、公共安全、生态安全、生产安全、公众健康安全等领域的重大违法行为;
董事、监事和高级管理人员不存在最近3年内受到中国证监会行政处罚,或者因涉嫌犯罪正在被司法机关立案侦查或者涉嫌违法违规正在被中国证监会立案调查且尚未有明确结论意见等情形</td><td>不得存在下列情形:最近36个月内,发行人及其控股股东、实际控制人,存在贪污、贿赂、侵占财产、挪用财产或者破坏社会主义市场经济秩序的刑事犯罪,存在欺诈发行、重大信息披露违法或者其他涉及国家安全、公共安全、生态安全、生产安全、公众健康安全等领域的重大违法行为;
最近12个月内,发行人及其控股股东、实际控制人、董事、监事、高级管理人员受到中国证监会及其派出机构行政处罚,或因证券市场违法违规行为受到全国中小企业股份转让系统有限责任公司、证券交易所等自律监管机构公开谴责;
发行人及其控股股东、实际控制人、董事、监事、高级管理人员因涉嫌犯罪正被司法机关立案侦查或涉嫌违法违规正被中国证监会及其派出机构立案调查,尚未有明确结论意见;
发行人及其控股股东、实际控制人被列入失信被执行人名单且情形尚未消除</td></tr>
</table>

第四章

要不要上市

前文分析了上市的基本条件。那么,上市对企业而言,意味着什么?“老干妈”“华为”“娃哈哈”等企业那么优秀为何都不上市?要不要上市?回答这个问题,得客观认识上市的好处和弊端。

第一节　上市的好处

一、公司自身发展的需要

公司作为一个市场主体,从诞生的第一天起就在追求发展壮大,而公司的发展壮大一定离不开资金、品牌、业务、人才以及优秀的公司治理机制。

(一)资金

资金是企业的血液,任何企业的发展都离不开资金。企业上市,即意味着拥有了发行股票募集资金的权利,这一权利可以称为“类铸币权”。有了充裕资金后可以更好地抢占市场,拓展生产线,研发产品等,从而让公司更加具有竞争力。上市最直接地解决了企业发展的资金问题,而且发行的股票募集资金,是募集到了无须归还的钱,还无资金成本。而且,财务结构得到很好的改善,通过上市以股权方式募集资金,可以降低资产负债率,改善公司财务结构,提高抗风险能力。

1. 首次发行募集资金

企业在上市时能够通过首次公开发行股票一次性募集规模较大、相当于企业数年经营积累的资金。通过对募集资金的合理使用,企业能够获得超越同行的快速发展契机。

2. 获得持续、稳定的融资渠道

企业上市后,符合一定条件,可以通过公开增发、定向增发、发行可转债、分离交易债、配股等方式不断在资本市场进行融资,再次募集生产经营所需资金。而且,企业上市后,信用资质较高,银行往往会主动“追着”企业放贷;在公司债券、中期票据、短期融资券等债权融资工具以及混合融资工具(如可转换公司债券、永续债、优先股等)、结构融资(如企业资产证券化,即 ABS)等方面都有更多优势,融资十分便捷。更重要的是,企业可以通过在资本市场持续再融资获得源源不断的发展资金,实现直接融资与间接融资两条腿走路,有效降低融资成本,降低对银行的依存度,特别是可以避免宏观调控加强、银行信贷收缩时的不利局面。

3. 在并购扩张中“不用花钱”,可用股票进行支付

企业上市后,其股票成为一种“硬通货”,在实施外部扩张战略中,企业可以增发股票作为支付手段来收购竞争对手或上下游企业,这对加速企业的发展非常重要。

企业的成长有两种方式:一种是内生式增长,靠自身的资金和技术,研发销售积累扩大再生产,是企业的立足之本,但缓慢、耗时,充满不确定性,发展规模受限;另一种是外延式增长,通过并购重组获得外部企业的品牌、资金、技术、人才、采购、生产和销售资源,通过有形和无形的有效整合,实现规模经济和协同效应,实现跨越式成长。从 19 世纪末至 21 世纪初,全球以美国为主掀起了五次并购浪潮。美国几乎所有的大公司都是在这五次并购浪潮中通过并购重组成长起来的。

中航电测(300114. SZ)于 2023 年 10 月 20 日发出公告,公司拟向中国航空工业集团有限公司发行股份购买其持有的成都飞机工业(集团)有限责任公司 100% 股权。中航电测作为上市公司,此次交易的对手方为中国航空工业集团有限公司,为成都飞机工业(集团)有限责任公司的实际控制人。相关资料显示,成都工业(集团)有限责任公司总资产超过 1500 亿元,较中航电测高出许多。同时,最新数据显示,中航电测市值仅有 60 多亿元。此次收购可谓“蛇吞象”式收购。如果没有获得上市公司地位,没有上市公司的股票支付手段借力,中航电测这一“蛇吞象”式收购是不可能发生的。

(二)品牌

企业的发展,也是一个品牌打造的过程,企业的发展也依赖企业品牌的打造。而成为一家上市公司,本身就是企业品牌的一次最佳战略推广,上市对企业而言是巨大的无形资产，具有强大的广告效应，让企业名称和股票代码一夜之间走上全球亿万股民关注的“富豪榜”（资本市场）。上市企业更容易得到商业界、投资者、新闻界、消费者以及上下游、同行业的精准关注。从发行审核中的信息披露到发行后的持续交易再到研究机构的调研分析等，都可以向资本市场及广大投资者展现企业的综合实力，持续展示企业形象。而且，目前来看，中国 A 股几乎是全球上市监管最严格、上市难度最大的资本市场，中国 A 股上市公司本身就是一块金字招牌，能在中国 A 股立足，就是公司实力的体现，具有最特别的品牌价值。

（三）业务

基于严格的法律监管和信息披露要求，企业上市无疑能大幅提升其公信力和市场影响力。企业上市后需要定期披露财报，将企业经营状况都置于公众视野之下，企业经营得好坏可以被简单识别，无论是对于企业的投资者还是公司产品的消费者而言，企业上市都增强了他们的信任感，这也直接促进企业业务的提升。上市企业本身的资信背书，更易获客。

此外，政策的支持可以更好地促进企业的业务发展，企业一旦上市，当地政府基本都会当企业是“掌上明珠”，在财政补贴、土地、税收、营商环境等方面都会给予大的支持，较好地推动企业业务的发展。很多地方都出台了支持企业上市工作的措施和具体奖励办法，无论是日常运行还是遭遇危机时更容易获得政府支持，此点对于民营企业尤其重要。

（四）人才

企业之间的竞争，本质上就是人才的竞争。有了人才，就有了技术、先进的管理，以至于有了企业的核心竞争力和市场占有率。企业上市后，财务状况进一步得到大的改善，企业可以更好地改善员工的待遇。上市公司本身的资信和实力能吸引人才，对市场上的人才，上市公司有天然的吸引力，对公司的员工，则可以大大提升他们的安全感、归属感和荣誉感，增强他们对企业的信心。而且上市公司更有实力和方法留住现有人才和引进新的人才。上市公司有实力去挖掘行业最优秀的人才。特别是，上市公司拥有特别的股权激励手段，容易建立有效的股权激励机制。股权激励对于公司的经营绩效至关重要。企业上市后，就可以利用资本市场的力量，通过适当的设计（将经营绩效与股权激励的数量、价格联系起来）和工具（如股票期权、限制性股票等）来吸引优秀人才，树立长期主义的经营观。企业可以“不用花钱”就能让与企业一路同行的核心人员甚至普通员工从资本市场上获得大的收益。上市公司的股权激励手段,对于吸引人才有非常大的优势。

例如,中国 A 股玻璃行业著名的上市公司旗滨集团(股票代码 601636)就很好地利用"市场上的钱"激励了员工,相应地,企业也获得了长足发展。公开数据显示,旗滨集团在 2012～2017 年共实施了 3 次股权激励计划(包含 5 次授予、11 期解锁),参与员工多达 734 人次。按照每次激励股份解除限售日的股份收盘价减去相对应的授予价来计算(暂不考虑激励股份限售条件及员工实际出售激励股份的时间等问题),激励对象通过上述 3 次股权激励可获得的收益合计超过 5 亿元。[1]

实施上述股权激励不仅使公司员工从市场上获得了较大的收益,同时公司的经营业绩也获得较快增长。根据见微数据上公布的年度报告,旗滨集团在 2012 年的营业收入约为 26.85 亿元,净利润约为 1.97 亿元;在 2020 年的营业收入则达到约 96.44 亿元,净利润达到约 18.25 亿元。在这期间,除 2014 年及 2015 年公司净利润与上一年度相比有回落外,公司历年净利润和营业收入都获得持续增长,公司多次股权激励的实施功不可没。旗滨集团 2012～2020 年的营业收入和净利润数据见表 4－1。

表 4－1 旗滨集团 2012～2020 年营业收入和净利润情况

单位:元

年份	营业收入	净利润
2012	2,684,535,646.40	197,330,150.62
2013	3,525,953,681.64	387,138,421.71
2014	3,716,619,606.58	221,058,649.02
2015	5,169,461,537.12	171,332,577.56
2016	6,960,960,745.15	835,056,901.63
2017	7,585,004,069.43	1,142,648,299.91
2018	8,378,307,426.77	1,207,664,334.83
2019	9,305,764,517.90	1,346,427,280.98
2020	9,644,088,854.02	1,825,359,972.69

〔1〕 本段数据摘自见微数据上披露的《旗滨集团:2012 年 A 股限制性股票激励计划(草案修订稿)》(2012 年 3 月 15 日)、《旗滨集团:2016 年 A 股限制性股票激励计划(草案)》(2016 年 7 月 26 日)以及《旗滨集团:2017 年 A 股限制性股票激励计划(草案)》(2017 年 3 月 10 日)等文件。

（五）公司治理

基于公众公司的社会特性，企业上市后受到的监管相当严格。为确保上市公司的规范运作，中国证监会、交易所均颁布了大量的公司治理准则、规则和信息披露规范。可以说，上市公司拥有最优秀、最科学的治理模式。企业创业初期，追求效率非常重要，实际控制人牢牢掌控着企业的经营管理，效率虽高，但安全性差，这就是在公司治理领域常讲的所谓"实际控制人控制的风险"。企业发展到一定阶段，需要建立健全法人治理结构，完善公司治理机制，实现效率与安全的平衡。而企业上市成为一家公众公司后，公司治理状况就大为改善，内控制度健全，企业的长治久安有了保障，因公司治理混乱导致的企业不确定性风险大为降低。

从另一个角度来看，上市公司有更充分的法治保障，实控人可以将企业放心地交给职业经理人打理，这也解决了企业"百年老店"发展目标的传承问题，即便实控人的"创二代"不愿意接班，公司一样可以实现规范化经营、永续发展。

二、上市公司实控人自身的需要

（一）实控人财富自由的需要

企业上市以前，股东的财富价值一般以净资产为基础折算，而且难以变现。上市后，公司的股份价值实质上折现了未来多年的预期收益，再加上股票在证券交易所强大的流通性，令股票具有很好的流动性溢价，大量持有公司股票的实控人可以实现某种程度的财富自由。

（二）实控人融资的需要

上市公司的大股东，往往具有更高的信用水平，便利自身以各种方式获得融资。同时，上市公司的股东可以将所持有的上市公司股权进行质押融资。除了可以通过商业银行进行股权质押融资外，还可以用场内交易的方式，通过证券公司进行股票质押融资，程序更为简便。

当上市公司的控股股东为公司制形式时，还可以通过发行可交换公司债券（EB）方式实现减持公司股权或者利用股权质押融资。EB 是公司债券的一种特殊形式，是指持有上市公司股份的股东发行的在一定期限内依据约定的条件可以交换成该股东所持有上市公司股份的公司债券。如果是希望通过发行 EB 有序减持，可以减少对二级市场的直接冲击,避免折价减持。如果是希望通过发行 EB 募集资金,融资规模一般要大于股票质押融资方式,且一般利率更低、期限更灵活。

(三)社会地位的提升

上市公司对于中国大多数地区还是稀缺资源,企业上市后获得了一定的社会地位,它在社会上的声誉比一般企业高。企业的实控人相应地获得较高的社会评价和影响力,这也是人生最宝贵的成就感之一。

(四)安全的需要

就民营企业而言,不少企业存在一定的不规范情况。为了上市,主动接受更严格的证券行业审核与监管,主动规范生产经营,健全环保手续通过补缴社保、公积金、税款,缴纳滞纳金等,可一次性将之前的“原罪”清理干净,从此轻装上阵,再无牵挂。如果没有上市这个过程,通常企业家是没有勇气和魄力自发解决这些问题的,也很难有这样宽松的环境来解决,各地政府对上市公司还是非常鼓励的,而且,在上市申报过程中,一般会请政府各个主管部门出具“无违规证明”“不构成重大违法证明”,从取得该等证明的一刻起,企业历史问题几乎可以说是“一笔勾销”。上市其实也是丢掉历史包袱,与不规范划清界限的过程,企业主动尽到更多的社会责任,自然会得到更多的安全感。

从另一个角度来看,企业上市成为公众公司,拥有数万名股东,社会影响大。企业或创始人如果出现什么问题,相关部门虽然不会网开一面,但也会考虑社会效果,慎重对待,妥善处理。

(五)风险投资人退出的需要

风险投资人这个职业的存在,较好地推动了企业的发展,是社会经济发展的一支重要力量。需有畅通的退出机制保障其基本的利益逻辑,上市即一种最好的退出通道。企业上市之前为了加快发展,往往都会引进投资人。而按照“行规”,投资人都会与企业的创始人签署“对赌”协议,以上市为目标进行对赌。由此,完成上市也是为了完成对投资人的承诺。

(六)回报社会的需要

企业上市,是企业家履行社会责任、回报社会的最佳方式。当企业发展到一定阶段，生存与发展问题得到了较好的解决，企业家才更有现实基础做一个有情怀的企业家，其创业的主要动因将转向回报社会。企业上市，能为当地创造更多的就业机会，贡献更多的税收。基于规范性要求，企业上市后，会成为遵章守纪、合规经营的表率，总体上会推动社会进步。

第二节　上市的弊端

一、上市对拟上市企业的弊端

（一）对一般企业而言，冲刺上市，是一件高投入、低成功率的“风险投资”

尽管注册制改革后上市流程有所优化，但从整体来看，上市周期还是相对漫长，过程艰辛，成功概率却并不高。中国中小企业有1000多万家，但目前国内上市公司仅有5000来家，“千军万马过独木桥”，真正实现上市的企业属于凤毛麟角。企业从准备上市到成功上市基本需要5～8年，其中的艰辛只有自己经历过才能体会。所以，企业要科学、合理地做好上市规划，在合适的时间窗口、合适的企业发展阶段选择上市，提高上市成功率。如果企业并不具备一定实力，盲目追逐上市目标，可能会“揠苗助长”，所有的付出会成为“沉没成本”，导致企业负重前行、失去市场竞争力甚至一蹶不振。

（二）上市隐形成本高

上市的成本包括直接成本和隐形成本。直接成本指聘请投行、会计师、律师、评估师等中介机构或人员所支付的费用，而隐形成本是间接付出的难以言说的成本，包括税务规范成本、财务规范相关成本、业务规范成本、引入资本市场专业人员的新增人力成本、引入财务投资者带来的上市对赌成本、与不良媒体竞争对手及内部员工达成妥协所付出的成本，还有员工社保公积金、环保等方面严格执行国家相关规定，非上市企业特别是民营企业可能存在的“灰色空间”会丧失。大多数企业上市的隐形成本非常高，而且维持上市的成本也不低。

当然，规范运作也是每个企业应该履行的义务和必须担当的社会责任，长远来说也是利好于公司的。

（三）信息披露带来的风险

真实、准确、完整、及时，是对拟上市企业、上市公司信息披露的基本要求。企业申请上市时，一本洋洋洒洒的数十万字的招股说明书，将企业的资产、架构、财务数据、商业模式、盈利逻辑、核心竞争优势、客户供应商、人才构成甚至薪酬等昭示天下，基本无隐私可言。上市后还要持续信息披露。从上市的第一天起，企业就会受到投资者、媒体、同行业、上下游等方面的关注，最大的挑战当然是同行业的关注、学习、研究和赶超，直接影响企业的市场竞争力。

（四）决策流程影响决策效率

根据规范法人治理结构的要求，企业上市需要规范“三会”（股东会、董事会、监事会）运作，增设独立董事，重大决策需根据事项的性质、重要程度和金额大小履行相应的程序；对于一些重大事项，可能得事先与证券交易所进行沟通并征求其意见。规范公司治理在降低决策风险的同时，也可能增加决策成本，降低决策效率。

（五）短期的市值管理压力与企业长期发展战略的冲突

公司上市后通常会面临股价表现的压力。关心股价的既可能是机构投资者和中小股东（因为股价直接影响他们的投资收益），也可能是大股东（因为大股东可能使用公司股票质押或者以其他方式加杠杆），还可能是管理层和企业员工（因为管理层可能有股权激励，员工可能参加了员工持股计划）。股价表现又往往与公司即期的业绩相关。在这种压力下，公司有可能为了短期业绩而做一些影响公司长期价值的事情。例如，放弃具有战略意义的新业务布局、减少研发投入、出售有潜力的资产等。显然，注重股价表现带来的短期行为可能会影响企业的长远竞争力。

二、上市对拟上市企业大股东的弊端

（一）“头脑膨胀”的风险

企业一旦成功上市，一些企业创始人就会拥有满满的成就感、自信感。从千军万马中脱颖而出、过了独木桥，成功上市了，不少企业老板感觉自己做成了这么难的一件事，真是了不起，于是，不知不觉从自信走到过于自信，在企业经营方面盲目扩张，特别其手中拥有了大量的股票财富，在个人投资理财方面盲目扩张，通过股票质押，加大杠杆进行投资。一旦投资扩张失误，而又遇到股市大的震荡，不少企业家就“一夜回到解放前”，甚至成了“负翁”（破产）。这就是“头脑膨胀”的风险。如果早知道有这样的结局，相信他们当年怎么样也不会考虑上市。

（二）控股股东对企业的控制力度下降的风险

公司上市时，一般情况下至少增发25%的社会公众股，这会导致控股股东对公司的控制力相应下降。而随着企业上市后再融资次数的增加，以及控股股东减持股权等行为，控股股东的持股比例可能持续下降，到了一定程度就会面临对企业控制权不足、被敌意收购以至于丧失控制权的风险。

（三）控股股东、实际控制人的减持行为受到严格限制

公司上市前，控股股东减持所持公司股权的行为原则上没有限制。但公司上市后，控股股东需要遵守交易所对于其所持股权锁定的规定，在一定时间内不能减持股权，限售期届满后减持行为也可能还需要遵守一些限制性规定。在我国A股市场，这一限制尤为突出。2023年8月27日，中国证监会发布《证监会进一步规范股份减持行为》，对存在破发、破净、分红不达标情形的上市公司的控股股东、实际控制人的二级市场减持行为进行严格限制，被称为“史上最严减持新规”。《证监会进一步规范股份减持行为》发布后仅一个月时间内就有约百家上市公司发布了股东终止减持计划的公告。

（四）控股股东及实际控制人的行为受限

在企业上市之后，企业的创始人（控股股东或实际控制人）就成了“社会公众人物”，公众人物的一言一行都受资本市场的各种制约和关注，特殊事项都需进行信息披露，企业创始人成为“不自由”“无隐私”之人。因此，对于企业的创始人而言，上市也意味着要放弃一些“自由”和“隐私”。

（五）控股股东及实际控制人的法律责任风险

公司一旦上市，便成为公众公司。控股股东及实际控制人不得侵害上市公司利益，不得滥用股东权利，通过关联交易、利润分配、资产重组、对外投资等方式损害上市公司及其他股东的利益。为了保护中小投资者，我国法律专门为上市公司控股股东、实际控制人以及董事、监事、高级管理人员“量身定做”了不少法律责任“框框”。

最严厉的当属失去人身自由的刑事责任，如欺诈发行证券罪，违规披露、不披露重要信息罪，背信损害上市公司利益罪，伪造、变造股票、公司、企业债券罪，擅自发行股票、公司、企业债券罪，内幕交易、泄露内幕信息罪，利用未公开信息交易罪，编造并传播证券、期货交易虚假信息罪，诱骗投资者买卖证券、期货合约罪，操纵证券、期货市场罪，背信运用受托财产罪等。其中，"背信损害上市公司利益罪"，是指上市公司的董事、监事和高级管理人员违背对公司的忠实义务，利用职务便利，操纵上市公司从事损害上市公司利益的行为，以及上市公司的控股股东或实际控制人，指使上市公司的董事、监事和高级管理人员实施损害上市公司利益的行为，涉嫌下列情形之一的，应予追诉：(1)无偿向其他单位或个人提供资金、商品、服务或者其他资产，致使公司直接经济损失数额在 150 万元以上的；(2)以明显不公平的条件，提供或者接受资金、商品、服务或者其他资产，致使公司直接经济损失数额在 150 万元以上的；(3)向明显不具有清偿能力的单位或者个人提供资金、商品、服务或者其他资产，致使公司直接经济损失数额在 150 万元以上的；(4)为明显不具有清偿能力的单位或者个人提供担保，或者无正当理由为其他单位或者个人提供担保，致使公司直接经济损失数额在 150 万元以上的；(5)无正当理由放弃债权、承担债务，致使公司直接经济损失数额在 150 万元以上的。此罪名的"门槛"较低，企业家一不小心就有可能触犯而失去宝贵的人身自由。

从民事赔偿责任来看，我国《证券法》创设了在资本市场非常具有威慑力的"中国式集团诉讼"制度，也就是《证券法》规定的特别代表人诉讼制度。投资者按照"默示加入，明示退出"的原则参加诉讼，除明确向法院表示不参加该诉讼的，都默认成为案件原告，分享诉讼"成果"。由投资者保护机构代表广大投资者进行诉讼的证券纠纷特别代表人诉讼制度，包括特别代表人机制、专业力量的支持以及诉讼费用减免等，能够大幅降低投资者的维权成本和诉讼风险。相比之前，此制度极大地扩大了上市公司及相关责任人的民事赔偿责任。全国首例证券纠纷特别代表人诉讼案是"康美药业案"。2021 年 11 月 12 日，广州市中级人民法院对康美药业证券虚假陈述集体诉讼案作出判决，判决康美药业赔偿 5.2 万名证券投资者损失 24.59 亿元，康美药业的实控人及 4 名原高管人员组织策划实施财务造假，属故意行为，依法承担 100% 的连带赔偿责任。

以上分析了企业上市的利与弊。而有些看起来不错的企业，为何不上市呢？归纳一下，大致有以下原因。

(1)企业自身问题，上不了市。例如企业历史沿革不清，股权结构复杂，理顺与规范所发生的成本费用太高；或者从事的是一些在中国证监会"负面清单"上的行业，例如涉农企业，其财务规范要求达不到。要不，就是华为这样的公司，其内部股东数万名,已经是一家公众公司,这种股权结构也无法满足在 A 股上市的要求。

(2)企业创始人的"佛系"心态。公司无高速发展的动力,无融资需求,也不愿意与公众分享高成长的利益,更不想接受烦琐的上市监管,而是愿意过自由自在的"小富即安"的日子。

(3)过高估计上市的难度而不敢考虑上市。在国内上市,确实存在排队周期长、审核通过率低的问题,而且,上市的财务指标要求也是越来越高。而从企业改制、上市辅导、报送材料到等待审核问询、企业答复、上市委审核、证监会注册等,企业上市是一个系统工程,每一道运作程序都将面临繁重复杂的通关考验。这个过程确实艰辛,企业面临的规范压力大。

(4)节成本,省费用。民营企业上市最大的隐形成本就是税务成本。同时,企业上市,要付出审计费、律师费、发行费、承销费等成本,企业并不想花费。

笔者认为,真正优秀的企业,还是要上市的。

第五章

在哪里上市

第一节　选择上市地点的主要考虑因素

上市地点的选择是公司开启上市计划前的关键一步，对公司的上市进程及上市后的融资、运营和发展有着重要的影响。因此，公司需要结合自身与市场情况，综合考虑多种因素来慎重选择上市地点。对拟上市公司来说，选择上市地点的考虑因素主要可以分为上市的难易程度、上市的期待利益以及退出与减持的难易程度三大类，具体如下。

一、上市的难易程度

公司在交易所的上市难易程度具体受以下几种因素的影响：

首先是公司自身情况，不同的上市地对公司的盈利情况和架构要求存在差异。一些市场倾向于要求公司具有稳定、高额的盈利记录，而另一些市场则更愿意接受初创公司或处于发展阶段的企业。此外，不同上市地点对特殊架构公司的包容度也有所区别。

其次是上市的要求，不同的上市地有不同的上市条件和标准，各地对拟上市企业的注册地、预计市值、经营年限等有着不同的要求。政策环境的稳定性和监管机构的审核严格度通常也因上市地而异，企业需谨慎评估各交易所的上市要求是否符合公司的情况。

最后是公司上市所需要的时间和成本，这也是企业选择上市地时很重要的关注点。其中，成本一般包括中介机构费用、税务规范费用、交易所年费、法律合规费用等。

二、上市的期待利益

筹钱、赚钱是企业上市的主要目标，上市后能获得的利益亦自然成为企业选择上市地点的重要考量因素。上市后可得利益的影响因素主要分为以下三类：

首先是企业所在交易所的市盈率、市场筹资能力、再融资能力、估值水平和流通性。这些因素将直接决定企业上市后能筹到多少钱和赚到多少钱。

其次是企业自身的主要业务和客户所在地。企业的主要业务所在地通常反映了其最大的增长机会所在。选择与主要业务市场相对应的上市地可以为企业提供更好的机会，以实现增长并吸引更多投资。而在企业的主要客户所在地上市将有利于更好地满足客户的需求，并与客户建立更紧密的关系。

最后是企业在上市地的市场声誉和品牌价值，该点主要适用于已经在特定地区享有一定品牌声誉的企业，在企业品牌已拥有较大认可度的地区上市有助于增强投资者信任并增加公司的估值。

当然，以境内上市或境外上市进行比较，创始人选择境外上市的期待利益还包括将其名下资产合法出境、形成海内外资产合理配置的架构，便于对其资产进行跨境运作。

三、退出与减持的难易程度

企业实现上市后，创始人可能希望通过减持股权来实现退出，并在这个过程中获得一定的回报。但是，上市后减持、退出通常受到一些法规政策的限制，如股份限售期、锁定期、减持股份的数量限制等。另外，退出和减持也可能受上市地市场流通状况的影响。

第二节　境外上市的选择

境外上市是指中华人民共和国境内企业直接或者间接到境外发行证券并在境外上市交易。

其中，境内企业直接境外发行上市，是指在境内登记设立的股份有限公司境外发行上市。境内企业间接境外发行上市，是指主要经营活动在境内的企业，以在境外注册的企业的名义,基于境内企业的股权、资产、收益或其他类似权益境外发行上市。

根据《境内企业境外发行证券和上市管理试行办法》的规定,发行人同时符合下列情形的,认定为境内企业间接境外发行上市:(1)境内企业最近 1 个会计年度的营业收入、利润总额、总资产或者净资产,任一指标占发行人同期经审计合并财务报表相关数据的比例超过 50%;(2)经营活动的主要环节在境内开展或者主要场所位于境内,或者负责经营管理的高级管理人员多数为中国公民或者经常居住地位于境内。境内企业间接境外发行上市的认定,遵循实质重于形式的原则。

境内企业境外发行上市活动,应当遵守外商投资、国有资产管理、行业监管、境外投资等法律、行政法规和国家有关规定,不得扰乱境内市场秩序,不得损害国家利益、社会公共利益和境内投资者合法权益。

一、境外上市的规范要求

根据《境内企业境外发行证券和上市管理试行办法》,境内企业境外上市的规范性要求具体如下。

(一)发行对象

除国家另有规定的情况外,境内企业境外发行上市的发行对象应当为境外投资者,但直接境外发行上市的境内企业实施股权激励或者发行证券购买资产的,可以向符合中国证监会规定的境内特定对象发行证券。

(二)安全审查

境内企业境外发行上市活动,应当严格遵守外商投资、网络安全、数据安全等国家安全法律、行政法规和有关规定,切实履行维护国家安全的义务。涉及安全审查的,应当在向境外证券监督管理机构、交易场所等提交发行上市申请前依法履行相关安全审查程序。

境外发行上市的境内企业应当根据国务院有关主管部门要求,采取及时整改、作出承诺、剥离业务资产等措施,消除或者避免境外发行上市对国家安全的影响。

(三)保密责任

境外发行上市的境内企业应当遵守国家保密法律制度,采取必要措施落实保密责任,不得泄露国家秘密和国家机关工作秘密。

境内企业境外发行上市涉及向境外提供个人信息和重要数据等的,应当符合法律、行政法规和国家有关规定。

(四)负面清单

企业存在下列情形之一的,不得境外发行上市:(1)法律、行政法规或者国家有关规定明确禁止上市融资的;(2)经国务院有关主管部门依法审查认定,境外发行上市可能危害国家安全的;(3)境内企业或者其控股股东、实际控制人最近 3 年内存在贪污、贿赂、侵占财产、挪用财产或者破坏社会主义市场经济秩序的刑事犯罪的;(4)境内企业因涉嫌犯罪或者重大违法违规行为正在被依法立案调查,尚未有明确结论意见的;(5)控股股东或者受控股股东、实际控制人支配的股东持有的股权存在重大权属纠纷的。

(五)备案程序

境外发行上市的境内企业,还应当依照《境内企业境外发行证券和上市管理试行办法》向中国证监会备案,报送备案报告、法律意见书等有关材料,真实、准确、完整地说明股东信息等情况。

1. 备案主体

境内企业直接境外发行上市的,由发行人向中国证监会备案。境内企业间接境外发行上市的,发行人应当指定一家主要境内运营实体为境内责任人,向中国证监会备案。

2. 备案申请时间

发行人境外首次公开发行或者上市的,应当在境外提交发行上市申请文件后 3 个工作日内向中国证监会备案。

发行人境外发行上市后,在同一境外市场发行证券的,应当在发行完成后 3 个工作日内向中国证监会备案。

发行人境外发行上市后,在其他境外市场发行上市的,应当在境外提交发行上市申请文件后 3 个工作日内向中国证监会备案。

通过一次或者多次收购、换股、划转以及其他交易安排实现境内企业资产直接或者间接境外上市,境内企业应当在境外提交发行上市申请文件后 3 个工作日内向中国证监会备案,不涉及在境外提交申请文件的,应当在上市公司首次公告交易具体安排之日起 3 个工作日内备案。

3. 备案处理时间

备案材料完备、符合规定的,中国证监会自收到备案材料之日起 20 个工作日内办结备案,并通过网站公示备案信息。

备案材料不完备或者不符合规定的,中国证监会在收到备案材料后 5 个工作日内告知发行人需要补充的材料。发行人应当在 30 个工作日内补充材料。在备案过程中,发行人可能存在《境内企业境外发行证券和上市管理试行办法》第 8 条规定的不得境外上市的情形的,中国证监会可以征求国务院有关主管部门的意见。补充材料和征求意见的时间均不计算在备案时限内。

4. 重大事项报告

发行人境外发行上市后发生下列重大事项,应当自相关事项发生并公告之日起 3 个工作日内向中国证监会报告具体情况:控制权变更;被境外证券监督管理机构或者有关主管部门采取调查、处罚等措施;转换上市地位或者上市板块;主动终止上市或者强制终止上市。

(六)《境内企业境外发行证券和上市管理试行办法》出台的影响

《境内企业境外发行证券和上市管理试行办法》于 2023 年 2 月 17 日发布,2023 年 3 月 31 日实施。在其出台前,我国对境内企业在境外上市的规制主要依据《国务院关于股份有限公司境外募集股份及上市的特别规定》(已失效),以及《国务院关于进一步加强在境外发行股票和上市管理的通知》(已失效),上述两部法规分别于 1994 年和 1997 年出台。近年来,我国经济社会飞速发展,经济形势有所变化,上述两部法规已逐渐不能适应目前的监管需求。在这种背景下,《境内企业境外发行证券和上市管理试行办法》及其配套指引于 2023 年发布实施。

《境内企业境外发行证券和上市管理试行办法》的出台使境内企业境外上市的监管范围、备案流程等规定更加清晰,未履行备案义务或提供虚假备案材料的法律责任更加明确,也放宽了直接境外发行上市在某些情形下对发行对象的限制。

二、境外上市的优势

(一)上市门槛较低

相对境内 A 股市场,境外上市的门槛较低,对未盈利的企业具有更大的包容性。而境内四大板块对拟上市企业的财务指标要求中均有设置关于净利润的标准,不满足净利润的企业也需满足营业收入或预计市值的条件。因此，相较而言，初创企业和新兴行业的公司可以更容易地进入境外资本市场，得到融资支持。

（二）融资环境灵活

境外上市能够为企业提供更为便利和灵活的融资条件，上市周期相对较短，手续更为简单。这为企业降低了融资成本，有助于企业快速把握融资机会，在较短时间内完成融资计划。境内上市的企业从前期筹备到成功上市往往要经历 3 年以上的时间，而境外上市从签约辅导到最终上市可能仅需要 9～24 个月。

（三）控股股东持股锁定期更短

我国香港主板上市公司控股股东锁定期为 12 个月，即 6 个月禁售期 + 期满后 6 个月内不得丧失控股股东地位；香港创业板上市公司控股股东的锁定期为 24 个月，即 12 个月禁售期 + 期满后 12 个月内不得丧失控股股东地位。董监高的锁定期为 6 个月，且没有任职期间转股的限制。

美国证监会对 IPO 锁定期（lock-up period）没有强制性规定，一般由公司与承销商签署锁定期协议（lock-up agreement）并在提交上市文件时一同披露，锁定期限制的对象通常是控股股东、实控人、高管和部分员工，有的还会包括 VC 这样的早期投资方。股份锁定期一般为公司上市后 90 天至 180 天。

总体来说，境外上市地对股份锁定期的期限更短且更宽松，A 股对于上市股票锁定期的监管更为严格，锁定期长。主板、科创板、创业板的锁定期为上市后 36 个月（北交所锁定期相对较短，为上市后 12 个月），而且对于特定股东的减持有更严格的信息披露要求。

（四）包容多样化的公司治理结构

总体而言，境外市场通常更能包容多样化的公司治理结构。在设置科创板之前，我国境内各交易所均不接受表决权差异安排，近年来，境内才逐渐放宽这些限制，但仍设置了较为严格的指标要求。因此在早些年，有些希望适用同股不同权安排的企业均选择了境外上市，如 2018 年在香港联交所主板上市的小米集团。

另外，除表决权差异安排，有些境外上市的企业还采取了一些其他不被 A 股市场所接受的特殊治理结构，如阿里巴巴集团的“合伙人制度”等。因此，如企业希望采取特殊的治理结构来贴合自身发展需要或者保障公司的决策权稳定，境外上市无疑是不错的选择。

（五）国际化资源和投资者

境外资本市场具有广泛的投资者群体，这其中可能包括风险承受能力更高的投资者，这类投资者更有可能对新兴行业和创新企业具有浓厚兴趣。这为该类企业提供了获得更多融资来源和市场支持的机会。

（六）提升国际竞争力及进行境外并购

境外上市有助于企业开拓国际市场，使其在更大范围内获得声誉和知名度，这将进一步提高企业在全球市场中的竞争力，吸引更多国际化客户和合作伙伴。如企业的主要客户、供应商或投资者在境外，则更有利于其满足客户需求，降低供应成本或吸引更多投资者。

不仅如此，境外上市的企业还获得了境外并购的优势。这是因为，境外上市的企业可以直接在境外进行募资，省去了境内大额资金转到境外的审核流程，境外上市的主体在进行海外并购时还可以直接用境外股份进行支付而不是必须用现金支付，这也为境外并购提供了便利。

（七）有助于完善自身治理结构和管理经验

境外上市有助于反向促进企业完善自身治理结构和遵守现代企业制度。这是因为外资股股东通常会要求上市公司严格履行章程义务，企业迫于该种压力不得不更努力地规范其内部控制制度，提高自身的管理效率和质量。

另外，境外上市的企业可以有机会学习境外先进技术和管理经验，提高自身素质，这也将间接增强企业的国际竞争力和地位。

三、境外上市的劣势

（一）发行及维护成本高

首先，境外上市的发行承销费率通常相对较高，这增加了企业上市发行的财务负担。其次，成功上市后，相较于境内，境外上市的企业因严格的公司治理、内控和信息披露要求而需支付更加高额的费用，这也增加了其运营成本。

（二）市盈率通常较低

市盈率是衡量一家上市公司股票相对估值的重要指标，它计算了公司的市值与净利润之间的比率。某一交易市场的整体市盈率则可能受到宏观经济状况、投资者信心等因素的影响，一般来说，选择高市盈率的交易所可能会使公司更容易融资。

笔者统计了 2023 年 10 月 19 日当日的境内外各交易所的市盈率情况，具体如图 5 - 1 所示。

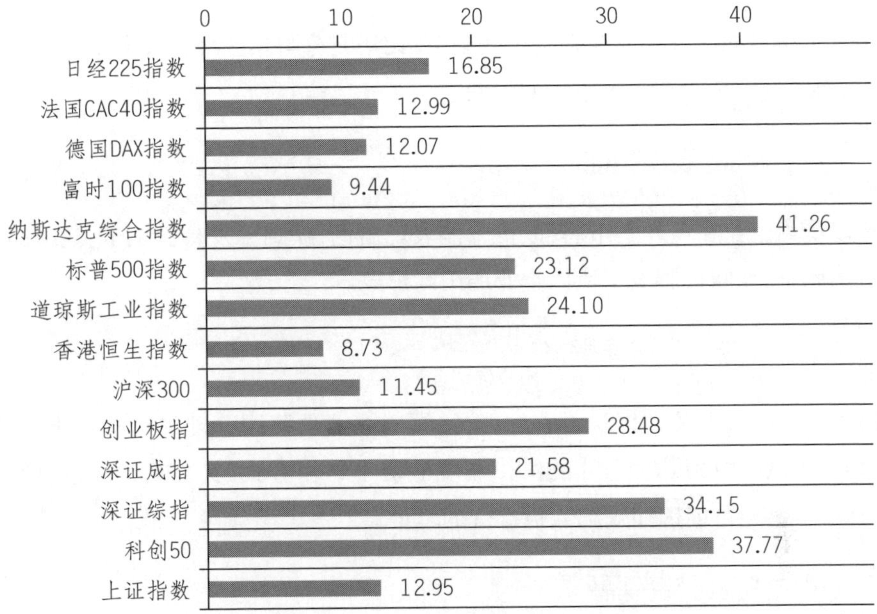

图 5 - 1　2023 年 10 月 19 日境内外各交易所市盈率

通常情况下，境内市场初次公开发行的募集资金总额较境外市场，特别是境外创业板市场，更为可观，首次发行市盈率往往为海外市场的两倍左右。再加之，境内企业的主要市场位于国内（港、澳、台地区除外），而境外投资者对境内企业了解不深，可能使境内企业更难以较高的价格发行股票。

根据上述市盈率的统计数据，我们可以看到，境内市场中，除上证指数和沪深 300 的市盈率较低以外，其他指数的市盈率普遍超过 20，其中深证综指和科创 50 的市盈率甚至达到 30 以上。而在境外市场，除纳斯达克、标普 500 和道琼斯工业指数表现较为出色外，其他指数的市盈率多数仅在 10 左右。

这些数据揭示出了不同交易所市盈率的差异，这可能也会对在各交易所上市的公司的股票市盈率产生一定影响。然而,应该注意,每个公司的具体情况都不同,因此在选择上市交易所时,需要充分考虑公司自身的战略目标和需求,以便作出明智的决策。

(三)信息披露不充分

部分境外上市的境内企业可能因信息披露观念不足或不够了解境外信息披露规则而未能及时、准确、充分地披露重大信息,导致市场不信任和股价波动。

(四)与本土市场脱节

境外上市可能导致企业与本土市场脱节,无法充分与本土经济体形成相互促进的合力,从而影响了企业在本土市场的发展。

(五)二级市场表现不佳

许多境内企业在境外上市后,股价未能表现出色,跌到了发行价之下,这导致了后续融资的困难,也间接影响了境内企业的国际形象。

(六)文化、语言和法律壁垒

跨国上市必然涉及文化和语言的差异,这对企业的跨国管理和运营提出了挑战。此外,因上市的企业不熟悉海外的法律制度和资本运作方式,其合规难度也将大大增加,有些企业甚至可能因违规陷入被摘牌的境地。

(七)严格的境外监管要求

尽管境外交易所提供了较低的上市门槛,但它们对企业在上市后的运营、治理和信息披露实行了十分严格的监管。以美国为例,早在 2002 年,美国就出台了《萨班斯—奥克斯利法案》,对于编制违法违规财务报告、篡改文件以及证券欺诈等行为规定了严格的刑事处罚制度。对于编制违法违规财务报告的公司及相关人员判处的最高罚金可达 500 万美元,最长监禁期可达 20 年;对于篡改文件的相关人员,最高可处以 20 年的监禁;对于进行证券欺诈的相关人员,最高可处以 25 年监禁。出现上述情况的公司可能将被推入破产的深渊,永远无法再重新发行上市。

一个鲜明的案例是曾因财务造假受到美国证监会严惩的安然公司。该起案件一度打到美国最高法院,当时的总统小布什也曾出面对该起案件发表观点。安然集团曾是美国影响力巨大的能源公司,其股票曾因被股民疯狂抢购而在 3 年内上涨了 311%,

其市值在2000年就达到83.13亿美元,曾位列财富500强名单的第7位。

然而,正是这样一家公司,竟与当时美国声誉良好的会计师事务所安达信串通起来进行财务造假,欺骗投资者。随着财务造假的信息曝光,安然公司的股价急剧下跌,短短一天内下跌75%,两天后跌至曾经鼎盛时期的0.3%以下,导致投资者遭受了巨大的财务损失,美国股市信心受挫,股市下跌至历史新低。随后,美国证监会和司法机构对安然公司展开了调查,美国证监会对其进行了5亿美元的罚款。安然公司的股票停止交易,公司陷入破产。公司数十名相关人员被起诉,涉事高管被判处不同刑期的监禁,安然公司的投资者通过诉讼获得了71.4亿美元的赔偿金。

(八)严格的境内备案要求

在境外上市的企业除了要面对境外的严格监管外,还需同时满足我国法律对境外上市的境内企业的监管要求。2023年年初,中国证监会发布了《境内企业境外发行证券和上市管理试行办法》,进一步明确了对境外上市的备案要求和违反要求的法律责任。境外上市企业需了解并遵守境内外的双重监管规则,其运营合规难度进一步增加。

(九)中美竞争对于境外上市企业的影响

近年来,中美竞争加剧。在法规方面,2021年7月,美国证监会发表声明称将增加对在美国上市的中国企业的信息披露要求。在制裁方面,美国政府采取了一系列针对中国企业的制裁措施,包括禁止特定企业在美国上市以及限制技术出口等,引起在美国上市的中国企业的股价波动。

四、建议优先选择境内上市

综合上述分析,相较于境内上市,境外上市的优势主要体现在上市门槛较低、周期较短、包容度较高,有利于企业提高国际竞争力等。

然而,这一切均需以企业在境外能够成功上市、合规运行并顺利经营为前提。如前文所述,随着2023年我国开始实行统一的境外上市监管规则,企业在境外上市需同时满足境内和境外监管规则,合规难度进一步增加。中美竞争的加剧也加大了境内企业在境外上市的不确定性。

近年来,随着境内上市相关规则的不断完善,境内资本市场环境呈利好趋势,各方面的包容度也在逐渐放大,法律对特殊股权结构安排和分拆上市等情况的限制也在逐渐降低,境内上市的劣势逐渐减弱,其优势逐渐凸显。特别是,在全球股市中,境内 A 股上市的市盈率倍数目前总体上依然最具竞争力。

此外,境内上市更有利于企业充分利用本土资源,吸引本国投资者,享受中国资本市场改革的红利,抓住中国经济迅速发展的机遇,实现企业上市后的稳步腾飞。

因此,对于一般企业而言,建议优先选择境内 A 股上市。

五、中国公司"A + H"双重上市

是否有一种上市模式可以境内外兼顾?这就是双重上市。

双重上市可以分为国内双重上市(Domestic Dual Listing)和国际双重上市(International Dual Listing)。国内双重上市指一家公司在本国的两个证券交易所发行股票并上市交易,而国际双重上市指一家公司在本国证券交易所和外国证券交易所,或两个外国证券交易所发行股票并上市交易的行为。国际双重上市也主要包括两类形式:直接上市,即直接到境外的证券交易所发行股票并上市交易;间接上市,即通过在境外的证券交易所发行存托凭证(Depository Receipts,DR)来实现向境外投资人发行股票而达到上市交易的效果。

"A + H"两地上市包含三种模式,分别为"先 A 后 H"、"先 H 后 A"和"A + H 同步"。

(一)"先 A 后 H"模式

境内公司先在 A 股发行股票并上市,然后再到我国香港发行 H 股,即"先 A 后 H 模式"。境内企业以"先 A 后 H"模式实现双重上市的第一个成功案例是中兴通讯股份有限公司。

"先 A 后 H"模式的核心障碍是 H 股发行融资较为困难,主要原因是 A 股市场是相对独立和封闭的市场,整体的估值水平比香港 H 股市场高,而我国香港证券市场面向全球投资人,以国际其他主要证券市场为参考对象,股票发行的整体估值和定价更为理性,投资人往往较难接受 A 股的高发行价格。

(二)"先 H 后 A"模式

我国企业主流的双重上市模式是"先 H 后 A",也被称为"海归股"。

"先 H 后 A"发行方式解决了中国资本市场发展初期企业的融资需求,但在"先 H 后 A"双重上市模式下,A 股发行价基本都高于 H 股发行价,从而引发内地、香港两地股东不公平待遇的问题。

(三)"A+H 同步"模式

境内公司在我国内地和香港同时申请发行 A 股和 H 股,同时进行披露、询价、发行以及上市交易。因"同时上市"模式要求境内与境外资本市场在发行申请和审核节奏方面高度一致,且在发行制度、交易规则、信息公开及流动性等方面不能存在巨大差异,具体操作难度非常大。因此,我国双重上市公司中目前仅有中国工商银行和中信银行实现了在境内 A 股市场和香港 H 股市场同时发行股票并上市,即"A+H 同步"发行。由于我国内地和香港在发行审核标准、上市条件和程序等多个环节均存在明显差异,虽然可以通过特别安排,将两地资本市场规则的差别在个案中予以特殊处理,实现"同股同价",但这样的安排需要耗费巨大的协调和沟通成本,所以,这样的模式不具有普遍推广的可能性。

整体来说,无论是"先 H 后 A"、"先 A 后 H"还是"A+H 同步",都存在股票价格差异的问题,中国存托凭证(China Depository Receipts,CDR)有可能是解决这一问题的有效方式。CDR 作为一个特殊通道,可以避免放松外汇管制而带来的热钱和其他不利影响。

第三节 境内 A 股上市板块的选择

一、我国多层次资本市场概述

我国资本市场的正式形成以 1990 年 11 月 26 日上交所成立并于 12 月 19 日正式开业、深交所于同年 12 月 1 日开业为标志。20 世纪 80 年代,一些小型国有和集体企业开始股份制尝试,上海飞乐音响公司是国内第一家公开发行股票融资的公司,之后为迎合股票交易需求,中国工商银行上海分行静安营业部开设了股票交易柜台。与此同时,深圳也有少数公司开始发行股票并在柜台交易。于是沪深两地在政府支持下相继成立上交所、深交所。

2003 年 10 月,党的十六届三中全会在《关于完善社会主义市场经济体制若干问题的决定》中首次确定了"建立多层次资本市场体系,完善资本市场结构,丰富资本市场产品"的战略理念。2004 年 2 月,国务院颁布了《关于推进资本市场改革开放和稳定发展的若干意见》(已失效)(即"国九条"),提出九条有关改革开放和稳定发展资本市场的原则性意见,首次明确提出要“逐步建立满足不同类型企业融资需求的多层次资本市场体系”,确立了发展中国多层次资本市场的战略方向。

2004 年 5 月,为解决中小民营企业融资问题,中国证监会同意深交所设立中小板,同年 6 月 25 日中小板正式开板。

2009 年 10 月,为契合民营企业融资发展的现实需求,深交所设立创业板。

2012 年 7 月,国务院批准《关于扩大中关村试点逐步建立全国中小企业股份转让系统的请示》,同意筹建全国股份转让系统,并将试点范围扩大到上海张江、天津滨海和武汉东湖高新区。2012 年 9 月 20 日,全国中小企业股份转让系统有限责任公司成立。2013 年 1 月 16 日,全国中小企业股份转让系统(以下简称新三板)正式揭牌运营。

2019 年 7 月,科创板在上交所设立并试点注册制。

2021 年 4 月,中小板并入深交所主板。中小板经过 17 年的发展,其上市公司总体不断发展壮大,在市值规模、业绩表现、交易特征等方面与主板趋同。合并深交所主板与中小板是顺应市场发展规律的自然选择,也是构建简明清晰市场体系的内在要求。

2021 年 9 月,北交所成立。北交所主要服务创新型中小企业,重点支持先进制造业和现代服务业等领域的企业,推动传统产业转型升级,培育经济发展新动能,促进经济高质量发展,并做到与沪深交易所、区域性股权市场坚持错位发展与互联互通,发挥好转板上市功能。

至此,我国形成了由主板、创业板、科创板、北交所、新三板以及区域性股权交易中心构成的多层次资本市场体系。(见图 5 – 2)

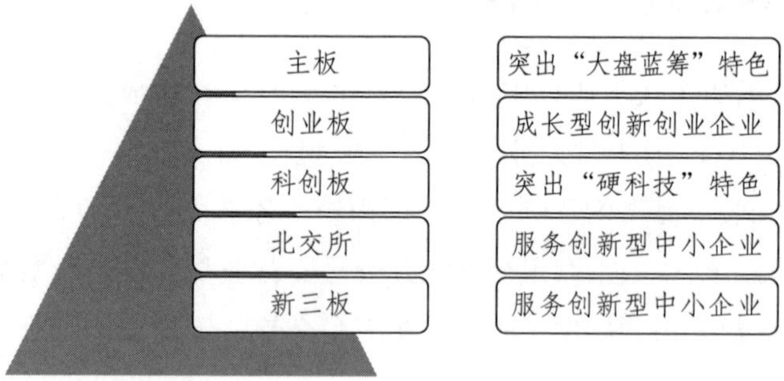

图 5 – 2　中国多层次资本市场格局及板块定位

二、A 股各上市板块的差异比较

如果企业选择在境内上市,首先面临的是板块的选择,选择合适的上市板块也是成功上市的要素之一。A 股有三大交易所、四大板块,其审核逻辑是一致的,但不同板块在上市条件、监管环境和投资者结构等方面都有所区别。除需了解本书第一章第二节所述各板块上市的不同法定条件之外,还需读懂每个板块在审核与发行实务等其他方面的差别,以选择最适合本企业上市的板块。

(一)板块定位的差异

(1)选择上市板块,首先要针对各板块的定位,结合本企业的特点,分析本企业不适合在哪些板块上市。各板块定位及相应负面清单情况见表 5 - 1。

表 5 - 1　各板块定位及相应负面清单情况

板块	板块定位	负面清单
主板	突出"大盘蓝筹"特色,重点支持业务模式成熟、经营业绩稳定、规模较大、具有行业代表性的优质企业	尽管主板未明确列出负面清单,但实践中《产业结构调整指导目录》中规定的限制类、淘汰类行业、房地产开发行业以及产能过剩行业的企业原则上不能在主板上市。另外,2023 年 1 月网传一份关于主板 IPO 审核的"行业红黄灯"细则,明确"红灯行业"(包括食品、防疫、白酒等)不能申报 IPO、"黄灯行业"(包括家装、电器等)头部企业才可申报。〔1〕此后的 IPO 审核实践基本能印证该细则的内容〔2〕

〔1〕《重磅突发! IPO 红绿灯行业审核标准细则流出!(完整版)》,载微信公众号"投行那些事"2023 年 1 月 31 日。网传细则内容:"一、禁止类申报企业出现以下情形之一的,不予受理:(一)明显不符合板块定位。主板应属于大盘蓝筹、业务模式成熟、经营业绩稳定的优质企业;(二)控股股东、实际控制人或第一大股东涉及敏感股东;(三)从事学科类培训、白酒、类金融、殡葬、宗教等产业政策明确禁止上市的业务;(四)从事银行、证券、保险、期货、金融控股、互联网平台、图书出版、影视、军工等业务需行业主管部门审查同意上市,申报时未取得相关批复的;(五)业务为简单模式创新尚不成熟、烧钱补贴主业、爆发式加盟扩张,持续盈利或经营能力较难判断。二、限制类申报企业出现以下情形之一的,可以正常受理但不鼓励,需严格掌握、不能绝对化,合理引导中介机构仅推荐其中研发能力强、行业地位突出的企业,总体少报慎报,必要时履行请示报告程序。(一)产品为食品、家电、家具、服装鞋帽等相对传统、行业壁垒较低的大众消费类企业;(二)从事快销餐饮连锁业务企业,综合考虑经营期限、企业规模、品牌知名度、大众口碑、运营规范等因素审慎掌握;(三)从事新冠核酸、抗原产业链等涉疫业务企业,综合考虑疫情防控常态化以后生物医药企业涉疫业务收入占比、持续经营能力或者原为生物医药企业、后参与涉疫业务等因素审慎掌握;(四)经营稳健但没有多少成长空间的'小老树';(五)股东或业务已经引发重大舆情的。三、允许类申报企业不存在'禁止类'或'限制类'情形的,原则上都可以正常受理。四、支持类符合国家重大战略需求,属于高水平科技自立自强、关键核心技术攻关、实现进口替代等领域的高科技企业,即报即审、审过即发,主要包括集成电路、先进生物医药研发生产等服务国家重大发展战略的企业。"

〔2〕《2023 年过半!"红黄灯"下的这个行业未有一家成功过会!》,载微信公众号"汉鼎 IPO"2023 年 7 月 18 日。

续表

板块	板块定位	负面清单
科创板	面向世界科技前沿、面向经济主战场、面向国家重大需求。优先支持符合国家战略，拥有关键核心技术，科技创新能力突出，主要依靠核心技术开展生产经营，具有稳定的商业模式，市场认可度高，社会形象良好，具有较强成长性的企业	限制金融科技、模式创新企业在科创板上市。禁止房地产和主要从事金融、投资类业务的企业在科创板上市
创业板	深入贯彻创新驱动发展战略，适应发展更多依靠创新、创造、创意的大趋势，主要服务成长型创新创业企业，支持传统产业与新技术、新产业、新业态、新模式深度融合	属于上市公司行业分类相关规定中下列行业的企业，原则上不支持其申报在创业板发行上市，但与互联网、大数据、云计算、自动化、人工智能、新能源等新技术、新产业、新业态、新模式深度融合的创新创业企业除外：农林牧渔业；采矿业；酒、饮料和精制茶制造业；纺织业；黑色金属冶炼和压延加工业；电力、热力、燃气及水生产和供应业；建筑业；交通运输、仓储和邮政业；住宿和餐饮业；金融业；房地产业；居民服务、修理和其他服务业。 禁止产能过剩行业、《产业结构调整指导目录》中的淘汰类行业，以及从事学前教育、学科类培训、类金融业务的企业在创业板发行上市
北交所	主要服务创新型中小企业，重点支持先进制造业和现代服务业等领域的企业，推动传统产业转型升级，培育经济发展新动能，促进经济高质量发展	发行人属于金融业、房地产业企业的，不支持其申报在本所发行上市。 发行人生产经营应当符合国家产业政策。发行人不得属于产能过剩行业（产能过剩行业的认定以国务院主管部门的规定为准）、《产业结构调整指导目录》中规定的淘汰类行业，以及从事学前教育、学科类培训等业务的企业

从板块定位上看，主板突出“大盘蓝筹”特色，重点支持业务模式成熟、经营业绩稳定、规模较大、具有行业代表性的优质企业。科创板聚焦于科技创新，其关注点主要集中在“硬科技”领域。这一板块对企业的行业背景和科技创新特质有较为明确的要求，特别支持新一代信息技术、新材料、高端装备等新兴产业。创业板则强调“三创四新”，它更侧重服务于创新型企业。这一板块主要面向成长型创新和创业企业，支持传统产业与新技术、新产业、新业态、新模式的深度融合。北交所主要服务于创新型中小企

业，特别注重支持先进制造业和现代服务业等领域的企业，鼓励“专精特新”企业上市。

（2）除需关注各板块的宏观定位外，还要结合各板块的具体属性评价标准，分析本企业更适合在哪个板块上市。例如，科创板和创业板就有其各自的属性评价标准。

科创板支持和鼓励具备下述两种情况之一的企业申报上市。

一是支持和鼓励科创板定位规定的相关行业领域中，同时符合下列 4 项指标的企业申报科创板上市：

①最近 3 年研发投入占营业收入比例 5% 以上，或最近 3 年研发投入金额累计在 8000 万元以上；②研发人员占当年员工总数的比例不低于 10%；③应用于公司主营业务的发明专利 7 项以上；④最近 3 年营业收入复合增长率达到 25%，或最近 1 年营业收入金额达到 3 亿元。

采用《上海证券交易所科创板股票上市规则》第 2.1.2 条第 1 款第 5 项规定的上市标准申报科创板的企业，或按照《关于开展创新企业境内发行股票或存托凭证试点的若干意见》等相关规则申报科创板的已境外上市红筹企业，可不适用上述第④项指标的规定；软件行业不适用上述第③项指标的要求，研发投入占比应在 10% 以上。

二是支持和鼓励科创板定位规定的相关行业领域中，虽未达到前述指标，但符合下列情形之一的企业可申报科创板上市：

①发行人拥有的核心技术经国家主管部门认定具有国际领先、引领作用或者对于国家战略具有重大意义；②发行人作为主要参与单位或者发行人的核心技术人员作为主要参与人员，获得国家科技进步奖、国家自然科学奖、国家技术发明奖，并将相关技术运用于公司主营业务；③发行人独立或者牵头承担与主营业务和核心技术相关的国家重大科技专项项目；④发行人依靠核心技术形成的主要产品（服务），属于国家鼓励、支持和推动的关键设备、关键产品、关键零部件、关键材料等，并实现了进口替代；⑤形成核心技术和应用于主营业务的发明专利（含国防专利）合计 50 项以上。

创业板支持和鼓励符合下列标准之一的成长型创新创业企业申报在创业板发行上市：①最近 3 年研发投入复合增长率不低于 15%，最近 1 年研发投入金额不低于 1000 万元，且最近 3 年营业收入复合增长率不低于 20%；②最近 3 年累计研发投入金额不低于 5000 万元，且最近 3 年营业收入复合增长率不低于 20%；③属于制造业优化升级、现代服务业或者数字经济等现代产业体系领域，且最近 3 年营业收入复合增长率不低于 30%。

最近 1 年营业收入金额达到 3 亿元的企业，或者按照《关于开展创新企业境内发行股票或存托凭证试点的若干意见》等相关规则申报创业板的已境外上市红筹企业，不适用上述的营业收入复合增长率要求。

另外，主板、科创板和创业板都针对其板块定位，提出了相应的信息披露要求，分别如下：①主板：充分披露业务发展过程和模式成熟度，披露经营稳定性和行业地位；②科创板：充分披露科研水平、科研人员、科研资金投入等相关信息；③创业板：充分披露自身的创新、创造、创意特征，针对性披露科技创新、模式创新或者业态创新情况。

（3）需时刻关注审核实务中成功过会企业的财务指标，以此判断审核机构对各上市板块掌握的“业绩门槛”要求。

前文阐述了在各板块上市法定的财务指标要求，但从成功过会企业的业绩情况来看，不能否认市场传闻的“窗口指导意见”的存在，在审核实务中，具体的业绩门槛要求是常会随着各种环境因素的影响发生变化的。

2023 年，A 股首发上会的公司共计 299 家（二次上会按最终结果计算），其中 279 家通过，12 家被否，8 家暂缓，名义过会率为 93.31%；不过，若算上因主动撤回等其他原因终止上市的企业，2023 年 A 股共有 279 家 IPO 过会，286 家终止，8 家暂缓，真实过会率不足 5 成，为 48.69%。这 279 家过会企业过会前一年度归母净利润总额为 796.08 亿元，过会前一年度净利润平均值为 3.10 亿元。各板块上会并披露了 2022 年净利润年报的企业的过会率、净利润[1]等情况如下。

（1）科创板具体数据。

在于 2023 年上会并披露 2022 年净利润年报的 273 家企业中，科创板上会 32 家企业，占比 11.7%，其中 30 家过会，1 家被否，1 家暂缓。上述过会企业最近 1 年的平均净利润为 2.29 亿元，净利润中位数为 7298.03 万元，净利润为正但小于 5000 万元的有 6 家，占比 20%，净利润最高值为 30.09 亿元，最低值为 -2.71 亿元（注：有 2 家科创板上会企业未披露 2022 年净利润年报）。报告期内最近 1 年净利润高于 5000 万元的企业有 21 家，占过会企业总数的 70%。报告期内最近 1 年净利润为负的过会企业仅有 3 家，分别是思哲睿、新通药物和必贝特。这 3 家最近 1 年净利润为负的过会企业均属于医疗、制药行业，均选择科创板第五套标准上市，均在 2023 年上半年成功通过发审委会议。此外，在披露年报的科创板被否、暂缓的企业中，有 3 家最近 1 年净利润均为负。2022 年同期，科创板过会企业中，归母净利润为负的企业有 12 家。相较于 2022 年，

[1] 《4 家亏损企业过会！2023 年企业上市需要多少净利润？》，载微信公众号“洞见资本”2024 年 1 月 21 日；《IPO 从严审核下，净利润对过会率的影响——尚普建议 IPO 申报净利润》，载微信公众号“尚普 IPO 咨询”2024 年 1 月 25 日；《2023 全年各板块 IPO 真实过会率揭秘！》，载微信公众号“大象 IPO”2024 年 2 月 12 日。

2023 年科创板过会企业中最近 1 年净利润为负的企业家数同比下降 75%。自 2023 年 8 月 27 日中国证监会表态“阶段性收紧 IPO 节奏”之后，对于科创板来说，科创板第五套标准也随之趋严。从目前科创板 IPO 过会企业统计数据来看，选择科创板第五套标准上市难度会很大。实际上，之前采用第五套标准上市的企业，大部分尚未盈利但有营业收入，真正以“0 收入”冲刺 IPO 的项目成功率也并不高。

(2)创业板具体数据。

在于 2023 年上会并披露 2022 年净利润年报的 273 家企业中，创业板上会 108 家企业，占比 36.1%，其中 100 家过会，6 家被否，2 家暂缓。上述过会企业最近 1 年的平均净利润为 1.54 亿元，净利润中位数为 9352.93 万元，净利润最高值为 19.05 亿元，最低值为 5322.87 万元(注：有 23 家创业板上会企业未披露 2022 年净利润年报)。

整体来看，超 6 成创业板 IPO 上会企业的最近 1 年净利润大于 8000 万元，共计 53 家，占比 67.95%。2023 年 IPO 过会企业中，最近 1 年净利润最高的是容汇锂业(19.05 亿元)，最低的是鑫信腾(5322.87 万元)。

聚焦“三创四新”的创业板没有净利润亏损企业过会。2023 年下半年，创业板有 46 家企业撤回，其中有 22 家企业最近 1 年归母净利润小于 8000 万元，占比 47.83%。“净利润 8000 万元”基本上成为当前时期申报创业板的业绩底线，而随着 2024 年 4 月 30 日深交所发布《深圳证券交易所股票发行上市规则》(2024 修订)(深证上〔2024〕340 号)，在创业板上市的净利润指标又进一步提高，第一套上市标准的最近两年累计净利润要求由“5000 万元”提高至“1 亿元”，并新增“最近一年净利润不低于 6000 万元”的要求，实践中申报创业板的业绩底线也可能随之进一步提高。

(3)主板 IPO 具体数据。

在于 2023 年上会并披露 2022 年净利润年报的 273 家上会企业中，主板上会 88 家企业，占比 32.2%，其中 85 家过会，2 家被否，1 家暂缓。上述过会企业最近 1 年的平均净利润为 6.69 亿元，净利润中位数为 1.62 亿元，净利润最高值为 133.15 亿元，最低值为 6184.06 万元。最近 1 年净利润高于 1 亿元的企业有 71 家，占过会企业的 83.53%。主板“净利润 1 亿元”的业绩门槛说法由此而来。而 2024 年 4 月 30 日上交所发布的《上海证券交易所股票上市规则》(2024 年 4 月修订)(上证发〔2024〕51 号)及深交所发布的《深圳证券交易所股票上市规则》(2024 修订)(深证上〔2024〕339 号)也印证了这个说法，两个交易所主板第一套上市标准中的最近一年净利润指标均从 6000 万元提升至 1 亿元。

(4)北交所具体数据。

需说明的是,目前从新三板创新层申请在北交所上市,并不是严格意义上的 IPO,其规范的表述是“向不特定合格投资者公开发行股票并上市”。但为便于读者理解,本书中对在北交所发行股票并上市仍表述为“IPO”。2023 年 8 月 31 日,中国证监会发布了《关于高质量建设北京证券交易所的意见》,明确“允许符合条件的优质中小企业首次公开发行并在北交所上市”。2023 年 10 月 17 日,北交所总经理隋强在第十三届中国·武汉金融博览会主论坛上发表演讲时介绍,“我们(北交所)正在证监会的指导下,加快研究制定北交所直接 IPO 的相关制度规则”。可以期待,北交所直接 IPO 的政策在条件成熟时就能落地。

从财务指标来看,在于 2023 年上会并披露 2022 年净利润年报的 273 家上会企业中,北交所上会 69 家企业,占比 25.27%,其中 64 家过会,2 家被否,3 家暂缓。北交所过会企业最近 1 年的平均净利润为 5921.26 万元,净利润中位数为 5158.18 万元,净利润最高值为 1.91 亿元,最低值为 -1.14 亿元。

从上市难度来看,北交所是净利润偏低企业的首选。但根据资本市场不断变化的审核行情,要成功在北交所上市,“5000 万元净利润”可以被理解为北交所当前时期的业绩门槛要求。

(二)审核时长

各板块的法定审核时间差异不大。主板、科创板和创业板的法定审核时限完全相同,仅北交所略有区别。各板块对审核时限的法定标准见表 5-2。

表 5-2　各板块审核上市申请文件法定时限情况

板块	法定审核时限
主板 科创板 创业板	总审核时限:自受理发行上市申请文件之日起,交易所审核和中国证监会注册的时间总计不超过 3 个月;发行人及其保荐人、证券服务机构回复交易所审核问询的时间不计算在审核时限内。 中国证监会决定时限:中国证监会收到交易所审核意见及相关资料后,在 20 个工作日内对发行人的注册申请作出予以注册或者不予注册的决定。 回复问询时限:发行人及其保荐人、证券服务机构回复交易所审核问询的时间总计不超过 3 个月

续表

板块	法定审核时限
北交所	总审核时限:北交所应当自受理注册申请文件之日起2个月内形成审核意见。 中国证监会决定时限:中国证监会在15个工作日内对上市公司的注册申请作出同意注册或不予注册的决定。 回复问询时限:发行人及其保荐机构、证券服务机构回复北交所审核问询的时间总计不超过3个月

需要注意的是,法定的审核时限不等于实际的审核时长。实际的审核通常需要花费更长的时间。

按照法定时限来算,自受理发行上市申请文件之日起,主板、科创板和创业板的交易所审核和中国证监会注册的时间总计不超过3个月,发行人及其保荐人、证券服务机构回复交易所审核问询的时间总计不超过3个月,也就是说审核和回复周期加起来不超过6个月;北交所是不超过5个月。

实践中可能会发生中止审核、请示有权机关、咨询行业专家、落实上市委意见、暂缓审议、处理会后事项、实施现场检查或者现场督导、进行专项核查,并要求发行人补充、修改申请文件等情形,这些事项的期间不计入形成审核意见和回复问询的时长内。因此,实际的审核时长可能会受到上述因素的影响。

除此之外,各板块的排队企业数量也会影响审核的周期。从受理到上会、从过会到下达批文、从下达批文到上市,各环节都需要经过排队。根据2022年各板块从受理到上市的总时长平均值数据来看,主板为482天,科创板为354天,创业板为537天,北交所最短,为199天。[1] 2023年IPO审核政策发生了一定变化,各板块从受理到上市的平均时长分别为主板131天、科创板397天、创业板683天、北交所262天。[2]

另外,2023年8月31日,中国证监会发布了《关于高质量建设北京证券交易所的意见》,提到北交所要"优化连续挂牌满12个月的执行标准"。次日,北交所、全国股转公司发布了首批八项改革创新举措,其中一项即为优化"连续挂牌满12个月"的执行标准。具体而言就是明确发行条件中"已挂牌满12个月"的计算口径为"交易所上市委审议时已挂牌满12个月"以及允许挂牌满12个月的摘牌公司二次挂牌后直接申报

[1] 《上市需要多长时间? 2022全年上市企业用时统计》,载微信公众号"和诚IPO"2023年1月11日。
[2] 《2023各个板块IPO各个环节时间统计》,载微信公众号"博融智库"2024年1月10日。

北交所上市。[1] 也就是说,原来企业在北交所申报 IPO 时需要已经挂牌满 12 个月,现只要在上市委审议时已挂满 12 个月即可。另外对于摘牌之前已经连续挂牌 12 个月的企业,其在二次挂牌后,可以直接在北交所申报上市,而不再需要再次挂牌满 12 个月。

这两项变化,将有助于缩短企业在北交所上市的整个流程,降低上市所需的时间成本,便利企业融资。

(三)发行与承销

在发行和承销规则方面,各板块也有所区别,见表 5-3。

表 5-3　各板块对发行与承销规则的规定

项目		主板	科创板	创业板	北交所
发行定价环节	定价方式	直接定价、询价发行			直接定价、询价、竞价发行
	网下投资者范围	证券公司、基金公司、期货公司、信托公司、保险公司、财务公司、合格境外投资者和私募基金 8 类机构投资者;个人、其他法人和组织	证券公司、基金公司、期货公司、信托公司、保险公司、财务公司、合格境外投资者和私募基金 8 类机构投资者		在中国证券业协会注册、符合中国证券业协会规定条件且已开通北交所交易权限的网下投资者(包括个人投资者)
	网上投资者范围	无资产、投资年限要求	申请权限开通前 20 个交易日证券账户及资金账户的资产日均不低于 50 万元,并参与证券交易满 24 个月	申请权限开通前 20 个交易日证券账户及资金账户的资产日均不低于 10 万元,并参与证券交易满 24 个月	申请权限开通前 20 个交易日证券账户及资金账户的资产日均不低于 50 万元,并参与证券交易满 24 个月

[1] 《北交所坚决贯彻落实中国证监会部署　全力推进市场高质量发展》,载北京证券交易所官网 2023 年 9 月 1 日,https://www.bse.cn/important_news/200018372.html。

续表

<table>
<tr><th colspan="2">项目</th><th>主板</th><th>科创板</th><th>创业板</th><th>北交所</th></tr>
<tr><td rowspan="2">发行定价环节</td><td>询价报价限制</td><td colspan="4">参与询价的网下投资者可以为其管理的不同配售对象账户分别填报一个报价，同一网下投资者全部报价中的不同拟申购价格不超过3个，且最高价格与最低价格的差额不得超过最低价格的20%</td></tr>
<tr><td>询价发行高剔比例</td><td colspan="3">高价剔除比例不超过所有网下投资者拟申购总量的3%，也不低于1%</td><td>发行人和主承销商应当剔除拟申购总量中报价最高的部分，并根据剩余报价及拟申购数量协商确定发行价格。剔除部分不超过所有网下投资者拟申购总量的3%</td></tr>
<tr><td rowspan="2">配售环节</td><td>网下初始发行比例</td><td>总股本<4亿股，网下初始发行比例≥60%；总股本≥4亿股或尚未盈利，网下初始发行比例≥70%</td><td colspan="2">总股本<4亿股，网下初始发行比例≥70%；总股本≥4亿股或未盈利，网下初始发行比例≥80%</td><td>网下初始发行比例应当≥60%且≤80%</td></tr>
<tr><td>回拨机制</td><td>网上有效申购倍数为50～100倍：回拨20%；网上有效申购倍数>100倍：回拨40%；回拨后网下发行数量占比基本在20%左右</td><td>网上有效申购倍数为50～100倍：回拨5%；网上有效申购倍数>100倍：回拨10%；回拨后网下发行数量占比为60%或70%</td><td>网上有效申购倍数为50～100倍：回拨10%；网上有效申购倍数>100倍：回拨20%；回拨后网下发行数量占比为50%或60%</td><td>网上有效申购倍数为15～50倍：回拨5%；网上有效申购倍数>50倍：回拨10%</td></tr>
</table>

续表

项目		主板	科创板	创业板	北交所
配售环节	不同类型投资者配售比例	安排不低于网下发行数量70%的优先向公募基金、社保基金、养老金、年金基金、保险资金和合格境外投资者资金配售			公募基金、社保基金、养老金、年金基金、保险资金的配售比例不低于其他投资者
	超额配售权	可以在发行方案中采用超额配售选择权。采用超额配售选择权发行证券的数量不得超过首次公开发行证券数量的15%			股票公开发行的,发行人和主承销商可以采用超额配售选择权。采用超额配售选择权发行股票数量不得超过本次公开发行股票数量的15%
	战略配售	发行股份<1亿股,战略配售的投资者数量不超过10名,战略配售比例不超过20%;发行股份≥1亿股,但<4亿股,战略配售的投资者数量不超过35名,战略配售比例不超过30%;发行股份≥4亿股,战略配售投资者数量不超过35名,战略配售比例不超过50%。战略配售股份限售期不少于12个月。发行人的高级管理人员与核心员工可以通过设立资产管理计划参与战略配售,获配的证券数量不得超过本次公开发行证券数量的10%			战略配售不超过10名,普通投资者股票持有期限不得少于6个月。发行人的高级管理人员、核心员工可以参与战略配售。战略配售股份限售期不少于12个月

续表

项目		主板	科创板	创业板	北交所
申购环节	网上申购市值要求	参与沪深交易所企业网上申购需分别持有沪市、深市市值达到10,000元以上			规则层面无要求
	网上申购单位	每5000元市值可申购一个申购单位，不足5000元的部分不计入申购额度。每一个新股申购单位为500股，申购数量应当为500股或其整数倍，但最高申购数量不得超过当次网上初始发行数量的1‰，且不得超过9999.95万股，如超过则该笔申购无效			每一个申购单位为100股，申购数量应当为100股或100股的整数倍，且不得超过9999.99万股，如超过则该笔申购无效
	网下申购	网下投资者在初步询价时，为其配售对象账户填报的拟申购价格属于有效报价的，网下投资者应当按照发行价格进行申购			
跟投机制		无要求	保荐人相关子公司跟投数量占比为2%～5%，具体比例根据发行人首发规模分档，限售期为24个月	以下情况要求保荐人相关子公司跟投：未盈利企业、存在表决权差异安排企业、红筹企业以及发行价格超过“四数”低值的企业。 跟投数量占比为2%～5%，具体比例根据发行人首发规模分档，限售期为24个月	无要求

全面实行注册制后，发行和承销制度经历了多个关键方面的变化，以适应中国资本市场的新格局。

其中，较为主要的变化是：(1)开始全面实行以市场化询价方式为主体、以直接定价为补充的定价机制；(2)增加了机构投资者类型，明确了主板、科创板和创业板的8类网下发行对象；(3)调整了高剔比例，解决了投资者担忧高价剔除的问题，使其能够对新股进行更合理的报价；(4)主板、创业板和科创板根据网上有效申购倍数的不同，规定了不同的网上回拨比例；(5)网下发行股份的优先配售对象增加了合格境外投资者;(6)新增了配售对象限售制度;(7)明确了战略配售标准,提升了战略配售家数及规模的上限;(8)设置了差异化跟投机制等。

这些变化将有利于实现更加市场化、多元化的发行和承销制度,促进资本市场的健康发展,稳定新股股价,提高新股上市的效率。

同时,这些变化也体现了中国资本市场监管的改革和创新,为更多类型的投资者提供了更多机会,并强调了市场力量在资源配置中的作用。

(四)投资者门槛和股票涨跌幅限制

四大板块对投资者门槛和股票涨跌幅限制的规定对比见表5-4。

表5-4 各板块对投资者门槛和股票涨跌幅限制的规定

<table>
<tr><th rowspan="2">板块</th><th rowspan="2">个人投资者门槛</th><th colspan="2">股票涨跌幅限制</th></tr>
<tr><th>涨跌幅限制</th><th>例外</th></tr>
<tr><td>主板</td><td>无特定门槛</td><td>涨跌幅比例不超过10%</td><td rowspan="3">首次公开发行上市后的前5个交易日、重新上市首日、进入退市整理期的首日无涨跌幅限制</td></tr>
<tr><td>科创板</td><td>(1)申请权限开通前20个交易日证券账户及资金账户内的资产日均不低于人民币50万元;(2)参与证券交易24个月以上</td><td rowspan="2">涨跌幅比例不超过20%</td></tr>
<tr><td>创业板</td><td>(1)申请权限开通前20个交易日证券账户及资金账户内的资产日均不低于人民币10万元;(2)参与证券交易24个月以上</td></tr>
<tr><td>北交所</td><td>(1)申请权限开通前20个交易日证券账户及资金账户内的资产日均不低于人民币50万元;(2)参与证券交易24个月以上</td><td>涨跌幅比例不超过30%</td><td>向不特定合格投资者公开发行的股票上市交易首日、进入退市整理期的首日无涨跌幅限制</td></tr>
</table>

从上述统计情况可以看出,在个人投资者门槛方面,主板对于个人投资者的资产数额以及参与证券交易经验没有特定要求,其余三个板块在个人投资者的证券交易经验上要求相同,创业板对于个人账户资金总额的要求较科创板和北交所略低。

在股票涨跌幅限制方面，四个板块中，北交所的要求相对最宽松，创业板和科创板次之，主板要求最为严格。

（五）上市后资本运作便利度

在上市后资本运作便利度方面，各大板块也有一定程度的差异，主要体现在再融资条件以及重大重组条件方面。具体见表 5－5 和表 5－6。

表 5－5　各板块对再融资条件的规定

<table>
<tr><th>项目</th><th>条件</th><th>主板</th><th>科创板</th><th>创业板</th><th>北交所</th></tr>
<tr><td rowspan="2">向不特定对象发行股票</td><td>基本条件</td><td colspan="3">具备健全且运行良好的组织机构；现任董事、监事和高级管理人员符合法律、行政法规规定的任职要求；具有完整的业务体系和直接面向市场独立经营的能力，不存在对持续经营有重大不利影响的情形；会计基础工作规范，内部控制制度健全且有效执行，财务报表的编制和披露符合企业会计准则和相关信息披露规则的规定，在所有重大方面公允反映了财务状况、经营成果和现金流量，最近 3 年财务会计报告被出具无保留意见审计报告；除金融类企业外，最近一期期末不存在金额较大的财务性投资。
不得向不特定对象发行股票的情形：擅自改变前次募集资金用途未作纠正，或者未经股东大会认可；上市公司或者其现任董事、监事和高级管理人员最近 3 年受到中国证监会行政处罚，或者最近 1 年受到证券交易所公开谴责，或者因涉嫌犯罪正在被司法机关立案侦查或者涉嫌违法违规正在被中国证监会立案调查；上市公司或者其控股股东、实际控制人最近 1 年存在未履行向投资者作出的公开承诺的情形；上市公司或者其控股股东、实际控制人最近 3 年存在贪污、贿赂、侵占财产、挪用财产或者破坏社会主义市场经济秩序的刑事犯罪，或者存在严重损害上市公司利益、投资者合法权益、社会公共利益的重大违法行为</td><td>具备健全且运行良好的组织机构；具有持续经营能力，财务状况良好；最近 3 年财务会计报告无虚假记载，被出具无保留意见审计报告；依法规范经营</td></tr>
<tr><td>业绩条件</td><td colspan="3">最近 3 个会计年度盈利；增发还应当满足最近 3 个会计年度加权平均净资产收益率平均不低于 6%；净利润以扣除非经常性损益前后孰低者为计算依据</td><td>无要求</td></tr>
</table>

续表

项目	条件	主板	科创板	创业板	北交所
向特定对象发行股票	基本条件	不得向特定对象发行股票的情形：擅自改变前次募集资金用途未作纠正，或者未经股东会认可；最近1年财务报表的编制和披露在重大方面不符合企业会计准则或者相关信息披露规则的规定；最近1年财务会计报告被出具否定意见或者无法表示意见的审计报告；最近1年财务会计报告被出具保留意见的审计报告，且保留意见所涉及事项对上市公司的重大不利影响尚未消除，本次发行涉及重大资产重组的除外；现任董事、监事和高级管理人员最近3年受到中国证监会行政处罚，或者最近1年受到证券交易所公开谴责；上市公司或者其现任董事、监事和高级管理人员因涉嫌犯罪正在被司法机关立案侦查或者涉嫌违法违规正在被中国证监会立案调查；控股股东、实际控制人最近3年存在严重损害上市公司利益或者投资者合法权益的重大违法行为；最近3年存在严重损害投资者合法权益或者社会公共利益的重大违法行为			不得向特定对象发行股票的情形：上市公司或其控股股东、实际控制人最近3年内存在贪污、贿赂、侵占财产、挪用财产或者破坏社会主义市场经济秩序的刑事犯罪，存在欺诈发行、重大信息披露违法或者其他涉及国家安全、公共安全、生态安全、生产安全、公众健康安全等领域的重大违法行为；上市公司或其控股股东、实际控制人，现任董事、监事、高级管理人员最近1年内受到中国证监会行政处罚、北交所公开谴责，或因涉嫌犯罪正被司法机关立案侦查或者涉嫌违法违规正被中国证监会立案调查，尚未有明确结论意见；擅自改变募集资金用途，未作纠正或者未经股东会认可；上市公司或其控股股东、实际控制人被列入失信被执行人名单且情形尚未消除；上市公司利益严重受损的其他情形

续表

项目	条件	主板	科创板	创业板	北交所
向特定对象发行股票	业绩条件	无要求			
向不特定对象发行可转债	基本条件	具备健全且运行良好的组织机构；具有合理的资产负债结构和正常的现金流量；不存在对已公开发行的公司债券或者其他债务有违约或者延迟支付本息的事实仍处于继续状态的情形；不存在违反《证券法》规定改变公开发行公司债券所募资金用途的情形；符合向不特定对象发行股票的相应条件			具备健全且运行良好的组织机构；具有合理的资产负债结构和正常的现金流量；符合向不特定对象发行股票的相应条件
	业绩条件	最近3年平均可分配利润足以支付公司债券1年的利息；最近3个会计年度盈利，且最近3个会计年度加权平均净资产收益率平均不低于6%；净利润以扣除非经常性损益前后孰低者为计算依据	最近3年平均可分配利润足以支付公司债券1年的利息		
向特定对象发行可转债	基本条件	具备健全且运行良好的组织机构；具有合理的资产负债结构和正常的现金流量；不存在对已公开发行的公司债券或者其他债务有违约或者延迟支付本息的事实仍处于继续状态的情形；不存在违反《证券法》规定改变公开发行公司债券所募资金用途的情形；符合向特定对象发行股票的相应条件			具备健全且运行良好的组织机构；具有合理的资产负债结构和正常的现金流量；符合向特定对象发行股票的相应条件
	业绩条件	最近3年平均可分配利润足以支付公司债券1年的利息			

根据上述对比可以看出，就再融资条件而言，各板块并无很大差异，主要的差异体现为主板对于企业再融资为向不特定/特定对象发行股票（公开增发、配股）以及公开发行可转债时设定了更为严格的业绩条件。

表 5－6　各板块对重大重组条件的规定

项目	主板	科创板	创业板	北交所
重大资产重组的构成要件	上市公司及其控股或者控制的公司购买、出售资产，达到下列标准之一的，构成重大资产重组：购买、出售的资产总额占上市公司最近 1 个会计年度经审计的合并财务会计报告期末资产总额的比例达到 50% 以上；购买、出售的资产在最近 1 个会计年度所产生的营业收入占上市公司同期经审计的合并财务会计报告营业收入的比例达到 50% 以上，且超过 5000 万元人民币；购买、出售的资产净额占上市公司最近 1 个会计年度经审计的合并财务会计报告期末净资产额的比例达到 50% 以上，且超过 5000 万元人民币			
对标的资产的要求	无要求	拟购买资产应当符合科创板定位，所属行业应当与科创板上市公司处于同行业或者上下游，且与科创板上市公司主营业务具有协同效应	拟购买资产所属行业应当符合创业板定位，或者与上市公司处于同行业或者上下游	无要求

各板块在构成重大资产重组的要件规定上是一致的，但科创板和创业板相较于另两个板块额外增加了对标的资产的要求。其中，创业板要求拟购买资产所属的行业需符合创业板定位，或者与上市公司处于同行业或者上下游，而科创板则更为严格，要求拟购买资产不仅要符合科创板定位，还要同时满足所属行业与科创板上市公司处于同行业或者上下游，且要与上市公司主营业务具有协同效应。

（六）锁定期限制

锁定期是指在股票上市后，公司特定股东在规定的一段时间内禁止减持或抛售其所持有的股票。这一安排对于维护市场秩序、维护公司的稳定性以及保护其他股东的权益具有重要意义。

首先，上市公司首次公开发行股票时通常面临巨大的市场波动，如果股东在上市后立即减持股票，可能引发市场混乱和投资者恐慌，对市场稳定造成威胁。通过设立锁定期，可以延迟特定股东减持的时间，使市场有更多时间适应新上市股票的供需关系，降低市场波动。

其次，如果股东在短期内大规模减持股票，也会对公司的稳定性造成影响，不利于公司的长期发展。

最后，锁定期的存在也有助于保护其他股东的权益。优势股东通常在股权结构、信息获取和持股成本等方面具有优势，如果没有锁定期，他们可能会在上市后迅速减持股份，从而损害其他股东的利益。锁定期规定使得优势股东在一定时间内受到不同程度的限制，有助于平等保护各方的权益。

A 股各板块对于 IPO 前存量股份锁定期的规定见表 5－7。

表 5－7　各板块对 IPO 前存量股份锁定期的规定

<table>
<tr><th colspan="2">类别</th><th>主板</th><th>科创板</th><th>创业板</th><th>北交所</th></tr>
<tr><td rowspan="3">控股股东、实际控制人</td><td>上市时未盈利</td><td>—</td><td colspan="2">在公司实现盈利前，自公司股票上市之日起 3 个完整会计年度内，不得减持首发前股份；自公司股票上市之日起第 4 个会计年度和第 5 个会计年度内，每年减持的首发前股份不得超过公司股份总数的 2%，并应当符合交易所关于减持股份的相关规定。公司实现盈利后，可以自当年年度报告披露后次日起减持首发前股份</td><td>在实现盈利前，自公司股票上市之日起 2 个完整会计年度内，不得减持公开发行并上市前股份；公司实现盈利后，可以自当年年度报告披露后次日起减持公开发行并上市前股份</td></tr>
<tr><td>上市时已盈利</td><td colspan="3">自公司股票上市之日起 36 个月内，不得转让或者委托他人管理其直接和间接持有的首发前股份，也不得提议由上市公司回购该部分股份</td><td>自公开发行并上市之日起 12 个月内不得转让或委托他人代为管理</td></tr>
<tr><td>没有或难以认定实际控制人的情况</td><td colspan="3">发行人没有或者难以认定实际控制人的，发行人股东应当按持股比例从高到低依次承诺其所持股份自上市之日起锁定 36 个月，直至锁定股份的总数不低于发行前股份总数的 51%。对于具有一致行动关系的股东，应当合并后计算持股比例再进行排序锁定。
位列上述应当予以锁定的 51% 股份范围的股东，符合下列情形之一的，可不适用上述锁定 36 个月的规定：(1) 员工持股计划；(2) 持股 5% 以下的股东；(3) 非发行人第一大股东且符合一定条件的创业投资基金股东〔1〕，具体条件参照创投基金的监管规定</td><td>—</td></tr>
</table>

〔1〕　根据《〈首次公开发行股票注册管理办法〉第十二条、第十三条、第三十一条、第四十四条、第四十五条和〈公开发行证券的公司信息披露内容与格式准则第 57 号——招股说明书〉第七条有关规定的适用意见——证券期货法律适用意见第 17 号》的规定，“符合一定条件的创业投资基金股东”的认定程序为，由创业投资基金股东向保荐机构提交书面材料，经保荐机构和发行人律师核查后认为符合相关认定标准的，在申报时由保荐机构向交易所提交书面材料，交易所在认定时应当征求相关职能部门的意见。

续表

类别		主板	科创板	创业板	北交所
突击入股股东		发行人申报前6个月内进行增资扩股的,新增股份的持有人应当承诺新增股份自发行人完成增资扩股工商变更登记手续之日起锁定36个月。在申报前6个月内从控股股东或者实际控制人处受让的股份,应当比照控股股东或者实际控制人所持股份进行锁定。相关股东刻意规避股份锁定期要求的,应当按照相关规定进行股份锁定。 发行人提交申请前12个月内新增股东的,新增股东应当承诺所持新增股份自取得之日起36个月内不得转让			—
董事、监事、高级管理人员	上市时未盈利	—	在实现盈利前,自公司上市之日起3个完整会计年度内,不得减持首发前股份;在前述期间内离职的,应当继续遵守本款规定。公司实现盈利后,可以自当年年度报告披露后次日起减持首发前股份		在实现盈利前,自公司股票上市之日起2个完整会计年度内,不得减持公开发行并上市前股份;公司实现盈利后,可以自当年年度报告披露后次日起减持公开发行并上市前股份
	上市时已盈利	在任职期间每年转让的股份不得超过其所持有公司股份总数的25%;所持公司股份自公司股票上市交易之日起1年内不得转让;离职后半年内,不得转让其所持有的公司股份			
核心技术人员	上市时未盈利	—	自公司股票上市之日起12个月内和离职后6个月内不得转让本公司首发前股份; 自所持首发前股份限售期满之日起4年内,每年转让的首发前股份不得超过上市时所持公司首发前股份总数的25%,减持比例可以累积使用	—	—
	上市时已盈利	—	在公司实现盈利前,自公司股票上市之日起3个完整会计年度内,不得减持首发前股份;在前述期间内离职的,应当继续遵守本款规定。公司实现盈利后,可以自当年年度报告披露后次日起减持首发前股份	—	—

续表

<table>
<tr><th>类别</th><th>主板</th><th>科创板</th><th>创业板</th><th>北交所</th></tr>
<tr><td>一般股东</td><td colspan="3">公司公开发行股份前已发行的股份，自公司股票在证券交易所上市交易之日起 1 年内不得转让</td><td>上市前直接持有 10% 以上股份的股东或虽未直接持有但可实际支配 10% 以上股份表决权的相关主体，持有或控制的本公司向不特定合格投资者公开发行前的股份，自公开发行并上市之日起 12 个月内不得转让或委托他人代为管理</td></tr>
</table>

根据上述对比分析可以看出，在对股东持有的 IPO 前存量股份锁定期的限制上，北交所的要求相对来说较为宽松，而主板、科创板和创业板的规定基本相同。只是主板未针对公司上市前未盈利的情况下的股份锁定期作出限制，这是因为主板对于拟上市企业的财务指标限制使得未盈利的企业没有在主板上市的机会。另外，科创板还对核心技术人员的股份锁定期单独作出了规定，其他三个板块均未有相关规定。

（七）市盈率比较

如前文所述，市盈率是拟上市企业在选择交易所需要关注的重点问题之一，这直接影响了企业上市后的融资难易度以及创始人退出时可获得的利益。境内各板块 2023 年度的平均市盈率对比情况见表 5－8[1]。

表 5－8　各板块 2023 年度平均市盈率情况

板块	平均市盈率（倍）
创业板	45.24
科创板	73.03
深主板	31.41
沪主板	27.46
北交所	16.47

〔1〕《2023 年度 IPO 公司发行市盈率统计，各板块行业排名纵览！》，载微信公众号"点睛 IPO"2024 年 1 月 22 日。

第六章

合作上市

在严监管之下,凭一己之力上市,往往有较大的难度。是否可以在市场上找到志同道合的合作者,通过某种合作方式达到快速上市的目标?

目前至少有两种合作上市的方式。一种是找到"壳方",通过借壳或类借壳的方式实现绕道上市;另一种是找到同行业的合作伙伴,通过并购重组进行业绩的捆绑、整合,实现抱团上市的目的。

第一节　借壳上市

上市可以分为直接上市(IPO)和间接上市(借壳上市)两种方式,借壳上市就是一种绕道上市的方式。"借壳"是资本市场的俗语,所谓借壳,实质上是反向并购,也被称为重组上市,是指借壳方通过某种方式获得一家上市公司(壳公司)的控制权,借壳方作为这家上市公司新的控股股东,对壳公司进行重组,剥离其原有的劣质资产,并将借壳方拥有的优质资产和业务注入壳公司,从而使借壳方实现其优质资产与业务上市的目的。通常,借壳方会对上市公司进行更名(变更为具有借壳方资产标识的企业名称)和迁址(迁入借壳方所在地)。

当然,还有另外一种被称为间接上市的方式是"做上市公司的二股东",标的资产拥有方将标的资产出售给上市公司,由上市公司新发行股份作为支付对价,从而实现了标的资产在 A 股的证券化,但因标的资产的体量有限,标的资产的原拥有方仅成为上市公司的中小股东(不触及借壳)。笔者认为,真正意义上的上市,是与上市后的实际控制人身份分不开的，前文我们已分析过上市的本质特征之一是实现企业的折现价值，该种方式虽然资产实现了证券化（以资产换得了上市公司增发的股票），但如果换股后仅作为上市公司的中小股东，并不能主导上市公司的发展，不能主导上市公司的折现价值，相当于这个上市的资源是掌控在他人之手，未真正实现自己资产的上市。

实践中，还有人将间接上市区分为借壳上市和买壳上市。其所称的"借壳上市"，是将借壳各方当事人限定于同一控制之下，指同一控制下的母子公司或关联企业之间的借壳。其前提是同一控制下已经拥有了一家上市公司，然后将上市公司关联方或母公司（集团公司）的主要资产注入该上市公司，从而实现同一控制下整体资产的上市，如强生集团的"母"借"子"壳。显然，此类借壳上市与笔者在前文描述的借壳上市并无本质区别，而其所谓的"买壳上市"，亦是我们前文描述的借壳上市。因此，实践中对间接上市的方式进行买壳上市、借壳上市之区分的意义不大。

一、借壳上市的动因

借壳上市的主要动因在于我国之前"严进不出"的资本市场生态，核准制之下，企业上市审核周期长、成本高、难度大，另外，退市制度又不够完善，即便很多上市公司已经明显不符合上市要求，也鲜少退市。这种市场状态就成为滋生借壳上市的土壤，让借壳方和让壳方都可以从借壳上市中获取收益。

从借壳方角度来看，首先，核准制年代正常上市周期一般是 500 天左右，而借壳上市则仅需 150 天左右就可以实现上市目的，大大节约了企业的时间成本，让企业可以更快通过上市达到拓宽融资渠道、提升企业形象的目的。其次，核准制下对企业上市标准要求较高，借壳上市的要求则相对较低，很多优质的初创公司并未达到 IPO 上市的业绩要求，但也可以通过借壳上市的途径增加企业的融资渠道。

从让壳方角度来看，作为经营难以为继的亏损公司，通过借壳上市的方式一方面可以保留公司的上市资格，另一方面可以通过出让壳资源获取现金流，配套融资限制的放松，使得上市公司在通过发行股份购买资产进行重大资产重组的同时，可以通过非公开发行的方式向投资者定向增发股份以募集部分配套资金，这对亟须融资的企业来说算是一大利好。上市公司进而实现产业结构的调整，优化企业经营情况的目标。这两端的需求，让面临退市的上市公司和急迫想上市的公司借壳上市的模式完美对接。

当然，愿意被借壳的上市公司也不全是亏损或面临退市的公司，也有少部分上市公司生产经营尚正常，但企业发展遇到瓶颈，且上市公司的实际控制人想套现离场，愿意将上市公司壳让给“有缘之人”。

二、借壳上市的现状

自 1993 年的“宝延风波”成为国内首个借壳上市案例以来，借壳上市的数量在 2015 年达到顶峰，之后显著下降。特别是自 2019 年试行注册制以来，借壳上市的数量进一步回落（见图 6－1）。

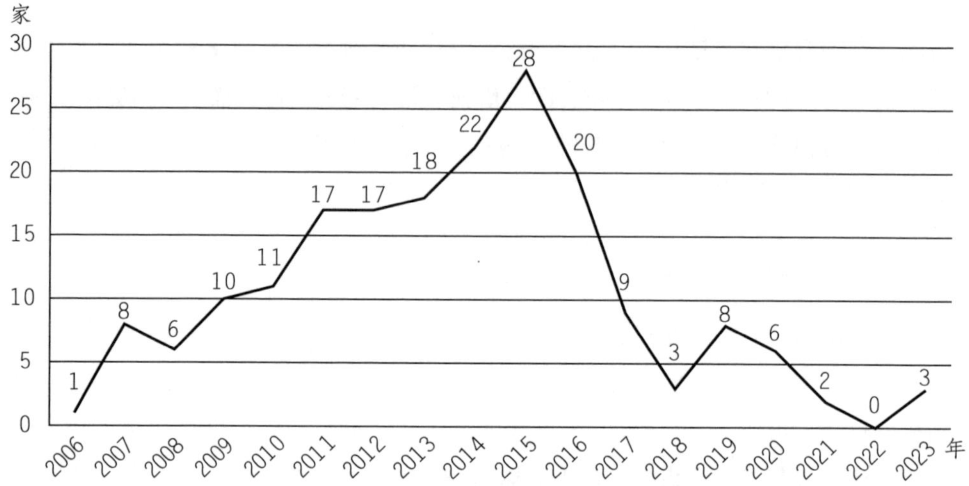

图 6－1　2006～2023 年借壳上市公司数量

2024 年 4 月初，国务院在《关于加强监管防范风险推动资本市场高质量发展的若干意见》（新“国九条”）中明确要求“进一步削减‘壳’资源价值。加强并购重组监管，强化主业相关性，严把注入资产质量关，加大对‘借壳上市’的监管力度，精准打击各类违规‘保壳’行为”。随后，证监会于 2024 年 4 月 12 日发布《关于严格执行退市制度的意见》，指出“以更严的证券监管执法打击各种违法‘保壳’‘炒壳’行为，着力削减‘壳’资源价值”，强调“一是加强重组监管，强化主业相关性，严把注入资产质量关，防止低效资产注入上市公司；从严监管重组上市，严格落实‘借壳等同 IPO’要求；严格监管风险警示板（ST 股、＊ST 股）上市公司并购重组。二是加强收购监管，压实中介机构责任，严把收购人资格、收购资金来源，规范控制权交易。三是从严打击‘炒壳’背后的市场操纵、内幕交易行为，维护交易秩序。四是对于不具有重整价值的公司，坚决出清”。可见，我国对于借壳上市的监管，已经严格到历史新高度。

随着全面注册制的落地，企业 IPO 申报审核的时间基本上缩短到 6 个月以内，时间成本和管理成本都大大降低，进入门槛相对放宽，从根本上减少了市场对借壳上市的需求。当然,随着中国证监会 2023 年 8 月 27 日宣布“阶段性收紧 IPO 节奏”,企业上市难度有所增加,审核时长也有所增加,但诚如中国证监会所言“收紧”是“阶段性”的,从长期来看,注册制改革的法治化、市场化方向不会变,注册制之下企业 IPO 政策会逐步宽松。而借壳上市存在的稀释原股东股份、风险较大等弊端,也进一步降低了企业对借壳上市的热情。注册制之下退市制度的完善,让经营状况不佳的上市企业想要通过被借壳维系上市地位或者全身而退的难度越来越大。

三、借壳上市的方式

借壳上市的操作大致分两步完成。第一步,标的资产持有方(借壳方)通过一定方式取得上市公司(壳公司)的控制权;第二步,与取得控制权配合完成借壳上市的是资产重组,通过将上市公司的原有资产负债置出和借壳企业的资产负债置入,实现上市公司主营业务的变更,借壳方资产的上市。

(一)借壳上市的一般流程

1. 选择壳公司。在这一步中,则需要根据企业战略、外部环境等综合因素来选择目标公司,这需要经过较为严谨和漫长的尽职调查。

2. 获取其控股权。收购上市公司控制权的方式有很多,在实践中,借壳上市取得壳公司的控制权主要存在三种方式:股份转让、增发新股和间接收购。

3. 资产置换。资产置换包括壳公司原有资产负债的置出和借壳企业资产负债的置入,通过这一步实现借壳企业资产的上市。上述置出又分成了关联置出和非关联置出,置入分为整体上市(全部资产、负债、业务及人员)和部分上市(部分资产、负债、业务及人员)。关联置出是指将需要置出的资产转让给让壳方,非关联置出则是将需要置出的资产转让给与让壳方无关的第三方。

(二)借壳上市的具体方式

1. 二级市场收购 + 资产置换

延中实业公司股份为流通股,股权结构十分分散,因此容易成为被收购的目标。于是北大方正及相关企业在二级市场收购该股份,进而取得延中实业的控股权。然后通过资产置换,把自身优质资产置入该壳公司,改名为“方正科技”,从而实现借壳上市(见图 6 - 2)。

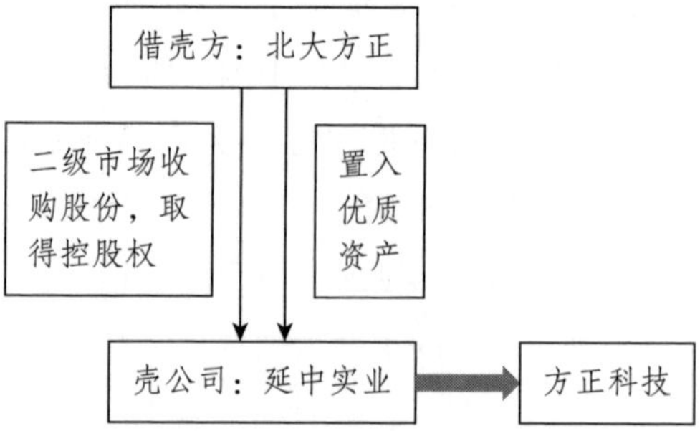

图 6－2 方正科技借壳上市流程

2. 股权转让＋资产置换

壳公司原控股股东通过股权转让协议将持有的股份转让给借壳方企业，后者以现金作为对价收购这部分股份，从而实现对壳公司的控股。然后借壳方收购壳公司原有资产及业务，将这部分资产及业务从壳公司置出，将拟上市的业务及资产置入壳公司，实现资产置换，从而实现借壳上市（见图 6－3）。

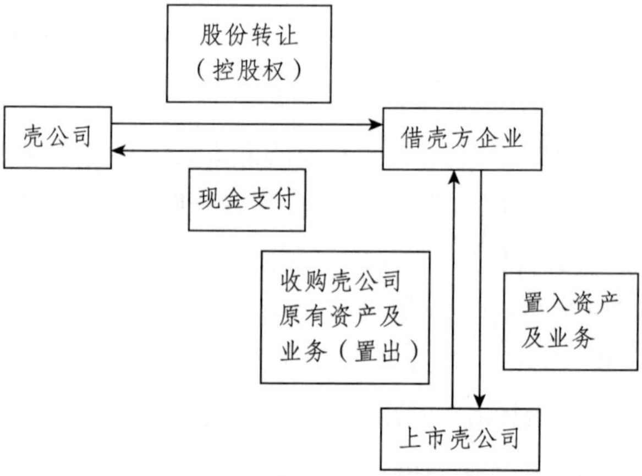

图 6－3 股权转让＋资产置换模式下借壳上市流程

3. 司法拍卖＋资产置换

借壳方企业可通过司法拍卖并支付一定对价的方式获得壳公司的控股权，然后再进行资产置换，从而实现借壳上市（见图 6－4）。

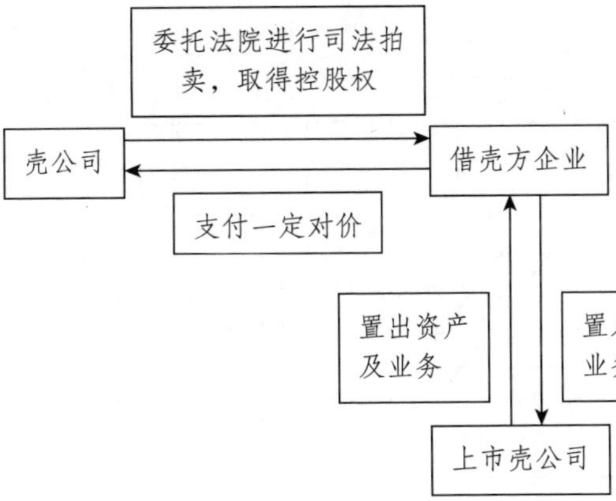

图 6-4　司法拍卖 + 资产置换模式下借壳上市流程

4. 间接控股 + 资产置换

间接控股 + 资产置换模式下借壳上市流程如图 6-5 所示。

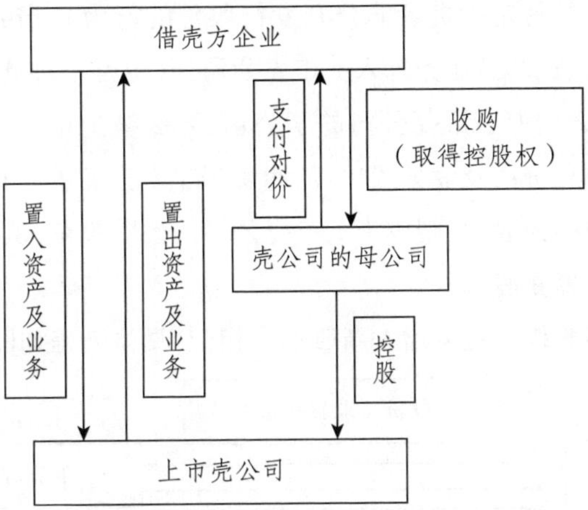

图 6-5　间接控股 + 资产置换模式下借壳上市流程

5. 股权转让 + 增发新股

股权转让 + 增发新股模式下借壳上市流程如图 6-6 所示。

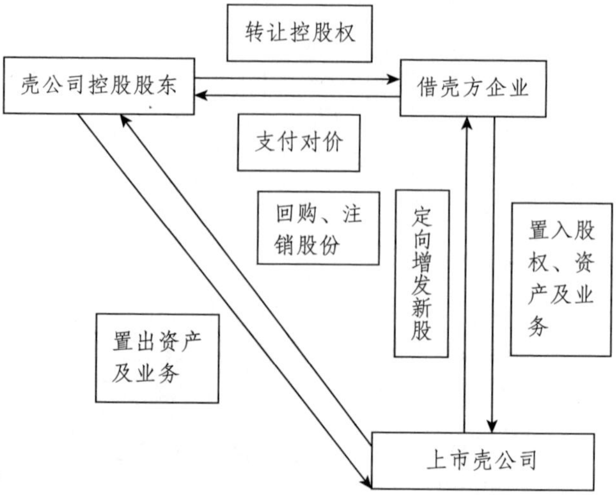

图 6－6　股权转让＋增发新股模式下借壳上市流程

由于上市壳公司向借壳方企业定向增发新股(定向增发是增发的一种,是指上市公司向符合条件的少数特定投资者非公开发行股份的行为),借壳方企业可以将其持有的借壳方企业股权、资产及业务置入上市壳公司处(也是一种支付对价的形式)。这时候,借壳方企业要么成为上市壳公司的子公司,要么被上市壳公司所吸收合并。然后上市壳公司再把原有资产及业务置出,从而实现了资产置换。而借壳方企业控股股东由于收购了壳公司的控股权,则成为上市壳公司的控股股东,从而实现借壳上市。

6. 股份回购＋增发新股

这种模式与上述股权转让＋增发新股形式相似,具体流程如图 6－7 所示。

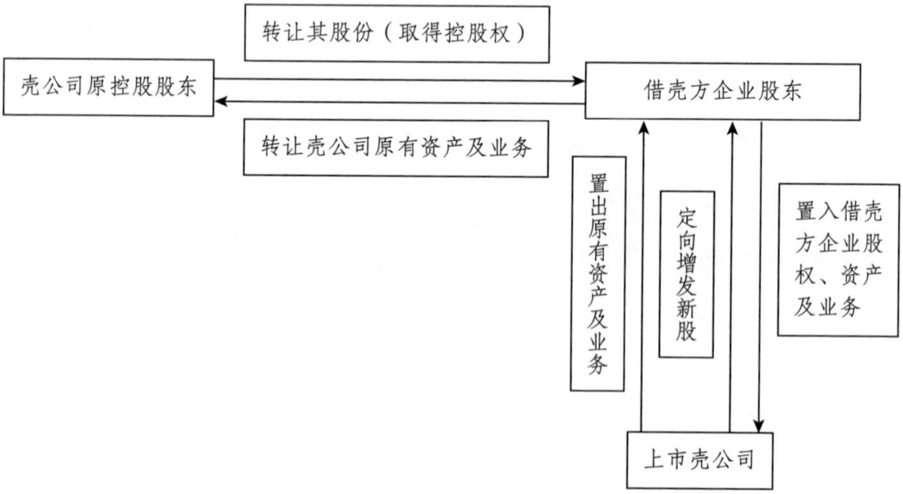

图 6－7　股份回购＋增发新股模式下借壳上市流程

7. 资产置换 + 增发新股

资产置换 + 增发新股模式下借壳上市流程如图 6 – 8 所示。

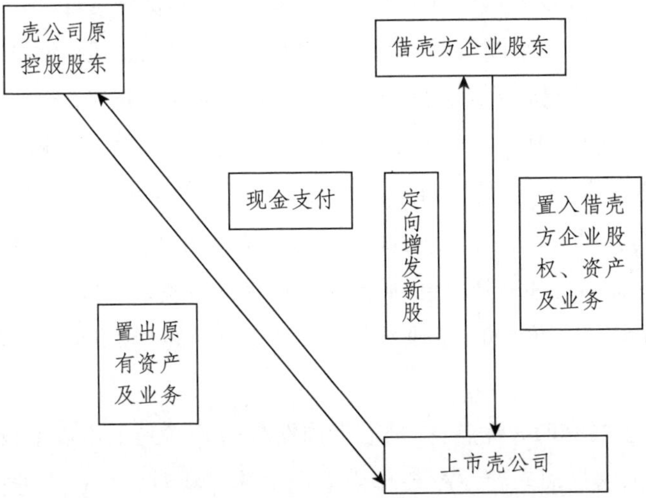

图 6 – 8　资产置换 + 增发新股模式下借壳上市流程

8. 资产出售 + 增发新股

资产出售 + 增发新股模式下借壳上市流程如图 6 – 9 所示。

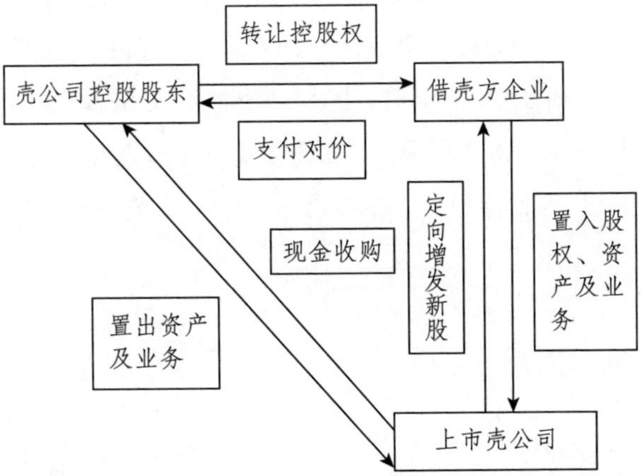

图 6 – 9　资产出售 + 增发新股模式下借壳上市流程

四、借壳上市的另类模式

SPAC（Special-Purpose Acquisition Companies）并购模式被视为现代版的借壳上

市。SPAC 即特殊目的并购公司，可以理解为“壳公司”，这类公司仅持有现金而没有实际经营业务。SPAC 在上市后先筹集大量资金，然后利用这些资金去收购或合并一个未上市的公司，从而让该公司获得上市资格。SPAC 本质是一个现金壳公司，一般由公募基金、私募股权基金、对冲基金等专业投资机构发起设立。其本身没有实际业务，但是可以先进行 IPO，募集到的绝大部分资金需存入信托账户托管，之后利用 IPO 募资收购优质标的，在一定时间内（一般是 24 个月，最多 36 个月）经过并购交易助其曲线上市。机构投资者投资 SPAC 的目的是获得将来被收购或合并公司的成长潜力。而对于被收购或合并的公司来说，它们也能够通过这种方式在更短的时间内实现上市，能够快速提高公司的知名度和品牌价值，从而获得更多的投资机会和资本市场的支持。因此相较于传统 IPO 上市模式的“企业找钱”，SPAC 模式的“钱找企业”开辟了一种特殊的上市路径。

SPAC 上市主要有四大优点：一是上市周期较短。二是上市成本较低。三是确定性相对较强，从监管层面来看，SPAC 作为上市主体需要对并购行为进行详尽披露，但监管层一般不对并购行为进行实质审查，且并购行为系 SPAC 与被并购企业的合意，由双方协商一致确定并购企业的估值，不受二级市场短期波动的影响。四是风险可控性强，SPAC 是一个干净的空壳公司，不存在任何负债和法律风险。

2021 年 9 月 2 日，新加坡交易所发布 SPAC 的主板上市规则（同年 9 月 3 日生效），成为亚洲第一个接受 SPAC 的证券交易所。而在此之前，英国、加拿大、意大利等国均存在 SPAC 模式。港交所于 2021 年 12 月 16 日公布引入 SPAC 新规则，在我国香港特区设立 SPAC 上市机制，SPAC 新规则于 2022 年 1 月 1 日起生效。我国 A 股市场对于 SPAC 模式有很多探讨，但目前引入 SPAC 这一发行上市创新机制的时机还不成熟。

五、类借壳

（一）类借壳的具体手法

借壳上市，在我国监管十分严格，要求置入资产的经营实体必须满足 IPO 的发行条件，门槛相对较高，通过的难度也是显而易见的（当然，就具体的审核理念及审核思路而言，基于并购重组委对重组交易商业逻辑及合理性的侧重关注，其相对于 IPO 审核存在更大的审核包容度，也就是说，借壳这一现象仍有其存在的合理性）。有无更绕道的方式，既借了壳（资产注入了公司、实现了资产证券化），又能绕开借壳审批的路径呢？这就是一种更“高级”的玩法——类借壳。

构成借壳上市有两个前置条件：其一，控制权变更；其二，置入资产超过上市公司前一年资产规模（100%）。只要成功规避其中一个条件，就无须经过借壳上市审核。具体手法大致包括以下三种。

1. 控制权不变

为保证注入资产（资产总额、资产净额、营业收入）虽超过100%但上市公司控制权不发生变更，实务中主要有以下方式：

（1）上市公司原控股股东增加控制权，可通过签署一致行动人协议，或通过协议转让、公开要约或者非公开发行认股的情形，增加对上市公司的控股比例，保证后续不发生控股股东变化。

（2）上市公司原控股股东提前收购标的资产一部分股份后再以该部分股份对应的资产认购上市公司股份，所以也就保证了原实际控制人仍然是上市公司第一大股东，进而认定为控制权未发生转移。

（3）标的资产实际控制人向无关联第三方转让标的资产控制权，避免标的资产实际控制人在发行后成为上市公司第一大股东，进而认定为控制权未发生转移。

（4）发行后，标的资产的实际控制人获得的上市公司持股比例与上市公司的原实际控制人持股比例接近，上市公司变更为“无实际控制人”，而标的资产的原实际控制人并未取得对上市公司的控制权，故不构成借壳。但此做法被后来趋严的审核实践所否定。上市公司股权分散，董事、高级管理人员可以支配公司重大的财务和经营决策的，视为具有上市公司控制权，以“实际控制人从有到无”为由来规避借壳基本不可行。

（5）标的资产实际控制人承诺不谋取控制权。

（6）对董事会、关键岗位人员作出具体安排，确保上市公司原控股股东的实际控制地位。

（7）标的资产实际控制人可将表决权委托给上市公司原控股股东，这种模式相当于并购方放弃了上市公司的表决权，以实现控制权不发生变化，完成借壳重组上市。

（8）收购标的资产时提高现金支付比例、减少股票支付比例，从而降低标的资产实际控制人的持股比例。

2. 引入第三方

做法一：第三方通过认购上市公司定增（募集配套资金）获得上市公司控制权，而该第三方与拟置入资产到上市公司的标的资产方不存在关联关系，从而达到规避借壳的目的。

做法二：仍然是由无关联第三方通过现金支付方式获得上市公司控制权，因不涉及上市公司发行股份,通过监管审核的概率相对更大。

做法三:无关联第三方提前受让标的资产部分权益,稀释标的资产原实际控制人的股份比例,再由上市公司向标的资产原实际控制人发行股份购买标的资产,达到发行前后上市公司实际控制权并不发生变更的目的。

但随着监管部门对于"忽悠式"重组的监管升级,通过引入第三方进行类借壳的模式鲜有成功案例。

3. 分步收购

此方案旨在保证上市公司收购的资产各项指标不触及借壳上市认定指标,采取分步收购方式,先收购较低比例的标的公司股权,剩余股份日后再作安排。本方案的难点是:第一,资产的主要指标如触及上市公司重大资产重组标准的,需履行相应的审核流程,存在审核上的不确定性;第二,如果将资产切割成多块,需解决每块资产之间的同业竞争、关联交易、独立性问题,同类业务只能放在一起注入上市公司;第三,如果分多次进行收购,会面临"累计计算"的问题,监管部门在审核中会执行"累计首次"和"预期合并"的原则。

(二)监管部门对类借壳的监管

对于规避监管的做法,监管部门历来不会坐视不管。针对市场上的类借壳情况,监管部门分别出台了一些政策:

1. 针对向第三方发行和"三方交易 + 现金交易"的行为,要求第一大股东与第二大股东持股比例达到一定程度的差距(一般 10% 左右较为稳妥),并要求控制权在一定时间内不变更、上市公司主业在一定时间内不变更。

2. 针对提前收购标的公司股份的行为,审核实践中在计算"拟购买资产交易价格"时,审核机构会要求将交易停牌前 6 个月内及停牌期间以现金增资入股标的资产部分对应的交易价格剔除。

3. 针对增强上市公司原实控人控制权的行为,审核实践中,如果原实控人拟在配套融资时认购股份,则审核机构会要求将该部分股份剔除后再认定控制人;如果有提前收购标的股份的情况并以该部分股份认购上市公司股份的,则要求将在本次交易停牌前 6 个月内及停牌期间认购的股份相对应的上市公司股份部分进行剔除。

为了抑制"壳资源"的炒作,规范重组上市行为,中国证监会于 2016 年 9 月发布了经修订的《上市公司重大资产重组管理办法》(被称为"史上最严"重组新规),进一步完善了借壳上市的相关认定标准:首先,认定标准在资产总额指标基础上增补资产净额、营业收入、净利润、股份 4 个指标。其次,明确控制权变更的判断标准要从股权比例、董事会构成、管理层控制 3 个维度进行衡量。同时还设定了兜底审核条款("中国证监会认定的可能导致上市公司发生根本变化的其他情形"),以应对更加复杂的规避监管的借壳交易方案出现。再次,延长股东限售期,对新进入的非控股股东限售期从 12 个月延长至 24 个月,新进入的控股股东则为 36 个月。最后,新增借壳上市的同时不能配套融资的规定,这也在一定程度上抑制了企业借壳的欲望。

2019 年,借重组上市"炒壳""囤壳"之风已得到明显抑制,而在当时经济形势下,一些上市公司经营困难、业绩下滑,更需要通过并购重组吐故纳新、提升质量,基于宏观环境的变化,《上市公司重大资产重组管理办法》再次进行修订,取消了借壳认定中的利润指标。因为亏损企业注入资产必然构成借壳上市,微利企业也极易触线,所以本次修订删除净利润指标,以支持上市公司资源整合和产业升级,加快质量提升速度。此外,还缩短"累计期间"(由 60 个月缩短至 36 个月),并放开创业板借壳,恢复可以配套融资。

第二节　抱团上市

能够成功上市的基础条件就是业绩达标,而且,业绩越漂亮,上市成功率越高。企业自我内生式的业绩发展的速度往往是有限的,是否可以进行外延式扩张,由几家同行业公司进行业务整合、股权整合,从而迅速达到上市的业绩要求进而实现上市的目的?

实际上,不少企业家面对上市的高业绩要求时都可能会产生这样的"灵感":难道不可以找一两家同行业公司整合一下、将业绩加在一起共同上市?自己一家公司的业绩不够,找合作伙伴捆绑在一起,规模不就上来了?这就是所谓的抱团上市。

理论上,抱团上市是可行的。但现实难点在于,如何能找到真正志同道合的合作伙伴,能够理念一致、不太计较、互相成就。抱团上市实际上首先要求的是企业间能够成功地并购整合。企业经营管理是一个非常复杂的系统工程,两家原本不相干的企业走到一起,能否达到互相融合,两家企业的实控人之间能否互相认同对方的企业估值、能否就并购后的企业管控达成默契,两家企业走到一起能否真正实现企业核心竞争力的增强和商业模式的升级,这些都是抱团上市面临的问题。也是基于此,市场上鲜有抱团上市的成功案例。笔者身边就有企业家曾经尝试整合一批同行业的小企业一起捆绑上市，最终付出不菲的代价草草收场。

但有难度的事情不是一定不可以做。丛麟科技（688370. SH）在科创板上市，可以算作抱团上市的一个成功案例。丛麟科技系宋某平、朱某德、邢某南三人于 2017 年出资设立的，三人是一致行动人、丛麟科技的共同实控人。公司于 2021 年 6 月向上交所提交上市申请，上市申请的报告期是 2019 年、2020 年和 2021 年。公司成立仅 4 年就冲刺科创板。这冲刺上市的实力究竟来自哪里？根据该公司的招股说明书，原来是公司于 2018 年年底以换股收购的方式收购了上海天汉环境资源有限公司（以下简称上海天汉），上海天汉的股东金俊发展有限公司（以下简称金俊发展，系一家在我国香港地区设立的公司，实际控制人为谢某伟）本次通过货币（上海天汉的未分配利润）出资以及股权出资成为丛麟科技的第一大股东，公司的业绩主要来自上海天汉。

公司招股说明书披露的模拟测算合并上海天汉前后丛麟科技 2018 年财务数据如表 6－1 所示。

表 6－1 模拟测算丛麟科技合并前后财务数据情况

单位：万元

项目	丛麟科技（不含上海天汉）	上海天汉	丛麟科技（模拟合并）
资产总额	22,808.08	79,732.89	102,540.97
资产净额	27,482.52	36,195.40	63,677.92
营业收入	3407.42	46,071.17	49,478.59
净利润	－1987.38	18,633.32	17,503.18

公司招股说明书披露的三年报告期主要财务数据与财务指标如表 6－2 所示。

表 6－2 公司主要财务数据与财务指标情况

项目	2021 年度/ 2021 年 12 月 31 日	2020 年度/ 2020 年 12 月 31 日	2019 年度/ 2019 年 12 月 31 日
归属于母公司所有者权益（万元）	123,051.75	102,995.37	72,447.00
资产负债率（%）	41.09	40.88	37.91
资产负债率（母公司）（%）	7.67	17.69	18.56
营业收入（万元）	66,668.36	66,949.55	60,992.22

续表

项目	2021 年度/ 2021 年 12 月 31 日	2020 年度/ 2020 年 12 月 31 日	2019 年度/ 2019 年 12 月 31 日
净利润(万元)	18,250.42	22,770.05	22,723.64
归属于母公司所有者的净利润(万元)	18,927.76	23,146.14	22,247.87
扣除非经常性损益后归属于母公司所有者的净利润(万元)	17,450.54	22,850.76	21,306.54

公司招股说明书披露的2018 年重组前公司的股权结构如表6－3 所示(宋某平、朱某德、邢某南三人分别为上海济旭、上海万颛、上海建阳的实际控制人,因该三人签署有一致行动关系协议,故该三人为丛麟科技的共同实际控制人)。

表 6－3　重组前公司股权结构

股东名称	认缴出资额(万元)	出资比例(%)	实缴出资额(万元)	出资方式
上海济旭	1505.00	30.10	754.20	货币
上海万颛	2068.50	41.37	1737.54	货币
上海建阳	1426.50	28.53	1198.26	货币
合计	5000.00	100.00	3690.00	—

2018 年完成重组后公司的股权结构如表 6－4 所示(金俊发展以上海天汉股权出资到丛麟科技后,成为丛麟科技的第一大股东,但基于其他三个股东业已形成的一致行动关系,公司的实际控制人仍为三个原有股东的终极控制人宋某平、朱某德、邢某南)。

表 6－4　重组后公司股权结构

股东名称	认缴出资额(万元)	出资比例(%)	实缴出资额(万元)	出资方式
上海济旭	1505.00	20.47	1264.20	货币
上海万颛	2068.50	28.13	1737.54	货币
上海建阳	1426.50	19.40	1198.26	货币
金俊发展	2353.00	32.00	2353.00	货币和股权出资
合计	7353.00	100.00	6553.00	—

丛麟科技的上市申请于 2022 年 2 月 17 日获得上交所科创板上市审核委员会审议通过,公司股票于 2022 年 8 月 25 日顺利实现上市。从该公司的重组、上市过程来看,公司因业绩不佳,找到合作上市者上海天汉,两家公司进行业绩捆绑,不到 4 年即成功上市,丛麟科技的三个创始股东直接获得了抱团上市的好处;而合作上市的相对方金俊发展在重组后成为拟上市主体丛麟科技的股东,也能够直接享受到丛麟科技成功上市带来的红利。这是中国资本市场少有的成功抱团上市的案例。

读者读到此处,可能会有疑问。丛麟科技上市主要是靠上海天汉的业绩,那么,上海天汉为何不自己在 A 股申请 IPO？金俊发展以上海天汉的股权出资到丛麟科技,仅获取丛麟科技 32% 的股权,且本次重组后金俊发展的实控人也未担任丛麟科技的实控人,这些看起来似乎都不太合理(招股说明书中解释是“非以惯常的方式作价”),其背后的原因是什么？特别是,根据招股说明书的披露,上海天汉早前本来就是宋某平、朱某德、邢某南控制的企业,后面出售给金俊发展,金俊发展运作海外上市不成,所以本次又卖回给宋某平、朱某德、邢某南控制的企业丛麟科技,其中的关系稍显微妙,留待读者去思考。但无论如何,本案例所展现的抱团上市的思路是可以借鉴的。

第七章

上市前如何引进投资人

第一节　要不要引进投资人

企业上市前是否引进投资人，首先要考虑引进投资人有哪些好处。

第一，企业上市前，特别是在上市申报的报告期，业绩需要稳步发展且最好是有"漂亮"的增长。前面我们说过，资金是企业的血液，要实现这个发展与增长目标，可能就需要在市场拓展方面有更大的促销力度，需要有增量的资金来支撑。与银行贷款相比，用投资人的钱是"无成本"的，这样更有利于业绩增长。所以，在上市前引进投资人，企业获得资金支持，达到阶段性的融资目标，能够助推企业的上市进程。

第二，对于有些企业而言，在上市前有特别的资金需求。一些是财务规范需要补缴税款，补税的主体或者是企业自身，或者是企业的自然人股东（个税）。这是一笔不小的支出，可以通过增资或老股转让来解决资金问题。还有些企业上市前融资，是为解决老股东之间的股权方面历史遗留问题，如股权架构的调整、终止代持、个别股东的退出等。

第三，解决企业的其他资源需求。有的投资人多年深耕资本市场，除了能给企业带来资金，还能够为企业的上市工作提供很好的帮助；有的投资人深耕某一行业，在该行业具有非常强的资源整合能力，能解决企业发展的关键问题，甚至在企业的业务拓展方面也能助企业一臂之力，这就是典型的战略投资人。

第四，企业上市前引进投资人，有助于提升企业知名度和企业形象，提高资本市场的认同度。特别是引进市场上较为知名的投资机构，其投资流程本身就异常严苛，甚至可称为"小 IPO 审核"，该类机构如果最终决定投资这家企业，本身已在向市场昭示该企业已经拥有较好的规范性和成长潜力。说到底,这是为该企业做了很好的背书,企业的形象和市场影响力会大大提升,这甚至还直接有助于企业的 IPO 审核。

第五,可以优化企业股权结构,提升公司治理水平。在引进投资人之前,多数企业的股权结构要么是“家族特色”,“家长”说了算;要么是“创业特色”,几个创业伙伴不离不弃,靠兄弟义气打江山。这种主要靠“感情”维系的原始治理结构下的企业很难有抵御市场风险的能力,离“现代企业”距离遥远。外部投资人的加入,可谓是为企业治理注入了新鲜血液,投资人会带给企业更先进的管理理念和优秀的管理制度,令企业更规范和富有活力,这也是企业走上资本市场的必要条件。

任何事物都有两面性。引入投资人,对企业或企业创始人而言,也可能存在一定风险。

一是投资人将钱投给企业的时候,基本都会设定业绩目标和成功上市的对赌条件(一般只有少数的天使投资不设对赌,也有特别抢手的拟 IPO 项目方相对强势,明确不接受附对赌条件的投资)。设定了对赌条件,对于企业或企业实控人而言,业绩达不到目标“赔钱”(现金补偿或股权补偿);上不了市,连本带息“退钱”(回购),而且回购的利息不低,一般都是在 8% ~10% 以上。根据这样的利益逻辑,本质上,投资人做的就是“只赚不赔”的买卖啊,看起来无财务成本的融资,最终付出了巨大成本,实践中不少企业或企业主甚至因为接受投资对赌而最终进入破产境地。

二是引进投资人后,公司股东结构、治理状况发生变化,企业决策受投资人监督和制约,决策效率受到一定影响,特别是有些投资人还附加了对有关重大事项的“一票否决权”,有时可能会相互掣肘,影响企业发展。

总体来看,企业引进投资人,与企业的发展阶段息息相关。企业存在婴儿期、成长期、成熟期和衰退期的生命周期。婴儿期最倾向于引入能够为其快速扩张提供大量资金支持的战略投资者。成长期的企业对快速扩大市场有着谜一样的追求,伴随的也是巨额资金需求,同时存在较大风险。成熟期的企业把战略重点放在维持市场份额与稳定优势地位上,所以更青睐于享有声誉并能够刺激创新的战略投资者。因此,拟上市公司在选择投资者类型时,首先要清晰了解自身发展阶段,明确现阶段首要需求,如战略需求、业务需求、管理需求、竞争需求与资本运作需求,对症下药寻找能够提供针对性帮助的战略投资者。

第二节　投资人的分类与选择

一、投资人的分类

根据不同的划分标准,投资人类型可划分为产业投资者与财务投资者、境内投资者与境外投资者、国资背景投资者与民营背景投资者等。

(一)产业投资者与财务投资者

1. 产业投资者

产业投资者主要指行业上下游产业链及相关产业企业,拟 IPO 企业可结合自己所处的行业,拓展上下游业务,增强可持续发展能力。引入潜在产业投资者后,未来双方的交易,有可能被认定为关联交易,因此,此类交易的金额和比例都应该控制在可接受范围之内,避免因为数额或者比例很大,被认定为业务重大依赖,从而增加公司上市的审核风险。

产业投资者持股周期一般较长,以获取产业协同效应为主要目的,其行业资源及管理经验可协助公司提升营运和技术水平,最终获取更高的市场份额。同时,产业投资者一般会要求在董事会占有席位,以获取一定的话语权,原有股东可能需要在营运控制权方面作出一定让步。

2. 财务投资者

财务投资者一般主要指国内外各类直接投资基金,以获取财务回报为主要目的,一般不要求参与企业的日常经营管理。引进这种类型的 PE,既可以满足资金需求,又能拓宽潜在客户范围,从而拓展公司的业务,增加新的业务增长点。同时,由于此客户没有成为公司股东,所以不会产生关联交易的问题。但财务投资者对入股价格较为敏感,对分红政策及退出机制有较高要求,甚至对企业上市时间及确定性也有严格、细致的评判标准。

3. **产业投资者与财务投资者的对比**〔1〕

产业投资者与财务投资者对比情况如表 7 - 1 所示。

表 7 - 1 产业投资者与财务投资者对比情况

类型	产业协同效应	对话语权的要求	价格敏感性
产业投资者	★★★★☆	★☆☆☆☆	★★★★☆
	投资者来自产业链上下游,其在行业技术、管理经验及客户资源等方面的积累有助于企业提高营运水平及市场占有率	产业投资者以获取产业协同效应为主要目的,一般对话语权有一定要求	产业投资者持股周期较长,对现阶段入股价格的敏感性较弱
财务投资者	★★★☆☆	★★★★☆	★★★☆☆
	财务投资者一般为专业性投资机构,行业积累可能有限。但不排除部分财务投资者长期深耕行业,预期产业协同效应也较为显著	财务投资者以获取财务回报为最终目标,一般对企业话语权的要求较低	财务投资者对入股价格相对敏感,但最终交易价格以评估值为基础,参考商业谈判效果确定

注:"★"表示有利于公司的程度,"☆"表示不利于公司的程度。

相较财务投资者,产业投资者握有产业链上下游的资源,在争取投资机会方面往往具有天然的优势。很多优质的拟 IPO 企业,在可选择的范围内,相较于纯财务投资者,也会更倾向于能够产生协同效应和资源匹配的产业投资者。

相应地,产业投资者对产业链上下游公司的投资常具备一些特有安排,例如,投资估值可能在同一轮次有一定差异(或者通过老股 + 增资降低综合估值)、投资同时可能会伴随战略或业务合作安排等。

但从上市审核的角度,引入产业投资者的相关安排,可能会受到更多的审视和关注。例如,公司是否会因为与投资方的绑定而失去业务独立性;公司是否给予产业投

〔1〕《关于拟 IPO 企业引进战略投资者的要点分析》,载微信公众号"律政小新"2023 年 5 月 24 日。

资者较低估值以“换取”业务，从而构成利益输送；产业投资者入股价格是否公允，是否应在财务处理时进行相应的体现等。

在 IPO 审核下，引入客户/供应商作为股东是重点关注事项之一。如果拟引入的产业投资方或其关联主体曾经是、目前正是或者未来可能成为拟上市公司的客户/供应商，则尤为需要关注规则要求。

（二）境内投资者与境外投资者

1. 境外投资者审批程序烦琐

选择境内或境外投资者的主要考虑因素在于产业政策及审批程序。《鼓励外商投资产业目录（2022 年版）》《外商投资准入特别管理措施（负面清单）（2021 年版）》对外商投资鼓励类、限制类及禁止类的产业进行划分和规定，拟 IPO 企业如想引进境外投资者，应确认其所在行业不属于被限制或禁止的行业。

根据《国务院关于进一步做好利用外资工作的若干意见》（国发〔2010〕9 号）规定，《外商投资产业指导目录》中总投资（包括增资）3 亿美元以下的鼓励类、允许类项目，除《政府核准的投资项目目录》规定需由国务院有关部门核准之外，由地方政府有关部门核准。除法律法规明确规定由国务院有关部门审批外，在加强监管的前提下，国务院有关部门可将本部门负责的审批事项下放地方政府审批，服务业领域外商投资企业的设立（金融、电信服务除外）由地方政府按照有关规定进行审批。

2. 境内投资者与境外投资者的对比〔1〕

境内投资者与境外投资者对比情况如表 7－2 所示。

表 7－2　境内投资者与境外投资者对比情况

类型	审批程序	对财务指标的要求	商务谈判成本
境内投资者	★★★★☆	★★★★☆	★★★★☆
	交易双方仅需履行内部审批程序，时间成本较低	境内投资者相对境外投资者对拟投资企业财务指标的要求较低	交易双方运营的政策、法律背景相同，谈判成本较低，可行性较强

〔1〕《关于拟 IPO 企业引进战略投资者的要点分析》，载微信公众号“律政小新”2023 年 5 月 24 日。

续表

类型	审批程序	对财务指标的要求	商务谈判成本
境外投资者	★☆☆☆☆	★★☆☆☆	★☆☆☆☆
	在履行内部程序的基础上,尚需取得发展改革委或商务部门的批准,公司后续资本运作也需取得商务部的事前审批	境外投资者对拟投资企业财务指标要求较高,公司现阶段引入境外投资者的可行性偏低	境外投资者的财务、法律等运营背景与公司差异较大,交易双方谈判成本较高、交易难度较大

注:"★"表示有利于公司的程度,"☆"表示不利于公司的程度。

(三)国资背景投资者与民营背景投资者

1. 国资背景投资者

引入国资背景投资者体现出国有资本对公司价值的认可,可以在一定程度上提高拟 IPO 企业的市场影响力和知名度。结合拟 IPO 企业的上下游行业,引入相关行业国资背景投资者也利于公司拓宽潜在客户范围,提高公司产品在主营行业的认可度。

不利之处是国资背景企业的投资决策程序、审批程序复杂且周期较长,可能影响公司上市及后续资本运作的进度。当然,如果是以基金模式进行投资,尽管是国资背景的基金,也基本是市场化运作模式,决策效率相对较高。

2. 民营背景投资者

民营背景投资者投资决策程序灵活、审批程序相对简单,进度相对可控,此类投资者对项目投资的分红要求可能更高,也可能会要求深度参与企业经营活动。

3. 国资背景投资者与民营背景投资者的对比[1]

国资背景投资者与民营背景投资者对比情况如表 7-3 所示。

表 7-3 国资背景投资者与民营背景投资者对比情况

类型	审批程序	行业资源
国资背景投资者	★★☆☆☆	★★★★☆
	国资入股需履行国资监管部门的事前审批程序,时间成本较高	拟 IPO 企业可结合自身上下游企业是否以国有企业为主,若是,引进国资背景投资者可能有利于公司拓宽客户范围

---

〔1〕《关于拟 IPO 企业引进战略投资者的要点分析》,载微信公众号"律政小新"2023 年 5 月 24 日。

续表

类型	审批程序	行业资源
民营背景投资者	★★★★☆	★★☆☆☆
	民营企业对外投资机制相对灵活，一般无须履行其他外部审批程序	民营背景投资者在公司所处产业链的资源积累相对有限

注:“★”表示有利于公司的程度,“☆”表示不利于公司的程度。

二、对投资者“反向背调”

投资者在对标的企业进行投资前,通常都会对标的企业进行全面的尽调,尽调的范围涵盖了法律、财务、业务、行业等多个方面,以此解决信息不对称的问题,降低投资风险并确保未来能安全退出投资。对于标的企业而言,对投资者进行“反向背调”同样重要,通过“反向背调”验证投资者的资金实力、行业资源、股权结构等情况,以此避免投资者因股东主体不适格或其他潜在风险而影响标的企业未来的 IPO 进程。

实务中,对投资者开展“反向背调”时通常会重点关注以下问题:

1. 关注投资者的合法合规性

对于合伙企业形式的投资者,需关注其是否属于应当备案的基金、私募基金的备案情况、基金管理人的资格及合规情况、基金的运作合规情况。对于公司形式的投资者,需关注其业务经营的合法合规性,是否存在影响被投企业的不利因素。

2. 关注投资者的经营团队质量

对于投资者,尤其是产业投资者,需要重点调查和关注其专业背景、成功案例、投资经验、投资策略、行业研究能力、资源整合能力、项目渠道、增值服务等情况,明确该投资者是否具有相应实力实现对被投企业的赋能和管理。此外还需关注投资者经营团队投后管理的做事风格,因为从投资入股到上市退出通常需要较长的时间,在此期间,投资者经营团队是对企业具有较强的控制欲还是撒手不管,是风险厌恶型不能共渡难关还是愿意同甘共苦,这都将影响企业能否正常、持续地经营和发展。

3. 关注投资者的资金来源

核查股东的出资来源是对拟 IPO 企业进行股东和股权核查时的一项常规关注要点。企业引入投资者的实质是引入投资者的资金,在对投资者进行“反向背调”时需关注其资金来源是否为自有资金,是否存在募集或借贷的资金。实务中,通常会在投资的交易文件中要求投资者承诺其投资的资金来源合法合规。

4. 关注投资者的股东和股权结构

(1)关注投资者的基本股权结构。

企业在 IPO 申报过程中,需要对其股东进行穿透核查,对投资人的股权结构的审查是监管机构一项关注要点。被投企业在接受投资前,需要关注和调查投资者的股权结构,关注是否存在代持的情况、股权结构是否稳定、股东是否与企业的主要客户供应商存在关联关系等。

(2)关注投资者是否存在国有成分。

若投资者含有国有成分,则需关注本次投资是否需要按照国有产权交易的相关规定履行相应的审计、评估、审批等程序。同时,被投企业在投资者入股后,日常经营管理及重大事项审议时是否需要受国资监管规则的约束,也是需要重点关注的,这可能影响到企业的决策和经营效率。此外,发行人存在国有股东的,应在申报时通过《公开发行证券的公司信息披露内容与格式准则第 58 号——首次公开发行股票并上市申请文件》之附录“7 -3 特定行业(或企业)的管理部门出具的相关意见(如有)”提交国有股东标识相关批复文件,同时在招股说明书预披露时依规做好相应事项的披露。在审核未取得批复文件企业时可按“新老划断”原则继续推进审核,提交注册前应取得相关批复文件。

(3)关注投资者是否存在外资成分。

被投企业在进行投资者股东的穿透核查时,对境外投资者的核查尤为困难,往往需要采取各种变通的方式来满足核查要求,包括出具境外法律意见/备忘录来确认该境外投资者不存在其他中国境内主体,或从持股数量、比例等角度确认其符合穿透要求。因此,被投企业要提前调查清楚投资者的外资成分,了解对未来股东穿透核查工作的影响程度。

(4)关注投资者的出资人的特殊身份。

企业申报 IPO 时,其股东身份的适格性是一项重点关注问题。实务中,自然人股东中,公务员、党政领导干部、国有企业领导人员、高校教师、军人、中国证监会系统离职人员等,以及非自然人股东中“三类股东”、职工持股会、工会、党政机关、中央行政事业单位、高校及所属院校、社会团体、外商投资企业等,均存在一定的持股限制性要求。被投企业在接受投资时,可通过要求投资者填写调查问卷、提供股权结构穿透图等方式,提前调查投资者的实际出资人的基本情况,及时排查不适格的出资人。

(5)关注投资者股权穿透后的股东数量。

根据《公司法》和《证券法》的规定,除了新三板交易合法形成的股东人数超过 200

人的公司外，其他股份公司未经依法公开发行程序均不得出现股东人数超 200 人的情况。因此，企业在引入投资者时，需关注投资者进行股权穿透后的股东数量，合计被投企业的其他股东数量是否超过 200 人。

5. 关注投资者的投资持股比例

若投资者投资后持有标的企业超过 5% 以上的股权，则会被认定为发行人的大股东，届时需接受更具体的核查。对此，企业可按照 IPO 中对大股东的核查要求，提前向投资者明确需额外配合的事项，包括需提供出资前后 3 个月的银行流水，关注其关联方情况，投资者及其关联方的业务经营情况，是否存在同业竞争情形等，避免影响企业的审核上市。

第三节　如何面对投资对赌

“资本只会锦上添花，不会雪中送炭”这句话彰显了资本的逐利本性。对于投资者而言，为了确保自身的投资收益和投资安全，往往会在交易文件中设置很多的对赌条件，企业要谨慎对待对赌条款，避免因该等对赌条款对企业自身的发展乃至上市安排造成不利影响。具体而言，企业可从以下几个方面进行应对。

一、结合企业自身真实的业务实力，设定合理的对赌目标

实务中，对赌目标的常见类型为业绩承诺和上市承诺两种。其中，业绩承诺要求企业在一定的对赌期限内完成对应的营收或利润目标，上市承诺则要求企业在某个时间节点完成合格 IPO 或合格并购。企业一旦未能达到对赌目标，则将触发现金补偿、股权回购、股权调整、治理结构变更等对赌手段的实施，若企业对赌目标完成差距较大，对赌主体所需承担的对赌义务负担将更大，可能直接影响企业的 IPO 计划，甚至关乎企业的生死。因此，企业在与投资者协商对赌条款时，应符合企业经营业绩的正常经营规律，结合企业自身真实的业务实力和企业上市的通盘规划，审慎确定对赌估值，合理设定各项对赌目标。同时，企业还需关注对赌目标的确认程序，明确业绩的核算方式，避免在对赌目标的实现与否问题上产生争议。

二、审慎确定对赌主体，原则上不以企业作为对赌主体

对赌协议的效力在实务中历经长期的争议和讨论，目前司法实践对该问题已基本达成共识，《全国法院民商事审判工作会议纪要》（以下简称《九民纪要》）也对该问题作出进一步的规定。对于投资方与目标公司的股东或者实际控制人订立的对赌协议，如无其他无效事由，认定有效并支持实际履行；投资方与目标公司订立的对赌协议，在不存在法定无效事由的情况下，认定有效，但是投资方请求目标公司回购股权或承担金钱补偿义务的，则需按照《公司法》关于抽逃出资、股权回购、利润分配等规定进行审查和确认是否可予支持。从 IPO 审核角度，相关监管规则已明确发行人作为对赌协议当事人的，需予以清理。从对赌条款的效力和 IPO 审核要求出发，企业在签署对赌协议时，建议争取只将控股股东或实际控制人作为对赌主体，不宜将企业作为对赌主体。

三、合理设定对赌权利的行使期限，避免悬而未决的对赌主张

若企业不幸未能达到对赌目标，将触发对赌手段的实施，但若交易文件中未提前对投资者在对赌条件触发时行使对赌权利的期限作出明确约定，除了造成对赌权利的诉讼时效争议（实务中不同法院对未约定对赌权利行使期限时的诉讼时效存在不同的裁判观点）外，还将导致企业面对悬而未决的对赌主张，将企业未来发展方向置于较大的不确定性中。因此，企业在谈判对赌条款时，建议争取设定合理的对赌权利行使期限，要求投资者及时明确具体主张，一旦未能按期主张则导致权利丧失或减损。

四、提前明确对赌协议在特定情形下的终止条款，避免影响企业的上市申报

《监管规则适用指引——发行类第 4 号》明确了对赌协议的规范要求，其中明确对赌协议存在四种情形的必须予以清理（详见实战篇），目前的审核实务中，处理对赌协议的方式通常为彻底终止对赌协议，或者签署附恢复条款的终止协议。由于终止对赌协议事关投资者的切身利益，实践中不乏部分投资者不愿配合终止对赌协议或拖延敷衍以对。因此，为避免企业在申报上市时遇到障碍，建议企业在谈判时争取将特定情形下的终止条款明确写入交易文件中。

以上对赌模式为常规的单向对赌，目前实务中也逐渐常见“双向对赌”机制的实施。双向对赌机制下，投资者和被投企业都作为对赌主体，对赌相反的内容，其中，对于被投企业，若被投企业未能实现业绩承诺等对赌目标，则被投企业或其股东需向投

资者支付现金补偿或进行股权回购等;对于投资者,若被投企业的业绩实现情况超过预期,则投资方需向被投企业或其股东进行奖励。

设定和实施双向对赌机制,除了对企业进行约束外,还起到了激励作用,通过业绩奖励的安排,调动企业的管理团队的积极性,激励管理层全力发展业务,提升企业的盈利能力。传统的单向对赌只是单方约束企业,双向对赌则为投资者和被投企业实现共赢提供了新思路,但是对于企业而言,仍需注意全面衡量自身的实力和市场的变化,对自身的价值和未来成长作出稳健可靠的判断,设置难度适当、合理的双向对赌目标,实现约束与激励的目的平衡。

第八章

上市流程有哪些

第一节　常规上市

通常情况下，企业从筹划、启动A股上市，到完成发行上市，总体需要3~5年的时间，主要包含五大阶段：前期规范、企业改制、上市辅导、申报与审核和发行上市。

一、前期规范

（一）上市可行性论证

当企业有了上市意向，第一件事是聘请“两师一商”（会计师、律师、券商）对企业进行初步尽职调查，论证以下三大方面的问题：

1. 企业的主营业务所处的行业是否符合上市要求；
2. 企业当前以及未来两三年的经营业绩是否符合上市要求；
3. 企业是否存在会成为上市障碍的重大法律瑕疵。

（二）初步确定上市申报的报告期

如经上市可行性论证，认为企业上市总体可行，则根据企业近两年以及未来两三年的财务指标预测情况初步确定上市申报的“三年报告期”。当然，从上市业绩规划的角度，至少要做5年的经营与财务指标规划，上市申报的报告期是3年，加上审核期预计大约1年、成功上市后至少第一年的业绩还能“撑得住”，所以至少是“五年规划”。

确定上市报告期的核心是对报告期第一年有关情况的确定。如果有重大的财务问题、重大的法律问题(如行政处罚),可考虑将问题"甩"在报告期之外,在本年度解决这些问题,确定次年为报告期第一年。当然,还需考虑财务规范需要的时间、税务成本测算。

(三)企业内部上市工作团队的组建

"工欲善其事,必先利其器",上市的利器首先指的是企业内部要有一个高效的组织专门负责上市推进工作。通常,上市工作团队由企业创始人担任组长,董秘担任副组长,财务总监、证券事务代表以及行政、业务、市场、采购等部门的负责人任组员,以确保政令畅通。需要说明的是,公司上市早期为节省人力成本,往往可以由财务总监兼任董秘,当然这也考验财务总监的综合工作能力。

董事会秘书,简称董秘。"秘书"这个称谓看起来有点不起眼,有的企业老板最初还以为董秘就是"董事长秘书",他其实是具有法定的高级管理人员身份,为公司法所确认,上市公司章程必须将董秘列入高级管理人员序列。董秘是整个上市工作的核心人物,对外协调各中介机构、投资人,对接上市监管机构,应对各类媒体,是公司信息披露的第一责任人;对内协调、统筹、布置公司各部门的上市对接工作。董秘要能协调好对内、对外工作,最好能懂财务、法律和懂资本运作,而且直接操办过企业上市的整个流程。

董秘一般还会配备一名证券事务代表(简称证代,俗称"董秘秘"),是董秘的助手。在公司成功上市后,证代是强制配备的工作岗位,一般由公司上市工作前期董秘的助理人员担任。董秘、证代都需要参加证券交易所组织的专业培训并取得相应的资格证书。董秘和证代的流动性较大,这是因为市场对于董秘的职位需求大。千军易得,一将难求,企业招到合适的董秘并不容易。董秘有了上市的全流程工作经验后,往往走上"职业董秘"之路,专事企业上市。而往往一些具有上市实操经验的证代也会跳槽"升级"为下一家拟上市公司的董秘。

财务总监(财务负责人)是企业上市的另一个重要角色。上市前期最需要解决和规范的就是财务方面的问题。财务总监要配合 IPO 审计机构做尽职调查,并根据企业实际业务情况和所在行业的特点,与审计机构共同沟通和提出解决方案。需要非常熟悉企业上市中的财务规范要求,具有很强的财务问题解决能力和强大的组织协调能力,且需要熟悉公司的业务模式,能根据业务情况调整公司的财务核算方式和解决方案。

(四)规范整改

规范整改主要是进行财务、业务、法律方面的整改。

财务方面,不少企业会计基础较差,需要委托理账师进行重新归集、建账、记账。账务规范是指对企业的各种银行账户、会计核算科目、各类库存现金和有价证券、企业各项内部资金往来等基本财务情况进行全面核对、清查和调整,以保证企业账账相符、账证相符、账实相符,保证企业财务数据准确、真实反映。

业务方面,需要集中主业,解决同业竞争问题,剥离非主业。对实控人体系的公司进行业务重组。

法律方面,首先会对企业的股权架构进行调整,设置最优的股权架构方案,并搭建股权激励平台、预留激励股权;对创始人体系各板块的业务、资产进行重组,并围绕“五独立”(上市主体在资产、业务、人员、财务、机构等方面独立)开展整改规范工作。

规范整改会持续至 IPO 申报的报告期全过程。工作做得比较紧凑的中介机构几乎每月定期召开一次中介机构协调会,对规范整改的情况进行小结,直至上市申报、顺利通过审核。

二、企业改制

这里的企业改制是指公司将组织形式变更为股份公司。为什么要改制呢?其实在我国香港以及在美国等地上市,是不需要改制这个环节的,这与公司法律制度相关。我国法律将公司形式分成了“有限公司”和“股份公司”两种,其最大区别是,股份公司是“资合”性质的公司,是“为股份流动而生”的一种组织,股东转让股份不需其他股东同意;为了能有效流动,股份公司的股本是由等额股份组成,本质就是将股权交易的标的“标准化”,便于交易中的计量。

改制完成后,有限公司整体变更为股份公司,在上市申报中,改制前后的业绩是能够连续计算的,所以,改制时点的早与晚均不影响上市申报的报告期。一般是在报告期的第二年的年中或年底进行改制,改制的具体流程通常如表 8 - 1 所示。

表 8－1　改制具体流程

序号	具体步骤	步骤详情
1	聘请证券服务机构	拟上市企业应根据《公司法》及公司章程的规定，履行内部决策程序，并聘请审计机构、评估机构、律师事务所等证券服务机构。上述证券服务机构为拟上市企业提供股改及 IPO 服务需办理证券服务机构备案
2	股改前尽职调查	在股改前，中介机构需对拟上市企业开展尽职调查，明确影响股改及上市的相关问题及障碍，并在股改基准日前就相关问题完成整改
3	确定股改基准日	通常情况下，为便于审计、评估工作的开展，可以选择 12 个自然月中任意 1 个月的最后一日作为股改基准日。此外，为避免与 IPO 申报财务数据存在差异，拟上市企业通常会选择季度末、半年度末或年度末之外的时间节点作为股改基准日，并避免与 IPO 报告期内各期期末重合
4	企业名称自主申报	根据《市场监管总局关于做好取消企业名称预先核准行政许可事项衔接工作的通知》，企业名称已不再需要预核准，企业可以申请名称自主申报或在企业登记时办理名称登记。尽管法律上并未要求将名称自主申报作为股改的法定前置程序，但实践中，由于股份有限公司的名称需在股改相关文件中被广泛使用，拟上市企业通常都会提前进行名称自主申报
5	审计、评估	确定股改的审计基准日及评估基准日，由会计师事务所及资产评估机构进场审计、评估并出具审计报告及资产评估报告
6	召开有限责任公司股东会	拟上市企业进行股改须召开股东会，通过股改方案、审议、终止有限责任公司章程、决定整体变更为股份公司等
7	召开职工代表大会	召开职工大会/职工代表大会选举股份有限公司职工代表监事
8	签署发起人协议	拟上市企业全体发起人签署发起人协议，协议内容应主要包含股份公司的基本信息、发起人的权利义务、违约责任、公司设立不能时公司设立费用及债务承担等
9	召开成立大会	成立大会职权：审议发起人关于公司筹办情况的报告；通过公司章程；选举董事、监事；对公司的设立费用进行审核；对发起人非货币财产出资的作价进行审核；发生不可抗力或者经营条件发生重大变化直接影响公司设立的，可以作出不设立公司的决议

续表

序号	具体步骤	步骤详情
10	召开第一届董事会、监事会	选举董事长、聘任总经理及其他高级管理人员、选举监事会主席，可以同步设立董事会专门委员会并审议各项公司内部治理制度
11	验资	委托具备证券期货从业资格的会计师事务所就各发起人的出资进行审核验证并出具验资报告
12	办理工商变更登记手续	于公司成立大会结束后 30 日内向公司登记机关申请设立登记，取得股份公司营业执照

三、上市辅导

（一）辅导的目的

《首次公开发行股票并上市辅导监管规定》第 3 条规定："辅导机构的辅导工作应当促进辅导对象具备成为上市公司应有的公司治理结构、会计基础工作、内部控制制度，充分了解并准确把握板块定位和产业政策，树立进入证券市场的诚信意识、自律意识和法治意识。"

（二）辅导期

相关规定曾经规定了"一年"的辅导期，现规定的是"不少于三个月"。《首次公开发行股票并上市辅导监管规定》第 15 条规定："辅导期自完成辅导备案之日起算，至辅导机构向派出机构提交齐备的辅导验收材料之日截止。辅导期不少于三个月，但对落实国家重大战略具有重要意义的项目除外。"

（三）辅导的对象

《首次公开发行股票并上市辅导监管规定》第 17 条规定："辅导机构应当督促辅导对象的董事、监事、高级管理人员及持有百分之五以上股份的股东和实际控制人（或其法定代表人）全面掌握发行上市、规范运作等方面的法律法规和规则，知悉信息披露和履行承诺等方面的责任和义务。"

《首次公开发行股票并上市辅导监管规定》第 23 条规定，提交验收的材料包括"辅导对象及其实际控制人、董事、监事、高级管理人员口碑声誉的说明”，在第 39 条还特别规定了“口碑声誉”内容：本规定中辅导对象及其实际控制人、董事、监事、高级管理人员（以下简称关键少数）口碑声誉的内容包括：（一）违法违规情形。1. 辅导对象及关键少数曾因贪污、贿赂、侵占财产、挪用财产或者破坏社会主义市场经济秩序被追究刑事责任的情况，以及其他违法犯罪的情况；2. 辅导对象及关键少数曾因涉及国家安全、公共安全、生态安全、生产安全、公众健康安全等领域的重大违法行为被行政处罚的情况；3. 辅导对象及关键少数曾因违反证券期货法律法规被行政处罚或采取行政监管措施的情况；4. 辅导对象及关键少数被证券交易场所给予纪律处分或采取自律监管措施的情况；5. 关键少数因涉嫌犯罪正在被司法机关立案侦查或者涉嫌违法违规正在被证监会立案调查且尚未有明确结论意见等情况。（二）背信失信情况。1. 关键少数目前或者曾经属于失信被执行人；2. 普通员工、债权人、持有股份不足百分之五的股东、主要客户、主要供应商、相关政府部门等对辅导对象及关键少数存在口碑声誉方面的重大负面评价。（三）潜在风险。1. 实际控制人存在与企业生产经营无关的个人重大债务、重大对外担保，并可能难以正常履约；2. 实际控制人违反社会公德造成严重社会不良影响或严重负面舆情的情形。（四）履行社会责任情况。辅导对象及关键少数存在损害国家和社会公共利益行为的情况。

（四）辅导考试

《首次公开发行股票并上市辅导监管规定》第 25 条规定：“派出机构进行辅导验收，可以组织本规定第十七条所列人员参加证券市场知识测试。派出机构原则上以现场形式组织证券市场知识测试，并不得收取测试相关费用。参加测试人员确有困难不能现场测试，派出机构可以组织线上测试。试题通过证券市场知识测试题库随机生成。相关人员参加测试应当诚实守信。测试存在不诚信行为的，派出机构有权取消测试成绩，并要求辅导机构对相关人员重新培训。”

尽管规则中用的是“测试”二字，但实操中就是按考试的模式在进行，并将辅导对象考试合格作为通过辅导验收的条件之一。以广东省证监局组织的“测试”为例，采取的是集中到证监局考场闭卷考试的方式，考试的题目是从已提前公开的题库中抽取。也有不少辅导对象考试不合格，申请补考，甚至出现补考也通不过、实质上影响到企业的上市申报的情形，企业只得临时改选更换掉考试不合格的相关人员。

（五）辅导备案与验收的影响

1. 信息公开的影响

申请辅导备案后，中国证监会政务服务平台将向社会公开辅导监管信息。辅导监管信息包括辅导备案报告、辅导工作进展情况报告、辅导情况报告以及其他与辅导对象相关的基本信息。因此，自辅导备案开始，企业上市进展将公之于众，同行业的竞争对手、上下游、媒体、当地政府等都会对该企业予以关注，某种意义上，企业的经营与上市工作需更加谨慎。

2. 辅导验收情况对上市审核的影响

证监局出具验收工作完成函时，如认为辅导机构工作仍存在问题的，会将相关问题移送发行上市审核机构，并建议发行上市审核机构在后续审核、日常监管中重点关注。因此，尽管验收机构不对辅导对象是否符合发行上市条件作实质性判断，但辅导验收的结论意见或多或少会影响 IPO 审核机构对该企业的判断。

而自试点注册制以来，中国证监会派出机构（证监局）也开始在一定程度上行使实质审核权。以广东证监局发布的《拟上市公司辅导工作程序》（2020 年 8 月修订）（已失效）为例，针对辅导验收已规定现场检查等相关方式，具体如下："……（二）我局收到辅导机构的辅导验收申请后，将在 5 个工作日内完成审核。如发现申请材料不完备的，将待材料补充完备后再进行辅导验收；若发现辅导对象存在构成发行上市申报实质性障碍相关问题的，将待相关问题解决后再进行辅导验收。辅导验收将根据日常监管情况采取现场验收或非现场验收的方式进行。现场验收主要通过现场检查、日常走访等方式完成；非现场验收主要通过审阅资料、开展约谈、组织测试等方式完成。（三）开展现场检查时，我局将提前通知辅导机构及辅导对象准备所需材料，并在验收检查现场开展以下工作：1. 查看辅导对象的办公场所及生产经营场所；2. 审阅尽职调查工作底稿及辅导工作底稿；3. 审阅辅导对象提供的相关材料；4. 约见辅导机构及其他中介机构的保荐代表人、签字会计师、主办律师，以及辅导对象董事长、总经理、董秘、财务负责人等人，了解辅导工作情况和主要整改事项落实情况；5. 视情况要求辅导机构、其他中介机构和辅导对象提供说明或其他材料"。

广东证监局曾针对辅导事宜向辖区各辅导机构发布《关于辖区拟上市公司辅导工作有关问题的通报》（广东证监发〔2020〕15 号，已失效），总结辅导备案程序、辅导组织实施以及辅导实际效果方面常见问题，提出"将加大对辅导工作的监管力度，强化辅导监管情况公示、通报，促进辅导机构优胜劣汰的市场环境加快形成，从源头上提升辖区上市公司质量”;2020 年 12 月广州三孚新材料科技股份有限公司对外披露其《辅导工作总结报告》,在报告中针对 2020 年 3 月首次辅导验收不通过的情况及相应整改情况予以详细说明;2020 年年末江苏证监局向辖区内各辅导机构发布通知,要求辅导机构自查辅导培训的时长、内容,杜绝弄虚作假。

各证监局辅导工作制度早已为将辅导验收作为监管机构的重要抓手埋下伏笔。辅导验收从严一定程度上能够把好入口关,有利于推动各方归位尽责,震慑违法违规行为,从源头提升上市公司质量,缓解当前审核资源短缺压力。部分证监局已经在不同程度上开始循序推进,实质及有针对性地去审核辅导对象相关资料,辅导验收不通过不再是传说。因辅导对象、辅导机构及其相关人员不配合导致无法开展辅导验收工作,或辅导机构自收到规范通知后 6 个月内无法完成规范工作的,验收机构将终止辅导验收。

四、申报与审核

(一)申报

确定申报基准日(以三年报告期为基础,确定报告期末或加一期的期末为基准日)。

上市的三大中介各自完成以下主要工作:

(1)券商:协助企业撰写招股说明书,出具保荐报告。

(2)会计师:出具三年报告期或三年一期的审计报告。

(3)律师:出具法律意见书、律师工作报告。

三大中介出具上述文件之前需各自通过本机构的内核。值得注意的是,随着证券市场对中介机构的监管与追责趋严,各中介的内核工作也都十分严格,特别是一些规模较大或知名度较高的中介机构。因此,在 IPO 申报前需预留足够的内核时间。

（二）回复反馈意见

注册准备流程如图 8－1 所示。

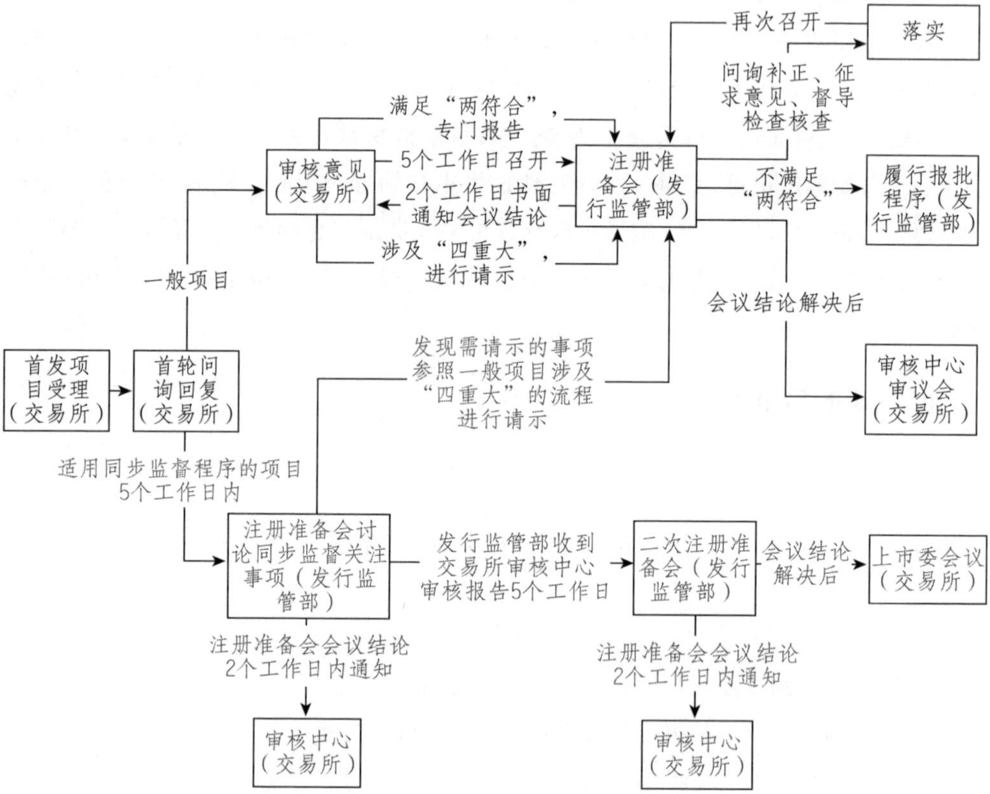

图 8－1　注册准备流程

注：1. 灰色部分为同步监督程序。

2. “问询补正、征求意见、督导检查核查”指：

（1）要求交易所进一步问询或补充材料；

（2）就相关事项征求其他相关单位部门意见；

（3）建议交易所进行现场督导、提请现场检查或专项核查；

3. “会议结论解决后”注册准备会可以作出以下结论指：

（1）对交易所审核工作无异议；

（2）同意或者不同意交易所请示意见；

（3）要求交易所进一步问询或补充材料；

（4）就相关事项征求其他相关单位部门意见；

（5）建议交易所进行现场督导、提请现场检查或专项核查；

（6）其他相关结论。

证券交易所自受理之日起 20 个工作日内,通过保荐人向发行人提出首轮审核问询。

交易所首次问询后,中国证监会先召开注册准备会,就产业政策和板块定位等提出意见。如果无异议,交易所审核中心才能召开审议会议。

首轮审核问询后,证券交易所收到发行人回复后 10 个工作日内可以继续提出审核问询;认为不需要进一步审核问询的,将出具审核报告并提交上市委审议。

发行人及其保荐人、证券服务机构回复交易所审核问询的时间总计不超过 3 个月。自受理发行上市申请文件之日起,证券交易所审核和中国证监会注册的时间总计不超过 3 个月。

(三)交易所上市委审议

上市委召开审议会议,对交易所发行上市审核机构出具的审核报告及发行上市申请文件进行审议。每次审议会议由 5 名委员参加,其中会计、法律专家至少各 1 名。

上市委进行审议时要求对发行人及其保荐人进行现场问询的,发行人代表及保荐代表人应当到会接受问询,回答委员提出的问题。

上市委审议时,参会委员就审核报告的内容和发行上市审核机构提出的初步审核意见发表意见,通过合议形成发行人是否符合发行条件、上市条件和信息披露要求的审议意见。发行人存在发行条件、上市条件或者信息披露方面的重大事项有待进一步核实,无法形成审议意见的,经会议合议,上市委可以对该发行人的发行上市申请暂缓审议,暂缓审议时间不超过 2 个月。对发行人的同一发行上市申请,上市委只能暂缓审议一次。

交易所结合上市委的审议意见,出具发行人符合发行条件、上市条件和信息披露要求的审核意见或者作出终止发行上市审核的决定。上市委认为发行人符合发行条件、上市条件和信息披露要求,但要求发行人补充披露有关信息的,交易所发行上市审核机构告知保荐人组织落实;发行上市审核机构对发行人及其保荐人、证券服务机构的落实情况予以核对,通报参会委员,无须再次提请上市委审议。发行人对相关事项补充披露后,交易所出具发行人符合发行条件、上市条件和信息披露要求的审核意见。

(四)注册审核

注册流程见图 8 -2,上市审核流程见图 8 -3。

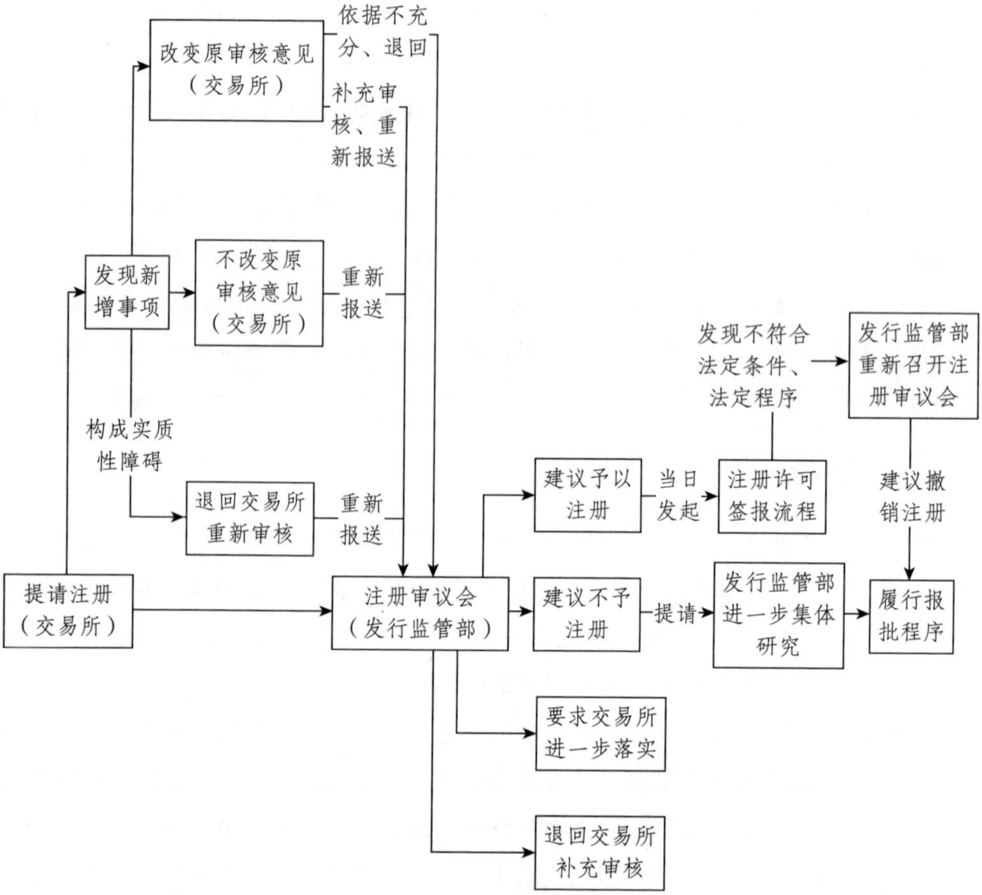

图 8－2　注册流程

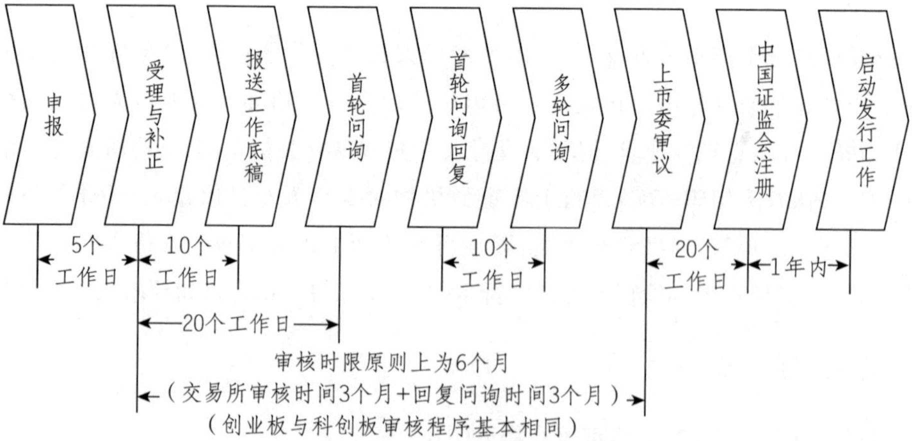

图 8－3　上市审核流程

交易所审核通过的,向中国证监会报送发行人符合发行条件、上市条件和信息披露要求的审核意见、相关审核资料和发行人的发行上市申请文件。中国证监会发现存在影响发行条件的新增事项并要求交易所进一步问询的,交易所向发行人及保荐人、证券服务机构提出反馈问题。交易所结合反馈回复,就新增事项形成审核意见并报送中国证监会。中国证监会认为交易所对新增事项的审核意见依据明显不充分,退回交易所补充审核的,交易所对补充审核事项重新审核。交易所审核通过的,重新向中国证监会报送审核意见及相关资料;审核不通过的,作出终止发行上市审核的决定。

五、发行上市

这一阶段是从申报发行阶段至完成上市整个阶段所需的工作流程,包含主要三个环节:路演推介、询价发行、上市(见图8-4、图8-5)。

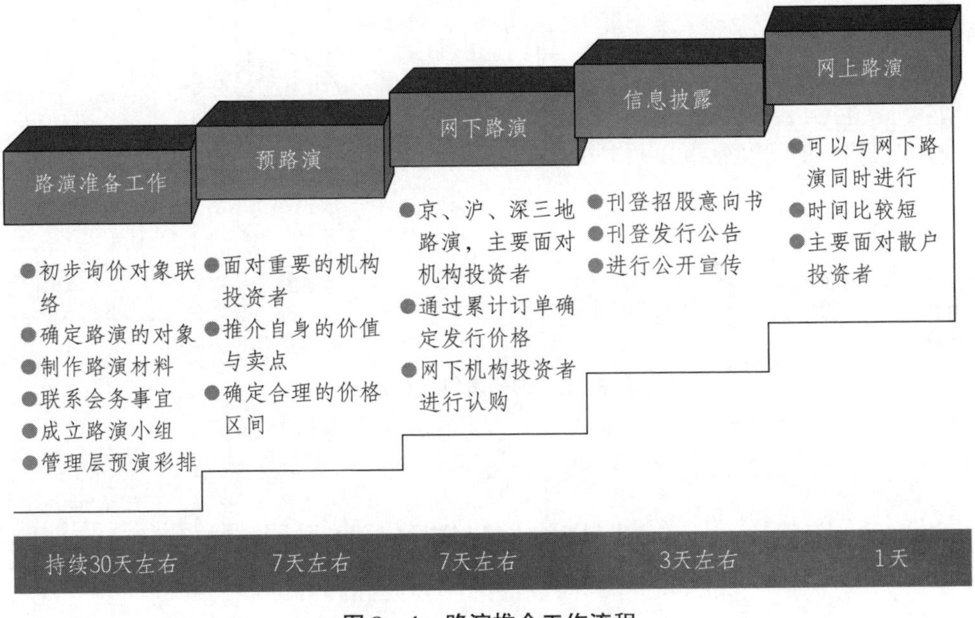

图8-4　路演推介工作流程

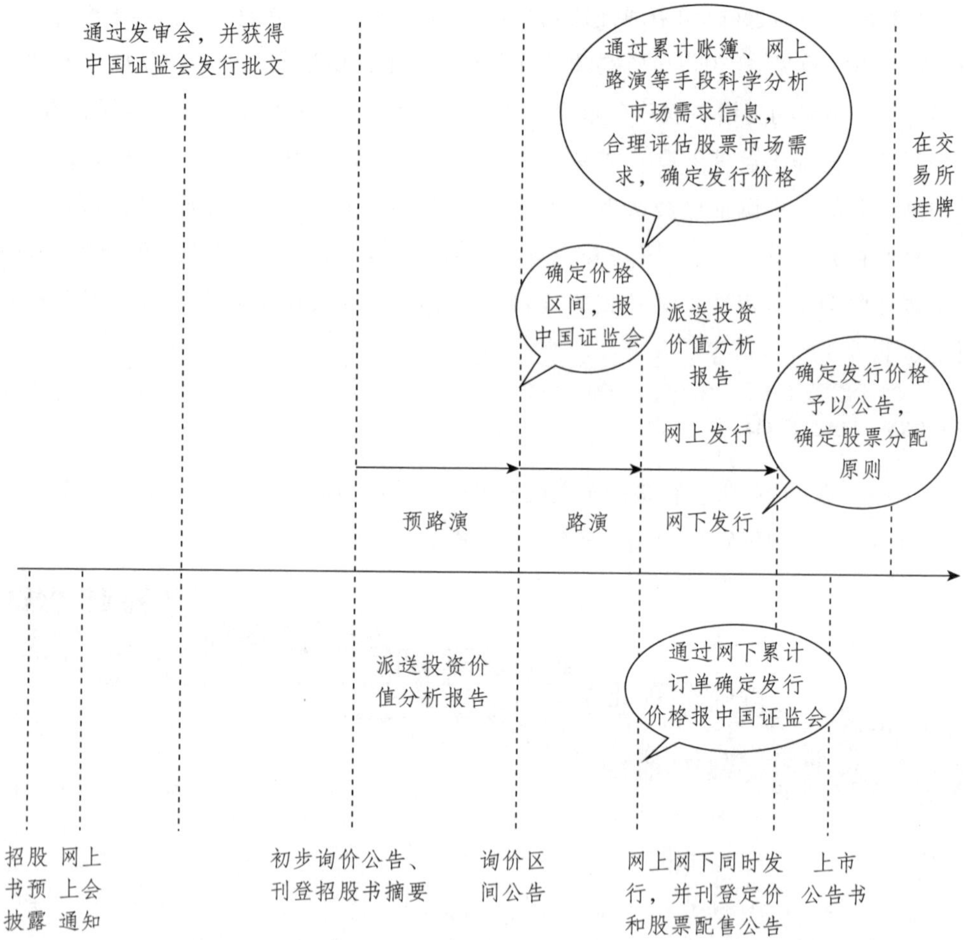

图 8－5　询价发行工作流程

第二节　转板上市

本节所称“转板”是指北交所上市公司向深交所创业板、上交所科创板的转板。

转板制度是完善多层次资本市场体系的重要安排，有利于更好地发挥各板块市场功能，为优质企业提供多元的发展路径和上市地选择。转板不涉及公开发行，没有新增融资，不存在市场担心的“扩容”和“抽血”问题。而从证券市场整体看，拟转板公司早已公开交易，转板仅变更股票上市地，没有新增上市公司家数。

2022年1月7日，中国证监会发布了《中国证监会关于北京证券交易所上市公司转板的指导意见》（已于2023年8月10日修正），就北交所上市公司向科创板、创业板转板的主要制度安排提出了意见，并明确上交所、深交所等依据有关法律法规及该指导意见制定或修订有关业务规则。

2022年3月4日，上交所、深交所分别发布了《北京证券交易所上市公司向上海证券交易所科创板转板办法（试行）》和《深圳证券交易所关于北京证券交易所上市公司向创业板转板办法（试行）》，就北交所上市公司向科创板、创业板转板的具体规则进行了明确。同时，为规范北交所上市公司转板相关信息披露、股票停复牌、终止上市等行为，北交所制定了《北京证券交易所上市公司持续监管指引第7号——转板》。

2023年8月31日，中国证监会发布的《中国证监会关于高质量建设北京证券交易所的意见》指出，要"加强多层次市场互联互通，稳妥有序推进北交所上市公司转板"。2023年10月8日，为落实《中国证监会关于高质量建设北京证券交易所的意见》要求，指导上市公司稳妥有序推进转板，保护投资者合法权益，北交所修订了《北京证券交易所上市公司持续监管指引第7号——转板》。

一、转板条件

根据《中国证监会关于北京证券交易所上市公司转板的指导意见》，北交所上市公司申请转板，应当已在北交所连续上市满1年，且符合转入板块的上市条件。公司在北交所上市前，曾在全国中小企业股份转让系统原精选层挂牌的，精选层挂牌时间与北交所上市时间合并计算。

申请转入科创板或创业板的公司，应符合以下情形：(1)科创板或创业板首次公开发行股票的条件；(2)公司及其控股股东、实际控制人不存在最近3年受到中国证监会行政处罚，因涉嫌违法违规被中国证监会立案调查，尚未有明确结论意见，或者最近12个月受到北交所、新三板公开谴责等情形；(3)股本总额不低于人民币3000万元；(4)股东人数不少于1000人；(5)公众股东持股比例达到转板公司股份总数的25%以上；转板公司股本总额超过人民币4亿元的，公众股东持股的比例为10%以上；(6)董事会审议通过转板相关事宜决议公告日前连续60个交易日（不包括股票停牌日）通过竞价交易方式实现的股票累计成交量不低于1000万股；(7)市值及财务指标符合规定的标准。

除此之外，转板公司还应符合转入板块的定位要求，如拟转入科创板的公司应当结合《科创属性评价指引(试行)》《上海证券交易所科创板企业发行上市申报及推荐暂行规定》等相关规定,对是否符合科创板定位进行自我评估,提交专项说明;拟转入创业板的公司应当符合“三创四新”定位,即适应发展更多依靠创新、创造、创意的大趋势,支持传统产业与新技术、新产业、新业态、新模式深度融合。

二、转板流程

转板属于股票上市地的变更,不涉及股票公开发行,依法无须经中国证监会注册,由上交所、深交所依据上市规则进行审核并作出决定。

根据《北京证券交易所上市公司持续监管指引第 7 号——转板》,转板程序如下:

第一步:聘请保荐机构。

上市公司启动转板,应审慎评估是否符合转板条件,并按照相关规定聘请保荐机构进行保荐。上市公司选聘保荐机构,应当综合考虑保荐机构在其拟转入板块的首次公开发行并上市业务经验、执业质量等因素,充分了解保荐机构的胜任能力。

保荐机构应当切实履行保荐职责,遵守法律法规和行业自律规范的要求,严格执行内控制度,充分了解公司经营情况和风险,对公司是否符合转板条件独立作出专业判断,并以此为基础与上市公司签订转板保荐协议。

保荐机构与上市公司签订转板保荐协议后,保荐机构应当及时向北交所提交下列报备文件:

(1)转板保荐协议;

(2)保荐机构专项说明,内容包括上市公司符合拟转入板块条件的尽职调查情况等;

(3)股票交易情况自查报告,内容包括上市公司及其控股股东、实际控制人、董事、监事、高级管理人员,保荐机构和其他知悉转板信息的主体,以及前述人员直系亲属在筹划转板事宜之日至签订转板保荐协议之日,买卖该上市公司股票情况;

(4)北交所要求的其他文件。

第二步:董事会和股东会流程。

上市公司董事会应当就公司拟申请转板相关事宜作出决议,并提请股东会批准。

上市公司股东会就公司拟申请转板相关事宜作出决议,至少应当包括下列事项:

(1)转板板块;

(2)转板的证券种类和数量;

(3)以获得转板同意为生效条件的股票终止上市事项;

(4)决议有效期;

(5)对董事会办理本次转板具体事宜的授权;

(6)其他应当明确的事项。

上市公司董事会和股东会根据本指引前述规定作出决议时,应当按照北交所信息披露有关规定,及时披露董事会和股东会决议公告。

保荐机构应当对前款事项发表明确意见,并与提示性公告同时披露。

上市公司应当在审议通过拟申请转板相关事宜的董事会决议披露之日起的10个交易日内,通过内幕信息知情人报备系统提交内幕信息知情人报备文件。

第三步:北交所核查。

北交所将启动二级市场股票交易核查程序,并在后续各阶段对股票交易情况进行持续监管。北交所可以要求上市公司和保荐机构提交股票交易情况说明,就是否涉嫌内幕交易、是否会影响本次转板发表明确意见。

北交所核查结果显示上市公司股票交易存在明显异常且告知上市公司和保荐机构核查结论的,上市公司原则上应当暂停推进本次转板事宜,但有证据表明相关异常交易情况不会影响本次转板的除外。

本次转板涉嫌内幕交易等违法违规行为被中国证监会立案调查或者被司法机关立案侦查的,上市公司应当暂停推进本次转板事宜,不得将转板事宜提交董事会或者股东会审议。

上市公司已披露关于董事会审议转板相关事宜的提示性公告的,应当及时披露因股票交易涉嫌内幕交易可能终止本次转板事宜的风险提示公告。

第四步:沪深交易所审核。

上市公司披露关于董事会审议转板相关事宜的提示性公告后,至向上交所或深交所提交转板申请前,至少应当每月披露一次进展公告,相关事项取得重要进展或重大变化的,应当及时披露。

第五步:北交所退市和转板上市。

上市公司收到上交所或深交所同意公司转板相关文书后,应当根据北交所股票终止上市有关规定,申请股票终止上市。

上市公司收到北交所同意股票终止上市相关文书后,应当及时披露,说明后续转板安排。

第三节 分拆上市

上市公司分拆上市,顾名思义就是上市公司分离部分资产或部分业务,建立子公司,使其在证券市场上独立上市。2022 年 1 月中国证监会出台的《上市公司分拆规则(试行)》(以下简称《分拆规则》)对上市公司分拆进行了定义:上市公司将部分业务或资产,以其直接或间接控制的子公司形式,在境内或境外证券市场首次公开发行股票并上市或者实现重组上市的行为。

分拆上市的两个步骤是"分拆"和"上市",意味着子公司不仅将成为独立于母公司的主体存在,还需要成为面向不特定群体募资的公众企业,也意味着子公司将在独立经营、信息披露、股权结构等方面相较分拆之前有明显的变化。从《分拆规则》中的定义可以看出,只有控股子公司并表上市,才构成分拆上市。控股子公司出表上市,不属于"分拆上市",例如,2010 年 4 月中兴通讯(000063. SZ)分拆国民技术(300077. SZ)上市,成为 A 股历史上第一起"A 拆 A"的案例,但是,上市后的中兴通讯(000063. SZ)仅持有国民技术 20% 股份,为第二大股东,不享有控制权,因此不属于本章节讨论的分拆上市。2010 ~2019 年内共计产生 6 例"A 拆 A"案例,但是分拆后母公司对于子公司都不拥有控股权,即参股型分拆或退出型分拆,与实质上的"分拆上市"(需要对子公司直接或间接控制)之间仍然有所区别。此外,如果上市公司参股子公司独立 IPO,也不属于《分拆规则》规定的分拆上市。

一、分拆上市的发展历史

在我国,分拆上市经历了市场探索期、监管成长期、谨慎期和成熟期四个阶段,是一个从试点放开、全面禁止、限制性放开再到完全放开的发展过程。

(一)阶段一(2000 ~2004 年):新模式的探索期

虽然分拆上市在海外已经很常见,但在我国资本市场发展初期,对分拆上市的监管仍然处于探索阶段。这一阶段,无论是对于"A 拆 A"还是"A 拆境外"的相关监管都没有成文的规定可参考,而同仁堂分拆同仁堂科技的案例则是 A 股上市公司对这一模式的第一次探索。

(二)阶段二(2004 ~2010 年):监管成长期

2004 年 7 月 21 日,中国证监会发布的《关于规范境内上市公司所属企业到境外上市有关问题的通知》(以下简称 67 号文,已失效),允许 A 股上市公司分拆其所属企业至境外上市,也成为了 A 股上市公司分拆上市的第一份正式监管文件。但直到 2010 年,A 股上市公司分拆的实践案例也很少。

(三)阶段三(2010 ~2019 年):窗口指导下谨慎实践

在 67 号文的基础上,中国证监会对于 A 股上市公司分拆子公司至 A 股上市通过窗口指导,完成了 2010 年中兴通讯(000063. SZ)对国民技术(300077. SZ)拆分,该案成为 A 股历史上第一桩“A 拆 A”的案例。

(四)阶段四(2019 年至今):市场环境准备成熟,监管框架基本完成

2019 年 1 月,《关于在上海证券交易所设立科创板并试点注册制的实施意见》,允许 A 股上市公司分拆至科创板上市。此前,相关政策也允许 A 股上市公司分拆至创业板上市。

2019 年 3 月,《科创板上市公司持续监管办法(试行)》中明确提出符合规定的上市公司可以分拆子公司至科创板上市。

2019 年 12 月 12 日,中国证监会发布了《上市公司分拆所属子公司境内上市试点若干规定》(以下简称 27 号文,已失效),正式允许 A 股公司进行“A 拆 A”的相关操作,引导和规范上市公司分拆所属子公司在境内上市,同时也对能够进行分拆上市的公司设立了明确的门槛。

2020 年 9 月 23 日,国务院召开常务会议,强调推动上市公司做优做强,支持优质企业上市。其中特别提到了要健全上市公司资产重组、收购和分拆上市等制度。完善上市公司再融资、发债等制度。

2021 年 4 月 8 日,国务院金融稳定发展委员会召开第五十次会议,要求:坚持“建制度、不干预、零容忍”,继续加强资本市场基础制度建设,更好保护投资者利益,促进资本市场平稳健康发展。

2022 年 1 月 5 日,中国证监会对《上市公司分拆所属子公司境内上市试点若干规定》(已失效)和《关于规范境内上市公司所属企业到境外上市有关问题的通知》(已失效)进行修改整合,形成一项规则——《分拆规则》,这项规则统一了境内分拆和境外分

拆的标准,分拆上市程序更加严格,对从信息披露、分拆决议、中介机构审议到监督管理整个流程作出详细规定。

二、分拆上市的主要路径

根据《分拆规则》,上市公司分拆是指上市公司将部分业务或资产,以其所属子公司的形式,在境内或境外证券市场IPO或者重组上市的行为。中国公司常见的分拆上市路径主要有A股上市公司分拆子公司在A股上市、A股上市公司分拆子公司在境外上市及境外上市公司分拆子公司在A股上市。

(1)A股上市公司分拆子公司在A股上市,除遵守《分拆规则》外,还应遵守中国证监会、交易所关于证券发行上市、保荐承销等相关规定,涉及重组上市的,则应当遵守《上市公司重大资产重组管理办法》《公开发行证券的公司信息披露内容与格式准则第26号——上市公司重大资产重组》等关于上市公司重大资产重组的规定。

(2)A股上市公司分拆子公司在境外上市,除应当遵守《分拆规则》外,还应遵守中国证监会于2023年2月17日发布的《境内企业境外发行证券和上市管理试行办法》及5项配套监管指引中关于赴境外上市将全面进行备案管理的规定,按要求履行备案程序。

(3)境外上市公司分拆子公司在A股上市,除遵守A股IPO审核的相关规定和要求外,还需要遵守其境外所在交易所的法律法规和监管政策,如我国香港上市公司分拆需要遵循《香港联合交易所有限公司上市规则》第15项应用指引及相关指引中关于上市期限、财务指标、业务要求等规定;而台湾交易所对于分拆上市没有特殊的规定,我国台湾地区上市公司只需按照《台湾证券交易所股份有限公司营业细则》的有关规定完整履行必要的审议程序,作出有效的决议并进行必要的信息披露即可;美国上市公司分拆子公司上市不需要相关的法定审批程序,也不需要履行通知备案流程。

三、A股分拆上市的限制条件

《分拆规则》对上市公司的现有的以及分拆后的业务规模与资产规模、相关人员对分拆上市主体的持股比例等均有明确的要求,同时对分拆部分的业务和行业也有明确的限制,保证分拆后上市公司资产仍具备较强盈利能力,保证分拆资产不是核心资产(见表8-2)。上市公司在发布分拆预案或预案修订稿时需同步说明是否符合分拆条件,并持续关注。实操中有的上市公司因后期业绩波动导致不再符合分拆条件而终止或撤回分拆上市申请。

表 8－2　A 股上市公司分拆主要规则解读

序号	关注事项	法规要求及解读
1	上市时间要求	上市公司股票境内上市已满 3 年
2	母公司盈利指标要求	(1)境内外证券监管机构均认同企业上市后不宜立即分拆下属子公司上市,而应该有一个 3 年的过渡期,而且要求连续 3 年盈利且 3 年累积利润达到一定数额; (2)最近 3 个会计年度扣除按权益享有的拟分拆所属子公司的净利润后,归属于上市公司股东的净利润累计不低于 6 亿元人民币(净利润以扣除非经常性损益前后孰低值计算); (3)主业多元化、板块差异化明显、盈利能力强的大型集团化国有或民营 A 股上市公司,将具备较多的分拆机会
3	分拆后母公司保持上市地位	(1)境内外证券监管机构均认同分拆不应导致母公司本身被掏空,而应确保母公司自身独立的上市地位或保留相应足够的资产和业务,以免损害母公司及中小股东的利益; (2)最近 1 个会计年度分拆所属子公司的净利润不得超过归属于上市公司股东的净利润的 50%,净资产不得超过归属于上市公司股东的净资产的 30%
4	上市公司不存在关联方资金占用、其他重大关联交易	上市公司不存在资金、资产被控股股东、实际控制人及其关联方占用的情形或其他损害公司利益的重大关联交易
5	董事、高级管理人员等持股比例限制	(1)上市公司董事、高级管理人员及其关联方持有拟分拆所属子公司的股份,不得超过所属子公司分拆上市前总股本的 10%。拟分拆子公司董事、高级管理人员及其关联方持有拟分拆所属子公司的股份,合计不得超过所属子公司分拆上市前总股本的 30%; (2)一般国有控股上市公司不会存在该等情况;而民营控股上市公司中,所属子公司主要股东可能同时担任母公司董事或高级管理人员,为了满足该条款要求,部分持股的董事或高级管理人员需要采取从母公司辞职方式解决该等限制条件
6	无行政处罚及出具无保留意见审计报告	(1)最近 36 个月未受到过中国证监会的行政处罚; (2)近 12 个月未受到过证券交易所公开谴责; (3)上市公司最近 1 年及一期财务会计报告被注册会计师出具无保留意见审计报告

续表

序号	关注事项	法规要求及解读
7	资产与人员独立	(1)本次分拆有利于上市公司突出主业、增强独立性; (2)本次分拆后,上市公司与拟分拆所属子公司均符合中国证监会、证券交易所关于同业竞争、关联交易的监管要求,且资产、财务、机构方面相互独立; (3)高级管理人员、财务人员不存在交叉任职,独立性方面不存在其他严重缺陷
8	涉及使用募集资金业务或资产的处理	(1)上市公司最近3个会计年度内发行股份及募集资金投向的业务和资产,不得作为拟分拆所属子公司的主要业务和资产,但拟分拆所属子公司最近3个会计年度使用募集资金合计不超过其净资产10%的除外; (2)上市公司最近3个会计年度内通过重大资产重组购买的业务和资产,不得作为拟分拆所属子公司的主要业务和资产; (3)上市公司首次公开发行股票并上市时的主要业务或资产,不得作为拟分拆所属子公司的主要业务和资产; (4)相关表述易于理解和把握,只是"拟分拆所属子公司的主要业务和资产"中的"主要"有待监管进一步明确和量化
9	明确不得分拆金融业务上市	重要限制性条款,符合当前对于金融业规范和改革的整体宏观政策趋势

四、分拆上市的动因分析

关于母公司分拆子公司上市,其实更多地是出于对公司治理和长期战略的考虑,其影响应从母公司和子公司两个角度来说(见表8-3)。

表8-3 分拆上市的影响情况分析

序号	影响	
	母公司	子公司
1	母公司更聚焦主业,提高经营效率、改善治理	分拆上市使子公司能够作为独立实体在A股市场进行融资;上市后,子公司能够接触的投资者数量和种类都将更为丰富,使得公司本身成为重要的融资平台
2	如果母公司出现财务压力,子公司上市融资有助于缓解母公司财务压力	分拆后子公司经营的独立性获得保障,能够有效优化激励机制,在人员任免、信息披露、财务独立等方面都将与母公司划清界限,对于子公司的公司治理有较大的好处

续表

序号	影响	
	母公司	子公司
3	母公司通常会选择盈利能力较强的资产做分拆上市,以保证股票发行和融资过程更顺利,子公司盈利能力和成长空间得到市场认可,母公司因持有股份估值也随之增长	分拆后子公司能够得到独立估值,在分拆之前,对于某一块业务或资产进行单独估值难度相对较大,而分拆后公司的财务结构会出现明显改变,上市的过程也会对公司的现金流和杠杆率等财务水平有所帮助,独立以后子公司也可以采用与母公司不同的估值方法,从而得到更加公允的估值
4	长远来看,如果子公司盈利能力改善,母公司按持股比例享有的利润和分红规模有望增厚,另外,子公司股份在二级市场流通,母公司可以通过增减持股票获得投资收益	
5	子公司上市后可以直接利用资本市场进行资产整合	

五、分拆上市流程

分拆上市大致可分为决策程序、申报程序、核查程序三个流程(见表8-4)。

表8-4　分拆上市流程

分拆上市流程	具体内容
决策程序	(1)董事会要确定好分拆的业务或者子公司; (2)分拆方案经2/3以上股东同意; (3)决定分拆后,上市公司发公告提示风险
申报程序	(1)选择分拆公司上市地点:主板、新三板、H股、境外; (2)上市辅导:推荐、审批、审计。聘请符合《证券法》规定的独立财务顾问、律师事务所、会计师事务所等证券服务机构就分拆事项进行尽职调查、审慎核查,出具核查意见,并予以公告
核查程序	(1)监管机构审核母公司分拆事项:证券交易所、当地证监局应对上市公司是否符合分拆条件进行专项核查并出具核查意见; (2)监管机构审核子公司上市事项:审核通过后,中国证监会将批复子公司上市,在完成发行注册流程后子公司即可作为单独主体进行上市交易

第九章

上市的中介机构与费用

第一节　上市的中介机构包括哪些

一、企业上市法定的中介机构

企业上市法定的中介机构主要包括证券公司、审计机构、律师事务所和评估机构，这也就是早些年资本市场常提到的“三师一商”(会计师、律师、评估师和券商)。后来，随着政策的调整，评估机构的功能从IPO主要中介机构中“淡出”(仅在股改中作一次评估)，目前所称的IPO主要中介机构一般仅指券商、会计师事务所和律师事务所(“两师一商”)，又称“IPO三大中介”“IPO的三驾马车”。

(一)券商

证券公司也就是俗称的“券商”。

券商的法定角色是保荐人和承销商，这就是《证券法》第10条规定的“发行人申请公开发行股票、可转换为股票的公司债券，依法采取承销方式的，或者公开发行法律、行政法规规定实行保荐制度的其他证券的，应当聘请证券公司担任保荐人”。“保荐”，从字面意思理解，就是“保证、推荐”的含义，企业上市需要券商推荐，保荐机构应当保证所出具的文件真实、准确、完整，否则要依法承担一定的保证责任。

“保荐人”与“保荐代表人”是不同的概念。保荐人指的是证券公司，保荐代表人指的是自然人，保荐人的具体工作主要是由保荐代表人来完成的，保荐代表人需要在保荐报告等法律文件上签名并承担相应的法律责任。《证券发行上市保荐业务管理办法》规定,保荐机构履行保荐职责,应当指定品行良好、具备组织实施保荐项目专业能力的保荐代表人具体负责保荐工作。保荐代表人应当熟练掌握保荐业务相关的法律、会计、财务管理、税务、审计等专业知识,最近5年内具备36个月以上保荐相关业务经历、最近12个月持续从事保荐相关业务,最近12个月内未受到证券交易所等自律组织的重大纪律处分或者中国证监会的重大监管措施,最近36个月内未受到中国证监会的行政处罚。

《证券发行上市保荐业务管理办法》第7条规定,同次发行的证券,其发行保荐和上市保荐应当由同一保荐机构承担;证券发行规模达到一定数量的,可以采用联合保荐,但参与联合保荐的保荐机构不得超过2家。证券发行的主承销商可以由该保荐机构担任,也可以由其他具有保荐业务资格的证券公司与该保荐机构共同担任。

选择能帮助其成功完成首次公开招股的保荐人和承销商,是任何拟上市公司最重要的决策之一。保荐人一般在IPO过程中担当较核心的角色,负责管理整个IPO过程,包括与监管机构联络,承销商则负责定价、市场推介以及向世界各地的投资者说明IPO的定位。由于企业申报IPO只能通过券商进行保荐,由此,券商的地位在IPO的所有中介机构中最举足轻重,是中介机构的"班长",企业的整个上市工作都是由券商进行统筹安排。

券商除了保荐、承销的法定角色外,科创板以及一定情形下创业板还要求券商强制跟投,这就又多了一个"投资人"的法定角色。[1] 券商保荐的项目,要以自己实际控

---

〔1〕 目前,实施券商跟投制度的板块为沪市科创板和深市创业板,其中科创板实施强制跟投制度,创业板按规定情形实施跟投制度且不符合规定情形的企业保荐人不得参与首发战略配售。全面注册制后,科创板、创业板跟投相关规定均纳入两家交易所最新发布的各板块合一的发行与承销业务实施细则中。

1. 科创板:

《上海证券交易所首次公开发行证券发行与承销业务实施细则》第47条第1款规定:科创板试行保荐人相关子公司跟投制度。发行人的保荐人通过依法设立的另类投资子公司或者实际控制该保荐人的证券公司依法设立的另类投资子公司参与发行人首次公开发行战略配售,并对获配证券设定限售期。

认购数量:

发行人首次公开发行证券数量2%至5%的证券,具体比例根据发行人首次公开发行证券的规模分档确定:

(1)发行规模不足10亿元的,跟投比例为5%,但不超过人民币4000万元;

(2)发行规模10亿元以上、不足20亿元的,跟投比例为4%,但不超过人民币6000万元;

(3)发行规模20亿元以上、不足50亿元的,跟投比例为3%,但不超过人民币1亿元;

(4)发行规模50亿元以上的,跟投比例为2%,但不超过人民币10亿元。

限售期:首次公开发行并上市之日起24个月。

制的投资子公司进行跟投，使用自有资金，认购发行人首发股票数量 2% ~5%，且要锁定 2 年。这一制度被市场寄予厚望，让保荐人与广大投资者成了“一根绳上的蚂蚱”，如果上市项目出了问题，券商也会遭受损失，似乎再也不用担心券商“只荐不保”了，还能促使合理定价。此外，在企业 IPO 项目中，券商实际上还有财务顾问、辅导机构的身份。为了成功保荐该项目并承销该公司发行的股票，券商在 IPO 项目的早期是以财务顾问的身份对公司上市提供顾问服务，当公司向当地证监局申请上市辅导后，券商的身份是辅导机构，对公司规范运作进行辅导。

归纳一下券商的主要职能：(1) 券商作为中介机构的核心，是改制上市工作的总协调人。(2) 在前期尽职调查、规范整改与改制阶段，券商的主要角色是财务顾问和辅导机构，负责改制上市方案的整体设计以及规范运作的辅导。(3) 在申报发行阶段，券商的角色为保荐人和主承销商，负责组织申报、与监管部门沟通、组织意见反馈、询价和定价、销售。在上市后，根据法律要求，券商还要履行持续督导义务。(4) 科创板以及一定情形下的创业板强制要求券商跟投。

(二) 审计机构

审计机构也就是会计师事务所。企业上市的核心基础条件就是财务指标要求。在企业上市申报中，企业营收多少，赚了多少，企业自己说了不算，得由审计机构按照会计准则进行审计，以审计报告记载的数据为准。会计师事务所出具的审计报告是企业 IPO 的主要申报材料之一。

早前，会计师事务所需具备“证券期货从业资格”才能从事 IPO 审计服务。2020 年 7 月，中国证监会会同工业和信息化部、司法部、财政部发布了《证券服务机构从事证券

---

2. 创业板：

《深圳证券交易所首次公开发行证券发行与承销业务实施细则》第 45 条规定：发行人首次公开发行证券并在创业板上市，存在下列情形之一的，保荐人相关子公司应当跟投，并对获配证券设定限售期：

(1) 发行人为未盈利企业；

(2) 发行人为存在表决权差异安排企业；

(3) 发行人为红筹企业；

(4) 发行价格（或者发行价格区间上限）超过“四个值”孰低值。

发行人为本条第 1 款规定外的其他企业，或者首次公开发行证券并在主板上市的，其保荐人相关子公司不得参与本次发行战略配售。

认购数量、限售期限要求与科创板要求一致。

另外，“四个值”指发行价格（或者发行价格区间上限）超过剔除最高报价后网下投资者报价的中位数和加权平均数，剔除最高报价后公募基金、社保基金、养老金、年金基金、保险资金和合格境外投资者资金报价中位数和加权平均数。

服务业务备案管理规定》,财政部会同中国证监会发布了《会计师事务所从事证券服务业务备案管理办法》。上述两个规章均自2020年8月24日起施行。由此,会计师事务所从事证券期货服务业务自2020年8月24日起改为备案制,会计师事务所只需按照《会计师事务所从事证券服务业务备案管理办法》的规定进行备案即可从事该类业务。

事实上,会计师事务所从接受IPO项目的委托,到完成上市申报,整个流程中,出具审计报告只是最后一步的工作,也可以说是经过前期对企业进行规范辅导、整改后自然形成最终想要的审计结论;而为了能最终形成标准无保留意见的审计结论,会计师事务所通常需要做大量的规范辅导工作,甚至在IPO的整个申报报告期要全程陪同企业的规范整改。因此,事实上,会计师事务所还有一个"会计顾问"的角色,而其实这应该也是最具技术含量、更能体现会计师综合解决疑难会计问题能力的一份工作。

(三)律师事务所

在许多普通人眼里,律师就是打官司的。殊不知,有一类律师专门从事着号称"高大上"的非诉讼法律业务,他们接触的圈子基本都是企业家,他们有一双"打造亿万富翁"的双手,能与券商、会计师联手,将一家普普通通的企业打造成一家声名鹊起的上市公司,这就是证券律师。中国目前律师有60多万人,专门从事或主要从事证券法律业务的律师可能不超过5%。笔者在一些业务培训上常言"IPO法律业务乃非诉法律业务之母",懂得IPO的律师如果遇到企业并购、投资以及其他各类非诉法律意见书业务,那简直是小菜一碟,能做到游刃有余,这也是令业内人士特别是刚刚出道、面临专业方向选择的律界新人趋之若鹜的原因,但较高的专业门槛、跨界的知识结构要求(除了要精通基础性法律、证券领域法律,还需懂资本市场、财务会计和工商管理等方面的知识)令许多人只得望而却步。

律师事务所及律师从事IPO等证券法律业务,曾经被要求取得证券从业资格。这一规定源于1993年1月12日中国证监会、司法部联合发布的《关于从事证券法律业务律师及律师事务所资格确认的暂行规定》(已失效)。2002年11月1日国务院发布《关于取消第一批行政审批项目的决定》(国发〔2002〕24号),其中就取消了律师及律师事务所从事证券法律业务资格的审批。同样是基于《证券服务机构从事证券服务业务备案管理规定》,律师事务所从事IPO等证券服务业务仅需按规定备案即可。

如果说IPO审计机构的工作范围可以限定为"解决财务问题",而律师事务所的工作则没那么简单,不能只是"解决法律问题"。正如中国证监会、证券交易所对于IPO项目审核的分工,是分成两个板块,即"财务"与"非财务",IPO律师做的工作基本上可以借用“非财务”这个词来概括,甚至有时这个边界还可以突破,律师对很多财务问题也不能当“甩手掌柜”,出了财务造假问题,律师也“脱不了干系”,资本市场许多财务造假案例,基本都能牵连到律师的责任。

在 IPO 申报中,律师出具的法律意见书是主要申报材料之一,与会计师出具的审计报告一样,为企业申报 IPO 进行兜底、背书,出具“该企业符合 IPO 条件”等结论意见。与会计师出具 IPO 申报的审计报告一样,律师出具的这个结论意见其实也是对多年持续辅导企业规范运作的工作成果形成的自然总结。IPO 律师事务所也有多重角色,在 IPO 申报之前,应该算是规范整改顾问和上市辅导机构。

2023 年 10 月 26 日中国证监会和司法部联合发布《律师事务所从事证券法律业务管理办法》,该办法第 7 条规定,律师事务所可以接受当事人的委托,组织起草招股说明书等与证券业务活动相关的法律文件。这一多年的倡议终于被正式写进部门规章。律师参与撰写招股说明书是“注册制”的一个基本特征,无论是美国还是我国香港特区的资本市场,均是由律师撰写招股说明书。“注册制”最大的内涵就是以信息披露为核心,而信息披露又集中体现在招股说明书这份文件上。招股说明书本质上是一份法律文件,律师起草招股说明书有着专业优势和严谨负责的职业态度,招股说明书更适合由律师组织起草。世界上大多数的国家或地区资本市场均形成了由律师撰写招股说明书的制度或惯例。

另外,律师事务所还可以担任 IPO 保荐人的法律顾问(“券商律师”)。

(四)评估机构

评估机构也是 IPO 项目的法定机构之一,只是因为在整个的 IPO 工作的“漫漫长河”中“只出现一次”(股改评估),其作用往往会被市场忽略。

我国《公司法》(2023 修订)第 48 条规定,“股东可以用货币出资,也可以用实物、知识产权、土地使用权、股权、债权等可以用货币估价并可以依法转让的非货币财产作价出资……对作为出资的非货币财产应当评估作价,核实财产,不得高估或者低估作价……”为了上市,“有限公司”形式的企业需改制为“股份公司”,这一改制过程中,涉及股份公司发起人的出资,发起人是以其持股比例对应的有限公司的“净资产额”进行出资,“净资产”应该属于“非货币财产”,按照前述法律规定,需对这一出资进行评估。这也就是评估机构在 IPO 流程中存在的唯一价值。而就这么一个唯一的“工作机会”,居然有时还会被市场主体忽略,市场就有公开的新三板案例:(1)股改未评估,中介机构也未提及存在程序瑕疵,股转公司反馈意见中未提及——慧翰股份(832245)、绿网天下(831084)、紫荆股份(832900)、星展测控(831244);(2)股改未评估,中介机构认为存在程序瑕疵,公司聘请评估机构进行追溯评估——美佳新材(831053)、微创光电(430198);(3)股改未评估,但中介机构认为不存在程序瑕疵,股转公司反馈意见也未提及——万通液压(830839)、方元明(833076)。

二、其他非法定的中介机构

(一)上市顾问

为企业总体策划上市路径和具体的上市方案。此类机构不是券商,通常是由在资本市场有一定经验的投行人员或者会计师、律师组成,他们是干了券商的财务顾问的活。

是否需要聘请上市顾问?在上市工作的早期,如果企业尚未聘请券商,聘请此类顾问机构进行上市咨询、辅导,未尝不可,但前提条件是其专业度要能过关。市场上的上市顾问机构参差不齐,常有企业的上市工作被误导、走弯路甚至走错路的情形。当然,还有一种情形是,企业上市工作经验不足,且暂未配备较为专业的董秘、财务总监等人才,企业将上市工作委托给一家有经验的上市顾问,由上市顾问总体协调三大中介的聘请以及日常的整改规范工作甚至引进投资人工作。这种安排让企业的上市多了一份专业力量,有利于企业上市。

(二)理账师

上市工作中的理账师是一个神秘低调而又十分重要的角色。民营企业启动上市工作面临的第一大问题就是账务整改,甚至重新规范记账。这一工作 IPO 审计机构本来是可以做的,但这里面存在比较微妙的关系,审计机构最终是要在上市申报中出具独立的审计意见的,出于自身“独立性”的考虑,如审计机构参与了企业早期的某些账务处理,存在一定意义上的角色冲突。有些大的审计机构会建议企业聘请其他会计机构做账务整改。

(三)股权架构顾问

企业上市前股权架构的规范搭建非常重要,关系到企业创始人团队未来的套现成本、家族财富传承、融资规划和产业发展规划,也关系到企业核心团队的利益和企业的长远发展。一般来说,企业上市前的股权架构调整越早做,税收成本越低。对于企业创始人而言,一般采取自然人直接持股与集团公司间接持股相结合的模式,并预留好有限合伙模式的股权激励平台。这些工作,需要有专业的机构来策划。一般而言,资深的券商人员、律师、会计师因为接触的案例多,能胜任此项工作。市场上也有专门从事股权架构搭建的咨询机构,特别是“股权激励顾问”多如牛毛。如果企业要委托这类机构,一定要选择懂得资本市场运作规则的机构。就我们实务中接触的情况来看,市场上做股权激励的机构鱼龙混杂,真正懂得 IPO 监管规则的股权激励顾问不多,作出的方案符合 IPO 监管要求的更是少见。笔者团队遇到不少项目,“三大中介”进场时,发现企业已经做了全面的股权激励,细看方案,怎一个“乱”字了得,完全不符合 IPO 申报企业的要求,只得推倒重来。

(四)税务顾问

企业启动 IPO 工作,如上所言,通常首先要进行股权架构的重构、业务板块的重组,资产的划转或剥离,每动一处,几乎都涉及不小的税负。委托专业的税务顾问,通过合规的手法,能实打实地“省税”。由于企业上市,规范性要求会高于一般的企业,这对节税筹划提出更高的要求。当然,IPO 审计机构通常也精通税务筹划。

(五)内控顾问

企业要上市,必须符合内控监管要求。《首次公开发行股票注册管理办法》第二章“发行条件”中规定,“发行人内部控制制度健全且被有效执行,能够合理保证公司运行效率、合法合规和财务报告的可靠性,并由注册会计师出具无保留结论的内部控制鉴证报告”。一般来说,内控制度体系的搭建都是由 IPO 审计机构与企业共同完成,上市申报时,审计机构出具一份内部控制鉴证报告。

而单就企业的内控工作而言,其实不仅仅是上市规范的需要。经济新常态下,很多中小企业主已逐步意识到粗放型的生产和管理模式已无法适用于新环境,在销售额饱和的情况下,提高生产效率和降低成本费用将是大部分中小企业的关键利润增长点。而健全的内控流程是企业提高效率和降低成本的基础保障。由此,市场上出现了专门的内控顾问,其内控工作已经从单纯的上市公司内控建设业务拓展到内控评价、专项内控建设、内控操作细则制定、风险管理体系建设、内控制度规范、内控体系培训、行政事业单位内控建设等方面。市场上的内控顾问机构服务的客户也已经从单纯满足监管要求的拟上市或已上市公司、国有企业拓展到一些更具实质性内生需求的民营企业和中小企业。

因此,拟上市企业的内控工作是可以聘请专门的内控顾问来完成的。

(六)私募融资顾问

前面我们讲到,企业上市需要有投资机构助力。企业发展早期接触的机构少,对投资行业了解少,企业老板对如何引进投资、引进怎样的投资人没有清晰概念。这时,专业的私募融资顾问就能帮到企业。特别是有的私募融资顾问专注于某个行业的投资,掌握的投资人渠道丰富,对该行业的研究较深,能够为企业引进满意的投资人。券商团队因为具备对行业的研究能力,也具有大量的投资人资源,往往也能提供此类服务,其服务有时会单独收费。

(七)行业顾问

上市招股说明书中的行业分析是市场最关注的内容之一,也是投资者判断企业成长前景的重要背景资料,在某种程度上甚至影响着企业股票的发行价格。券商一般都能写好这个章节,市场上有大量的同行业上市公司招股说明书行业分析供参考。但要写得有高度、有深度、有市场影响力,还是需要专业人士的,特别是一些新兴行业的分析报告,不容易写。海外上市一般需要聘请行业顾问。

(八)募投可研顾问

企业上市融资,需进行募投项目可行性研究,讲清募集资金用途,对募投项目的技术、经济、财务、商业以至环境保护、法律等多个方面进行分析和论证,以确定募投项目是否可行。投资者根据企业的募投项目可行性研究报告来判断企业的投资价值和增长潜力。从监管角度来看,募投项目可行性研究报告也是中国证监会、监管、审批以及判断企业能否过会的重要依据文件之一。因此,聘请专业募投可研咨询机构规划、设计合理的募投项目,是企业通过中国证监会发审委审核的关键。

(九)知识产权顾问

主要是申报在科创板上市的企业有这一需求。科创板更注重知识产权以及科创属性,申请科创板的企业越来越需要专业的知识产权机构对企业的知识产权进行战略规划和布局。

(十)高新技术企业咨询顾问

申请上市的企业中相当部分都具有“高新技术企业”资质,享受国家税收优惠政策。而申报高新技术企业是有较高门槛的。如何让企业顺利通过高新技术企业资质的审核,以及高新技术企业资质到期之后如何能够正常续期,都是一个相对专业的工作,市场上有专门的咨询机构从事此类业务。

(十一)环保中介机构

上市审核机构越来越重视对环保合规性的审核。对重污染行业或者存在环保违法行为的企业,建议聘请环保中介机构,对公司现状环境影响作出报告或者对募集资金投资项目的环境影响进行评价,提高通过上市审核的可能性。

(十二)海外律师

如拟上市企业在海外有经营主体,需当地律师就海外主体的登记状态、合法经营情况、真实的业务情况等出具核查意见。IPO 律师可以在法律意见书中直接引述海外律师的结论意见。值得一提的是,审计师执行的是国际通行的审计准则,境内的 IPO 审计师可以直接对海外主体进行核查并发表审计意见;而境内的 IPO 律师则有所不同,每个国家、地区都有自己独有的法律制度,对于海外主体的核查和意见发表,只能依赖当地律师进行。

(十三)翻译机构

如果公司海外业务较多或存在海外分支机构或实际控制人为非中国籍,往往需要对有关文件的非中文部分内容进行翻译。

(十四)印刷商

上市,有人将其形象地比喻为“以一车的 A4 纸换来满仓的股票”,上市申报的材料是真不少。在核准制年代,如果你在北京金融街遇到身着正装、行色匆匆、拉着大号拖杆箱的一行人,你如果猜他们是投行人士,一定不会错,这装载着 IPO 申报材料的沉甸甸的行李箱就是他们当下最真的梦想和希望。有生意人注意到这个需求,在中国证监会楼下开了一家打印店,专注于 IPO 申报材料的排版、校对、打印、装订,还有特别暖心的增值服务,为投行人士提供午休、餐食、行程预订等免费服务,后来这家打印店差点也成为一家上市公司。

随着注册制改革,IPO 材料的申报也更人性化,可以提交电子底稿,由此又引申出了一个服务——电子底稿整理服务。真的是只要有需求,就有市场;三百六十行,行行出状元。

(十五)财经公关

企业上市牵扯的利益面太广,市场对企业上市会给予足够的关注,这种关注,有正面的、积极的,而往往更多时候会是负面的、消极的。上市牵动的利益太大,舆论监督会格外活跃,另外,也催生了一些"动机不良"的机构或个人。在上市过程中,企业一定会遭遇来自各路媒体(含自媒体)的压力,且行业热度、关注度越高,企业自身的新闻性和话题性越强,媒体谋求合作、牟利的动机越强,潜在的舆论压力也就越大。除了媒体的自发关注之外,同业竞争对手、前员工等利益相关方亦存在引发舆论风险、向媒体爆料的可能性。舆情,有时甚至会影响到一个拟 IPO 项目的审核走向。在媒体业已经相当发达的今天,市场舆情已成为 IPO 审核的重要关注事项之一。上交所在《上交所发行上市审核动态》(2023 年第 5 期)中指出,"在发行上市申请受理后,保荐机构应当对项目涉及的重大事项保持关注并履行好尽职调查职责:……四是重大报道、市场传闻等,以及投诉举报涉及的具体事项对发行人信息披露及生产经营的影响。针对 IPO 企业的重大舆情,保荐机构应当建立舆情管理工作机制,在发行上市期间发生重大舆情的,应当及时报告并提交专项核查意见,除首次申报时按照相关规定的要求,对发行人的历史舆情进行专项核查并提交核查报告外,还应当在提交注册文件时,同步更新提交舆情专项核查报告。"

由此,财经公关的重要性更加凸显。财经公关并不是上市必须聘请的法定机构,但几乎每家拟上市公司都会聘请。财经公关主要是为企业做舆情监测、提供媒体信息沟通及舆情管理、投资者关系管理等服务。一般而言,最晚是在 IPO 预先披露后即聘请财经公关。

(十六)现场检查顾问

为强化首发企业信息披露监管,督促中介机构归位尽责,中国证监会于 2021 年 1 月 29 日颁布了《首发企业现场检查规定》,规范现场检查工作,采取问题导向和随机抽取两种方式对申报企业进行现场检查。现场检查偏重于一手资料,采用清仓查库、内查外调的方式,威慑力极大,企业的任何造假行为几乎都无所遁形。在随后首批被抽中现场检查的 20 家注册制 IPO 企业中,有 16 家主动撤回材料,终止上市审核,比例高达 80%。2024 年 3 月 15 日,中国证监会发布修订后的《首发企业现场检查规定》。此次修订强化"申报即担责",对"一查就撤""带病申报"加强监管,法律责任不能"一撤了之"。主要修订内容包括:一是明确检查期间撤回申请不影响检查实施,检查对象确定后,检查对象撤回发行申请不影响检查工作实施,也不影响中国证监会及交易所依法依规对检查发现的问题进行处理。二是增加了"飞行检查"机制,根据实际需求随时启动现场检查。三是健全统筹协调制度机制,强化证监会注册部门负责现场检查的整体统筹协调及指导。四是完善组织与实施流程,完善通知检查对象的程序,明确检查信息通报机制,对检查机构报送检查计划、开展进场工作、申请延期等设置了时限要求,完善现场检查报告格式。五是规范检查结果的运用,审核注册部门应结合发现问题、会商意见、整改完成情况推进审核注册工作。

在如此严苛的审核环境之下,为帮助企业提高 IPO 的成功率,资本市场衍生出了一个新的服务机构——现场检查顾问。此类机构的工作人员通常具备非常丰富的 IPO 审核实务经验,有的甚至曾经任职于审核机构 IPO 审核岗,擅长站在监管方的角度给拟 IPO 企业的申报工作"挑刺"并制定完备的问题解决方案。企业一般应在计划申报前预留一些时间聘请现场检查顾问进场进行"模拟现场检查",开展顾问工作。

第二节　如何选择三大中介

我们可以用三个关键词来概括选择三大中介的标准:专业度、投入度和影响力。

如何选择三大中介?要回答这个问题,需回归到中介机构的基本功能上来。在笔者看来,IPO 中介机构有三大基本功能,一是以专业技术清除上市障碍,也就是"专业度";二是 IPO 是一个系统工程,也是一场"持久战",需要中介机构有非常深的"投入度";三是为企业上市进行信誉背书,也就是"影响力"。

一、专业度

什么样的中介机构专业度更强?

非常现实的一个答案,那就是项目实操经验丰富。从技术上来讲,IPO 是一个纯实务性的工作,它并不难,只需对照上市的法律法规、操作指引,对企业进行规范,让企业达到上市要求。但是,企业上市的规则指引简直浩如烟海,而且新规层出不穷,上市审核的要点、细节多如牛毛。上市中介机构为企业解决的都是“疑难杂症”。有人说 IPO 中介服务是一个门槛很高的行业,这一点也不为过,IPO 中介服务不是一个随随便便就能进入的行业,无论你是什么背景、具有多高的学历,没有完整跟进过至少一两个完整的成功 IPO 项目,你的知识体系完全建立不起来,更谈不上具有综合解决企业“疑难杂症”的能力;而且你必须天天守在 IPO 实务一线,才能随时掌握审核动态,使项目“与时俱进”。

所以,对于拟上市企业而言,选择中介时,只需问问,你做过 IPO 项目没有? 是不是从头到尾完整跟进过 IPO 项目? 做了几个成功的 IPO 项目? 是什么时期的项目?

显然,以上讲的是对具体承办 IPO 项目的人员的经验要求。从专业度上讲,大机构中也会有弱团队,小机构中也会有强团队。将专业度、投入度排在影响力之前进行分析,这样表达,用意很明确,那就是,无论选择什么样的机构,无论是大机构,还是小机构,首先要考察这个机构派出的项目组成员的专业度。

二、投入度

这也是一个非常实际、非常接地气的问题。中介机构的专业能力虽然很强,但是团队承接的项目过多,或者是团队人手不够,在漫长的 IPO 工作过程中,其专业人手跟不上;中介机构在与企业谈 IPO 委托合同时是一众“高大上”的业务骨干,而真正派到项目一线时却换成了新手……这些就是所谓的“专业度”难以落地,不能给企业提供“保姆式”的贴心服务,企业的很多问题并不能得到及时高效地解决。在“投入度”方面还有一个重要点,中介机构的内部流程不能对项目进行“倾斜”,对项目的支持力度不够,立项、内核、申报等后台工作处处受阻(甚至有券商基于自身利益的考量,在 IPO 申报后未取得企业同意而撤回申报材料,让企业叫苦不迭),影响到客户 IPO 项目的申报进度,这也是投入度不够的常见表现。

所以,企业在选择中介机构时,一定要与机构人员充分沟通,就“投入度”这些关键要素达成一致。

三、影响力

IPO 申报中,中介机构的影响力重要吗? 还是很重要的。我们说,资本市场注册制的基本逻辑之一就是让投资者自主判断企业的投资价值。投资者如何判断企业的投资价值呢? 很大程度上来自对企业聘请的中介机构信誉的判断。而从 IPO 审核的角度,给审核人员第一印象的就是这家企业聘请的是哪些中介机构,审核人员对项目进行审核判断时,其潜意识会或多或少受中介机构品牌、信誉的影响。

什么样的中介机构更有影响力?什么样的中介机构信誉更好?是规模大的机构吗?我们说,一般而言,大机构的信誉可能会更优,但并不绝对。有的券商规模并不算大,但其主要团队能专注于某个或某几个行业的 IPO,日积月累,已经成为某行业的"精品券商",同样拥有了较强的市场口碑和影响力。

所以,在选择中介机构时,就中介机构的规模大小问题,要辩证看待。

当然,还是回到前两个最重要的问题,无论是大机构、小机构还是"精品机构",如果没有了专业度和投入度,这个"影响力"就是空中楼阁。我们说,最理想或者最完美的中介机构选择应该是"既要又要还要",中介机构既要专业度好,又要投入度高,还要影响力大。但我们又说,此事古难全,天下难有这么美的事。这里面有个"科学"的选择逻辑:如果能选到大机构,却没有专业度和投入度保障,那宁愿放弃大机构。

第三节 中介机构费用

一、中介机构费用的通常做法

IPO 的中介机构费用应该是最公开透明的,每个成功上市的企业都会在招股说明书中披露中介机构的具体费用。企业不用担心在费用上的"信息不对称"。而且,市场上基本上已形成了行业收费惯例,对于律师费、审计费,一般是分两段,以市场平均总收费为标准,上市前一般是按照工作进度、多期支付,从进场工作,为企业向证券交易所递交 IPO 申报材料、处理反馈意见,共需支付至总费用的一半左右,余额在上市成功后支付。券商则在上市之前会收取一定数量的财务顾问费、上市辅导费、保荐费,企业成功上市后,再按照募集资金总额收取一定比例的承销费。由于大部分费用是在发行成功后支付的,因此对企业的现金流影响程度较低。此外,IPO 成功后,上市公司一般都会从当地获得一笔不菲的财政补助,有的补助几乎能完全覆盖企业的发行上市费用,甚至还有结余。

二、A 股各板块市场平均收费情况

A 股企业上市需要支付的费用主要包括承销保荐费用、审计费用、法律费用、信息披

露费用以及其他费用等。2023 年 A 股各板块 IPO 发行费用平均值情况见表 9 - 1[1]。

表 9 - 1　2023 年 A 股各板块 IPO 发行费用平均值情况

单位:万元

板块	发行费用	承销及保荐费用	法律费用	审计及验资费用	信息披露费用
科创板	12, 927. 34	10, 346. 54	737. 69	1391. 78	500. 41
上证主板	10, 623. 22	8026. 89	714. 42	1337. 22	494. 26
创业板	10, 512. 24	7891. 70	662. 33	1290. 80	465. 26
深证主板	9574. 25	7135. 24	644. 52	1226. 45	451. 19
北交所	2195. 25	1501. 47	206. 91	437. 11	44. 04

[1] 本表格数据来源于万得信息网(Win. d)。

第十章

成功上市的关键：“五心”老板

中国有数千万家中小企业，要成为一家上市公司，几乎是万分之一的概率。成功上市的关键是靠什么？靠业绩？靠规范程度？不是，这些都只是外在表现，其内在的因子，应该是企业拥有的带头人的品性——我们发现，拥有强大的决心、信心、诚心、恒心以及一颗平常心的“五心”老板，其带领的企业更容易获得成功上市。

第一节 老板的决心

上市对于企业老板而言，是又一次创业。前面我们讲了上市对于企业创始人而言的弊端。要付出高昂的上市费用，企业经营要付出比一般企业更高的成本，而且花了大价钱也不一定成功，这简直是一个风险投资；中国中小企业数千万家，到如今能成为上市公司的也只有区区5000家，千军万马过独木桥，如此万分之一的成功率也要去搏，这得下多大的决心；而即便上市成功，从上市敲钟的那一刻起成为社会公众人物，从此一言一行都受公众约束，还要面对自己企业数万股民每天传递的压力，这得下多大的决心；而现如今上市显然已经越来越难，都说开弓没有回头箭，老板放着安逸的小日子不过，要给自己不断加码，要带领企业不断冲刺新的高度、新的业绩，这也得下多大的决心。创业板上市公司汤臣倍健(300146.SZ)是笔者签字主办的项目，该公司已成为膳食营养补充剂行业响当当的民族品牌，公司市值一度成为全球VDS(膳食营养补充剂)行业市值最高的企业。企业创始人在创业早期也经历过创业的失败，后到美国考察，回国就下定决心要做VDS这个产业。当年在该公司筹备IPO过程中，企业创始人经常谈及创业历程，笔者听到其说得最多的话就是"从美国考察回来，决定做 VDS 的第一天起，我们就瞄准了上市的目标""要做一个伟大的民族企业，必须要上市"。有了梦想，并有了强大的决心，上市自然就成了。

下定决心，是上市的开始。没有这个决心，就没有上市。

第二节　老板的信心

信心是成功的保障。上市虽然门槛高，非一般企业所能企及，但前面我们讲过，企业上市，往往是要选择在合适的企业发展阶段启动，不能急于求成，更不能揠苗助长。企业到了成长期和成熟期再选择上市，已经具备一定的市场竞争实力和行业地位，有能力承受上市的各种成本。上市的"四字秘诀"是规范、赚钱，要相信，企业只要能做到很规范、很赚钱，上市这个事的确定性就非常高，特别是在注册制背景之下，上市的条件都是公开透明的，对照上市的条件和标准，检视自己的企业，能上还是不能上，这不是很简单？

第三节　老板的诚心

企业老板要对上市有一颗真诚、坦诚之心，对市场有一颗敬畏之心。中国资本市场已逾 30 年，市场监管越来越成熟，特别是全面实施注册制以来，无论是审核流程还是法治保障方面都有大的变化。企业基本面（财务指标、规范性方面）优秀，信息披露真实、准确、完整，是成功上市的必备前提条件。要上市，就得真规范、真有实力，不搞"小动作"，坦坦荡荡，不遮遮掩掩。企业老板不能有任何侥幸心理和蒙混过关的心理，否则会弄巧成拙，令上市折戟。

任何事情成功的原因几乎都可以用我国古人总结的"天时地利人和"六个字予以概括，在上市中，如果可以将大环境喻为"天时"，将企业基本面喻为"地利"，则可以将企业内外部人际关系的和谐喻为"人和"。一个和谐的环境，是企业经营发展的良好基础，而企业的上市则更需要。一方面，企业老板仅凭只身一人是无法完成上市如此伟大的工程的,需以一颗诚心团结企业一帮人,打造核心工作团队;以一颗诚心善待上市中介机构;以一颗诚心对内厚爱员工,对外厚爱客户、供应商,特别还要处理好与媒体的关系。企业在上市申报阶段,千万要低调,别树敌,遇事则以一颗诚心去化解。有多少企业正是因为离职员工、竞争对手的恶意举报而导致上市进程受阻。

第四节　老板的恒心

有句话叫作"路虽远行则将至,事虽难做则必成",用在这里再贴切不过。上市是没法一蹴而就的,上市的过程,会遇到各种各样的困难。解决困难需要恒心,需要毅力。只要大方向是对的,跨过坎坷,总是会抵达胜利的彼岸。中国资本市场政策常有变化,这种变化有时会打乱企业的上市节奏,给企业上市带来新的难题,如 2023 年第三季度以来 IPO 节奏的收紧。但在这种收紧的当口,正好可以对企业进行深度检视,并积蓄力量,以待来日冲刺。而有时 IPO 审核政策的变化、调整也会带来审核的窗口期、机遇期,如创业板开闸、科创板开板、注册制试点等,每遇到这么一次大的政策调整,都有一拨上市的机遇。机遇只会留给有准备的头脑,需以一颗恒心,在上市道路上持续发力,迎接随时遇到的市场机会。

有谁比苏州恒久的老板更受打击?这个项目,是在核准制年代,它的上市已经过会,股票已经公开发行,可就在上市敲钟的前夜,被中国证监会紧急叫停,原因是有人举报"核心专利过期",经核查属实,真的是"阴沟里翻了船",最终被撤销上市批文。苏州恒久的上市之路就到此终止了吧?非也,公司老板真有恒心,真有毅力,一直未放弃上市的梦想,六年之后,再次申请上市,终于获批![1]还有注册制之下科创板第一批过会企业利元亨,在中国证监会注册环节被否,一年之后再次申请科创板上市,[2]获得成功。这些,都是企业老板有一颗强大的恒心,这就是坚持的力量。此类例子不胜

---

〔1〕《曾陷"专利门"折戟 IPO 苏州恒久六年后再上会》,载上海证券报・中国证券网 2016 年 3 月 3 日;《IPO 怎能忽视 IP:拟上市企业的知识产权风险预防与应对》,载微信公众号"金杜研究院"2018 年 2 月 3 日。

〔2〕《利元亨 IPO 之痛:坎坷两年才过会　前途仍难卜》,载微信公众号"鑫淼财经"2021 年 4 月 14 日;《IPO 倒在黎明前(四)——科创板首例 IPO 审核过会后终止注册!卷土重来终成功!拟 IPO 企业如何借鉴其"涅槃重生"的经验?》,载微信公众号"赋翼咨询"2023 年 11 月 13 日。

枚举。

第五节 老板的平常心

大家常说,上市只是手段,不是目的,意思是在企业发展的长河里,上市只是助力企业发展的一个新手段。既然不是目的,就不应将企业发展所有的“宝”都押在“上市”上。对于上市,企业老板要有一颗平常心,企业需要按自身正常的节奏去走,这就是我们常说的,企业上市,不要揠苗助长,要的是水到渠成。不要“为了上市而上市”,不少企业违背企业发展的内在规律,盲目追求上市目标,想方设法“拼凑业绩”“做大业绩”,急功近利,均以失败告终。

而即便是成功上市了,企业老板仍然需要有一颗平常之心。企业上市后,仍然是任重而道远,面对的问题和困难甚至比上市之前还会多。特别是在注册制之下,公司上市后如果经营得不好,会被市场冷落、遗弃,甚至是被退市。这就需要企业老板以一颗平常心,发扬务实上进、排除万难的创业精神,在这个新的起点、新的舞台,继续带领企业攻城拔寨。

实战篇

上市的五大核心条件

第一章

主体资格

《首次公开发行股票注册管理办法》对发行人的主体资格作出了具体要求。其中，上市主体应为自股份公司成立后持续经营3年以上的公司，且应符合股份权属清晰的基本要求，不存在导致控制权可能变更的重大权属纠纷。因此，在企业上市过程中，需要特别关注发行人的股东和股权以及历史沿革的合规情况。对于发行人的出资情况，审核规则要求发行人的注册资本已足额缴纳，但不少企业在出资过程中涉及各种特殊出资情形，相关出资瑕疵在上市过程中需得到合理的解决。关于主体资格的发行条件，相关法律法规还要求发行人最近3年没有发生实际控制人变更的情形，实务中对于实际控制人的认定和变更的认定均属于疑难点和重点问题，需要结合审核规则和实际情况综合论证分析。

第一节　股东及股权

一、股东资格

（一）理论基础

对于拟IPO企业而言，股东方面的核查和规范中的首要问题是股东的适格情况。企业上市申报中，中介机构需对发行人的股东资格进行核查和发表意见，即对股东是否存在或曾经存在国家法律、法规、规章、规范性文件等规定的禁止或限制担任股东的情形进行核查和判断。2021年2月9日，中国证监会发布《监管规则适用指引——关于申请首发上市企业股东信息披露》,对发行人的股东穿透核查和信息披露提出了更高的要求,其中明确规定"发行人在提交申报材料时应当出具专项承诺,说明发行人股东是否存在以下情形,并将该承诺对外披露:(一)法律法规规定禁止持股的主体直接或间接持有发行人股份"……对此,企业在上市申报中需做好股东资格核查工作,尽快清理不适格股东,避免审核障碍。

目前,我国关于股东资格的主要规定和要求如表 1-1、表 1-2 所示。

表 1-1 自然人股东适格性的主要规定

类型	具体情形	股东资格	主要规定
公务员	在职	禁止持股	《公务员法》(2018 修订) 第五十九条 公务员应当遵纪守法,不得有下列行为:……(十六)违反有关规定从事或者参与营利性活动,在企业或者其他营利性组织中兼任职务
	离职或退休	有条件允许	《公务员法》(2018 修订) 第一百零七条 公务员辞去公职或者退休的,原系领导成员、县处级以上领导职务的公务员在离职三年内,其他公务员在离职两年内,不得到与原工作业务直接相关的企业或者其他营利性组织任职,不得从事与原工作业务直接相关的营利性活动
党政机关和群众组织	在职干部、职工	禁止持股	《中共中央、国务院关于进一步制止党政机关和党政干部经商、办企业的规定》(中发〔1986〕6 号) 第一条 党政机关,包括各级党委机关和国家权力机关、行政机关、审判机关、检察机关以及隶属这些机关编制序列的事业单位…… 第二条第二款 在职干部、职工一律不许停薪留职去经商、办企业。已停薪留职的,或者辞去企业职务回原单位复职,或者辞去机关公职。 第八条 本规定适用于工会、共青团、妇联、文联、科协和各种协会、学会等群众组织,以及这些组织的干部和职工……

续表

类型	具体情形	股东资格	主要规定
乡以上党政机关干部	在职干部	禁止持股	《中共中央、国务院关于严禁党政机关和党政干部经商、办企业的决定》(中发〔1984〕27 号) 第二条第一款　乡(含乡)以上党政机关在职干部(包括退居二线的干部),一律不得以独资或合股、兼职取酬、搭干股分红等方式经商、办企业;也不允许利用职权为其家属、亲友所办的企业谋取利益。 第二款　党政机关的在职干部,如本人要求留公职经商、办企业,可予批准,但不能保留原来的职务,其工资及生活福利待遇应即停发。如果本人要求辞去公职经营个体或集体经济,应予同意。 第三款　党政机关干部可以采取向投资公司投资的方式,为国家和地方的经济发展作贡献,投入的资金可按照银行的规定获得利息,但不能参与有关企业的经营活动,更不得从中分红
	选聘的乡镇干部	有条件允许	《中共中央、国务院关于严禁党政机关和党政干部经商、办企业的决定》(中发〔1984〕27 号) 第二条第四款　选聘的乡镇干部,除了其中担任乡镇党委正副书记、正副乡镇长、正副乡经管会主任的以外,在做好本职工作的前提下,可以利用业余时间兴办企业和参与有关企业的经营活动,但不得经营与本人分管工作业务直接联系的工商企业。他们所经营的个体或集体企业,应按照国家工商行政管理部门的规定,申报批准,依法经营
县以上党政机关干部	在职干部	禁止持股	《中共中央办公厅、国务院办公厅关于党政机关兴办经济实体和党政机关干部从事经营活动问题的通知》(中办发〔1992〕5 号) 第二条　县及县以上党政机关在职干部一律不得经商、办企业,不得兼有党政机关干部和企业职工双重身份。在机构改革试点中,应支持和鼓励一部分干部从党政机关分离出来,从事包括第三产业在内的各种经济活动,尤其应提倡其中的专业技术人员领办、承包、租赁亏损、微利企业,创办开发性、服务性的经济实体。但这些人员不能保留原在党政机关担任的职务,不能再以党政机关的名义或以党政机关干部的身份从事经营活动,要与党政机关脱钩
	退休干部	禁止持股	《中共中央办公厅、国务院办公厅关于县以上党和国家机关退(离)休干部经商办企业问题的若干规定》(中办发〔1988〕11 号) 第一条　党和国家机关的退休干部,不得兴办商业性企业,不得到这类企业任职,不得在商品买卖中居间取酬,不得以任何形式参与倒卖生产资料和紧俏商品,不得向有关单位索要国家的物资,不得进行金融活动。 第六条第一款　本规定同时适用于县以上工会、妇联、共青团、文联以及各种协会、学会等群众组织的退休干部

续表

类型	具体情形	股东资格	主要规定
党政机关领导干部的子女、配偶	党政机关领导干部的子女、配偶,且在党政机关系统工作	禁止持股	《中共中央、国务院关于进一步制止党政机关和党政干部经商、办企业的规定》(中发〔1986〕6号) 第五条　领导干部的子女、配偶,在党政机关及所属编制序列的事业单位工作的,一律不得离职经商、办企业;不在党政机关及所属编制序列的事业单位工作的,不准利用领导干部的影响和关系经商、办企业,非法牟利…… 《中共中央办公厅、国务院办公厅关于贯彻执行〈中共中央、国务院关于进一步制止党政机关和党政干部经商、办企业的规定〉几个问题的说明》(中办发〔1986〕9号) 第六条　《规定》中所说的领导干部子女、配偶,是指在职和退居二线的县、团级(含县团级)以上干部的子女、配偶
	省、地级领导干部的配偶、子女	有条件允许	《关于"不准在领导干部管辖的业务范围内个人从事可能与公共利益发生冲突的经商办企业活动"的解释》(中纪发〔2000〕4号) 对中央纪委第四次全会提出的"省(部)、地(厅)级领导干部(以下简称领导干部)的配偶、子女,不准在该领导干部管辖的业务范围内个人从事可能与公共利益发生冲突的经商办企业活动"进行解释。 《关于省、地两级党委、政府主要领导干部配偶、子女个人经商办企业的具体规定(试行)》(中纪发〔2001〕2号) 对省(自治区、直辖市)、地(市)两级党委、政府主要领导干部配偶及子女在该领导干部任职地区个人从事经商办企业活动作出如下规定:不准从事房地产开发、经营及相关代理、评估、咨询等有偿中介活动;不准从事广告代理、发布等经营活动;不准开办律师事务所;不准从事营业性歌厅、舞厅、夜总会等娱乐业,洗浴按摩等行业的经营活动;不准从事其他可能与公共利益发生冲突的经商办企业活动

续表

类型	具体情形	股东资格	主要规定
国有企业	在职、离职或退休的领导人员	有条件允许	《国有企业领导人员廉洁从业若干规定》(中办发〔2009〕26号) 第五条　国有企业领导人员应当忠实履行职责。不得有利用职权谋取私利以及损害本企业利益的下列行为:(一)个人从事营利性经营活动和有偿中介活动,或者在本企业的同类经营企业、关联企业和与本企业有业务关系的企业投资入股。 第六条　国有企业领导人员应当正确行使经营管理权,防止可能侵害公共利益、企业利益行为的发生。不得有下列行为:……(七)离职或者退休后三年内,在与原任职企业有业务关系的私营企业、外资企业和中介机构担任职务、投资入股,或者在上述企业或者机构从事、代理与原任职企业经营业务相关的经营活动…… 第二十六条　国有企业领导班子成员以外的对国有资产负有经营管理责任的其他人员、国有企业所属事业单位的领导人员参照本规定执行。 国有参股企业(含国有参股金融企业)中对国有资产负有经营管理责任的人员参照本规定执行。 《中央企业贯彻落实〈国有企业领导人员廉洁从业若干规定〉实施办法》(国资党委纪检〔2011〕197号) 第二条　本办法适用于:(一)中央企业及其独资或者控股子企业的领导班子成员;(二)中央企业及其独资或者控股子企业的分支机构领导班子成员。上述所列人员统称为中央企业各级领导人员。 第四条　中央企业各级领导人员应当忠实履行职责。不得有利用职权谋取私利以及损害本企业利益的下列行为:……(三)从事同类经营和其他营利性经营活动,违反规定投资入股…… 第三十条　中央企业及其独资或者控股子企业任命的中高层管理人员、重要岗位人员;中央企业及其独资或者控股子企业派出的在参股企业中担任领导职务的人员;中央企业所属事业单位领导班子成员参照本办法执行

续表

类型	具体情形	股东资格	主要规定
	领导人员的配偶、子女、特定关系人	有条件允许	《国有企业领导人员廉洁从业若干规定》(中办发〔2009〕26号) 第六条　国有企业领导人员应当正确行使经营管理权,防止可能侵害公共利益、企业利益行为的发生。不得有下列行为:(一)本人的配偶、子女及其他特定关系人,在本企业的关联企业、与本企业有业务关系的企业投资入股…… 第二十七条　本规定所称特定关系人,是指与国有企业领导人员有近亲属以及其他共同利益关系的人
	职工	有条件允许	《关于规范国有企业职工持股、投资的意见》(国资发改革〔2008〕139 号) 第三条　国有大中型企业主辅分离辅业改制,鼓励辅业企业的职工持有改制企业股权,但国有企业主业企业的职工不得持有辅业企业股权。……职工持股不得处于控股地位…… 第四条　严格控制职工持股企业范围。职工入股原则限于持有本企业股权。国有企业集团公司及其各级子企业改制,经国资监管机构或集团公司批准,职工可投资参与本企业改制,确有必要的,也可持有上一级改制企业股权,但不得直接或间接持有本企业所出资各级子企业、参股企业及本集团公司所出资其他企业股权。科研、设计、高新技术企业科技人员确因特殊情况需要持有子企业股权的,须经同级国资监管机构批准,且不得作为该子企业的国有股东代表。 第八条第一款　规范国有企业职工投资关联企业的行为。关联企业指与本国有企业有关联关系或业务关联且无国有股份的企业。严格限制职工投资关联关系企业;禁止职工投资为本企业提供燃料、原材料、辅料、设备及配件和提供设计、施工、维修、产品销售、中介服务或与本企业有其他业务关联的企业;禁止职工投资与本企业经营同类业务的企业
教师	在职教师	允许持股	《教师法》《中小学教师职业道德规范》《中等职业学校教师职业道德规范(试行)》《高等学校教师职业道德规范》没有禁止教师担任股东
	高校领导干部、学校党政领导班子成员	有条件允许	《教育部关于积极发展规范管理高校科技产业的指导意见》(教技发〔2005〕2 号) 第二十三条　……除作为技术完成人,今后高校领导干部不得通过奖励性渠道持有高校企业的股份。 《关于加强高等学校反腐倡廉建设的意见》(教监〔2008〕15 号) 第九条　……学校党政领导班子成员不得在院系等所属单位违规领取奖金、津贴等;除作为技术完成人,不得通过奖励性渠道持有高校企业的股份

续表

类型	具体情形	股东资格	主要规定
军人	现役军人	禁止持股	《中国人民解放军内务条令(试行)》(军令〔2018〕58号) 第一百零五条　军人不得经商,不得从事本职以外的其他职业和网络营销、传销、有偿中介活动,不得参与以营利为目的的文艺演出、商业广告、企业形象代言和教学活动,不得利用工作时间和办公设备从事证券期货交易、购买彩票,不得擅自提供军人肖像用于制作商品
银行工作人员	—	有条件允许	《银行业金融机构从业人员职业操守指引》(银监发〔2011〕6号) 第十条　从业人员应当遵守有关法律法规和本单位有关进行证券投资和其他投资的规定,不得利用内幕信息买卖资本市场产品;不得挪用本单位资金和客户资金或利用本人消费贷款买卖资本市场产品。 注:目前没有统一的明文规定禁止银行工作人员投资其他企业,但各商业银行对其员工都有不同程度的限制性规定
中国证监会系统离职人员	—	有条件允许	《监管规则适用指引——发行类第2号》 二、……(三)如果存在离职人员不当入股情形的,应当予以清理…… 三、不当入股情形包括但不限于:(一)利用原职务影响谋取投资机会;(二)入股过程存在利益输送;(三)在入股禁止期内入股;(四)作为不适格股东入股;(五)入股资金来源违法违规。 七、离职人员,是指发行人申报时相关股东为离开证监会系统未满十年的工作人员,具体包括从证监会会机关、派出机构、沪深证券交易所、全国股转公司离职的工作人员,从证监会系统其他会管单位离职的会管干部,在发行部或公众公司部借调累计满12个月并在借调结束后三年内离职的证监会系统其他会管单位的非会管干部,从会机关、派出机构、沪深证券交易所、全国股转公司调动到证监会系统其他会管单位并在调动后三年内离职的非会管干部。 八、本指引所称入股禁止期,是指副处级(中层)及以上离职人员离职后三年内、其他离职人员离职后二年内。 九、离职人员入股属于发行人在全国中小企业股份转让系统挂牌期间通过集合竞价、连续竞价、做市交易等公开交易方式、参与向不特定合格投资者公开发行股票配售增加的股东,以及因继承、执行法院判决或仲裁裁决取得发行人股份的股东,不适用本指引。通过上市公司、新三板挂牌企业入股发行人的,不适用本指引

表 1－2　非自然人股东适格性的主要规定

类型	股东资格	主要规定
党政机关	禁止持股	《中共中央、国务院关于严禁党政机关和党政干部经商、办企业的决定》(中发〔1984〕27 号) 第一条第一款　党政机关不得使用公款(包括行政经费、党团费、老干部特需经费等)、贷款以及在职干部自筹资金,自办企业或与群众合办企业,不得在经济利益上与群众兴办的企业挂在一起。 《中共中央、国务院关于进一步制止党政机关和党政干部经商、办企业的规定》(中发〔1986〕6 号) 第一条　党政机关,包括各级党委机关和国家权力机关、行政机关、审判机关、检察机关以及隶属这些机关编制序列的事业单位,一律不准经商、办企业。凡违反规定仍在开办的企业包括应同机关脱钩而未脱钩,或者明脱钩暗不脱钩的,不管原来经过哪一级批准,都必须立即停办,或者同机关彻底脱钩。 《中共中央办公厅、国务院办公厅关于党政机关兴办经济实体和党政机关干部从事经营活动问题的通知》(中办发〔1992〕5 号) 第一条　县及县以上党政机关(包括党委机关、国家权力机关、行政机关、审判机关、检察机关),要坚决执行中共中央、国务院历来的规定,不准经商、办企业。所兴办的各类经济实体,必须与党政机关在财务、名称、人事等方面彻底脱钩。严格划清党政机关管理职权与经济实体经营权的界限,凡是经济实体,必须根据国家法律和政策的规定,自主经营,自负盈亏……
中央行政事业单位	有条件允许	《中央行政事业单位国有资产管理暂行办法》(国管资〔2009〕167 号) 第二条　中央行政事业单位(即国务院各部门、各直属事业单位,最高人民法院,最高人民检察院,行政经费在国务院系统的人民团体,以下简称各部门)的国有资产管理,适用本办法。 第二十九条　各部门行政单位和参照公务员法管理的单位,不得将国有资产用于对外投资。其他事业单位应当严格控制对外投资,不得利用国家财政拨款、上级补助资金和维持事业正常发展的资产对外投资
高校及其所属院系及各部处等非法人单位	有条件允许	《教育部关于积极发展、规范管理高校科技产业的指导意见》(教技发〔2005〕2 号) 第六条　高校要依法组建国有独资性质的资产经营有限公司或从现有校办企业中选择一个产权清晰、管理规范的独资企业(以下统称高校资产公司),将学校所有经营性资产划转到高校资产公司,由其代表学校持有对企业投资所形成的股权。高校以投入到高校资产公司的财产承担有限责任。各高校要在 2006 年底前组建高校资产公司并完成资产划转。 第七条　高校除对高校资产公司进行投资外,不得再以事业单位法人的身份对外进行投资。高校以出资人身份向高校资产公司派出董事会和监事会成员,董事会和监事会依据《公司法》的规定行使相应职权。 《关于加强高等学校反腐倡廉建设的意见》(教监〔2008〕15 号) 第十五条　……高校不得以事业单位法人的身份直接投资办企业。高校所属院系及各部处等非法人单位严禁对外开展任何形式的经营活动和投资活动……

续表

类型	股东资格	主要规定
外商投资企业	有条件允许	《关于外商投资企业境内投资的暂行规定》(2015修正) 第三条 外商投资企业境内投资,应遵守国家法律、法规。 外商投资企业境内投资比照执行《指导外商投资方向暂行规定》和《外商投资产业指导目录》的规定。外商投资企业不得在禁止外商投资的领域投资。 第五条 外商投资企业应符合下列条件,方可投资:1.开始盈利;2.依法经营,无违法经营记录
商业银行	有条件允许	《商业银行法》(2015修正) 第四十三条 商业银行在中华人民共和国境内不得从事信托投资和证券经营业务,不得向非自用不动产投资或者向非银行金融机构和企业投资,但国家另有规定的除外。 第四十六条 同业拆借,应当遵守中国人民银行的规定。禁止利用拆入资金发放固定资产贷款或者用于投资
社会团体	禁止持股	《社会团体登记管理条例》 第四条第二款 社会团体不得从事营利性经营活动
职工持股会、工会	需予清理	《中国证券监督管理委员会法律部关于职工持股会及工会持股有关问题的法律意见》(法协字〔2002〕第115号) 第一条 我会停止审批职工持股会及工会作为发起人或股东的公司的发行申请主要有两点考虑: 其一,防止发行人借职工持股会及工会的名义变相发行内部职工股,甚至演变成公开发行前的私募行为。 其二,在民政部门不再接受职工持股会的社团法人登记之后,职工持股会不再具备法人资格,不再具备成为上市公司股东及发起人的主体资格,而工会成为上市公司的股东与其设立和活动的宗旨不符。 第二条 我部认为,与发行申请人有关的工会或职工持股会持股的三种情形,建议分别处理: 1.对已上市公司而言,在受理其再融资申请时,应要求发行人的股东不存在职工持股会及工会,如存在的,应要求其按照法律部[2000]24号文要求规范。 2.对拟上市公司而言,受理其发行申请时,应要求发行人的股东不属于职工持股会及工会持股,同时,应要求发行人的实际控制人不属于职工持股会及工会持股。 3.对于工会或职工持股会持有拟上市公司或已上市公司的子公司股份的,可以不要求其清理。 《首发业务若干问题解答》 问题六回答 (1)中介机构应核查确认公司控股股东、实际控制人、第一大股东不属于"三类股东"……
三类股东	部分需予清理	《监管规则适用指引——发行类第4号》 4-4……(1)中介机构应核查确认公司控股股东、实际控制人、第一大股东不属于资产管理产品、契约型私募投资基金……

（二）典型案例

1. 股东为党员领导干部身份但上市时未清理

案例

山东瑞丰高分子材料股份有限公司

（股票代码：300243，2011 年 5 月 31 日过会）〔1〕

基本情况：

发行人（山东瑞丰高分子材料股份有限公司）的股东中有 7 名股东属于《中国共产党党员领导干部廉洁从政若干准则》（以下简称《廉政准则》）〔2〕规定的县级以上党政机关领导干部（具体为科员、副科级、正科级等级别的领导干部），发行人上市时仍保留该 7 名股东的股东身份。

问询问题：

请核查发行人股东是否存在违反《廉政准则》及其实施办法中规定的不得“违反规定拥有非上市公司（企业）的股份或者证券”的情形，请保荐机构和发行人律师发表明确意见。

问询回复主要内容：

1. 根据律师核查以及沂源县委组织部、沂源县国税局人事教育科提供的证明材料，发行人的现有股东中共有 7 名股东属于 2010 年发布施行的《廉政准则》的适用对象。发行人详细披露了该 7 名股东的现持股数、现任职单位、职务、职级。

2. 发行人详细说明了该 7 名股东取得发行人股权的背景原因。

3. 其中 6 名股东取得股权时只是党政机关的普通工作人员，其股权的取得并非党员领导干部的特殊身份所致。此外，根据于 1997 年 3 月发布、在该 6 名股东取得股权时仍然有效适用的《中国共产党党员领导干部廉洁从政若干准则（试行）》[以下简称《廉政准则（试行）》]的规定，该 6 名股东取得股权时，不属于《廉政准则（试行）》规定的适用对象。

4. 虽然其中 1 名股东在取得公司股权时属于《廉政准则（试行）》规定的适用对象（副科级），但其并不存在利用党员领导干部职权或职务上的影响违反规定取

〔1〕 摘自《关于山东瑞丰高分子材料股份有限公司首次公开发行股票并在创业板上市的补充法律意见书之六》（2011 年 5 月 10 日出具）。

〔2〕 现已失效。

得股权的情形,因而也并不违反《廉政准则》及其实施办法的相关规定。

5. 该7名股东均出具声明与承诺,保证其本人不存在任何利用职权、职务上的影响或者采取其他不正当手段取得公司股份的情形,不存在买卖或者借他人名义持有、买卖其直接业务管辖范围内公司股份的情形,不存在借用本单位的公款,或者借用管理和服务对象的资金,或者借用主管范围内的下属单位和个人的资金,或者借用其他与其行使职权有关系的单位和个人的资金购买股份的情形,不存在违反《廉政准则》第2条及其实施办法第11条规定的情形。其本人愿意对上述声明及保证的真实性承担相应法律责任。

案例小结:

该案例对股东资格的相关强制性规定的理解和适用做了较大的突破,但也因此具有较大的争议性。该案例中,虽然多数具有特殊身份的股东在取得股权时尚不属于相关廉政规定的适用对象,但其现时的持股状态却有悖于现时的廉政规定,其中甚至有1名在取得股权时便明确了违反了当时的廉政规定。除了审核机构提及的《廉政准则》外,该等人员的对外投资情况同时还存在有违《中共中央办公厅、国务院办公厅关于党政机关兴办经济实体和党政机关干部从事经营活动问题的通知》(中办发〔1992〕5号)中关于"县及县以上党政机关在职干部一律不得经商、办企业"之规定的风险。该案例将论证的重点放在了该等股东不存在利用党员领导干部职权或职务上的影响违规取得股权的角度上,这是为了切中"禁止党政领导干部通过其身份地位影响、破坏市场经济的公平竞争"的立法初衷,同时发行人还由该等股东出具兜底承诺承担所有责任。虽然该等解释思路最终获得审核机构的认可,但笔者认为这种处理方式不具有普遍性。

2. 现时股东在担任公务员期间入股发行人

案例

农心作物科技股份有限公司

(股票代码:001231,2022年5月5日过会)[1]

问询问题:

第一轮反馈意见:发行人(农心作物科技股份有限公司)股东袁某在发行人及关联方任职及持股是否符合公务人员对外投资及任职的相关规定。

---

〔1〕 摘自《关于农心作物科技股份有限公司首次公开发行股票并上市的补充法律意见书(一)、(四)、(五)》(2021年11月22日、2022年4月17日、2022年5月4日出具)。

第二轮反馈意见:请发行人进一步说明,即(1)袁某担任公务员期间的履职经历,任职发行人及关联公司的过程,以及任职期间的具体工作职责;(2)袁某对外投资的详细情况及入股发行人的过程、资金来源、入股价格的公允性,是否存在代持或其他利益安排,是否存在利用职务便利的情形;(3)说明在此期间袁某作为副处级领导干部,是否报告兼职情况及薪酬领取情况;(4)结合干部管理权限相关规定,说明西安市雁塔区长延堡街道办事处出具的证明的证明效力;(5)袁某上述对外投资或参与经营性活动的行为是否违反《公务员法》《廉政准则》等相关法规法纪的规定,是否存在被行政处罚的风险,是否存在被有权纪检监察机关调查的可能性及是否影响正常履职,是否对其在发行人的任职资格造成重大不利影响,相关的风险是否充分披露。

第三轮反馈意见:2022年3月21日,西安雁塔区纪委、监委对袁某进行了相应处分。请发行人根据时效的《公务员法》第101条的规定,进一步说明袁某上述违法违规行为是否存在被责令纠正或宣布无效的风险;结合历史沿革中存在不适格股东的情形,说明该股东股权是否存在纠纷或争议,是否影响该股东股权权利行使以及发行人股权稳定;进一步说明历史上存在法律法规规定禁止持股主体入股的情形,是否符合《监管规则适用指引——关于申请首发上市企业股东信息披露》的相关要求;结合《〈中国共产党党员领导干部廉洁从政若干准则〉实施办法》(中纪发〔2011〕19号)第11条等的规定,说明袁某是否存在未按规定处理所持有发行人股份的情形,如是,说明在其持有发行人股份的情况下,招股说明书关于"本公司不存在法律法规规定禁止持股的主体直接或间接持有本公司股份的情形"的披露是否真实、准确、完整。

问询回复主要内容:

1. 袁某原就职单位西安市雁塔区长延堡街道办事处出具证明,证明袁某已辞去公职,任职期间未发现存在违法违纪行为,未因此受到处罚;发行人住所地未注册在其管辖范围内,其经营范围不在其职权管辖范围内。

2. 袁某与发行人的实控人为师兄弟关系,实控人创立发行人前身时邀请了袁某参与投资。袁某仅在发行人前身及主要关联公司担任监事职务,其间未参与发行人及主要关联公司的经营管理;袁某辞去公职后才入职发行人,担任发行人及主要关联公司的董事、高管等。

3. 袁某在辞去公职前入股发行人及主要关联公司的资金来源为家庭积累,资金来源合法。

4. 发行人注册地与袁某当时所任职单位在地理区域、行业领域上均无联系，袁某本人在该单位负责的具体职责亦与发行人所从事业务不存在相关关系。袁某对外投资不存在代持或其他利益安排，不存在利用职务便利的情形。

5. 2022 年 3 月，袁某主动向主管单位就当时担任公职期间对外投资、兼职和领薪事宜进行了说明，该等主管机关分别给予袁某党内警告处分和批评教育，后主管机关出具情况说明，袁某此项违纪已经调查处理完毕。

6. 袁某在担任公职期间实施的对外投资和兼职存在违反《公务员法》规定的情形，该行为已经有权机关处分，且证明此项违纪已经调查处理完毕，不存在被进一步行政处罚的风险，不存在可能影响其正常履职或对其在发行人的任职资格造成重大不利影响的情形。

7. 披露类似判例，说明当事人身为公务员持股的行为违反《公务员法》相关规定，但并不影响其从事民商法律的行为效力。当事人身为工商登记股东依法享有股东权利，并受到与其他股东同等程度的法律保护。

8. 袁某辞去公职后，《公务员法》规定的禁止其作为持股主体入股发行人的情形已消除。发行人首次申报时不存在不符合《监管规则适用指引——关于申请首发上市企业股东信息披露》第 2 条的要求的情形，其关于股东信息披露的专项承诺的披露真实、准确、完整。

9. 公司在招股说明书中披露风险：袁某历史上的违纪行为可能引致公众对其职业操守的质疑，进而可能对公司声誉造成一定影响。

案例小结：

该案例中，发行人因其股东曾在担任公务员期间入股了公司而被审核机构在三轮问询中不断追问并要求做进一步核查和说明。该名股东合计持有发行人超过 9% 的股份，同时担任发行人的董事、副总经理、董事会秘书等重要职位，属于发行人的重要股东和核心管理人员。首次反馈回复时，公司的处理思路主要希望通过该股东的原任职单位出具的证明来应对，但是审核机构基于该股东对发行人的重要性以及该等违法持股行为的不利后果，深入追问了该股东的整个入股和兼职的具体情况，并要求发行人详细论证其违法后果和对公司的潜在风险。对此，公司只能改变思路，为彻底解决该问题，便由该股东主动向主管单位报告情况并接受了处分。但审核机构看到股东原任职单位此前出具的证明与现时新增的处分后，不由得质疑起公司的信息披露质量，并继续追问确认该等处分是否为终局性的，对公司的风险是否可控。此番反馈与回复可谓是一波三折，审核机构对股东资格瑕疵极度关注,发行人只能从传统的出具兜底证明转而向彻底解决问题的方式处理,最终打消了审核机构的疑虑,顺利过会。

(三)小结与建议

企业申报上市时,需详细核查公司历史上和现有股东的股东资格,明确是否存在"法律法规规定禁止持股的主体",既不能不实披露公司不存在不适格的持股主体,不得隐瞒股东实际身份情况,又不宜强行保留不适格持股主体。股东资格的核查是IPO审核中的一项基础工作,发行人的主要工作在于配合做好相应的信息披露。对于拟IPO企业而言,建议其在申报前的融资工作中提前做好股东资格核查工作,避免引入不适格的持股主体,同时对于历史上已经形成的不适格股东,建议也提前做好规范工作,避免因此造成公司的上市审核障碍。

二、"三类股东"

(一)理论基础

1. 基本背景

"三类股东"是指将资产管理计划、契约型私募基金、信托计划作为拟上市公司的股东。2015年10月《全国中小企业股份转让系统机构业务问答(一)——关于资产管理计划、契约型私募基金投资拟挂牌公司股权有关问题》(已失效)规定资产管理计划和契约型私募基金可投资拟在新三板挂牌的公司的股权,挂牌审查时无须还原至实际股东,挂牌时股份可直接登记为产品名称。随着《全国中小企业股份转让系统机构业务问答(一)——关于资产管理计划、契约型私募基金投资拟挂牌公司股权有关问题》(已失效)、《非上市公众公司监管问答——定向发行(二)》(已失效)等政策的陆续出台,大量新三板挂牌的公司纷纷引进了"三类股东",而当该等企业拟进行IPO时,其又面临上市监管部门对"三类股东"问题的考验。

2. 关注原因

"三类股东"之所以受到上市监管部门的关注,主要是因为其与IPO的审核规范要求存在一定的冲突,具体而言:第一,"三类股东"的投资人、管理人和产品分离,且一般投资人的结构复杂,存在多层嵌套、杠杆、分级等结构化安排,难以通过公开渠道穿透核查和披露其实际投资人和权益持有状态;第二,"三类股东"系投资人委托管理人以相应产品为载体进行对外投资,产品本身无法进行工商登记,并非适格的民事主体,因此一般由管理人（资产管理公司、基金管理公司、信托公司）受托作为名义股东登记入册，由此形成了股权代持关系，而这与 IPO 中关于“股权清晰”的监管要求冲突；第三，“三类股东”以产品为载体，但产品存在存续期的安排，投资人一般可自由地流转权益份额，该等特征容易造成被投资企业的股权变动（间接持股股东），与 IPO 中关于“股权稳定”的监管要求冲突；第四，基于上述“三类股东”的特征，“三类股东”容易产生利益输送、规避关联交易、短线交易、突破股份限售等与 IPO 审核要求相悖的问题。

3. 审核规定

目前，中国证监会等监管部门对“三类股东”的监管态度已基本明朗，在满足相应审核要求的前提下，“三类股东”并非拟 IPO 企业的“拦路虎”，对其 IPO 并不构成实质性障碍。根据各审核部门发布的监管问答［包括中国证监会发布的《监管规则适用指引——发行类第 4 号》（2023 年 2 月 17 日生效）、深交所发布的《深圳证券交易所创业板股票首次公开发行上市审核问答》（2020 年 6 月 12 日生效）和上交所发布的《上海证券交易所科创板股票发行上市审核问答（二）》（2019 年 3 月 24 日生效）等，目前均已被新规废止］，对于发行人在新三板挂牌期间形成契约性基金、信托计划、资产管理计划等“三类股东”，相关信息的核查和披露要求如下：

（1）中介机构应核查确认公司控股股东、实际控制人、第一大股东不属于“三类股东”。

（2）中介机构应核查确认发行人的“三类股东”依法设立并有效存续，已纳入国家金融监管部门有效监管，并已按照规定履行审批、备案或报告程序，其管理人也已依法注册登记。

（3）发行人应当按照首发信息披露准则的要求对“三类股东”进行信息披露。通过协议转让、特定事项协议转让和大宗交易方式形成的“三类股东”，中介机构应对控股股东、实际控制人、董事、监事、高级管理人员及其近亲属，本次发行的中介机构及其负责人、高级管理人员、经办人员是否直接或间接在该等“三类股东”中持有权益进行核查并发表明确意见。

（4）中介机构应核查确认“三类股东”已作出合理安排，确保其符合现行锁定期和减持规则要求。

除了上述通用的四点要求外，《上海证券交易所科创板股票发行上市审核问答（二）》中还额外要求，“发行人应根据《关于规范金融机构资产管理业务的指导意见》（银发〔2018〕106 号）披露‘三类股东’相关过渡期安排，以及相关事项对发行人持续经营的影响。中介机构应当对前述事项核查并发表明确意见”。因《关于规范金融机构资产管理业务的指导意见》规定的过渡期截止日为 2020 年年底，后因新冠疫情原因决定延长至 2021 年年底，目前监管部门对于已整改完成的企业虽一般不会要求详细披露其过渡期安排，但却仍会关注其整改完成情况和对发行人持续经营的影响。

值得关注的是，随着全面注册制的推行，监管机构发布了系列新规。2023 年 2 月 17 日，中国证监会发布了《监管规则适用指引——发行类第 4 号》，对特殊股东的审核要求作出了具体规定。本次新规对该等股东的具体审核要求相较之前并没有发生变化，但本次规范的范围限定为“资产管理产品、契约型私募投资基金”，从字面看，看似是由“三类股东”（资产管理计划、契约型私募基金、信托计划）缩减为“两类股东”（资产管理产品、契约型私募投资基金），其实则不然。本次新规其实是依据 2018 年发布的《关于规范金融机构资产管理业务的指导意见》（银发〔2018〕106 号）而发布的，该指导意见明确了资产管理产品的定义范围，即“包括但不限于人民币或外币形式的银行非保本理财产品，资金信托，证券公司、证券公司子公司、基金管理公司、基金管理子公司、期货公司、期货公司子公司、保险资产管理机构、金融资产投资公司发行的资产管理产品等”。结合上述指导意见，新规的规范范围其实是扩大了的，但其背后的法理仍是解决股东多层嵌套、股东身份不明等问题。

4. 非新三板挂牌期间的“三类股东”的审核要求

从上述规定可见，目前审核部门仅针对发行人在新三板挂牌期间形成的“三类股东”作出，明确规定，那么对于非挂牌期间形成的“三类股东”，审核部门的容许度和审核要求又是如何？2018 年 6 月，监管部门曾向各家券商投行发布了最新 IPO 审核“51 条问答指引”，其中的《首发审核非财务知识问答》中提及“对于拟上市公司尚未在新三板挂牌的，建议在政策执行初期，暂不允许其股东中存在‘三类股东’。待上述政策试行一段时间以后，视实施情况再决定是否适用于存在‘三类股东’的非新三板拟上市公司”。由此可见，监管部门早期对非挂牌期间的“三类股东”持“暂不允许”的态度，而目前实践中却陆续出现企业存在非挂牌期间的“三类股东”情形但通过审核的案例（可见“典型案例”中的“宏景科技股份有限公司”）。对此，笔者认为，审核部门对该问题的监管态度正在逐步有条件地放开。

（二）典型案例

1. 不清理挂牌期间的“三类股东”，按监管规则全面核查和披露

案例

西部超导材料科技股份有限公司

（股票代码：688122，2019 年 6 月 20 日过会）[1]

问询问题：

发行人（西部超导材料科技股份有限公司，以下简称西部超导）是否存在“三类股东”。如是，是否按照《上海证券交易所科创板股票发行上市审核问答（二）》之 9 进行核查和披露。

问询回复主要内容：

1. 发行人是否存在“三类股东”。

关于发行人“三类股东”的基本情况。西部超导股东共计 456 名，其中“三类股东”共计 18 名，均系西部超导于股转系统非公开发行或做市交易中形成的，其中通过 2015 年 7 月西部超导在股转系统非公开发行形成 3 家，做市交易形成 15 家。律师核查并详细披露西部超导“三类股东”的名称及持股情况（含股东名称、持股数量、持股比例、股份来源）。

2. 发行人“三类股东”符合《上海证券交易所科创板股票发行上市审核问答（二）》之 9 的情况。

（1）发行人的控股股东、实际控制人、第一大股东不属于“三类股东”。

发行人的控股股东、第一大股东系西北有色金属研究院。西北有色金属研究院系国有独资企业，其资产权属隶陕西省财政厅，故发行人的实际控制人系陕西省财政厅。因此，发行人的控股股东、实际控制人、第一大股东不属于“三类股东”。

（2）发行人的“三类股东”依法设立并有效存续，已纳入国家金融监管部门有效监管，并已按照规定履行了审批、备案或报告程序，其管理人也已依法注册登记。

[1] 摘自《关于西部超导材料科技股份有限公司首次公开发行股票并在科创板上市之补充法律意见书（一）》（2019 年 5 月 7 日出具）、《首次公开发行股票并在科创板上市招股说明书（上会稿）》（2019 年 7 月 17 日出具）。

①发行人“三类股东”及其管理人的登记、备案情况。

律师核查并详细披露“三类股东”办理备案登记及其管理人注册登记的情况(含股东名称、备案日期、备案编号,管理人名称、管理人登记日期、管理人登记编号)。发行人的 18 家“三类股东”均已根据相关法律法规的规定,办理了私募投资基金管理人登记手续,或取得了中国证监会核发的从事特定客户资产管理业务或受托投资管理业务的批复。

②发行人的“三类股东”“依法设立、有效存续”的情况。

根据从中国证券投资基金业协会网站等公开信息平台对 18 家“三类股东”的基本信息进行的网络检索,以及 15 家“三类股东”提供的资料可知,发行人的 18 家“三类股东”均在中国证券投资基金业协会办理了备案手续。除一资管计划无法通过公开信息平台查询到相关信息外,其余可查询到的“三类股东”显示的运作状态均为“正在运作”。

(3)发行人“三类股东”的过渡期安排,以及相关事项对发行人持续经营的影响。

①发行人“三类股东”的过渡期安排。

西部超导 18 家“三类股东”中的 14 家“三类股东”的管理人向律师提交了《“三类股东”调查问卷》。经核查,西部超导的 18 家“三类股东”中,一股东管理的两只私募基金产品不符合《关于规范金融机构资产管理业务的指导意见》第 21 条关于“份额分级”的规定,需要在过渡期内进行整改。

西部超导“三类股东”的管理人中有 14 家出具了《关于过渡期整改计划的承诺函》,主要整改措施包括:A. 在过渡期内,不新增不合规的资产管理产品的净认购规模。B. 若产品存在的多层嵌套的情形在产品存续期内,通过转让持有的产品份额或者清算等方式处理多层嵌套问题。C. 若产品存在份额分级的情形,召开投资者会议,协商调整合同约定,使分级比例符合规定,并完成重新备案;产品存续期间,不会存在转委托给劣后级投资者的情形。D. 对于有固定期限的不合规产品,原则上到期终止,持有未到期资产的,可予展期,但展期后的产品期限不得长于 2020 年年底;对于无固定期限的不合规产品,压缩产品规模,于过渡期内提前结束。E. 对于具备整改可行性的存量产品,过渡期内完成整改;对于产品期限长于过渡期且不具备整改可行性的产品,产品提前结束。F. 建立“私募资产管理业务规范整改台账”,按时报送北京证监局,并于每月更新和监测整改进度。

综上所述,发行人的“三类股东”中,除 4 家暂未获得其过渡期安排之外,剩余

14 家均根据《关于规范金融机构资产管理业务的指导意见》作出了过渡期整改计划安排。

②过渡期安排事项对发行人生产经营的影响。

发行人的“三类股东”中已有14 家作出了过渡期安排，并出具了书面承诺，承诺按照《关于规范金融机构资产管理业务的指导意见》的要求进行整改。发行人的所有“三类股东”对发行人的持股比例合计为1.0705%。发行人的“三类股东”持股数量较小，且未能取得联系的4 家“三类股东”对发行人持股比例合计为0.0232%，持股数量及比例极小。因此，发行人“三类股东”的过渡期安排对发行人的生产经营、股权稳定、实际控制人等事项均无影响。

(4)控股股东、实际控制人，董事、监事、高级管理人员及其近亲属，本次发行的中介机构及其签字人员未直接或间接在“三类股东”中持有权益。

根据发行人公开披露的信息、本次发行的申报材料已经律师核查，律师详细披露了西部超导的董事、监事、高级管理人员及本次发行的中介机构及签字人员名单。根据获取部分资料的15 家“三类股东”所提供的产品合同、权益人信息表、出资证明等文件，西部超导的控股股东、实际控制人、董监高及其亲属、本次发行的中介机构及其签字人员不存在直接或间接在“三类股东”中持有权益的情形。

西部超导的董事、监事和高级管理人员出具《声明》，本次发行的中介机构及其签字人员出具《声明》，西部超导的“三类股东”中的14 家出具《说明》，说明相关人员不存在直接或间接在该等“三类股东”中持有权益的情形。

(5)发行人“三类股东”已作出合理安排，可确保符合现行锁定期和减持规则的要求。

西部超导股权结构中存在的18 名“三类股东”不属于西部超导控股股东、实际控制人或持股5%以上的股东。根据现有关于锁定期、减持要求的相关法律、法规的规定，论证说明：

①关于锁定期：根据现有关于减持要求的规定，西部超导的“三类股东”不存在持股总数超过公司股份总数1%的情况，也均未出具过关于减持股份或稳定股价的相关承诺，因此，不受现有减持要求规则的限制。

②关于过渡期：详细披露18 名“三类股东”的存续期约定，说明“三类股东”作为西部超导股东持有的西部超导股份不会因为产品处于清算期而发生变动，西部超导的股权结构不会因此受到不利影响。

另外，为确保股东的存续安排符合现行锁定期与减持要求的规定，西部超导

14名“三类股东”的管理人已出具《承诺函》，承诺：①对于存在需要展期情形的，尽最大可能完成对产品的展期或再次展期；②如产品因不可展期或展期后存续期届满导致不能够满足产品存续至西部超导上市后锁定期的要求，则不对该产品持有的西部超导股份进行清算，上述清算行为将在西部超导上市、锁定期限依法结束且按照上市后减持规则等要求全部退出西部超导后进行；③因产品延长清算期导致的异议或纠纷，管理人不会因此向西部超导和/或其实际控制人追偿。

（6）关于未按要求提供全部有关核查资料的“三类股东”的股份回购承诺。

5家“三类股东”未按西部超导及其保荐机构和律师的要求提供全部有关核查资料，该5家“三类股东”合计持有西部超导96,000股股份。对此，天汇科技（西部超导职工或原职工设立的持股平台）出具承诺函：若因上述5家“三类股东”持有的股份产生的纠纷导致西部超导不符合上市相关要求或因其他原因导致上述5家“三类股东”不能持有西部超导股份的，天汇科技将与上述5家“三类股东”协商以合理价格购买其持有的西部超导股份。

案例小结：

该案例中，发行人的“三类股东”虽多，但是合计持股比例较低。发行人保留了“三类股东”，并按照相应监管规则对“三类股东”作逐项核查和披露，其披露内容相当翔实，所采用的核查手段也较为充分。对于“三类股东”中无法提供核查资料且公开渠道的核查手段也客观有限的情况，发行人在说明该部分股东持股数量较少（少于10万股）的基础上，还采用了其他股东出具承诺函的方式，对因“三类股东”产生的股权纠纷作出股份回购的承诺。笔者认为，该案例的核查及披露方式是严格按照监管规则的要求执行的，对客观无法核查到位的情况也有相应替代解决措施，可谓是一个“样板工程”。

2. 清理挂牌期间的“三类股东”

案例1

广东奥飞数据科技股份有限公司

（股票代码：300738，2017年12月6日过会）〔1〕

问询问题：

2016年8月至10月，发行人（广东奥飞数据科技股份有限公司）对契约型股

---

〔1〕 摘自《关于公司首次公开发行人民币普通股股票并在创业板上市的补充法律意见书（二）》（2017年6月15日出具）。

权基金股东进行清理，主要解决方法为由契约型股权基金股东将股份转让给相同结构的合伙企业或直接转让予自然人。请发行人说明受让方是否系契约型股权基金原合伙人或受益人，是否存在代持关系或其他特殊安排，是否存在纠纷或潜在纠纷。请保荐机构、发行人律师对上述问题进行核查，说明核查过程并发表意见。

案例小结：

发行人在新三板挂牌期间通过做市交易引进了3家契约型基金，持股比例分别为4.37%、2.73%、1.55%。发行人于2016年6月17日宣布接受IPO辅导，并在2016年下半年开始清理“三类股东”，即由3家契约型基金股东将股份转让给相同结构的合伙企业或直接转让予自然人。在此期间，发行人通过股转系统进行了11次股份转让，涉及股份数量合计410万股。发行人彻底清理了“三类股东”，将“三类股东”替换为常规的股东类型，其所采用的以相同股权结构受让股权的方式不仅极大降低了其清理的经济成本，同时还在通过辅导验收和报中国证监会受理前便已清理完毕，该等操作可谓实惠又稳健，有效减轻了后续的审核压力。

案例2

宁波博汇化工科技股份有限公司

（股票代码：300839，2020年1月9日过会）[1]

问询问题：

招股说明书披露，截至2018年11月9日，发行人（宁波博汇化工科技股份有限公司）股东中的契约型私募基金、资产管理计划和信托计划股东共11名。请发行人说明前述“三类股东”是否已纳入国家金融监管部门有效监管，且已按照规定履行审批、备案或报告程序，其管理人是否已依法注册登记。请保荐机构、发行人律师就发行人“三类股东”是否符合上述要求，是否依法设立并有效存续发表明确意见。请保荐机构、发行人律师核查发行人的“三类股东”是否符合《中国人民银行、中国银行保险监督管理委员会、中国证券监督管理委员会、国家外汇管理局关于规范金融机构资产管理业务的指导意见》的相关要求，特别是关于资管产品杠杆、分级和嵌套的要求，并发表明确意见。请发行人对“三类股东”做层层穿透披

---

〔1〕 摘自《关于宁波博汇化工科技股份有限公司首次公开发行股票并上市的补充法律意见书（一）》（2019年3月25日出具）。

露。请保荐机构、发行人律师对发行人控股股东、实际控制人，董事、监事、高级管理人员及其亲属，本次发行的中介机构及其签字人员是否直接或间接在“三类股东”中持有权益进行穿透核查，并发表明确意见。请保荐机构、发行人律师核查发行人“三类股东”的存续期及续期安排是否满足股份锁定期和减持规则要求。

问询回复主要内容：

截至回复日，公司的非自然人股东中存在3名资产管理计划股东、7名契约型私募基金股东及1名信托计划股东。上述股东的股份取得方式均为通过股转系统公开市场交易取得，持股比例合计为0.6724%。律师已会同发行人对于存续期、穿透核查、续期安排无法满足要求的“三类股东”进行清理，发行人计划保留其中3家“三类股东”，并清理其他8家“三类股东”。

为了清理公司“三类股东”，公司实际控制人之一夏某萍曾于2019年7月通过特定事项协议转让方式受让了2家“三类股东”所持有的公司股份，且均已办理完毕相应股份过户登记手续。上述股权转让完成后，受让方夏某萍持有公司1.24万股股份，持股比例为0.02%，在此之前夏某萍未直接持有公司股份。

发行人实际控制人金某华、夏某萍出具了承诺，若发行人的“三类股东”因未按核查要求提供相关资料或整改导致其不符合上市相关要求，或有其他原因导致其不能持有发行人股份的，实际控制人将与该等“三类股东”协商以合理价格购买其持有的发行人股份。

案例小结：

该案例采用了部分清理的处理方式，发行人的实际控制人已通过协议转让股份的方式清理了其中2家“三类股东”，对于剩余的11家“三类股东”，在受到监管问询后，发行人明确了继续清理并只保留3家“三类股东”的计划，同时还按照“三类股东”的监管规则逐项核查和披露了相关情况。在核查过程中，有部分“三类股东”未能提供相应资料和无法满足穿透核查、存续期和续期安排等要求，发行人对其采取了计划清理的措施。此外，该案例中，发行人对“三类股东”的穿透核查工作量巨大，股东层级达八层以上，部分还穿透至800多名自然人股东，法律意见书用了长达28页的篇幅进行披露，足可见公司在保留“三类股东”时需要面临的巨大核查压力。

3. 存在非挂牌期间的"三类股东"的处理

案例 1

宏景科技股份有限公司

（股票代码:301396,2022 年 3 月 30 日过会）[1]

问询问题:

请发行人（宏景科技股份有限公司,以下简称宏景公司）说明弘图文化及其相关股东是否属于"三类股东",股份权属是否清晰,充分分析相关股东未于新三板挂牌期间形成的合法合规性。请保荐人、发行人律师对上述事项发表明确意见。

问询回复主要内容:

1. 弘图文化及其相关股东是否属于"三类股东",股份权属是否清晰。

经核查,弘图文化为发行人的直接股东,为依法设立的私募股权投资基金,私募基金及其基金管理人均已办理了备案或登记手续;发行人的直接股东中不存在"三类股东"情形。经对发行人机构股东进行穿透核查,股东弘图文化的第一层合伙人广东省新媒体产业基金（有限合伙）的合伙人上海国际信托有限公司系受上海浦东发展银行股份有限公司广州分行委托,设立"上信 · 广东新媒体基金Ⅱ投资单一资金信托"（以下简称上信信托）,持有并管理上海浦东发展银行股份有限公司广州分行在广东省新媒体产业基金（有限合伙）享有的合伙份额。因此,上信信托属于"三类股东"。

根据上海国际信托有限公司、广东省新媒体产业基金（有限合伙）及弘图文化出具的确认函,上信信托持有广东省新媒体产业基金（有限合伙）的合伙份额、广东省新媒体产业基金（有限合伙）持有弘图文化的合伙份额及弘图文化持有发行人的股份均权属清晰,不存在纠纷或潜在纠纷。律师参考《深圳证券交易所创业板股票首次公开发行上市审核问答》[2]问题 14 的相关规定,对弘图文化的上层"三类股东"上信信托进行了核查。

2. 弘图文化未于新三板挂牌期间形成的合法合规性。

虽然弘图文化于发行人从新三板摘牌后才入股发行人,但其投资发行人具有合法合规性,具体分析如下:

---

〔1〕 摘自《关于宏景科技股份有限公司首次公开发行股票并在创业板上市的补充法律意见书（一）》（2021 年 9 月 30 日出具）。

〔2〕 现已失效。

(1)弘图文化投资发行人系因宏景公司有一定的资金需求,同时其看好宏景公司和行业的发展前景,认可对宏景公司的投资价值,符合其对宏景公司的上市预期,其投资入股价格系在上一轮融资价格的基础上,参照一定的 PE 倍数确定的,具有合理性、公允性。

(2)弘图文化投资入股已通过其内部投资决策委员会审议通过,同时也由发行人董事会、股东大会审议通过,并相应修订了公司章程及办理了工商变更登记手续,已履行了必要的内部决策、审批及变更登记手续,其入股发行人的程序合法合规。

(3)弘图文化属于依法备案的私募股权投资基金,其上层合伙人上海国际信托有限公司受托管理的上信信托虽属于"三类股东",但其存续及间接持有发行人的股份符合《深圳证券交易所创业板股票首次公开发行上市审核问答》问题 14 关于"三类股东"的相关要求。

(4)经查询宇信科技(300674. SZ)、云天励飞(已过会未注册)和振华新材(688707. SH)等相关案例,上述公司的直接股东均不属于"三类股东",但间接股东中却均存在"三类股东"情形。根据上述公司的公开信息披露情况,关于其间接股东中存在"三类股东"的具体情况如表 1 - 3 所示。

表 1 - 3　间接股东中存在"三类股东"的具体情况

公司名称	过会时间	新三板挂牌期间	"三类股东"的基本情况	"三类股东"间接持有公司股权的起始时间	是否符合中国证监会、交易所对于"三类股东"的核查和披露要求
云天励飞(已过会未注册)	2021 年 8 月 6 日	自设立以来,未在新三板挂牌	云天励飞间接股东中存在"三类股东",但未披露"三类股东"的具体情况	未披露	是
振华新材(688707. SH)	2021 年 6 月 11 日	2016 年 12 月 28 日至 2018 年 8 月 22 日	振华新材的直接股东中不存在"三类股东",青域知行为振华新材的直接股东之一,持股比例为 1.4687%;青域知行的上层股东/合伙人当中存在资产管理计划、信托计划、契约型基金"三类股东"	2018 年 9 月 11 日	是

续表

公司名称	过会时间	新三板挂牌期间	"三类股东"的基本情况	"三类股东"间接持有公司股权的起始时间	是否符合中国证监会、交易所对于"三类股东"的核查和披露要求
宇信科技(300674.SZ)	2018年7月18日	自设立以来,未在新三板挂牌	宇信科技的直接股东中不存在"三类股东",海富恒歆为宇信科技的直接股东之一,持股比例为6.0375%;海富恒歆的上层股东/合伙人当中存在"三类股东"的资产管理计划,即平安资管计划	2015年4月	是

综上所述,律师认为弘图文化未于新三板挂牌期间形成合法合规。

案例小结:

该案例中,发行人未在招股说明书中披露间接股东存在"三类股东"的情形,经问询,发行人解释称是由于发行人的直接股东当中不存在"三类股东",且间接股东中存在的"三类股东"也并非在新三板挂牌期间形成的。审核部门尤其关注该"三类股东"在发行人新三板摘牌后形成的合法合规性,关注发行人是否存在规避监管要求的情形。对此,发行人虽不直接适用《深圳证券交易所创业板股票首次公开发行上市审核问答》,但仍参照该规则对该"三类股东"进行了核查和披露,同时援引了市场上的其他成功案例,以论证实务中对非挂牌期间的"三类股东"的监管持宽松和容许的态度。

案例2

优彩环保资源科技股份有限公司

(股票代码:002998,2020年5月21日过会)[1]

问询问题:

保荐工作报告显示,发行人(优彩环保资源科技股份有限公司)部分间接股东

〔1〕 摘自《关于优彩环保资源科技股份有限公司首次公开发行股票并上市的补充法律意见书(六)》(2020年4月13日出具)。

中曾存在“三类股东”,其股东福能一期的股东兴业国际信托有限公司实质上为兴业国际信托有限公司所发行的信托计划,股东永翊投资的有限合伙人为契约性基金。报告期内,发行人对上述“三类股东”进行了清理,福能一期涉及的“三类股东”由福建省能源集团有限责任公司受让嘉兴兴晟武能投资合伙企业持有的福建省福能兴业股权投资管理有限公司24.50%的股权,永翊投资的有限合伙人以非现金分配形式将其所持永翊投资的合伙人份额转让给该基金的27名投资者。在发行人对上述间接“三类股东”清理规范后,保荐机构核查认为发行人股东及其间接股东中不存在“三类股东”。请保荐机构、发行人律师核查说明:(1)福能一期涉及的“三类股东”清理过程中涉及的股权转让具体内容,是否履行了相应的审议审批程序,转让价款、定价依据及公允性,是否存在利益输送或者其他利益安排,是否存在纠纷或者潜在纠纷;(2)永翊投资涉及的“三类股东”在清理过程中是否履行了相应的审议审批程序,是否存在利益输送或者其他利益安排,是否存在纠纷或者潜在纠纷。

案例小结:

该案例中,发行人未曾在新三板挂牌,其间接股东属于“三类股东”,穿透后的持股比例相对较低(不超过1%),发行人的处理方式是予以彻底清理,对于信托计划股东,通过协议转让股权方式退出,对于契约型基金,通过非现金分配形式将合伙份额进行还原。但即使发行人做了彻底清理,其也依旧受到了监管的关注,要求核查说明清理过程的合法合规性,包括涉及股权转让的具体内容、审议审批程序、定价依据和公允性、是否存在利益输送或者其他利益安排,是否存在纠纷或者潜在纠纷。

(三)小结与建议

按照目前的审核规则,“三类股东”的问题不构成企业上市的实质性障碍,拟IPO企业并非完全不允许存在“三类股东”,对于存在“三类股东”的企业,其主要可从以下两大方面予以规范:

1.不清理“三类股东”,按照审核要求充分核查和披露

若采用该方式,需符合以下基本要求:(1)“三类股东”不属于发行人控股股东、实际控制人、第一大股东。(2)“三类股东”本身需合法合规,其基本情况、依法设立、有效存续、管理人登记、产品备案、日常运营等方面均需经得起核查,并可予充分披露。(3)“三类股东”需接受股东穿透核查,符合关于股东适格性、股份代持、出资合法合规等穿透核查的基本要求,满足发行人股权清晰、股权结构稳定及不存在权属纠纷的发行条件要求。(4)确保发行人控股股东、实际控制人、董监高及其近亲属、发行中介机构及其相关人员不存在关联关系,不持有"三类股东"的权益;"三类股东"及其实际出资人、对外投资企业等关联方是否与发行人及其客户供应商之间存在关联关系和关联交易,是否存在利益输送。(5)若存续期等需作出合理安排,则应符合现行锁定期和减持规则的要求。(6)"三类股东"需符合《关于规范金融机构资产管理业务的指导意见》的监管要求,对发行人的持续经营不存在不利影响。(7)"三类股东"对发行人的持股比例处于相对较低的状态,即不宜超过 5% 而成为主要股东,否则需接受更为严格的核查标准。(8)原则上,对"三类股东"的情况应按要求进行全面披露,对于部分客观无法取得相关核查资料的,需采取由实际控制人或其他主体出具承诺函承诺回购或承担兜底责任等的解决措施。

2. 清理"三类股东"

虽然清理"三类股东"涉及多方利益博弈,处理棘手,但却是解决"三类股东"问题最彻底、最稳妥的办法。在清理"三类股东"过程中,需要注意清理过程的合法合规性,即便是清理了"三类股东",审核部门也依旧会关注清理过程中的审议审批程序、定价依据和公允性、是否存在利益输送或其他利益安排、是否存在纠纷或潜在纠纷等问题。

值得关注的是,2022 年 4 月 8 日,深圳证监局发布公告称,深圳证监局协同深圳市政府相关部门推动契约型私募基金投资企业商事登记试点落地施行。该试点方案落地不仅将有助于解决契约型股权投资基金投资企业股东代持问题,还能相应解决"三类股东"中关于股东适格性、核查困难等痛点问题,未来"三类股东"的审核要求是否会因此而作调整,值得期待。

三、股东人数

(一)理论基础

拟 IPO 企业穿透计算后的股东人数是否超过 200 人一直是 IPO 审核机构的关注重点,这主要涉及是否违反"公开发行"的规定。监管规则经历了若干阶段的演变,包括定向募集的规范阶段(1984 年至 1994 年)、政策不一的阶段(1994 年至 2006 年)、全面规范的阶段(2006 年至今)。由于此前的法规尚未完善、部分企业具有特殊股权架构安排的需求等的原因,一些企业存在股东人数超过 200 人的情况。

1. 股东人数限制的规定

在 2005 年修订《公司法》之前,《公司法》对股份公司的发起人数上限并无限制性规定,《证券法》对公开发行的认定中也未涉及 200 人的特殊规定。2006 年 1 月 1 日《公司法》和《证券法》同步修订生效后,我国对股份公司的股东人数做了全面规范,明确了股份公司的股东人数超过 200 人但未经核准即属于违法行为。相关法律规定包括:

《公司法》(2023 修订)第 92 条规定:"设立股份有限公司,应当有一人以上二百人以下为发起人,其中应当有半数以上的发起人在中华人民共和国境内有住所。"

《证券法》第 9 条规定:"公开发行证券,必须符合法律、行政法规规定的条件,并依法报经国务院证券监督管理机构或者国务院授权的部门注册。未经依法注册,任何单位和个人不得公开发行证券。证券发行注册制的具体范围、实施步骤,由国务院规定。有下列情形之一的,为公开发行:……(二)向特定对象发行证券累计超过二百人,但依法实施员工持股计划的员工人数不计算在内……";第 180 条规定了对应的罚则,"违反本法第九条的规定,擅自公开或者变相公开发行证券的,责令停止发行,退还所募资金并加算银行同期存款利息,处以非法所募资金金额百分之五以上百分之五十以下的罚款;对擅自公开或者变相公开发行证券设立的公司,由依法履行监督管理职责的机构或者部门会同县级以上地方人民政府予以取缔。对直接负责的主管人员和其他直接责任人员给予警告,并处以五十万元以上五百万元以下的罚款"。

由上述规定可见,在 2006 年以后的全面规范阶段,除了新三板交易合法形成的股东人数超过 200 人的公司外,其他股份公司未经依法公开发行程序均不得出现股东人数超过 200 人的情况。

2. 股东人数穿透计算规则

在计算发行人的股东人数时,并不是单纯以直接持股的股东人数来计算的,而应进行股权穿透,穿透至最终持有人(特殊认定规则的除外)。对于股东人数的计算规则,目前主要适用以下法律依据:

《非上市公众公司监管指引第 4 号——股东人数超过二百人的未上市股份有限公司申请行政许可有关问题的审核指引》(2023 修改)(以下简称《非上市公众公司监管指引第 4 号》)中规定,"股权结构中存在工会或职工持股会代持、委托持股、信托持股以及通过'持股平台'间接持股等情形的,应当按照本指引的相关规定进行规范。本指引所称'持股平台'是指单纯以持股为目的的合伙企业、公司等持股主体""以依法设立的员工持股计划以及以已经接受证券监督管理机构监管的私募股权基金、资产管理计划和其他金融计划进行持股,并规范运作的,可不进行股份还原或转为直接持股"。

《〈首次公开发行股票注册管理办法〉第十二条、第十三条、第三十一条、第四十四条、第四十五条和〈公开发行证券的公司信息披露内容与格式准则第57号——招股说明书〉第七条有关规定的适用意见——证券期货法律适用意见第17号》(以下简称《证券期货法律适用意见第17号》)中规定,“依法以公司制企业、合伙制企业、资产管理计划等持股平台实施的员工持股计划,在计算公司股东人数时,员工人数不计算在内”。该意见同时还对员工持股计划中的“外部人员”的认定和计算作了具体规定。

由上述规定可见,依法设立的员工持股计划,依法备案登记的私募基金、资管计划以及其他金融计划等可豁免股权穿透,按照1名股东计算人数,而单纯以持股为目的的合伙企业、公司等持股主体则需要完全穿透至最终持有人。但在实务中,部分拟IPO企业出于谨慎性,会对其股东中已备案为私募基金但不存在其他对外投资或者非专门投资发行人且未备案为基金的企业进行穿透计算股东人数。我们认为,对于股权结构相对简单、不存在股东人数超额的企业而言,采用上述方式穿透计算会更加稳妥;但对于外部投资机构众多或内部股权复杂的企业,需采用上述方式穿透计算存在股东人数超额的风险,需充分论证股东人数是否符合相关认定标准、是否存在故意规避情形,以取得审核部门的认可。

3. 自然人股东人数较多的核查要求

对于历史上自然人股东人数较多的企业,审核机构关注的核心点在于是否影响发行人“股权清晰稳定”的发行条件,并关注具体的股权演变过程的真实性、合法性。

《监管规则适用指引——发行类第4号》对此作了专门的核查要求,“对于历史沿革涉及较多自然人股东的发行人,保荐机构、发行人律师应当核查历史上自然人股东入股、退股(含工会、职工持股会清理等事项)是否按照当时有效的法律法规履行了相应程序,入股或股权转让协议、款项收付凭证、工商登记资料等法律文件是否齐备,并抽取一定比例的股东进行访谈,就相关自然人股东股权变动的真实性、所履行程序的合法性,是否存在委托持股或信托持股情形,是否存在争议或潜在纠纷发表明确意见。对于存在争议或潜在纠纷的,保荐机构、发行人律师应对相关纠纷对发行人股权清晰稳定的影响发表明确意见。发行人以定向募集方式设立股份公司的,中介机构应以有权部门就发行人历史沿革的合规性、是否存在争议或潜在纠纷等事项的意见作为其发表意见的依据”。

(二)典型案例

1. 按照《非上市公众公司监管指引第 4 号》的要求申请行政许可

案例

成都彩虹电器(集团)股份有限公司

(股票代码:003023,2020 年 11 月 19 日过会)[1]

问询问题:

请按照《非上市公众公司监管指引第 4 号》的要求落实核查披露要求,发表明确、清洁意见,并更新、补充报送相关文件。

问询回复主要内容:

发行人[成都彩虹电器(集团)股份有限公司]符合《非上市公众公司监管指引第 4 号》关于股东人数已经超过 200 人的未上市股份有限公司申请行政许可的合规性要求。

1. 公司依法设立且合法存续。

(1)发行人的设立、增资等行为不违反法律明确的禁止性规定,截至本补充法律意见出具之日,发行人处于合法存续状态。(2)发行人的设立及增资事项已经有权部门的批准。(3)发行人在股份形成及转让过程中不存在虚假陈述、出资不实、股权管理混乱等情形,不存在重大诉讼、纠纷以及重大风险隐患。

综上,律师认为,发行人依法设立且合法存续,符合《非上市公众公司监管指引第 4 号》第 1 条第 1 款之规定。

2. 公司股权清晰。

(1)发行人股权权属明确。(2)股东与公司之间、股东之间、股东与第三方之间不存在重大股份权属争议、纠纷或潜在纠纷。(3)股东出资行为真实,不存在重大法律瑕疵。

综上,律师认为,发行人股权清晰,符合《非上市公众公司监管指引第 4 号》第 1 条第 2 款及第 3 条之规定。

3. 公司经营规范。

根据公司提供的资料、公司说明、《审计报告》及律师核查,截至本补充法律意

[1] 摘自《关于成都彩虹电器(集团)股份有限公司首次公开发行股票并上市的补充法律意见书(二)》(2019 年 11 月 12 日出具)。

见出具之日,公司不存在资不抵债或者明显缺乏清偿能力等破产风险的情形。综上,律师认为,公司经营规范,符合《非上市公众公司监管指引第4号》第1条第3款之规定。

4. 公司治理与信息披露制度健全。

公司依法建立了由股东大会、董事会、监事会和高级管理层组成的公司治理结构,并根据相关法律、法规及规范性文件的相关规定,制定了《公司章程》、《股东大会议事规则》、《董事会议事规则》、《监事会议事规则》、《总经理工作细则》、《董事会秘书工作细则》、《独立董事工作制度》、《关联交易管理制度》、《对外担保管理制度》、《对外投资管理制度》、《投资者关系管理制度》、《重大信息内部报告制度》及《信息披露管理办法》等一系列公司制度,建立健全了公司治理机制和履行信息披露义务的各项制度。

综上,律师认为,公司治理与信息披露制度健全,符合《非上市公众公司监管指引第4号》第1条第4款之规定。

案例小结:

《非上市公众公司监管指引第4号》规定,"对于股东人数已经超过二百人的未上市股份有限公司(以下简称二百人公司),符合本指引规定的,可申请公开发行并在证券交易所上市、在全国中小企业股份转让系统(以下简称全国股转系统)挂牌公开转让等行政许可。对二百人公司合规性的审核纳入行政许可过程中一并审核,不再单独审核"。

此外,《非上市公众公司监管指引第4号》也对该类公司的审核标准作出了具体规定,其中包括公司依法设立且合法存续、股权清晰、经营规范、公司治理与信息披露制度健全等,符合相关标准的200人公司可以尝试以直接申报的路径上市。不过,尽管有成功案例,但该类公司直接申报上市通常要经历较为严格的审核,申报难度较大。而且,根据《非上市公众公司监管指引第4号》对该类公司申请文件的要求,若公司存在需要省级人民政府出具确认函的情况,这对公司来说也并非易事,可能会为公司申报上市带来一定的阻碍。

2. 通过整改将股东人数降至200人后申报

案例

华蓝集团股份公司

(股票代码:301027,2021年5月31日过会)[1]

问询问题:

(1)由40名记名股东代持558名隐名股东股份的情形是否违反《公司法》《证券法》等法律法规的规定,是否存在受到行政处罚的风险,是否构成本次发行上市的法律障碍;(2)发行人股东未将华蓝设计作为发行主体,而是采取以新设公司作为发行主体、收购相关公司的方式的原因。

问询回复主要内容:

1. 由40名记名股东代持558名隐名股东股份的情形是否违反《公司法》《证券法》等法律法规的规定,是否存在受到行政处罚的风险,是否构成本次发行上市的法律障碍。

由40名记名股东代持隐名股东股权未违反历次修订的《公司法》的相关规定。但隐名股东人数超过了200人,不符合历次修订的《公司法》《证券法》(2005修订)关于股东人数上限的相关规定。

华蓝设计设立时存在由40名记名股东代持558名隐名股东股权的情形系依据经自治区人民政府批准的改制方案,为妥善处理华蓝设计改制过程中的各种矛盾与纠纷,切实维护员工合法权益,确保华蓝设计持续健康发展而产生的,实际出资人超200人的情形在2016年10月已完全清除,该等情形距今已超过行政处罚的追诉时效,不属于重大违法违规行为,不构成本次发行上市的法律障碍。

2. 发行人股东未将华蓝设计作为发行主体,而是采取以新设公司作为发行主体、收购相关公司的方式的原因。

(1)华蓝集团作为发行主体是公司业务发展的结果。

由于各业务板块的经营理念、管理模式存在较大差别,华蓝设计作为一个工程设计专业企业,其生产经营受到行业资质等诸多因素的影响和限制。华蓝设计在企业战略发展等方面较难形成合力,本身不宜作为一个多元化投资的控股公司主体,因此需要成立一个控股型公司作为各业务板块控股股东,实现统一管理下

[1] 摘自《关于华蓝集团股份公司首次公开发行股票并在创业板上市的补充法律意见书(一)》(2020年10月14日出具)。

的各业务板块独立运营。为此,雷某等150名股东经协商一致,于2012年5月出资成立了华蓝集团。

(2)华蓝集团作为发行主体是考虑股权背景作出的现实选择。

2015年年底,华蓝集团启动发行上市工作时,华蓝设计仍有300余名实际出资人,如果以华蓝设计为发行主体,为解决实际股东人数超过200人及股权代持以及资产重组的问题,不仅工作难度、工作量倍增,还可能催生股东矛盾,甚至可能影响华蓝设计业务的健康发展。

华蓝集团股权清晰,以华蓝集团作为发行主体,通过收购华蓝设计100%股权的方式解决华蓝设计股权结构问题更具有现实意义,不仅顺畅清理了华蓝设计实际股东人数超过200人及股权代持问题,而且资产重组也更为便捷。华蓝集团自设立之初,其股东主要由公司核心技术骨干、中高层管理人员组成,以华蓝集团作为发行主体,可以最大限度地调动公司核心人员的积极性,促进公司持续、健康发展。

综上,以华蓝集团作为发行主体是雷某等主要股东综合考虑各方面因素作出的合理选择。

案例小结:

实践中,审核机构通常对股东人数超过200人的问题比较关注,该类公司申报上市时,除了直接申报,部分公司还可能通过股权转让、回购的方式请部分股东退出,从而使股东人数降至200人以下。但这种整改方式可能导致各方在协调股权转让方式、价格、条件时出现争议和矛盾,甚至引发进一步的纠纷和诉讼,进而影响公司的申报进度。

若公司在启动上市工作时出资人数仍超200人,且短时间内减少股东人数的难度较大,耗费时间较长,可能影响上市进度,则相关公司也可以参考该案例中华蓝集团的解决方式,新设公司作为发行主体,而后再逐渐对原公司的股权进行收购,使原公司成为新设主体的全资子公司。

(三)小结与建议

股东人数事关发行人的设立合规性和股权清晰性,拟IPO企业在股东人数问题上需要结合股东的不同性质、持股目的等因素进行准确认定和计算。如上述案例所示,对于股东人数超过200人的企业,实践中目前存在两种主要的处理思路:一是依据《非上市公众公司监管指引第4号》直接申报,二是整改规范股东人数。

选择思路一即依据《非上市公众公司监管指引第 4 号》直接申报的基本的操作方式包括:(1)还原股权,即将工会或职工持股会等代持情形进行还原。(2)股份托管,即委托股份托管机构集中托管,并由托管机构出具证明;未托管的,由省级人民政府出具确认函。(3)确权,即通过公证、律师见证的方式进行确权,未确权部分设股权托管账户专管。(4)特定情形需取得省政府确认函,即针对 1994 年 7 月 1 日《公司法》实施前的定向募集公司和获批公开发行的公司、按照特殊政策清理整顿后的公司等,需要由省级人民政府出具确认函具体说明确认。(5)制作各类专项文件,即公司出具专项说明、证券公司出具专项核查报告、律师事务所出具专项法律意见书等。

选择思路二即整改规范股东人数,实操中一般采用股权转让、股份回购、将股东转至符合要求的员工持股平台等的方式降低股东人数,整改过程中需特别关注股权转让过程的合规性,包括股权作价、款项来源、对价款支付、纳税情况等事项,确保整改后的股权权属清晰,不存在权属争议或潜在纠纷。

四、股东穿透核查

(一)理论基础

在企业 IPO 审核过程中,对于股东及股权项下的各类问题,除了从直接股东层面进行核查和规范外,还需按照穿透核查的要求进行规范。股东穿透核查的要求在实务中不断发展,其核查要点更是在逐步拓展和加严,从 2021 年 2 月中国证监会发布了新的规范指引开始,审核部门便陆续以出台规则和问答等形式深化股东穿透核查的具体工作要求和标准。我国目前关于股东穿透核查的主要规定和要求如表 1－4 所示。

表 1－4　股东穿透核查和披露的规定和要求

发布单位	文件名称	发布时间	核查要点	主要内容
中国证监会	《监管规则适用指引——关于申请首发上市企业股东信息披露》	2021 年 2 月 9 日	股份代持	发行人应当真实、准确、完整地披露股东信息,发行人历史沿革中存在股份代持等情形的,应当在提交申请前依法解除,并在招股说明书中披露形成原因、演变情况、解除过程、是否存在纠纷或潜在纠纷等

续表

发布单位	文件名称	发布时间	核查要点	主要内容
中国证监会	《监管规则适用指引——关于申请首发上市企业股东信息披露》	2021 年 2 月 9 日	股东适格性	发行人在提交申报材料时应当出具专项承诺,说明发行人股东是否存在以下情形,并将该承诺对外披露:(一)法律法规规定禁止持股的主体直接或间接持有发行人股份;(二)本次发行的中介机构或其负责人、高级管理人员、经办人员直接或间接持有发行人股份;(三)以发行人股权进行不当利益输送
			突击入股	发行人提交申请前 12 个月内新增股东的,应当在招股说明书中充分披露新增股东的基本情况、入股原因、入股价格及定价依据,新增股东与发行人其他股东、董事、监事、高级管理人员是否存在关联关系,新增股东与本次发行的中介机构及其负责人、高级管理人员、经办人员是否存在关联关系,新增股东是否存在股份代持情形。上述新增股东应当承诺所持新增股份自取得之日起 36 个月内不得转让
			入股价格异常	发行人的自然人股东入股交易价格明显异常的,中介机构应当核查该股东基本情况、入股背景等信息,说明是否存在本指引第一项、第二项的情形。发行人应当说明该自然人股东基本情况
			穿透核查	发行人股东的股权架构为两层以上且为无实际经营业务的公司或有限合伙企业的,如该股东入股交易价格明显异常,中介机构应当对该股东层层穿透核查到最终持有人,说明是否存在本指引第一项、第二项的情形。最终持有人为自然人的,发行人应当说明自然人基本情况
			私募股东	私募投资基金等金融产品持有发行人股份的,发行人应当披露金融产品纳入监管情况
			核查豁免	发行人在全国中小企业股份转让系统挂牌、境外证券交易所上市交易期间通过集合竞价、连续竞价交易方式增加的股东,以及因继承、执行法院判决或仲裁裁决、执行国家法规政策要求或由省级及以上人民政府主导取得发行人股份的股东,可以申请豁免本指引的核查和股份锁定要求

续表

<table>
<tr><th>发布单位</th><th>文件名称</th><th>发布时间</th><th>核查要点</th><th>主要内容</th></tr>
<tr><td rowspan="3">上交所科创板上市审核中心/深交所上市审核中心</td><td>《关于科创板落实首发上市企业股东信息披露监管相关事项的通知》</td><td>2021 年 2 月 18 日</td><td rowspan="2">落实方式</td><td rowspan="2">关于新申报项目的落实要求对于 2021 年 2 月 5 日以后新申报科创板/创业板的企业以及 2 月 5 日前已申报尚未受理的企业，应当在申报时落实如下要求：1. 发行人应当按照《监管规则适用指引——关于申请首发上市企业股东信息披露》第二项规定要求出具股东信息披露专项承诺；2. 保荐人、发行人律师应当按照《监管规则适用指引——关于申请首发上市企业股东信息披露》的要求进行全面深入核查，逐条认真落实核查工作，并分别出具股东信息披露专项核查报告；3. 发行人申报前应当依法解除股权代持、违规持股等情形，私募投资基金等金融产品应当备案或纳入监管</td></tr>
<tr><td>《关于创业板落实首发上市企业股东信息披露监管相关事项的通知》</td><td>2021 年 2 月 23 日</td></tr>
<tr><td>《关于股东信息核查中“最终持有人”的理解与适用》</td><td>2021 年 4 月 25 日</td><td>最终持有人</td><td>除自然人外，“最终持有人”还包括以下类型：上市公司（含境外上市公司）、新三板挂牌公司等公众公司，或者穿透核查至国有控股或管理主体（含事业单位、国有主体控制的产业基金等）、集体所有制企业、境外政府投资基金、大学捐赠基金、养老基金、公益基金以及公募资产管理产品。除此之外的外资股东，如果中介机构能以适当核查方式确认外资股东的出资人不存在境内主体，并充分论证该外资股东入股发行人的价格不存在明显异常，可将该外资股东视为“最终持有人”</td></tr>
<tr><td>中国证监会</td><td>《监管规则适用指引——发行类第 2 号》</td><td>2021 年 5 月 28 日</td><td>中国证监会系统离职人员入股情况</td><td>发行人及中介机构在提交发行申请文件时，应当提交专项说明，专项说明包括以下内容：（一）是否存在离职人员入股的情形；（二）如果存在离职人员入股但不属于不当入股情形的，应当说明离职人员基本信息、入股原因、入股价格及定价依据、入股资金来源等；离职人员关于不存在不当入股情形的承诺；（三）如果存在离职人员不当入股情形的，应当予以清理，并说明离职人员基本信息、入股原因、入股价格及定价依据、清理过程、是否存在相关利益安排等</td></tr>
</table>

续表

发布单位	文件名称	发布时间	核查要点	主要内容
上交所科创板上市审核中心/深交所上市审核中心	《关于进一步规范股东穿透核查的通知》	2021 年 6 月 15 日	持股较少的认定	1. 对于持股较少、不涉及违法违规“造富”等情形的,保荐机构会同发行人律师实事求是发表意见后,可不穿透核查。 2. 持股较少可结合持股数量、比例等因素综合判断。原则上,直接或间接持有发行人股份数量少于 10 万股或持股比例低于 0.01% 的,可认定为持股较少

《监管规则适用指引——关于申请首发上市企业股东信息披露》中关于股份代持、股东适格性、突击入股、入股价格异常、私募股东等核查要点的规定其实并非最新的要求,因为此前的 IPO 核查中均涉及该等问题的审核监管,该指引中较为特别的是对于股权穿透的规定,其明确规定了相应情形下需对股东作层层穿透核查,而后续中国证监会和各交易所等出台的监管规则也进一步深化了穿透核查的具体要求。

根据《监管规则适用指引——关于申请首发上市企业股东信息披露》的规定,对于同时满足“股权架构为两层以上且为无实际经营业务”和“股东入股交易价格明显异常”这两项条件的,应当对股东情况“一穿到底”,但根据《关于进一步规范股东穿透核查的通知》的规定,对于“持股较少”“不涉及违法违规‘造富’”等情形,可不再穿透核查,此可视为规则层面上的股东穿透核查的红线标准。但在实务中,结合审核部门的媒体问答、窗口指导意见等要求,实际是应适用“一穿到底”的标准还是适用“核查红线”的标准,实践中仍存在不同的理解和操作。

(二)典型案例

1. 按照"一穿到底"的标准

案例

杭州和顺科技股份有限公司

(股票代码:301237,2021 年 8 月 12 日过会)[1]

问询问题:

结合发行人(杭州和顺科技股份有限公司)创投基金股东的主业均为投资管理而未经营实业,说明将其认定为不属于股权架构为两层以上且为无实际经营业务的有限合伙企业,因此未作穿透核查是否合理、审慎;是否存在规避《监管规则适用指引——关于申请首发上市企业股东信息披露》要求的情形。

问询回复主要内容:

《监管规则适用指引——关于申请首发上市企业股东信息披露》规定,"发行人股东的股权架构为两层以上且为无实际经营业务的公司或有限合伙企业的,如该股东入股交易价格明显异常,中介机构应当对该股东层层穿透核查到最终持有人",基于律师的理解,因发行人的非自然人股东不存在股权架构为两层以上且为无实际经营业务的有限合伙企业,且不存在入股交易价格明显异常的情形,故未将穿透核查的结果进行披露。基于谨慎性原则,律师已对发行人非自然人股东进行全面穿透核查。

案例小结:

该案例中,发行人因以"创投股东不属于股权架构为两层以上且为无实际经营业务的有限合伙企业"为由未对股东进行穿透核查而受到了审核机构的关注,被要求说明其合理性和审慎性,以及是否存在规避核查要求的情形。对此,发行人回复称,其创投股东存在实际经营业务,但不存在入股交易价格明显异常的情形,并详细论证了创投股东的入股情况(发行人原为新三板挂牌公司,其创投股东系通过全国股转系统交易入股),由此可适用《监管规则适用指引——关于申请首发上市企业股东信息披露》中无须穿透核查的规定。尽管如此,发行人还是在回复中按照"一穿到底"的原则(根据穿透核查结果,其中不乏持股数量少于 10 万股的股东)详细地补充披露了穿透核查的

[1] 摘自《关于杭州和顺科技股份有限公司申请首次公开发行股票并在创业板上市的补充法律意见书之二》(2021 年 5 月 7 日出具)。

结果,以打消审核部门的质疑。

2.按照“核查红线”的标准

案例1

新华都特种电气股份有限公司

(股票代码:301120,2021年9月10日过会)[1]

问询问题:

请保荐人、发行人(新华都特种电气股份有限公司)律师根据《监管规则适用指引——关于申请首发上市企业股东信息披露》及《监管规则适用指引——发行类第2号》的要求对发行人披露的股东信息进行全面深入的核查,逐条认真落实核查工作,并提交核查说明。

问询回复主要内容:

根据《监管规则适用指引——关于申请首发上市企业股东信息披露》、《监管规则适用指引——发行类第2号》及《关于进一步规范股东穿透核查的通知》的相关规定,发行人已对直接及间接持有发行人股份超过10万股的机构股东穿透至最终自然人、国有控股主体及上市公司。

通过中科招商间接持有发行人股份的199家机构股东(合计持有发行人1,562,983股,持股比例为0.8416%)因间接持有发行人股份的数量均不超过10万股,属于持股较少且不涉及违法违规“造富”等的情形,故未进行穿透;发行人机构股东入股价格定价合理,不存在明显异常,不存在《监管规则适用指引——关于申请首发上市企业股东信息披露》第1项、第2项的情形。

案例2

北京经纬恒润科技股份有限公司

(股票代码:688326,2021年11月29日过会)[2]

问询问题:

根据申报材料,发行人(北京经纬恒润科技股份有限公司)部分未进一步穿透核查的港台企业和境外BVI公司未明确部分股东是否属于“最终持股主体”或其

〔1〕摘自《关于新华都特种电气股份有限公司首次公开发行股票并在创业板上市的补充法律意见书(四)》(2021年8月3日出具)。

〔2〕摘自《关于北京经纬恒润科技股份有限公司首次公开发行股票并在科创板上市的补充法律意见书(一)》(2021年8月28日出具)。

他可不予穿透核查的情况。请保荐机构、发行人律师核查并说明未予进一步核查的港台企业和境外BVI公司是否属于“最终持股主体”或其他可不予穿透核查的情况。

问询回复主要内容：

根据科创板上市审核中心于2021年6月15日下发的通知，“直接或间接持有发行人股份数量少于10万股或持股比例低于0.01%的，可认定为持股较少”，属于可不予穿透的情形。

依据上述规定，并根据发行人股东提供的资料，律师通过国家企业信用信息公示系统、企查查、天眼查、基金业协会等网站，对发行人的股东进行了全面的穿透核查，除上市公司、国资持股主体外，穿透到发行人第6层的间接持股股东时，已不存在持股超过10万股且持股超过0.01%的情形；发行人未予进一步核查的港台企业和境外BVI公司的数量为227家，均属于股份数量少于10万股或持股比例低于0.01%的其他可不予穿透核查的情况。

案例小结：

上述两个案例中，一个是机构股东上层的间接股东数量庞大，另一个是股权结构层级众多，都为开展穿透核查带来巨大的核查任务和核查难度，中介机构为此遵循穿透核查的基本要求，踩着“核查红线”的标准进行了核查和披露。目前，实践中有不少案例均采用该种核查标准。

3. 按照严于“核查红线”但未“一穿到底”的标准

案例

重庆市紫建电子股份有限公司

（股票代码：301121，2021年8月10日过会）[1]

问询问题：

请保荐人、发行人（重庆市紫建电子股份有限公司）律师发表明确意见，并按照《监管规则适用指引——发行类第2号》的要求，对发行人是否存在中国证监会系统离职人员入股的情形进行核查并出具专项说明。

问询回复主要内容：

基于审慎核查，律师认为：(1)除发行人间接股东孔某存在离职人员入股的情形外，基于重要性原则，发行人的直接或间接持有发行人股份超过0.005%的直接

〔1〕 摘自《关于重庆市紫建电子股份有限公司首次公开发行股票并在创业板上市的补充法律意见书(三)》(2021年7月20日出具)。

或间接股东中均不存在离职人员入股的情形；(2)发行人间接股东孔某属于离职人员入股的情形，但不属于不当入股的情形，其入股原因、入股价格及定价依据具备相应合理性，入股资金来源合法合规且其已就其不存在不当入股的情形出具相应承诺；(3)发行人的直接或间接股东中不存在离职人员不当入股应当予以清理的情形。

(三)小结与建议

由以上典型案例可知，对于股东穿透核查的标准，业务实践层面与规则规定层面存在一定的差异。从目前公开披露的文件和整体的监管精神来看，股东穿透核查采用“一穿到底”的标准是主要的监管趋势，基于审慎性原则，建议拟上市企业在进行股东穿透核查工作时从严适用“一穿到底”的标准。外资股东、特殊企业工会组织、股权架构复杂且股东数量众多的机构股东等客观上无法实现穿透核查的，则可通过由相关直接股东出具说明或确认文件、出具境外法律意见、充分论证符合停止穿透的条件(持股较少、外资股东不存在境内主体等)等方式灵活处理。

对于股东穿透核查的方式，一般由中介机构在发行人提供资料的基础上进行网上检索核查，根据网络核查结果进一步收集间接股东的基础信息和底稿资料(包括营业执照、公司章程、居民身份证等)；同时要求直接和间接股东填写调查表，必要时对该等股东进行访谈，取得其对持股情况出具的确认文件(在无法取得所有间接自然人股东的确认文件时，可由直接机构股东进行综合确认)。此外，对于中国证监会系统离职人员的核查，一般由发行人将穿透核查后的股东基本信息(含姓名和身份证号码)整理成册，根据《关于提供证监会系统离职人员信息查询比对服务的通知》的规定，将相关信息报送给当地的证监局进行信息比对，取得比对结果报告。

五、股权代持

(一)理论基础

股权代持又称委托持股、隐名投资等，实践中，因身份限制、规避关联关系等各种原因会发生股权代持的情况，其基本模式为实际出资人与名义出资人订立合同，约定由实际出资人出资并享有投资权益，以名义出资人为名义股东。根据《最高人民法院关于适用〈中华人民共和国公司法〉若干问题的规定(三)》(2020 修正)第 24 条的规定，有限责任公司股权代持“如无法律规定的无效情形，人民法院应当认定该合同有效”，由此可见，我国目前已从法律层面对股权代持的法律效力作了原则性的肯定。但对于上市公司的股份代持，《公司法》(2023 修订)第 140 条明确规定，“禁止违反法律、行政法规的规定代持上市公司股票”，上市公司股份代持，违反了证券监管领域相关规定，可能会被认定为因损害广大非特定投资者的合法权益、损害资本市场基本交易秩序以及金融安全与社会稳定，从而损害到社会公共利益而无效。就企业上市角度而言，A 股的 IPO 发行条件中要求企业股权清晰，这便要求企业的股权所有权归属明晰，不存在委托持股等特殊利益安排，以便上市后的股份交易以及上市监管。

1. 股权代持的监管要求

目前，关于股权代持的主要规定和要求如表 1－5 所示。

表 1－5　股权代持的规定和要求

<table>
<tr><th>发文机关</th><th>文件名称</th><th>生效时间</th><th>主要内容</th></tr>
<tr><td>中国证监会</td><td>《首次公开发行股票注册管理办法》第十二条</td><td>2023 年 2 月 17 日</td><td>……发行人的股份权属清晰，不存在导致控制权可能变更的重大权属纠纷……</td></tr>
<tr><td>北交所</td><td>《北京证券交易所向不特定合格投资者公开发行股票并上市业务规则适用指引第 1 号》(2023 修订)第 1－8 条</td><td>2021 年 11 月 15 日</td><td>(三)发行人控股股东和受控股股东、实际控制人支配的股东所持有的发行人股份不存在重大权属纠纷</td></tr>
<tr><td>中国证监会</td><td>《首发业务若干问题解答》(2020 年 6 月修订)(已废止)问题十</td><td>2020 年 6 月 10 日</td><td rowspan="3">实际控制人认定中涉及股权代持情况的，发行人、相关股东应说明存在代持的原因，并提供支持性证据。对于存在代持关系但不影响发行条件的，发行人应在招股说明书中如实披露，保荐机构、发行人律师应出具明确的核查意见。如经查实，股东之间知晓代持关系的存在，且对代持关系没有异议、代持的股东之间没有纠纷和争议，则应将代持股份还原至实际持有人</td></tr>
<tr><td>深交所</td><td>《深圳证券交易所创业板股票首次公开发行上市审核问答》(已废止)问题九</td><td>2020 年 6 月 12 日</td></tr>
<tr><td>上交所</td><td>《上海证券交易所科创板股票发行上市审核问答(二)》(已废止)问题五</td><td>2019 年 3 月 24 日</td></tr>
<tr><td>中国证监会</td><td>《监管规则适用指引——关于申请首发上市企业股东信息披露》第一条</td><td>2021 年 2 月 9 日</td><td>发行人应当真实、准确、完整地披露股东信息，发行人历史沿革中存在股份代持等情形的，应当在提交申请前依法解除，并在招股说明书中披露形成原因、演变情况、解除过程、是否存在纠纷或潜在纠纷等</td></tr>
</table>

续表

发文机关	文件名称	生效时间	主要内容
深交所	《深交所新闻发言人就申请首发上市企业股东信息披露监管答记者问》问题三答复	2021 年 2 月 7 日	一是严格规范股权代持行为。历史沿革中存在股权代持等情形的,应当在提交申请前依法解除,并在招股说明书中充分披露。二是专项承诺股东适格。明确承诺并披露股东中不存在法律法规规定禁止持股的主体、不存在与本次发行相关的中介机构人员,发行人不存在以股权进行不当利益输送的情形。三是充分披露或者说明相关股东信息
上交所	《关于科创板落实首发上市企业股东信息披露监管相关事项的通知》附件第一条	2021 年 2 月 18 日	关于股份代持。请保荐人、发行人律师核查说明:(1)发行人历史沿革中是否存在股份代持等情形,如是,是否依法解除,是否核查并在招股说明书中披露形成原因、演变情况、解除过程,是否存在纠纷或潜在纠纷等;(2)发行人披露股东信息是否真实、准确、完整
中国证监会、司法部、中华全国律师协会	《监管规则适用指引——法律类第 2 号:律师事务所从事首次公开发行股票并上市法律业务执业细则》第八条、第十六条	2022 年 2 月 27 日	律师应当查验发行人的发起人或者股东的出资是否符合当时适用的法律法规的规定,具体查验内容包括:……(七)发起人或者股东持有的股份是否存在代持等利益安排,是否存在权属争议、纠纷…… 律师应当查验各股东持有股份是否权属清晰,具体查验内容包括:……(二)股东是否实际持有发行人股份,是否存在委托持股、信托持股、表决权委托等情形,是否存在权属争议或者瑕疵。股东存在股权代持情形的,股权代持是否已经解除,解除股权代持是否存在纠纷或者重大法律风险……

由上述规定可见,各板块的首发上市管理办法均要求发行人的股权权属清晰,不存在重大权属纠纷,相关首发问答对于“存在代持关系但不影响发行条件”的情形虽未强制要求予以解除,并且过往 IPO 案例中也有部分非控股股东或间接股东层面存在股权代持但未解除即上市的情形,但 2021 年 2 月中国证监会出台的《监管规则适用指引——关于申请首发上市企业股东信息披露》明确规定,股权代持情形应在提交申请前解除。至此,监管机构对于股权代持目前是持全面禁止、必须清理的态度。

2. 股权代持的主要原因

实务中,公司进行股权代持安排都是基于各种不同的原因,相关监管规定要求详细披露股权代持的形成原因主要是考虑相关代持情况是否存在规避法律法规的情形。根据过往的案例及实务经验,常见的股权代持原因大致可归纳为以下五类:

(1)股东的特殊身份限制。目前,相关法律法规对公务员、党政干部、国有企业领导人员、高校一定级别的职工、军人、证券从业人员等特殊身份人员的投资入股行为作了相应的限制性规定,该等特殊身份人员往往会通过股权代持的安排绕过相应限制。此外,部分出资人为境外投资者,为了避免企业性质的变化或中外合资经营的特殊监管要求,其也可能进行股权代持。

(2)非公众公司股东人数限制。《公司法》对非公众公司的股东人数作出了明确的限制,即有限责任公司和股份有限公司的股东人数穿透计算后分别不得超过 50 人和 200 人,因此实务中,部分公司会通过股权代持(部分还通过职工持股会、工会)的方式来规避上述人数限制。

(3)竞业限制和同业竞争。部分企业在引进人才或在成立初期时,相关的团队成员可能与原任职企业存在竞业限制约定,部分企业董事、高级管理人员则可能存在违背法定的同业竞争规定的情况,因而便由第三方代持股权。

(4)工商登记便利和管理决策效率。部分地方的工商变更登记存在股东亲自到现场确认的特殊要求,为了保持股权结构的稳定性以及出于工商登记的便利性和提高管理决策效率等方面的考虑,便存在股权代持的客观需求。

(5)其他原因。包括:股权转让款未能一次性支付而维持代持;借用知名人士的股东名义、营造分散的股权结构、隐蔽激励员工的存在或退出等促进企业经营发展的目的;利用股权代持规避纳税义务;为了逃避债务和隐匿财产;保护出资人的个人隐私。

3. 代持还原的纳税问题

实务中,对于采用股权转让方式进行代持还原的所得税处理问题存在较大的争议,主要系因为目前税收法律法规层面对此的规定不尽明确。对此主要存在两种不同的观点,一种观点认为按照实质课税原则,代持还原中实际上并未发生股权所有人的变动,不存在实际意义上的股权转让,无须就此缴纳所得税。该观点主要参考《国家税务总局关于企业转让上市公司限售股有关所得税问题的公告》(2011 年 7 月 7 日生效)的立法精神,该文件规定,"依法院判决、裁定等原因,通过证券登记结算公司,企业将其代持的个人限售股直接变更到实际所有人名下的,不视同转让限售股"。另一种观点则基于《国家税务总局厦门市税务局关于市十三届政协四次会议第 1112 号提案办理情况答复的函》(2020 年 7 月 28 日发布)的规定,认为应将代持人认定为参与外部安排的纳税义务人,代持人与实际出资人的内部安排(包括代持还原)应按照交易形式进行税务处理,因此以股权转让的方式进行代持还原需依法纳税。

IPO 实务中,对于以股权转让的方式进行代持还原的,审核机构基本会关注以股权转让进行代持还原的纳税合规性。不同的企业处理方式不同,有的按照股权转让行为发生时公司的净资产核定所得税情况并进行补缴,有的则解释股权转让行为未发生股款的实际支付,不产生应税所得,未缴纳所得税。目前,实务中就此问题尚无定论,实践中建议企业与当地税务机关进行充分沟通,最好取得税务机关关于免于纳税的认可,否则,建议尽量补缴税款保守处理,以减少审核障碍。

(二)典型案例

按照目前的监管要求,企业在 IPO 过程中均需要清理和解除股权代持,常规的清理方式包括以下四种。

1. 协商一致解除股权代持

股权代持关系中的显名股东和实际出资人一般是基于一定的信任关系而存在的,在双方合作关系良好的情况下,双方一般会通过签署解除代持协议或股权转让协议的方式还原代持,这也是最常见且最简便的解除方式。

案例

安徽容知日新科技股份有限公司

(股票代码:688768,2021 年 4 月 12 日过会)[1]

基本情况:

发行人(安徽容知日新科技股份有限公司)历史上存在 4 次股权代持,均涉及发行人的实际控制人。发行人发生股权代持的主要原因包括:设立之初争取当地招商引资中可能对外来资金投资的优惠政策;为简化工商登记变更手续尽快完成股东的退出;股东为公务员身份。

解除方式:

签署《股权转让协议书》,通过无偿转让的方式解除代持。

〔1〕 摘自《关于安徽容知日新科技股份有限公司首次公开发行股票并在科创板上市的补充法律意见书(二)》(2021 年 2 月 26 日出具)。

问询问题：

请发行人说明：历次代持形成、解除中的转让价格、价款支付情况、完税情况等；因公务员身份不能持股的具体情况，是否面临被处罚等法律风险。请保荐机构、发行人律师对股权代持的认定依据是否充分、股权代持及解除过程中是否存在纠纷或潜在纠纷、是否影响实际控制人的股权清晰等进行核查，并发表明确意见。

2. 生效法律文书确权

如代持人和实际出资人存在利益分配纠葛等问题，代持人不愿意配合还原代持，部分实际出资人则会通过诉讼或仲裁提起确权之诉，通过生效法律文书确认股权的实际权属，从而实现代持还原。

案例

浙江中控技术股份有限公司

（股票代码：688777，2020年6月15日过会）[1]

基本情况：

2012年10月，发行人（浙江中控技术股份有限公司，以下简称中控技术）实际控制人褚某将其持有的公司股份名义上转让给了金某祥、裘某等自然人，并由此形成了委托持股关系。该委托持股关系系时任浙江大学副校长职务的褚某因身份原因不便直接持股而产生的。基于对被代持人的了解和信任，褚某与各代持人之间并未在代持行为发生时签署代持协议。2017年3月，褚某与8名代持人共同签署《代持股协议（合并）》，正式以书面形式共同表明代持关系。2017年9月，发行人召开股东大会审议确认褚某的公司股东身份和持股比例。

解除方式：

2018年12月，褚某和金某祥等8人通过仲裁裁决的方式进一步确认了金某祥等8人名下持有的中控技术的股份实际由褚某所有，8人终止与褚某之间的代持法律关系，并同意将代为持有的股份过户至褚某名下。同月，发行人在浙江省市场监督管理局完成了工商备案手续。

问询问题：

请发行人说明：实际控制人褚某历史上曾存在股权代持的原因，代持关系是

[1] 摘自《关于浙江中控技术股份有限公司首次公开发行股票并在科创板上市之补充法律意见书（一）》（2020年5月22日出具）。

否真实，请提供支持性证据；发行人采用仲裁的方式解除股权代持的原因及合理性，是否存在纠纷或潜在纠纷；实际控制人褚某持有发行人股份是否符合法律法规或其他规范性文件的规定，是否具备股东资格。

案例小结：

对于通过诉讼或仲裁取得的股权确权的生效法律文书，审核机构一般会认可该等文书，但也不排除审核机构进一步追查该等解决方式的原因和合理性，而且诉讼或仲裁的程序一般比较烦琐，耗时冗长，裁判结果也具有不确定性，并非适用于所有公司，因而实务中采用生效法律文书确权方式解除股权代持的案例相对少见。

3. 公证提存

若部分实际出资人拒绝配合代持还原，或无法联系到实际出资人实现代持还原，部分代持人则会根据《民法典》第 570 条关于提存的规定，对股权进行公证提存，以解除股权代持。

案例

苏州纳微科技股份有限公司

（股票代码：688690，2020 年 6 月 15 日过会）[1]

基本情况：

发行人（苏州纳微科技股份有限公司，以下简称纳微科技股份）前身纳微有限设立之前，深圳纳微股东会已就设立纳微有限事宜作出决议，明确深圳纳微全体股东对江某旺持有的纳微有限的部分出资额享有权益。之后，包括陈某华在内的深圳纳微全体股东于2015 年签署了补充协议，对前述特殊权益安排予以确认。江某旺先后多次向陈某华发出沟通函，请求解除与陈某华之间的特殊权益安排，但均未获得陈某华的回复。

解除方式：

2019 年 12 月，江某旺将其持有的发行人股份转让给陈某姬（陈某华之姐）控制的苏州纳合，并确认该部分股份所对应的权益为陈某华所有。鉴于此，2020 年 10 月，江某旺、陈某姬和苏州纳合作为申请人就陈某华实际享有权益的发行人股份，即苏州纳合持有的发行人股份在公证处办理了提存公证。

---

〔1〕 摘自《关于苏州纳微科技股份有限公司首次公开发行股票并在科创板上市的补充法律意见书（三）》（2020 年 5 月 22 日出具）。

中新公证处采取的措施是将纳微科技股份过户必要的文件予以封存，即要求苏州纳合把公章、营业执照原件等查验后封存在中新公证处保险柜中保管，并明确要求后续苏州纳合持有的股票 A 股账户、资金账户等原件需要提交中新公证处封存。2020 年 10 月，中新公证处已经通过 EMS 特快专递向陈某华发出了《提存受领通知书》。同日，中新公证处在其官方网站上公告，通知陈某华前来受领提存股份。

问询问题：

实际控制人之一江某旺单方面将代陈某华持有的发行人股份转让给实际控制人陈某姬控制的苏州纳合的行为是否为有效解决实际控制人股权代持的行为，是否导致发行人不符合《科创板首次公开发行股票注册管理办法》第 12 条“控股股东和受控股股东、实际控制人支配的股东所持发行人的股份权属清晰”的发行条件。

案例小结：

通过提存公证的方式解除代持主要涉及公证程序的合法性和完备性，提存的效力、提存股份的表决权行使、对股权权属清晰的影响均是审核机构关注的问题。为了达到有效解除代持的目的并得到审核机构的认可，提存公证的程序要求较高，并且基本要符合事先多次沟通而无法解决代持及有充足证据证明代持关系、代持所涉的股权占比较小等情况。因此，在实务中，除非存在较为棘手的解除障碍，否则一般不会采用该等方式。

4. 如实披露间接股东未解除代持

在间接持股层面上，部分公司可能存在股权代持，但无法通过有效的方式解除代持的情况，若发行人能合理解释其原因和合理性，并论证该等代持不影响股权清晰和实控人股权稳定性，该等客观事实可能得到监管的认可。基于目前监管规定要求发行人全面清理代持的情况，该处理方式不具有普遍性。

案例

福建安井食品股份有限公司

（股票代码：603345，2020 年 6 月 15 日过会）[1]

基本情况：

国力民生为发行人（福建安井食品股份有限公司）的控股股东，戴某寒持有的

---

〔1〕 摘自《关于福建安井食品股份有限公司首次公开发行股票的补充法律意见书（三）》（2015 年 9 月 15 日出具）。

国力民生部分出资额全部系戴某寒为戴某代为持有。

问询问题：

请保荐机构和发行人律师说明戴某寒为戴某代持国力民生3000万元出资额的原因。

问询回复主要内容：

戴某寒和戴某为父子关系，戴某寒为戴某代持国力民生股权的原因主要是戴某为香港居民，长期生活在我国香港特区和其他国家，行使股东权利和尽股东义务存在一定困难，国力民生股东考虑到未来的发展方向，希望能保持纯内资企业的性质，因此，戴某股权交由其父亲戴某寒代为持有。针对上述事项，戴某寒同其夫人王某娟、儿子戴某接受了中介机构的访谈，后律所出具了律师见证书，在访谈和见证书中明确了代持事实。

（三）小结与建议

实践中，股权代持情形较为常见，现行IPO监管规定均要求予以清理。为减少后续的审核障碍，企业应尽快规范，对股权代持事项进行清理。结合过往的IPO案例，审核机构对股权代持的始末均会关注，关注要点具体包括：（1）股权代持的形成。具体包括股权代持的背景和原因、代持行为的真实性、被代持人的股东身份适格性、代持行为的合法合规性、是否存在被处罚的风险等。（2）股权代持的过程。具体包括代持过程中的增资、股权转让、款项支付情况、定价依据和公允性、内部审议程序、工商登记情况等法律程序的完备性，股权代持的具体演变情况。（3）股权代持的解除。具体包括代持还原的具体方式、背景和原因，解除代持的法律程序完备性，纳税义务履行情况，还原时的资金来源，代持清理的彻底性，是否存在现时或潜在的纠纷等。

股权代持存在一定的隐蔽性，并且涉及企业上市的发行条件，是中介机构的核查重点。因此，企业需妥善清理代持情况并进行充分的信息披露，股权代持未彻底清理或未能合理解释前因后果的，均可能引发监管机构的高度关注。

六、交叉持股

（一）理论基础

1. 交叉持股的定义和类型

交叉持股又称相互持股、交互持股等，是指不同企业之间互相持有对方的股权，互为股东的一种状态。交叉持股按照不同的维度可做不同的分类。

从持股的控制关系来看,可分为控制型交叉持股和非控制型交叉持股,其主要区别在于两个公司之间是否因相互持股而达到控制与被控制的关系。

从持股的结构来看,可分为直接型交叉持股和间接型交叉持股,其主要区别在于直接型交叉持股发生在两个公司之间,而间接型交叉持股可发生在多个主体之间,形成循环持股,实务中还存在被设计为环状型、网状型、放射型等复杂形状的持股结构。

从持股的形成原因来看,可分为主动型交叉持股和被动型交叉持股,其主要区别在于公司是否基于特殊的动机或战略安排而设计了交叉持股,抑或只是因吸收合并、司法划转等非公司主观意愿而导致了交叉持股的结果。

2. 交叉持股的法律规定

我国目前关于普通有限公司的交叉持股行为的规定较少,在目前无明文禁止的情况下,普通有限公司的交叉持股行为并不违法。对于与特殊金融领域相关的公司,如证券公司、信托公司、期货公司、基金公司、保险公司、商业银行、金融控股公司、国有金融机构等,基于控制金融风险的需要,我国分别有特殊的规章和规范性文件对其交叉持股行为予以明确的限制,具体规定如表1-6所示。

表1-6　限制交叉持股的主要规定

文件名称及条文序号	生效时间	主要内容
《深圳证券交易所股票上市规则》第3.4.15条	2023年9月4日	上市公司控股子公司不得取得该上市公司发行的股份。确因特殊原因持有股份的,应当在1年内消除该情形,在消除前,上市公司控股子公司不得对其持有的股份行使表决权
《上海证券交易所股票上市规则》第3.4.15条	2023年9月4日	
《深圳证券交易所创业板股票上市规则》第2.3.12条	2023年9月4日	
《上海证券交易所科创板股票上市规则》第4.3.17条	2023年9月4日	
《北京证券交易所股票上市规则(试行)》第4.1.12条	2023年9月4日	上市公司控股子公司不得取得该上市公司的股份。确因特殊原因持有股份的,应当在1年内依法消除该情形。前述情形消除前,相关子公司不得行使所持股份对应的表决权,且该部分股份不计入出席股东大会有表决权的股份总数

续表

文件名称及条文序号	生效时间	主要内容
《证券公司设立子公司试行规定》第十条	2012 年 10 月 11 日	子公司不得直接或者间接持有其控股股东、受同一证券公司控股的其他子公司的股权或股份,或者以其他方式向其控股股东、受同一证券公司控股的其他子公司投资
《信托公司股权管理暂行办法》第二十八条	2020 年 3 月 1 日	按照穿透原则,信托公司股东与信托公司之间不得直接或间接交叉持股
《期货公司监督管理办法》第二十条	2019 年 6 月 4 日	期货公司变更股权有本办法第十九条所列情形的,应当具备下列条件:……(二)期货公司与股东之间不存在交叉持股的情形,期货公司不存在为股权受让方提供任何形式财务支持的情形……
《基金管理公司子公司管理规定》第二十六条	2016 年 12 月 15 日	子公司不得直接或者间接持有基金管理公司、受同一基金管理公司控股的其他子公司的股权,或者以其他方式向基金管理公司、受同一基金管理公司控股的其他子公司投资
《保险集团公司监督管理办法》第三十一条	2021 年 11 月 24 日	保险集团成员公司之间原则上不得交叉持股,子公司及其他成员公司不得持有保险集团公司股权
《商业银行并表管理与监管指引》第二十条	2015 年 7 月 1 日	商业银行应当确保整个银行集团具备清晰的组织架构,并在各附属机构之间保持合理和明确的股权关系,减少不必要的交叉持股、多层控股,避免造成组织架构混乱、管理责任不清、报告路线复杂等问题
《金融控股公司监督管理试行办法》第十八条第二款	2020 年 11 月 1 日	金融控股公司所控股金融机构不得反向持有母公司股权。金融控股公司所控股金融机构之间不得交叉持股。……企业集团整体被认定为金融控股集团的,集团内的金融机构与非金融机构之间不得交叉持股
《财政部关于国有金融机构聚焦主业、压缩层级等相关事项的通知》第二条第二款第二句	2020 年 11 月 17 日	除财务投资外,国有金融机构所属各级子公司不得反向持有母公司股权,国有金融机构所属各级子公司之间不得交叉持股
《关于加强非金融企业投资金融机构监管的指导意见》第九条	2018 年 4 月 19 日	企业与所控股金融机构之间不得交叉持股

上市公司与其子公司交叉持股被法律明确禁止,《公司法》(2023 修订)第 141 条规定,“上市公司控股子公司不得取得该上市公司的股份”。目前,3 家交易所出台的上市规则中均明确禁止上市公司与控股子公司间的交叉持股,如因特殊原因(实务中包括司法划转、被动持有等)导致持股,则应在 1 年内消除交叉持股情形,且消除前上市公司控股子公司不得对其持有的股份行使表决权。北交所在以上通用规定的基础上还额外规定了上市公司控股子公司持有股份不计入出席股东会有表决权的股份总数。值得注意的是,3 家交易所出台的上市规则中禁止的只是上市公司与控股子公司之间的交叉持股,对于拟 IPO 企业或上市公司与其他公司之间的非控制型交叉持股,相应规则并未明确限制。

3. 交叉持股的风险

部分公司主动搭建交叉持股结构的原因主要是因为该模式具有相应的积极作用。例如,稳定和加强控制权,防止恶意收购;强化相互持股公司之间的合作;公司间换股以作多元化经营,分散各类风险等。但对于 IPO 企业而言,交叉持股本身即存在多种问题和风险,主要包括以下四个方面。

一是股权结构不清晰。在交叉持股模式下,尤其是在间接型交叉持股模式下,不同主体之间的股权关系错综复杂,梳理难度较大。对于拟上市主体而言,此种模式会导致其股权结构不清晰,甚至影响其控股股东和实际控制人的认定,对公司内部治理的成本和有效性也有一定的负面影响。

二是虚增资本。交叉持股导致相应的出资在不同公司之间来回流转,即事实上同一笔出资在不同公司的注册资本金中被重复计算,进而容易出现公司在实质上做空注册资本,表面上完成注册资本的实缴,但经资金一番流转后公司的净资本并未增加的情形。这既与《公司法》的资本法定原则相悖,也损害了公司其他债权人的权益。

三是滋生关联交易和利益输送。公司因交叉持股的关系而更容易实现公司间的信息互通。控制型交叉持股在实务中较为常见,因控制关系的存在,大股东容易借此控制不同公司间的关联交易,再加上间接型交叉持股结构的隐蔽性更强,公司间更容易利用该等股权结构进行利益输送。

四是影响独立性。控制型交叉持股模式下,公司之间的关联性较强,控制权较为集中,在未做好人、财、物等方面的有效隔离时,此种模式容易造成公司的人格混同,影响公司的独立性。

(二)典型案例

1. 清理交叉持股

案例

新疆洪通燃气股份有限公司

(股票代码:603393,2020 年 9 月 3 日过会)[1]

问询问题:

米泉公司、博湖公司以及乌市公司既是发行人(新疆洪通燃气股份有限公司)前身鑫泰有限公司的大股东,又是发行人前身鑫泰有限公司控股子公司"循环交叉持股"的形成过程及其合法合规性;发行人前身鑫泰有限公司的相关股东是否存在以公司自有资产重复出资的情况,是否存在以对鑫泰有限公司出资的方式抽逃出资、出资不实的情形;此种"循环交叉持股"及其清理是否合法合规,是否会受到行政处罚或存在其他重大违法违规行为的情形。请保荐机构和发行人律师说明上述有关事项的核查过程和依据并发表结论性意见。

问询回复主要内容:

1. 米泉公司、博湖公司以及乌市公司既是发行人前身鑫泰有限公司的大股东,又是发行人前身鑫泰有限公司控股子公司的"循环交叉持股"形成过程及其合法合规性。

(1)循环交叉持股的形成:2007 年 5 ~ 6 月,鑫泰有限公司及鑫泰各地公司进行了股权架构调整。在上述股权架构调整过程中,因所涉公司办理工商变更登记的时间存在差异,鑫泰有限公司和米泉公司、博湖公司及乌市公司形成了短暂的循环交叉持股。

(2)循环交叉持股的期间:鑫泰有限公司控股子公司循环交叉持股的具体情况仅发生于 2007 年 5 ~ 6 月。

(3)循环交叉持股的合法合规性:鑫泰有限公司该等交叉持股情形仅发生在发行人及其控股子公司股权架构调整的 1 个月内,系实际办理各公司股权转让工商变更登记的时间差异所致,未对发行人及其子公司造成重大不利影响,且经律师查询,我国法律未限制交叉持股,仅在关于商业银行、期货公司、保险公司、金融

---

[1] 摘自《关于新疆洪通燃气股份有限公司首次公开发行股票并上市的补充法律意见书(一)》(2019 年 9 月 10 日出具)。

资产公司、金融控股公司等的部门规章中因控制金融风险的需要规定该等金融类企业原则上不得交叉持股。中国证监会关于《各上市公司和相关会计师事务所切实做好2010年年报编制、披露和审计工作》(中国证监会公告〔2010〕37号)中规定,"会计师事务所在年报审计过程中,应重点关注公允价值、交叉持股、资产减值、关联交易、权益性交易等重点领域,履行充分的审计程序,获取足够的审计证据,以确保相关财务报表列报的准确性",亦未禁止交叉持股。据此,鑫泰有限公司历史上短暂的交叉持股,不违反法律、法规的禁止性规定。

2. 发行人前身鑫泰有限公司的相关股东是否存在以公司自有资产重复出资的情况,是否存在以对鑫泰有限公司出资的方式抽逃出资、出资不实的情形。

鑫泰有限公司设立时,米泉公司、乌市公司及博湖公司以其实物资产向鑫泰有限公司出资,存在股东实物资产出资未及时到位的情形。米泉公司、乌市公司及博湖公司有权以其自有资产向鑫泰有限公司出资,且并未再以其自有资产重复向其他企业出资,不存在以对鑫泰有限公司出资的方式抽逃出资的情形。在向鑫泰有限公司实物出资未到位的情形下,业已通过其股权补足鑫泰有限公司的出资,因此,米泉公司、乌市公司及博湖公司不存在以其自有资产重复出资的情形。

3. 此种"循环交叉持股"及其清理是否合法合规。

鑫泰有限公司因对其设立时股东出资未及时到位的问题进行纠正而在其进行股权架构调整的过程中,即于2007年5~6月产生了循环交叉持股,但循环交叉持股情形存在期间仅为1个月,并已经其股东自行纠正,未对发行人及其子公司造成重大不利影响,不违反法律、法规的禁止性规定,其清理履行或补充履行了必要的法律程序,合法、合规。

4. 是否会受到行政处罚或存在其他重大违法违规行为的情形。

新疆维吾尔自治区工商局出具确认函,确认交叉持股事项的形成原因、情形已消除,不作处罚。新疆维吾尔自治区工商局乌鲁木齐高新技术产业开发区分局出具证明,确认发行人在相关期间内无因违反工商行政管理法律、法规相关规定而受到处罚的情形。

案例小结:

该案例中,发行人的前身曾存在交叉持股的情形,根据其说明,该情形系公司进行股权架构调整时产生的,属于被动型交叉持股,且存续期间较短,仅持续了1个月便以股权转让的方式对其予以清理。除形成原因外,审核部门还关注了交叉持股是否违反出资规定及其他法律规定。对此,发行人解释了具体的出资过程和补足措施,并结合交叉持股现有规定确认其行为的合法合规性,还提供了主管部门的证明文件予以兜底。该等清理和规范工作做得相对彻底,解释也相对清晰且依据充足。

2. 保留交叉持股

案例

青岛百洋医药股份有限公司

(股票代码:301015,2020年12月17日过会)[1]

问询问题:

第三轮审核问询:根据审核问询回复,发行人(青岛百洋医药股份有限公司)股东天津清正的合伙人中存在多名美国安士、中山安士董事。请发行人补充披露天津清正入股发行人的原因、定价依据及合理性;穿透核查并列表披露发行人与美国安士、中山安士的股东交叉持股的情况,说明上述交叉持股的原因及合理性,发行人股东是否存在持有美国安士及其实际控制人控制的其他企业的情况。

上市委审议意见:请发行人在招股说明书中补充披露交叉持股等因素对发行人迪巧系列产品业务独立性的影响。

问询回复主要内容:

1. 发行人与安士公司交叉持股的基本情况。

(1)发行人持有安士公司股份主要是出于稳定经营和维护自身利益的目的。

目前,发行人共持有中山安士27.94%的股权;基于参股地位,发行人两名董事兼任中山安士董事。该参股行为系发行人采取的防御性行为,有利于加深双方合作关系。

(2)安士公司持有发行人股份主要是出于谋求财务回报的目的。

目前,中山安士管理人员徐某先、徐某波、王某平、陆某仪通过天津清正持有青岛百洋医药股份有限公司的股份,合计间接持有发行人股份比例为0.21%。中山安士相关人员作为发行人商业合作伙伴中山安士的代表,以外部投资者同样价格投资发行人,谋求投资回报,持股比例较低,系财务投资行为。

2. 发行人与安士公司交叉持股的情况不会对发行人的独立性造成负面影响。

(1)品牌运营公司和品牌方成立合资公司系行业常见的合作模式;(2)安士公

[1] 摘自《关于青岛百洋医药股份有限公司首次公开发行股票并在创业板上市的补充法律意见书(四)》(2020年11月4日出具)、《关于〈关于对青岛百洋医药股份有限公司上市委审议意见的落实函〉的回复》(2020年12月21日出具)。

司持有的发行人股份比例极低,不足以对发行人的独立性造成影响;(3)参股中山安士是发行人保障自身权益的参股行为,不会对发行人的独立性造成负面影响。

3. 迪巧业务的紧密合作方式亦对发行人从事"迪巧"类似产品业务作出限制,但不会对发行人造成重大负面影响。

迪巧业务系发行人及安士公司的核心业务,迪巧业务的稳定符合双方共同利益,双方采用了交叉持股等方式巩固合作关系。在相关合作模式下,一方面,发行人可以有效保障迪巧业务的持续稳定;另一方面,发行人不得从事其他"迪巧"类似产品的业务,对发行人的业务经营具有一定的限制。但总体而言,上述业务限制不会对发行人的持续经营造成重大负面影响,因为迪巧业务具有良好的市场空间,而且发行人可以持续引入新品牌,增强盈利能力。

综上,发行人及安士公司通过交叉持股等方式加深了业务合作。一方面,双方现有的合作方式不会对发行人的独立性造成不利影响;另一方面,上述深入合作的方式亦不会对发行人的持续经营造成重大负面影响。

案例小结:

该案例中,发行人与供应商存在交叉持股的情形,审核部门关注到交叉持股的形成原因及合理性、是否存在其他隐形控制关系、交叉持股对业务独立性的影响。发行人并未对交叉持股予以清理,而是充分披露和解释具体原因,并从持股比例、持股目的、行业惯例、自身业务质量等角度论证其合理性,说明保留交叉持股不会对企业的经营造成重大负面影响,该种处理方式最终获得了审核部门的认可。

(三)小结与建议

拟 IPO 企业不得与其控股子公司交叉持股。对于其他形式的交叉持股,我国法律并未明确禁止。鉴于交叉持股本身存在的风险,为降低 IPO 审核被否决的风险,建议拟 IPO 企业提前对交叉持股予以清理。实务中,大多数企业清理交叉持股最常用的方式便是股权转让,或通过减资方式退出持股,清理时需特别关注所涉法律程序的合法合规性。

如果企业确有特殊的经营需求而选择保留交叉持股(不属于与控股子公司交叉持股),则需做好全面披露、充分论证的准备。根据审核部门惯常的问询思路,发行人一般需详细披露具体的交叉持股状态、形成原因、形成过程,出资过程是否合法合规,是否存在关联交易,是否影响发行人的独立性,是否影响发行人的持续经营。发行人只有提供充分的依据才能经受住监管问询的压力。

结合市场上的案例,在论证解释交叉持股问题时,不少公司会从以下通用的角度进行说明:一是交叉持股的比例相对较低;二是交叉持股的形成期间较短;三是相关主管部门针对交叉持股行为出具专门的确认函或合规证明;四是以承诺尽快清理等方式提供合理的解决方案。

七、股权受限和涉诉

(一)理论基础

拟 IPO 企业在申报前或审核期间可能会出现股权质押、冻结等受限情况或涉及诉讼、仲裁情况,股权受限和涉诉主要涉及股权稳定性和发行人持续经营能力,在不影响发行条件的前提下,股权受限和涉诉本身不当然构成发行障碍。

1. 股权受限和涉诉的审核规定

企业 IPO 需股权清晰,不存在可能会导致控制权变动的重大权属纠纷,这是上市规则对企业上市的基本要求。与此相关的股权受限和涉诉问题主要审核规则如表 1 – 7 所示。

表 1 – 7　股权受限和涉诉的主要审核规则

发文机关	文件名称	生效时间	主要内容
中国证监会	《监管规则适用指引——发行类第 4 号》4 – 7	2023 年 2 月 17 日	对于控股股东、实际控制人支配的发行人股权出现质押、冻结或诉讼仲裁的,发行人应当按照招股说明书准则要求予以充分披露;保荐机构、发行人律师应当充分核查发生上述情形的原因,相关股权比例,质权人、申请人或其他利益相关方的基本情况,约定的质权实现情形,控股股东、实际控制人的财务状况和清偿能力,以及是否存在股份被强制处分的可能性、是否存在影响发行人控制权稳定的情形等。对于被冻结或诉讼纠纷的股权达到一定比例或被质押的股权达到一定比例且控股股东、实际控制人明显不具备清偿能力,导致发行人控制权存在不确定性的,保荐机构及发行人律师应充分论证,并就是否符合发行条件审慎发表意见。 对于发行人的董事、监事及高级管理人员所持股份发生被质押、冻结或发生诉讼纠纷等情形的,发行人应当按照招股说明书准则的要求予以充分披露,并向投资者揭示风险

续表

发文机关	文件名称	生效时间	主要内容
深交所	《深圳证券交易所股票发行上市审核业务指南第3号——首次公开发行审核关注要点》8-1	2023年8月21日	如为控股股东、实际控制人,发行人应在招股说明书中披露控股股东和实际控制人直接或间接持有发行人的股份是否存在被质押、冻结或发生诉讼纠纷等情形,上述情形产生的原因及对发行人可能产生的影响。发行人应列表披露董事、监事、高级管理人员、其他核心人员及其配偶、父母、配偶的父母、子女、子女的配偶以任何方式直接或间接持有发行人股份的情况,持有人姓名及所持股份被质押、冻结或发生诉讼纠纷的情况。股份被质押、冻结或发生诉讼纠纷的,发行人应披露原因及对发行人可能产生的影响
上交所	《上海证券交易所发行上市审核业务指南第4号——常见问题的信息披露和核查要求自查表》第一号首次公开发行2-13	2023年3月18日	发行人应根据《招股书准则》第三十二条(二)、第三十八条的要求进行信息披露。 对于发行人的董事、监事及高级管理人员所持股份发生被质押、冻结或发生诉讼纠纷等情形的,发行人应当按照招股说明书准则的要求予以充分披露,并向投资者揭示风险
北交所	《北京证券交易所向不特定合格投资者公开发行股票并上市业务规则适用指引第1号》第1-27条	2023年2月17日	发行人及中介机构应当按照本所发行上市审核相关规定,对下列重大事项进行报告、核查并发表明确意见:……(三)发行人控股股东和受控股股东、实际控制人支配的股东所持发行人股份被质押、冻结、拍卖、托管、设定信托或者被依法限制表决权,或发生其他可能导致控制权变更的权属纠纷
中国证监会、司法部、中华全国律师协会	《监管规则适用指引——法律类第2号:律师事务所从事首次公开发行股票并上市法律业务执业细则》第十七条	2022年2月27日	律师应当查验控股股东、实际控制人支配的发行人股份,以及董事、监事、高级管理人员、核心技术人员及其近亲属直接或者间接持有的发行人股份是否存在质押、冻结或者诉讼仲裁纠纷的情形。如存在,应当确认该质押对发行人可能产生的影响。 对控股股东及实际控制人直接或者间接持有的发行人股份存在质押、冻结或者诉讼仲裁纠纷情形的,律师应当查验上述情形发生的原因,相关股权比例,质权人、申请人或者其他利益相关方的基本情况,约定实现质权的情形,控股股东及实际控制人的财务状况和偿债能力,是否存在股份被强制处分的可能性,执行质押、冻结后发行人控股股东及实际控制人是否会发生变化,是否影响发行人控制权的稳定

续表

发文机关	文件名称	生效时间	主要内容
中国证监会	《公开发行证券公司信息披露的编报规则第 12 号——公开发行证券的法律意见书和律师工作报告》第三十六条	2001 年 3 月 1 日	发行人的股本及演变：……（三）发起人所持股份是否存在质押，如存在，说明质押的合法性及可能引致的风险
中国证监会	《保荐人尽职调查工作准则》（2022 修订）第十六条	2022 年 5 月 27 日	通过现场调查、咨询中介机构、走访市场监督管理部门，查阅发行人主要股东的营业执照、公司章程、财务报告及审计报告（如有），访谈相关人员，获取私募基金股东及管理人备案资料，获取自然人股东的国籍、身份信息、住址等方式，调查或了解以下事项：……主要股东所持发行人股份的质押、冻结和其他限制权利的情况

2. 股权质押的常见类型

拟上市企业中的股权质押相对常见，结合实务情况和过往案例，可从不同角度将股权质押分类如下：

从股权质押所担保的债务人的角度，可分为股东为担保发行人债务所作的质押以及股东为担保自身债务或第三人债务所作的质押。其中，在股东为发行人债务所作的质押中，如果发行人具备较强的债务清偿能力，则该等股权质押引发股权变动和纠纷的风险较小；针对股东为自身债务或第三人债务所作的质押，审核机构会额外关注股东自身或第三人的清偿能力、清偿安排、质押风险。

从股东地位的角度，可分为控股股东、实际控制人的股权质押，以及中小股东的股权质押。其中，控股股东、实际控制人的股权质押，需严格按照首发问答的要求详细披露具体的财务状况、清偿能力、强制处分的可能性和具体影响；中小股东的股权质押不涉及实际控制人的地位问题，对发行人的影响较小，一般存在较大的解释空间，监管部门对其的监管态度也较为宽容。

从质押的股权比例大小的角度，可分为小比例的股权质押，以及大比例的股权质押。其中，大比例的股权质押因发生债务违约而被强制处分时会对股权结构产生较大影响。因此，一般需避免此种情形或予以及时清理。

（二）典型案例

1. 控股股东、实际控制人的大比例股权质押且未解除的

案例

湖南飞沃新能源科技股份有限公司

（股票代码：301232，2022 年 7 月 22 日过会）[1]

问询问题：

申报材料显示，发行人（湖南飞沃新能源科技股份有限公司）控股股东、实际控制人张某君及其妻李某军、发行人主要股东刘某通过上海弗沃间接持有的公司股份均被进行了股票质押，合计 4，224，495 股，占发行人总股本的 10.50%。请发行人补充披露质权人的基本情况，约定关于质权的实现情形，控股股东、实际控制人的财务状况和清偿能力，以及是否存在股份被强制处分的可能性，是否影响发行人控股股东、实际控制人所持发行人股份权属清晰。

问询回复主要内容：

上海弗沃的股权质押系股东为发行人银行借款提供的反担保措施。控股股东、实际控制人张某君多年来积累了包括现金、房产、车辆在内的个人资产，财务状况良好，具有较强的债务清偿能力。

上海弗沃的股权质押系为发行人 4000 万元银行借款提供反担保。截至 2020 年 6 月 30 日，发行人归属母公司的净资产为 822，707，073.44 元，母公司的期末现金及现金等价物余额为 46，288，667.14 元。据此，发行人经营状态良好，具备清偿能力。

除上海弗沃以股权质押为发行人 4000 万元银行借款提供反担保外，张某君还对前述银行借款提供了连带保证。张某君已就前述银行借款出具承诺，若发生发行人无法对前述银行借款进行偿还的情况，其将采取措施及时清偿前述银行借款，避免上海弗沃所持发行人的质押股权被处分。

上海弗沃所持的质押股权系为发行人银行借款提供的反担保，发行人经营状态良好，具备清偿能力。若发行人如期还款，则上海弗沃所持的质押股权不会被处分；若发行人无法如期还款，张某君已承诺采取措施及时清偿。因此，上海弗沃

[1] 摘自《关于湖南飞沃新能源科技股份有限公司首次公开发行股票并在创业板上市的补充法律意见书（一）》（2021 年 2 月 20 日出具）。

所持的质押股权被处分的可能性较低，不会影响发行人控股股东、实际控制人所持发行人股份权属清晰。

2. 实际控制人（一致行动人）股权被冻结且未解除的

案例

爱博诺德(北京)医疗科技股份有限公司

(股票代码:688050,2020 年 5 月 22 日过会)[1]

问询问题：

毛某平所持发行人[爱博诺德(北京)医疗科技股份有限公司，以下简称爱博有限公司]股份已被广州市天河区人民法院冻结，冻结期限为 2020 年 2 月 24 日～2023 年 2 月 23 日。毛某平为实际控制人解某冰的一致行动人。请发行人进一步说明：(1)毛某平所持发行人股份被冻结的原因，相关事项是否涉及发行人；(2)实际控制人的一致行动人所持发行人股份被法院冻结是否影响实际控制人的控制权，是否存在导致控制权可能变更的重大权属纠纷。

问询回复主要内容：

毛某平所持发行人股份被广州市天河区人民法院冻结系其个人民事纠纷所致，发行人与毛某平、刘某之间的纠纷无关。根据毛某平的确认，其真实持有发行人的股权，所持股权权属清晰。

基于以下原因，毛某平所持发行人股份被司法冻结不影响发行人实际控制人的控制权，不存在导致控制权可能变更的重大权属纠纷，相关事项对发行人无重大不利影响，不会对本次发行上市构成实质性法律障碍。第一，刘某已作为原告对毛某平提起诉讼，相关初审诉讼尚未开庭审理，毛某平尚未就所涉纠纷取得生效判决，因此尚不存在毛某平所持发行人股份被强制执行的情况；第二，毛某平确认其拥有足够财产能够覆盖刘某的诉讼请求，其与刘某的诉讼不会导致毛某平和/或白某所持发行人股份被法院执行；第三，毛某平所涉纠纷系其与刘某之间基于弘浩明传股权转让引起的民事纠纷，不涉及发行人股权权属问题，即使毛某平所持发行人全部股份被强制执行，亦不会影响发行人实际控制人的控制权；第四，毛某平系爱博有限公司设立时的天使投资人，未参与过发行人日常经营，对发行人的研发、生产和销售的贡献较小，即使毛某平所持发行人股份最终全部被人民

[1] 摘自《关于爱博诺德(北京)医疗科技股份有限公司首次公开发行股票并在科创板上市的补充法律意见书(二)》(2020 年 4 月 29 日出具)。

法院强制执行，对发行人也并无重大不利影响，不会对本次发行上市构成实质性法律障碍。

（三）小结与建议

实务中，公司出现股权受限或涉诉的情况并不少见，该等情况可能会导致发行人的股权变动，影响发行人股权清晰、实际控制权的稳定性、公司持续稳定经营等要求。对于股权受限和涉诉的情况，一般需关注以下几个方面的重点问题。

一是受限股权的主体。如果是控股股东和实际控制人的股权发生质押、被冻结等受限情况，则将会直接影响控制权，建议控股股东和实际控制人尽早彻底解除受限情况，避免审核障碍；如果是小股东所持股权受限，对发行人的影响相对较小，一般做好充分合理的信息披露即可。

二是受限比例的大小。持股 5% 的股东即被认定为大股东，如受限股权的比例超过 5% 且未能在发行人上会前解除，该等受限情况对发行人的影响较大，可能引起监管机构的特别关注；如发行人的股权结构相对分散且受限股权的比例低于 5%，一般如实披露不会对上市造成重大影响。

三是股权受限的解决措施。如公司未能在上会前解除股权受限，一般需充分说明对应的解除措施。解除措施具体包括：详细说明质权实现条件、诉讼案件的具体进展等，以说明受限情况的解除预期；说明持股人的具体财产状况，是否具备充足的资产作为股权被强制处分时的替代履行方式；由持股人出具承诺确保其以其他财产清偿债务，消除受限股权被强制处分带来的负面影响。

八、对赌协议

（一）理论基础

1. 对赌协议的概念及类型

对赌协议又称估值调整协议/估值调整机制（VAM），是私募股权投资领域一种常用的商务条款安排。根据《九民纪要》中的定义，对赌协议是指投资方与融资方在达成股权性融资协议时，为解决交易双方对目标公司未来发展的不确定性、信息不对称以及代理成本而设计的包含了股权回购、金钱补偿等对未来目标公司的估值进行调整的协议。

设置对赌协议的意旨一方面是保障投资方的投资权益，确保其在目标公司无法实现对赌目标时能得到补偿;另一方面是激励目标公司的经营者积极经营和发展目标公司,努力实现对赌目标,以创造更大的价值收益。由此可见,对赌协议本质上是投资方和融资方在市场运作的不确定性、信息的不对称性下,通过提前设置补偿机制以调整和平衡双方在投资项下的权利义务的一种风险防范机制。

对赌协议的签署形式主要包括三种:(1)目标公司作为对赌义务主体签署;(2)目标公司的股东或实际控制人作为对赌义务主体签署;(3)目标公司与其股东或实际控制人共同作为对赌义务主体签署。

对赌协议对目标公司无法实现对赌目标时的补偿机制的常见类型包括以下三种:(1)股权回购型,即目标公司未能实现对赌目标时,对赌义务主体应无偿或低价回购投资方所持目标公司的股权。(2)股权补偿型,即目标公司未能实现对赌目标时,投资方有权调整其投前估值,要求对赌义务主体(一般为目标公司的股东或实际控制人)向投资方无偿或低价转让股权,或由目标公司向投资方增发新股。(3)现金补偿型,即目标公司未能实现对赌目标时,对赌义务主体应按照约定的计算方式以现金形式向投资方支付补偿款项。除上述三种补偿机制外,投资方一般还会在对赌协议中设置各种优先的特殊股东权利,包括但不限于优先清算权、优先利润分配权、反稀释权、领售权、共同出售权、最优惠待遇、新投资方进入的限制、股东或董事一票否决权等权利类型。

2. 对赌协议的合法性

对于投资方与目标公司的股东或者实际控制人订立的对赌协议,如无其他无效事由,应认定有效并支持实际履行,实践中对此并无争议。但对于投资方与目标公司签署的对赌协议的合法效力问题,实务中一直存在较大的争议,直至 2019 年年底《九民纪要》出台,司法机关对此作了较为明确的规定后,这一问题才得以解决。根据《九民纪要》的规定,在不存在法定无效事由的情况下,投资方与目标公司订立的对赌协议有效。当投资方请求目标公司回购股权或承担金钱补偿义务时,需依据《公司法》(2023 修订)第 53 条关于"股东不得抽逃出资"或者第 162 条关于股份回购的强制性规定进行审查,经审查,目标公司未完成减资程序的,不予支持回购请求;经审查,目标公司没有利润或者虽有利润但不足以补偿投资方的,不予支持金钱补偿请求,投资方可在日后目标公司有利润时另行起诉。

3. IPO 对赌协议的审核要求

由《九民纪要》的规定可见,法院在认定对赌协议的效力时主要考虑的因素包括:是否违反《公司法》的资本维持原则及股东不得抽逃出资、股份回购的强制性规定,是否损害公司和债权人的利益,是否违反公司利润分配原则等。但在企业上市过程中,除上述关注重点外,IPO 审核部门对对赌协议的监管态度还需结合 IPO 本身的各项合规要求来看。

根据对赌协议的不同补偿机制类型,对赌协议在 IPO 中可能存在以下三个问题:(1)股权回购型和股权补偿型的对赌协议存在造成企业股权结构不稳定、控制权不稳定等的风险;(2)现金补偿型的对赌协议可能造成负有回购义务的股东或实际控制人承担大额金钱债务,股东为解决资金来源问题容易采取占用公司资金、对公司进行大额分红等方式,影响公司的稳定经营,且当股东无力履行时还容易产生诉讼纠纷,股东股权可能被采取冻结等保全措施,同样影响股权稳定性;(3)对赌协议中的其他特殊股东权利条款存在违反《公司法》同股同权的规定、损害中小股东利益的问题,同时影响实际控制人的认定。

综上,对赌协议与 IPO 本身的审核监管要求存在多处冲突,因此审核部门对其基本持否定态度。但随着监管政策的发展,目前审核部门虽然原则上要求清理对赌协议,但在满足相应条件的情况下,对赌协议可予保留。对于 IPO 中如何把握对赌协议等类似安排,中国证监会最新发布的《监管规则适用指引——发行类第 4 号》明确规定,"投资机构在投资发行人时约定对赌协议等类似安排的,保荐机构及发行人律师、申报会计师应当重点就以下事项核查并发表明确核查意见:一是发行人是否为对赌协议当事人;二是对赌协议是否存在可能导致公司控制权变化的约定;三是对赌协议是否与市值挂钩;四是对赌协议是否存在严重影响发行人持续经营能力或者其他严重影响投资者权益的情形。存在上述情形的,保荐机构、发行人律师、申报会计师应当审慎论证是否符合股权清晰稳定、会计处理规范等方面的要求,不符合相关要求的对赌协议原则上应在申报前清理。发行人应当在招股说明书中披露对赌协议的具体内容、对发行人可能存在的影响等,并进行风险提示"。

此外,《深圳证券交易所创业板股票首次公开发行上市审核问答》以及《上海证券交易所关于红筹企业申报科创板发行上市有关事项的通知》(2020 年 6 月 5 日发布生效)还额外针对红筹企业对赌协议优先权利特别安排的审核要求作了规定,即红筹企业向投资机构发行带有约定赎回权等优先权利的股份或可转换债券(以下统称优先股)时,发行人和投资机构应当约定并承诺在申报和发行过程中不行使优先权利,并于上市前终止优先权利、转换为普通股。投资机构按照其取得优先股的时点适用相应的锁定期要求。

（二）典型案例

1. 彻底终止对赌协议

案例

广东万年青制药股份有限公司

（股票代码:301111,2021 年 6 月 18 日过会）[1]

问询问题：

根据申报材料,2017 年 12 月和 2018 年 2 月,发行人（广东万年青制药股份有限公司）实际控制人向中小企业基金、郑某龙、依星伴月、海铂星一号、圣商创邦、合和投资和银石八号转让发行人股份,并在相关股权转让协议及其补充协议中约定了业绩承诺、股份回购等条款,发行人作为签约方需要承担相关义务。请发行人说明:(1)股权转让协议及其补充协议中的特殊权利条款的具体内容,特殊权利条款终止的时间及具体方式,是否附有恢复条款;郑某龙在签订终止协议前已对外转让了股份,受让方是否承继了相关权利,是否应当清理,是否符合《深圳证券交易所创业板股票首次公开发行上市审核问答》问题 13 的规定。(2)在特殊权利条款终止前,是否已触发业绩补偿、股份回购等条款,发行人等是否需要承担相关义务,是否存在纠纷或潜在纠纷。请保荐机构、发行人律师核查并发表明确意见。

问询回复主要内容：

发行人详细披露了股权转让协议及其补充协议中的特殊权利条款的具体内容。2019 年 6 ~ 8 月,发行人陆续与投资方签署补充协议终止对赌条款和特殊股东权利条款,且不附有恢复条款。发行人通过列表详细比对披露了具体的对赌条款内容和实际履行情况等,说明在特殊权利条款终止前,公司与相关股东之间不存在业绩补偿的约定,与部分股东之间存在触发股份回购条款的情形,但该等股东同意公司延后提交 IPO 申请,未行使该回购请求权,即事实上豁免了发行人的回购义务。

---

[1] 摘自《关于广东万年青制药股份有限公司申请首次公开发行股票并在创业板上市的法律意见书》(2021 年 9 月 29 日出具)。

2. 保留对赌协议

案例

四会富仕电子科技股份有限公司

(股票代码:300852,2020年5月14日过会)[1]

问询问题:

第一次反馈意见:发行人(四会富仕电子科技股份有限公司,以下简称富仕公司)及相关主体与中瑞汇川、人才基金之间存在对赌协议类似安排。请发行人说明股东与发行人及相关主体之间的对赌协议或类似安排是否符合有关监管要求的规定。请保荐机构、发行人律师核查上述问题并发表明确意见。

上会前告知函反馈意见:发行人及相关主体与人才基金之间存在对赌协议类似安排,截至目前仍存在尚未解除的情况。请发行人补充说明:(1)相关文件中有关股权回购或业绩补偿条款的具体内容,对赌承诺业绩的确定依据,有关业绩承诺是否均已完成,是否存在触发前述对赌条款的违约情形;(2)上述对赌协议未解除的原因,相关中止、终止的特殊条款在合格上市后是否仍旧存续,是否存在损害其他投资者利益的安排或风险;(3)相关主体间的对赌安排是否存在潜在争议或纠纷,是否存在应披露而未披露的情形及其他利益安排,是否影响发行人股权结构清晰、稳定。请保荐机构、律师和会计师发表核查意见。

问询回复主要内容:

1. 人才基金与富仕公司及相关主体之间签订的对赌协议执行情况。

2017年12月,富仕公司、四会明诚、一鸣投资、天诚同创及发行人实际控制人刘某明、温某峰、黄某成与人才基金签署了补充协议。该补充协议涉及股权回购、公司治理、股权转让限制、优先认购权、反稀释、优先清算、投资人转让便利、平等对待等条款,上述条款均未触发。2019年9月,富仕公司、四会明诚、一鸣投资、天诚同创及发行人实际控制人刘某明、温某峰、黄某成与人才基金签署了补充协议二。

补充协议二符合《首发业务若干问题解答(一)》关于对赌协议的规定,具体分析如下:

(1)补充协议二已经解除了富仕公司应该承担的义务,其仅为富仕公司股东之间的对赌安排,富仕公司不作为对赌协议当事人,符合发行人不作为对赌协议

[1] 摘自《关于公司首次公开发行股票并在创业板上市的补充法律意见书(一)》(2019年9月6日出具)、《关于公司首次公开发行股票并在创业板上市的补充法律意见书(五)》(2020年4月29日出具)。

当事人的规定；

(2)本次发行前，富仕公司实际控制人刘某明、温某峰和黄某成三人合计能够实际支配富仕公司86.79%的股份表决权，上述股权回购不存在导致富仕公司控制权变化的情形，符合对赌协议不存在可能导致公司控制权变化的规定；

(3)补充协议二约定人才基金有权在相应情形下要求四会明诚、一鸣投资、天诚同创和/或刘某明、温某峰、黄某成回购其持有的股权，上述股权回购不与富仕公司市值挂钩，符合对赌协议不与市值挂钩的规定；

(4)补充协议二约定的股权回购等事宜不存在严重影响发行人持续经营能力或者其他严重影响投资者权益的情形。

2. 中瑞汇川与富仕公司及相关主体之间签订的对赌协议执行情况。

2017年12月，富仕公司、四会明诚、一鸣投资、天诚同创及发行人实际控制人刘某明、温某峰、黄某成与中瑞汇川签署了补充协议，该补充协议涉及股权回购、公司治理、股权转让限制、优先认购权、反稀释、优先清算、投资人转让便利、平等对待等条款，上述条款均未触发。补充协议约定补充协议在目标公司向中国证监会递交首次公开发行股票上市申报材料时自动终止，富仕公司已递交了申报材料，故该补充协议自动终止，相应的对赌条款亦终止。

综上所述，人才基金与富仕公司及相关主体之间签订的补充协议二符合《首发业务若干问题解答(一)》关于对赌协议的规定；中瑞汇川与富仕公司及相关主体之间签订的对赌协议已终止，富仕公司股权结构清晰，符合《首次公开发行股票并在创业板上市管理办法》[1]等监管要求的规定。

3. 上述对赌协议未解除的原因，相关中止、终止的特殊条款在合格上市后是否仍旧存续，是否存在损害其他投资者利益的安排或风险。

(1)对赌协议未解除的原因：人才基金为控制风险、实现国有资产的保值增值而未终止上述补充协议中的回购条款。

(2)是否存续：人才基金与发行人实际控制人刘某明、温某峰、黄某成及四会明诚、一鸣投资、天诚同创之间仅存在股权回购条款，其他特殊条款均已终止。2020年3月，人才基金、刘某明、温某峰、黄某成、四会明诚、一鸣投资、天诚同创及其发行人签订补充协议三，上述股权回购条款将在公司上市后终止。

(3)是否损害其他投资者利益：根据发行人提供的各份补充协议，如公司上市

---

[1] 现已失效。

后,股权回购条款将终止,且不存在其他协议或者利益安排,故不存在损害其他投资者利益的安排或风险。

4. 相关主体间的对赌安排是否存在潜在争议或纠纷,是否存在应披露而未披露的情形及其他利益安排,是否影响发行人股权结构清晰、稳定。

人才基金、发行人的实际控制人出具声明,声明相关主体间的对赌安排不存在潜在争议或纠纷,不存在应披露而未披露的情形及其他利益安排。

人才基金所持公司股份比例较小,本次发行前,富仕公司共同实际控制人刘某明、温某峰和黄某成三人合计能够实际支配富仕公司86.79%的股份表决权,而人才基金持有富仕公司股份的比例为3.20%,持股比例较小,即使相关主体回购股份,也不会对富仕公司的股权稳定性产生影响,富仕公司的实际控制人也不会发生变化。

富仕公司实际控制人有足够的能力支付补充协议二约定的股权回购款。协议约定,若公司未能上市,截至2019年年末,回购方应支付回购的股权转让款1793.17万元。富仕公司实际控制人的资信状况良好,资金筹集能力较强,有能力支付上述回购的股权转让款。

案例小结:

该案例为市场上首个保留对赌协议并成功过会的案例。该案例中,发行人存在两份对赌协议,其中一份由各方签署补充协议,以申报材料为失效条件予以终止;另一份因投资方为国资背景无法终止,故发行人保留了其对赌约定,并同时对具体内容进行修订,主要包括解除发行人承担的对赌义务,终止特别股东权利条款。该案例中所保留的对赌协议的投资方为国有企业且持股比例较低,且回购对价相对较低,由此,发行人以此充分论证了保留对赌协议不影响发行人的控制权。

3. 签署附恢复条款的终止协议

案例

迪哲(江苏)医药股份有限公司

(股票代码:688192,2021年9月9日过会)[1]

问询问题:

请保荐机构、发行人律师梳理发行人对赌协议及清理情况,并结合《审核问

---

〔1〕 摘自《关于迪哲(江苏)医药股份有限公司首次公开发行A股股票并在科创板上市的补充法律意见书(一)》(2021年5月18日出具)。

答》相关要求逐项说明核查过程、核查依据及核查结论。

2020年7月，迪哲（江苏）医药股份有限公司（以下简称迪哲有限）增资后，部分股东委派的董事就部分事项具有一票否决权。请发行人说明“一票否决权”及其他特殊权益的具体情况，是否仍然存续，是否影响实际控制人的认定，请提供充分的依据和理由。请发行人律师核查并发表明确意见。

问询回复主要内容：

2020年12月，对赌协议主体签署《股东协议之补充协议》，对股东特殊权利条款进行了清理，主要约定如下：(1)各方一致同意，反稀释权、股份回购权、随售权与拖售权、清算优先权以及其他使得发行人承担相应义务和责任的优先权利的全部内容均终止且自始无效，并在任何条件下均不再恢复其法律效力。(2)各方一致同意，《股东协议》中的优先认购权、知情权和审查权、公司股权的转让、股东大会和董事会的一票否决权、董事提名权、最惠国条款、投资人之间的分配机制均终止且自始无效；但如果发行人上市申请被驳回、撤回或无效、未接受或上市失败，应自动恢复其效力。(3)各方一致确认，其与发行人之间以及与其他股东之间不存在任何直接或间接以公司经营业绩、发行上市等事项为标准，以公司股权变动等事项为实施内容的对赌协议或特殊安排。(4)各方一致确认，截至《股东协议之补充协议》签署之日，《股东协议》中的股东优先权利从未实际执行，且各方从未实际行使其股东优先权利。各方与公司或其他方就股东优先权利事项不存在任何纠纷。

由前述说明可知，发行人股东约定的部分股东特殊权利已彻底终止且不再恢复其法律效力，部分股东特殊权利将在发行人上市申请被驳回、撤回或无效、未接受或上市失败时自动恢复其效力。该部分可恢复的股东特殊权利中，发行人不是对赌协议的当事人，不存在由发行人承担支付现金或特定回报义务的特殊权利，不存在任何直接或间接以公司经营业绩、发行上市、市值等事项为标准，以公司股权变动等事项为实施内容的对赌协议或特殊安排，不存在可能导致公司控制权变化的约定，不存在严重影响发行人持续经营能力或者其他严重影响投资者权益的情形。

自2020年7月（迪哲有限第三次增资后）至2020年12月（《股东协议之补充协议》生效前），虽然部分股东享有“一票否决权”及其他股东特殊权利，但其拥有该等特殊权利的目的仅在于利益保护，其并没有试图对发行人实施控制，也从未实际行使“一票否决权”及其他股东特殊权利。《股东协议之补充协议》生效后，上述包括"一票否决权"在内的全部股东特殊权利均已终止,仍附有恢复条款的特殊权利条款中也不存在可能导致发行人控制权变化的约定,不存在严重影响公司持续经营能力或者其他严重影响投资者权益的情形。

案例小结:

该案例中,发行人在清理对赌协议的同时还在终止协议中增加了附恢复条款,但发行人并非对整份对赌协议设置附恢复条款,而是对可能导致发行人承担对赌义务的股东特殊权利进行不可恢复的彻底清理,对剩余部分股东特殊权利设置了可恢复条款,并论证说明了该等设置不存在违反关于可不予清理的四项条件规定。审核部门后续未再就发行人的对赌协议事项继续追问和反馈意见,该等处理方式最终得到了审核部门的认可。

(三)小结与建议

因对赌协议与IPO本身的审核监管要求存在较多冲突,对赌协议是IPO审核过程中的"高压线",监管部门基本对其持否定的态度,要求企业予以清理。具体而言,针对不同情形有不同的应对建议:

1.已签署对赌协议且已履行完毕

对于已履行完毕的对赌协议,企业需要做好相应的信息披露,如实披露对赌协议的具体内容,说明对赌协议的履行情况,包括对赌协议的生效情况和权利主张情况,同时对对赌协议的投资方进行访谈或由其出具书面文件,对对赌协议的履行过程合法合规、协议内容已履行完毕、不存在股权纠纷或潜在纠纷、不存在其他特殊的补充约定或安排等事项进行确认。

对于采用股权转让方式履行完毕的对赌协议,企业还需注意股权转让过程的合法合规性。例如,涉及国企的,需满足国有资产交易合规要求;涉及外企的,需关注是否符合商务部审批规定和境外支付的要求;涉及低价转让股权的,需注意符合纳税合规要求。

2.已签署对赌协议且未履行完毕

针对未履行完毕的对赌协议,实务中一般存在三种处理方式——彻底终止对赌协议、保留对赌协议、签署附恢复条款的终止协议。

彻底终止对赌协议是目前最稳妥、最符合监管要求的做法,其清理结果一般要求各方确认对赌条款(含特殊股东权利条款)已无条件、不可撤销地终止或自始无效,无论何种情形,均不再恢复其法律效力,且各方目前不存在且将来亦不会就对赌事项另做安排,各方之间不存在任何争议或潜在纠纷等。

保留对赌协议需建立在相关对赌条款符合《监管规则适用指引——发行类第 4 号》规定的可不予清理的基本条件的基础上,这需要发行人和中介机构就此提供充足的依据,进行详细的论证说明。但正如上述四会富仕电子科技股份有限公司案一样,因对赌权利方为国企且持股比例较低时,保留对赌协议具有一定的现实原因且不存在影响控制权等有悖审核要求的情形,但这样的特殊条件在实操中相对少见,大多数企业在不具备充足的依据的情况下难以采用保留对赌协议的处理方式。

签署附恢复条款的终止协议是企业与对赌协议投资方进行博弈的折中处理方式。投资机构不愿直接放弃既有的对赌权利,为平衡和保护其利益,其开发了一种折中处理方式,即对清理对赌协议留下一个“口子”,一般要求在撤回上市或上市被否后自动恢复对赌条款。市场上已有不少案例证实该种操作方式可得到审核部门的认可,但该种方式一般会受到审核部门严格的反馈问询,要求企业充分论证解释附恢复条款不存在影响控制权等有悖审核要求的情形,而实务中也有不少企业在问询压力下选择改向,彻底终止对赌协议,以加快审核进程。

值得关注的是,自 2022 年 2 月以来,有最新的窗口意见要求对赌协议需要按“自始无效”作彻底终止的处理,且 2022 年 2 月后的最新反馈意见中基本都会问询“相关对赌协议是否彻底解除”,可见监管口径的全面收紧。对此,笔者建议拟 IPO 企业与对赌权利方进行协商沟通,优先采用彻底终止对赌协议的方式,为企业的 IPO 审核减少障碍。

3. 尚未签署对赌协议

对于存在融资需求的拟 IPO 企业,在与投资机构签署对赌协议时,建议提前对未来面临的对赌条款清理问题进行明确的约定,增加对赌条款自公司递交上市申请文件或申报受理之日起或辅导验收前自动终止的约定,或约定投资方应根据上市时的监管政策要求配合公司修改或终止对赌协议。

第二节 出 资

一、出资瑕疵

（一）理论基础

1. IPO 审核对于出资的一般规定

股东的出资是公司成立后生产经营的资产基础，是公司获得独立资产的原始来源。出资问题是拟 IPO 企业经常遇到的问题，拟 IPO 企业的出资需符合《公司法》以及相关行政法规、部门规章的审核要求，若存在出资瑕疵，将会对上市工作造成一定的法律障碍。IPO 审核机构对出资的主要规定如表 1 – 8 所示。

表 1 – 8 IPO 审核对于出资的一般规定

文件名称及法条序号	效力状态	主要内容
《首次公开发行股票并上市管理办法》（2022 修正）第十条	2023 年 2 月 17 日被新规废止	发行人的注册资本已足额缴纳，发起人或者股东用作出资的资产的财产权转移手续已办理完毕，发行人的主要资产不存在重大权属纠纷
《首次公开发行股票并在创业板上市管理办法》（2018 修正）第十二条	2020 年 6 月 12 日被新规废止	
《监管规则适用指引——法律类第 2 号：律师事务所从事首次公开发行股票并上市法律业务执业细则》第八条	2022 年 2 月 27 日生效，现行有效	律师应当查验发行人的发起人或者股东的出资是否符合当时适用的法律法规的规定，具体查验内容包括： （一）发起人或者股东的出资方式、比例、时间等是否合法合规； （二）发起人或者股东出资是否需要履行验资程序，出资是否已经实际缴付； （三）发起人或者股东以非货币财产出资的，发起人或者股东是否合法拥有用于出资财产的权利，产权关系是否清晰。出资财产权属不明确或者存在瑕疵的，是否取得相关方的确认或者经有关部门进行了权属界定。发起人或者股东以知识产权出资的，应当查验是否属于职务成果；

续表

文件名称及法条序号	效力状态	主要内容
《监管规则适用指引——法律类第2号:律师事务所从事首次公开发行股票并上市法律业务执业细则》第八条	2022年2月27日生效,现行有效	(四)发起人或者股东以非货币财产出资的,是否依法履行了出资财产的评估作价程序,出资财产的权属转移手续是否已经办理完毕; (五)发起人或者股东以国有资产或者集体财产出资的,是否依法履行国有资产管理或者集体财产管理的相关程序; (六)发起人或者股东以其在其他企业中的股权等权益出资的,是否需要征得该企业其他出资人的同意和其他出资人放弃优先购买权,并已经履行了相关法律程序; (七)发起人或者股东持有的股份是否存在代持等利益安排,是否存在权属争议、纠纷; (八)发起人或者股东之间就股权设置和出资事宜是否存在法律瑕疵。如存在瑕疵,发起人或者股东是否已经采取补救措施,瑕疵事项的影响以及发行人、发起人、股东是否因该瑕疵受到行政处罚,是否构成重大违法行为,是否存在纠纷或者潜在纠纷
《监管规则适用指引——发行类第4号》4-5	2023年2月17日生效,现行有效	发行人的注册资本应依法足额缴纳。发起人或者股东用作出资的资产的财产权转移手续已办理完毕。保荐机构和发行人律师应关注发行人是否存在股东未全面履行出资义务、抽逃出资、出资方式等存在瑕疵,或者发行人历史上涉及国有企业、集体企业改制存在瑕疵的情形。 (1)历史上存在出资瑕疵的,应当在申报前依法采取补救措施。保荐机构和发行人律师应当对出资瑕疵事项的影响及发行人或相关股东是否因出资瑕疵受到过行政处罚、是否构成重大违法行为及本次发行的法律障碍,是否存在纠纷或潜在纠纷进行核查并发表明确意见。发行人应当充分披露存在的出资瑕疵事项、采取的补救措施,以及中介机构的核查意见。

续表

文件名称及法条序号	效力状态	主要内容
《监管规则适用指引——发行类第 4 号》4－5	2023 年 2 月 17 日生效，现行有效	(2)对于发行人是国有或集体企业改制而来，或发行人主要资产来自国有或集体企业，或历史上存在挂靠集体组织经营的企业，若改制或取得资产过程中法律依据不明确、相关程序存在瑕疵或与有关法律法规存在明显冲突，原则上发行人应在招股说明书中披露有权部门关于改制或取得资产程序的合法性、是否造成国有或集体资产流失的意见。国有企业、集体企业改制过程不存在上述情况的，保荐机构、发行人律师应结合当时有效的法律法规等，分析说明有关改制行为是否经有权机关批准、法律依据是否充分、履行的程序是否合法以及对发行人的影响等。发行人应在招股说明书中披露相关中介机构的核查意见

上述规定对发行人的股东出资提出了三项基本要求：(1)“注册资本已足额缴纳”，尽管现行《公司法》规定除特定行业外，公司均实行注册资本认缴制（2023 年修订的《公司法》已修改为全体股东认缴的出资额由股东按照公司章程的规定自公司成立之日起 5 年内缴足，且以发起方式设立股份公司，发起人应当认足公司章程规定的公司设立时应发行的股份、不适用认缴制），但是从上市角度出发，审核机构仍要求发行人的股东完成所有实缴义务，如此才适合公开发行和募集股份；(2)“财产权转移手续已办理完毕”，这项要求其实对应了《公司法》的“资本充实”原则，即要求公司股东的出资切实到位；(3)“主要资产不存在重大权属纠纷”，这项要求适用于非货币出资，用于出资的无形资产应确保权属清晰、无重大纠纷，避免影响公司的生产经营。全面注册制实施以后，相关部门对首发的系列法规体系进行了整合与修订，目前的《首次公开发行股票注册管理办法》的“发行条件”部分未针对出资问题作出专门规定，而是将相关要求放在了监管规则适用指引中，相关监管规则适用指引不仅对中介机构就出资问题的核查提出了非常具体的要求，同时就“出资瑕疵”专项问题明确了具体的审核关注要点。

2. 出资实质瑕疵

出资瑕疵的原因各异，按照《公司法》对出资违规情形的规定，出资瑕疵可分为虚假出资、抽逃出资、虚报注册资本等类型；而从出资瑕疵的结果和影响来看，又可将其分为出资实质瑕疵和出资程序瑕疵。

出资实质瑕疵是指股东在出资时存在方式、权属、金额等影响出资合法性的实质问题,该等瑕疵可能造成公司的出资无效和资本不足等实质结果。出资瑕疵的种类繁多,大致可归纳为以下四类,见表1－9。

表1－9　出资实质瑕疵的种类

种类	表现形式	涉及法条
出资方式不合法	用于出资的财产种类不当(实物、知识产权、土地使用权、股权、债权等可以用货币估价并可以依法转让的非货币财产作价出资)	《公司法》(2023修订)第四十八条
	出资比例不当:2005年修订的《公司法》生效前,工业产权、非专利技术出资占比超过20%;2005年修订的《公司法》生效后至2013年《公司法》修正前,货币出资占比低于30%	《公司法》(2004修正)第二十四条 《公司法》(2005修订)第二十七条
	2005年修订的《公司法》生效前,出资分期实缴	《公司法》(2005修订)第二十六条
出资财产权利瑕疵	出资的财产存在抵押等权利负担、以他人财产出资、以本公司财产出资	—
出资财产价值瑕疵	股东未按照公司章程规定实际缴纳出资,或者实际出资的非货币财产的实际价额显著低于所认缴的出资额的	《公司法》(2023修订)第五十条
出资财产转让手续瑕疵	非货币财产出资未办理财产转移手续	《公司法》(2023修订)第四十九条
	直接使用划拨土地出资	《最高人民法院关于适用〈中华人民共和国公司法〉若干问题的规定(三)》第八条 《城镇国有土地使用权出让和转让暂行条例》第四十四条、第四十五条

3. 出资程序瑕疵

《公司法》对出资的程序要求主要包括评估和验资,其中以非货币财产出资的必须进行评估作价。此外,国有企业的增资应按照《企业国有资产交易监督管理办法》的规定履行资产评估程序;在 2013 年《公司法》修正前,公司出资还需经依法设立的验资机构进行验资。实务中,部分企业在历史出资过程中存在未履行评估、验资手续的瑕疵,这种程序上的瑕疵一般可通过追溯评估和补充验资进行补救。

关于拟 IPO 企业历史上的评估、验资机构的资质问题,新法的施行导致实务中存在一定的理解分歧。2020 年生效的《证券法》要求从事证券服务业务的机构进行备案,随后《会计师事务所从事证券服务业务备案管理办法》《证券服务机构从事证券服务业务备案管理规定》也进行了修订,取消了证券服务机构从事证券服务业务的前置性许可,仅要求进行备案。那么在新法实施前,拟 IPO 企业的历史出资中,为其进行评估、验资的机构是否需要取得相应资质,对无资质的是否需要进行复核? 根据窗口意见,对于报告期内的评估、验资,若其评估、验资机构不具备证券期货相关业务资质,则需进行复核。在检索近年来的案例后,笔者发现,多数企业对其报告期外的评估、验资机构无业务资质的也一并进行了复核。因此,笔者认为,谨慎起见,拟 IPO 企业若存在上述瑕疵,最好进行复核工作。

(二)典型案例

1. 以划拨土地出资涉及的出资的合规性

案例 1

新疆交通建设集团股份有限公司

(股票代码:002941,2018 年 10 月 10 日过会)[1]

问询问题:

补充披露 2013 年国有划拨土地的性质、用途,以国有划拨土地出资是否符合《划拨用地目录》的要求,是否取得了有权土地管理部门的批准。

问询回复主要内容:

2011 年 12 月 22 日,新疆维吾尔自治区人民政府出具新政函〔2011〕355 号《关于新疆交通建设(集团)有限责任公司国有划拨土地使用权作价出资(入股)

---

〔1〕 摘自《关于新疆交通建设集团股份有限公司首次公开发行股票并上市的补充法律意见书(六)》(2018 年 4 月 23 日出具)。

的批复》,同意将新疆交通建设集团股份有限公司的8宗工业用地委托具备相应资质的土地估价机构进行土地评估,土地估价报告报新疆维吾尔自治区国土资源厅备案,按照评估价值出资(入股)注入新疆交通建设集团股份有限公司,股权由新疆国资委持有,并由新疆国资委代表新疆维吾尔自治区人民政府行使出资人权利。

2012年4月6日,新疆维吾尔自治区国土资源厅出具《关于新疆交通建设(集团)有限责任公司企业改制土地估价结果备案和土地资产处置的复函》,对新疆国地评估公司(2012)(估)字第002号《土地估价报告》和新源信2012(估)字第003号《土地估价报告》的评估结果予以备案,同意根据新政函〔2011〕355号《关于新疆交通建设(集团)有限责任公司国有划拨土地使用权作价出资(入股)的批复》,对改制涉及原国有划拨土地的8宗用地,按原用途以国家作价出资(入股)方式投入新疆交通建设集团股份有限公司经营管理。

律师认为,以国有划拨土地作价出资(入股)是《划拨用地目录》规定的一种有偿使用方式,符合《划拨用地目录》的相关要求,并已取得有权土地管理部门的批准,发行人通过作价出资(入股)取得土地使用权符合《划拨用地目录》及《国有企业改革中划拨土地使用权管理暂行规定》[1] 等土地管理规定。

案例小结:

该案例涉及国有企业新疆交通建设集团股份有限公司在改革过程中采取划拨土地使用权出资的情况。原则上,公司不能直接以划拨土地出资,但是涉及国有企业改革中的划拨土地使用权的,经主管部门批准后,可采取由国家作价出资的形式。在本案例中,新疆交通建设集团股份有限公司取得了新疆维吾尔自治区人民政府的批复,并经过了土地评估备案程序,因此,其将相关划拨土地以国家作价出资(入股)的方式投入新疆交通建设集团股份有限公司进行经营管理符合法律法规的要求。

总体而言,上市审核机构对国有划拨土地出资的关注点通常在相关出资是否符合法律法规的要求以及是否经有关部门批准上。因此,相关公司和中介机构应谨慎核查作为出资的土地使用权的权利性质以及出资流程的合规性等,避免此类出资瑕疵对公司上市造成阻碍。

---

〔1〕 现已失效。

案例 2

湖北三峡旅游集团股份有限公司

（股票代码:002627,2011 年 10 月 8 日过会）[1]

基本情况:

2006 年 11 月 6 日,湖北省国土资源厅下发函件,其内容包括同意将 12 宗国有划拨土地使用权以作价出资的方式提供给湖北三峡旅游集团股份有限公司的前身宜昌交运有限公司,其中界定的出让金 5183.73 万元转增为国家资本金,国家资本金所形成的国家股委托夷陵国资公司持有。

发行人律师提交的律师报告中说明,2007 年 1 月 8 日,夷陵国资公司与宜昌交运有限公司签订了《土地使用权作价持股合同》。宜昌交运有限公司本次改制时,对职工住宅等非经营性土地进行剥离,使其未进入改制评估范围。宜昌交运有限公司剥离的土地共 13 宗,均为国有划拨地。截至《律师工作报告》签署之日,上述剥离土地中的 9 宗在发行人缴纳土地出让金后变更为出让地,权属已变更至发行人名下。对于其余土地,宜昌市土地资源局已出具书面文件,证明国有股东未作为国有资产投入宜昌交运有限公司,且宜昌交运有限公司未占有和使用该等土地。

在后续的审核中,审核人员又对发行人前身宜昌交运有限公司 2006 年改制时对划拨土地使用权采取国家作价出资（入股）方式处置的合法合规性进行了提问。

发行人律师回复称宜昌交运有限公司 2006 年改制时不属于 44 号文[《国土资源部关于改革土地估价结果确认和土地资产处置审批办法的通知》（国土资发〔2001〕44 号）,2001 年 2 月 13 日颁布实施]规定的可以采用国家作价出资（入股）方式配置土地的企业范围,鉴于宜昌交运有限公司采取国家作价出资（入股）方式处置划拨土地使用权的行为符合 8 号令[《国有企业改革中划拨土地使用权管理暂行规定》（国家土地管理局令第 8 号）,自 1998 年 3 月 1 日起施行]、433 号文[《国土资源部关于加强土地资产管理促进国有企业改革和发展的若干意见》（国土资发〔1999〕433 号）,1999 年 11 月 25 日颁布实施]、80 号文[《湖北省人民政府关于加强国有土地资产管理规范土地市场的通知》（鄂政发〔2001〕80 号）,2001 年

---

〔1〕 摘自《关于湖北宜昌交运集团股份有限公司首次公开发行人民币普通股股票并上市的律师工作报告》（2010 年 12 月 15 日出具）、《关于湖北宜昌交运集团股份有限公司首次公开发行人民币普通股股票并上市的补充法律意见书（二）》（2011 年 4 月 25 日出具）。

12 月 17 日起颁布实施]的相关规定，处置程序严格遵守 44 号文关于国家作价出资(入股)方式配置土地的规定，且宜昌交运有限公司 2006 年改制已得到宜昌市人民政府的批准和湖北省人民政府的确认，因此，宜昌交运有限公司 2006 年改制时对划拨土地使用权采取的国家作价出资(入股)的处置方式对发行人本次发行上市不构成实质性障碍。

案例小结：

实践中，若公司存在以划拨土地使用权作价出资的情况，则其可以通过签订土地使用权出让合同，向当地市、县人民政府补缴土地使用权出让金并办理土地变更手续的方式进行处理。保荐机构及发行人律师需明确相关手续办理进度、尚未办理完手续的原因及后续办理是否存在实质性障碍，并确认发行人承诺将会缴足土地出让金。

在本案例中，发行人通过缴纳土地出让金将部分用作出资的划拨地变更为出让地，发行人律师亦在回复中对当时以划拨地使用权出资的合法合规性以及该情况不构成发行上市的实质性障碍进行了说明，中国证监会对此予以认可。

2. 无形资产出资超法定比例涉及的出资实质瑕疵

案例

无锡市德科立光电子技术股份有限公司

(股票代码：688205，2022 年 6 月 13 日过会)[1]

问询问题：

发行人(无锡市德科立光电子技术股份有限公司)前身中兴光电子成立时存在以非专利技术“掺铒光纤放大器(EDFA)”出资的情形。中兴通讯以“掺铒光纤放大器(EDFA)”电路技术和配套捆绑销售条件出资，吴某春以“掺铒光纤放大器(EDFA)”光路技术出资，双方相关技术作价均为 128 万元，各占总股本的 16%。前述非专利技术出资占比超过注册资本的 20%，且用于出资时尚未获得国家高新技术的认定，不符合当时有效的《公司法》及《关于以高新技术成果出资入股若干问题的规定》，存在出资瑕疵的情况，直至 2000 年 9 月，相关技术取得了江苏省科学技术厅颁发的《高新技术产品认定证书》后，该认定层级瑕疵才得到补正。此外，公司设立时，股东出资分期缴纳的情况不符合当时有效的《公司法》关于注册

[1] 摘自《关于无锡市德科立光电子技术股份有限公司首次公开发行股票并在科创板上市的补充法律意见书(一)》(2021 年 12 月 15 日出具)。

资本全部实缴的规定。

问询回复主要内容：

发行人前身中兴光电子于2000年1月设立，其设立时存在出资瑕疵的情况，具体情况如下：

在中兴光电子设立时，中兴通讯与吴某春以非专利技术出资认缴注册资本256万元，占公司注册资本的32%，出资占比超过注册资本的20%。

当时施行的《公司法》(1999修正)第24条第2款规定，以工业产权、非专利技术作价出资的金额不得超过有限责任公司注册资本的20%，国家对采用高新技术成果有特别规定的除外。同时，当时施行的原国家科学技术委员会、原国家工商行政管理局印发的《关于以高新技术成果出资入股若干问题的规定》(国科发字〔1997〕326号)第3条规定，"以高新技术成果出资入股，作价总金额可以超过公司注册资本的百分之二十，但不得超过百分之三十五"；第4条规定，"出资入股的高新技术成果，应当符合下列条件：(一)属于国家科委颁布的高新技术范围；(二)为公司主营产品的核心技术；(三)技术成果的出资者对该项技术合法享有出资入股的处分权利，保证公司对该项技术的财产权可以对抗任何第三人；(四)已经通过国家科委或省级科技管理部门的认定"。另外，科学技术部、原国家工商行政管理局印发的《〈关于以高新技术成果出资入股若干问题的规定〉实施办法》(国科发政字〔1998〕171号)第3条规定："科学技术部负责审查认定在国家工商行政管理局登记注册的企业；省、自治区、直辖市和计划单列市科技管理部门，负责审查认定在本辖区工商行政管理机关登记注册的企业。"而中兴光电子设立时用于出资的非专利技术仅取得了无锡市高新技术产品及企业认定委员会关于高新技术成果的认定，而未取得省级科技管理部门的认定，与上述《关于以高新技术成果出资入股若干问题的规定》《〈关于以高新技术成果出资入股若干问题的规定〉实施办法》的相关要求不符。

尽管中兴光电子设立出资时存在上述非专利技术认定层级的瑕疵，但其于2000年9月14日取得了江苏省科学技术厅就"掺铒光纤放大器(EDFA)"产品颁发的《高新技术产品认定证书》，该认定层级瑕疵业已消除。因此，保荐机构及发行人律师认为，该认定层级瑕疵不影响中兴光电子相关技术出资的真实、合法和有效性，不会对本次发行并上市构成实质性障碍。

案例小结：

虽然自2005年的《公司法》(目前已被修改)生效之日起，关于"以工业产权、非专利技术作价出资的金额不得超过有限责任公司注册资本的百分之二十”的限制就被删除了，但是实践中，非货币资产出资比例过高，可能不符合当时的《公司法》及其他相关法律规定的公司仍会受到审核的关注和询问。

在本案例中，发行人前身中兴光电子成立时存在非专利技术出资比例较高且相关技术用于出资时尚未获得国家高新技术认定的情况，该问题受到了审核人员的关注。但由于本案是以高新技术成果出资，根据相关法律规定，其作价总金额可以超过公司注册资本的20%，且发行人后续还取得了高新技术产品认定证书，补正了认定方面的瑕疵，在发行人中介机构对此情况进行说明后，审核机构最终予以了认可。

一般来说，实践中，若拟上市公司的非货币资产出资比例确实不符合出资时的相关法律规定，发行人及中介机构可采取的应对方式主要包括：在回复中明确当时出资的情况，如出资是否经过评估、登记等；明确发行人是否因此受到行政处罚；明确该情况是否引发过纠纷；明确发行人后续的纠正措施；取得了主管部门出具的合规证明等。

3. 抽逃出资涉及的出资实质瑕疵

案例

超讯通信股份有限公司

（股票代码：603322，2016年6月20日过会）[1]

问询问题：

发行人（超讯通信股份有限公司，以下简称超讯有限）2001年6月及2006年8月的两次增资款在缴付至公司后即根据股东指令转出的原因，是否构成抽逃出资，相关股东是否已归还发行人所占用资金及其依据，请对其合法合规性发表意见。

问询回复主要内容：

超讯有限2001年6月及2006年8月的两次增资款在缴付至公司后即根据梁某华的指令转出的原因：归还其个人的借款。

2002年7月25日，原国家工商行政管理总局在回复江苏省工商行政管理局

[1] 摘自《关于广东超讯通信技术股份有限公司首次公开发行股票并上市的补充法律意见书（五）》（2015年8月11日出具）。

的《关于股东借款是否属于抽逃出资行为问题的答复》(工商企字〔2002〕第180号)〔1〕中明确,"依照《公司法》的有关规定,公司享有由股东投资形成的全部法人财产权。股东以出资方式将有关财产投入到公司后,该财产的所有权发生转移,成为公司的财产,公司依法对其财产享有占有、使用、收益和处分的权利。公司借款给股东,是公司依法享有其财产所有权的体现,股东与公司之间的这种关系属于借贷关系,合法的借贷关系受法律保护,公司对合法借出的资金依法享有相应的债权,借款的股东依法承担相应的债务。因此,在没有充分证据的情况下,仅凭股东向公司借款就认定为股东抽逃出资缺乏法律依据"。

律师认为,超讯有限在2001年、2006年两次增资款根据股东指令转出后,对该等转出款项作出了相应的挂账处理,其与股东之间形成了明确的债权债务关系,超讯有限享有相应的债权。因此,根据原国家工商行政管理总局上述答复意见,认定梁某华指令超讯有限转出增资款的行为属于抽逃出资缺乏法律依据。同时,公司财务会计账目记载,上述转出款项已陆续归还,律师对转出款项归还情况的真实性进行了核查,除2001年转出款项中的520万元外,其他转出款项均已取得了付款人的确认;对于该520万元未获得付款人确认的还款,发行人实际控制人梁某华已另行向发行人支付了520万元。因此,律师认为,超讯有限2001年、2006年两次增资款根据股东指令转出的情形,未给发行人、股东和债权人造成实质危害和经济损失,该行为现已得到纠正,对发行人本次发行上市不构成实质性法律障碍。

案例小结:

《最高人民检察院、公安部关于严格依法办理虚报注册资本和虚假出资抽逃出资刑事案件的通知》规定,自2014年3月1日起,除依法实行注册资本实缴登记制的公司[参见《国务院关于印发注册资本登记制度改革方案的通知》(国发〔2014〕7号)]以外,对申请公司登记的单位和个人不得以虚报注册资本罪追究刑事责任;对公司股东、发起人不得以虚假出资、抽逃出资罪追究刑事责任。对发生在2014年3月1日以前尚未处理或者正在处理的虚报注册资本和虚假出资、抽逃出资刑事案件,应当按照《刑法》第12条规定的精神处理。

自2013年《公司法》(目前已被修改)在2014年3月1日起实施后,依法实行注册资本实缴登记制的公司以外的公司股东抽逃出资的行为虽不再被认定为犯

〔1〕 现已失效。

罪,但仍然属于违法行为,主管部门可以对其处以所抽逃出资金额5%以上15%以下的罚款,且公司、公司其他股东、公司债权人可请求股东返还出资本息或在抽逃出资本息范围内对公司债务不能清偿的部分承担补充责任。

若公司在上市过程中被认定为存在抽逃出资的情况,则其可能需要补足出资;若抽逃出资达到一定比例,则其可能需要在补足出资后,待公司运行一段时间才可申报。此外,由于抽逃出资存在行政处罚风险,公司可能还需要市场监督管理部门出具专项证明。

实践中,抽逃出资通常以借款的形式进行,很难对抽逃出资和借款进行区分和界定。从部分案例的情况可以看出,该类情况通常会被解释为不构成抽逃出资,若能够从该思路进行充分论证,明确其合法合规性,也可能获得审核机构的认可。

4. 未履行法定评估程序涉及的出资程序瑕疵

案例

光一科技股份有限公司

(股票代码:300356,2012年7月25日过会)[1]

问询问题:

丁某用作出资的实物价值确定的依据,未进行评估的原因及其合法性,该价格的公允性。

问询回复主要内容:

根据发行人(光一科技股份有限公司)提供的材料及律师的核查,光一科技股份有限公司注册设立时,股东丁某以其从光一电子处购买的12万块电力集中抄表系统终端产品生产所需的集成模块出资,按照其从光一电子处购入的价格作价出资投入光一科技股份有限公司。

根据我国《公司登记管理条例》及当时适用的《公司法》(1999修正)等法律、法规及规章的规定,股东以实物资产出资的,应当进行评估作价。丁某以集成块作价对光一科技股份有限公司出资未履行评估程序,与当时的有关法律、法规及规章规定不符。根据光一科技股份有限公司设立时,其股东丁某、龙某明出具的书面说明,丁某以实物对光一科技股份有限公司出资未评估作价的原因主要为丁

---

〔1〕 摘自《关于光一科技股份有限公司首次公开发行股票并在创业板上市的补充法律意见书(一)》(2011年11月20日出具)。

某当时从光一电子购买用于出资的集成块的购买价与当时可比市场价格相当，采取成本法评估后的价值与购买价差异不大，且双方股东均确认同意按照购买价作价出资投入光一科技股份有限公司。另外，在光一科技股份有限公司注册时，工商机关也未要求提供有关出资的资产评估报告，故丁某未履行实物资产出资的评估程序。

根据发行人提供的资料并经律师核查，在丁某用于出资的该12万块集成块投入光一科技股份有限公司后，光一科技股份有限公司即按照该价值作价入账，除部分由库存转为商品出售形成减值损失约1000元以外，在生产过程中，该等集成块作为生产材料被使用于电力集中抄表采集系统终端产品的生产，其价值计入产品的生产成本，并随产品销售实现收入转为光一科技股份有限公司的现金流入，形成光一科技股份有限公司的等值资产。

律师认为，在光一科技股份有限公司设立时，股东丁某以实物资产出资未经评估作价虽然存在法律程序瑕疵，但从我国有关法律、法规及规章关于股东以实物资产对公司出资需经评估作价的要求的主要目的是确保公司资本的充实性和真实性、防止出现股东虚假出资的立法本意出发，该法律程序瑕疵不会对光一科技股份有限公司的资本充实性产生任何影响，也不会对发行人本次发行上市构成实质性障碍。

案例小结：

《公司法》（2018修正）规定，股东可以用货币出资，也可以用实物、知识产权、土地使用权等可以用货币估价并可以依法转让的非货币财产作价出资；但是，法律、行政法规规定不得作为出资的财产除外。对作为出资的非货币财产应当评估作价，核实财产，不得高估或者低估作价。法律、行政法规对评估作价有规定的，从其规定。

拟上市企业若存在非货币出资未评估的问题，可以通过证明相关资产作价公允，股东出具承诺函，或相关股东以未评估实物出资等值货币补足出资，置换未经评估的资产等的方式解决。另外，参考本案例，中介机构还可在回复中明确资产作价出资入股事宜经过了股东的确认同意，以及出资虽然存在程序上的瑕疵，但是在确保公司资本的真实性和防止出现股东虚假出资方面没有影响，不构成发行人上市的实质性障碍等。

5. 未履行法定验资程序涉及的出资程序瑕疵

案例

北京元六鸿远电子科技股份有限公司

（股票代码:603267,2019 年 4 月 19 日过会）[1]

基本情况：

招股书披露:2015 年 11 月,北京元六鸿远电子科技股份有限公司进行第四次增资,新增注册资本以货币形式认缴,未进行验资。

问询问题：

请保荐机构、发行人律师核查 2005 年 9 月北京元六鸿远电子科技股份有限公司第二次增资未验资的原因,是否符合当时生效的法律法规的规定,本次增资是否真实有效;请保荐机构和发行人律师发表明确意见。

原因解释：

1. 2015 年 9 月,北京元六鸿远电子科技股份有限公司第二次增资。

当时有效的《北京市工商局改革市场准入制度优化经济发展环境若干意见》(京工商发〔2004〕19 号)第三部分"改革内资企业注册资本(金)验证办法"第 13 条规定,"投资人以货币形式出资的,应到设有'注册资本(金)入资专户'的银行开立'企业注册资本(金)专用账户'交存货币注册资本(金)。工商行政管理机关根据入资银行出具的《交存入资资金凭证》确认投资人缴付的货币出资数额"。

北京元六鸿远电子科技股份有限公司本次增资为货币出资,股东顾某已足额缴纳相应出资,增资款项已按规定汇入了专用账户并留存有相应的银行凭证,主管工商行政管理机关也已依据上述规定核准了北京元六鸿远电子科技股份有限公司的变更登记,未要求北京元六鸿远电子科技股份有限公司就上述增资进行验资。因此,本次增资未进行验资。

北京元六鸿远电子科技股份有限公司本次增资符合主管工商行政管理机关所适用的规范性文件和相关要求,并已依法取得了工商变更登记。

律师认为,2005 年 9 月北京元六鸿远电子科技股份有限公司的第二次增资行为是真实、有效的,其未依据当时有效的《公司法》(2004 修正)、《公司登记管理条例》聘请验资机构对股东出资情况进行验资的情况不会对发行人本次发行上市构

---

〔1〕 摘自《关于北京元六鸿远电子科技股份有限公司首次公开发行股票并上市的补充法律意见书(二)》(2019 年 2 月 15 日出具)。

成实质性法律障碍。

2. 2015年11月,北京元六鸿远电子科技股份有限公司第四次增资。

根据2013年修正的《公司法》和2014年修订的《公司登记管理条例》,股东缴纳出资后,不再需要由依法设立的验资机构验资并出具证明。北京元六鸿远电子科技股份有限公司本次增资为现金增资,相关增资款项已按规定转入了北京元六鸿远电子科技股份有限公司账户,并留存有相应的银行凭证,因北京元六鸿远电子科技股份有限公司2015年进行工商登记时无须出具验资报告,故本次增资时未进行验资。

解决措施:

2017年5月24日,瑞华会计师事务所(特殊普通合伙)出具《出资复核报告》,对2005年9月、2015年11月的北京元六鸿远电子科技股份有限公司增资情况进行了复核并确认。

案例小结:

实践中,当企业涉及出资未验资的问题时,审核关注的重点可能包括未验资的原因,未验资是否符合当时有效的法律法规的规定,本次增资或出资是否真实有效,增资或出资是否足额到位,增资或出资是否履行了必备的法律程序等。保荐人及发行人律师应注意对这些问题进行明确核查及回复,若条件可行,建议发行人聘请会计师事务所进行补充验资或验资复核。

(三)小结与建议

现行上市规则已对拟IPO企业出资问题的核查要求作了明确细致的规定,对于存在出资瑕疵的,企业需采取具体的补救措施。结合实务经验,我们总结了以下三点解决思路以供参考。

1. 尽快排查出资瑕疵,充分披露具体情况

拟IPO企业可通过中介机构的尽职调查尽快排查公司出资中的瑕疵问题。对于已经存在的出资瑕疵,应当按照审核要求充分披露,披露的内容包括具体的背景、原因、过程、程序、弥补措施、对公司发行的影响等。

2. 结合瑕疵问题采取对应的弥补措施

公司应结合具体的瑕疵问题及时采取对应的补救措施。对于出资实质瑕疵,企业可采取的措施包括补足瑕疵出资、补办出资财产转移手续、以货币等无瑕疵财产置换瑕疵出资财产、利用分红冲抵出资义务等;对于出资程序瑕疵,企业可采取的措施包括追溯评估、验资复核等。

3. **无法进行补救的，需充分论证潜在影响**

对于确实采取了弥补措施的出资瑕疵,应从以下四个角度进行充分论证:(1)从实质上分析其违法后果,结合瑕疵发生的时间、瑕疵成因等因素,综合分析该等瑕疵是否对公司造成实质性损害;(2)结合出资瑕疵的后果以及所涉法条的立法精神,论证出资瑕疵不构成重大违法行为;(3)取得其他股东或相关权利人的违约豁免或确认文件,并取得政府主管部门关于出资瑕疵不属于重大违法违规、不再追责的确认文件;(4)瑕疵责任方出具兜底承诺,承诺自行承担与之相关的一切损失和责任,确保出资瑕疵的后果不影响公司。

二、债转股

(一)理论基础

1. **定义和法条沿袭**

债转股在法律性质上是债权人以其对公司享有的债权对公司进行出资。按照此前《公司债权转股权登记管理办法》的定义,债转股是指债权人将其依法享有的对在中国境内设立的有限责任公司或者股份有限公司(以下统称公司)的债权转为公司股权,增加公司注册资本的行为。

我国对公司债转股的规定经历了从不予认可到立法确认的过程。2011 年,原国家工商行政管理总局出台了《公司债权转股权登记管理办法》,对债转股的实施条件、程序等进行了明确的规定。2014 年《公司注册资本登记管理规定》生效的同时,废止了《公司债权转股权登记管理办法》,该新规保留了债转股实施条件的规定,但未明确具体的程序要求,给实务中对于债转股是否必须进行评估留下了争议的空间。2022 年,国家市场监督管理总局在出台《市场主体登记管理条例实施细则》的同时同步废止了《公司注册资本登记管理规定》,该实施细则对债转股的规定只剩下简单的一条,即“依法以境内公司股权或者债权出资的,应当权属清楚、权能完整,依法可以评估、转让,符合公司章程规定”。

2. **债转股的基本要求**

(1)债权类型。按照 2014 年《公司注册资本登记管理规定》的规定,债转股应当符合一定的条件,而该等条件其实明确了可进行债转股的债权类型:①合同之债,“债权人已经履行债权所对应的合同义务,且不违反法律、行政法规、国务院决定或者公司章程的禁止性规定”;②诉讼之债,“经人民法院生效裁判或者仲裁机构裁决确认”;③破产和解之债,"公司破产重整或者和解期间,列入经人民法院批准的重整计划或者裁定认可的和解协议"。

(2)适用情形。从债转股出资的法条沿袭来看,债转股仅适用于公司的增资行为,不适用于公司的设立出资,因为公司只有在设立之后才会有相应的债权债务法律主体。

(3)标的债权。由 2011 年《公司债权转股权登记管理办法》和 2014 年《公司注册资本登记管理规定》的规定可见,债转股的标的债权必须是"债权人对公司享有的债权",而不包括"债权人对第三人享有的债权"。但是最新的《市场主体登记管理条例实施细则》的相关法条表述为"依法以境内公司股权或者债权出资的",从字面上看,其并未对债权人以其第三人的债权出资可行性作出明确表态,但在司法实践中,不少法院对此持明确的支持态度。以"债权人对第三人享有的债权"出资的主要争议焦点在于,该方式对公司、出资人、其他股东、债务人都具有很大的不确定性风险,公司需要承担追偿债权的风险,若债权未能实现,则存在出资不实的风险,而这将引发一系列的纠纷。鉴于以"债权人对第三人享有的债权"出资存在一定的争议,建议拟 IPO 企业审慎对待此种出资方式,非必要情况不采取该种出资方式。

(4)评估要求。《公司法》(2023 修订)第 48 条第 2 款规定:"对作为出资的非货币财产应当评估作价,核实财产,不得高估或者低估作价。法律、行政法规对评估作价有规定的,从其规定。"从债转股的具体法规来看,2011 年《公司债权转股权登记管理办法》明确规定债转股需进行评估,2014 年《公司注册资本登记管理规定》删除了该等要求,2022 年《市场主体登记管理条例实施细则》则规定以债权出资的,应当"依法可以评估、转让"。由于法条规定的变迁,该问题在实务中存在较大争议。经检索市场上的案例,多数存在债转股的企业以履行评估程序为基本原则,即使部分企业未做评估,也通过验资复核和论证的方式予以了解释。

3. IPO 审核关注要点

对于拟 IPO 企业历史出资中存在债转股情形的,审核机构的关注要点主要在债权的"三性"以及债转股程序的合法性上。

债权的"三性"即债权的真实性、合法性和合理性。在债权的真实性上,审核机构主要关注债权的权属情况、具体金额、合同标的、债权对应义务的履行情况,债权是否有对应的具体流水和凭证可供证实。在债权的合法性上,审核机构主要关注债权的性质是否为合法债权,是否符合出资时所适用的法律法规。在债权的合理性上,审核机构主要关注债权的产生背景、原因,债权的形成是否具备商业合理性。

关于债转股程序的合法性，审核机构主要关注债权出资时是否依法履行了评估、验资程序（2011 年《公司债权转股权登记管理办法》对此有明确要求），债权出资的比例是否符合出资时所适用的法律规定（2013 年《公司法》修正前对非货币出资的比例有明确要求），债转股的涉税处理是否合规等。

（二）典型案例

1. 用于出资的债权真实性无法核实，以货币补足出资

案例

爱威科技股份有限公司

（股票代码：688067，2021 年 5 月 10 日过会）[1]

问询问题：

根据律师工作报告，发行人（爱威科技股份有限公司）历史上存在以下出资瑕疵事项：2001 年 3 月，爱威科技股份有限公司第一次增资时，其财务对各股东超过注册资本另外投入的货币资金 190 万元出具了借据，并录入其他应付款科目反映。2010 年 12 月 28 日，爱威科技股份有限公司全体股东一致决议，本着谨慎性的原则，以与 190 万元债权等额货币出资的方式对当时以债权缴纳的 190 万元出资再次予以补足。

请保荐机构、发行人律师对出资瑕疵事项进行全面核查，对出资瑕疵事项的影响及发行人或相关股东是否因出资瑕疵受到过行政处罚、是否构成重大违法行为及本次发行的法律障碍，是否存在纠纷或潜在纠纷进行核查并发表明确意见。

发行人应当充分披露存在的出资瑕疵事项、采取的补救措施，以及中介机构的核查意见。

问询回复主要内容：

经保荐机构核查，爱威科技股份有限公司 2001 年 3 月增资时，各股东债权转增股本的凭证不完整，债权情况难以核实。

2010 年 12 月 28 日，爱威科技股份有限公司全体股东一致决议，本着谨慎性的原则，以与 190 万元债权等额货币出资的方式对当时以债权缴纳的 190 万元出资再次予以补足。出资再次补足后，丁某文、琚某军、周某良放弃对爱威科技股份

---

〔1〕 摘自《关于爱威科技股份有限公司首次公开发行股票并在科创板上市申请文件审核问询函的回复》（2020 年 7 月 31 日出具）。

有限公司原享有或承继当时原有关股东的190万元债权权益,并以等额货币525,221.88元出资的方式对盈余公积及未分配利润转增股本的出资方式予以变更。上述出资方式变更后,爱威科技股份有限公司注册资本仍为1000万元,各股东的股权比例维持不变,并按股权比例分别享有爱威科技股份有限公司截至股东会决议日的资本公积、未分配利润等所有股东权益。全体股东保证目前及将来均不会因有关股东的上述原出资有关问题产生任何争议及纠纷。

保荐机构认为,爱威科技股份有限公司上述出资中虽存在瑕疵,但其已采取了补正措施,且足以弥补出资瑕疵,故发行人不存在相应的法律风险,不会对本次发行构成实质障碍。

案例小结:

在该案例中,发行人某次增资时各股东以债权转增股本的凭证不完整,难以核实。审核机构主要关注了出资瑕疵事项的影响,发行人或相关股东是否因出资瑕疵问题受到过行政处罚,出资瑕疵是否构成重大违法行为或本次发行的法律障碍以及是否存在纠纷或潜在纠纷。

中介机构认为虽然该等出资存在瑕疵,但发行人已采取了补正措施,以与相关债权等额货币出资的方式对当时以债权缴纳的出资予以再次补足,并以等额货币出资的方式对盈余公积及未分配利润转增股本的出资方式予以变更,足以弥补出资瑕疵,且相关股东也保证目前及将来不会因上述出资问题产生任何争议和纠纷。因此,该出资瑕疵不会对本次发行构成法律障碍。中介机构的该解释获得了审核机构的认可。

2. 用于出资的债权未做评估,通过验资复核补救

案例

浙江中晶科技股份有限公司

(股票代码:003026,2020年11月27日过会)[1]

问询问题:

上海华颂出资债权的内容及形成过程,债权是否真实,出资是否经过有效评估。请保荐机构及发行人律师对上述事项进行核查并发表意见。

---

〔1〕 摘自《关于浙江中晶科技股份有限公司首次公开发行股票并上市的补充法律意见书(二)》(2020年3月6日出具)。

问询回复主要内容：

2012年6月14日，众成电子（浙江中晶科技股份有限公司前身）与上海华颂签订债权转股权协议，约定上海华颂以货币及债权的出资方式向众成电子出资680万元，其中430万元计入注册资本，250万元计入资本公积。上海华颂前述680万元出资中，以货币出资250万元，以债权出资430万元；430万元债权转为股权后，上海华颂相应免除众成电子的债务。

前述430万元的债权由两部分组成：一部分为上海华颂向众成电子销售设备形成的债权180万元，另一部分为上海华颂向众成电子提供借款形成的债权250万元。对此，六和律师认为，上海华颂出资的该项180万元债权真实、有效，已经履行了有效的评估、验资程序，符合当时适用的《公司法》的规定。

上海华颂250万元出资债权的内容及形成过程如下：略。

为此，发行人（浙江中晶科技股份有限公司）聘请瑞华会计师进行复核验资，瑞华会计师出具验资复核报告验证：截至2012年6月17日，上海华颂以货币出资250万元，以债权转股权的方式出资430万元，其中430万元计入实收资本，250万元计入资本公积。

虽然上海华颂该项250万元借款形成的债权出资当时未经评估、验资程序，不符合当时适用的《公司法》（2005修订）第27条的规定，但由于借款系货币资金，根据该笔借款的银行转账凭证、众成电子的记账凭证、财务报表等文件可以确认该笔借款及其形成的债权的真实性以及现金价值，且经瑞华会计师出具验资复核报告验证。因此六和律师认为，本次用以出资的250万元债权真实、有效，250万元债权出资时未经验资、评估的情形不会对本次发行上市构成障碍。

案例小结：

根据2005年及以后历次修正、修订的《公司法》的有关规定，以可以用货币估价并可以依法转让的非货币财产作价出资时，对作为出资的非货币财产应当评估作价。实践中，股东以债权出资的情况虽屡见不鲜，但因为债权的实现存在不确定性，审核中通常会对该问题较为关注，主要会问询债权出资是否符合当时的法律规定，是否履行了法定程序，债权出资的合法性、合理性和真实性，发行人是否采取了补救措施，是否对上市构成障碍等。

在本案例中，发行人律师对该债权出资的基本情况、原因、形成过程、真实性与有效性进行了核查与说明，发行人也聘请了会计师事务所进行追溯验资，确认该情况不会成为本次发行上市的障碍。

笔者建议,在遇到该种情况时,中介机构的论证重点可以放在:以债权出资是合法的,当时的法律未明确禁止债权作为出资;作价出资的债权的价值具有确定性;发行人已进行追溯验资;债权出资不会成为发行上市的障碍等。

(三)小结与建议

在企业日常生产经营中,以债转股解决公司债务和充实资本出资的情况并不鲜见。虽然债转股在法规层面上经历了一定的变迁,但因法规的不完善,其目前在标的债权和评估程序等问题上仍有一定争议。目前,2023 年修订的《公司法》第 48 条已明确债权可作为非货币出资,并需履行评估程序,债转股已在法律层级上取得确定性的依据。

对于拟 IPO 企业存在债转股情况的,企业可结合其债转股的实际情况予以应对或规范。一般情况下,企业债转股时存在以下三种情形:

一是债权“三性”不存在瑕疵,且在债转股过程中已全面履行评估、验资程序。若公司符合该种情况,则如实、充分地披露与回复债转股的真实情况,确认该等出资合法有效即可。

二是债权“三性”存在重大瑕疵。如公司未能提供充足的文件依据证明债权的真实性或无法合理解释债权形成背景,建议直接以货币进行出资置换,补足该等出资。

三是企业债转股时存在未履行评估等程序的瑕疵。对于债转股存在评估程序瑕疵的,企业可从以下五个角度进行补救和论证:(1)若债权为借款性质,解释借款系货币资金,根据相关凭证、报表等文件可以确认该笔借款及其形成的债权的真实性以及现金价值;(2)会计师对该笔出资进行验资复核;(3)结合法条沿袭情况,解释目前的相关法条未对债转股评估手续作出明确的强制性要求,历史上的瑕疵放诸目前也不会违背现有规定和立法精神;(4)解释用于出资的债权价值不存在重大不确定性,不会侵害公司及其他股东的利益,其他股东书面确认不存在异议和纠纷;(5)取得主管部门出具的不属于重大违法违规的证明,主管部门不会对瑕疵事项进行行政处罚。

三、减资

(一)理论基础

减资即公司减少注册资本,一般是股东出于退出持股的目的或公司出于解决资本过剩、清理出资瑕疵等目的而实施的。实务中,拟 IPO 企业股权演变中存在减资的案例有很多，在符合审核关注要点的情况下，减资问题一般不会构成发行的障碍。

1. 减资的类型

按照不同的减资方式，减资可分为不同的类型。从股权结构比例的角度，减资可分为股东同比例减资和股东非同比例减资。其中，股东同比例减资相对简单，只是出资额的减少，不涉及股东之间的利益冲突；而股东非同比例减资即"定向减资"，涉及股东之间的股权比例调整，常涉及利益格局的重新安排，容易产生矛盾和纠纷。

从减资是否涉及支付对价的角度来看，减资可分为实质减资和形式减资。是否支付对价直接影响到公司净资产的变化，若公司在减资时向股东支付了减资款，则公司的净资产相应减少，是为"实质减资"，实质减资一般发生在公司剥离子公司或重大资产的情形下；若公司在减资时无须向股东支付减资款，只是相应变更登记了注册资本金额，是为"形式减资"，形式减资一般发生在股东未完成实缴义务而予以减资的情形下。

2. 减资的法定程序

《公司法》（2023 修订）对公司减资的法定程序作了明确的规定，同时新增了"简易减资"的程序。结合实务经验，笔者将公司减资的流程梳理如表 1－10 所示。

表 1－10　减资的主要流程

一、一般减资		
步骤	具体程序	备注
1	董事会制订具体的减资方案	—
2	涉及国资前置审批的，履行前置审批程序（国有独资公司减少注册资本必须由国有资产监督管理机构决定）	部分公司有银行或其他金融债务的，需注意相关协议中是否有约定公司发生注册资本变动时需提前通知银行或取得其事前同意的约定，避免出现违约情形
3	召开股东会，作出减资以及修改公司章程的股东会决议	（1）股东会会议作出减少注册资本的决议，必须经代表2/3以上表决权的股东通过；股东会作出减少注册资本的决议，必须经出席会议的股东所持表决权的 2/3 以上通过。 （2）《公司法》（2023 修订）在第 224 条新增规定，"公司减少注册资本，应当按照股东出资或者持有股份的比例相应减少出资额或者股份，法律另有规定、有限责任公司全体股东另有约定或者股份有限公司章程另有规定的除外"。对于股东会决议不同比例减资、定向减资是否需要全体

续表

步骤	具体程序	备注
3	召开股东会,作出减资以及修改公司章程的股东会决议	股东一致同意的问题,本次修订虽未作出明确规定,但从实操情况来看,不同比例减资或定向减资将改变公司设立时经全体股东达成一致所形成的股权架构,导致部分股东的持股比例增加,相应地增加了该股东所承担的风险,损害其股东利益,因此,建议不同比例减资或者定向减资宜由全体股东一致同意,但全体股东另有约定除外。 (3)可在股东会中就因减资需修改公司章程的事项一并审议通过,并明确授权董事会具体办理注册资本的变更登记手续
4	公司编制资产负债表和财产清单	—
5	对外公告	公司应当自股东会作出减少注册资本决议之日起30日内在报纸上或者国家企业信用信息公示系统公告
6	公司通知债权人	(1)公司应当自股东会作出减少注册资本决议之日起10日内通知债权人; (2)通知和公告应同时履行,不能择一履行,公告的媒体尽量选择影响力较大的省级或国家级的媒体
7	清偿债务或提供相应担保	债权人自接到通知书之日起30日内,未接到通知书的,自公告之日起45日内,有权要求公司清偿债务或者提供相应的担保
8	办理工商变更登记	自减资公告之日起最迟45日后,公司可就减资事项办理工商变更登记
二、简易减资		
1	使用任意公积金和法定公积金弥补亏损	—
2	使用任意公积金和法定公积金不足以弥补亏损的,使用资本公积金弥补亏损	—
3	资本公积金不足以弥补亏损的,减资弥补亏损	为“名义减资”,并不会发生公司净资产减少并实际返还给股东的情况,只是名义上减少了公司注册资本的数额

续表

步骤	具体程序	备注
4	董事会制订具体的减资方案	—
5	召开股东会,作出减资以及修改公司章程的股东会决议	—
6	公司编制资产负债表和财产清单	—
7	对外公告	(1)公司应当自股东会作出减少注册资本决议之日起30日内在报纸上或者国家企业信用信息公示系统公告; (2)无须通知债权人,债权人也无权要求公司提前偿债或提供担保
8	在公司会计账簿中做账	—
9	办理工商变更登记	简易减资后,在法定公积金和任意公积金累计额达到公司注册资本50%前,不得分配利润

3. IPO 审核对公司减资的关注要点

从大量的上市审核案例来看,拟 IPO 企业历史沿革中发生减资的,审核机构均会从实体和程序两大方面关注其合规性和合理性。

在实体方面,审核机构主要关注以下问题:(1)公司历次减资的原因、背景及合理性;(2)公司减资的资金来源、款项支付情况、减资款的用途;(3)公司减资是否涉嫌抽逃出资或规避违法情形;(4)公司减资对公司生产经营的影响(包括是否影响其作为供应商的资质等)。

在程序方面,审核机构主要关注以下问题:(1)公司减资是否履行了法定的程序;(2)若存在程序瑕疵,公司是否采取了补救措施;(3)公司减资是否损害债权人的利益;(4)公司减资是否存在争议或潜在纠纷,是否存在违法违规情形。

(二)典型案例

1. 注册资金的重新核定不属于法定"减资"的范畴

案例

爱慕股份有限公司

(股票代码:603511,2021 年 4 月 9 日过会)[1]

问询问题:

发行人(爱慕股份有限公司)前身华美时装厂 1989 年注册资金相较于 1986 年注册资金减少的原因,是否发生减资,减资的原因、是否履行相应决策程序,是否征得债权人同意,是否存在损害集体企业、债权人利益的情况,是否存在纠纷或潜在纠纷。

问询回复主要内容:

1989 年 7 月 28 日,北京中发会计师事务所第一分部出具了验资报告,经验证,截至 1989 年 6 月 30 日,华美时装厂实有资金 87.2 万元,资金来源为企业自有资金,其中固定资金 17 万元,流动资金 70.2 万元。1989 年 7 月,华美时装厂填写《换发营业执照登记表》。1989 年 11 月 11 日,北京市工商局向华美时装厂换发了《企业法人营业执照》(05201427),华美时装厂注册资金由 117.7 万元变更为 87.2 万元。

华美时装厂 1989 年注册资金相较于 1986 年注册资金减少的原因为当时的国内经济环境不稳定,华美时装厂生产经营停滞,处于亏损状态,根据当时有效的《企业法人登记管理条例施行细则》对企业注册资金的重新核定,华美时装厂 1989 年注册资金减少不属于减少注册资本额范畴,无须征得债权人同意,不存在损害集体企业、债权人利益的情况,不存在纠纷或潜在纠纷。

案例小结:

公司的减资可以分为实质减资与形式减资,其主要区别为公司净资产是否流出。公司进行实质减资时,部分净资产流向股东,公司净资产减少;形式减资时,公司净资产不产生变化,只是注册资本额减少了。当公司亏损时,形式减资可以使注册资本额接近净资产额。

在本案例中,发行人前身华美时装厂进行形式减资的原因是其当时生产经营

---

[1] 摘自《关于爱慕股份有限公司首次公开发行股票并上市的补充法律意见书(二)》(2020 年 9 月 25 日出具)。

停滞,处于亏损状态,因此其进行了注册资金减少的变更登记。审核部门对该情况有所关注,并重点询问了其发生原因,是否属于减资,是否履行减资程序,是否征得债权人同意,是否存在损害集体企业、债权人利益的情况以及是否存在纠纷或潜在纠纷。实务中关于形式减资是否必须履行减资程序的相似案例较少,遇到该类情况时,中介机构应谨慎核查公司减少注册资金的原因,除对审核机构关注的细节问题进行解释外,重点应在回复中明确该种情况是否需要征得债权人同意。

2. 增减资一并进行，未履行法定减资程序

案例

厦门科华恒盛股份有限公司

(股票代码:002335,2009 年 12 月 18 日过会)[1]

问询问题:

2002 年 7 月,发行人(厦门科华恒盛股份有限公司)股本变动中减资行为的程序瑕疵。

问询回复主要内容:

经合理查验,由于发行人股东林某博等 7 名股东陆续离职,2001 年 1～4 月,发行人向其支付了出资款 39.78 万元,但是发行人事先没有就此召开股东大会通过减资决议并刊登减资公告。

2002 年 2 月 21 日,发行人股东大会批准了增加及减少注册资本的议案,包括发行人之前减资的 39.78 万元,同时决议增资 4,712,645 元,注册资本变更为 22,308,771 元。2002 年 6 月 19 日,厦门市体改办批准了本次股本变动。2002 年 6 月 11 日,漳州众诚有限责任会计师事务所出具验资报告对上述注册资本变动予以验证。2002 年 7 月 4 日,发行人完成了本次工商变更登记。

本次股本变动过程中发行人陆续减资 39.78 万元未事先召开股东大会通过减资决议并刊登减资公告的行为不符合当时有效的《公司法》《公司登记管理条例》中有关减资程序的规定。

鉴于发行人本次减资行为是陆续进行的,且同时进行了增资行为,新增出资金额大于减资金额,因此发行人实缴资本总额并未持续减少,具备偿还债务的能力。另外,发行人减资 39.78 万元的行为虽在程序上存在瑕疵,但其后经发行人股

---

〔1〕 摘自《关于厦门科华恒盛股份有限公司申请首次公开发行股票并上市的补充法律意见书》(2008 年 4 月 22 日出具)。

东大会决议补充批准，并取得了厦门市体改办的批复、验资机构验证以及厦门市工商局的核准变更登记。因此，律师认为本次减资程序上的法律瑕疵对发行人发行上市不构成实质性障碍。

案例小结：

根据《公司法》的规定，公司减资的，需要编制资产负债表、通知债权人并刊登减资公告。这是因为公司减资可能对其偿债能力产生影响，为保证债权人的债权能够实现，其合法权益不被损害，公司应将减资事宜通知债权人。但实践中，部分公司会在减资的过程中同步增资，其注册资本可能并未减少，甚至会增多，而法律并未对此种情形下是否需要履行债权人通知程序作出明确规定。

经过检索，笔者发现实践中不乏类似的案例。笔者认为，中介机构通常可以在法律意见书或回复中明确：公司资本未实际减少，不构成法律规定的减少注册资本的情况；被减资的注册资本原本就未实缴；公司在减资的同时还进行了增资，不会损害债权人利益等。

（三）小结与建议

拟IPO企业的历史沿革中发生减资并不罕见，就审核角度而言，公司需要重点关注的是减资行为是否影响公司的股权清晰稳定、是否存在违法情形以及纠纷情况。笔者建议，对于拟IPO企业历史上存在减资情形的，公司需充分解释减资的原因，完整梳理减资的全过程，判断是否存在程序瑕疵，若存在程序不合规之处，需补足相应手续，并取得工商等主管部门的合规证明，并完善信息披露工作。

第三节　历史沿革

一、同股同价

（一）理论基础

“同股同权”是指同一类型的股份应当享有同样的权利，其强调的是股东之间的权利义务平等性。“同股同价”是“同股同权”的一种具体表现形式，即同一时点同一股东持有的股权应该是等价的，具体到增资行为上，其要求同一次增资的相关增资方的定价相同。但是一些企业在股权演变中因不同增资目的、增资方的不同身份等特殊原因，在有限公司阶段或股份公司阶段可能出现同次增资不同定价的情况。出于聚焦问题的目的，本部分只讨论IPO企业中关于“同股同价”的审核要求。

1. 法律规定和司法观点

对于有限公司，目前法律法规层面未有明确规定需符合“同股同价”的要求，现有司法判例中[如(2018)沪02民终3089号、(2017)京03民终7216号等]，多数法院亦认可有限公司股东在增资和股权转让时可作出“同股不同价”的特殊安排。

对于股份公司，《公司法》(2023修订)第143条明确规定，“股份的发行，实行公平、公正的原则，同类别的每一股份应当具有同等权利。同次发行的同类别股份，每股的发行条件和价格应当相同；认购人所认购的股份，每股应当支付相同价额”。

2. 形成原因

从相关审核案例可知，拟IPO企业存在“同股不同价”的原因主要包括：(1)公司进行员工股权激励安排，员工以低于同期入股价格增资进入公司；(2)实际控制人为加强控制权，低价增持公司股权；(3)为强化管理层责任意识，设置管理层溢价入股；(4)特殊人员为公司提供过帮助，以优于财务投资者的价格条件入股。

3. IPO审核关注重点

对于公司增资中存在定价差异的情况，审核机构的关注重点主要包括：(1)历次增资的价格和定价依据；(2)增资价格出现差异的原因和合理性；(3)增资行为是否为各股东的真实意思表示；(4)“同股不同价”是否符合法律的规定，增资行为是否合法有效；(5)是否存在争议或潜在纠纷；(6)是否构成发行障碍。

(二)典型案例

1. 论证“同股不同价”的合法、合理性

案例

深圳市亿道信息股份有限公司

(股票代码:001314,2022年9月30日过会)[1]

问询问题：

2020年，深创投、宝安区引导基金公司的增资价格为10元/股，亿丰众创、亿

[1] 摘自《关于深圳市亿道信息股份有限公司首次公开发行股票并上市之补充法律意见书(五)》(2022年7月1日出具)。

道合创、睿窗科技、深圳亿嵘的增资价格为6元/股,存在股权激励价格和外部增资价格不一致的情况。

请发行人说明:(1)《公司法》(2018修正)第126条第2款关于每股发行价格应当相同的规定是属于管理性规定还是强制性规定,如果是强制性规定,是否导致增资行为无效;(2)本次同股不同价的增资行为是否属于重大违法行为、是否可能受到相关部门的行政处罚;(3)结合上述情况,说明本次同股不同价的增资行为是否构成本次发行的法律障碍。

问询回复主要内容:

1.《公司法》(2018修正)第126条第2款关于每股发行价格应当相同的规定属于管理性强制性规定,不会导致本次增资行为无效。

(1)相关规定。

根据《民法典》第153条第1款、《关于当前形势下审理民商事合同纠纷案件若干问题的指导意见》第5条、《九民纪要》第3条的规定及相关司法判例,若违反效力性强制性规定的行为继续有效,则其将损害国家利益和社会公共利益,故违反效力性强制性规定的行为将被认定无效,而违反管理性强制性规定的行为并不会被认定无效。

(2)《公司法》(2018修正)第126条第2款关于每股发行价格应当相同的规定属于管理性强制性规定。

《公司法》(2018修正)第126条第2款不属于《九民纪要》规定的应当认定为效力性强制性规定的情形。

经核查,发行人(深圳市亿道信息股份有限公司,以下简称亿道信息)2020年12月增资在引入外部投资者的同时还对相关员工进行了股权激励,故员工的认购价格较低,从而导致内部员工与外部投资者在认购股份时存在同股不同价的情形,违反了《公司法》(2018修正)第126条第2款的规定。但发行人本次同股不同价的增资行为未损害国家利益和社会公共利益,各股东也已书面确认其股东的合法权益未因此受到任何损害。

因此,《公司法》(2018修正)第126条第2款关于每股发行价格应当相同的规定属于管理性强制性规定,而非效力性强制性规定,发行人同股不同价的增资行为不会导致本次增资行为无效。

2. 发行人本次同股不同价的增资行为不属于重大违法行为、未受到相关部门的行政处罚。

发行人的本次增资行为已于2020年12月24日取得了深圳市市场监督管理局的核准。根据深圳市市场监督管理局出具的《违法违规记录证明》,并核查发行人的《企业信用报告》,亿道信息报告期内无因违反市场监管相关法律法规而受到行政处罚的记录。

综上,发行人本次同股不同价的增资行为不属于重大违法行为、未受到相关部门的行政处罚。

3. 发行人本次同股不同价的增资行为不构成本次发行的法律障碍。

针对发行人2020年增资存在股权激励价格和外部增资价格不一致的情况,发行人于2021年6月11日召开了2020年年度股东大会,审议通过了《关于对公司历史沿革相关问题进行确认的议案》,对于2020年12月发行人增资过程中,因发行人对相关员工进行股权激励,员工的认购价格较低,从而使内部员工与外部投资者在认购时存在同股不同价的情形,各股东确认股东的合法权益未因此受到任何损害,各股东之间不存在任何股权纠纷或潜在纠纷,不会因上述情形向公司或其他股东提出任何主张或要求。同时,深创投、宝安区引导基金公司、亿丰众创、亿道合创、睿窗科技和深圳亿嵘分别出具承诺函,承诺对上述增资自始无异议,其合法权益未因此受到任何损害,和其他股东之间不存在任何股权纠纷或潜在纠纷,也不会因上述情形向公司或其他股东提出任何主张或要求。

因此,发行人本次增资虽然存在上述同股不同价的情形,但已取得全体股东确认,相关股东亦出具无异议的承诺函,各股东之间不存在任何股权纠纷或潜在纠纷,不会因上述情形向公司或其他股东提出任何主张或要求。发行人本次增资同股不同价的行为未损害国家利益和社会公共利益,也未损害发行人及其他股东利益,不会导致本次增资行为无效,不属于重大违法行为,不会构成本次发行的法律障碍。

案例小结:

在该案例中,审核机构主要就当时适用的《公司法》(2018修正)第126条中的"同股同价"规定是否属于强制性规定,违反该规定是否会导致本次增资行为无效,公司该情况是否属于重大违法行为,是否可能受到行政处罚以及其对本次发行上市的影响进行了问询。

在回复中,中介机构针对这些问题进行了逐一解释,从该规定属于管理性强制性规定而非效力性强制性规定出发，论证了公司该情况并不构成重大违法，并证明了公司未因此受到行政处罚，说明了该情况不会成为公司本次发行的法律障碍。

2. 补足增资价格差额部分

案例

浙江三方控制阀股份有限公司（预披露）[1]

问询问题：

分析 2010 年 12 月增资价格的确定依据，同次增资不同价的原因及合理性，是否符合《公司法》相关规定，是否构成重大违法违规，是否存在纠纷或潜在纠纷。

问询回复主要内容：

该次增资中，发行人（浙江三方控制阀股份有限公司，以下简称浙江控阀）创始股东三方集团、方某泳、方某星的增资价格为 1 元/股，新增外部股东蒋某荣、周某凤、周某仁的增资价格为 1.76 元/股。鉴于创始股东对浙江控阀创设经营作出的贡献，创始股东以低于新增外部股东的增资价格增资，且全体股东对此一致表示同意，因此，该次增资新老股东增资不同价具有合理性。

该次增资同次增资不同价的情况不符合当时有效的《公司法》（2005 修订）第 127 条的相关规定。

为整改该次增资瑕疵，使同次增资价格一致并符合《公司法》的相关规定，2011 年 12 月 22 日，发行人召开 2011 年第三次临时股东大会，同意由三方集团以现金补足出资 319.27 万元，由方某泳以现金补足出资 68.42 万元，由方某星以现金补足出资 68.42 万元，上述补足的溢价部分均计入资本公积金。2011 年 12 月 27 日，三方集团、方某星、方某泳已向发行人缴纳前述款项。

综上，2010 年 12 月发行人增资过程中的同次增资不同价行为虽违反了《公司法》的相关规定，但相关股东已及时整改补足增资款，该次增资价格一致，并得到彼时全体股东的确认，相关增资瑕疵已得到弥补，且未造成相关利益方受损，相关利益方之间亦不存在纠纷或潜在纠纷。此外，发行人未因前述增资瑕疵受到过行政处罚，且整改补救完成后的时间距今较为久远，不存在被行政处罚的可能，不构成重大违法违规行为或本次发行的法律障碍。

---

[1] 摘自《关于浙江三方控制阀股份有限公司首次公开发行股票并在创业板上市的补充法律意见书（一）》（2022 年 9 月 29 日出具）。

案例小结：

在本案例中，审核机构同样对发行人历史增资过程中的同股不同价问题进行了关注，并要求发行人及中介机构对该情况出现的原因、合理性、合法性以及是否存在纠纷或潜在纠纷进行释明。经核查，中介机构发现发行人当时为创始股东设定较低的增资价格主要基于其对公司作出的贡献的考量，且设定的增资价格在彼时获得了全体股东的一致同意。但即使如此，该情况在当时的《公司法》的规定下也是不合法的，为整改该瑕疵，发行人采取了由相关股东补足差额的方式，未造成相关利益方受损。

3. 退回增资溢价部分

案例

广宇集团股份有限公司

（股票代码：002133，2007 年 4 月 10 日过会）[1]

基本情况：

经发行人（广宇集团股份有限公司，以下简称杭州广宇）股东会 2003 年 7 月 28 日决议，王某鸣、职工持股协会、平海投资均以货币资金分别增资 1220 万元、2100 万元和 6680 万元。本次增资价格为 1 元/股，已经杭州广宇股东会决议同意。

经杭州广宇 2003 年 8 月 25 日股东会决议同意，并经浙江中州会计师事务所有限公司验资报告审验，按每股 5.76 元的价格标准，复兴建设增资 3000 万股，共计 17,280 万元，其中 3000 万元记入实收资本，14,280 万元计入资本公积。2003 年 8 月 29 日，复兴建设出资到位。2003 年 9 月 3 日，杭州广宇领取了新的营业执照，注册资本为 18,000 万元。

律师工作报告相关内容：

由于复兴建设系国有独资公司，其对杭州广宇的增资未履行必要的审批手续，2003 年 10 月 27 日，复兴建设的主管部门杭州市上城区人民政府发出函件要求其撤回增资扩股溢价部分款项，并妥善处理退股事宜。2003 年 11 月 10 日，经杭州广宇股东会批准，复兴建设增资价格由每股 5.76 元调整为每股 1 元，退回复兴建设对杭州广宇投资所缴款项中 14,280 万元溢价部分。

---

〔1〕 摘自《关于广宇集团股份有限公司首次公开发行股票并上市的律师工作报告》（2006 年 9 月 23 日出具）。

律师认为,因复兴建设对杭州广宇的增资未取得其主管部门的同意,其所签订的增资协议属效力待定的协议。复兴建设系由杭州市上城区人民政府归口管理的国有独资企业,杭州市上城区人民政府基于对国有资产的管理职能,要求复兴建设撤回溢价增资的款项,并妥善处理退股事宜,属于杭州市上城区人民政府的权限范围。杭州广宇股东会决议同意退回复兴建设溢价增资部分属股东处理与其自身权益相关的资产的情形,其行为合法有效。复兴建设依据上城区人民政府的指示,将其持有的杭州广宇3000万股的股权转让给平海投资的行为属两股东之间的民事行为,其行为合法有效。复兴建设在上述增资、股权转让的过程中共向杭州广宇投入资金17,280万元,后又实际收回全部17,280万元投资,且本次复兴建设从增资之日到最后收回投资之日所持续的时间较短,未实际侵害复兴建设所代表的国有资产的利益。

问询问题:

发行人历次增资和股权转让的定价依据、交易的公允性以及是否履行了相应的法律程序。

问询回复主要内容:

复兴建设持有杭州广宇股份的时间较短,且已实际取回杭州广宇投资所缴款项中14,280万元溢价部分,转让价格公允。

案例小结:

实践中,当审核机构问及同股不同价的问题时,"已将溢价款退回给以较高价格购买股票的出资人"也可作为发行人及中介机构的论点之一,但实践中采用该种解决措施的案例相对较少。

本案例中,复兴建设对杭州广宇的增资价格达到了此前王某鸣等人增资价格的5倍以上。复兴建设的主管部门杭州市上城区人民政府以复兴建设对杭州广宇的增资未履行必要的审批手续为由要求其撤回增资扩股溢价部分款项。于是,杭州广宇股东会批准将复兴建设增资价格由每股5.76元调整为每股1元,退回了复兴建设对杭州广宇投资所缴款项中14,280万元溢价部分。随后,复兴建设又将其持有的股权全部转让给了平海投资。

在该案的问询中,尽管审核机构并未针对这一次的溢价增资问题进行单独提问,但要求发行人释明历次增资和股权转让的定价依据、交易的公允性以及是否履行了相应的法律程序,且发行人律师也在补充法律意见书中说明了该次增资的溢价部分已退回。

4. 认定为两次增资

案例

江苏振江新能源装备股份有限公司

(股票代码:603507,2017 年 10 月 13 日过会)[1]

问询问题:

请保荐机构、发行人(江苏振江新能源装备股份有限公司)律师补充说明历次出资、增资及股权转让的资金来源、合法性,增资及股权转让的原因、价格、定价依据及其合理性,增资或股权转让定价存在较大差异的原因、价款支付情况。

问询回复主要内容:

2012 年 4 月,发行人第三次增资前,实际控制人胡某和卜某华夫妇持有公司 100% 的出资份额,本次增资价格为 1 元/出资额,增资价格及增资程序未违反相关法律法规;本次增资系为改善公司资产负债结构,补充公司运营资金。

2012 年 4 月,发行人第四次增资价格为 2.7 元/出资额,系发行人实际控制人与外部投资者鸿立投资、褚某正结合公司未来盈利情况协商一致确定的价格,已经股东会决议通过,增资价格及增资程序未违反相关法律法规;本次增资系为引入财务投资者、改善公司治理结构,解决资金需求。

根据当时适用的《公司法》(2005 修订)第 127 条的规定,股份有限公司同次发行的同种类股票,每股发行条件和价格应当相同;任何单位或者个人所认购股份,每股应当支付相同价额。

由于 2012 年 4 月发行人上述两次增资并非同一次增资,且当时发行人仍然为有限责任公司,因此不属于同股不同价的情况。律师认为,发行人 2012 年 4 月两次增资价格差异存在合理背景,未侵犯其他股东利益,亦未违反公司章程及相关法律法规规定,不属于同股不同价的情形。

案例小结:

由于实践中部分公司增资时适用的《公司法》(2005 修订)对同股不同价中"同股"的界定是"同次发行的同种类股票",且针对的主体是"股份有限公司",并未对"有限责任公司"作出明确要求,部分公司会将同股不同价的情况解释为发生在两次不同的增资中,且公司出现此类情况时尚为有限责任公司,不违反该条法

---

〔1〕 摘自《关于江苏振江新能源装备股份有限公司首次公开发行人民币普通股股票并上市的补充法律意见书(四)》(2017 年 7 月 25 日出具)。

律规定。该种解释方法可能会得到审核机构的认可。

(三)小结与建议

在有限公司阶段,公司增资时实行不同的定价通常系尊重股东间的特殊约定,该等安排一般不会违反明文规定。而在股份公司阶段,“同股不同价”则可能违反《公司法》(2023 修订)第 143 条的规定,尽管该情形一般不会构成上市障碍,但公司仍要有具体的应对思路,关键在于是否能解释价格差异的合理性。

结合相关上市公司案例,拟 IPO 企业存在“同股不同价”情形时的处理思路主要可归类为以下三种:(1)充分论证增资价格差异的原因、合理性和合法性,主要可从价格差异合理、《公司法》(2023 修订)第 143 条的规定不属于效力性强制性规定、股东确认无异议和纠纷、未受到行政处罚等角度进行解释。(2)补交差额部分或退回溢价增资部分,即通过填平的方式将“同股不同价”纠正为“同股同价”的状态,更周全的做法是召开股东会,由股东共同决议调整增资价格,避免争议。(3)合理解释企业“同股不同价”的增资行为为两次增资行为,未违反“同股同价”的要求。

二、返程投资

(一)理论基础

返程投资是我国早期吸引外资的一种手段,近年来,部分企业利用返程投资实现跨境避税等目的。返程投资涉及货币资金的跨境流动(见图 1 - 1),因此国家外汇管理局陆续出台了相关法规进行规范。实务中, 部分拟 IPO 企业未规范操作,涉及外汇登记瑕疵的,则需充分考虑其违规操作对上市的影响。

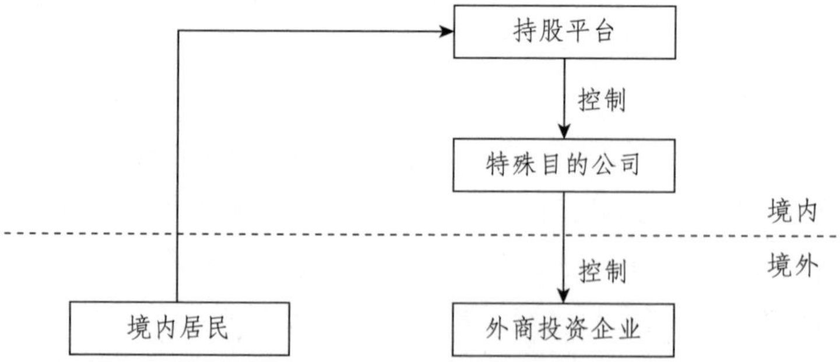

图 1 - 1　返程投资示意图

1. 返程投资的构成要件

为了规范返程投资的问题,国家外汇管理局于2005年发布了《国家外汇管理局关于境内居民通过境外特殊目的公司融资及返程投资外汇管理有关问题的通知》(汇发〔2005〕75号)(以下简称75号文)。2014年,为进一步简化和便利境内居民通过特殊目的公司从事投融资活动所涉及的跨境资本交易,国家外汇管理局发布了《国家外汇管理局关于境内居民通过特殊目的公司境外投融资及返程投资外汇管理有关问题的通知》(汇发〔2014〕37号)(以下简称37号文),由此37号文取代了75号文,成为目前返程投资外汇登记管理的主要法律依据。75号文和37号文关于返程投资的界定和构成要求的比对情况见表1-11。

表1-11　返程投资的构成要件比对

事项	75号文(2005年11月1日实施)	37号文(2014年7月4日实施)
投资行为	境内居民通过特殊目的公司对境内开展的直接投资活动,包括但不限于以下方式:购买或置换境内企业中方股权、在境内设立外商投资企业及通过该企业购买或协议控制境内资产、协议购买境内资产及以该项资产投资设立外商投资企业、向境内企业增资	境内居民直接或间接通过特殊目的公司对境内开展的直接投资活动,即通过新设、并购等方式在境内设立外商投资企业或项目,并取得所有权、控制权、经营管理权等权益的行为
特殊目的公司	境内居民法人或境内居民自然人以其持有的境内企业资产或权益在境外进行股权融资(包括可转换债融资)为目的而直接设立或间接控制的境外企业	境内居民(含境内机构和境内居民个人)以投融资为目的,以其合法持有的境内企业资产或权益,或者以其合法持有的境外资产或权益,在境外直接设立或间接控制的境外企业
境内居民个人	持有中华人民共和国居民身份证或护照等合法身份证件的自然人,或者虽无中国境内合法身份但因经济利益关系在中国境内习惯性居住的自然人	持有中国境内居民身份证、军人身份证件、武装警察身份证件的中国公民,以及虽无中国境内合法身份证件、但因经济利益关系在中国境内习惯性居住的境外个人
控制	境内居民通过收购、信托、代持、投票权、回购、可转换债券等方式取得特殊目的公司或境内企业的经营权、收益权或者决策权	境内居民通过收购、信托、代持、投票权、回购、可转换债券等方式取得特殊目的公司的经营权、收益权或者决策权

由表1-11可见,37号文对返程投资的认定范围扩大了,其将投资活动扩大为直接或间接的投资,设立特殊目的公司的资金来源也不再限定为境内资产权益,设立目

的也由股权融资扩大到了投融资。

2. 外汇登记要求及处罚后果

根据 37 号文的规定，国家外汇管理局对境内居民设立特殊目的公司实行登记管理，境内居民办理境外投资外汇登记后方可办理后续业务。若境内居民未依法办理外汇登记，根据不同的违法情形，其将面临不同的处罚后果，具体见表 1 – 12。

表 1 – 12　返程投资外汇登记违法处罚后果

<table>
<tr><th>违法主体</th><th>违法情形</th><th colspan="2">处罚后果</th><th>法律依据</th></tr>
<tr><td rowspan="4">境内居民</td><td rowspan="4">未按规定办理相关外汇登记、未如实披露返程投资企业实际控制人信息、存在虚假承诺等行为</td><td>所有情形</td><td>由外汇管理机关责令改正，给予警告，对机构可以处 30 万元以下的罚款，对个人可以处 5 万元以下的罚款</td><td>《外汇管理条例》第四十八条第(五)项</td></tr>
<tr><td>发生资金流出</td><td>由外汇管理机关责令限期调回外汇，处逃汇金额 30% 以下的罚款；情节严重的，处逃汇金额 30% 以上等值以下的罚款；构成犯罪的，依法追究刑事责任</td><td>《外汇管理条例》第三十九条</td></tr>
<tr><td>发生资金流入</td><td>由外汇管理机关责令改正，处违法金额 30% 以下的罚款；情节严重的，处违法金额 30% 以上等值以下的罚款</td><td rowspan="2">《外汇管理条例》第四十一条</td></tr>
<tr><td>发生资金结汇</td><td>由外汇管理机关责令对非法结汇资金予以回兑，处违法金额 30% 以下的罚款</td></tr>
<tr><td>境内居民或其直接、间接控制的境内企业</td><td colspan="2">虚假或构造交易汇出资金用于特殊目的公司</td><td>由外汇管理机关责令限期调回外汇，处逃汇金额 30% 以下的罚款；情节严重的，处逃汇金额 30% 以上等值以下的罚款；构成犯罪的，依法追究刑事责任</td><td>《外汇管理条例》第三十九条</td></tr>
<tr><td>境内居民或其直接、间接控制的境内企业</td><td colspan="2">相关跨境收支未按规定办理国际收支统计申报的</td><td>由外汇管理机关责令改正，给予警告，对机构可以处 30 万元以下的罚款，对个人可以处 5 万元以下的罚款</td><td>《外汇管理条例》第四十八条第(一)项</td></tr>
</table>

3. IPO 审核关注重点

拟 IPO 企业中，返程投资的违法主体多为实际控制人，其面临直接处罚的风险，因此审核机构多会关注该等违法行为是否属于重大违法行为，对实际控制人和发行人的具体影响。此外,有部分实际控制人通过特殊目的公司间接控制发行人的股份,这便关乎发行人的历史沿革是否存在瑕疵,相关瑕疵对发行人的具体影响。

从市场上的案例来看,对于存在返程投资但未办理外汇登记的企业,审核机构一般会从以下五个角度展开问询:(1)返程投资的背景、原因、具体情况;(2)返程投资未办理外汇登记的原因;(3)未办理外汇登记或补办外汇登记是否符合相关法律法规,是否存在处罚风险,是否构成重大违法行为;(4)外汇登记违法行为对实际控制人、发行人的影响,是否构成发行的障碍;(5)发行人历史沿革中涉及的外资股东是否符合外商投资、外汇管理、税务管理等方面的法律法规,股权演变是否存在法律瑕疵等。

(二)典型案例

1. 论证不构成返程投资:否认境外公司为特殊目的公司

案例

广东文灿压铸股份有限公司

(股票代码:603348,2018 年 3 月 30 日过会)[1]

问询问题:

香港雄邦及香港杰智持有境内公司南通雄邦[发行人(广东文灿压铸股份有限公司)子公司]股份。请发行人披露香港雄邦及香港杰智的境内出资是否需要根据当时有效的 75 号文的相关规定办理相关返程投资外汇登记手续。

问询回复主要内容:

香港雄邦自设立起至 2012 年止一直为发行人的境外贸易平台,从事贸易类业务,其并非以境外股权融资为目的而设立的公司。香港雄邦于 2006 年 10 月 24 日设立南通雄邦,并于 2010 年 1 月 29 日完成全部出资行为,除 400 万美元的无形资产出资外,其余出资款来源为企业经营积累的自有资金及部分境外借款。

按照香港雄邦出资南通雄邦时有效的 75 号文的规定,香港雄邦设立时并非以境外股权融资为目的而设立的,亦未通过任何股权融资(包括可转换债融资)行为向南通雄邦出资,不属于 75 号文认定的特殊目的公司。

综上,香港雄邦出资南通雄邦的行为不属于返程投资,无须按照当时有效的 75 号文的规定办理相关返程投资外汇登记手续。

---

〔1〕 摘自《关于广东文灿压铸股份有限公司首次公开发行股票并上市的补充法律意见书(九)》(2018 年 2 月 13 日出具)。

案例小结：

相较于75号文,37号文在“返程投资”“特殊目的公司”“境内居民个人”等词语的界定上存在差异。另外,37号文中关于境内居民设立特殊目的公司的目的以及资金来源的规定也有所变化,即目的由“股权融资”变为“投融资”,资金来源由“拥有的境内企业的资产或股权”扩充为“合法持有的境内企业资产或权益或境外资产或权益”。因此,原本在75号文项下被定义为特殊目的公司的情形可能在37号文颁布后不再适用。

在该案例中,中介机构认为,按照当时有效的75号文的规定,香港雄邦并非以境外股权融资为目的设立,也未通过股权融资行为向南通雄邦出资,不属于75号文认定的特殊目的公司,因此香港雄邦出资南通雄邦不构成返程投资,无须办理相关外汇登记手续。实践中若遇到同类情形,发行人及中介机构亦可参考该案例中的论证路径。

类似地,实践中还有一些案例涉及发行人股东在75号文有效期间使用境外资金设立公司的情况,在这种情况下,中介机构通常也会将其解释为设立的境外出资行为不构成75号文项下的返程投资行为,不需要进行外汇登记。

2. 论证不构成返程投资：投资主体不属于境内居民

案例

山东英科环保再生资源股份有限公司

(股票代码:688087,2021年5月25日过会)[1]

问询问题：

发行人(山东英科环保再生资源股份有限公司)其他外资股东外汇投资的手续是否齐备。

问询回复主要内容：

根据国家外汇管理局淄博市中心支局出具的《关于山东英科环保再生资源股份有限公司及其实际控制人外汇登记相关政策业务说明的函》,在外汇登记方面,英科投资由刘某毅以其境外资产和权益设立,且刘某毅具有美国永久居留权,根据相关外汇法规,刘某毅在我国香港特区设立英科投资无须按照37号文的相关

---

〔1〕 摘自《关于山东英科环保再生资源股份有限公司首次公开发行股票并在科创板上市的补充法律意见书(一)》(2020年9月21日出具)、《山东英科环保再生资源股份有限公司首次公开发行股票并在科创板上市招股意向书》(2021年6月18日出具)。

规定进行外汇登记。

招股意向书详细解释：

根据当时适用的75号文的相关规定，刘某毅投资英科控股的资金来源于其在境外的资产或权益，不符合办理特殊目的公司登记要求。《国家外汇管理局关于进一步简化和改进直接投资外汇管理政策的通知》（汇发〔2015〕13号）（部分失效）其附件“直接投资外汇业务操作指引”中规定“对于同时持有境内合法身份证件和境外（含港澳台）合法身份证件的，视同境外个人管理。对于境外个人以其境外资产或权益向境外特殊目的公司出资的，不纳入境内居民个人特殊目的公司外汇（补）登记范围”。国家外汇管理局淄博市中心支局认为，刘某毅以其在境外的资产或权益设立英科控股，且其已于设立境外公司前取得了美国永久居留权，符合《国家外汇管理局关于进一步简化和改进直接投资外汇管理政策的通知》（汇发〔2015〕13号）的相关规定，因此应将其视为境外个人进行管理，不应纳入境内居民个人特殊目的公司外汇（补）登记范围。

据此，刘某毅在英属维尔京群岛设立英科控股无须向我国外汇管理部门进行外汇登记。

案例小结：

发行人及中介机构在论证出资行为不构成返程投资、无须办理外汇登记手续时，除可以论证设立的公司不属于特殊目的公司以外，还可以从设立人/出资人不属于境内居民这一论点出发，因为无论是在75号文还是在37号文中，构成返程投资行为的一大要件即主体为境内居民，若设立人在设立特殊目的公司前已经获得境外永久居留权，则其将被视为境外居民，不被纳入境内居民个人特殊目的公司外汇（补）登记范围。

3. 外汇补登记

案例

明月镜片股份有限公司

（股票代码：301101，2021年11月2日过会）[1]

问询问题：

在历史沿革中，外资股东增资和股权变动是否符合外商投资、外汇管理、税收

〔1〕摘自《关于明月镜片股份有限公司首次公开发行股票并在创业板上市的补充法律意见书（一）》（2020年12月15日出具）。

管理等方面的监管要求,是否存在程序违法或程序瑕疵,相关瑕疵是否已得到完全解决,是否存在被相关有权部门处罚的风险。

问询回复主要内容:

1. 2004年4月~2014年7月的合法合规性。

明月镜片股份有限公司的股东香港明月设立至今未进行任何境外融资活动,谢某兴设立香港明月的主要目的为对境内企业进行投资,香港明月不属于75号文规定的特殊目的公司。因此,在2014年7月之前,谢某兴设立香港明月以及返程投资行为无须办理相应的外汇登记手续。

2. 2014年7月至今的合法合规性。

根据2014年7月14日起实施的37号文的相关规定,"特殊目的公司"的认定依据被调整为境内居民(含境内机构和境内居民个人)以投融资为目的,以其合法持有的境内企业资产或权益,或者以其合法持有的境外资产或权益,在境外直接设立或间接控制的境外企业。此外,37号文规定,在37号文实施前,境内居民以境内外合法资产或权益已向特殊目的公司出资但未按规定办理境外投资外汇登记的,境内居民应向国家外汇管理局出具说明函说明理由;国家外汇管理局根据合法性、合理性等原则办理补登记,对涉嫌违反外汇管理规定的,依法进行行政处罚。

香港明月属于37号文规定的"特殊目的公司",谢某兴应按照37号文的规定向其主管机关国家外汇管理局申请补办外汇登记。就上述补办外汇登记手续事宜,国家外汇管理局丹阳市支局于2015年9月28日出具了行政处罚告知书,对谢某兴处以25,000元的罚款,并于2015年10月27日办理了谢某兴个人特殊目的公司外汇补登记手续,出具了对应的业务登记凭证。

根据公司实际控制人谢某兴出具的承诺:因谢某兴设立香港明月未办理外汇登记手续和香港明月收购明月光电股权未办理返程投资的外汇登记手续导致的发行人被相关政府机关处罚的风险由谢某兴承担。

上述未办理外汇登记的程序瑕疵已于2015年10月27日通过办理外汇补登记手续得以规范,谢某兴已出具承诺承担相应的法律责任,发行人不存在被相关有权部门处罚的风险。

案例小结:

根据37号文的规定,境内居民以境内外合法资产或权益已向特殊目的公司出资但未按规定办理境外投资外汇登记的,境内居民应向国家外汇管理局出具说明函说明理由；国家外汇管理局根据合法性、合理性等原则办理补登记，对涉嫌违反外汇管理规定的，依法进行行政处罚。

因此，在实践中，若发行人历史上存在境内自然人股东在境外设立公司并通过其持有发行人股份的情况，中介机构应注意判断是否构成法律规定的应办理外汇登记的返程投资行为，如构成返程投资但未按规定办理外汇登记，应及时办理补登记手续，以免对发行人上市造成障碍。

本案例中，谢某兴因未按规定补办外汇登记受到了国家外汇管理局的行政处罚，被要求进行补登记。在申报过程中，其出具承诺函承诺因该问题导致发行人被相关政府机关处罚的风险由其承担的解决途径被审核机构认可。

4. 注销特殊目的公司

案例

宁波星源卓镁技术股份有限公司

（股票代码：301398，2022 年 9 月 9 日过会）[1]

问询问题：

请发行人（宁波星源卓镁技术股份有限公司，以下简称星源有限）结合香港天幸、星源有限的设立程序，外汇资金来源及出借主体基本情况，说明并披露星源有限设立出资的比例、出资时间、出资来源、2006 年第四期实缴出资由税后利润转增，以及未办理外汇登记/补登记程序等是否符合外汇管理和返程投资等相关规定；说明外汇资金借款和偿还的过程以及资金出借主体与发行人及其实际控制人是否存在关联关系、委托持股或其他未披露的利益安排，是否涉及补缴税款，是否存在股权纠纷或潜在纠纷；如存在上述出资瑕疵，请充分披露存在的出资瑕疵事项、采取的补救措施，是否存在因出资瑕疵而导致被处罚的风险；结合香港天幸的历史沿革和实际经营情况，说明注销香港天幸的原因及存续期间是否存在违法违规情形。

问询回复主要内容：

国家外汇管理局北仑支局资本项目管理处工作人员表示：（1）已了解了邱某雄和陆某芬出资设立香港天幸并返程投资星源有限的相关事实，鉴于香港天幸已注销、星源有限已转为内资企业，返程投资架构已不存在，该局无法为邱某雄和陆

---

〔1〕 摘自《关于宁波星源卓镁技术股份有限公司首次公开发行 A 股股票并在创业板上市的补充法律意见书（四）》（2021 年 3 月 29 日出具）。

某芬补办个人外汇登记,该二人无须再办理外汇补登记;(2)邱某雄和陆某芬设立香港天幸的出资数额较少,不属于重大违法违规行为,且出资时间较早,因此该局也不会对邱某雄和陆某芬的该境外投资行为给予行政处罚;(3)根据其内部管理规定,就该等事项,其只能提供口头咨询,不能接受书面访谈并在访谈笔录上签名,国家外汇管理局北仑支局只能向星源有限出具无外汇管理重大违法违规行为的证明。

2020年1月14日,国家外汇管理局北仑支局出具证明,"我支局尚未发现宁波星源卓镁技术股份有限公司2003年7月16日至今存在逃汇、非法套汇等外汇违规行为"。

根据国家外汇管理局北仑支局出具的证明并经律师登录国家外汇管理局官网查询,邱某雄、陆某芬和发行人不存在因违反国家外汇管理相关法律、法规、规章、规范性文件规定而受到行政处罚的情形。

邱某雄和陆某芬出具承诺函,承诺:"截至本承诺函出具日,本人不存在违反外汇管理规定而受到外汇主管部门行政处罚的情形。若本人因个人外汇登记相关事项受到外汇主管部门的处罚而给星源卓镁造成损失的,本人愿意赔偿因此给星源卓镁造成的全部损失。如届时本人没有履行上述赔偿义务,星源卓镁有权暂扣对本人或邱某雄利润分红相当的金额直至本人履行上述赔偿义务,或者直接扣除对本人或邱某雄利润分红相当的金额以抵偿本人应付赔偿数额。"

截至本补充法律意见签署日,发行人现有股份均为各股东通过合法方式取得、真实投资持有,不存在股权代持或股权纠纷,不存在构成本次发行上市的法律障碍的情形。

案例小结:

若发行人存在股东返程投资未办理外汇登记手续的情形,审核机构通常会对外汇资金来源,未办理登记的原因、情况,是否违反相关法律规定,是否可能受到行政处罚以及是否会成为上市的障碍等问题较为关注。发行人及中介机构除论证行为不构成返程投资及进行外汇补登记外,还可以通过注销特殊目的公司来处理该问题。

本案例中,香港天幸属于37号文规定的特殊目的公司,相关出资人需要按规定办理外汇补登记,但由于香港天幸已注销、星源有限已转为内资企业,返程投资架构已不存在,国家外汇管理局工作人员表示无法再为其补办登记。此外,由于邱某雄和陆某芬设立香港天幸的时间较早,出资数额也较少,不属于重大违法违规情形,国家外汇管理局工作人员表示不会对相关投资行为进行行政处罚。中介机构对上述情况进行了说明,审核机构对此解决路径予以认可。

(三)小结与建议

拟 IPO 企业在历史沿革中存在返程投资的,主要需关注是否已依法办理外汇登记等手续。实务中,发行人涉及返程投资架构时的处理方式一般可分为两大类:一是及时规范或清理,二是论证不构成或不适用返程投资。

第一类处理方式为及时规范或清理。若发行人实际控制人设立的特殊目的公司目前或历史上通过返程投资的方式持有发行人的股份,则发行人实际控制人应及时进行外汇登记或外汇补登记,或者采用更为彻底的方式即注销特殊目的公司,消除不规范的行为。同时,发行人及中介机构还需从多方面论证该等行为不会对发行人的上市造成障碍。(1)通过注销特殊目的公司或外汇补登记的方式,及时解决相应瑕疵。(2)行政处罚风险:若已被处罚,论述罚款已及时足额缴纳,不属于重大行政处罚;若尚未被处罚,判断是否已超过行政处罚的追诉时效,被处罚的风险较小。(3)外汇主管部门出具的不存在行政处罚或行政处罚不属于重大违法行为的确认文件。(4)实际控制人出具兜底承诺,承诺由其自行承担返程投资涉及的所有违法后果。

第二类处理方式为论证不构成或不适用返程投资。为做此论证,一般有两种思路:一是解释实际控制人持有境外合法身份证件,不构成"境内居民个人",因此无须适用返程投资的登记规定;二是结合 75 号文或 37 号文的构成要件的规定,解释境内居民设立的境外公司不属于特殊目的公司,因此不构成返程投资。

三、国企改制中的管理层持股

(一)理论基础

为激励公司核心管理人员,拟 IPO 企业多会采用员工持股计划或股权激励等方式对管理层进行激励。但是,国有企业的管理层持股涉及潜在的利益冲突,相对较为敏感。因此部分国有企业在改制过程中不会进行管理层持股的安排,若拟 IPO 企业存在国有企业管理层持股的安排,需要注意核查是否符合基本的法律法规要求。

1. 管理层持股的基本要求

国有企业实施管理层持股的方式包括增资扩股和受让国有股权,其主要法律依据是《关于规范国有企业改制工作的意见》(国办发〔2003〕96 号)、《关于进一步规范国有企业改制工作的实施意见》(国办发〔2005〕60号)、《企业国有产权向管理层转让暂行规定》(国资发产权〔2005〕78号)(2016年6月30日废止)。根据该等法规,国有企业管理层持股的基本要求如表1-13所示。

表1-13 国有企业改制中的管理层持股的基本要求

事项	内容	法律依据
适用范围	增资方式:国有及国有控股大型企业实施改制,应严格控制管理层通过增资扩股以各种方式直接或间接持有本企业的股权。 转让方式:国有产权向管理层转让原则上限于中小型国有及国有控股企业,大型国有及国有控股企业及所属从事该大型企业主营业务的重要全资或控股企业的国有产权和上市公司的国有股权不向管理层转让	国办发〔2005〕60号、国资发产权〔2005〕78号
管理层范围	增资方式:国有及国有控股企业的负责人以及领导班子的其他成员;通过公开招聘、企业内部竞争上岗等方式竞聘上岗或对企业发展作出重大贡献的管理层成员。 转让方式:转让标的企业及标的企业国有产权直接或间接持有单位负责人以及领导班子其他成员	国办发〔2005〕60号、国资发产权〔2005〕78号
禁止性条件	存在下列情况之一的管理层成员,不得通过增资扩股持有改制企业的股权,不得受让标的企业的国有产权: 1. 经审计认定对改制企业经营业绩下降负有直接责任的; 2. 故意转移、隐匿资产,或者在改制/转让过程中通过关联交易影响企业净资产的; 3. 向中介机构提供虚假资料,导致审计、评估结果失真,或者与有关方面串通,压低资产评估值以及国有产权折股价/国有产权转让价格的; 4. 违反有关规定,参与制订改制方案/国有产权转让方案、确定国有产权折股价、选择中介机构,以及清产核资、财务审计、离任审计、资产评估、底价确定等重大事项的; 5. 无法提供持股资金来源合法相关证明的	国办发〔2005〕60号、国资发产权〔2005〕78号
程序要求	转让方式:向管理层转让股权应符合国有产权转让的一般程序性规定,依法履行方案制订、重组审批、清产核资、财务审计、资产评估、进场交易、职代会或职工大会审议等程序	国办发〔2003〕96号、《企业国有资产交易监督管理办法》(旧法为《企业国有产权转让管理暂行办法》)
管理层资金来源	管理层持股必须提供资金来源合法的相关证明,必须执行《贷款通则》的有关规定,不得向包括本企业在内的国有及国有控股企业借款,不得以国有产权或资产作为标的物通过抵押、质押、贴现等方式筹集资金	国办发〔2005〕60号、国资发产权〔2005〕78号

续表

事项	内容	法律依据
持股方式	不得采取信托或委托等方式间接持有企业股权	国办发〔2005〕60号、国资发产权〔2005〕78号
持股比例限制	管理层的持股总量不得达到控股或相对控股数量	国办发〔2005〕60号

2. IPO 审核关注要点

拟 IPO 国有企业在改制过程中存在管理层持股安排的，审核机构通常会关注以下六个问题：(1)国有企业实施管理层持股的背景、具体过程；(2)管理层持股的具体程序履行情况，是否符合相关法律法规；(3)管理层持股的增资价格/转让价格情况，定价是否公允、合理；(4)结合管理层持股所签署的协议、制定的各项制度，确认管理层股东享有的股东权益是否完整；(5)管理层持股是否存在国有资产流失的情形；(6)管理层持股是否涉及股份支付，股份支付费用的确认是否符合会计准则相关规定，对报告期经营业绩的影响。

(二)典型案例

案例

新疆交通建设集团股份有限公司

(股票代码:002941,2018 年 10 月 10 日过会)〔1〕

问询问题：

管理层持股有关安排是否符合当时有效的《企业国有产权向管理层转让暂行规定》等相关法律法规的规定。

问询回复主要内容：

经核查，本次管理层持股属于通过增资扩股持股，已经国有资产监督管理机构新疆国资委批准，管理层的持股总量未达到控股或相对控股数量。管理层股东未参与制订改制方案、确定国有产权折股价、选择中介机构，以及清产核资、财务

〔1〕 摘自《关于新疆交通建设集团股份有限公司首次公开发行股票并上市的补充法律意见书(十二)》(2018 年 8 月 28 日出具)。

审计、离任审计、资产评估中的重大事项。管理层股东已经提供资金来源合法的相关证明,不存在向包括发行人在内的国有及国有控股企业借款,不存在以国有产权或资产作为标的物通过抵押、质押、贴现等方式筹集资金,也不存在采取信托或委托等方式间接持有企业股权等的情形。管理层股东不存在《国务院办公厅转发国资委关于进一步规范国有企业改制工作实施意见的通知》(国办发〔2005〕60号)"五"中不得通过增资扩股持有改制企业的股权的情形。《新疆交通建设(集团)有限责任公司增资扩股改制方案》已经对管理层成员不再持有企业股权的有关事项作出了具体规定。管理层股东通过增资扩股持有企业股权后不涉及该企业所持上市公司国有股性质变更的情形。

根据上述内容,本次管理层通过增资扩股持股符合《国务院办公厅转发国资委关于进一步规范国有企业改制工作实施意见的通知》(国办发〔2005〕60号)的有关规定。

案例小结:

在本案例中,首先,发行人律师在回复中明确了本次管理层持股的方式为管理层通过增资方式取得发行人股权,而非企业国有产权向管理层转让的行为。而《企业国有产权向管理层转让暂行规定》(已失效)第2条所称的管理层,是指转让标的企业及标的企业国有产权直接或间接持有单位负责人以及领导班子其他成员。企业国有产权向管理层转让是指向管理层转让,或者向管理层直接或间接出资设立企业转让的行为。因此,本次管理层持股不适用《企业国有产权向管理层转让暂行规定》。

其次,发行人律师对发行人管理层持股履行的法律程序进行了详细说明,包括获得了新疆国资委出具的关于公司启动改制的批复,聘请了会计师事务所进行核资专项审计并获得了新疆国资委对核资结果的批复,聘请了会计师事务所出具《审计报告》,聘请了资产评估公司出具《资产评估报告》,获得了新疆国资委出具的关于公司股改方案的通知,由临时职代会会议通过了股改方案,聘请律师事务所出具了关于股改的法律意见书,获得了新疆国资委出具的公司启动定向募集增资扩股的通知,与拟增资主体和新疆国资委签署了《出资协议书》,聘请了会计师事务所出具了《验资报告》,召开股东会重新制定并签署了公司章程,取得了换发的营业执照等。

最后,发行人律师认为本次管理层通过增资扩股持股的行为符合相关法律规定的要求,其论证获得了审核机构的认可。

（三）小结与建议

在国有企业改制过程中，公司的利益、股东的利益以及管理层的利益会存在一定程度的潜在冲突，而调节这一冲突的一个重要方法就是赋予管理层股东身份，从权责统一的角度出发，让管理层对企业有归属感和责任感。因此，国务院和国资委等相关规定中均允许国有企业在改制时在满足一定条件下实施管理层持股的安排。对于拟上市的国有企业，其在历史沿革中不乏管理层持股的情况，对此，企业需配合中介机构对企业管理层持股的全过程进行全面核查，梳理管理层持股实施时的程序履行情况，如存在一定的程度瑕疵，需取得国资主管部门对管理层持股的合法性进行确认的书面文件。

四、国有企业员工股权激励

（一）理论基础

在国有企业混合所有制改革中，通过股权激励方式推进企业内部改革，实现员工与企业的长期利益捆绑可以激发员工的主动性、积极性和创造性，持续提升企业的市场竞争力和中长期价值。因此，实践中，拟 IPO 的国有企业在申报前实施员工股权激励的案例越来越多。

1. 不同模式下的国企员工股权激励

随着国有企业混合所有制改革的持续推进，国有企业对员工实施股权激励的情形也越发常见。在此大背景下，国有企业股权激励的有关政策也逐渐得到完善，无论是中央层面还是各地方，都陆续出台了相关政策文件。目前，国有企业实施员工股权激励主要依据《关于印发〈国有科技型企业股权和分红激励暂行办法〉的通知》（财资〔2016〕4 号）（以下简称 4 号文）和《关于国有控股混合所有制企业开展员工持股试点的意见》（国资发改革〔2016〕133 号）（以下简称 133 号文）。这两个规定适用于不同类型的国有企业，具体的实施要求亦有所区别，具体见表 1 – 14。

表1-14 国有企业员工股权激励的基本要求

项目	4号文	133号文
股权激励方式	股权激励： 股权来源包括：(1)向激励对象增发股份；(2)向现有股东回购股份；(3)现有股东依法向激励对象转让其持有的股权。 分红激励： (1)以科技成果转化收益为标的，采取项目收益分红方式；(2)以企业经营收益为标的，采取岗位分红方式，对企业重要技术人员和经营管理人员实施激励	增资扩股、出资新设方式
适用对象	国有科技型企业，即中国境内具有公司法人资格的国有及国有控股未上市科技企业（含全国中小企业股份转让系统挂牌的国有企业），具体包括： (1)国家认定的高新技术企业； (2)转制院所企业及所投资的科技企业； (3)高等院校和科研院所投资的科技企业； (4)纳入科技部“全国科技型中小企业信息库”的企业； (5)国家和省级认定的科技服务机构	国有控股混合所有制企业中的员工持股试点企业
实施条件	国有科技型企业应当产权明晰、发展战略明确、管理规范、内部治理结构健全并有效运转，并同时具备以下条件： (1)企业建立了规范的内部财务管理制度和员工绩效考核评价制度。年度财务会计报告经过中介机构依法审计，且激励方案制定近3年（以下简称近3年）没有因财务、税收等违法违规行为受到行政、刑事处罚。成立不满3年的企业，以实际经营年限计算。 (2)对于国有科技型企业中的（二）、（三）、（四）类企业，近3年研发费用占当年企业营业收入均在3%以上，激励方案制定的上一年度企业研发人员占职工总数10%以上。成立不满3年的企业，以实际经营年限计算。 (3)对于国有科技型企业中的（五）类企业，近3年科技服务性收入不低于当年企业营业收入的60%	试点企业应符合以下条件： (1)主业处于充分竞争行业和领域的商业类企业； (2)股权结构合理，非公有资本股东所持股份应达到一定比例，公司董事会中有非公有资本股东推荐的董事； (3)公司治理结构健全，建立市场化的劳动人事分配制度和业绩考核评价体系，形成管理人员能上能下、员工能进能出、收入能增能减的市场化机制； (4)营业收入和利润90%以上来源于所在企业集团外部市场

续表

项目	4 号文	133 号文
实施条件		优先支持： 人才资本和技术要素贡献占比较高的转制科研院所、高新技术企业、科技服务型企业（以下统称科技型企业）开展员工持股试点。 不得开展： 中央企业二级（含）以上企业以及各省、自治区、直辖市及计划单列市和新疆生产建设兵团所属一级企业原则上暂不开展员工持股试点。违反国有企业职工持股有关规定且未按要求完成整改的企业，不开展员工持股试点
激励员工的范围	与本企业签订劳动合同的重要技术人员和经营管理人员，具体包括： (1)关键职务科技成果的主要完成人，重大开发项目的负责人，对主导产品或者核心技术、工艺流程做出重大创新或者改进的主要技术人员； (2)主持企业全面生产经营工作的高级管理人员，负责企业主要产品（服务）生产经营的中、高级经营管理人员； (3)通过省、部级及以上人才计划引进的重要技术人才和经营管理人才。 企业不得面向全体员工实施股权或者分红激励。 企业监事、独立董事不得参与企业股权或者分红激励	在关键岗位工作并对公司经营业绩和持续发展有直接或较大影响的科研人员、经营管理人员和业务骨干，且与本公司签订了劳动合同
激励价格	企业实施股权出售，应按不低于资产评估结果的价格，以协议方式将企业股权有偿出售给激励对象	员工入股价格不得低于经核准或备案的每股净资产评估值，且试点企业、国有股东不得向员工无偿赠与股份

续表

项目	4号文	133号文
持股比例	(1)大型企业的股权激励总额不超过企业总股本的5%； (2)中型企业的股权激励总额不超过企业总股本的10%； (3)小、微型企业的股权激励总额不超过企业总股本的30%，且单个激励对象获得的激励股权不得超过企业总股本的3%	(1)员工持股总量原则上不高于公司总股本的30%，单一员工持股比例原则上不高于公司总股本的1%； (2)企业可采取适当方式预留部分股权，用于新引进人才； (3)实施员工持股后，应保证国有股东控股地位，且其持股比例不得低于公司总股本的34%
锁定期	自取得股权之日起，5年内不得转让、捐赠，特殊情形按相关规定处理	实施员工持股，应设定不少于36个月的锁定期。在公司公开发行股份前已持股的员工，不得在公司首次公开发行时转让股份，并应承诺自上市之日起不少于36个月的锁定期
审批要求	(1)企业总经理班子或董事会(以下简称企业内部决策机构)负责拟订股权激励方案，企业内部决策机构拟订激励方案时，应当通过职工代表大会或其他形式充分听取职工的意见和建议； (2)企业内部决策机构将激励方案及听取职工意见情况报履行出资人职责或国有资产监管职责的部门、机构、企业(以下简称审核单位)批准； (3)审核单位批准企业实施股权激励后，企业内部决策机构将批准的激励方案提请股东(大)会审议； (4)股东(大)会审议通过后，报审核单位备案	(1)试点企业应通过职工代表大会等形式充分听取本企业职工对员工持股方案的意见，并由董事会提交股东(大)会进行审议； (2)地方试点企业的员工持股方案经股东(大)会审议通过后，报履行出资人职责的机构备案，同时抄报省级人民政府国有资产监督管理机构； (3)中央试点企业的员工持股方案经股东(大)会审议通过后，报履行出资人职责的机构备案

2. 职工持股、投资的特殊性规定

国有企业员工在参与股权激励时除需符合133号文或4号文的规定外，还不得违反关于国企职工持股、投资的限制性规定。在新一轮国有企业改革过程中，陆续有企业出现职工“上持下”和职工投资关联企业的情况。其中,“上持下”是指国有企业职工上级公司员工持有下级公司的股权;顾名思义,“职工投资关联企业”即国有企业职工投资与本国有企业有关联关系或业务关联且无国有股份的企业。

(1)职工“上持下”。

关于国有企业职工“上持下”的要求,随着国企改革的深化,其经历了相应的政策变化。2008年国务院国资委出台了《关于规范国有企业职工持股、投资的意见》(国资发改革〔2008〕139号)(以下简称139号文)。该意见明确了职工持股企业的具体范围,即职工入股原则限于持有本企业股权;国有企业集团公司及其各级子企业改制,经国资监管机构或集团公司批准,职工可投资参与本企业改制,确有必要的,也可持有上一级改制企业股权,但不得直接或间接持有本企业所出资各级子企业、参股企业及本集团公司所出资其他企业股权。同时,该意见还保留了例外情形的规定,即科研、设计、高新技术企业科技人员确因特殊情况需要持有子企业股权的,须经同级国资监管机构批准,且不得作为该子企业的国有股东代表。

2019年,国有企业职工“上持下”出现了一些突破性的政策变化。《国企改革三年行动方案(2020—2022年)》、《关于支持鼓励“双百企业”进一步加大改革创新力度有关事项的通知》(国资改办〔2019〕302号)、《关于印发〈百户科技型企业深化市场化改革提升自主创新能力专项行动方案〉的通知》(国企改办发〔2019〕2号)等文件中均提出要大力推行股权激励、员工持股、骨干员工跟投等中长期激励方式,科研、设计、高新技术企业的科技人员在经集团公司、国资监管机构的审批、备案后,可持有子企业股权。根据以上政策文件,可以发现国有企业职工“上持下”有以下三个鲜明的特点:一是“上持下”主要针对国企专项改革工程的“双百企业”和“科改企业”明确了实施空间;二是“上持下”的激励对象范围仅限于科技型企业的科技人员,经营管理人员不在范围内;三是“上持下”的实施审批监管的要求比较严格,坚决防止利益输送和国有资产流失。

(2)职工投资关联企业。

为了防止国有企业职工通过投资关联企业转移国有企业利益,致使国有资产流失,除对国有企业职工“上持下”予以限制外,139号文同时对职工投资关联企业作出了限制性规定。139号文明确规定,严格限制职工投资关联关系企业,禁止职工投资为本企业提供燃料、原材料、辅料、设备及配件和提供设计、施工、维修、产品销售、中介服务或与本企业有其他业务关联的企业,禁止职工投资与本企业经营同类业务的企业。至于关联企业的范围,139号文将其明确为“与本国有企业有关联关系或业务关联且无国有股份的企业”。

(3)重点规范对象。

139 号文在对职工“上持下”和投资关联企业的限制性规定上明确了该等要求的重点规范对象,即“企业中层以上管理人员”。根据 139 号文的答记者问,对企业中层以上管理人员作出特别规范要求的原因主要是职工投资很多是由企业组织、管理人员带头形成的,清退或转让管理人员的股权是解决问题的关键,这样做既抓住了重点,又便于操作。

关于“企业中层以上管理人员”的具体范围,《国务院国有资产监督管理委员会关于实施〈关于规范国有企业职工持股、投资的意见〉有关问题的通知》(国资发改革〔2009〕49 号)作出了具体的规定。该文件规定企业中层以上管理人员是指国有企业的董事会成员、监事会成员、高级经营管理人员、党委(党组)领导班子成员以及企业职能部门正副职人员等,企业返聘的原中层以上管理人员或退休后返聘担任中层以上管理职务的人员亦在 139 号文的规范范围之内。

139 号文规定,对“企业中层以上管理人员”存在“上持下”或投资关联企业情形的,均需按要求限时清理。具体而言,需在 139 号文印发后 1 年内转让所持股份,或者辞去所任职务;在股权转让完成或辞去所任职务之前,不得向其投资企业增加投资;已投资上述不得投资的企业的其他职工晋升为中层以上管理人员的,须在晋升后 6 个月内转让所持股份。

(二)典型案例

案例

江苏瑞泰新能源材料股份有限公司

(股票代码:301238,2022 年 3 月 15 日过会)[1]

问询问题:

说明发行人(江苏瑞泰新能源材料股份有限公司,以下简称瑞泰新材)员工直接或间接入股发行人或发行人各级子公司是否符合国有企业职工入股、投资等相关规定。

问询回复主要内容:

国有企业职工入股、投资的主要适用规定为 139 号文,其适用于国有企业(包

---

〔1〕 摘自《关于江苏瑞泰新能源材料股份有限公司申请首次公开发行股票并上市的补充法律意见书(四)》(2021 年 10 月 29 日出具)。

括国有独资和国有控股企业）职工持股、投资的有关问题。

针对发行人员工直接或间接入股发行人或发行人各级子公司的情况，取得了张家港国资办及国际贸易公司出具的说明和确认，华荣化工、超威新材均由自然人及非国资股东出资设立，江苏国泰在华荣化工、超威新材设立后通过增资或受让股权开始持股华荣化工、超威新材，华荣化工、超威新材不涉及国有企业改制，相关员工持股不属于“国有企业职工投资参与国有中小企业改制、国有大中型企业辅业改制以及科技骨干参股科研院所改制”的相关情形；参与员工持股的华荣化工、超威新材相关员工系华荣化工、超威新材通过社会化招聘的方式录用，相关员工与公司签署劳动合同并建立劳动关系，相关员工不存在国有企业员工身份以及其他国有企业员工相关特别待遇。因此，上述入股情况不属于国有企业改制，不存在涉及国有企业员工身份以及其他国有企业员工相关特别待遇的国企员工，不适用139号文的相关规定。

若从严格的角度来看，历次发行人及其子公司职工增资华荣化工、职工通过合伙企业增资超威新材时，该等职工均为入股企业员工，不存在股东单位员工增资入股子公司的情况，符合139号文中“二、规范国有企业改制中的职工持股行为”之“职工可投资参与本企业改制……但不得直接或间接持有本企业所出资各级子企业、参股企业及本集团公司所出资其他企业股权”的相关要求。2015年11月，上层鼎威合伙存在少量内部份额变动时，部分华荣化工员工取得了鼎威合伙份额，该次变动系合伙企业内部份额在自然人间的交易，不涉及与国资相关的股权稀释或转让，未造成国有资产流失。

为此，发行人已将发行人及其子公司历次转让具体情况及其履行程序、追加程序、是否符合相关规定在报国资确认函中详细披露，并已由张家港市人民政府统一确认批复。经国资统一确认，华荣化工、超威新材的历次国有股权变动行为履行了必要的法律程序，实现了国有资产的保值增值，未造成国有资产流失；瑞泰新材的设立、国有股权变更及变更设立股份公司等程序符合国有资产管理有关规定，履行了必要的法律程序，未造成国有资产流失。

案例小结：

在139号文出台之前，法律上缺少对国企改制过程中股权激励的明确规范，在2008年之前的国企改制中，不少国企职工通过子公司设立的员工持股平台持有子公司股份，此种持股架构之下可能存在对子公司进行利益输送从而致使国有资产流失的风险。

2008 年 139 号文颁布，对该类问题作出了明确规定，即职工入股原则上限于持有本企业股权。国有企业集团公司及其各级子企业改制，经国资监管机构或集团公司批准，职工可投资参与本企业改制，确有必要的，也可持有上一级改制企业股权，但不得直接或间接持有本企业所出资各级子企业、参股企业及本集团公司所出资其他企业股权。科研、设计、高新技术企业科技人员确因特殊情况需要持有子企业股权的，须经同级国资监管机构批准，且不得作为该子企业的国有股东代表。

在国有企业进行 IPO 申报的过程中，若中介机构发现发行人存在其所在集团的员工持有发行人股份的问题，应注意严格核查该持股的背景情况及合法性，确认该持股情况是否违反 139 号文的规定，即便持股情况不属于 139 号文所禁止的情况，也可争取获得国资监管部门出具的确认函以确认历次国有股权变动履行了必要的法律程序，未造成国有资产流失。

（三）小结与建议

员工持股历来与国企改革相伴而生，在国企改革过程中曾出现职工持股会、工会持股、公司职工股、内部职工股等多种形式，但由于相关制度的不完善等，员工持股会影响公司股权清晰的认定，因此，若拟 IPO 企业存在该等持股形式，IPO 审核机构通常会要求进行清理。随着国企改革行动的深化，我国相关部门陆续出台了 133 号文、4 号文等规范员工股权激励模式，为国有企业开展员工股权激励提供了合法、具体的制度依据。

拟 IPO 的国有企业在首发前存在员工股权激励安排的，通常需按照《证券期货法律适用意见第 17 号》的要求进行核查和规范。此外，由于国企的特殊背景，审核机构还会特别关注企业的员工持股是否符合 133 号文和 4 号文的特殊要求，关注重点包括激励对象范围、持股比例、流转机制、锁定期等特殊事项，同时，审核机构还会重点问询是否存在违反国企职工持股、投资的限制性规定的情形。对此，企业需从以下角度做好应对准备：(1) 收集提供员工股权激励的协议、制度、员工劳动合同、出资缴款凭证、出资来源说明等全套资料，梳理员工持股的具体情况；(2) 按照 4 号文、133 号文、139 号文等规定，就股权激励的合法性进行对照分析，尤其需关注持股主体是否符合要求、实施过程是否已履行审批程序；(3) 由国资主管部门就股权激励事项出具专项的确认意见，确保不存在重大法律瑕疵、不存在国有资产流失的情形。

五、国有股权变动

(一)理论基础

对于历史沿革中存在国有股东的拟 IPO 企业,其历次国有股权变动的合规性历来是 IPO 审核中的重要关注事项。实务中,部分企业的历史沿革中涉及国有股权变动但又存在未充分履行法定程序的法律瑕疵,对此,企业应及时采取整改措施,充分论证该法律瑕疵对股权清晰性的影响,避免影响企业的发行上市。

1. 国有股权交易的法规演变

国有股权交易从 20 世纪 90 年代起至今历经了系列的法规演变,已从资产评估、进场交易、审批程序等方面逐步完善了国有股权交易的具体要求。其相关法规主要演变过程具体见表 1－15。

表 1－15　国有股权交易的法规主要演变过程

法规	生效时间	效力状态	主要内容
《国有资产评估管理办法》	1991 年 11 月 16 日	现行有效,经过一次修订	明确国有股权变动应当履行评估程序: 对于企业兼并、出售、联营、股份经营,开办中外合资经营企业或者中外合作经营企业等国有股权变动,应当进行资产评估
《国务院办公厅关于加强国有企业产权交易管理的通知》	1994 年 4 月 22 日	现行有效	进一步明确转让国有企业产权前的法定程序: 转让国有企业产权前,必须对包括土地使用权在内的企业资产认真进行评估,并按国家有关规定办理产权变动和注销登记手续。评估工作须委托经国有资产管理部门批准取得资格的机构承担并依法进行,不受行政干预。评估价值要经同级国有资产管理部门确认,并据此作为转让企业产权的底价
《企业国有资产产权登记管理办法》	1996 年 1 月 25 日	现行有效	明确国有企业的产权登记要求: 国有企业、国有独资公司、持有国家股权的单位以及以其他形式占有国有资产的企业,应当依照本办法的规定办理产权登记

续表

法规	生效时间	效力状态	主要内容
《企业国有资产监督管理暂行条例》	2003 年 5 月 27 日	现行有效,经过两次修订	明确国有资产监管管理机构和相关政府部门的权力和审批权限: 国有资产监督管理机构根据授权,依法履行出资人职责,依法对企业国有资产进行监督管理。国有资产监督管理机构决定其所出资企业的国有股权转让。其中,转让全部国有股权或者转让部分国有股权致使国家不再拥有控股地位的,报本级人民政府批准
《企业国有产权转让管理暂行办法》	2004 年 2 月 1 日	2017 年 12 月 29 日废止	明确对国有股权转让的交易程序和进场交易等要求: 企业国有产权转让应当在依法设立的产权交易机构中公开进行。国有资产监督管理机构决定所出资企业的国有产权转让。其中,转让企业国有产权致使国家不再拥有控股地位的,应当报本级人民政府批准
《企业国有资产评估管理暂行办法》	2005 年 9 月 1 日	现行有效	进一步明确国有产权变动的资产评估要求,明确企业国有资产评估项目实行核准制和备案制
《企业国有资产法》	2009 年 5 月 1 日	现行有效	首次以立法的方式对国有资产的监督管理进行了明确
《企业国有资产交易监督管理办法》	2016 年 6 月 24 日	现行有效	对三类国有资产交易行为进行统一的具体的规定

2. 国有股权交易的基本要求

目前,我国关于企业国有股权交易的规范主要是《企业国有资产交易监督管理办法》(国资委、财政部令第 32 号)。《企业国有资产交易监督管理办法》对三类企业(国有独资企业/公司、国有全资企业国有控股企业及各级子企业、国有实际控制企业)的三类资产交易行为(企业产权转让、企业增资、企业资产转让)进行了具体的规定。结合《企业国有资产交易监督管理办法》,笔者对 2016 年至今的国有企业增资和股权转让的基本要求进行了梳理,具体内容见表 1 – 16。

表1-16　国有股权交易的基本要求

项目	增资	股权转让
审批要求	1. 国资监管机构负责审核国家出资企业的增资行为。其中,因增资致使国家不再拥有所出资企业控股权的,须由国资监管机构报本级人民政府批准。 2. 国家出资企业决定其子企业的增资行为。其中,对主业处于关系国家安全、国民经济命脉的重要行业和关键领域,主要承担重大专项任务的子企业的增资行为,须由国家出资企业报同级国资监管机构批准	1. 国资监管机构负责审核国家出资企业的产权转让事项。其中,因产权转让致使国家不再拥有所出资企业控股权的,须由国资监管机构报本级人民政府批准。 2. 国家出资企业应当制定其子企业产权转让管理制度,确定审批管理权限。其中,对主业处于关系国家安全、国民经济命脉的重要行业和关键领域,主要承担重大专项任务子企业的产权转让,须由国家出资企业报同级国资监管机构批准
评估要求	1. 原则上均应当对相关资产进行评估。 2. 以下情形履行决策程序后,可以依据评估报告或最近一期审计报告确定企业资本及股权比例: (1)增资企业原股东同比例增资的; (2)履行出资人职责的机构对国家出资企业增资的; (3)国有控股或国有实际控制企业对其独资子企业增资的; (4)增资企业和投资方均为国有独资或国有全资企业的	1. 原则上均应当对相关资产进行评估。 2. 以下情形履行决策程序后,转让价格可以资产评估报告或最近一期审计报告确认的净资产值为基础确定: (1)同一国家出资企业内部实施重组整合,转让方和受让方为该国家出资企业及其直接或间接全资拥有的子企业; (2)同一国有控股企业或国有实际控制企业内部实施重组整合,转让方和受让方为该国有控股企业或国有实际控制企业及其直接、间接全资拥有的子企业; (3)采取非公开协议方式转让企业产权,转让方、受让方均为国有独资或全资企业的
进场交易	1. 原则上均应通过产权交易机构网站对外披露信息公开征集投资方。 2. 以下情形经同级国资监管机构/国家出资企业批准,可以采取非公开协议方式进行增资: (1)因国有资本布局结构调整需要,由特定的国有及国有控股企业或国有实际控制企业参与增资; (2)因国家出资企业与特定投资方建立战略合作伙伴或利益共同体需要,由该投资方参与国家出资企业或其子企业增资; (3)国家出资企业直接或指定其控股、实际控制的其他子企业参与增资; (4)企业债权转为股权; (5)企业原股东增资	1. 原则上均应当在依法设立的产权交易场所公开进行。 2. 以下情形的产权转让可以采取非公开协议转让方式: (1)涉及主业处于关系国家安全、国民经济命脉的重要行业和关键领域企业的重组整合,对受让方有特殊要求,企业产权需要在国有及国有控股企业之间转让的,经国资监管机构批准,可以采取非公开协议转让方式; (2)同国家出资企业及其各级控股企业或实际控制企业之间因实施内部重组整合进行产权转让的,经该国家出资企业审议决策,可以采取非公开协议转让方式; (3)涉及政府或国有资产监督管理机构主导推动的国有资本布局优化和结构调整,以及专业化重组等重大事项,企业产权在不同的国家出资企业及其控股企业之间转让,且对受让方有特殊要求的,可以采取协议方式进行

3. IPO 审核关注要点

在 IPO 实务中，发行人的历史沿革中涉及国有股权变动的相关审核规则主要见于《监管规则适用指引——发行类第 4 号》，该指引在“4 - 5 出资瑕疵”一节中对国企改制事项的核查要求作出了规定，“对于发行人是国有或集体企业改制而来，或发行人主要资产来自国有或集体企业，或历史上存在挂靠集体组织经营的企业，若改制或取得资产过程中法律依据不明确、相关程序存在瑕疵或与有关法律法规存在明显冲突，原则上发行人应在招股说明书中披露有权部门关于改制或取得资产程序的合法性、是否造成国有或集体资产流失的意见。国有企业、集体企业改制过程不存在上述情况的，保荐机构、发行人律师应结合当时有效的法律法规等，分析说明有关改制行为是否经有权机关批准、法律依据是否充分、履行的程序是否合法以及对发行人的影响等。发行人应在招股说明书中披露相关中介机构的核查意见”。

经检索梳理 IPO 审核案例，审核机构对于国有股权变动的审核关注重点主要包括：(1) 国有股权变动履行的程序是否完备，国有股权变动是否合法合规；(2) 如国有股权变动存在瑕疵，是否采取了相应的补救措施；(3) 国有股权变动是否存在争议或纠纷；(4) 国有股权变动是否造成国有资产流失；(5) 确认国有股权变动合规性的部门是否为有权部门，是否具有相关权限。

(二) 典型案例

1. 审批程序的合规性

案例

贵州川恒化工股份有限公司

(股票代码:002895,2017 年 8 月 25 日过会)〔1〕

问询问题：

历次股权转让的合规性、对价的公允性，是否存在纠纷或潜在争议，是否存在股份代持的情况，是否存在任何对赌性质的特殊协议或安排；现有自然人股东的背景、近 5 年履历情况，与发行人实际控制人、董监高及其近亲属是否存在关联关系或其他可能输送不当利益的关系。

---

〔1〕 摘自《关于贵州川恒化工股份有限公司首次公开发行股票并上市的补充法律意见书（一）》（2017 年 4 月 26 日出具）。

问询回复主要内容：

根据《国务院关于加强国有资产管理工作的通知》[1]的规定，以国有资产参股经营、合资经营，必须报同级或上级国有资产管理机构批准。

经核查，汽车公司投资设立贵州川恒化工股份有限公司控股股东四川川恒时未获得成都市国资委的批准，但成都市国资委已于2008年11月20日出具了复函，该复函载明："经研究，鉴于原成都市汽车公司（现已更名为成都市旅游汽车有限责任公司）在改制过程中与原成都市国有资产管理局签订的《国有企业产权转让协议》是以1999年2月28日为基准日进行的资产评估，其结果作为转让依据。因此，我委对原成都市汽车公司在改制基准日之后参与出资设立四川川恒化工有限责任公司[现已更名为四川川恒化工（集团）有限责任公司]及转让该公司股权的行为予以认可。"基于上述信息，律师认为，虽然汽车公司投资设立四川川恒时未获得成都市国资委的批准，但成都市国资委已于2008年11月20日对汽车公司的该投资行为进行了追认，汽车公司投资设立四川川恒的行为已获得了成都市国资委的同意，汽车公司出资设立四川川恒的行为合法、有效。

案例小结：

实践中，当遇到涉及企业国有资产交易的情况时，审核机构可能会对相关交易是否完整履行审批程序、定价依据及公允性、价款支付真实性以及是否导致国有资产流失等问题比较关注，中介机构需对这些问题进行严格核查并在回复中加以明确。

若彼时发行人未按要求履行审批程序，则常见的处理思路是获得国资委出具的确认函，由国资委对当时的交易行为予以追认。本案例中，尽管审核机构未单独对该次交易进行提问，但也要求发行人及中介机构对历次股权转让的合规性进行说明。中介机构对当时的交易未履行审批程序的情况进行了说明，并确认成都市国资委已对该交易进行了追认。

---

[1] 现已失效。

2. 评估程序的合规性

案例

四川安宁铁钛股份有限公司

（股票代码:002978,2020年2月28日过会）〔1〕

招股说明书中解释:

本次国有股权转让未履行评估程序,根据《国有资产评估管理办法施行细则》(国资办发〔1992〕36号)第3条及第6条的规定,本次股权转让实际金额不足100万元,未予评估不违背法律、法规的规定。

2009年9月24日,米易县人民政府出具确认函,对米易县林业局以林地补偿费出资及1999年将股份转让给攀枝花市合群商贸有限责任公司国有股权行为进行如下确认:国有股权账面原值及实际转让金额均不足100万元,根据《国有资产评估管理办法施行细则》(国资办〔1992〕36号)的有关规定,可不予评估;国有股权转让价格均高于当时该等股权对应的公司净资产值,未损害国有股东一方利益,国有股权转让合法有效。

2009年11月18日,米易县财政局出具确认函,确认:上述两项股权转让根据《国有资产评估管理办法施行细则》(国资办发〔1992〕36号)的有关规定,可不予评估;国有股权转让合法、有效。

2010年9月1日,四川省省直机关事务管理局出具《复函》,对四川省地质矿产勘查开发局106地质队上述转让所持四川安宁铁钛股份有限公司600,000元股权事项予以确认。

案例小结:

《国有资产评估管理办法》(国务院令第91号)第3条规定,国有资产占有单位有下列情形之一的,应当进行资产评估:(1)资产拍卖、转让;(2)企业兼并、出售、联营、股份经营……

1992年,《国有资产评估管理办法施行细则》(国资办发〔1992〕36号)颁布,并在第6条中对《国有资产评估管理办法》第3条进行了限制性解释,即《国有资产评估管理办法》(国务院令第91号)在第3条所说的情形中:(1)资产转让是指国有资产占有单位有偿转让超过百万元或占全部固定资产原值20%以上的非整

---

〔1〕 摘自《四川安宁铁钛股份有限公司首次公开发行股票招股说明书》(2017年9月12日出具)。

体性资产的经济行为;(2)企业出售是指独立核算的企业或企业内部的分厂、车间及其他整体性资产的出售。

实践中,在遇到国有资产转让未进行评估的情况时,采取追溯评估是较为稳妥的解决方式。但是本案例中的中介机构以《国有资产评估管理办法施行细则》第6条为依据,论证发行人该次资产转让不属于《国有资产评估管理办法》所要求的需进行资产评估的情况,未进行评估不违反法律、法规的要求,并说明发行人获得了当地政府部门出具的确认函确认该次转让可不予评估且合法有效,该种处理路径亦得到了审核机构的认可。

3. 进场交易程序的合规性

案例

珠海安联锐视科技股份有限公司

(股票代码:301042,2021年1月6日过会)[1]

问询问题:

关于控股股东、实际控制人。请发行人说明联众永盛、中联泓、华阳鹏利的历史沿革、股权结构变动情况、主营业务演变,如涉及国有股权变动,说明履行的程序及合规性;说明前述主体最近3年是否存在违法违规行为,控制的或有重大影响的企业的基本情况(含已转让或吊销、注销企业)。

问询回复主要内容:

发行人控股股东联众永盛的控股股东中联泓的原股东邯郸钢铁于2009年5月将其持有的中联泓5%的股权转让给中津博,转让价格为人民币500万元……邯郸钢铁转让中联泓股权涉及国有产权变动。

根据当时有效的《企业国有产权转让管理暂行办法》(国资发产权〔2004〕195号)第4条、第5条的规定,"企业国有产权转让应当在依法设立的产权交易机构中公开进行,不受地区、行业、出资或者隶属关系的限制。国家法律、行政法规另有规定的,从其规定","企业国有产权转让可以采取拍卖、招投标、协议转让以及国家法律、行政法规规定的其他方式进行"。邯郸钢铁2009年5月将其持有的中联泓5%的股权转让给中津博未在产权交易所进行,存在一定瑕疵,但基于下列原因,上述情况不构成本次发行上市的重大障碍。

---

〔1〕 摘自《关于珠海安联锐视科技股份有限公司首次公开发行股票并在创业板上市的补充法律意见书之二》(2019年12月9日出具)。

1. 拟转让股权已经评估且转让价格高于经评估的每股净资产。

根据深圳市融泽源资产评估土地房地产估价有限公司出具的资产评估报告……中联泓截至2008年12月31日的每单位注册资本对应的净资产值为人民币0.93元。邯郸钢铁本次股权转让总价款为500万元(1元/注册资本),该价格与同时期中联泓其他股权转让价格一致,与邯郸钢铁原始出资额一致,且高于中联泓截至2008年年末经评估后每单位注册资本对应的净资产值。

2. 国有产权转让涉及评估报告已经国有资产授权经营机构备案。

根据原河北省国有资产管理局出具的批复,邯郸钢铁当时的控股股东邯郸钢铁集团有限责任公司为河北省国有资产授权经营机构,河北省国有资产管理局同意由邯郸钢铁集团有限责任公司统一经营邯郸钢铁集团内成员企业的国有资产。根据邯郸钢铁集团有限责任公司出具的确认,上述资产评估报告已经过邯郸钢铁集团有限责任公司备案。

3. 国有产权转让已履行必要的决策程序及信息披露义务。

根据邯郸钢铁的公告文件,邯郸钢铁已就本次股权转让履行了上市公司相关决策程序及信息披露义务。2009年4月29日,邯郸钢铁召开第四届董事会第十四次会议,审议通过了《关于转让深圳联众创业投资公司部分股权的议案》,决定将持有的中联泓5%的股权转让给深圳市中津博科技投资有限公司,转让价格为每注册资本1元。同日,邯郸钢铁在上交所发布《关于邯郸钢铁股份有限公司第四届董事会第十四次会议决议公告》(公告编号为:临2009-012),公开披露转让中联泓5%的股权的相关事宜。

4. 国有产权转让已办理完毕交割。

2009年5月19日,北京市求是公证处出具"(2009)京求是内经证字第0750号"《公证书》,确认:"邯郸钢铁股份有限公司与深圳市中津博科技投资有限公司于2009年5月19日签署的《股权转让协议》,协议双方当事人的签约行为符合《中华人民共和国民法通则》第55条的规定,协议内容符合《中华人民共和国合同法》《中华人民共和国公司法》的有关规定。"中联泓已于2009年6月23日就上述股权转让办理工商变更登记手续。此外,根据中联泓的确认,自该次股权转让后,未有任何国有资产监督管理机构对该次股权转让的法律效力提出异议,未有任何其他主体就该次股权转让提出异议。因此,该次股权转让协议已履行完毕,相应的工商变更登记手续已完成,不存在争议或纠纷。

5. 同期市场已存在国有控股上市公司转让子公司未进场交易的案例,国有资产监督管理机构对此均未提出异议。

经查询公开披露信息,紫光股份(股票代码:000938)于2003年转让所持紫光华宇(现已变更为“华宇软件”,股票代码:300271)50%的股权时由其董事会履行内部批准并取得其控股股东清华控股确认函后及实施交易,未履行进场程序;2010年2月上海电气(股票代码:601727)公告转让所持轨道交通公司44.79%的股权转给中国北车由其董事会履行内部批准程序并取得国家有关部门批准后即可实施;2014年3月吉林化纤(股票代码:000420)公告以协议方式将所持河北吉藁98.645%的股权、湖南拓普50.33%的股权转让予吉林铁投时由其董事会履行内部批准程序并取得吉林国资委批准后即可实施。

上述案例涉及国有控股上市公司转让子公司股权时均未履行进场交易程序,国有资产监督管理机构均未对上述转让的法律效力提出过异议。

根据律师对原邯郸钢铁董事会秘书的访谈确认,自上述转让完成至今,国有资产监督管理机构未对邯郸钢铁转让中联泓股权的法律效力提出过任何异议。

综上所述,邯郸钢铁将其持有的中联泓5%的股份转让给中津博未履行进场交易程序,存在一定瑕疵,但由于拟转让股权已经评估且转让价格高于经评估的每股净资产,股权转让涉及资产评估报告已经由国有资产授权经营机构备案,股权转让履行了上市公司相关决策程序及信息披露义务,股权转让涉及的工商变更登记手续办理完毕,不存在争议或纠纷,国有资产监督管理机构亦未对该次股权转让的法律效力提出过异议。因此,上述国有产权变动不会对本次发行上市构成实质性法律障碍。

案例小结:

本案例中关于国有股权变动的反馈问询,不是直接针对发行人的股权演变,而是针对其控股股东的国有股权变动的合规性。由回复内容可见,控股股东的股东历史上对外转让股权时未履行进场交易程序,针对该等瑕疵,发行人律师主要从以下几个方面进行综合论证:国有产权变动已履行评估和评估备案程序,履行了决策和信息披露程序,国有产权变动已交割完毕;同时列举了多个同期未进场交易的上市公司案例,并强调国资监管部门对此未提出异议。

本案例有一定的特殊之处:(1)并非发行人本身而是其股东存在国有产权变动瑕疵情况;(2)发行人的股东本身就是国有上市公司,该次国有产权变动瑕疵发生在该股东上市之后;(3)国有产权变动已履行了评估和决策的基础程序。

上述特殊之处使得发行人得到一定程度的"免罪",发行人律师仅通过详细的披露和论证即可顺利应对该等瑕疵的监管问询压力。在实务中,不少发行人本身便存在未履行进场交易的瑕疵问题,除进一步完善评估手续、补缴评估差价(如涉及)外,由于未进场交易行为已无法追溯,通常还需取得国资监管部门、当地市级乃至省级人民政府对国有产权瑕疵不构成国有资产流失等事实的专项确认函。

(三)小结与建议

发行人的股东和历史沿革中涉及国有产权变化的,往往会引起审核机构的特别关注。对于涉及国有股权变动的,该类企业通常可能会在评估、进场交易、审批、产权登记方面存在一定瑕疵。由于自1991年至今我国对国有股权交易的规定经历了系列演变,若发行人历史沿革中涉及国有股权变动,需要结合具体的股权变动时间,确定股权变动时所适用的法规,准确判断国有股权交易的合规情况。

根据国有股权交易的相关规定以及市场上的案例,若拟IPO企业在国有股权变动时存在相关法律瑕疵,可从以下角度进行规范:(1)对于未履行进场交易手续的,一般需结合交易背景、资产评估结果、交易当事人的确认等因素,对交易价格的公允性和合理性进行充分论证;(2)对于未履行评估或评估核准/备案手续的,一般需聘请具备资质的评估机构对国有股权变动事项进行追溯评估,并结合实际情况对评估结果进行核准或备案;(3)对于未进行产权登记的,一般需就相关股权变动事项补办国有产权登记手续,如国有股东仍持有发行人股份,还可考虑在上市申报前对国有股权情况进行国有产权登记;(4)取得国有股权交易的相关方以及相关股东的确认,确认国有股权变动事项不存在争议或纠纷;(5)取得国资主管部门出具的关于国有股权交易的合规性、不存在国有资产流失的确认文件;(6)结合国有股权变动的背景、补救措施、确认文件等,充分论证国有股权变动的合规性、有效性,确认不存在国有资产流失,不构成发行上市的实质性障碍。

第四节　实际控制人

一、实际控制人的一般认定

（一）理论基础

1. 认定实际控制人的意义

在IPO中，实际控制人的认定和变更一直都是审核机构的重点关注问题，也是实务中的难点之一。准确认定发行人的实际控制人具有以下几方面的重要意义：(1)实际控制人的认定涉及其他多方面的发行条件，包括公司控制权的稳定性、股份锁定、公司历史沿革、业绩能否连续计算、公司治理结构、公司持续经营能力等重大问题；(2)目前，我国的法律法规和各板块的审核规则等文件对于实际控制人的认定规则存在不尽明确、不完全统一的情形，且实务操作和法律规定存在一定的冲突，对于一些股权架构较为复杂、股权分散的公司，准确认定其实际控制人具有一定的专业难度；(3)公司治理形式复杂多样，不同公司对权力的制衡方式多种多样，认定实际控制人并非仅凭单一的标准或简单的法条套入即可一言以蔽之。

2. 实际控制人的定义及与控股股东的区分

实际控制人，顾名思义即为拥有公司控制权的主体。实务中常将其与控股股东的概念相提并论，但两者并非同一概念。笔者梳理了证券监管领域现有法律规范中关于“控股权”和“控制权”相关概念的规定，主要规定见表1－17。

表1－17　实际控制人和控股股东的概念辨析

法条出处	主要法条内容
《公司法》(2023修订)第二百六十五条	控股股东，是指其出资额占有限责任公司资本总额超过百分之五十或者其持有的股份占股份有限公司股本总额超过百分之五十的股东；出资额或者持有股份的比例虽然低于百分之五十，但依其出资额或者持有的股份所享有的表决权已足以对股东会的决议产生重大影响的股东。 实际控制人，是指通过投资关系、协议或者其他安排，能够实际支配公司行为的人

续表

法条出处	主要法条内容
《上海证券交易所股票上市规则》(2023 年 8 月修订)第 15.1 条 《深圳证券交易所创业板股票上市规则》(2023 年 8 月修订)第 13.1 条 《上海证券交易所科创板股票上市规则》(2023 年 8 月修订)第 15.1 条 《北京证券交易所股票上市规则(试行)》第 12.1 条	控股股东:指其持有的股份占公司股本总额 50% 以上的股东;或者持有股份的比例虽然不足 50%,但依其持有的股份所享有的表决权已足以对股东大会的决议产生重大影响的股东。 实际控制人:指通过投资关系、协议或者其他安排,能够实际支配公司行为的自然人、法人或者其他组织
《深圳证券交易所股票上市规则》(2023 年 8 月修订)第 15.1 条	控股股东:指拥有上市公司控制权的股东。 实际控制人:指通过投资关系、协议或者其他安排,能够实际支配公司行为的自然人、法人或者其他组织
《上市公司收购管理办法》第八十四条 《深圳证券交易所创业板股票上市规则》(2023 年 8 月修订)第 13.1 条 《上海证券交易所科创板股票上市规则》(2023 年 8 月修订)第 4.1.6 条 《北京证券交易所股票上市规则(试行)》第 12.1 条	有下列情形之一的,为拥有上市公司控制权: (一)投资者为上市公司持股 50% 以上的控股股东; (二)投资者可以实际支配上市公司股份表决权超过 30%; (三)投资者通过实际支配上市公司股份表决权能够决定公司董事会半数以上成员选任; (四)投资者依其可实际支配的上市公司股份表决权足以对公司股东大会的决议产生重大影响; (五)中国证监会认定的其他情形。 注:《深圳证券交易所创业板股票上市规则》(2023 年修订)第 13.1 条和《北京证券交易所股票上市规则(试行)》第 12.1条还对“控制”做了明确定义,“控制,是指有权决定一个企业的财务和经营政策,并能据以从该公司的经营活动中获取利益”
《上市公司重大资产重组管理办法》(2023 修订)第十三条第四款	第一款所称控制权,按照《上市公司收购管理办法》第八十四条的规定进行认定。上市公司股权分散,董事、高级管理人员可以支配公司重大的财务和经营决策的,视为具有上市公司控制权

续表

法条出处	主要法条内容
《〈首次公开发行股票注册管理办法〉第十二条、第十三条、第三十一条、第四十四条、第四十五条和〈公开发行证券的公司信息披露内容与格式准则第57号——招股说明书〉第七条有关规定的适用意见——证券期货法律适用意见第17号》(中国证券监督管理委员会公告〔2023〕14号)	实际控制人是指拥有公司控制权、能够实际支配公司行为的主体。……在确定公司控制权归属时,应当本着实事求是的原则,尊重企业的实际情况,以发行人自身的认定为主,由发行人股东予以确认。保荐机构、发行人律师应当通过核查公司章程、协议或者其他安排以及发行人股东大会(股东出席会议情况、表决过程、审议结果、董事提名和任命等)、董事会(重大决策的提议和表决过程等)、监事会及发行人经营管理的实际运作情况,对实际控制人认定发表明确意见。 注:该法取代的旧规《〈首次公开发行股票并上市管理办法〉第十二条"实际控制人没有发生变更"的理解和适用——证券期货法律适用意见第1号》(证监法律字〔2007〕15号)中规定,公司控制权是能够对股东大会的决议产生重大影响或者能够实际支配公司行为的权力,其渊源是对公司的直接或者间接的股权投资关系

(1)法条定义的理解和适用。

从相关定义中可见,"控股股东"的"控股权"强调股东在股权层面的影响,其基于直接持股情况,辅以表决权对股东会的影响力来判断股东对企业的"控股"能力;而"控制权"则侧重于个人对企业经营决策的"支配"能力,该等"支配"能力可通过直接持有的股权体现,也可通过对表决权的支配、协议或特殊利益安排等方式实现,其强调的是一种股权穿透后的实际控制能力。通过概念的辨析可以得知,实际控制人不完全等同于控股股东,实际控制人可以不是控股股东,甚至可以不是公司股东。

(2)"实际控制人"认定前提的冲突。

2018年版的《公司法》在对"实际控制人"的定义中限定了"虽不是公司的股东"的前提,根据字面意思,可以将其理解为将公司的直接股东排除在实际控制人的认定范围之外,但各板块上市规则的相关定义中却无该等前提。从《〈首次公开发行股票并上市管理办法〉第十二条"实际控制人没有发生变更"的理解和适用——证券期货法律适用意见第1号》(证监法律字〔2007〕15号,已废止)关于"公司控制权……渊源是对公司的直接或者间接的股权投资关系"的规定中也可见,在证券监管规范中,实际控制人可包括直接股东。

无论是长期的法律实践还是社会公众的一般认知,其均认为实际控制人不应将公司的直接股东排除在外。在2024年7月1日生效的《公司法》中,第265条对实际控制人的定义中已删除了"虽不是公司的股东"这一前提,至此,《公司法》和上市规则对实际控制人的定义保持了统一，不再存在冲突。

（3）深交所主板对“控股股东”的特殊规定。

此前，各板块上市规则对“控股股东”的定义与《公司法》的规定是一致的，但深交所主板上市规则自 2022 年修订以来对“控股股东”的定义作了特殊规定，明确控股股东是指拥有上市公司控制权的股东，同时删除了原先关于“控制权”的认定标准。

上述定义的变动涉及两个方面的问题：一是“控制股东”和“实际控制人”概念外延的交叉问题。实际控制人无疑也拥有“控制权”，那么根据上述“控股股东”的定义，控股股东是否必然同时为实际控制人？笔者认为，结合《公司法》、其他板块上市规则以及深交所主板上市规则修订前的定义，“控股股东”应限定为直接股东，若“实际控制人”同时为直接股东，则可纳入“控股股东”的界定范围，若否，则两者不存在重叠。二是“控股股东”的认定范围被扩大的问题。按照深交所主板上市规则此前的定义，控股股东的认定方式只有两种，其一是持股比例过半，其二是持股比例未过半但表决权足以对股东会决议产生重大影响。但深交所主板上市规则本次定义的修订将“控股股东”的认定方式归结为拥有“控制权”，而“控制权”的认定标准显然大于“表决权足以影响股东会决议”的单一标准，因此本次修订实际上是扩大了“控股股东”的认定范围。

（二）小结与建议

从前文可见，目前关于实际控制人的认定原则主要依据《证券期货法律适用意见第 17 号》，同时可结合各板块的股票上市规则和《上市公司收购管理办法》的具体标准进行认定。认定发行人的控制权归属应遵循以下几方面基本原则：

（1）遵循实质重于形式的原则，持股比例只是作为判断因素之一，实际还需结合表决权情况、董事和高管的提名和控制、重大决策的影响程序、经营管理的实际运作情况等多方面进行综合分析和认定；

（2）认定实际控制人应作股权穿透核查，往上追溯至自然人、国资监管机构或政府部门等特殊主体；

（3）高度遵循立法和监管的本意，认定实际控制人是为了避免监管对象有意规避股份锁定和信息披露等约束，以及避免控制权变化影响公司的持续经营能力，因此认定实际控制人时要关注历史上和未来的稳定情况，如果没有直接的股权控制力，则需采取有效手段保证未来控制权的稳定性。

二、共同实际控制人

（一）理论基础

1. 认定共同实际控制人的条件

实务中，多数公司的控制权结构系单一实际控制人，但对于股权较为分散的企业而言，若其不存在单一股东可以直接控制公司的重大经营决策，或存在多名股东均可影响公司的重大经营决策的情形，则可考虑进行共同实际控制人的认定。

《证券期货法律适用意见第 17 号》明确要求了在认定共同实际控制人时需要符合的具体条件，这些条件具体包括：(1)每人都必须直接持有公司股份或者间接支配公司股份的表决权。(2)发行人公司治理结构健全、运行良好，多人共同拥有公司控制权的情况不影响发行人的规范运作。(3)多人共同拥有公司控制权的情况，一般应当通过公司章程、协议或者其他安排予以明确。公司章程、协议或者其他安排必须合法有效、权利义务清晰、责任明确，并对发生意见分歧或者纠纷时的解决机制作出安排。该情况在最近 36 个月(主板)或者 24 个月(科创板、创业板)内且在首发后的可预期期限内是稳定、有效存在的，共同拥有公司控制权的多人没有出现重大变更。(4)根据发行人的具体情况认为发行人应当符合的其他条件。

2. 认定共同实际控制人的具体情形

实务中对于共同实际控制人的认定通常是基于亲属关系、一致行动关系、事实上的共同控制等情形而认定的。

(1)基于亲属关系认定共同实际控制人。

我国民营企业中存在大量家族企业，这类企业的特征多为夫妻或兄弟姐妹共同创业并持股控制公司，或是在重要经营管理岗位上均为亲属成员。由于特殊的人身关系，家族成员被认定为共同实际控制人的情况比较常见。

《证券期货法律适用意见第 17 号》对亲属关系如何影响共同实际控制人的认定作出了明确规定，即“实际控制人的配偶、直系亲属，如持有公司股份达到百分之五以上或者虽未达到百分之五但是担任公司董事、高级管理人员并在公司经营决策中发挥重要作用，保荐机构、发行人律师应当说明上述主体是否为共同实际控制人”。

从上述规定可见，基于亲属关系认定共同实际控制人时要从以下几个维度进行判断：一是看亲属的范围，应为配偶或直系亲属；二是看持股比例，5% 为基本的判断比例；三是看亲属任职和参与经营的情况，需结合亲属是否担任董事、高管以及是否影响公司经营决策进行判断。

(2)基于一致行动协议认定共同实际控制人。

除亲属关系外,实务中还有很多基于朋友、同学关系或共同的价值理论而共同创设公司的案例,或者是在公司经营过程中基于互信关系、维护公司管理团队的稳定等特殊的目的和动机而产生沟通共同控制公司的需要。为实现该等共同控制目的,相关方一般会作出签署一致行动协议等特殊安排。

但是,基于一致行动关系并不必然导致共同实际控制人的认定结果,《证券期货法律适用意见第 17 号》也对此作出了明确规定,"法定或者约定形成的一致行动关系并不必然导致多人共同拥有公司控制权,发行人及中介机构不应为扩大履行实际控制人义务的主体范围或者满足发行条件而作出违背事实的认定。主张通过一致行动协议共同拥有公司控制权但无第一大股东为纯财务投资人等合理理由的,一般不能排除第一大股东为共同控制人"。

(3)基于事实上的共同控制认定共同实际控制人。

实务中,有的企业的股东之间并不存在亲属关系、约定的一致行动关系,但基于其对公司人事任免、经营决策等方面对公司具有重大影响,亦可从事实上实现对公司的共同控制。比如,公司通过股权融资引入财务投资者,导致公司原本的管理人员股权被稀释而无法通过股权实现对公司的实际控制,财务投资者虽持股较多但实际却未参与管理,对此,则可从公司的"三会"实际运行、人员任免、管理分工等方面来论证公司原本的管理人员与财务投资者共同控制了公司。

(二)典型案例

案例

郑州众智科技股份有限公司

(股票代码:301361,2022 年 9 月 7 日过会)[1]

问询问题:

2020 年 12 月 25 日,杨某与杨某征签署了《股东表决权委托协议》,杨某将其直接持有发行人(郑州众智科技股份有限公司,以下简称众智科技)的 1000 万股股份对应的 11.46% 表决权委托杨某征行使;崔某与崔某峰签署了《股东表决权委

---

〔1〕 摘自《关于郑州众智科技股份有限公司首次公开发行股票并在创业板上市的补充法律意见书(二)》(2021 年 12 月 13 日出具)。

托协议》，崔某将其直接持有公司的500万股股份对应的5.73%表决权委托崔某峰行使。

请发行人说明：(1)说明表决权委托协议的主要条款，包括但不限于委托事项、委托条件、委托期限、解除委托安排等，并结合表决权委托协议主要条款内容，说明相关股东签订《股东表决权委托协议》的原因。(2)说明《股东表决权委托协议》有效期安排的合理性、协议到期后是否存在延期安排，以及相关协议到期后对发行人实际控制权的影响。(3)进一步结合《深圳证券交易所创业板股票首次公开发行上市审核问答》[1]，分析说明发行人实际控制人认定的合理性。

问询回复主要内容：

认定杨某征、崔某峰为公司的共同实际控制人的理由如下：

1. 公司自2003年5月设立以来至2020年12月，其股东一直为杨某征、崔某峰二人并共同控制；2020年12月25日，基于股份赠与，杨某、崔某及持股平台众智科技入股。截至本反馈出具日，杨某征、崔某峰通过直接及间接持股、委托表决权合计拥有公司100%的股份表决权，从股东表决权上拥有对公司的绝对控制权。

2. 报告期内及截至本反馈出具日，杨某征、崔某峰分别担任公司董事长、副董事长兼总经理职务，通过任职，二人对公司董事会及公司经营管理决策拥有重大影响力。

3. 经查阅杨某征、崔某峰签署的《一致行动协议》和《一致行动协议补充协议》，协议明确了双方在公司的管理和决策中保持一致意见或采取一致行动，同时在协议中规定了意见分歧解决机制；一致行动关系至公司首次公开发行股票在中国境内证券交易所上市交易36个月届满后终止；有效期届满后各方如无异议，本协议自动延续3年，延续次数不限。

4. 经查阅公司章程、《一致行动协议》以及发行人报告期内召开的董事会、股东大会的相关资料，杨某征、崔某峰参加了历次董事会、股东大会，并在会议表决意见及经营决策上进行了一致表决，保持了一致行动，未出现过表决意见不一致的情况，符合《一致行动协议》的约定，一致行动关系稳定。

5. 经核实，杨某目前在菲尼克斯(南京)智能制造技术工程有限公司任智能技术应用开发工程师，不在众智科技工作，未担任众智科技任何职务，也不参与众智科技的经营管理工作，最近3年也没有回众智科技工作的计划或安排。崔某于

[1] 现已失效。

2018年9月至2020年7月就读于英国谢菲尔德大学,并获得了电子电气专业工程学士学位,2020年5月取得了英国爱丁堡大学硕士预录取通知书,但因新冠疫情防控入学时间延期1年。2020年9月至2021年7月,崔某在众智科技短暂工作,担任众智科技计算机软件工程师,未担任众智科技董事、监事、高级管理人等职务,不参与公司的经营管理。2021年6月,崔某取得英国爱丁堡大学硕士正式录取通知书,于2021年9月前往英国攻读电子专业硕士学位,其毕业后的未来3年没有回到公司工作或参与公司管理的规划安排。

杨某、崔某二人虽然由于家庭资产配置的原因于2020年12月以受赠方式取得了公司股份并成了公司股东,但是基于其目前就业、求学现状和最近3年的工作、学习计划安排等因素的考虑,二人于接受股份赠与的同日分别将各自受赠股份表决权委托其父杨某征、崔某峰代为行使并分别签署了《股东表决权委托协议》,且杨某、崔某没有与杨某征、崔某峰签署一致行动协议,不是一致行动协议的当事人,而签署及履行股东表决权委托协议体现的只是股份所有权、收益权与表决权的分离,从实质上不影响杨某、崔某拥有的股份所有权、收益权、处分权利,不违反《公司法》(2018修正)等法律法规的强制性规定,不损害第三人的合法权益,也不存在规避《公司法》(2018修正)第141条及《深圳证券交易所创业板股票上市规则》(2020年12月修订)[1]相关规定和承诺的情形。综上,发行人未将杨某、崔某认定为共同实际控制人具有相应的合理性。

综上所述,杨某征、崔某峰为公司实际控制人的认定具有合理性。

案例小结:

根据《证券期货法律适用意见第17号》的规定,发行人实际控制人的配偶、直系亲属如持有公司股份达到5%以上,保荐机构、发行人律师应说明其是否为共同实际控制人。

实践中虽然不乏实际控制人的配偶、直系亲属被认定为实际控制人的案例,但是也存在一些例外情况,如尽管实际控制人的配偶、直系亲属持股超过5%,但其不在公司担任职务且未在公司经营决策中发挥重要作用,或者其担任有限合伙人而非普通合伙人,且不在发行人担任职务,又或者其表决权被委托给实际控制人的情形下,实际控制人的配偶、直系亲属也可能不被认定为共同实际控制人。

本案例即为第三种例外情况,即实际控制人的直系亲属虽持股超过5%,但是

---

〔1〕 现已失效。

其表决权被委托给实际控制人,且未在发行人任职,因此未被认定为实际控制人。但是,发行人及中介机构应注意,在该种情况下,审核机构可能会对表决权委托协议的主要条款、签订原因、有效期、延期安排、到期后对发行人实际控制权的影响、实际控制人认定的合理性比较关注,中介机构应对这些问题审慎核查并在回复中加以明确。

(三)小结与建议

发行人存在共同实际控制人并不罕见,对于共同实际控制人的认定,需要注意以下要点:(1)认定共同实际控制人需有充分的事实和证据支撑,否则容易受到审核机构的质疑和问询。认定共同实际控制人时,需结合公司的发展历史、相关股东在公司的任职情况、历次股东会和董事会的决策情况、董事和高管等关键人员的任免权力和执行情况等因素,综合判断相关人员对公司的控制力。(2)对于未认定为共同实际控制人的,需进行充分的反向论证。若存在亲属关系但未认定为共同实际控制人的,一般可通过该等亲属未在公司持股、任职、不参与公司运营管理等角度进行反向论证;若存在约定的一致行动关系但未认定为共同实际控制人,一般可结合一致行动协议的签署背景、签署目的、稳定性承诺等角度进行反向论证。(3)对于未认定为共同实际控制人的,审核机构必然关注是否存在通过该等认定方式规避监管的嫌疑,对此,企业除提供充足的证据进行反向论证外,通常还需采取出具承诺函等必要的措施来打消监管的顾虑。

三、无实际控制人

(一)理论基础

1. 无实际控制人的认定标准和常见情形

在 A 股的上市公司中,公司无实际控制人的情况并不少见。无实际控制人的认定主要可从股权结构和公司治理两个层面入手。实践中,无实际控制人的界定可采用以下认定标准:(1)公司的股权结构分散,不存在单一持股 50% 以上或通过一致行动关系合计持股 50% 以上的股东;(2)不存在实际持有公司 30% 以上股份表决权的主体;(3)不存在依据股份或表决权能对公司股东大会或董事会决议产生重大影响的主体;(4)不存在依据股份或表决权能决定董事会半数以上成员任免的主体;(5)不存在事实上能支配公司重大经营决策、重要人事任免的主体;(6)不存在事实上的共同控制主体。

结合以上认定标准,实务中无实际控制人的常见情形如下:

(1)股权分散型。这种类型的企业股权较为分散,股东相对较多,但单一股东的持股比例均未超过30%或50%,任何一个股东均无法实现对公司的实际控制。(2)股权制衡型。这种类型的企业股东的持股比例往往不低,基本在30% ~50%,但各股东的持股比例比较接近,均无法单独实际支配公司的决策。(3)有控股股东但无实际控制人型。这种类型的企业股权相对集中,存在控股股东,但是控股股东层面的股权分散,不存在能单独或共同控制控股股东的主体,由此应认定公司无实际控制人。

2. IPO 审核关注要点

若发行人主体认定公司无实际控制人,审核机构必然会要求发行人和中介机构对该等认定进行充分论证解释,同时还会涉及其他多项问题的核查要求。通过总结市场上的案例,关于公司无实际控制人的,审核机构主要会关注以下问题:(1)认定理由的充分性:结合公司主要股东参与公司经营决策和内部治理等情况,说明认定无实际控制人的理由是否充分,是否具备合理性和准确性;(2)公司治理的有效性:公司无实际控制人是否能确保公司治理的有效性,该等决策机制是否会发生公司僵局,公司是否有具体的应对措施;(3)公司经营的稳定性:公司无实际控制人是否能确保公司的经营稳定,是否在经营管理上存在不稳定、不确定因素,是否存在争夺控制权的风险;(4)规避监管的嫌疑:公司是否存在通过认定无实际控制人的方式规避同业竞争、股份锁定、重大违法行为等监管要求。

(二)典型案例

1. 股权分散型

案例

深圳市力合微电子股份有限公司

(股票代码:688589,2020 年 6 月 24 日过会)[1]

招股说明书主要内容:

报告期内,发行人(深圳市力合微电子股份有限公司)股权结构较为分散,始终处于无实际控制人的状态,不存在单一股东能控制股东大会及董事会的情形,

[1] 摘自《力合微首次公开发行股票并在科创板上市招股说明书》(2020 年 7 月 17 日出具)。

发行人无实际控制人的情况不会影响发行人日常运营。具体情况如下：

1. 发行人股权结构分散，且报告期内股权及控制结构未发生重大变化。

报告期内，发行人的股权结构分散。截至本招股说明书签署日，发行人前五大股东力合科创、LiuKun、古树园投资、冯某罡、沈某霖的持股比例分别为17.81%、11.36%、5.48%、4.63%、4.57%，无单一股东持有发行人20%以上的股权，无单一股东可以对发行人决策形成实质性控制。

报告期内，发行人不存在新增持股5%以上的股东，始终处于无实际控制人的状态，发行人的股权结构未发生重大变化。

2. 发行人治理结构稳定且运行有效。

报告期内，发行人虽然一直处于无控股股东及实际控制人的状态，但法人治理结构稳定，公司持续稳健发展，不存在因股权结构变化导致经营方针和决策、组织机构运作及业务运营等发生重大变化以及给持续发展和持续盈利能力带来重大不确定性的情形。

发行人自设立时起就按照《公司法》等法律法规的规定制定了公司章程，建立健全了公司治理结构，并且运行良好。

(1) 无单一股东可控制股东大会。

发行人的最高决策机构为股东大会。根据公司章程的规定，股东大会作出决议须经出席会议的股东所持表决权过半数通过，特殊事项须经出席会议的股东所持表决权的2/3以上通过，而发行人任一股东的持股比例均低于20%。因此，发行人任何单一股东均无法控制股东大会或对股东大会决议产生决定性影响。

(2) 无单一股东可控制董事会。

根据公司章程，董事会对股东大会负责，董事由股东大会选举。董事会作出决议必须经全体董事的过半数通过。除3名独立董事外，公司董事会共有6名成员，贺某、别某子由力合科创提名，LiuKun、刘某成由LiuKun提名，冯某罡由古树园投资提名（接任因个人原因辞去董事职务的原董事林某东，林某东亦由古树园投资提名），沈某霖由沈某霖提名。

报告期内，公司全体董事均依据各自的意愿对会议议案进行表决，不存在任何单一股东单独控制董事会的情形。

(3) 发行人董事、股东之间未形成一致行动。

报告期内，发行人董事在历次董事会表决前均不存在一致行动的协议或意向，发行人股东在历次股东大会表决前均不存在一致行动的协议或意向。

截至本招股说明书签署日,发行人股东不存在一致行动关系的情形。

(4)报告期内,发行人董事会成员、高级管理人员未发生重大变化,日常经营稳定。

截至本招股说明书签署日,发行人董事会成员共9名。报告期内,贺某、LiuKun、别某子、刘某成、沈某霖一直任公司董事,未发生变化;2019年4月,林某东因个人原因辞去董事职务,经董事会、股东大会审议,选举冯某罡任董事。报告期内,除因林某东辞去董事职务更换一名董事及因董事会换届更换一名独立董事外,发行人董事会成员未发生重大变化,且上述变更情况已履行了必要的审议程序。报告期内,发行人高级管理人员共4名,报告期内未发生变化。

综上,报告期内,发行人股权结构分散,不存在单一股东能够控制股东大会及董事会的情形,发行人股权结构保持相对稳定,无控股股东及实际控制人;报告期内,发行人的董事会成员、高级管理人员未发生重大变化,发行人业务经营稳定;发行人无控股股东及实际控制人的情形不会对公司持续经营产生重大不利影响。

问询问题:

问题:关于无控股股东、实际控制人。

请保荐机构、发行人律师核查以下事项并发表明确意见,并说明核查方式、核查过程:(1)发行人最近2年内公司章程是否发生重大变化,是否通过公司章程、协议或其他安排等赋予个别股东或人员在公司重大事项决策上的特殊权利;(2)结合发行人的股权结构、董事提名委派、董事会构成、高管聘任、重大事项决策等方面,说明认定无实际控制人是否符合公司实际情况;(3)力合科创、LiuKun、古树园投资相互之间是否存在其他协议或安排,发行人是否实际受上述主体共同控制,是否通过不认定实际控制人来规避涉及的同业竞争、股份锁定及承诺等监管要求;(4)是否存在可能导致控制权变化的重大权属纠纷或潜在控制权争夺风险,以及上市后发行人在无实际控制人的情况下对发行人经营稳定性的影响。

案例小结:

实务中,若拟上市公司股权结构较为分散,各股东持股比例较小,不存在某一股东可以实际控制公司的情形,则可以认定为无实际控制人。在该种情况下,审核机构通常会比较关注:(1)认定发行人无实际控制人的依据;(2)是否存在通过认定无实际控制人规避限售监管要求、同业竞争和重大违法行为等监管要求的情形;(3)在无控股股东、实际控制人的情况下,如何确保公司治理的有效性,保证公司控制权稳定、有效运行;(4)是否存在行之有效的纠纷解决机制等。中介机构应对此谨慎核查并确认。

在本案例中,中介机构在招股说明书中披露发行人无实际控制人的情况,并说明尽管无实际控制人,但发行人治理结构稳定且运行有效,无单一股东可控制股东大会或董事会,发行人董事、股东之间未形成一致行动,且报告期内,董事、高级管理人员未发生重大变化。

审核机构在问询中对该问题进行了较为细致的提问,包括发行人章程变化情况、是否赋予个别人员在公司重大事项决策上的特殊权利、认定无实际控制人是否符合公司实际情况、发行人是否通过不认定实际控制人来规避监管要求、是否存在重大权属纠纷以及潜在控制权争夺风险、无实际控制人对发行人经营稳定性的影响。发行人律师亦对此进行了逐一核查及明确回复,确认发行人目前不存在可能导致控制权变化的重大权属纠纷或潜在控制权争夺风险,发行人核心团队及股权结构稳定,已建立健全的公司法人治理结构,已制定发行上市后适用的各项法人治理制度文件,已健全内部控制体系,无实际控制人的情况不会对发行人上市后的经营稳定性产生不利影响。该解释得到了审核机构的认可。

2. 股权制衡型

案例

上海硅产业集团股份有限公司

(股票代码:688126,2020年3月17日过会)[1]

问询问题:

请保荐机构及发行人(上海硅产业集团股份有限公司)律师:(1)结合最近2年内公司章程、协议或其他安排以及发行人历次股东大会(股东出席会议情况、表决权过程、审议结果、董事会提名和任命等)、董事会(重大决策的提议和表决过程等)、监事会及发行人经营管理的实际运作情况等,核查发行人认定无实际控制人的依据是否充分;(2)结合李某、WANG QING YU、Atte Haapalinna对公司核心技术及生产经营运行的具体影响以及发行人、股东等是否存在通过相关协议,赋予其在重大事项上的特殊权利安排,说明发行人是否实际受其控制;(3)上市后,发行人在无实际控制人的情况下是否存在保持公司生产经营、管理团队持续稳定的措施或安排。

---

[1] 摘自《关于上海硅产业集团股份有限公司首次公开发行股票并在科创板上市的补充法律意见书(四)》(2019年10月27日出具)。

问询回复主要内容：

1. 结合最近2年内公司章程、协议或其他安排以及发行人历次股东大会(股东出席会议情况、表决权过程、审议结果、董事会提名和任命等)、董事会(重大决策的提议和表决过程等)、监事会及发行人经营管理的实际运作情况等，核查发行人认定无实际控制人的依据是否充分。

《公司法》(2018修正)第216条规定了控股股东的定义。

根据发行人并列第一大股东国盛集团、产业投资基金出具的说明函，自发行人2015年成立至今，国盛集团、产业投资基金独立行使作为发行人股东的股东权利，独立决定是否出席会议、独立行使表决权，与发行人其他股东之间不存在口头或书面的一致行动协议或者通过其他一致行动安排谋求共同扩大表决权的情形，不存在互相委托投票、征求决策意见或征集投票权进而对发行人股东大会表决结果施加重大影响的情形。国盛集团、产业投资基金之间不存在一致行动关系，不存在关于发行人持股比例的安排，不存在单独或共同控制发行人的情形；国盛集团、产业投资基金与发行人其他股东之间均不存在一致行动关系，不存在关于发行人持股比例的安排，不存在单独或共同控制发行人的情形。

2. 结合李某、WANG QING YU、Atte Haapalinna对公司核心技术及生产经营运行的具体影响以及发行人、股东等是否存在通过相关协议，赋予其在重大事项上的特殊权利安排，说明发行人是否实际受其控制。

截至本补充法律意见书出具日，李某、WANG QING YU、Atte Haapalinna为发行人控股子公司的技术负责人，负责控股子公司的研发和产业化项目的执行。李某担任发行人执行副总裁、董事会秘书及上海新昇董事长、新傲科技董事长，负责全面统筹、规划发行人的研究方向、研究重点，对发行人承担的重大科研项目及其他研发工作进行管理，并负责组建发行人的研发团队，是发行人多项重大科研项目的负责人；WANG QING YU担任发行人执行副总裁及新傲科技董事、总经理，全面负责新傲科技的研发、生产和销售工作，是发行人相关重大科研项目的负责人，负责推动公司SIMOX、Bonding、Simbond等核心生产工艺的完善与升级；Atte Haapalinna担任Okmetic首席技术官、高级副总裁，负责管理Okmetic的技术研究、产品开发与工艺升级工作，是发行人多项专利的发明人，主持并推动了公司E－SOI、A－MCz、C－SOI工艺自主化生产等多种技术的研发与应用工作。

发行人已建立股东大会、董事会、监事会、经营管理层等健全的组织机构，并已制定《发行人章程》《股东大会议事规则》《董事会议事规则》《监事会议事规则》

《总经理工作细则》等公司治理制度,发行人的重大经营决策需由发行人股东大会、董事会审议通过。

截至本法律意见书出具日,李某、WANG QING YU、Atte Haapalinna 未直接或者间接持有发行人股份,未担任发行人董事,未与发行人、股东签署赋予其在重大事项上特殊权利的协议。因此,李某、WANG QING YU、Atte Haapalinna 无法实际支配发行人的股东大会或董事会,无法对发行人形成控制。

综上,本所认为,发行人未受李某、WANG QING YU、Atte Haapalinna 的实际控制。

3. 上市后,发行人在无实际控制人的情况下是否存在保持公司生产经营、管理团队持续稳定的措施或安排。

(1)保持管理团队持续稳定性的措施或安排。

截至本补充法律意见书出具日,发行人及其控股子公司与现任高级管理人员均已签署劳动(服务)合同,对服务期限、合同续期等事项进行了约定。根据发行人说明并经律师核查,发行人的现任高级管理人员均自发行人成立初期即入职发行人或发行人的下属公司,在发行人、发行人下属公司的任职时间均超过 2 年。因此,发行人的管理团队具有一定的稳定性。

为确保管理团队的稳定性,发行人实施了股票期权激励计划。根据发行人说明并经律师核查,发行人的高级管理人员均为股票期权授予对象,发行人与高级管理人员已签署《股票期权授予协议》,就其行权后持有发行人股份的锁定事宜、离职后期权处理安排作出如下约定:

关于员工(乙方)行权后的禁售期的相关条款,"若各批次股票期权行权的时点在公司上市后,则乙方在公司上市后因行权所获股票自行权日起 3 年内不得减持。上述禁售期限届满后,乙方应比照《中华人民共和国公司法》对公司董事、监事及高级管理人员的相关减持规定执行"。

关于员工(乙方)离职后期权处理的相关条款,"乙方劳动合同到期且不再续约或主动辞职的,未生效的期权作废;已生效但尚未行权的股票期权不得行权,由公司进行注销;如届时公司未上市,则允许其进行内部转让并退出,若无符合条件的受让对象,则公司有权以届时公允价格回购,如届时公司已上市,则已行权股票不作处理"。

(2)保持股权结构稳定,进而确保发行人生产经营的稳定。

发行人第一大股东国盛集团、产业投资基金均已出具承诺函,承诺自发行人股票上市之日起36个月内,不转让或者委托他人管理本企业或本企业的一致行动人直接或间接持有的发行人本次发行上市前已发行的股份,也不提议由发行人回购该部分股份。该等股份锁定安排有利于稳定发行人股权结构,进而确保发行人生产经营的稳定。

综上,律师认为,发行人及其控股子公司与现任高级管理人员均已签署劳动(服务)合同,并通过股票期权激励计划和行权后股份禁售期安排、离职后期权处理安排等方式保障了管理团队的稳定。发行人的第一大股东已就股份锁定事宜出具书面承诺,其有利于稳定发行人股权结构,进而确保发行人生产经营的稳定。

案例小结:

除上个案例中提到的因股权分散导致发行人无实际控制人的情形外,实践中还存在发行人部分股东持股比例虽然不低,但持股比例都比较均衡的情况。在该种情况下,任一股东都无法单独实际控制公司,因此也可能导致无实际控制人的情况发生。

例如,在本案例中,国盛集团和产业投资基金持股比例均超过30%,均不足以单独支配股东会的决议,因此被认定为无实际控制人。与上个案例类似,审核机构仍对认定无实际控制人的依据以及上市后发行人在无实际控制人的情况下是否能保持公司生产经营、管理团队持续稳定等问题较为关注,发行人律师亦对此进行了明确的解释和论证,确认发行人各股东之间均不存在一致行动关系,不存在关于发行人持股比例的安排,不存在单独或共同控制发行人的情形,并论证发行人已作出了一些在无实际控制人的情况下保持公司生产经营、管理团队持续稳定的措施和安排。

3. 有控股股东但无实际控制人型

案例

江西世龙实业股份有限公司

(股票代码:002748,2015年2月27日过会)[1]

招股说明书相关内容:

发行人(江西世龙实业股份有限公司,以下简称世龙公司)控股股东及实际控制人简要情况:

---

[1] 摘自《江西世龙实业股份有限公司首次公开发行股票招股说明书》(2015年3月10日出具)。

世龙公司的直接控股股东为江西大龙实业有限公司(以下简称大龙实业),其直接持有世龙公司4505.75万股的股份,占世龙公司总股本的50.06%。

世龙公司的间接控股股东为江西电化高科有限责任公司(以下简称电化高科),其直接持有世龙公司920万股的股份,占世龙公司总股本的10.22%;通过大龙实业间接持有世龙公司4505.75万股的股份,占世龙公司总股本的50.06%。电化高科合计控制5425.75万股的股份,占世龙公司总股本的60.28%。

大龙实业注册资本为8000万元,电化高科注册资本为6970万元,电化高科持有大龙实业93.875%的股权,为大龙实业的控股股东。目前,电化高科和大龙实业没有经营实体业务。

因为世龙公司的间接控股股东电化高科股权分散,没有实际控制人,所以世龙公司没有实际控制人。

案例小结:

在实践中,若发行人的控股股东因其自身的股权分散而无实际控制人,就会出现公司有控股股东但无实际控制人的情况。

在本案例中,发行人的控股股东为电化高科,但是电化高科股权分散,没有实际控制人,因此,中介机构在招股说明书中说明发行人无实际控制人。

(三)小结与建议

在参考实际控制人的一般认定标准的基础上,结合公司的股权结构和公司治理等情况,可能会得出公司无实际控制人的认定结论。对于公司无实际控制人的认定,应注意以下两方面的内容。

(1)审慎作出无实际控制人的认定结论。首先,虽然A股市场上无实际控制人的案例并不少见,但是从监管部门的立法本意来看,公司存在稳定的实际控制人是确保公司是否具有持续经营能力的一项重要标准。其次,实际控制人的认定较为复杂,虽有一定的认定标准,但除了股权结构和内部治理等客观标准外,有些主体在公司的历史、现实、人脉关系、市场、人格魅力等方面均有可能对公司具有实际支配力,认定无实际控制人不宜过于主观和武断。再次,公司无实际控制人就意味着公司没有人能决定公司的经营方针和经营决策,这也是审核机构关注无实际控制人是否影响公司的治理有效性和经营稳定性的原因。最后,若公司无实际控制人,在公司上市后,其可能会面临被恶意收购的风险。综上,实务中,发行人关于无实际控制人的认定结论应审慎作出。

(2)无实际控制人认定下应特别关注公司的经营稳定性。如前文所述,公司无实际控制人会在一定程度上影响公司经营的稳定性。对此,公司需结合历史上的决策情况说明公司已形成有效的经营决策机制,结合“三会”的运作历史、经营业绩等方面说明公司经营的持续稳定。此外,公司还可以采取稳定管理团队的必要措施,包括建立内部人才梯队和奖励机制、实施股权激励等具体方式。

四、国有上市公司实际控制人的认定

(一)理论基础

上市公司实际控制人的认定规则较为复杂,对国有上市公司而言,因我国对国有企业的各项特殊性规定,在认定国有上市公司的实际控制人时,除上市规则的一般规定以外,还应结合国有资产的相关监管要求进行判断。

1. 关于国有上市公司的实际控制人的认定和披露规定

《公开发行证券的公司信息披露内容与格式准则第 57 号——招股说明书》第 32 条规定,“实际控制人应披露至最终的国有控股主体、集体组织、自然人等”。

《公开发行证券的公司信息披露内容与格式准则第 2 号——年度报告的内容与格式》(2021 修订)第 59 条规定,“实际控制人应当披露到自然人、国有资产管理机构、集体组织,或者股东之间达成某种协议或安排的其他机构或自然人,包括以信托方式形成实际控制的情况”。

从上述规定可见,监管部门对于拟上市的国有企业和已上市的国有企业的实际控制人的认定和披露的要求存在一定差异。对于拟上市的国有企业,监管部门要求需要将实际控制人披露至“最终的国有控股主体”;对于已上市的国有企业,监管部门则要求披露至“国有资产管理机构”。但是,目前相关上市审核和信息披露规则中均未对“最终的国有控股主体”和“国有资产管理机构”进行明确的界定。由于概念的不明确,实务中,部分拟上市的国有企业以此为由,未往上追溯将国资委认定为实际控制人。

2. IPO 审核关注问题

IPO 审核实务中,对于未往上追溯认定国资委为实际控制人的国有企业,审核机构通常会对此问询相关问题,其关注点主要包括:(1)要求结合股东会决议、董事高管的任命、内部治理的实际运营情况、国资管理体系等方面,说明实际控制人的认定是否具有合理性;(2)实际控制人的认定和披露是否符合监管要求;(3)披露同一集团下属其他上市公司的实际控制人的认定情况;(4)说明发行人与同一集团下属其他上市公司的实际控制人认定是否一致,若有差异,需说明具体原因。

（二）典型案例

案例1

中信出版集团股份有限公司

（股票代码:300788,2019年6月14日过会）[1]

问询问题：

发行人中信出版集团股份有限公司实际控制人认定为中信集团，中信集团由财政部代表国务院履行出资人职责。请保荐机构和发行人律师按照信息披露准则的要求将实际控制人披露到自然人或国有出资主体层面，请补充说明中信集团的历次改制、股权变更是否履行了必要的评估、备案、审批、确认程序，相关改制过程是否合法合规并发表明确意见。

问询回复主要内容：

中信有限直接持有发行人83.60%的股份，并通过其全资子公司中信投资控股间接持有发行人4.40%的股份，合计持有发行人88.00%的股份，为发行人控股股东。

中信有限是中信股份的全资子公司。中信股份是香港联交所交易上市公司（股票代码:00267），中信集团通过其全资子公司中信盛荣有限公司、中信盛星有限公司分别持有中信股份25.60%、32.53%的股份，是中信股份的实际控制人。中信集团为有限责任公司（国有独资），由财政部代表国务院履行出资人职责。因此，将中信集团认定为发行人实际控制人。

案例小结：

实践中，部分国有拟上市公司会将实际控制人认定为国有控股主体控制的上一级集团公司，审核机构对该类情况通常较为关注，可能会在问询中要求发行人及中介机构解释实际控制人认定的原因、合理性、合法性，披露发行人的控制权、控股权结构以及国资委和集团公司对发行人的管理情况。中介机构应按要求核查、披露，并重点从集团公司是否履行出资人职责，是否能通过投资关系实际支配发行人行为以及对发行人的实际管理情况出发对实际控制人认定的合理性进行论证。

---

[1] 摘自《关于中信出版集团股份有限公司首次公开发行A股股票并在创业板上市的补充法律意见书（五）》（2019年3月29日出具）。

案例2

中粮工程科技股份有限公司

(股票代码:301058,2021年7月14日过会)[1]

问询情况:

就该国有公司实际控制人认定的问题,审核机构在问询中提问了3次,具体如下。

第一次问询问题:

请发行人(中粮工程科技股份有限公司,以下简称中粮科技)补充披露中粮集团旗下其他上市公司对其实际控制人的认定情况,是否存在与发行人实际控制人认定不一致的情况。

第一次问询回复主要内容:

经核查,中粮集团旗下共有13家上市公司,8家在我国香港地区上市的公司未披露实际控制人。

经核查,中粮糖业、大悦城控股和中粮资本3家上市公司系中粮集团直接持股企业,因此3家上市公司将中粮集团认定为控股股东,将国务院国资委认定为实际控制人。由于中粮集团未直接持有酒鬼酒和中粮科技的股份,因此酒鬼酒和中粮科技均将中粮集团认定为实际控制人。

根据《深圳证券交易所创业板股票上市规则》(2020年12月修订)(以下简称《创业板上市规则》)的相关规定,实际控制人是指通过投资关系、协议或者其他安排,能够实际支配公司行为的人。中粮集团系对发行人履行出资人职责的国有独资企业,能够通过投资关系实际支配发行人行为,将中粮集团认定为发行人实际控制人符合相关法律法规的规定,且与中粮集团旗下其他A股上市公司对其实际控制人的认定原则一致,具有合理性。

第二次问询问题:

补充披露中粮集团旗下部分上市公司认定实际控制人为国务院国资委的原因,各家上市公司认定不一致的原因及合理性,结合上述内容,披露发行人认定中

---

[1] 摘自中粮工程科技股份有限公司对《关于深圳证券交易所〈关于中粮工程科技股份有限公司首次公开发行股票并在创业板上市申请文件的审核问询函〉的回复》(2021年3月29日出具)、中粮工程科技股份有限公司对《关于中粮工程科技股份有限公司首次公开发行股票并在创业板上市申请文件的第二轮审核问询函的回复》(2021年3月29日出具)、中粮工程科技股份有限公司对《关于中粮工程科技股份有限公司首次公开发行股票并在创业板上市申请文件的第三轮审核问询函的回复》(2021年3月29日出具)。

粮集团为实际控制人的合理性。

第二次问询回复主要内容：

1. 中粮集团旗下部分上市公司认定实际控制人为国务院国资委的原因，各家上市公司认定不一致的原因及合理性。

经查询，中粮集团旗下共有5家A股上市公司，其中3家上市公司披露的实际控制人为国务院国资委，2家上市公司披露的实际控制人为中粮集团。

中粮集团旗下各家上市公司实际控制人认定不一致的原因主要是中粮集团对旗下上市公司的持股层级不同。经查询，中粮糖业、大悦城控股和中粮资本3家上市公司系中粮集团直接持股企业，因此3家上市公司将中粮集团认定为控股股东，实际控制人则相应认定为国务院国资委。中粮集团未直接持有酒鬼酒、中粮科技的股份，据此，酒鬼酒、中粮科技均将中粮集团认定为实际控制人。因此，各家上市公司/拟上市公司认定实际控制人不一致具有合理性。

此外，根据已在中国证监会网站预披露的《中国茶叶股份有限公司首次公开发行股票招股说明书》，中国茶叶股份有限公司（以下简称中国茶叶）的控股股东为中国土产畜产进出口有限责任公司（以下简称中土畜），因此中粮集团通过其全资子公司中土畜间接持有中国茶叶40%的股份。中国茶叶披露其实际控制人为中粮集团，与中粮集团旗下上市公司实际控制人认定逻辑一致。

通过查询市场案例，根据持股层级的不同，国有控股集团旗下上市公司认定不同实际控制人的情形较为常见。

2. 发行人认定中粮集团为实际控制人的合理性。

根据《国务院办公厅关于转发国务院国资委以管资本为主推进职能转变方案的通知》（国办发〔2017〕38号）、《关于中粮集团有限公司有关授权事项的复函》（国资改革〔2016〕715号）的规定，国有资产监管机构向国有资本投资公司授权是试点工作的一项重要内容，国务院国资委在推进自身职能转变过程中，将逐步把部分出资人的权利授权国有资本投资公司行使，将依法应由企业自主经营决策的事项归位于企业，将延伸到子企业的管理事项原则上归位于一级企业。国务院国资委将18项决策事项授权或归位于中粮集团董事会行使。

根据《创业板上市规则》的规定，实际控制人是指通过投资关系、协议或者其他安排，能够实际支配公司行为的人。发行人作为国有资本投资公司中粮集团的子公司，其出资人职责由中粮集团履行，中粮集团能够通过投资关系实际支配发行人行为，故将中粮集团认定为发行人实际控制人符合《国务院办公厅关于转发国务院国资委以管资本为主推进职能转变方案的通知》(国办发〔2017〕38号)的规定,且符合《关于中粮集团有限公司有关授权事项的复函》(国资改革〔2016〕715号)的相关精神,具有合理性。

3. 核查意见。

经核查,律师认为:(1)截至本补充法律意见书出具之日,前述中粮集团旗下企业不存在对发行人构成重大不利影响的同业竞争。(2)发行人作为国有资本投资公司中粮集团的子公司,其出资人职责由中粮集团履行,中粮集团能够通过投资关系实际支配发行人行为。故将中粮集团认定为发行人实际控制人符合《国务院办公厅关于转发国务院国资委以管资本为主推进职能转变方案的通知》(国办发〔2017〕38号)的规定,且符合《关于中粮集团有限公司有关授权事项的复函》(国资改革〔2016〕715号)的相关精神,具有合理性。

第三次问询问题:

以列表形式分别列示中粮集团旗下所有上市公司中认定实际控制人为国务院国资委及中粮集团的企业,披露上述企业的控股权、控制权结构,国务院国资委、中粮集团对上述企业的管理模式,上述企业在上述方面与发行人的异同之处,并结合中粮集团对发行人在股东决议、实际运营、董事任命等方面的实际管理情况,披露发行人认定实际控制人为中粮集团,而非国务院国资委的合理性。

第三次问询回复主要内容:

根据《国务院办公厅关于转发国务院国资委以管资本为主推进职能转变方案的通知》(国办发〔2017〕38号)、《关于中粮集团有限公司有关授权事项的复函》(国资改革〔2016〕715号)的规定,国有资产监管机构向国有资本投资公司授权是试点工作的一项重要内容,国务院国资委在推进自身职能转变过程中,将逐步把部分出资人的权利授权国有资本投资公司行使,将依法应由企业自主经营决策的事项归位于企业,将延伸到子企业的管理事项原则上归位于一级企业。国务院国资委将18项决策事项授权或归位于中粮集团董事会行使。

根据《中粮集团总部权责事项清单、授权放权事项清单》的规定,中粮集团对其下属专业化公司的171项具体事项进行管理。

针对将实际控制人认定为中粮集团的酒鬼酒、中粮科技,结合前述《关于中粮集团有限公司有关授权事项的复函》(国资改革〔2016〕715号)和《中粮集团总部权责事项清单、授权放权事项清单》的相关规定,其与发行人在管理模式方面的对比情况如下:

…… ……

针对实际控制人为国务院国资委的中粮糖业、大悦城控股和中粮资本，鉴于中粮糖业和大悦城控股的上市时间相对较早，国务院国资委在其上市时点尚未将上市公司的部分管理权限下放至中粮集团，故其实际控制人认定为国务院国资委；中粮资本于2019年2月上市，根据《关于加强中央企业金融业务管理和风险防范的指导意见》（国资发资本规〔2019〕25号）的相关规定，中粮资本作为以金融业为主营业务的央企子公司，其投资方向、风险防范等业务事项均直接接受国务院国资委的监督指导，故其实际控制人认定为国务院国资委。

综上所述，酒鬼酒、中粮科技和中粮工科均为中粮集团间接持股企业，中粮集团均通过旗下子公司在股东大会行使投票权，在董监高任免和重大事项管理方面，中粮集团均具有支配地位。

针对发行人在股东决议、实际运营、董事任命等方面的实际管理情况，中粮集团于2020年11月3日出具了确认函，确认"第一，从股权结构看，本公司通过全资子公司中谷粮油集团有限公司和深圳市明诚金融服务有限公司间接合计持有中粮工科53.55%的股权，中粮集团间接控股中粮工科，为实际控制人；第二，从股东大会决议和投票情况看，中谷集团均委派代表出席了中粮工科的历次股东大会，中谷集团委派代表均依照《公司法》及中粮工科、中谷集团章程等内部决策制度代表中谷集团投票；第三，中粮工科的历次董事、监事和高管任免均报中粮集团批准或备案，无须向国资委申报；第四，中粮工科日常管理中的重大事项，如业绩目标设立、业绩考核、纪检监察等事项，由中粮集团基于间接控股关系，依据《公司法》及各公司章程等内部决策制度决策或监督"。

根据《创业板上市规则》，实际控制人是指通过投资关系、协议或者其他安排，能够实际支配公司行为的人。中粮集团能够通过投资关系实际支配发行人行为，故将中粮集团认定为发行人实际控制人符合《国务院办公厅关于转发国务院国资委以管资本为主推进职能转变方案的通知》（国办发〔2017〕38号）的规定，且符合《关于中粮集团有限公司有关授权事项的复函》（国资改革〔2016〕715号）的相关精神，具有合理性。

案例小结：

本案例中，发行人为中粮集团下属公司之一，由于中粮集团下属公司中部分公司在申报上市时将实际控制人披露为中粮集团，部分公司却披露至国务院国资委，上交所对出现此种不一致的情况较为关注，在反馈中3次问及。在第一次问询中,上交所要求补充披露中粮集团旗下其他上市公司的实际控制人认定情况以及与发行人认定实际控制人的情况的对比。在第二次问询中,上交所要求进一步解释中粮集团旗下各公司实际控制人认定不一致的原因以及合理性。在第三次问询中,上交所要求以列表形式清晰列明中粮集团旗下所有公司实际控制人的认定情况,披露这些公司的控股权和控制权结构、国务院国资委和中粮集团对上述公司的管理模式以及与发行人的对比,并论证发行人认定实际控制人为中粮集团的合理性。

发行人及中介机构根据问询问题披露了中粮集团旗下各公司的实际控制人认定情况,说明了各公司认定实际控制人的区分依据主要是该公司是否由中粮集团直接控股,即中粮集团直接控股的公司均将中粮集团作为控股股东,将国务院国资委认定为实际控制人,而中粮集团间接控股的公司则将中粮集团认定为实际控制人。同时,中介机构还列举了市场上国有控股集团旗下上市公司根据持股层级不同而认定不同实际控制人的案例作为佐证。最后,发行人及中介机构论证了根据《创业板上市规则》以及中粮集团对发行人的实际管理情况,中粮集团作为对发行人履行出资人职责的国有独资企业,能够通过投资关系实际支配发行人行为的主体,因此将其认定为实际控制人具有合理性。

此外,中粮集团也出具了确认函,确认了其对发行人股权结构、股东决议、董监高任命、重大事项管理等方面的控制情况。

值得注意的是,在本案例中,中介机构还提到了"根据《国务院办公厅关于转发国务院国资委以管资本为主推进职能转变方案的通知》(国办发〔2017〕38 号)、《关于中粮集团有限公司有关授权事项的复函》(国资改革〔2016〕715 号)的规定,国有资产监管机构向国有资本投资公司授权是试点工作的一项重要内容,国务院国资委在推进自身职能转变过程中,将逐步把部分出资人的权利授权国有资本投资公司行使,将依法应由企业自主经营决策的事项归位于企业,将延伸到子企业的管理事项原则上归位于一级企业"。在将实际控制人披露至国务院国资委上一级企业的案件中,中介机构可以借鉴引用该说法来论证实际控制人认定的合理性。

(三)小结与建议

由于国有资产管理的规则存在特殊性等,实务中拟上市的国有企业对其实际控制人存在不同的认定方式,既有往上追溯认定为国资委的,又有认定为集团公司或集团公司的全资子公司的。《证券期货法律适用意见第17号》明确规定,“在确定公司控制权归属时,应当本着实事求是的原则,尊重企业的实际情况,以发行人自身的认定为主,由发行人股东予以确认”。本着上述认定原则,目前上市审核机构会将认定实际控制人的主动权交给企业及其股东本身。从实务案例来看,拟上市的国有企业在认定实际控制人时以往上追溯至国资委为原则,以认定为集团公司或其子公司为例外。若拟上市的国有企业未采用追溯至国资委的认定方式,审核机构通常会问询关注其合理性、与集团下属其他上市公司的认定和披露的一致性,企业一般需要结合国资管理制度和实际情况进行充分论证,包括说明集团公司等相关主体是否取得国资委的明确授权和合法权限,国有股权变动和人事任免等事项是否需要取得国资委的审批等。此外,企业可能还需国资委等有权机构对控制权认定事项出具书面确认,以打消审核机构的疑虑。

五、一致行动人

(一)理论基础

1. 一致行动人的概念与界定

一致行动人通常与实际控制人的认定相关联,在多数情况下还直接影响实际控制人的认定结果,因此,了解一致行动人的概念、认定和解除等问题对全面理解和认定实际控制人具有重要的意义。

我国现行的《公司法》中未对“一致行动人”作出具体规定,《证券法》则在上市公司收购的章节中提及与“一致行动关系”相关的规定,“通过证券交易所的证券交易,投资者持有或者通过协议、其他安排与他人共同持有一个上市公司已发行的有表决权股份……”在我国目前的证券法律体系下,最早对“一致行动人”作出具体定义的是《上市公司收购管理办法》,该办法明确“本办法所称一致行动,是指投资者通过协议、其他安排,与其他投资者共同扩大其所能够支配的一个上市公司股份表决权数量的行为或者事实。在上市公司的收购及相关股份权益变动活动中有一致行动情形的投资者,互为一致行动人”。

《上市公司收购管理办法》第83条还同时对一致行动人的认定情形作出了具体规定,即如无相反证据,投资者有下列情形之一的,应认定为一致行动人:(1)投资者之间有股权控制关系;(2)投资者受同一主体控制;(3)投资者的董事、监事或者高级管理人员中的主要成员同时在另一个投资者处担任董事、监事或者高级管理人员;(4)投资者参股另一投资者,可以对参股公司的重大决策产生重大影响;(5)银行以外的其他法人、其他组织和自然人为投资者取得相关股份提供融资安排;(6)投资者之间存在合伙、合作、联营等其他经济利益关系;(7)持有投资者30%以上股份的自然人,与投资者持有同一上市公司股份;(8)在投资者任职的董事、监事及高级管理人员,与投资者持有同一上市公司股份;(9)持有投资者30%以上股份的自然人和在投资者任职的董事、监事及高级管理人员,其父母、配偶、子女及其配偶、配偶的父母、兄弟姐妹及其配偶、配偶的兄弟姐妹及其配偶等亲属,与投资者持有同一上市公司股份;(10)在上市公司任职的董事、监事、高级管理人员及其前项所述亲属同时持有本公司股份,或者与其自己或者其前项所述亲属直接或者间接控制的企业同时持有本公司股份;(11)上市公司董事、监事、高级管理人员和员工与其所控制或者委托的法人或者其他组织持有本公司股份;(12)投资者之间具有其他关联关系。

一致行动人应当合并计算其所持有的股份。投资者计算其所持有的股份时,不仅应当包括登记在其名下的股份,还包括登记在其一致行动人名下的股份。

2. 不认定一致行动人的相反证据

《上市公司收购管理办法》列举了12种法定的一致行动人,按照规定,只要存在《上市公司收购管理办法》第83条规定的12种情形之一的,就应推定具有一致行动关系,但该条同时明确,若投资者认为其与他人不应被视为一致行动人的,可以向中国证监会提供相反证据。对于就这12种情形投资者如何提供相反证据,笔者梳理如表1-18所示。

表1-18 一致行动人的相反证据

认定情形	示意图	相反证据
投资者之间有股权控制关系	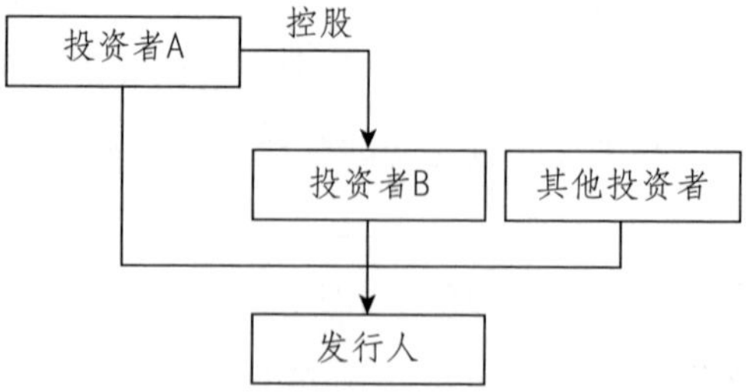	若投资者之间存在股权控制关系,受控制一方很难在表决时作出与控制一方相反的意见,因此此种认定情形很难以相反证据推翻

续表

认定情形	示意图	相反证据
投资者受同一主体控制	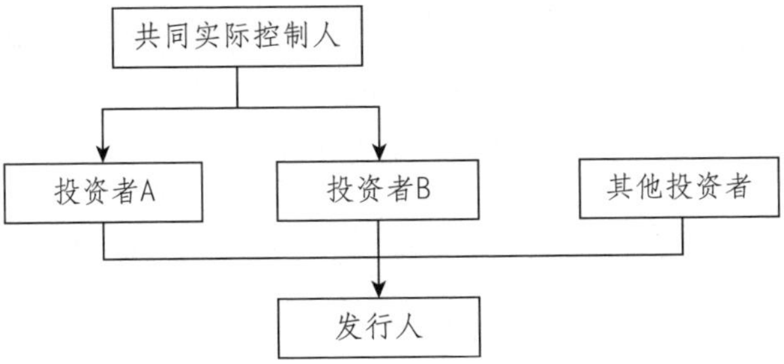	如共同控制人为国资委等国家性质主体，可作为相反证据推翻
投资者的董事、监事或者高级管理人员中的主要成员同时在另一个投资者处担任董事、监事或者高级管理人员	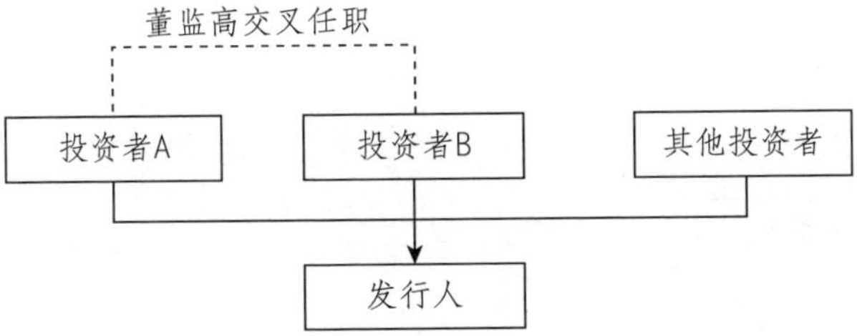	论证董监高难以对兼任单位的董事会决议产生控制，结合关联方的股权结构、经营决策等情况，说明关联方之间互相独立
投资者参股另一投资者，可以对参股公司的重大决策产生重大影响	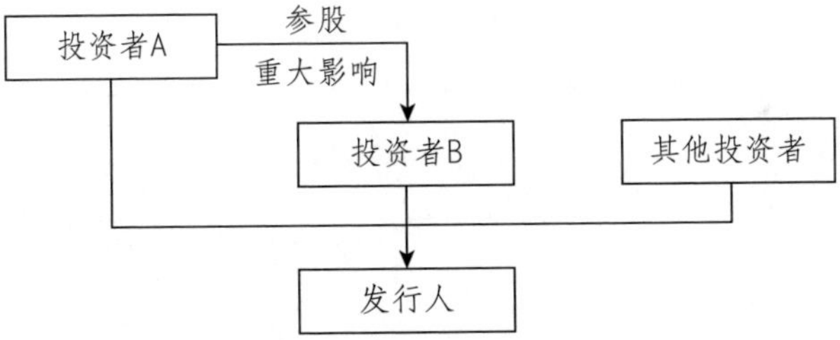	结合关联方的股权结构、三会表决情况等情况，说明关联方之间互相独立，投资者无法对参股公司的重大决策产生重大影响
银行以外的其他法人、其他组织和自然人为投资者取得相关股份提供融资安排	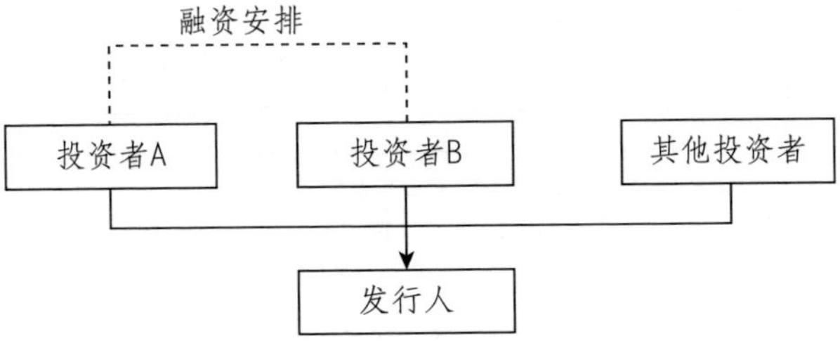	结合入股先后顺序说明不存在共同投资发行人的一致性，论证相关方独立行使股东权利，人、财、物独立，出具确认函或承诺函说明不构成一致行动关系，以作为相反证据推翻

续表

认定情形	示意图	相反证据
投资者之间存在合伙、合作、联营等其他经济利益关系	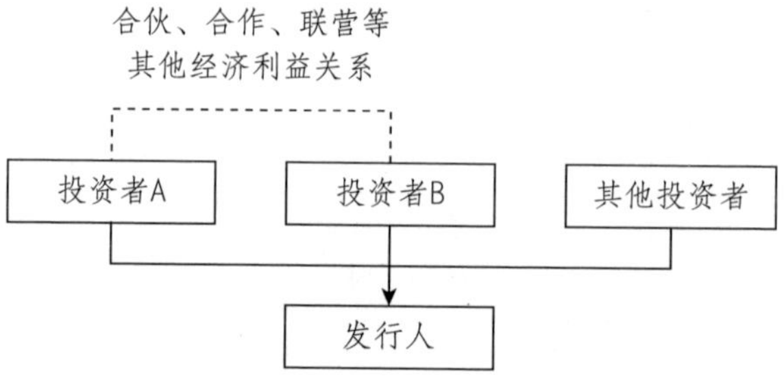	结合投资者之间的关联关系、独立行使表决权且实际表决中存在意见不一致，出具确认函或承诺函说明不构成一致行动关系，以作为相反证据推翻
持有投资者30%以上股份的自然人与投资者共同持有同一上市公司的股份	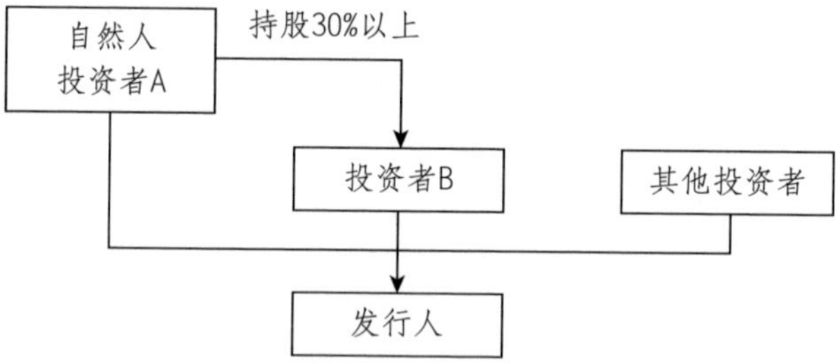	说明自然人无法通过股权对投资者实现控制（若投资者为基金，可从财产份额和执行事务合伙人等方面论证），以作为相反证据推翻
在投资者任职的董事、监事及高级管理人员与投资者共同持有同一上市公司的股份	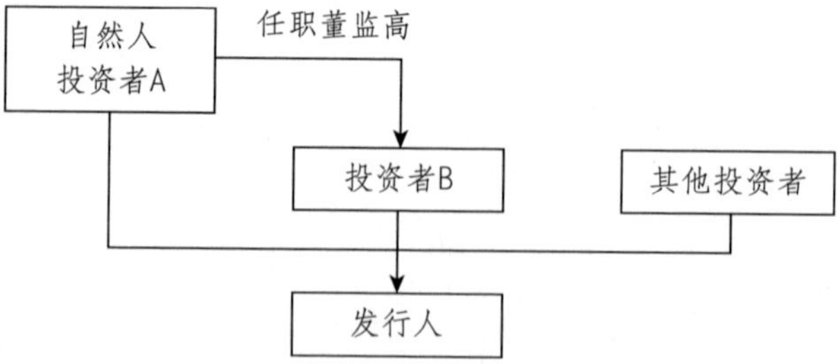	结合投资者的董事会议事规则，论证该自然人无法单独形成有效的董事会、监事会等决议，并出具不构成一致行动人的确认函或承诺函，以作为相反证据推翻

续表

<table>
<tr><th>认定情形</th><th>示意图</th><th>相反证据</th></tr>
<tr><td>持有投资者30%以上股份的自然人和在投资者任职的董事、监事及高级管理人员的父母、配偶、子女及其配偶、配偶的父母、兄弟姐妹及其配偶、配偶的兄弟姐妹及其配偶等亲属，与投资者一起共同持有同一上市公司的股份</td><td>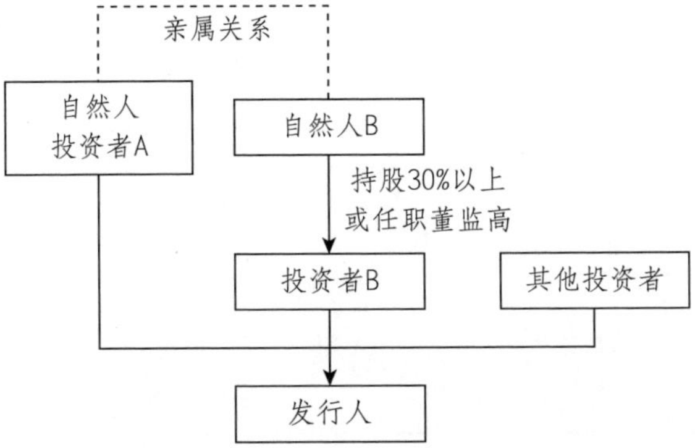</td><td>结合投资者的股权结构、决策的独立性、出具的确认函或承诺函等，论证不构成一致行动关系</td></tr>
<tr><td>在上市公司任职的董事、监事、高级管理人员及其前项所述亲属同时持有本公司股份的，或者与自己或者其前项所述亲属直接或者间接控制的企业同时持有本公司股份</td><td>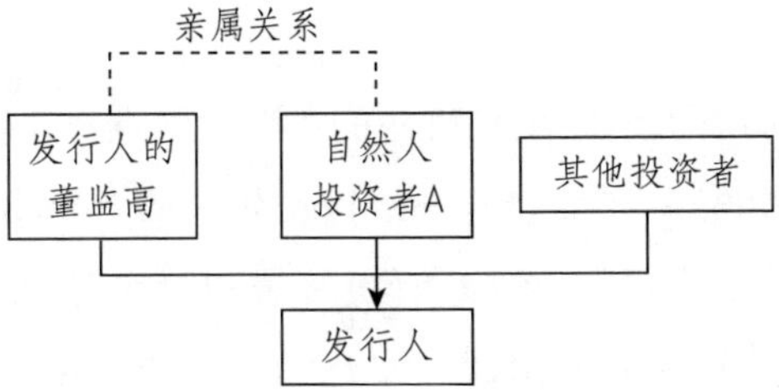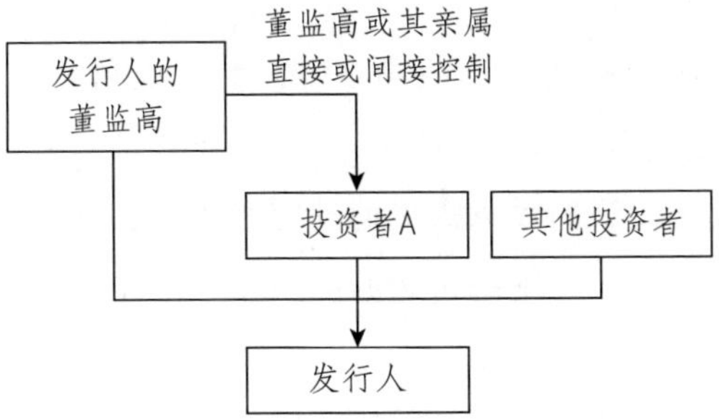</td><td>结合董监高及其亲属持股比例说明亲属持股比例较小，某人对公司具有绝对的控制力，从而论证不构成一致行动关系</td></tr>
</table>

续表

认定情形	示意图	相反证据
上市公司董事、监事、高级管理人员和员工与其所控制或者委托的法人或者其他组织持有本公司股份	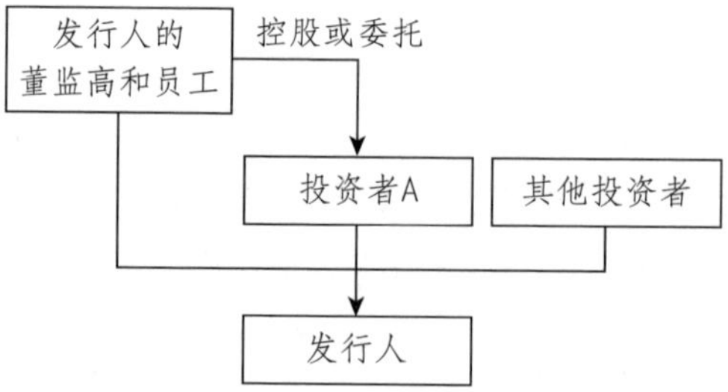	与“投资者之间有股权控制关系”的情形相似，若存在控制或委托关系，受控制或受委托一方很难在表决时作出与控制或委托一方相反的意见，因此此种认定情形很难以相反证据推翻

3. 一致行动协议

实务中，除了《上市公司收购管理办法》规定的法定一致行动人外，有些公司的股东还会通过签署一致行动协议的方式实现单一或多个主体对公司的实际控制。签署一致行动协议是投资者之间形成一致行动关系最常见的方式，也是投资者加强和稳定控制权的常用手段。

对于存在一致行动协议的企业，审核机构的主要关注点在于协议的有效性。一般情况下，发行人和中介机构需要详细披露一致行动协议的主要内容，包括签署背景和原因、一致行动事项、分歧解决机制、解除条款、签署和解除时间等。但在基本的信息披露外，发行人和中介机构还需充分论证一致行动协议的稳定性，并关注与之密切相关的控制权认定和稳定性问题。

《证券期货法律适用意见第 17 号》明确规定，“共同控制人签署一致行动协议的，应当在协议中明确发生意见分歧或者纠纷时的解决机制”。一致行动协议的核心条款之一是分歧解决机制，即各一致行动人需提前约定好各方在对一致行动事项出现意见分歧时的解决方式。实务中，分歧解决机制的约定多种多样，基本可总结为以下几种：(1)按照人数多数决，即内部表决后以人数较多一方的意见为最终意见；(2)按照持股多数决，即内部表决后以持股比例最大一方的意见为最终意见；(3)以某一方的意见为准，具体又可分为两种方式，一是所有事项无条件以某一方的意见为准，二是特定事项以某一方的意见为准;(4)始终无法达成一致的,则统一投赞成票或反对票。上述各种分歧解决机制各有优劣,但最受审核机构认可的通常是诸如"无条件以某一方意见为准"此类简单高效的机制。实务中不乏一些企业原本采用复杂的分歧解决机制,但在经过多轮问询后又予以修改的案例。审核机构之所以如此关注分歧解决机制,本质上是为了确保一致行动协议的有效和稳定执行。

4. 一致行动关系不必然导致共同实际控制人的认定

基于一致行动关系并不必然导致共同实际控制人的认定结果,对此,《证券期货法律适用意见第17号》作出了明确规定,"法定或者约定形成的一致行动关系并不必然导致多人共同拥有公司控制权,发行人及中介机构不应为扩大履行实际控制人义务的主体范围或者满足发行条件而作出违背事实的认定。主张通过一致行动协议共同拥有公司控制权但无第一大股东为纯财务投资人等合理理由的,一般不能排除第一大股东为共同控制人"。

实务中,若企业中存在一致行动关系但不认定为共同实际控制人的情形,则其需要从多方面提供证据并作充分论证。一般而言,企业可从以下角度进行论证:(1)一致行动人在持股比例上存在较大差距,个别主体无法单独决定重大决策事项;(2)管理角色不同,个别主体不承担核心的经营管理业务,在公司层面不具有较强的经营管理权,且实际无相关意愿;(3)部分主体仅凭个人意愿即可实现对公司的控制,一致行动关系仅是为了加强部分主体的控制权;(4)出具承诺函,确认和承诺不谋求对公司的共同控制;(5)出具自愿延长锁定期、避免同业竞争的承诺,打消审核机构关于通过不认定共同实际控制人以规避监管的顾虑。

(二)典型案例

1. 一致行动协议的分歧处理

案例

上海司南卫星导航技术股份有限公司

(股票代码:833972,2023年5月10日过会)[1]

问询问题:

招股说明书披露,2021年10月29日,发行人(上海司南卫星导航技术股份有

---

〔1〕 摘自《关于上海司南卫星导航技术股份有限公司首次公开发行股票并在科创板上市的补充法律意见书(一)》(2022年12月13日出具)。

限公司,以下简称司南有限公司)实际控制人王某泉和王某重新签署了《一致行动人协议》,协议有效期为自协议签署之日至公司首次公开发行并上市之日起3年。在双方表决意见无法达成一致的情形下,以持有股份较多的股东的意见为准。上述情形发生两次后,第三次发生时以持有股份较少的股东的意见为准,但是持有股份较少的股东不能推翻前两次的审议结果。此后再出现无法达成一致意见的情形时,前两次以持有股份较多的股东的意见为准,后一次以持有股份较少的股东的意见为准,由此往复。但是,就同一事项,任何一方不得利用决定权否定另一方就该事项作出的意见。

请发行人说明:(1)王某泉与王某开始一致行动的时间,2021年10月29日前签署《一致行动人协议》的情况,原协议的主要内容、纠纷解决机制,司南有限公司在股转系统挂牌期间的实际控制人认定及其变动情况;重新签署的《一致行动人协议》是否可撤销。(2)历史上王某泉、王某在股东(大)会、董事会的表决情况,是否存在表决意见不一致、存在纠纷的情形,王某泉、王某在发行人处负责的具体工作内容及分工情况,目前约定上述纠纷解决机制的原因。

请保荐机构、发行人律师对上述事项核查并发表明确意见,说明上述纠纷解决机制是否影响共同控制人一致意见以及司南有限公司有效决议的形成。

问询回复主要内容:

1. 王某泉与王某开始一致行动的时间,2021年10月29日前签署《一致行动人协议》的情况,原协议的主要内容、纠纷解决机制,司南有限公司在股转系统挂牌期间的实际控制人认定及其变动情况;重新签署的《一致行动人协议》是否可撤销。

(1)王某泉与王某开始一致行动的时间,2021年10月29日前签署《一致行动人协议》的情况。

王某泉与王某自设立司南有限公司之日起即形成了稳定的合作关系和事实上的一致行动关系,双方在司南有限公司董事会、股东(大)会层面保持了一致行动。为巩固双方在司南有限公司的控制地位,双方于2015年6月25日签订了《一致行动人协议》。司南有限公司于2015年10月挂牌新三板后,上述《一致行动人协议》于2018年10月到期。为保障司南有限公司控制权稳定,王某泉与王某于2018年10月29日签署了《一致行动人协议之补充协议》,约定原《一致行动人协议》有效期延长3年。

(2)原《一致行动人协议》的主要内容、纠纷解决机制。

原《一致行动人协议》就纠纷解决机制约定如下:①若双方内部无法达成一致

意见,以持有股份较多的股东的意见为准。但是,上述情形仅限发生两次,之后如若再次发生类似情形,本协议自动失效。②任何一方违反其作出的前述承诺(任何一条),都必须按照守约方的要求将其全部的权利与义务转让给另一方,守约方也可要求将其全部的权利与义务转让给指定的第三方。

(3)司南有限公司在股转系统挂牌期间的实际控制人认定及其变动情况。

发行人在股转系统挂牌期间的实际控制人认定为王某泉和王某,未发生变化。

(4)重新签署的《一致行动人协议》是否可撤销。

2021年10月29日,因原《一致行动人协议》到期,双方签署了新的《一致行动人协议》。根据新签署的协议的约定,重新签署的协议不可撤销。

2. 历史上王某泉、王某在股东(大)会、董事会的表决情况,是否存在表决意见不一致、存在纠纷的情形,王某泉、王某在发行人处负责的具体工作内容及分工情况,目前约定上述纠纷解决机制的原因。

(1)历史上王某泉、王某在股东(大)会、董事会的表决情况,是否存在表决意见不一致、存在纠纷的情形。

根据历次股东大会会议文件,王某泉、王某出席了上述全部股东大会,并针对全部议案(需回避表决的相关议案除外)投票表决,两人意见一致,全部赞成通过,未发生一方弃权或反对的情形。

根据历次董事会会议文件,除根据当时有效的公司章程规定的需回避表决的相关议案外,所有董事会决议表决时,王某泉与王某的意见均一致,且未发生其他董事反对或弃权的情形。

综上所述,历史上王某泉、王某在股东(大)会、董事会的表决不存在表决意见不一致或存在纠纷的情形。

(2)王某泉、王某在发行人处负责的具体工作内容及分工情况。

王某泉和王某为司南有限公司的核心创业人员,长期共同担负司南有限公司的日常经营管理工作,是司南有限公司核心技术的研发者以及市场的主要开拓者和市场开发团队的组织者。具体而言:

王某泉担任董事长,负责司南有限公司战略、研发、产品、市场与营销、供应链与生产管理,体系过程运行的资源分配,分管司南有限公司企划宣传工作。

王某担任总经理,负责司南有限公司运营、资源(资金、资产、资本)筹措与管理、公共关系、合同与客户管理,分管总经办、人力资源部、财务部及电商部工作,同时担任董事会秘书，分管司南有限公司证券与合规管理工作。

(3) 目前约定上述纠纷解决机制的原因。

考虑王某泉、王某在创立司南有限公司时即按照约 2∶1 的比例进行持股并保持至今，且双方一致认为在发生争议时，原则上按照持股比例较多的股东意见为准，但同时应保障持股比例较少的股东的权益。因此，双方同意在新签署的《一致行动人协议》中对纠纷解决机制作前述约定。

3. 上述纠纷解决机制是否影响共同控制人一致意见以及司南有限公司有效决议的形成。

上述纠纷解决机制是王某泉及王某基于双方历史持股情况并考虑到可能产生的争议情况后共同协商后作出的。在《一致行动人协议》中，双方明确约定了无法达成一致意见时的解决规则，并特别强调了"就同一事项，任何一方不得利用决定权否定另一方就该事项作出的意见"以避免出现僵局。《一致行动人协议》签署后至本补充法律意见出具日，双方在董事会、股东(大)会表决中未出现意见不一致的情形。因此，上述纠纷解决机制不会影响共同控制人一致意见以及司南有限公司有效决议的形成。

案例小结：

在实践中，公司的股东通过签署一致行动协议成为公司的共同控制人，共同控制公司的管理与运营的情况较为常见。根据《证券期货法律适用意见第 17 号》的规定，共同控制人签署一致行动协议的，应当在协议中明确发生意见分歧或纠纷时的解决机制。

公司的共同控制人若发生意见分歧或纠纷，可能导致公司股东会或董事会表决出现僵局，难以形成有效决议，影响公司的管理和运营。因此，审核人员对于一致行动人是否存在过意见不一致的情形，一致行动协议的主要内容，纠纷解决机制、其形成原因、是否影响共同控制人一致意见和有效决议的形成等问题通常较为关注。部分案例中，审核机构还会问及各位一致行动人的工作职责和分工情况。

经检索、对比相关案例，笔者发现，实践中存在多种针对一致行动协议的争议解决机制，如以某一位实际控制人的意见为准、以持股多数意见为准、根据不同类别事项以不同实际控制人的意见为准或者对未能达成一致的意见不再提案等。

本案例中，双方约定的争议解决机制比较特殊，签署一致行动协议的股东共有两名，两名股东的持股数有所不同，双方约定在前两次双方意见不一致时，以持股较多的股东意见为准,在第三次意见不一致时,以持股较少的股东意见为准,如此循环。

2. 存在一致行动关系但未认定为共同实际控制人

案例

苏州英华特涡旋技术股份有限公司

(股票代码:301272,2023年5月10日过会)[1]

问询问题:

申报文件及审核问询回复显示:

根据陈某敏与郭某明、文某华、蒋某签署的《一致行动人协议》,郭某明、文某华和蒋某为陈某敏的一致行动人,其中陈某敏与郭某明签署《一致行动人协议》的时间为2021年9月29日。

请发行人说明:(1)2021年9月郭某明与陈某敏签署《一致行动人协议》的原因及合理性,协议签署前二人是否具有一致行动关系;(2)郭某明、文某华、蒋某与陈某敏是否构成对公司的共同控制,是否存在规避实际控制人变动、同业竞争或股份锁定等监管要求的情形;(3)陈某敏与郭某明、文某华、蒋某签署的《一致行动人协议》到期后的安排,公司未来控制权是否稳定。

请保荐人、发行人律师根据《深圳证券交易所创业板股票首次公开发行上市审核问答》关于实际控制人认定的相关规定发表明确意见。

问询回复主要内容:

【发行人说明】

1. 2021年9月郭某明与陈某敏签署《一致行动人协议》的原因及合理性,协议签署前二人是否具有一致行动关系。

在发行人首次申报时,陈某敏通过直接控制和一致行动安排而实际控制的发行人股份合计为1768.30万股,占发行人股本总额的40.29%。首次申报时,因郭某明希望保持独立意见及独立行使表决权,所以其未接受陈某敏提出的关于双方签订《一致行动人协议》的提议,但其出具了《股份限售安排及自愿锁定承诺》,承诺其所持股份自上市之日起锁定36个月。所以陈某敏与郭某明之间不存在因规避股份锁定期而不签订一致行动协议的情形。

---

[1] 摘自《关于苏州英华特涡旋技术股份有限公司首次公开发行股票并在创业板上市的补充法律意见书(七)》(2022年10月10日出具)。

首次申报后,陈某敏为了进一步加强和巩固其在发行人的控制地位,继续与郭某明协商《一致行动人协议》的签署事宜。郭某明于2021年9月同意与陈某敏签署《一致行动人协议》。《一致行动人协议》签署后,陈某敏合计控制发行人的股份比例从申报时的40.29%上升至51.02%。

综上,《一致行动人协议》签署前,陈某敏与郭某明二人不具有一致行动关系。经保荐人和发行人律师核查发行人自2011年11月设立以来的历次股东(大)会、董事会的表决情况,陈某敏与郭某明二人在协议签署前在股东(大)会、董事会的表决不存在意见不一致的情况。

综上,2021年9月郭某明与陈某敏签署《一致行动人协议》的原因系加强陈某敏对公司的控制地位,系经双方友好协商的结果,具有合理性。

2. 郭某明、文某华、蒋某与陈某敏是否构成对公司的共同控制,是否存在规避实际控制人变动、同业竞争或股份锁定等监管要求的情形。

(1)郭某明、文某华、蒋某与陈某敏是否构成对公司的共同控制。

①一致行动关系并不必然导致共同控制。

根据《关于发布〈深圳证券交易所创业板股票首次公开发行上市审核问答〉的通知》(深证上〔2020〕510号)[1]问答9,并结合本案实际情况,其他各方参与签署《一致行动人协议》仅系为了加强陈某敏对公司的控制地位,将其一并认定为共同实际控制人不符合发行人的实际情况,有违实事求是原则。

此外,经查阅公开披露文件,参与签署一致行动协议但未认定为共同控制的案例还有普联软件(300996. SZ)、敏芯股份(688286. SH)和浩洋股份(300833. SZ)等。

②结合发行人股权结构、董事会成员构成情况以及发行人经营管理的实际运作情况,认定陈某敏为实际控制人具有充分性。

发行人股权结构。郭某明、文某华、蒋某3人持有发行人股权的比例较小,而陈某敏及其控制的英华特管理合计持有发行人股权的比例为31.49%,与郭某明、文某华、蒋某3人各自持有发行人的股权比例相比,陈某敏控制发行人的股权比例具有绝对的优势。

同时,郭某明、文某华和蒋某均与陈某敏签署了《一致行动人协议》,该协议明确如果各方在进行充分沟通协商后对有关公司经营发展的重大事项行使何种表

〔1〕 现已失效。

决权达不成一致意见，则均应以陈某敏的意见为准，并在董事会/股东（大）会上就该等事项与陈某敏的意见保持一致。

因此，陈某敏可以通过其合计控制的51.02%的股份实际控制公司。

发行人董事会成员构成。公司现有董事会全部9名董事中，除王某和朱某翔2名外部董事外，其余4名内部董事和3名独立董事皆由陈某敏提名。陈某敏通过提名多名董事候选人的方式可以有效控制公司董事会，并主导公司的主要经营决策。

发行人经营管理的实际运作情况。陈某敏自2012年2月起即长期担任发行人总经理，全面负责发行人实际运营和日常管理工作，在经营管理和决策方面发挥着核心作用，对日常经营管理事项有决策权。因此，陈某敏通过担任发行人总经理一职，能够在公司日常经营决策中达到实际控制。

综上，发行人仅将陈某敏认定为实际控制人的依据具有充分性，郭某明、文某华、蒋某与陈某敏不构成对公司的共同控制。

（2）是否存在规避实际控制人变动、同业竞争或股份锁定等监管要求的情形。

①报告期内，发行人实际控制人保持稳定。

2015年7月发行人第三次股权转让前，发行人的控股股东和实际控制人为郭某明；2015年7月股权转让后至今，发行人的控股股东和实际控制人为陈某敏。2015年7月至今，发行人的实际控制人未再发生变动，保持稳定。

②郭某明、文某华、蒋某与陈某敏对外投资及关于避免同业竞争的承诺情况。

截至本审核问询函回复日，郭某明、文某华、蒋某与陈某敏除持有发行人股份及英华特管理股份外，未控制或投资其他企业。

郭某明、文某华、蒋某与陈某敏及其近亲属不存在控制或投资与发行人存在同业竞争企业的情况。

此外，郭某明、文某华、蒋某与陈某敏均作出了关于避免同业竞争的承诺。

③郭某明、文某华、蒋某与陈某敏的股份锁定情况。

郭某明、文某华、蒋某与陈某敏均签署了《股份限售安排及自愿锁定承诺》，承诺其所持股份自上市之日起锁定，不存在规避实际控制人变动、同业竞争或股份锁定等监管要求的情形。

3. 陈某敏与郭某明、文某华、蒋某签署的《一致行动人协议》到期后的安排，公司未来控制权是否稳定。

根据各方签署的《一致行动人协议》，其有效期限如下，“双方约定本协议有效期为：自签署书面承诺之日起至英华特股票上市之日起 36 个月。本协议一经签署不可撤销，除非本协议所规定的期限届满”。

截至本审核问询函回复日，陈某敏与郭某明、文某华、蒋某未就《一致行动人协议》到期后的安排作出明确约定。《一致行动人协议》到期后，各方就是否继续保持一致行动协议再另行达成书面协议。但《一致行动人协议》到期后各方是否继续保持一致行动协议并不影响公司未来控制权的稳定性，具体原因如下：

本次发行完成后，发行人的股权较为分散。其中陈某敏直接持股 17.53%，并通过英华特管理控制 6.09% 的股份，合计控制发行人 23.62% 的股份，远高于发行人第三大股东协立创投及其一致行动人君实协立合计持有的 12.98%、第二大股东朱某翔持有的 10.26% 以及第四大股东持有的 8.05%。

综上，陈某敏与郭某明、文某华、蒋某虽未就《一致行动人协议》到期后的安排作出明确约定，但《一致行动人协议》到期后各方是否继续保持一致行动协议并不影响公司未来控制权的稳定性。

4. 请保荐人、发行人律师根据《深圳证券交易所创业板股票首次公开发行上市审核问答》关于实际控制人认定的相关规定发表明确意见。

根据《深圳证券交易所创业板股票首次公开发行上市审核问答》问题 9，并结合本案实际情况，郭某明、文某华和蒋某参与签署《一致行动人协议》仅系为了加强陈某敏对公司的控制地位，将其一并认定为共同实际控制人不符合发行人的实际情况，有违实事求是原则。结合发行人的股权结构、三会运行情况和日常经营管理的实际情况等，发行人将陈某敏认定为唯一实际控制人具有合理性和准确性。

自 2015 年 7 月起，发行人实际控制人未再发生变更、保持稳定，一致行动人郭某明、文某华和蒋某不存在控制或投资与发行人存在同业竞争企业的情况，并作出了关于避免同业竞争的承诺及其所持股份自上市之日起锁定 36 个月的股份锁定承诺。发行人仅将陈某敏认定为实际控制人的情形不存在规避实际控制人变动、同业竞争或股份锁定等监管要求的情形。

案例小结：

实践中，彼此之间不存在家庭关系的共同控制人通常会通过签署一致行动协议确定一致行动关系，但是签署一致行动协议并不必然意味着其会被认定为共同实际控制人，主要还是应从实际情况出发进行认定。

实践中，存在一些股东签署了一致行动协议但是只有部分股东被认定为实际控制人的情况。对于这种情况，审核机构通常会给予关注并要求发行人和中介机构对此进行说明。

在本案例中,审核机构主要就签署一致行动协议的原因及合理性,签署协议但未被认定为共同控制人的人是否构成对公司的共同控制,是否存在规避实际控制人变动、同业竞争或股份锁定等监管要求的情形,一致行动协议到期后的安排,公司未来控制权是否稳定等问题进行了问询。

中介机构以《关于发布〈深圳证券交易所创业板股票首次公开发行上市审核问答〉的通知》(深证上〔2020〕510 号)〔1〕中问答 9 的规定为依据,论证了各方签署一致行动协议主要是为了巩固和加强实际控制人对公司的控制地位,并不必然导致各方的共同控制权,因此未认定相关签署人为共同控制人具有合理性。另外,实际控制人除可以凭借与几位签署人合计控制的股份控制股东会决议外,还可以有效控制公司董事会决策以及公司的日常经营管理。过去及未来,不论协议续期与否,实际控制人的控制权都将保持稳定。最后,各方还签署了承诺函,承诺其所持股份自上市之日起锁定 36 个月,不存在规避监管要求的情形。

实践中,如中介机构遇到此类情况,也可以借鉴本案例中的论证方式,解释签署一致行动协议的原因及目的,论证部分一致行动人未被认定为实际控制人的合理性,并说明实际控制人目前对公司的控制权情况以及未来控制权的稳定性,股东们也可以通过签署承诺函来进一步减轻审核机构的顾虑,从而获得审核机构的认可。

(三)小结与建议

一致行动关系包括法定的一致行动关系和约定的一致行动关系,前者是因符合法定的认定情形且无反证而形成的,后者则是通过签署一致行动协议的方式而形成的。

对于法定的一致行动关系,在 IPO 实务中,从审慎角度出发,不建议轻易推翻法定一致行动关系的认定。因为推翻法定一致行动关系需要取得充足的相反证据,而审核机构对相反证据的合法性、有效性和关联性的理解存在一定的主观因素,在反证不够有力的情况下,较难得到审核机构的认可。

对于约定的一致行动关系,在 IPO 实务中,主要需关注一致行动协议的有效性和稳定性,尤其要重点关注协议的分歧解决机制,这是实现控制权稳定的核心要素。分歧解决机制应具备简单、高效、确定性的基本特点。具体而言,分歧解决机制应简单明了、便于实施,不影响公司决策效率,同时其还需清晰确定,不易导致公司僵局。

---

〔1〕 现已失效。

第二章

独　立　性

上市公司的独立性是指上市公司在运行机制以及管理体制上相对独立于控股股东、实际控制人及其控制的其他企业。公司独立性问题是其上市过程中最核心的问题之一，一直是审核和监管机构对拟上市公司的审查重点，也是 IPO 被否的常见原因之一。公司独立性要求体现在资产、人员、财务、机构、业务五大方面，要求公司的人员、资产、财务分开，机构、业务独立，各自独立核算、独立承担责任和风险，以有效保障上市公司及其中小股东的利益。

第一节　独立性的审核要求

（一）理论基础

上市公司的独立性是众多发行条件中尤为重要的一项要求，它是审核机构对拟上市公司的关注重点，也是常见的 IPO 被否的原因之一。上市公司的独立性要求在资产、人员、财务、机构、业务五方面均保持独立，即俗称的“五独立”基本要求。

1. 关于独立性的监管规则的演变

2006 年颁布的《首次公开发行股票并上市管理办法》在第二章“发行条件”的第二节“独立性”中对上市公司的“五独立”要求作了专节规定，其中第 14 条至第 19 条逐条明确了资产、人员、财务、机构、业务五方面的具体要求。

2015 年《首次公开发行股票并上市管理办法》进行了修订（自 2016 年 1 月 1 日起生效），修订后的新法删除了“独立性”的整节规定。然而，本次修订并不意味着监管机构不再对上市公司的独立性作出要求，而是监管机构将侧重点放在了信息披露的重要性上，修订后的《首次公开发行股票并上市管理办法》在第42条规定，“发行人应当在招股说明书中披露已达到发行监管对公司独立性的基本要求”。与该办法2015年修订版同时颁发生效的《公开发行证券的公司信息披露内容与格式准则第1号——招股说明书》（2015修订）第51条明确规定，“发行人应披露已达到发行监管对公司独立性的下列基本要求”，并列示了“五独立”的具体要求，该等要求与2006年《首次公开发行股票并上市管理办法》的规定一模一样。由此可见，审核机构对上市公司的独立性要求并没有发生实质性改变，只是对监管方式进行了适当的调整。

2022年全面注册制实施后，法条再次进行了调整。2023年2月17日发布生效的《首次公开发行股票注册管理办法》第12条规定，“发行人业务完整，具有直接面向市场独立持续经营的能力：（一）资产完整，业务及人员、财务、机构独立，与控股股东、实际控制人及其控制的其他企业间不存在对发行人构成重大不利影响的同业竞争，不存在严重影响独立性或者显失公平的关联交易……”与此同时，同日发布生效的《公开发行证券的公司信息披露内容与格式准则第57号——招股说明书》第73条规定，“发行人应分析披露其具有直接面向市场独立持续经营的能力”，并列示“五独立”的具体要求。2023年《首次公开发行股票注册管理办法》重新将“五独立”放回了发行条件的章节中，但将其全部归纳至“持续经营的能力”的发行条件之下，同时还对同业竞争和关联交易的要求进行适当松绑，而非采取“一刀切”的处理方式。

从上述规则演变可见，监管机构对于“五独立”的具体要求始终没有改变，但是在监管逻辑上进行了一定的调整。从2015年《首次公开发行股票并上市管理办法》开始要求发行人自行披露独立性满足情况，再到2023年《首次公开发行股票注册管理办法》直接明确“保荐人应当……对发行人是否符合发行条件、上市条件独立作出专业判断”，可见监管机构对独立性的具体要求没变，但是监管部门不再为发行人的独立性进行背书，而是交由发行人自身进行信息披露，并由发行人中介机构对发行人独立性的满足情况进行核查并承担责任。

2. “五独立”的具体要求和审核要点（见表2－1）

表2－1 “五独立”的具体要求和审核要点

维度	具体要求	审核要点
资产	生产型企业具备与生产经营有关的主要生产系统、辅助生产系统和配套设施，合法拥有与生产经营有关的主要土地、厂房、机器设备以及商标、专利、非专利技术的所有权或者使用权，具有独立的原料采购和产品销售系统；非生产型企业具备与经营有关的业务体系及主要相关资产	(1)发行人拥有的与生产经营有关的资产、与经营有关的业务体系和资产是否全部纳入上市主体； (2)发行人拥有、使用的资产是否独立完整，是否存在与第三方共用的情况； (3)发行人是否存在租赁控股股东、实际控制人房产或商标、专利来自控股股东、实际控制人授权使用的，是否影响发行人的资产完整性和独立性； (4)发行人拥有、使用的资产权属是否清晰，不存在重大瑕疵
人员	发行人的总经理、副总经理、财务负责人和董事会秘书等高级管理人员不在控股股东、实际控制人及其控制的其他企业担任除董事、监事以外的其他职务，不在控股股东、实际控制人及其控制的其他企业领薪；发行人的财务人员不在控股股东、实际控制人及其控制的其他企业兼职	(1)发行人的高级管理人员、财务人员是否在控股股东、实际控制人及其控制的企业兼职、领薪； (2)发行人的劳动人事、工资社保等是否独立管理
财务	发行人已建立独立的财务核算体系、能够独立作出财务决策；具有规范的财务会计制度和对分公司、子公司的财务管理制度；发行人未与控股股东、实际控制人及其控制的其他企业共用银行账户	(1)发行人是否设立独立的财务会计部门，建立独立的财务核算体系； (2)发行人是否具有规范的财务会计制度和管理制度； (3)发行人是否存在共用印章账户的情形； (4)发行人是否独立纳税，不存在和股东混合纳税的情形
机构	发行人已建立健全内部经营管理机构、独立行使经营管理职权，与控股股东和实际控制人及其控制的其他企业不存在机构混同的情形	(1)发行人是否建立了三会机构等组织机构，是否拥有独立的职能部门； (2)发行人组织机构和职能部门是否能独立运作

续表

维度	具体要求	审核要点
业务	发行人的业务独立于控股股东、实际控制人及其控制的其他企业，与控股股东、实际控制人及其控制的其他企业不存在对发行人构成重大不利影响的同业竞争，以及严重影响独立性或者显失公平的关联交易	(1)发行人是否具有完整的产供销系统； (2)发行人是否存在构成重大影响的关联交易和同业竞争； (3)发行人与对其生产经营存在重大影响的第三方是否存在特殊关系

（二）小结与建议

发行人的独立性存在缺陷是IPO被否的主要原因之一。对于拟IPO的企业而言，深刻理解上市公司独立性的基本内涵和具体要求，并在日常运作中做好规范，是其成功上市以及持续发展的关键。IPO审核规则对发行人独立性的规定经历了一系列演变，直至如今的全面注册制时代，独立性问题的核心在于发行人是否具有直接面向市场的持续经营能力。而随着注册制改革的不断深化以及注册制审核理念的深入，IPO审核机构在对发行人独立性的具体要求上也更加宽容。

对于拟IPO企业，考察其独立性的实际情况主要从两个角度进行，即对内独立性和对外独立性。对内独立性主要考察发行人对控股股东、实际控制人的依赖情况；对外独立性则主要考察发行人在业务和技术上对客户、供应商等第三方的依赖情况。在发行人的中介机构介入辅导和申报期间，如发现发行人存在构成重大影响的独立性问题，一般需要及时整改，在解决独立性问题后再运行一段时间，重新确定报告期后再申报；如发现发行人的独立性缺陷不构成重大影响，则在申报前及时解决即可。

第二节　关联方和关联交易

一、关联方的认定

（一）理论基础

1. 关联方的认定规则

关联方的认定既是一项法律问题，也是一项财务问题。实务中，对于公司关联方的认定有多项规则，在财务方面主要是《企业会计准则第36号——关联方披露》及相关的解释规定；在上市公司层面则主要是各板块的上市规则以及上市公司关于信息披露、收购等相关管理办法。笔者在本部分将主要梳理各板块的上市规则在关联方认定上的具体要求，具体见表2-2。

表2-2 各板块关于关联方的认定规则

类型	沪主板	深主板	科创板	创业板	北交所
1. 关联自然人					
大股东	直接或者间接持有上市公司5%以上股份的自然人	同沪主板	(1)直接或者间接持有上市公司5%以上股份的自然人； (2)直接或者间接控制上市公司的自然人	同沪主板	同沪主板
董监高	上市公司董事、监事和高级管理人员	同沪主板	同沪主板	同沪主板	同沪主板
“母公司”的董监高	直接或者间接控制上市公司的法人（或者其他组织）的董事、监事和高级管理人员	同沪主板	直接或者间接控制上市公司的法人或其他组织的董事、监事、高级管理人员或其他主要负责人	同沪主板	同沪主板
关系密切人员	与“大股东”“董监高”的关系密切的家庭成员（包括配偶、年满18周岁的子女及其配偶、父母及配偶的父母、兄弟姐妹及其配偶、配偶的兄弟姐妹、子女配偶的父母）	同沪主板	与“大股东”“董监高”“‘母公司’董监高”的关系密切的家庭成员（包括配偶、年满18周岁的子女及其配偶、父母及配偶的父母、兄弟姐妹及其配偶、配偶的兄弟姐妹、子女配偶的父母）	同科创板	同沪主板

续表

类型	沪主板	深主板	科创板	创业板	北交所
2. 关联法人					
“母公司”	直接或者间接控制上市公司的法人(或其他组织)	同沪主板	(1)直接或者间接控制上市公司的法人或其他组织; (2)直接或者间接持有上市公司5%以上股份的法人或其他组织	同沪主板	同科创板
“兄弟企业”	由“母公司”直接或者间接控制的除上市公司及其控股子公司以外的法人(或其他组织)	同沪主板	同沪主板[其中“母公司”的范畴多了“直接持有上市公司5%以上股份的法人或其他组织”(不包括“间接”)]	同沪主板	同沪主板
关联自然人控制/任职的企业	“关联自然人”直接或者间接控制的或者担任董事(不含同为双方的独立董事)、高级管理人员的,除上市公司、控股子公司及控制的其他主体以外的法人(或者其他组织)	同沪主板	“关联自然人”直接或者间接控制的或者“关联自然人”(独立董事除外)担任董事、高级管理人员的法人或其他组织,但上市公司及其控股子公司除外	同科创板	“关联自然人”直接或者间接控制的或者担任董事、高级管理人员的,除上市公司及其控股子公司以外的法人或其他组织
大股东	持有上市公司5%以上股份的法人(或其他组织)及其一致行动人	同沪主板	直接或者间接持有上市公司5%以上股份的法人或其他组织	同沪主板	同科创板

续表

类型	沪主板	深主板	科创板	创业板	北交所
3. 其他原则					
国资例外情形	上市公司与本规则所列“兄弟企业”受同一国有资产管理机构控制的,不因此而形成关联关系,但该法人的法定代表人、总经理或者半数以上的董事兼任上市公司董事、监事或者高级管理人员的除外	同沪主板	同沪主板	同沪主板	上市公司与本规则所列“兄弟企业”受同一国有资产管理机构控制的,不因此构成关联关系,但该法人或其他组织的董事长、经理或者半数以上的董事兼任上市公司董事、监事或高级管理人员的除外
追溯认定	在过去12个月内或者相关协议或者安排生效后的12个月内,属于本规则所列“关联法人”“关联自然人”情形的,为上市公司的关联人	同沪主板	同沪主板	同沪主板	同沪主板
实质重于形式	中国证监会、证券交易所或者上市公司可以根据实质重于形式的原则,认定其他与上市公司有特殊关系,可能或者已经造成上市公司对其利益倾斜的法人(或者其他组织)或者自然人为上市公司的关联人	同沪主板	中国证监会、证券交易所或者上市公司根据实质重于形式原则认定的其他与上市公司有特殊关系,可能导致上市公司利益对其倾斜的自然人、法人或其他组织	同科创板	同沪主板

对于独立董事投资和任职的公司是否属于关联方,各板块的规定有一定的差异,经笔者梳理,具体认定规则如表2-3所示。

表 2－3 各板块关于独立董事投资和任职企业的关联方认定规则

独立董事	沪主板	深主板	科创板	创业板	北交所
控制的公司	属于	属于	属于	属于	属于
担任独董的其他公司	不属于	不属于	不属于	不属于	属于
担任董事(非独董)的其他公司	属于	属于	不属于	不属于	属于

2.“实质重于形式”的界定标准

各板块对关联方的认定中均有一条普适原则,即“实质重于形式”。该原则作为认定关联方的一项兜底标准,明确了“与上市公司有特殊关系,可能或者已经造成上市公司对其利益倾斜的法人(或者其他组织)或者自然人”可认定为上市公司的关联人。从该规定上看,运用该原则认定关联方时有两项核心要素,包括“特殊关系”和“利益倾斜”。如何理解上述两项核心要素,可从相关审核规定入手:

《保荐人尽职调查工作准则》(2022 修订)第 70 条第 2 款规定:“通过获取发行人主要客户、供应商的成立时间、注册资本、注册地址、实际经营场所、股权结构、董监高人员、联系方式、市场主体登记经办人员等信息,访谈、网络查询以及交叉信息比对等方式,调查发行人主要供应商、客户与发行人是否存在关联关系。调查发行人董监高人员及其他核心人员是否在关联方任职、领取薪酬,是否存在由关联方直接或间接委派等情况。”

《监管规则适用指引——法律类第 2 号:律师事务所从事首次公开发行股票并上市法律业务执业细则》第 31 条规定:“律师应当查验报告期内发行人的主要客户和供应商情况,包括其登记注册情况,发行人及其控股股东、实际控制人、董事、监事、高级管理人员及其关系密切的家庭成员是否与发行人主要客户、供应商存在关联关系。律师应当查验报告期内发行人是否存在通过关联方注销、转让等方式进行关联关系非关联化的情况。如存在,律师应当通过查验决策程序、注销程序、转让协议及定价、受让方等,判断关联方转让的真实性,查验非关联化后发行人与原关联方的后续交易情况。”

以上两份文件,对如何从实质去判断关联关系提供了具体的核查思路,对“特殊关系”和“利益倾斜”可能存在的情形和对应线索作出了指引。实务中,通常要结合特殊关系和交易情况进行综合判断,一般可分为三种情形:(1)存在特殊关系并存在交易或往来,这种情形较为明显地符合“存在特殊关系并可能或已经造成利益倾斜”的认定标准;(2)存在特殊关系但尚不存在交易或往来,如注册地址、联系方式、市场主体登记经办人员等信息重叠,或存在协议约定的实际控制,这种情形属于“可能造成利益倾斜”的认定标准;(3)未见特殊关系,但存在交易或往来,已经造成利益倾斜的,如大额或异常的交易或资金往来。

(二)典型案例

案例

江苏浦漕科技股份有限公司

(代码:870382,2022 年 3 月 8 日撤回北交所上市申请)[1]

问询问题:

补充披露发行人是否已按照实质重于形式原则完整地披露了发行人控股股东、实际控制人及其主要近亲属直接或间接控制的全部企业。

报告期内发行人存在通过江苏大阳金属和东春辉贸易进行转贷的行为,后通过东春辉贸易进行原材料采购。请发行人补充披露:大阳金属和东春辉贸易的基本情况,包括但不限于主营业务、股权结构等,大阳金属与发行人是否存在关联关系或业务往来、发行人能够对东春辉贸易实施重大影响的原因。

问询回复主要内容:

为满足银行贷款受托支付的要求,同时考虑到资金的安全性和对方的配合度,浦漕科技从 2017 年开始通过东春辉贸易进行银行转贷,即银行在发放贷款后,以受托支付的方式将贷款资金通过浦漕科技账户支付给东春辉贸易,东春辉贸易将收到的款项在短时间内汇回浦漕科技账户。

后续为了规范该转贷行为,避免银行贷款通过无交易背景的第三方进行周转,保证资金使用符合贷款合同约定的交易对象及用途,从 2018 年开始浦漕科技生产用主要原材料铜杆部分通过东春辉贸易对外采购。

根据《全国中小企业股份转让系统挂牌公司信息披露规则》第 71 条第 9 项对关联方的释义,“中国证监会、全国股转公司或者挂牌公司根据实质重于形式的原则认定的其他与公司有特殊关系,可能或者已经造成挂牌公司对其利益倾斜的法人或其他组织”,应认定为挂牌公司的关联法人。

由于东春辉贸易开展的铜杆采销业务主要是为公司获取银行贷款提供便利,

---

[1] 摘自《江苏浦漕科技股份有限公司并天风证券股份有限公司关于江苏浦漕科技股份有限公司精选层挂牌申请文件审查问询函的回复》(2022 年 1 月 12 日出具)。

且公司实际控制人芮某春与东春辉贸易实际控制人万某平为密切的朋友关系,一定程度上可以对东春辉贸易实施影响。而认定关联方后,公司与东春辉贸易发生的交易将实施关联方回避原则,增加了公司对交易事项决策及披露的公平性、公正性,更为有效地保护了中小股东的知情权,对维护中小股东利益产生积极作用。基于上述原因,根据实质重于形式原则,认定东春辉贸易为公司的关联方。

发行人已按照实质重于形式原则完整地披露了发行人控股股东、实际控制人及其主要近亲属直接或间接控制的全部企业。

案例小结:

本案例是新三板公司申请在精选层挂牌并计划在北交所上市,审核机构明确提出反馈问题,要求发行人按照实质重于形式的原则界定和披露关联方。发行人适用实质重于形式原则具体情形如下:某关联法人系发行人实控人关系密切的朋友所控制的企业,该企业频繁协助发行人进行银行转贷,具有重大的资金往来。按照法定的关联方界定情形,上述关联法人不属于关联方,但从重大资金往来和实控人之间特殊的密切关系来看,发行人能够对该关联法人施加重大影响,容易出现利益倾斜,因此应合理适用实质重于形式原则来准确界定关联方。

值得关注的是,该关联法人除向发行人供货外,不存在其他业务,发行人向关联法人支付的时间和实际采购时间存在明显差异,因此发行人与其之间的异常交易被审核机构深入盘问,同时发行人的独立性和财务真实性也是审核机构连续反馈问询的重点部分,或许在此审核压力下,发行人最终撤回了申请材料。

(三)小结与建议

近年来,上市公司中的财务造假案件中涉及公司管理层未识别出或未向中介机构披露关联方和关联交易的情况屡见不鲜。关联方的识别和认定是拟IPO企业在规范运作和申报工作中一项非常重要的内容。按照目前的上市审核规则,关联方的认定规则基本相同,但也存在一定的差异。实践中,建议拟IPO企业和中介机构对该等规则采用并集的方式处理,尽量确保关联方的认定和披露的完整性。同时,在识别关联方时,还应遵循“实质重于形式”的原则,在法定的关联方以外,关注发行人的客户供应商的工商信息、业务和资金往来的合理性等,结合“特殊关系”和“利益倾斜”两个要素,审慎判断实质上构成关联方的主体。

二、关联交易

(一)理论基础

1. 关联交易的界定

根据《上市公司信息披露管理办法》的规定,上市公司的关联交易,是指上市公司或者其控股子公司与上市公司关联人之间发生的转移资源或者义务的事项。按照交易的重要性,关联交易可划分为重大关联交易和非重大关联交易;按照交易发生的性质和频次,关联交易则可划分为经常性/日常性关联交易和偶发性关联交易。

目前,A 股各板块对关联交易类型的规定略有区别,但基本包含以下内容:(1)购买原材料、燃料、动力;(2)销售产品、商品;(3)提供或者接受劳务;(4)委托或者受托销售;(5)关联双方共同投资;(6)购买或出售资产;(7)对外投资;(8)提供财务资助;(9)提供担保;(10)租入或者租出资产;(11)委托或者受托管理资产和业务;(12)赠与或者受赠资产;(13)债权或者债务重组;(14)转让或者受让研发项目;(15)签订许可协议;(16)放弃权利;(17)其他通过约定可能造成资源或者义务转移的事项。

关联交易是公司生产经营中常见的商业活动,从 IPO 审核角度来看,审核机构并非完全禁止关联交易的存在。关联交易具有两面性,从积极的角度来看,部分关联交易具有持续稳定、提高交易效率、降低经营成本等特点,对于这类关联交易,主要需做到"规范";从消极的角度来看,部分关联交易可能被用于粉饰公司业绩、转移公司利润,进而影响公司的独立性、损害中小股东的利益,对于这类关联交易,则应"禁止"。

2. 关联交易的关注重点

结合各板块的相关上市规则、监管规则及过往实践,IPO 审核机构对关联交易的关注重点主要包括以下内容:

(1)关联交易的基本核查要求。

《监管规则适用指引——发行类第 4 号》对关联交易的基本核查和信息披露要求作了具体的规定。结合相关监管规则以及实务案例,关联交易的基本核查要求包括:①关于关联交易的必要性、合理性和公允性。发行人应披露关联交易的交易内容、交易金额、交易背景以及相关交易与发行人主营业务之间的关系;还应结合可比市场公允价格、第三方市场价格、关联方与其他交易方的价格等,说明并摘要披露关联交易的公允性,是否存在对发行人或关联方的利益输送。②关于关联交易的决策程序。发行人应当披露公司章程对关联交易决策程序的规定,已发生关联交易的决策过程是否与公司章程相符,关联股东或董事在审议相关交易时是否回避,以及独立董事和监事会成员是否发表不同意见等。③关于内部控制体系。关于关联交易的发行人的内部决策程序执行情况,相关内控体系是否完善,是否有健全的关联交易管理制度,内部控制措施及规范关联交易所采取的措施是否充分、有效。

(2)关联交易占比较高。

目前,相关上市审核规则中并未明确规定拟上市公司的关联交易占比应控制在多少比例范围内,但如果企业的关联交易占比达到30%以上,则属于关联交易占比较高的情形,需进行特别的关注与核查。

《监管规则适用指引——发行类第4号》对于占比较高的关联交易规定了具体的核查要求:"对于控股股东、实际控制人与发行人之间关联交易对应的营业收入、成本费用或利润总额占发行人相应指标的比例较高(如达到30%)的,发行人应结合相关关联方的财务状况和经营情况、关联交易产生的营业收入、利润总额合理性等,充分说明并摘要披露关联交易是否影响发行人的经营独立性、是否构成对控股股东或实际控制人的依赖,是否存在通过关联交易调节发行人收入利润或成本费用、对发行人利益输送的情形;此外,发行人还应披露未来减少与控股股东、实际控制人发生关联交易的具体措施。"

实务中,对于占比较高的关联交易,其合理性通常可从以下角度进行解释:①客户、供应商集中度较高系因特定行业属性形成,在所属行业内具有普遍性;②企业向单一关联供应商采购时具有较高的议价能力,可降低采购成本;③产业链分工原因,因单一主体不具备全产业链的生产研发能力,因此向其控股股东或关联方采购;④企业的技术具有唯一性,向关联方销售产品或服务具有合理性;⑤企业基于市场开拓的需要,与商业巨头合作而占据了较大的市场份额;⑥限制出口和国家安全因素,企业处于半导体或军工等特殊行业,因限制出口或国家安全等因素,而向境内企业采购或销售。

(3)关联交易非关联化。

关联交易非关联化的具体形式为将关联方变成非关联方,具体包括将关联方进行转让或关联方辞任相关任职。对于报告期内存在关联交易非关联化的,发行人与其发生的交易应比照关联交易的要求,进行重点核查和充分的信息披露。

结合相关审核规则和实务案例,审核机构对关联交易非关联化的审核要点如下:①如采用注销的方式非关联化,则需重点核查被注销企业的历史情况,包括历史上合法合规性、业务情况,注销后的资产和负债的处置方式、对发行人经营业绩的影响等;②如采用股权转让的方式非关联化,则需重点核查受让方的具体身份、转让的作价依据和对价款支付情况,判断股权转让的真实性、合法性和合理性,关联方非关联化后的与发行人的后续交易情况;③关联方非关联化行为的真实动机,非关联化后的后续交易的真实性和公允性,发行人是否存在通过剥离亏损的参股子公司以调增利润的情形。

(二)典型案例

1. 关联交易非关联化

案例

威海克莱特菲尔风机股份有限公司

(股票代码:831689,2022 年 2 月 18 日过会)[1]

问询问题:

威海传森热能设备有限公司(以下简称传森热能)原为克莱特集团控股子公司。2018 年,综合考虑传森热能经营情况不佳、经营空冷器行业产品将直接与发行人下游客户形成竞争、空冷器行业产品销售回款时间较长、占用资金量大以及克莱特集团董事长盛某良精力有限等原因,克莱特集团将持有的传森热能 70% 的股权全部转让与非关联方刘某君。2018 年,发行人存在向传森热能购买服务、商品和资产的情况。

结合非关联方刘某君的职业经历说明其受让传森热能股权的原因及合理性,除持有传森热能股权外是否在其他公司持有权益,相关股权转让是否真实,是否存在股权代持。

问询回复主要内容:

传森热能于 2008 年 7 月 25 日成立,是克莱特集团原控股子公司。

1999 年刘某君进入克莱特集团工作并于 2001 年发行人成立后加入发行人,担任经营部销售经理职务,主要负责下游空冷器行业相关风机产品的销售工作。基于工作中对空冷器行业不断深入的了解及对空冷器行业未来发展的看好,刘某君产生进入空冷器行业创业的想法,并向发行人实际控制人盛某良提出创办传森热能进入空冷器行业发展的建议。

经双方友好协商,克莱特集团同意了刘某君的建议,于 2008 年 7 月与其共同

---

[1] 摘自《关于威海克莱特菲尔风机股份有限公司向不特定合格投资者公开发行股票并在北京证券交易所上市的补充法律意见书(一)》(2022 年 1 月 12 日出具)。

出资设立传森热能，并由其负责传森热能的生产管理。刘某君于2008年7月从发行人处申请离职，离职后在传森热能处任职，负责传森热能的日常生产经营。经天眼查等公开信息查询确认，截至本补充法律意见书出具日，除持有传森热能股权外，刘某君未持有其他公司权益。

综合考虑：(1)传森热能成立近10年来，业务开展缓慢、经营情况不佳，2017年度营业收入仅为1489.73万元，处于亏损状态；(2)在传森热能销售回款时间较长，占用克莱特集团资金量大，整体经济效益较差的情况下，继续经营空冷器行业产品还可能直接与发行人下游客户形成竞争，存在对克莱特集团在相关领域开展业务产生负面影响的风险；(3)随着克莱特集团董事长盛某良年龄的增长，其已无意将有限的精力投入其他领域进行多元化发展，克莱特集团在2018年年初计划停止传森热能生产经营。作为传森热能的主要经营管理者，刘某君仍看好传森热能的发展，其愿意接手传森热能并继续经营，经多次商议，最终商定克莱特集团以100万元价款将所持传森热能出资额转让与刘某君。克莱特集团与刘某君于2018年4月18日签订了股权转让协议，刘某君于2018年12月27日通过其威海市商业银行账户向克莱特集团支付了上述股权转让款100万元。经查阅传森热能工商登记资料，传森热能股东会就上述股权转让事项所作的股东会决议、双方签订的股权转让协议及转让款收款银行回单，上述股权转让系真实发生，不存在股权代持。

基于上述，律师认为，克莱特集团与刘某君就传森热能股权转让真实，不存在股权代持。

案例小结：

关联交易非关联化是指公司通过各种手段将实际的关联交易在形式上转换为非关联交易，从而规避法律法规的约束的行为。

根据《上海证券交易所上市公司自律监管指引第5号——交易与关联交易》(2023年1月修订)的规定，上市公司交易与关联交易行为应当合法合规，不得隐瞒关联关系，不得通过将关联交易非关联化规避相关审议程序和信息披露义务。相关交易不得存在导致或者可能导致上市公司出现被控股股东、实际控制人及其他关联人非经营性资金占用、为关联人违规提供担保或者其他被关联人侵占利益的情形。

根据《监管规则适用指引——发行类第6号》的规定，保荐机构及发行人律师应当对关联交易存在的必要性、合理性、决策程序的合法性、信息披露的规范性、关联交易价格的公允性、是否存在关联交易非关联化的情况，以及关联交易对发行人独立经营能力的影响等进行核查并发表意见。

关联交易非关联化通常是通过将关联企业股权转让给没有关联关系的第三方或者通过“过手交易”将关联交易转化为非关联交易两种方式进行。这在公司申报上市的过程中往往会引起审核机构的关注，审核机构通常会要求发行人披露非关联化的过程及具体情况，核查股权转让的真实性、合法性、合理性以及是否存在股权代持，说明受让方的基本情况以及相关主体在非关联化后是否仍与发行人存在交易和资金往来等。相关发行人及中介机构应对上述问题予以重点关注。

2. 关联交易重大依赖

案例

北京石头世纪科技股份有限公司〔1〕

（股票代码:688169,2019年11月过会）

招股书相关内容：

作为发行人的重要客户之一，报告期内，发行人与小米集团的关联交易金额占发行人主营业务收入的比重分别为100.00%、90.36%、50.17%和43.01%。发行人已显著加大自有品牌业务拓展，与小米集团关联交易占比逐步降低，但报告期内发行人仍与小米集团存在较大关联交易。如果小米集团未来向发行人采购金额显著下降，发行人的业务和经营业绩将受到重大不利影响。

第一次问询问题：

(1)补充披露发行人和小米集团的具体合作模式、交易定价原则及公允性、利益分配机制等，并结合小米集团与生态链其他主要企业合作模式的对比分析，说明小米集团与发行人的合作是否符合小米集团模式的惯常商业逻辑；(2)详细披露发行人销售客户集中的相关风险。

第一次问询回复主要内容：

1. 补充披露发行人和小米集团的具体合作模式、交易定价原则及公允性、利益分配机制等，并结合小米集团与生态链其他主要企业合作模式的对比分析，说

〔1〕 摘自《关于北京石头世纪科技股份有限公司首次公开发行A股股票并在科创板上市的补充法律意见书》(2019年5月6日出具)、《关于北京石头世纪科技股份有限公司首次公开发行股票并在科创板上市申请文件的第二轮审核问询函之回复报告》(2019年6月10日出具)、《关于北京石头世纪科技股份有限公司首次公开发行股票并在科创板上市申请文件的第三轮审核问询函之回复报告》(2019年7月12日出具)。

明小米集团与发行人的合作是否符合小米模式的惯常商业逻辑。

(1)发行人和小米集团的具体合作模式、交易定价原则及公允性、利益分配机制。

发行人作为ODM(原始设计制造商),为小米集团提供定制产品“米家智能扫地机器人”及相关备件。根据和小米集团签署的合作协议,发行人负责定制产品的整体开发、生产和供货,小米集团负责后续产品的销售。发行人按照小米集团的订单需求组织代工厂商进行生产,并委托第三方物流公司送至小米集团指定仓库,完成产品交付。发行人按照成本价格将产品销售给小米集团,小米集团销售产品的收入扣减小米集团成本及费用后的净利润按照约定比例在双方间分成。

(2)小米集团与生态链其他主要企业合作模式的对比分析,说明小米集团与发行人的合作是否符合小米集团模式的惯常商业逻辑。

小米集团与发行人的合作与生态链其他主要企业合作模式不存在重大差异。小米集团与发行人的合作符合小米模式的惯常商业逻辑。

2. 详细披露发行人销售客户集中的相关风险。

目前,发行人是米家智能扫地机器人的唯一供货商。米家智能扫地机器人的零售指导价格由发行人与小米集团协商确定。小米集团有权就此款产品进行降价促销活动。但根据发行人与小米集团签署的协议约定,当米家智能扫地机器人进行零毛利或负毛利销售前,应通知发行人并和发行人进行协商。

根据发行人与小米集团的业务合作协议,对于小米集团定制产品,小米集团指定拟使用的商标、ID(工业设计)、包装设计方案等,发行人负责小米集团定制产品的整体开发、生产和供货,并按照成本价格销售给小米集团,由小米集团销售产品的收入扣减小米集团成本及费用后的净利润按照约定比例在双方间分成。发行人和小米集团共同拥有米家产品在服务提供过程中所产生的用户数据,发行人与小米集团在技术、采购和产供销、数据互通方面均按照协议约定进行合作。对于发行人自有产品,在技术、采购和产供销、数据互通方面由发行人自主决定。

根据发行人提供的资料及说明,报告期内,发行人与小米集团的交易金额占发行人主营业务收入的比重较大,分别为100.00%、90.36%、50.17%和43.01%,发行人对小米集团的依赖逐步降低,目前发行人对小米集团不存在重大依赖,合作关系稳定、可持续,发行人与小米集团之间的交易不会对发行人独立性造成严重影响,原因如下:

(1)小米集团对发行人没有控制权,发行人与小米集团在业务、机构、人员、资产、财务方面具有独立性；

(2)发行人具有自有品牌，且报告期内自有品牌营业收入规模不断扩大，与小米集团的关联交易占比逐步降低；

(3)扣除与小米集团相关的经营业绩后发行人仍具有持续盈利能力，与小米集团的关联交易不会对发行人独立性造成严重影响；

(4)发行人与小米集团的合作关系稳定、可持续。

综上，律师认为，目前发行人对小米集团不存在重大依赖，二者合作关系稳定、可持续，发行人与小米集团之间的交易不会对发行人独立性造成严重影响。

第二次问询问题：

(1)请对比同类商品市场价格说明关联交易价格的公允性，并明确对关联交易价格是否公允、是否存在影响独立性或者显失公平的关联交易发表核查意见；(2)请发行人补充披露共有专利的发明创造过程，各方投入的人员、资源等情况，知识产权由发行人与小米集团共有的原因及合理性，并从技术角度分析并披露与小米集团共有知识产权的技术升级改造是否主要依赖或受制于小米集团，发行人自有品牌生产对小米集团是否存在技术依赖。

第二次问询回复主要内容：

1. 请对比同类商品市场价格说明关联交易价格的公允性，并明确对关联交易价格是否公允、是否存在影响独立性或者显失公平的关联交易发表核查意见。

对于小米集团定制产品，发行人采用小米模式全部销售给小米通讯，因此没有同类商品市场价格可比。根据小米模式销售模式特点，结合市场上同类功能产品终端销售价格和利润分配机制的公允性，对小米集团定制产品关联交易公允性进行分析。

(1)小米模式下的产品定价模式公允。

根据对比分析，动力未来、华米科技以及云米科技与小米集团的合作模式、分成与发行人一致。发行人与小米集团的交易定价公允。

(2)小米集团定制产品与同类功能产品的终端价格对比公允。

综合分析，米家智能扫地机器人市场定价与产品的功能及硬件配置匹配，与市场上同类硬件配置、功能的产品价格具有可比性，定价公允。

(3)关联交易对发行人独立性不具有重大影响。

发行人2018年实现主营业务收入30.48亿元，净利润为3.07亿元，扣除非经常性损益净利润为4.58亿元，其中自有品牌产品2018年实现收入15.7亿元，自有品牌产品毛利率高于米家产品，因此自有品牌产品毛利贡献高于米家产品，自有品牌产品毛利金额为6.44亿元，米家产品毛利金额为2.16亿元。另外，自有品牌产品通过共享销售渠道实现的毛利为0.73亿元，自有品牌产品扣除通过共享渠道部分实现的毛利则为5.71亿元。

2018年发行人期间费用合计金额为4.87亿元，在完全不考虑米家产品和自有品牌通过共享销售渠道实现的收入利润，且期间费用不变的情况下，自有品牌产品仍可实现的营业利润大约为0.84亿元。鉴于2018年有列入非经常性损益的股份支付造成费用增加较多等，扣除非经常性损益后的营业利润则为2.34亿元。因此，发行人在不考虑米家产品和自有品牌通过共享销售渠道实现的收入利润情况下，仍具有独立面向市场获取业务的能力，仍具有持续盈利能力，且符合与上市相关的财务指标。发行人与小米集团的关联交易不会对公司独立性造成影响。

2. 请发行人补充披露共有专利的发明创造过程，各方投入的人员、资源等情况，知识产权由发行人与小米集团共有的原因及合理性，并从技术角度分析并披露与小米集团共有知识产权的技术升级改造是否主要依赖或受制于小米集团，发行人自有品牌生产对小米集团是否存在技术依赖。

(1) 请发行人补充披露共有专利的发明创造过程，各方投入的人员、资源等情况。

略。

(2) 知识产权由发行人与小米集团共有的原因及合理性。

略。

(3) 从技术角度分析并披露与小米集团共有知识产权的技术升级改造是否主要依赖或受制于小米集团，发行人自有品牌生产对小米集团是否存在技术依赖。

在发行人与小米集团合作研发项目的过程中，小米集团指派一名产品经理、一名项目经理以及一名ID设计人员负责产品定义、项目进程跟踪以及ID设计。发行人指派研发人员独立完成产品的具体研发及技术积累的过程。小米集团不参与共有知识产权的具体发明创造过程及技术升级改造的过程。发行人掌握共有知识产权的原理及应用。因此，发行人与小米集团共有知识产权的技术升级改造不依赖或受制于小米集团。

发行人自有品牌产品应用了部分与小米集团共有的知识产权。根据发行人与小米集团的协议约定，发行人有权自行使用上述共有知识产权。同时，发行人掌握该等共有知识产权的原理及应用。除上述与小米集团共有的知识产权之外，发行人自有品牌产品所应用的其他技术与知识产权全部由发行人独立自主研发完成,与小米集团无关。因此,发行人自有品牌生产对小米集团不存在技术依赖。

综上所述,共有专利的技术升级改造不依赖或受制于小米集团,发行人自有品牌生产对小米集团不存在技术依赖,发行人具有独立面向市场自主经营的能力。

第三次问询问题:

请保荐机构结合发行人产品单位成本与同行业公司的比较及对整体成本的影响、期间费用率尤其是销售费用率与同行业的比较及对期间费用的影响等实际因素,量化分析与小米集团合作对发行人成本、费用、销售等方面的积极影响。

第三次问询回复主要内容:

发行人发展早期,采用小米模式使得发行人迅速占领市场,销售规模快速增加。发行人在与小米集团合作的过程中,积累了生产、销售、管理的经验,且通过米家品牌产品的推广、销售,提升了品牌影响力,这对发行人 2017 年推出自有品牌后的经营有一定的积极影响。目前,发行人小米模式和自有品牌的经营模式均已较成熟,自有品牌的销售具备独立面向市场盈利的能力,上述经营模式之间的影响较难以量化。

与小米集团合作对发行人成本、费用、销售等方面的积极影响如下:

采用小米模式对发行人报告期销售的积极影响:报告期内,发行人营业收入分别增加了 18,312.70 万元、105,371.54 万元、163,527.04 万元和 41,300.66 万元。

采用小米模式对发行人成本没有积极影响。

采用小米模式对发行人销售费用的积极影响:报告期内,发行人销售费用分别减少了 2750.96 万元、14,991.68 万元、41,093.91 万元和 8846.53 万元。

采用小米模式对发行人管理费用和研发费用的积极影响:2019 年 1~3 月,发行人管理费用和研发费用减少了 4667.12 万元,2016 年、2017 年和 2018 年没有积极影响。

综合考虑小米合作模式对成本、销售费用、管理费用和研发费用对发行人利润总额的影响,采用小米模式对发行人利润总额的积极影响:2018 年和 2019 年 1~3 月,发行人利润总额分别增加了 7923.76 万元和 8254.97 万元。2016 年和 2017 年小米模式对发行人利润总额没有积极影响。

案例小结：

实践中，若拟上市公司存在关联交易对应的营业收入、成本费用或利润总额占发行人相应指标的比例较高的情况，审核人员通常会比较关注关联交易存在的必要性、合理性以及其对公司业务独立性的影响，发行人与关联方合作的具体情况和细节以及公司过度依赖关联方的相关风险等问题。

对于此类问题，中介机构通常可以依据关联交易的实际情况（包括合作模式、定价原则、利益分配机制等），通过与关联方和同类其他企业的合作情况进行对比，对关联交易的合法性、合理性、公允性进行论述，并论证发行人与该客户的合作关系稳定、可持续，但发行人未来仍将努力减少对单一客户的过度依赖、增强独立性等，以获得审核机构的认可。

本案例中，由于发行人与小米集团的关联交易占发行人主营业务收入的比例较高，审核机构在三轮问询中都对此问题进行了关注并从多角度要求发行人对关联交易涉及的情况进行完整详细的披露。尽管发行人与中介机构在三轮回复中都尝试论证不存在对关联方的重大依赖，但从结果上看，其上市申报似乎仍比较艰难，最终其撤回了上市申请文件。在申报上市的过程中，相关中介机构应重视发行人是否存在类似问题，如存在，应争取在申报前采取缓解措施，以防止该情况成为发行人上市的阻碍。

（三）小结与建议

关联交易属于拟 IPO 企业的经营中相当常见的情形，随着注册制审核理念的深化，实务中对关联交易问题的标准和要求已基本达成共识：若发行人的关联交易具有合理的背景和商业逻辑，在符合必要性、合理性和公允性的基本要求，且不存在利益输送或构成对关联方的重大依赖的情况下，该类关联交易是可以得到审核机构的认可的，不会影响发行条件。为了消除审核机构的顾虑、清除审核障碍并提高审核效率，拟 IPO 企业可从以下角度规范其关联交易。

一是剥离非必要的关联交易。对于与发行人的业务关联性不强、采购/销售不具有较强的必要性的、对发行人业务影响较小的关联方，可通过注销或股权转让的方式将其非关联化，或停止与该等关联方的资金或业务往来。对于与发行人的业务有紧密关联或起到重要作用的关联方，可考虑通过收购的方式并入发行人体系。

二是将关联交易比例适当降低。尽管并无明确规定说 30% 是关联交易的占比红线，但为避免构成对关联方在业务上的重大依赖，在可行的情况下仍建议将关联交易比例控制在30%以内。此外,发行人在报告期内的关联交易比例最好能呈现逐年下降的演变趋势,体现出发行人在业务独立性上的强化。

三是严格履行关联交易决策程序。对于发行人在历史上的关联交易未依法履行内部决策程序的,建议召开股东会或董事会予以补充追认。对于发行人未来发生的每笔关联交易,则需严格按照内部审议和管理制度的要求,严格履行决策程序。

四是建立健全与关联交易相关的内控制度。发行人应根据法律法规和公司章程的规定,制定完整的关联交易管理制度,细化规定关联交易的识别机制、定价机制、决策权限、决策程序、信息披露要求等内容,并确保能执行到位。

第三节 同业竞争

(一)理论基础

同业竞争是指发行人与控股股东、实际控制人及其控制的其他企业存在主营业务相同或相似,并与发行人构成竞争的情形。同业竞争下,发行人及其关联方无法做到业务分离,影响发行人的业务独立性,此外,容易造成潜在的利益输送,包括同业竞争的双方利用关联交易进行利益输送,而相同的客户和供应商也可能造成发行人与关联方的共同利益受到人为操纵。

审核制和核准制时代,同业竞争曾被列为发行条件的禁止事项;而如今的全面注册制下,同业竞争不再是企业发行的一条红线,审核机构对同业竞争呈现一定的宽容度,对发行人"不构成重大不利影响"的同业竞争,不再构成一项发行障碍。

1. 同业竞争的核查范围

关于同业竞争的核查范围,此前的要求是持股5%以上的大股东原则上都需要纳入核查范围。按照《证券期货法律适用意见第17号》的最新要求,目前对竞争方的核查范围已明确为"发行人控股股东、实际控制人及其近亲属全资或者控股的企业"。

对于不同的竞争方,目前适用不同的核查要求,具体而言:(1)如果发行人控股股东、实际控制人是自然人,其"配偶及夫妻双方的父母、子女"控制的企业与发行人存在竞争关系的,应当认定为构成同业竞争;(2)发行人控股股东、实际控制人的"其他近亲属”及其控制的企业与发行人存在竞争关系的，则不同于前述直系亲属直接认定为构成同业竞争，其强调的是信息披露义务，要求充分披露相关企业在历史沿革、资产、人员、业务、技术、财务等方面对发行人独立性的影响，报告期内交易或者资金往来，销售渠道、主要客户及供应商重叠等情况，以及发行人未来有无收购安排。

2. 同业竞争的判断标准

注册制的审核理念下，审核机构更加注重“实质重于形式”的判断原则，在核查相同或相似的业务是否与发行人构成“竞争”时，应结合以下方面进行综合论证：(1)相关企业在历史沿革、资产、人员、主营业务(包括但不限于产品服务的具体特点、技术、商标商号、客户、供应商等)等方面与发行人的关系；(2)业务是否具有替代性和竞争性；(3)相关企业与发行人是否有利益冲突；(4)相关企业与发行人是否在同一市场范围内销售，尤其注意不能简单以产品销售地域不同、产品的档次不同等认定不构成同业竞争。

对于控股股东、实际控制人控制的企业存在“同业”经营行为的，发行人还负有更严格的信息披露义务。具体而言，发行人应当结合目前自身业务和关联方业务的经营情况、未来发展战略等，在招股说明书中披露未来对于相关资产、业务的安排，以及避免上市后出现构成重大不利影响的同业竞争的措施。

3. 重大不利影响的认定

如前所述，目前的审核理念下，允许存在一定的同业竞争，但该等同业竞争需满足“不构成重大不利影响”的基本条件。对于重大不利影响的认定，通常可从以下三个方面进行论证：

(1)重大性。按照《证券期货法律适用意见第17号》的规定，竞争方的同类收入或者毛利占发行人主营业务收入或者毛利的比例达30%以上的，如无充分相反证据，原则上应当认定为构成重大不利影响的同业竞争。

(2)不利影响。对于是否存在不利影响，通常需要结合竞争方与发行人的经营地域、产品或服务的定位方面的差异，论证同业竞争不会导致发行人和竞争方之间存在非公平竞争、利益输送、利益冲突、单方或相互让渡商业机会等情形。

(3)解决措施。通常发行人或控股股东、实际控制人还需明确披露其已经采取或未来拟采取的避免或解决同业竞争的具体措施，或作出相关承诺，以避免损害上市公司和中小股东的利益，由此进一步论证不构成重大不利影响。

（二）典型案例

1. 论证同业不竞争

案例

上海永茂泰汽车科技股份有限公司

（股票代码：605208，2020 年 12 月 23 日核准）[1]

反馈意见：

招股说明书披露：(1)发行人的实际控制人徐某的兄弟徐某飞家族控制的浙江万泰铝业、辽宁万泰铝业、大连万泰铝业、江西万泰铝业、郑州万和铝业、万泰和汽车材料（武汉）等企业均从事铝合金产品生产；徐某的侄子徐某军家族控制的兰溪市博远金属从事再生铝合金锭生产，徐某军家族控制或担任董事、高管的其他多家企业的经营范围也包括铝合金相关业务。(2)徐某与徐某飞历史上曾存在共同持股浙江万泰铝业、永茂泰有限和上海零部件的情况。(3)2017 年整体变更前，发行人与徐某飞控制的企业共用“万泰铝业”商号。(4)发行人与前述相关企业存在供应商重叠的情况。(5)报告期内，徐某军家族控制或担任董事、高管的兰溪市博远金属、浙江浩鑫铝业有限公司为发行人提供担保。

请保荐机构、发行人律师核查并说明：(1)认定不存在同业竞争关系时，是否已经审慎核查并完整地披露发行人控股股东、实际控制人及其近亲属直接或间接控制的全部关联企业；(2)上述企业的实际经营业务，说明是否简单依据经营范围对同业竞争作出判断，是否仅以经营区域、细分产品、细分市场的不同来认定不构成同业竞争；(3)上述企业的历史沿革、资产、人员、业务和技术等方面与发行人的关系，采购销售渠道、客户、供应商等方面是否影响发行人的独立性；(4)发行人控股股东、实际控制人及其亲属控制的企业，是否存在与发行人从事相同或相似业务的情形，是否存在同业竞争。

招股说明书相关内容：

1. 发行人与控股股东、实际控制人及其直系亲属（包括配偶、父母、子女）控制的其他企业之间不存在同业竞争。

截至本招股说明书签署日，发行人控股股东、实际控制人徐某家族除持有发

[1] 摘自《上海永茂泰汽车科技股份有限公司招股说明书》（2021 年 2 月 23 日出具）。

行人股份外,还控制磊昶投资和宏芝投资。磊昶投资和宏芝投资系员工持股平台,目前仅持有发行人股权,未从事与发行人相同或相似的业务。因此,发行人与控股股东、实际控制人及其控制的其他企业之间不存在同业竞争的情形。发行人控股股东、实际控制人的直系亲属未持有包括发行人在内的任何企业的股权及权益,未担任包括发行人在内的任何企业的董事及高级管理人员。

因此,根据中国证监会于2020年6月10日修订的《首发业务若干问题解答》中的相关规定,保荐机构和发行人律师认为,发行人与控股股东、实际控制人及其直系亲属控制的其他企业不构成同业竞争。

2. 控股股东、实际控制人徐某家族作出避免同业竞争的承诺。

为避免同业竞争,发行人的控股股东及实际控制人徐某家族作出了关于避免同业竞争的承诺函。

3. 发行人控股股东、实际控制人的其他亲属控制的企业的实际经营情况。

(1) 与实际控制人关系密切的家庭成员控制的企业。

略。

(2) 与实际控制人关系密切的家庭成员控制的企业的实际经营情况。

①经营范围与发行人不存在相同或相似业务内容的企业。永康市万泰农业开发有限公司等6家企业的经营范围与发行人不存在相同或相似业务内容,实际经营中未开展与发行人相同或相似的业务,不存在影响发行人独立性或者构成利益冲突的情形。

②经营范围与发行人存在相同或相似业务内容,但目前未开展铝合金业务的企业。浙江浩泰铝业有限公司、浙江浩鑫铝业有限公司和兰溪市欧维斯工具有限公司3家企业的经营范围虽然包含了铝合金业务内容,但目前未开展铝合金相关业务,不存在影响发行人独立性或者构成利益冲突的情形。

③与发行人从事相同或相似业务的企业。实际控制人近亲属控制或施加重大影响的企业中,从事铝合金业务的企业有7家。铝合金的市场需求大,而发行人与上述7家企业的生产经营场所相隔较远,且报告期内铝合金业务无重叠客户,但是从长远来看,由于同属铝合金行业,发行人与上述7家企业仍会存在一定的竞争关系。

除2007年5月之前发行人与徐某飞控制的相关企业历史上存在股东相互持股的情形外,发行人与徐某飞、徐某军、徐某亮、徐某杰控制的相关企业均独立发展,互不干预,报告期内无交易和资金往来,亦不存在任何股权代持的情形;发行人拥有完整的业务体系,具有直接面向市场独立自主经营的能力,与徐某飞、徐某军、徐某亮、徐某杰控制的相关企业在业务(包括采购渠道及供应商、生产环节、销售渠道及客户)、技术、资产、人员、机构、财务方面均相互独立;发行人实际控制人徐某家族无法对徐某飞家族和徐某军家族控制的企业进行控制或施加重大影响。因此,根据中国证监会于 2020 年 6 月 10 日修订的《首发业务若干问题解答》中的相关规定,保荐机构和发行人律师认为,徐某飞、徐某军、徐某亮、徐某杰控制的相关企业从事的业务与发行人的部分业务相同或相似,但不影响发行人的独立性。

4. 发行人是否与关联方存在共同技术、共同客户、共同供应商等情况。

(1)发行人与关联方是否存在共同技术。

发行人关联方中与发行人从事相同、相似业务的有 7 家公司。报告期内,上述 7 家关联方均从事铝合金锭或铝合金液的生产和销售,与发行人主营业务之一的铝合金业务相同。

发行人技术人员均由发行人自主招聘和培养,未在关联企业中兼职或领薪。目前,发行人铝合金业务所拥有的高性能铝合金材料生产技术均为发行人单独所有,不存在与 7 家关联方共同拥有专利技术和非专利技术的情形。此外发行人与 7 家关联方未发生包括技术纠纷在内的任何纠纷。综上所述,发行人与关联方在技术上相互独立,不存在共有技术的情形。

(2)发行人与关联方是否存在共同客户。

关联方兰溪博远金属的主要铝合金锭客户宁波拓普集团股份有限公司系发行人汽车零部件客户。报告期内,发行人主要向宁波拓普集团股份有限公司销售连接支架、底座等发动机小部件产品,2017 年、2018 年、2019 年和 2020 年 1 ~ 6 月,销售额分别为 145.89 万元、88.37 万元、1.46 万元和 0 元,占公司营业收入的比例较小。除上述情况外,发行人与关联方不存在共同客户。

发行人独立开发客户,拥有独立的销售团队、销售渠道,独立签署销售协议,虽然与关联方存在个别客户重叠的情况,但是发行人及关联方向重叠客户销售的产品有所不同,且发行人向重叠客户销售的金额较小,销售价格不存在异常。因此保荐机构和申报会计师认为,发行人与关联方存在共同客户不影响发行人业务的独立性,不存在通过重叠客户利益输送的情形。

(3)发行人与关联方是否存在共同供应商。

报告期内,发行人与关联方重叠的主要供应商有浙江省冶金物资有限公司等 8 家公司,涉及的原材料为纯铝、废铝、硅和铜。

纯铝、废铝、硅、铜系大宗商品，其市场价格公开透明，发行人与实际控制人亲属控制的企业均设有独立的采购部门，采购部门人员不存在交叉任职或合署办公的情形，在采购时均独立采购、单独议价，不存在捆绑采购或共同议价的情形，因此发行人与实际控制人亲属控制的企业采购渠道彼此独立。

虽然报告期内发行人与关联方存在主要供应商重叠的情形，但是发行人与关联方的采购渠道彼此独立，且向主要重叠供应商的采购单价不存在重大差异。因此保荐机构和申报会计师认为，发行人和关联方存在共同供应商不影响发行人业务的独立性，不存在通过重叠供应商输送利益的情形。

案例小结：

对于拟上市公司来说，若其与控股股东、实际控制人或关联方存在同业竞争，将可能导致其业务不独立或出现潜在的利益输送，这可能影响到公司的独立经营能力或者导致公司的利益被人为控制。因此，在公司申报上市的过程中，审核机构通常对该问题较为关注。

但"同业"并不必然意味着存在"竞争"。实践中，若发行人与控股股东、实际控制人及其控制的企业存在从事相同或相似业务的情况，中介机构应谨慎核查，确认其是否具有竞争性。

在本案例中，审核人员主要关注了中介机构是否已完整披露全部可能的关联企业，判断同业竞争的依据有哪些、是否足够全面，可能存在同业竞争的企业在历史沿革、人员、资产等方面与发行人的关系，是否在采购销售渠道、客户、供应商等方面影响发行人的独立性等。

本案例中，值得借鉴的是中介机构主要从以下几点论述了认定发行人与发行人实际控制人徐某的兄弟徐某飞所控制的企业不构成同业竞争的依据：

第一，当地同一家族不同成员各自从事该行业的情况较普遍；第二，多年前兄弟双方就已分别独立发展，互不干预；第三，发行人与相关企业位于不同省份，互不影响；第四，解释使用相同商号的背景原因，并说明发行人现在已变更商号；第五，发行人与相关企业在资产、员工、技术等方面不存在交叉重叠情况，也不存在纠纷；第六，发行人与相关企业各自独立采购、单独议价；第七，发行人与相关企业财务独立，在报告期内无交易或资金往来且现在和未来均无收购安排。该种解释路径获得了审核机构的认可。

2. 论证不构成重大不利影响

案例

柏承科技(昆山)股份有限公司(IPO终止)[1]

问询问题:

请发行人严格按照《深圳证券交易所创业板股票首次公开发行上市审核问答》[2]问题5的要求,充分论证并说明在2019年竞争方同类收入占比已超过30%、报告期内平均占比高达29.89%的情况下,认为不构成重大不利影响的同业竞争的依据是否充分;结合目前经营情况、未来发展战略等,充分披露未来对上述构成同业竞争的资产、业务的安排,以及避免上市后出现重大不利影响同业竞争的应对措施。请保荐人、发行人律师审慎发表明确意见,并请保荐人、发行人律师质控、内核部门说明核查过程并发表明确意见。

问询回复主要内容:

1. 目前经营现状不会造成重大不利影响同业竞争情况的说明。

(1)柏承台湾、发行人业务格局形成的历史原因。

①发行人与柏承台湾目前经营上侧重点存在显著差异;②由于投资体制的差异,柏承台湾的PCB业务作为发行人的业务单元一部分存在客观障碍;③出于柏承台湾的社会责任,柏承台湾的PCB业务不能直接关停。

(2)目前的经营现状不会造成"导致发行人与竞争方之间的非公平竞争,导致发行人与竞争方之间存在利益输送、导致发行人与竞争方之间相互或者单方让渡商业机会情形"。

①发行人与柏承台湾产品或服务的定位不同;②发行人与柏承台湾经营地域不同;③发行人与柏承台湾不存在非公平竞争的说明;④发行人与柏承台湾不存在利益输送的说明;⑤发行人与柏承台湾不存在相互或者单方让渡商业机会情形。

2. 柏承台湾及发行人均有明确的发展战略,已对上述构成同业竞争的资产、业务进行相应的安排避免出现重大不利影响的同业竞争。

3. 为避免上市后出现重大不利影响的同业竞争的措施。

---

[1] 摘自《关于柏承科技(昆山)股份有限公司首次公开发行股票并在创业板上市的补充法律意见书(一)》(2021年12月22日出具)。

[2] 现已失效。

(1)柏承台湾、发行人均有明确的战略规划,从根本上避免重大不利影响同业竞争。

(2)区域的明确划分作为消除发行人与柏承台湾重大不利影响同业竞争的有益补充。

(3)控股股东、实际控制人已经出具了切实可行地避免重大不利影响同业竞争的承诺。

(4)柏承台湾、发行人均建立了完善的公司治理结构,保证战略规划有效执行,保证不出现重大不利影响的同业竞争。

案例小结:

上一个案例是关于如何论证与相关企业不存在同业竞争,而本案则涉及在确定构成同业竞争的情况下,如何论证不构成重大不利影响。

本案例中,报告期内,竞争方的同类收入占发行人主营业务收入的比例均接近或大于30%,平均占比达到了29.89%。审核人员对发行人及中介机构认为不构成重大不利影响的依据,未来对涉及同业竞争的资产、业务的安排以及避免上市后出现重大不利影响同业竞争的措施等问题进行了细致的问询,并要求发行人及中介机构进行充分论证。

尽管发行人及中介机构从竞争方与发行人的产品和服务定位不同、经营地域不同,双方不存在非公平竞争、利益输送、让渡商业机会的情况等角度出发,尝试论证目前的经营现状不会造成重大不利影响同业竞争情况,也说明竞争方和发行人均已有明确的战略规划,双方均已作出相应安排以避免未来出现重大不利影响的同业竞争,但从最终结果来看,该公司希望以目前的状况进行申报仍存在一定障碍。该公司于2022年9月27日提交了撤回上市申请文件的申请报告。

3. 采用停业方式解决同业竞争问题

案例

长城信息股份有限公司(IPO终止)[1]

问询问题:

申请文件及问询回复显示:(1)报告期内,发行人(长城信息股份有限公司,以下简称长城信息)与关联方中电金融存在高速大额存取款一体机、存取款一体机、

[1] 摘自《关于长城信息股份有限公司首次公开发行股票并在创业板上市的补充法律意见书(七)》(2022年9月30日出具)。

自提柜共三类产品的业务重叠。2019 年,发行人停止存取款一体机生产和销售,并承诺在现有高速大额存取款一体机、自提柜合同执行完毕后停止相关产品生产与销售。(2)发行人与中电金融存在重叠客户、供应商。发行人向重叠客户(10 万元以上交易额,下同)的销售金额占发行人收入的比例分别为 43.49%、45.63%、38.07%,向重叠供应商采购金额占发行人总采购的比例分别为 25.70%、30.06%、27.03%。

请发行人:(1)说明报告期发行人仍在生产的高速大额存取款一体机等业务的收入、毛利及占比情况、涉及的合同及合同签署情况,预计 2022 年全年相关业务收入、毛利占比;发行人是否存在大量无具体期限、金额的框架合同,是否仍将大规模生产、销售高速大额存取款一体机等产品,避免同业竞争的相关承诺是否可以有效执行。(2)说明发行人与中电金融在高速大额存取款一体机等同业竞争业务的客户重叠情况、销售金额、单价及公允性,发行人未在报告期内立刻停止生产、销售高速大额存取款一体机等业务的背景,作出承诺后该类收入仍增长的合理性,相关业务竞争是否对发行人构成重大不利影响,是否符合《深圳证券交易所创业板股票首次公开发行上市审核问答》〔1〕问题 5 的规定。

问询回复主要内容:

1. 说明报告期发行人仍在生产的高速大额存取款一体机等业务的收入、毛利及占比情况、涉及的合同及合同签署情况,预计 2022 年全年相关业务收入、毛利占比;发行人是否存在大量无具体期限、金额的框架合同,是否仍将大规模生产、销售高速大额存取款一体机等产品,避免同业竞争的相关承诺是否可以有效执行。

(1)高速大额存取款一体机、自提柜、存取款一体机的收入、毛利及占比情况、涉及的合同及合同签署情况。

报告期内,发行人高速大额存取款一体机、自提柜、存取款一体机的总销售收入占主营业务收入的比例分别为 4.65%、7.90%、11.67% 和 6.81%,毛利占比分别为 6.50%、8.28%、11.60% 和 5.38%,2022 年 1~6 月发行人相关产品的销售收入和毛利金额及占比较前期显著降低并呈下降趋势。

发行人于 2021 年 10 月 19 日作出避免同业竞争承诺后,未再签署新的高速大额存取款一体机、自提柜、存取款一体机销售合同,于作出避免同业竞争承诺后签署的订单全部是在已有框架协议下的具体订单,不属于签署新的销售合同的情

〔1〕 现已失效。

形。发行人已严格履行避免同业竞争的承诺,不存在违反承诺的情形。

(2)预计2022年全年相关业务收入、毛利占比情况。

预计2022年全年,相关产品收入、毛利的占比较低,不会对发行人业务产生重大影响。

在高速大额存取款一体机、自提柜的销售较前期显著减少的情况下,发行人预计2022年度经营业绩稳定,预计不存在业绩大幅下滑风险。

(3)发行人是否存在大量无具体期限、金额的框架合同,是否仍将大规模生产、销售高速大额存取款一体机等产品,避免同业竞争的相关承诺是否可以有效执行。

发行人已约定到期日的框架协议有25份,框架协议到期后双方不会自动续约;未约定到期日的框架协议共7份,根据行业惯例,未约定到期日的框架协议有效期一般至下一次招标为止,主要银行客户总行的招投标周期通常为1年至4年,总体到期期限明确。

经发行人与客户沟通,预计2022年6月30日之后,发行人高速大额存取款一体机、自提柜产生的销售收入总体金额较小,同业竞争问题可以有效解决。

综上所述,发行人不存在大量无具体期限、金额的框架合同,未来将不会大规模生产、销售高速大额存取款一体机等产品,避免同业竞争的相关承诺可以有效执行。

2. 说明发行人与中电金融在高速大额存取款一体机等同业竞争业务的客户重叠情况、销售金额、单价及公允性,发行人未在报告期内立刻停止生产、销售高速大额存取款一体机等业务的背景,作出承诺后该类收入仍增长的合理性,相关业务竞争是否对发行人构成重大不利影响,是否符合《深圳证券交易所创业板股票首次公开发行上市审核问答》问题5的规定。

(1)发行人与中电金融在高速大额存取款一体机、自提柜、存取款一体机等业务的客户重叠情况及价格公允性情况。

①发行人与中电金融在高速大额存取款一体机、自提柜、存取款一体机等业务的客户重叠情况。

报告期内,在高速大额存取款一体机产品上,发行人与中电金融的主要重叠客户仅4家;在自提柜产品上,发行人与中电金融的主要重叠客户仅1家;在存取款一体机产品上,发行人与中电金融无重叠客户。报告期内,发行人对上述重叠客户的销售金额占比均较低。

②发行人对高速大额存取款一体机、自提柜重叠客户的销售单价及公允性。

通过与中电金融和发行人其他客户进行对比,发行人对高速大额存取款一体机、自提柜的主要重叠客户的销售单价具有公允性,不存在利益输送的情形。

(2)发行人未在报告期内立刻停止生产、销售高速大额存取款一体机等业务的背景。

由于发行人前期已与客户签订的部分销售合同或框架协议尚未履行完毕且尚在有效期内,相关合同义务已生效,合同中已约定设备型号、单价、交货及验收方式、保修及售后服务等条款,发行人有义务按照合同的约定及客户要求供应产品,未经客户同意,发行人不得单方面解除合同或协议,否则将面临违约风险。

基于前述情况,发行人无法在报告期内立刻停止生产、销售高速大额存取款一体机、自提柜等产品,具备商业合理性。

(3)发行人作出承诺后同业竞争产品的收入变动情况。

为解决同业竞争问题,发行人出具了关于避免同业竞争承诺函。发行人作出避免同业竞争承诺后,其2022年1~6月高速大额存取款一体机和自提柜的销售收入和毛利明显下降,预计2022年全年持续下降,不存在相关产品收入、毛利持续增长的情形,同业竞争问题得到持续有效解决。

(4)相关业务竞争是否对发行人构成重大不利影响,是否符合《深圳证券交易所创业板股票首次公开发行上市审核问答》问题5的规定。

①与中电金融存在同业竞争的产品的收入和毛利占发行人主营业务收入和毛利的比例未达到30%,不构成重大不利影响的同业竞争。

报告期内,与中电金融存在同业竞争的产品的收入占发行人主营业务收入的比例由2019年的50.91%,下降至2020年、2021年和2022年1~6月的1.19%、2.88%和0.90%;毛利占比由2019年的9.67%,下降至2020年、2021年和2022年1~6月的0.40%、0.82%和-0.65%。

鉴于:存取款一体机与高速大额存取款一体机在适用标准、产品定位、应用场景、业务功能、管理方式、技术原理等方面存在显著差异,两者不可相互替代,不属于同类产品、不构成同业竞争;2019年,由于发行人当年仍生产、销售存取款一体机,发行人的存取款一体机与中电金融的存取款一体机构成同业竞争,与中电金融存在同业竞争的产品的收入占比曾存在超过30%的情形;发行人于2020年起完全停止生产、销售存取款一体机后,发行人仅高速大额存取款一体机、自提柜与中电金融的高速大额存取款一体机、自提柜构成同业竞争,与中电金融的存取款一体机不构成同业竞争,与中电金融存在同业竞争的产品的收入和毛利占比均未达到30%;发行人已于2021年10月19日作出承诺,在履行完毕现行有效的高速大额存取款一体机、自提柜产品相关销售合同后,停止所有高速大额存取款一体机、自提柜产品的生产,且不再签署新的高速大额存取款一体机、存取款一体机、自提柜产品销售合同。因此,发行人与中电金融不存在构成重大不利影响的同业竞争。

②发行人与中电金融不存在非公平竞争、利益输送、相互或者单方面让渡商业机会,不构成重大不利影响的同业竞争。

同业竞争业务主要通过招投标获取。发行人和中电金融下游客户主要为银行业金融机构。银行业金融机构为了保证市场竞争的公平、公允,制定了严格的招投标管理办法,对其采购行为进行了详细、明确的规定,将招投标流程、结果向社会公众公开。公开招投标方式保证了竞争的公平性,就招标条件的设置、招标产品的标准化程度、中标的分散程度而言,不存在银行业金融机构明显向某类或某家企业倾斜的情况,银行业金融机构对包括发行人在内的供应商进行独立判断和考量,综合各方面因素后作出独立决策。发行人主要依靠产品技术、质量、价格、服务等方面的优势获取订单,不存在非公平竞争、利益输送、相互或者单方面让渡商业机会的情形。

同业竞争产品重叠客户销售价格公允。报告期内,发行人与中电金融同时存在客户和产品重叠的情况仅限高速大额存取款一体机、自提柜共两类产品,涉及的主要重叠客户共5家。发行人同期向上述重叠客户销售的重叠产品平均单价全部居于发行人向其他客户销售的价格区间内,不存在显著差异;关于发行人与中电金融同期销售的重叠产品,除江苏江南农商行外,双方向重叠客户的销售产品平均单价差异率在10%以内,不存在显著差异;由于江苏江南农商行定制化程度高、功能模块丰富,发行人销售单价较高,具有合理性。因此,发行人对重叠客户的销售单价具有公允性,不存在非公平竞争、利益输送、相互或者单方面让渡商业机会的情形。

经营管理和考核体系独立。中国电子作为国家出资设立的企业,通过与各下属企业的股权关系依法依规行使股东权利,不干预下属子公司的具体经营管理。从中国电子系统内部管理及考核体系来看,发行人主要由控股股东在公司治理框架下按照国有企业及国有资产管理要求对公司进行产权管理及业绩考核等,发行人的经营管理、业绩考核与中电金融完全独立,不存在非公平竞争、利益输送、相互或者单方面让渡商业机会的情形。

因此,发行人与中电金融之间不存在因同受中国电子控制而导致的非公平竞争、利益输送、相互或者单方面让渡商业机会的情形,发行人与中电金融不存在构成重大不利影响的同业竞争。

③发行人解决同业竞争的措施,不会对经营业绩和未来发展构成重大不利影响。

2019~2021 年,发行人剔除智能现金自助终端产品(包含高速大额存取款一体机、自提柜、存取款一体机)后的营业收入总体仍呈增长趋势。报告期内,发行人剔除智能现金自助终端产品后的经营业绩仍符合相关发行上市条件。

2022 年 1~6 月,发行人剔除智能现金自助终端产品后,营业收入同比增长 7.48%,净利润同比增长 38.21%;预计 2022 年 1~9 月,发行人剔除智能现金自助终端产品后,营业收入同比增长 16.42%,净利润同比增长 52.57%,同比均呈增长趋势。

2022 年 1~6 月及 2022 年 1~9 月(预计),发行人剔除智能现金自助终端前后的营业收入、净利润差异情况如下。

2022 年 1~6 月,发行人剔除智能现金自助终端产品后,营业收入减少 6.72%,净利润减少 10.50%;预计 2022 年 1~9 月,发行人剔除智能现金自助终端产品后,营业收入减少 5.26%,净利润减少 9.48%,均不构成重大不利影响。

综上所述,发行人主动停止现金类自助设备业务以解决同业竞争问题,不会对其经营业绩和未来发展构成重大不利影响。

④中国电子已对发行人业务作出明确划分,已制定并严格落实避免同业竞争的相关具体措施。

中国电子已出具承诺,将发行人作为中国电子控制企业范围内从事非现金机具研发、制造、销售的唯一平台,将尽一切合理努力保证其控制企业(不含发行人)不从事与发行人形成竞争的业务。

同时,中电金融控股股东中电六所已出具声明和承诺:(1)认同中国电子对长城信息的业务定位;(2)中电金融现阶段与长城信息在研发、制造、销售的高速大额存取款一体机、存取款一体机、自提柜产品存在少量重叠,上述产品的重叠不构成实质性同业竞争,亦不对长城信息构成重大不利影响;(3)中电金融与长城信息之间不存在非公平竞争、利益输送、相互或者单方面让渡商业机会等情形;(4)除上述情况外,中电金融不存在与长城信息形成竞争的业务,律所承诺将尽一切合理努力保证中电金融不从事与长城信息形成竞争的业务。

基于中国电子的业务划分以及发行人与中电金融的发展方向,各方已作出安排,避免未来出现重大不利影响的同业竞争。

综上所述,发行人与中电金融不存在构成重大不利影响的同业竞争,符合《深圳证券交易所创业板股票首次公开发行上市审核问答》问题5的相关规定。

案例小结:

除论证不构成同业竞争或论证构成同业竞争但不存在重大不利影响外,部分公司会采取注销竞争方或者由其中一方停止同类业务的方式来解决该问题。不过,现实中也存在一些公司注销了竞争方后,私下将竞争方的资产、业务、人员等转移给发行人,导致发行人财务报表不实的情况,这种情况也会引起审核机构的关注。

本案例中,由于与关联方存在高速大额存取款一体机等三类产品的业务重叠。发行人主动停止了其中一类产品的生产和销售,并承诺也将停止后两类产品的生产和销售。但审核机构仍对此问题比较关注,要求发行人对相关产品的收入和毛利及占比情况、涉及的合同情况、对未来相关业务收入和毛利的预期、避免同业竞争的相关承诺是否可以有效执行、发行人未立刻停止部分竞争业务的原因、作出承诺后竞争业务收入仍在增长的合理性以及相关业务竞争是否对发行人构成重大不利影响等问题进行说明。

发行人及中介机构对相关问题进行了逐一详细的回复;解释了发行人未在报告期内立刻停止生产、销售部分竞争业务是由于相关合同尚未履行完毕,并从存在同业竞争的产品收入和毛利占发行人主营业务收入和毛利的比例未达到30%并呈下降趋势,发行人与竞争方不存在非公平竞争、利益输送、让渡商业机会,发行人解决同业竞争的措施不会影响发行人未来的经营业绩和发展等方面论证了不构成重大不利影响。

本案例最终的结果是发行人撤回了上市申请文件,具体原因并未说明。但可以发现,尽管发行人停止了部分存在同业竞争的业务并承诺在合同履行完毕后也将终止其他存在同业竞争的业务,审核机构仍对该问题对发行人现在和未来的影响存在较大顾虑。况且,停止存在同业竞争的业务绝非易事,其过程艰难复杂且可能严重影响发行人的经营业绩和未来发展。

当然,实践中也不乏公司在这种情形下注销关联企业或者停止竞争性业务后顺利通过审核的案例,具体还要依据不同公司的实际情况进行判断。

(三)小结与建议

全面注册制推行后,审核机构对同业竞争问题不再是过往的"一刀切"的审核态度。实务中,发行人对于存在"竞争方"的情况,通常会从以下三个方面进行处理:

1. 论证同业但不"竞争"。

《证券期货法律适用意见第 17 号》对业务是否构成"竞争"的判断标准作了具体的规定。实务中,采用该处理思路的企业,通常可从以下多个路径展开论述:(1)分析产品工艺和技术情况,主要是论证产品工艺和使用技术存在实质差异,发行人与相关方之间的业务存在本质区别;(2)分析销售市场和适用领域情况,主要是论证产品或服务面向不同的适用领域、销售群体,产品或服务的替代性小;(3)分析市场划分情况,主要是论证发行人与相关方存在市场分割,两者在产品或业务上不具备替代性、竞争性或者利益冲突;(4)分析客户和供应商重合情况,主要通过客户和供应商重合程度、价格对比情况来论证发行人和相关方所采购或销售的产品或服务存在区别。

2. 论证同业竞争但不存在重大不利影响。

关于重大不利影响的认定及论证详见上文。

3. 消除已存在的同业竞争。

通过具体措施消除同业竞争情况,是最容易获得审核机构认可的方式。消除同业竞争的措施有很多,通常的方式包括"关停并转",具体而言:(1)注销竞争方或竞争方停止经营相同或相似业务,此为最彻底的处理方式;(2)并购关联方,将竞争方或竞争方的业务收购并入发行人体系内;(3)将竞争方的股权或竞争方的业务转让给不存在关联关系的第三方;(4)竞争方将其与发行人构成同业竞争的业务委托给发行人进行经营管理;(5)签署并执行市场分割协议,进行明确的市场划分。

第三章

资　　产

资产是指由企业过去的交易或事项形成的、由企业拥有或者控制的、预期会给企业带来经济利益的资源，常见的资产类型包括企业的土地、房产和知识产权。从企业上市的规范要求来看，企业资产具有完整性和独立性，资产的取得和使用具有合法合规性，主要资产不存在重大权属纠纷，是对拟上市公司在资产方面的基本要求。

第一节　土　　地

一、土地使用权的取得和使用

（一）理论基础

拟 IPO 企业的土地，是企业特别是生产型企业生产经营的重要条件，也是企业主要资产的重要组成部分。由于涉及土地权利的法律法规和地方性法规、规章非常多，而且不同地区、不同时期的规定又不尽相同，因此，土地权利的合法合规性是个相对复杂的问题，容易存在相关法律瑕疵或潜在的纠纷。《首次公开发行股票注册管理办法》要求发行人不存在主要资产的重大权属纠纷，若发行人的土地存在相应瑕疵，将存在不符合上述发行条件的风险。

1. 土地分类

土地权属和土地用途是划分土地类型的两个主要标准。按照土地权属划分，可将土地分为国有土地和集体土地；按照土地用途划分，可将土地分为农用地、建设用地

（又分为城市建设用地、农村建设用地）、未利用地。以上两个标准交叉重叠，可形成6类土地，具体如表3－1所示。

表3－1 土地分类情况

<table>
<tr><th rowspan="2">土地权属</th><th colspan="3">用途</th></tr>
<tr><th>农用地</th><th>建设用地</th><th>未利用地</th></tr>
<tr><td>国有土地</td><td>可以由单位或者个人承包经营，从事种植业、林业、畜牧业、渔业生产</td><td>用于建造建筑物、构筑物。县级以上人民政府登记造册核发证书</td><td rowspan="2">鼓励开发未利用的土地；开发未确定使用权的国有荒山、荒地、荒滩从事种植业、林业、畜牧业、渔业生产的，经县级以上人民政府依法批准，可以确定给开发单位或者个人长期使用</td></tr>
<tr><td>集体土地</td><td>可以由本集体经济组织内外的单位或者个人承包经营，从事种植业、林业、畜牧业、渔业生产农民集体所有的土地由本集体经济组织以外的单位或者个人承包经营的，必须经村民会议2/3以上成员或者2/3以上村民代表同意，并报乡（镇）人民政府批准</td><td>用于乡镇企业、村民建设住宅、乡（镇）村公共设施和公益事业建设。县级人民政府登记造册，核发证书</td></tr>
</table>

2.土地使用权的取得方式

实务中，土地使用权的取得方式有多种，通常可分为出让、划拨和转让。不同权属类型的土地，其权利处置方式的法律规定也不同，从土地权属的角度来对土地使用权的取得方式进行分类，具体可分为以下几种（见表3－2）。

表3－2 土地使用权取得方式情况

土地权属	具体定义
国有土地	国有土地使用权出让，是指国家将国有土地使用权在一定年限内出让给土地使用者，由土地使用者向国家支付土地使用权出让金的行为
	国有土地使用权划拨，是指县级以上人民政府依法批准，在土地使用者缴纳补偿、安置等费用后将该幅土地交付其使用，或者将土地使用权无偿交付给土地使用者使用的行为
	国有土地使用权转让，是指土地使用者将国有土地使用权再转移的行为，包括出售、交换和赠与

续表

土地权属	具体定义
国有土地	国有土地使用权出租,是指国家将国有土地出租给使用者使用,由使用者与县级以上人民政府土地行政主管部门签订一定期限的土地租赁合同,并支付租金的行为
	国有土地使用权作价出资(入股),是指国家以一定年限的国有土地使用权作价,作为投资投入有限责任公司或股份有限公司,相应的土地使用权转化为国家对企业出资的国家资本金或股本金
	租赁国有划拨土地,国家根据需要,可以一定年期的国有土地使用权作价后授权给经国务院批准设立的国家控股公司、作为国家授权投资机构的国有独资公司和集团公司经营管理。被授权主体取得授权经营土地使用权后,可通过向其直属企业、控股企业、参股企业作价出资(入股)或租赁等方式配置土地
	租赁国有划拨土地,是指在履行相应的审批手续后,办理土地使用权出让手续,并通过交付土地使用权出让金或以出租收益抵交土地使用权出让金的方式,租赁国有划拨土地
集体土地	集体农用地使用权的取得方式,主要包括承包和租赁。 (1)承包方式中,发包方将农村土地发包给本集体经济组织以外的单位或个人承包,应当事先经本集体经济组织成员的村民会议2/3以上成员或2/3以上村民代表同意,并报乡(镇)人民政府批准。 (2)租赁方式中,承租方要与承包人签订书面合同并到有关部门办理备案手续
	集体建设用地使用权的取得方式,主要包括配拨、联营、入股。 (1)配拨,是指根据国家法律法规的规定,由集体将其建设用地使用权无偿让渡,用于乡镇企业建设、农民建住宅或者乡(镇)村公共设施和公益事业建设。 (2)联营,是指集体以建设用地使用权作为联营条件,与他人共同兴办企业。 (3)作价入股,是指集体将建设用地使用权作价,作为股份制企业的一定股份,并按土地使用权股份占企业总股份的比例参与企业分红
	非农经营用地使用权的取得。农村集体经济组织可设立独资经营企业,将符合乡镇土地利用总体规划的非农经营用地提供给企业从事生产经营活动,土地使用权由该集体经济组织或企业享有

3. 关于土地使用权的IPO审核关注要点

现行有效的《监管规则适用指引——发行类第4号》对于土地使用权的核查要求作了简要的规定:"发行人存在使用或租赁使用集体建设用地、划拨地、农用地、耕地、基本农田及其上建造的房产等情形的,保荐机构和发行人律师应对其取得和使用是否符合《土地管理法》等法律法规的规定、是否依法办理了必要的审批或租赁备案手续、有关房产是否为合法建筑、是否可能被行政处罚、是否构成重大违法行为出具明确意见,说明具体理由和依据。"

结合相关审核规则、上市案例和实务经验,我们就 IPO 审核机构对土地使用权的审核关注要点归纳如下:

在土地使用权的取得方面,需要关注:(1)权属登记情况:发行人已经取得的土地使用权以及募投项目的土地使用权是否具备法定的资格、履行相应的程序,是否进行了权属登记,如未取得权属证明,说明具体原因。(2)国有土地使用权在不同取得方式下的合规情况:以出让方式取得土地使用权的,是否经过招拍挂程序,若未履行,说明原因及补救措施;以转让方式取得土地使用权的,该地块是否为划拨土地或存在其他不能转让的事宜;以租赁取得土地使用权的,说明租赁期限及租金标准,是否存在合同解除风险。(3)取得土地使用权的对价情况:是否依法缴纳土地出让金、转让价款、租金,说明价款支付情况,是否存在权属纠纷。(4)集体土地使用权在不同取得方式下的合规情况:承包取得集体农用土地使用权的,是否经过村民(代表)会议 2/3 以上表决通过,并获得乡(镇)政府的批准;承包取得集体未利用土地使用权的,是否履行了招标、拍卖、公开协商等程序;租赁取得集体经营性建设用地使用权的,是否违反相关法律规定,该地块位于试点地区的,发行人是否依照当地政策履行了法定程序。(5)法律瑕疵的风险:土地使用权的取得过程是否存在纠纷或潜在纠纷,是否存在法律瑕疵导致搬迁或处罚风险,如存在搬迁风险,是否由发行人承担风险和搬迁成本,是否进行风险揭示,说明相关保障及补救措施。

在土地使用权的具体使用方面,需要关注:(1)土地规划用途:是否存在实际使用情况与规划用途不一致的情形,如超过规划用途的需说明理由,用途不一致的事项是否取得有关主管部门的确认。(2)农用地和耕地的使用情况:是否存在占用基本农田、耕地的情况,是否存在将农用地用作非农用途的情形,如有需要说明理由,是否依法办理了农用地转让手续。

4. 国有建设用地的土地闲置问题

根据《闲置土地处置办法》的规定,闲置土地是指国有建设用地使用权人超过国有建设用地使用权有偿使用合同或者划拨决定书约定、规定的动工开发日期满 1 年未动工开发的国有建设用地。已动工开发但开发建设用地面积占应动工开发建设用地总面积不足 1/3 或者已投资额占总投资额不足 25%,中止开发建设满 1 年的国有建设用地,也可以认定为闲置土地。

结合相关上市案例,拟 IPO 企业若存在以下情形,则需关注是否存在闲置土地的风险:(1)存在未开工的建设土地;(2)存在已动工开发但开发面积或投资强度不足,或中止开发的建设土地;(3)收购事项中包含处于闲置状态的土地。若拟 IPO 企业存在上述情形,审核机构会关注并问询相关土地是否属于闲置土地,发行人对相关土地使用的合规性、是否符合土地出让合同约定,相关地块是否存在被收回的法律风险等问题。

若拟 IPO 企业被关注到土地闲置的问题,可以从以下方面进行应对:(1)结合土地使用权转让合同等条款说明获取土地使用权及建设开发的过程;(2)说明未开工建设土地或中止开发建设土地等情形导致土地闲置状态的客观原因,如交地原因导致未能开工建设,生产项目涉及土地已开发建设完毕且投资强度已远超要求;(3)取得土地主管部门出具的关于不属于闲置土地的证明,说明不存在相关行政处罚,不会对发行人生产经营造成实质影响。

5. 承包、租赁农村集体土地

一是农村集体土地承包经营权的取得。根据《土地管理法》和《农村土地承包法》的规定,农民集体所有的土地由本集体经济组织的成员承包经营,也可以由本集体经济组织以外的单位或者个人承包经营,从事种植业、林业、畜牧业、渔业生产;农村土地承包采取农村集体经济组织内部的家庭承包方式,对于不宜采取家庭承包方式的荒山、荒沟、荒丘、荒滩等农村土地,才可以采取招标、拍卖、公开协商等方式承包。

二是农村集体土地的流转。已被承包的农村集体土地,本集体经济组织以外的单位或个人可以通过农村土地承包经营权流转的方式,取得派生土地承包经营权。根据《农村土地承包法》和《农村土地经营权流转管理办法》的规定,农村集体土地承包经营权流转方式包括出租(转包)、入股或者其他方式。由于出租(转包)、入股等流转的对象需为从事农业生产经营的农户或其他承包方,因此拟 IPO 企业作为集体经济组织以外的单位,只能通过出租的流转方式取得派生农村土地承包经营权。

若拟 IPO 企业存在通过出租取得农村土地承包经营权的,需要重点关注和核查以下事项:(1)关注和核查农村土地承包经营权流转合同,确认合同的出租方为承包方或经承包方授权的组织,流转期限是否超过承包期的剩余期限;若存在再流转的情形,应确认已取得原承包方的书面同意;(2)关注和核查农村土地承包经营权流转合同是否经过发包方和乡(镇)人民政府农村土地承包管理部门的备案;(3)关注和核查租赁土地所属集体经济组织成员是否已放弃主张同等条件下的优先权;(4)关注和核查企业是否改变土地的农业用途,如有,是否履行了农转用等相关手续。

三是农转用。实务中,部分企业在使用农村集体用地时会涉及所使用土地的土地用途为农用地,这种情形下应依法履行相应的农用地转用手续。根据《土地管理法》的规定,建设占用土地,涉及农用地转为建设用地的,应当办理农用地转用审批手续。农用地转为建设用地,必须经过依法审批,否则就是非法占用土地;这种农转用审批是国家控制土地利用的一种制度,相当于行政许可,是保护农用地的必要手段。农用地转用的审批权集中于国务院和省级人民政府,但省级人民政府可以依法作一定的授权。

四是审核关注要点。对于企业存在承包或租赁农村集体土地的情形,IPO审核机构主要关注以下问题:集体土地的流转和使用的程序是否合法合规,土地实际用途是否符合集体土地的规划用途,出租方是否为租赁土地的合法权利人,租赁集体土地是否履行了相关决策和审批程序。

(二)典型案例

1. 占用土地并改变土地用途

案例

陕西美能清洁能源集团股份有限公司

(股票代码:001299,2022年9月13日过会)[1]

问询问题:

报告期内,发行人存在使用林地、划拨地以及租赁集体土地使用权的情形。发行人的子公司韩城美能现有1宗土地(面积5178.65平方米)正在办理林地转建设用地程序。该宗土地系韩城美能从当地政府土地置换而取得,且韩城美能曾因改变该宗林地用途被韩城市林业局罚款51,780.65元。

请发行人进一步说明并披露:(1)韩城美能该宗土地置换的具体情况,相关置换程序是否合法完备,是否存在法律瑕疵;(2)该宗土地及地上房屋的具体用途,对发行人生产经营的重要性程度,如未来不能正常使用对发行人的影响及应对措施;(3)韩城美能占用林地、擅自改变林地用途而被处罚的背景、原因及其合理性,是否构成重大违法违规行为;(4)韩城美能该宗土地于2019年获得陕西省林业局关于林地转用建设用地的行政审批同意但目前仍未取得土地权属证书的原因及合理性,该宗土地出让手续目前最新进展情况。

请保荐机构、发行人律师说明核查过程、依据,并发表明确的核查意见。

---

[1] 摘自《关于陕西美能清洁能源集团股份有限公司首次公开发行股票并上市的补充法律意见书(四)》(2021年7月15日出具)。

问询回复主要内容：

1. 韩城美能该宗土地置换的具体情况，相关置换程序是否合法完备，是否存在法律瑕疵。

根据发行人提供的资料及说明，韩城美能该宗土地的置换过程如下：

(1)韩城美能原拟在位于韩城市新城区以东、卓立村生产路以北、东二环以东约9亩的土地(以下简称原宗土地)上开展天然气利用工程建设，并在韩城市原国土资源局及韩城市新城街道办事处的主持下与河渎村村民委员会签署了相关征地及付款协议，按照韩城市人民政府相关文件的规定缴纳了土地征用款及相关费用。2010年5月，韩城市人民政府出具批复，同意将原宗土地由政府征收后以出让方式交由韩城美能建设使用。

(2)随后，由于政府进行新农村建设的需要，在韩城市原国土资源局、韩城市住房和城乡建设局的要求下，经各方协商一致，确认按照“不找差价、等面积熟地置换”的原则，用同样位于韩城市新城区的广惠医院以东、河渎村新修道路西道牙以西、复兴路东延道路中轴线以北面积约为9亩的土地(以下简称现宗土地)置换原宗土地，并用于韩城美能的天然气利用工程建设。

(3)在上述背景下，韩城市国土资源局于2014年7月出具文件，确认现宗土地符合韩城市土地利用规划和国家供地政策，同意该项目通过用地预审。据此，韩城美能于2014年10月在韩城市住房和城乡建设局、韩城市原国土资源局的见证下，与河渎村村委会、新城街道办事处河渎村四组签署了土地置换协议，约定了将原宗土地置换为现宗土地的相关事宜。

(4)韩城市住房和城乡建设局于2014年11月出具批复，原则同意将现宗土地用于韩城美能的天然气调控中心项目及门站建设。韩城美能于2016年7月1日取得现宗土地的建筑工程施工许可证，随后开始在现宗土地上进行天然气调控中心及河渎村第三门站项目的建设。

同时，经韩城市自然资源局出具确认函，韩城美能现宗土地的现状系历史原因造成，且地上设施为有利于韩城市经济发展的基础设施建设；土地主管部门将在相关手续完备时以出让方式依法依规为韩城美能办理现宗土地的使用权并完善地上相关附着物的权属证书，韩城美能取得现宗土地及相关地上附着物的权属证书不存在实质性障碍。

综上，律师认为，韩城美能置换现宗土地系应政府相关部门的要求和新农村建设的需要，已经韩城市自然资源局及韩城市住房和城乡建设局履行相关用地及建设审批手续,并在相关主管部门的见证下,与村委会、街道办事处协商一致签订了土地置换协议,相关程序合法完备,不存在法律瑕疵。

2. 现宗土地及地上房屋的具体用途,对发行人生产经营的重要性程度,如未来不能正常使用对发行人的影响及应对措施。

现宗土地及地上房屋的主要用途为韩城市河渎村第三门站及天然气调控中心项目;地上房产共涉及两处,分别为调控中心大楼和锅炉房,现宗土地及地上房屋系对发行人的生产经营较为重要的资产和设施。

但根据韩城市自然资源局出具的确认函,现宗土地上相关建设系有利于韩城市经济发展的重要基础设施建设,已建成的建筑物不存在因违法违规被拆除的风险。因此,律师认为,韩城美能未来不能正常使用现宗土地及地上房屋的风险很小。

此外,发行人的实际控制人晏某群、李某平已出具承诺函,承诺如基于国家政策法律规定或其他原因,导致韩城美能无法继续使用第三门站土地及地上房产、设施,其将无条件承担韩城美能已投资建设的地上建筑物,韩城美能搬迁、购买新土地、房产的费用,以及生产经营因此遭受的损失。

3. 韩城美能占用林地、擅自改变林地用途而被处罚的背景、原因及其合理性,是否构成重大违法违规行为。

根据发行人提供的资料及说明,韩城美能占用林地、擅自改变林地用途而被处罚的背景、原因及其合理性如下:

如前所述,基于新农村建设、土地置换等客观历史原因,韩城美能一直未能取得相关土地的权属证书。2019 年 4 月,在解决该等瑕疵、配合国土主管部门办理相关手续的过程中,韩城市自然资源局在查询其土地规划时发现,现宗土地性质为林地。韩城市林业局依据《森林法》对韩城美能改变林地用途的行为作出行政处罚决定书,要求韩城美能限期将林地恢复原状,并处以罚款 51,780.65 元。

韩城市林业局于 2019 年 7 月 12 日出具确认函,确认韩城美能已缴纳上述罚款,并按照规定缴纳相关森林植被恢复费;韩城美能改变林地用途的情况系属于韩城市人民政府为了新农村建设、土地置换等客观历史原因而造成。同时,在发现现宗土地属于林地性质之前,韩城美能已取得韩城市住房和城乡建设局及韩城市自然资源局的土地预审及选址意见,其本身并不存在非法占用林地的主观故意,在发现现宗土地性质为林地后,韩城美能一直在与林业和国土主管部门积极协商解决该问题。

综上,律师认为,韩城美能占用林地、改变林地用途的情况系客观历史原因造成,并无主观故意;根据政府主管部门出具的确认函,该等情况不构成重大违法违规行为,相关处罚不属于重大行政处罚,韩城美能在现宗土地上已建成的建筑物不存在因违法违规被拆除的风险。

4. 韩城美能现宗土地于2019年获得陕西省林业局关于林地转用建设用地的行政审批同意但目前仍未取得土地权属证书的原因及合理性,现宗土地出让手续目前最新进展情况。

根据发行人提供的资料及说明,韩城美能现宗土地权属证书办理手续的进展如下:

(1)2019年9月20日,陕西省林业厅已办理完成现宗土地办理林地转建设用地行政许可手续,并出具同意书,同意韩城美能按有关规定办理现宗林地的建设用地审批手续。

(2)2020年7月8日,陕西省人民政府发布批复,同意将该集体农用地转为建设用地并征收,由韩城市人民政府按照规划和供地政策合理安排使用。

(3)2020年11月30日,韩城市新城街道办事处与韩城市新城办河渎村委会签订征收土地协议书,约定征收现宗土地用于美能河渎天然气调控中心建设。

(4)截至本回复出具之日,现宗土地的相关用地手续已转入韩城市土地交易中心,预计将在2021年年底完成土地权属证书的办理。

根据发行人的说明及提供的相关资料,现宗土地系客观历史原因造成的遗留问题,目前相关土地征用手续均在正常办理过程中,发行人将积极配合相关主管部门按照法定程序尽快办理此宗土地出让手续,相关权属证书预计将在2021年年底之前办理完成。

案例小结:

根据《森林法》(2019修订)的规定,矿藏勘查、开采以及其他各类工程建设,应当不占或者少占林地;确需占用林地的,应当经县级以上人民政府林业主管部门审核同意,依法办理建设用地审批手续。占用林地的单位应当缴纳森林植被恢复费。森林植被恢复费征收使用管理办法由国务院财政部门会同林业主管部门制定。此外,《森林法实施条例》(2018修订)对于勘查、开采矿藏和修建道路、水利、电力、通信等工程,需要占用或者征收、征用林地的程序要求也作了具体规定。

在企业申报上市的过程中,审核机构对非法占用林地的问题较为重视,实践中,也不乏因该问题IPO被否的案例。例如,临江市东锋有色金属股份有限公司在申报上市过程中被审核人员发现报告期内公司在经营中存在采矿许可和占用林地方面的违法违规问题,审核人员认为无法判断其内部控制制度是否健全且有效执行,否决了其IPO申请。因此,发行人及相关中介机构应对发行人及子公司存在的林地占用问题加以重视并积极解决。

本案例中,发行人子公司韩城美能曾因改变林地用途被林业局处以罚款,现宗土地系韩城美能从政府土地置换而来,目前正在办理林地转建设用地程序。审核机构对现宗土地的置换程序,现宗土地及地上房屋的具体用途,现宗土地对发行人生产经营的重要性,如不能正常使用对发行人的影响及应对措施,子公司被处罚的背景和原因,是否构成重大违法违规,目前未取得土地证的合理性,出让手续目前的办理进展等问题进行了问询。

中介机构对这些问题进行了逐一回复。其中,就土地置换问题,韩城美能履行了如下程序:与村委会签署了征地协议,缴纳了土地征用款及相关费用,获得了政府、住建局出具的相关批复以及原国土资源局、自然资源局出具的确认函和建筑工程施工许可证。中介机构认为相关程序合法完备,不存在法律瑕疵。

此外,在现宗土地的重要性问题上,中介机构认为相关土地对发行人的生产经营较为重要,但是根据自然资源局出具的确认函,现宗土地上的建筑物不存在因违法违规被拆除的风险,未来不能正常使用的风险较小。发行人的实际控制人也出具了承诺函,承诺若未来韩城美能无法继续使用现宗土地及地上房产、设施,实际控制人将对此承担责任。

发行人还取得了林业局出具的确认函,确认该情形不构成重大违法违规行为,能正在正常办理该土地权属证书。

实践中,若发行人存在此类问题,相关中介机构可以借鉴本案例中的论证方法和解决方式,从办理程序是否合法合规,相关土地及地上房屋对发行人生产经营的重要性,地上建筑物被拆除的风险,该情形是否构成重大违法违规及相关手续办理进度等方面进行论证。此外,发行人最好争取获得发行人实际控制人的兜底承诺以及相关政府部门的确认函,以获得审核机构的认可。

2. 土地闲置

案例

江苏骏成电子科技股份有限公司

(股票代码:301106,2021 年 12 月 20 日过会)[1]

问询问题:

请发行人补充说明收购进准光学土地使用权对应土地是否为闲置土地,发行人对相关土地使用的合规性、是否符合土地出让合同约定,相关地块是否存在被收回的法律风险。

问询回复主要内容:

1. 收购进准光学土地使用权对应土地不是闲置土地。

(1)关于闲置土地的定义。

参见《闲置土地处置办法》第 2 条。

(2)收购进准光学土地使用权对应土地不是闲置土地的分析。

发行人收购进准光学前,进准光学合法持有位于句容市的一项土地使用权及对应土地上的房屋所有权。

进准光学购买上述土地使用权时,亦购买了该等土地使用权对应土地上的房屋所有权,相关房屋系已建设完成并办理产权证的生产厂房,且进准光学后续未对该等土地使用权进行开发,不存在《闲置土地处置办法》规定的未动工开发或中止开发建设情形。因此发行人收购进准光学前期所持土地使用权对应土地不属于《闲置土地处置办法》定义的闲置土地。

进准光学根据当时母公司的业务布局调整,自 2018 年 5 月起陆续将其生产线及人员整体搬迁至母公司下属其他主体所在的苏州吴江厂区,于 2019 年年初基本完成搬迁工作,生产厂房除部分用于出租外均处于闲置状态。发行人于 2019 年收购进准光学股权,充分利用进准光学的生产厂房以实施本次募投项目车载产品生产线扩建项目,TN、HTN 产品生产项目及研发中心建设项目之建设,有效避免了土地资源的闲置、浪费。

根据句容市自然资源和规划局出具的证明,进准光学严格遵守国家土地管理相关法律、法规及相关规范性文件,其拥有使用权的国有土地已支付完毕全部土

---

〔1〕 摘自《关于江苏骏成电子科技股份有限公司首次公开发行人民币普通股股票并在创业板上市之补充法律意见书(四)》(2021 年 12 月 15 日出具)。

地出让金,系其合法所有,已依法开发且土地用途符合规划用途,不属于闲置土地。

综上,发行人收购进准光学土地使用权对应的土地不属于闲置土地。

2. 发行人对相关土地使用合规,符合土地出让合同约定。

(1)发行人已取得有权机关出具的合规证明。

根据句容市不动产登记中心出具的证明,进准光学拥有的不动产系合法取得,不动产用途符合相关规定。

根据句容市自然资源和规划局出具的证明,进准光学对土地的使用合法合规,不存在违反土地管理方面规定的情形。

(2)发行人对进准光学相关土地的使用合规、符合约定。

根据进准光学与句容益进光电科技有限公司签订的土地使用权转让合同,进准光学拥有的土地使用权的宗地按照批准的总体规划是建设工业项目。同时,该项土地使用权的不动产权证书载明的土地用途为"工业用地/厂房"。

发行人收购进准光学后相关土地、厂房主要用于募投项目车载产品生产线扩建项目,TN、HTN产品生产项目及研发中心建设项目之建设,未超出前述土地使用权转让合同及土地使用权权属证书规定的用途范围,符合土地出让合同的约定。

3. 相关地块不存在被收回的法律风险。

根据句容市自然资源和规划局出具的守法证明,进准光学严格遵守国家土地管理相关法律、法规及相关规范性文件,自设立以来截至该证明出具之日,进准光学遵守土地管理方面的法律、法规和规范性文件的规定以及土地使用权出让合同的约定,其拥有使用权的国有土地已支付完毕全部土地出让金,系其合法所有,已依法开发且土地用途符合规划用途,不属于闲置土地,其对土地的使用合法合规,相关地块不存在被收回的法律风险。自设立以来截至该证明出具之日,进准光学不存在任何欠缴用地款项、闲置土地和其他违反土地管理方面规定的情形,不存在任何因违反土地管理方面规定而被立案调查或受到处罚的记录。

综上,进准光学拥有的相关地块不存在被收回的法律风险。

案例小结:

根据《闲置土地处置办法》第2条的规定,闲置土地,是指国有建设用地使用权人超过国有建设用地使用权有偿使用合同或者划拨决定书约定、规定的动工开发日期满1年未动工开发的国有建设用地。已动工开发但开发建设用地面积占应动工开发建设用地总面积不足1/3或者已投资额占总投资额不足25%，中止开发建设满1年的国有建设用地，也可以认定为闲置土地。

因此，实践中，若发行人存在未动工开发的国有建设用地、已动工开发但开发建设用地面积不足或已投资额不足的建设用地、已动工开发但中止开发建设的建设用地以及收购的公司所有的处于闲置状态的土地，则应重点关注是否存在闲置土地风险。

若存在此类风险，中介机构可以从以下方面进行论证说明：土地使用权及建设开发的过程，土地闲置的具体原因，发行人不存在相关行政处罚，不会对发行人生产经营造成实质影响，已取得实际控制人的兜底承诺以及已取得相关政府部门确认土地不属于闲置土地的说明文件。

本案例中，发行人获得了不动产登记中心和自然资源和规划局出具的证明，分别证明该土地不属于闲置土地，公司对土地的取得、使用合法合规，相关地块不存在被收回的法律风险，最终获得了审核机构的通过。

3. 承包、租赁农用地并采取补救措施

案例

江苏立华牧业股份有限公司

（股票代码：300761，2019年1月17日过会）[1]

问询问题：

（1）补充说明发行人申报当时土地、房产的瑕疵情况。补充说明瑕疵土地、房产、构建筑物等资产瑕疵对发行人收入的影响。（2）申报材料显示，报告期内发行人以承包/租赁方式取得的土地中存在3处土地性质属于基本农田。补充说明目前发行人是否已解决上述占用基本农田的情形及解决方式。

问询回复主要内容：

1. 补充说明发行人申报当时土地、房产的瑕疵情况。补充说明瑕疵土地、房产、构建筑物等资产瑕疵对发行人收入的影响。

2016年3月21日申报之时，发行人及其子公司承包、租赁农村集体土地67宗，占当时承包、租赁土地总面积的比例为96.60%。用途：65宗（拟）用于养殖场/孵化厂/销售平台建设，2宗系自有土地附带空地，符合约定用途。当时存在瑕

---

[1] 摘自《关于江苏立华牧业股份有限公司首次公开发行股票并在创业板上市的补充法律意见书（六）》（2017年11月15日出具）。

疵的有18宗,涉及的面积为1132.71亩,占当时承包、租赁土地总面积的比例为14.91%。

截至本补充法律意见书出具之日,发行人及其子公司承包、租赁农村集体土地78宗,占承包、租赁土地总面积的比例为97.33%。用途:76宗(拟)用于养殖场/孵化厂/销售平台建设,2宗系自有土地附带空地,符合约定用途。截至目前,存在瑕疵的有3宗,涉及的面积为139.5亩,占承包、租赁土地总面积的比例为1.58%。

报告期内,发行人及其子公司承包、租赁农村集体土地存在瑕疵的有43宗,瑕疵均为未办理设施农用地备案手续即建设使用,其中128.61亩占用基本农田。目前,有40宗(共4320.524亩,占报告期内瑕疵面积比例为96.87%)瑕疵已经解决,仍有3宗尚未解决,用途:2宗由立华股份用于养殖场建设、1宗由嘉兴立华用于销售平台建设,未解决原因为仍在办理中。根据常州市原国土资源局新北分局、海宁市原国土资源局的证明,其未及时办理设施农用地手续的行为情节轻微/不构成重大违法行为,未受到行政处罚。

2.申报材料显示,报告期内发行人以承包/租赁方式取得的土地中存在3处土地性质属于基本农田。补充说明目前发行人是否已解决上述占用基本农田的情形及解决方式。

经核查,发行人子公司报告期内部分承包、租赁农村土地曾占3处基本农田,但截至目前均已解决,具体情况如下:

(1)四季禽业(2处)。

2处均因系较早期所租赁的土地,当时未充分核实土地性质,分别占了约17.5亩和0.5亩基本农田。

2015年10月16日,常州市原国土资源局金坛分局出具确认函,确认以上2处涉占的基本农田当时正在办理转为一般农用地的相关程序。该局认可该两宗土地的使用历史及现状,四季禽业有权继续以当时现有方式使用该两宗土地。该局承诺不会因此向相关方施以任何形式的行政处罚或行政强制措施,并承诺在2016年尽快将涉占基本农田调整为一般农用地。

同时,考虑到以上占用基本农田的土地地势低洼以致雨季易受灾被淹,四季禽业与常州市金坛区东城街道五联村村民委员会签署补充协议,约定2处土地含占用基本农田的部分均自2017年1月1日起不再续租。同时,将上述退租土地上的固定资产转让至余某平,自交割日(2016年12月15日)起,余某平成为转让资产的合法所有者,享有并承担与转让资产有关的一切权利和义务。经双方协商一致,作为对价,余某平负责该等固定资产所对应的土地复耕及其他事项并承担相关费用,无须向四季禽业支付转让价格。根据发行人提供的记账凭证,四季禽业已于2016年12月31日对上述固定资产作报废处理。

根据律师现场查看,四季禽业已不再使用退租土地及地上固定资产。根据常州市原国土资源局金坛分局出具的证明函,确认四季禽业(及其前身)自设立以来,在取得、使用、租赁或承包土地的过程中,不存在重大违反国土资源管理法律、法规、规章或规范性文件的情形,也未曾因违反该等法律法规而受到行政处罚。

(2)嘉兴立华(1处)。

自2010年8月起,嘉兴立华承包、租赁海宁市袁花镇夹山村经济合作社蔡家田漾土地1宗。因系较早期所租赁的土地,当时未充分核实土地性质,该宗土地全部占基本农田。

2015年12月22日,嘉兴市人民政府出具批复,同意将嘉兴立华承包、租赁的上述110.61亩土地规划修改为设施农用地。

根据海宁市国土资源局2017年1月3日、2017年10月9日出具的证明,嘉兴立华自设立后,在取得、使用、租赁土地方面未受到处罚和重大违法违规。

综上,律师认为,尽管发行人子公司报告期内曾占3处基本农田,但均已有效解决(其中2处退租不再使用、1处经政府调整规划为设施农用地),相关子公司不构成重大违法违规,该等事项不构成本次发行上市的实质性法律障碍。

案例小结:

实践中,发行人申报上市过程中若涉及承包或租赁农用地的情况,监管部门通常会较为关注并围绕以下几个方面提出问询:承包/租赁农用地的审批、决策程序是否合法合规;对土地的利用是否符合法律规定的用途;出租方是否为相关土地的权利人;土地流转的合规性问题;该情况是否会对发行人生产经营构成重大影响等。

本案例中,发行人及子公司承包及租赁了65处农村集体土地,用于畜禽养殖,其中未办理设施农用地备案手续即建设使用的共有43宗。审核机构对相关土地的瑕疵情况、对发行人的影响以及发行人的解决进度较为关注。

发行人在该法律意见书出具前已对其中40宗办理了相关手续,其余3宗亦在办理中。此外,发行人还取得了当地原国土资源局的证明,证明其未及时办理手续的行为不构成重大违法行为,未受到行政处罚。

就占用基本农田的事项，发行人首先取得了原国土资源局的确认函，确认原国土资源局认可发行人以现有方式继续使用相关土地，不会对其处以行政处罚，并会尽快将相关土地转为一般农用地，约1年后，发行人将其中的2处土地退租并不再使用，另1处土地由当地人民政府调整为了设施农用地。通过采取上述补救措施，发行人减轻了审核机构在此方面的顾虑。后发行人实现上市。

4. 租赁集体土地，中介机构出具否定意见

案例

吉安满坤科技股份有限公司

（股票代码：301132，2022年7月4日过会）[1]

第一轮问询问题：

(1)说明选择发行人而非深圳满坤作为上市主体的原因。(2)说明深圳满坤租赁集体土地是否履行必要的内外部审批程序、租赁合同内容是否符合相关法律法规规定，是否存在被撤销或认定无效风险。

第一轮问询回复主要内容：

1. 说明选择发行人而非深圳满坤作为上市主体的原因。

根据发行人的说明，选择以发行人而非深圳满坤作为上市主体的主要原因：

(1)发行人业务定位更符合上市要求和未来发展战略。深圳满坤成立于2003年12月，成立时间较早，产品以单/双面板为主，应用领域以消费电子、通信电子为主。2008年，随着吉安工厂的逐步建设投产，在产量规模、设备投资、生产工艺能力等方面，发行人均优于深圳满坤，产品也逐步从单/双面板向多层板提升，客户涵盖通信电子、消费电子、工控安防、汽车电子等众多领域。未来，发行人将重点发展自身的PCB业务，深圳满坤则主要维持现有产能规模。

(2)深圳满坤厂房系租赁取得，且因深圳市宝安区农村城市化历史遗留问题，相关厂房未取得不动产权证书，存在瑕疵。而发行人在用厂房均为自建，均取得了不动产权证书，权属清晰。

(3)发行人的业务规模相较深圳满坤更大。报告期内，深圳满坤利润总额占发行人比重分别为10.91%、1.86%、1.37%和-5.54%，占比较小。

---

[1] 摘自《关于吉安满坤科技股份有限公司申请首次公开发行股票并在创业板上市的补充法律意见书之一》(2021年9月3日出具)、《关于吉安满坤科技股份有限公司申请首次公开发行股票并在创业板上市的补充法律意见书之四》(2021年12月4日出具)。

(4)发行人注册地在江西省吉安市,将公司总部放在吉安,未来在政府用地扶持等方面,有机会获得更好的发展资源与发展条件。

律师认为,上述股权变动具有合理原因,增资及股权转让价格定价公允,选择发行人而非深圳满坤作为上市主体具有合理性。

2. 说明深圳满坤租赁集体土地是否履行必要的内外部审批程序、租赁合同内容是否符合相关法律法规规定,是否存在被撤销或认定无效风险。

深圳满坤租赁厂房所占土地系由沙井镇上寮村民委员会出租给沙井镇蚝三村民委员会的集体土地,土地租赁协议违反当时法律的禁止性规定,存在被认定为无效合同的风险;深圳满坤租赁厂房虽已履行了必要的内外部审批程序,但由于所租厂房属于未取得建设工程规划许可证的房屋,房屋租赁合同亦存在被认定为无效合同的风险。上述情形不会对发行人的生产经营产生重大不利影响,且发行人不会因承租上述厂房受到行政处罚。

第三轮问询问题:

请发行人说明深圳满坤租赁厂房是否符合现行有效的土地管理、集体资产管理相关法律规定,是否履行相关审批程序。

第三轮问询回复主要内容:

1. 深圳满坤租赁厂房的基本情况。

深圳满坤自 2003 年 12 月起向深圳市沙井蚝三股份合作公司(以下简称蚝三公司)的前身深圳市宝安区沙井镇蚝三经济发展公司租赁了 A4 栋厂房,租期 10 年;租期届满后于 2013 年 12 月与蚝三公司续租并增加租赁 A3 栋厂房,此后经历了 2016 年 12 月、2019 年 12 月两次续租一直租赁使用至今,续租年限均为 3 年。

深圳满坤租赁厂房所占土地原属于沙井镇上寮村集体土地。2003 年 8 月 1 日,沙井镇上寮村民委员会将上述集体土地出租给沙井镇蚝三村民委员会用于非农业建设,租期 50 年。沙井镇蚝三村民委员会承租该集体土地后,在集体土地上建设了厂房并出租给了深圳满坤。

2. 租赁集体土地是否符合现行有效的土地管理、集体资产管理相关法律规定,是否履行相关审批程序。

根据上寮公司出具的说明,并经查阅上寮公司的工商登记资料,上寮公司系沙井镇上寮村民委员会于 2004 年 10 月改制设立的股份合作公司,为深圳市城市化后沙井镇上寮村民委员会的继受单位,其股东为原沙井镇上寮村民委员会的村民。上寮公司未办理集体土地使用权证书,亦未召开股东大会审议相关土地租赁协议。

综上,律师认为,深圳满坤租赁厂房所占土地属于集体土地,土地出租方上寮公司未办理集体土地使用权证书,亦未召开股东大会审议相关土地租赁协议,上寮公司未履行必要的审批程序,不符合现行有效的《土地管理法》《广东省集体建设用地使用权流转管理办法》的规定。

案例小结:

实践中,通常情况下,涉及使用农用地的,发行人及中介机构会就相关使用程序的合法合规性进行论证,如确实存在瑕疵,则会采取获得证明函、承诺函、退租及补办手续等补救措施,但本案的情况则有些特殊。

在第一轮问询时,审核机构要求说明选择发行人而非深圳满坤(发行人的子公司)作为上市主体的原因。中介机构解释称这是综合考虑业务定位、业务规模、注册地以及深圳满坤厂房系租赁且未取得不动产权证书等因素作出的决定。但审核机构的疑虑仍未被打消,在第三轮问询时,审核机构再次要求就深圳满坤租赁厂房的合法性进行说明。本次中介机构直接承认了出租方未办理集体土地使用权证书,亦未召开股东会审议土地租赁协议,未履行必要的审批程序,不符合《土地管理法》的规定,该种情况在实践案例中较为罕见。但尽管如此,发行人最终仍然过会实现上市。

(三)小结与建议

土地作为企业的重要生产资料,土地问题关系到拟 IPO 企业资产的完整性和合法性,也是判断企业持续经营能力的一项重要指标。企业可从以下方面对土地的规范性问题进行应对:

(1)确保土地的取得和使用合法合规。企业要保证土地使用权在取得方式、审批、登记、土地出让金、纳税、土地用途等方面均做到合法合规;若是通过承包、租赁等其他方式使用土地,需关注相关土地使用权的权利合法性、决策审批手续的完整和合法性等。

(2)尽可能彻底规范土地瑕疵问题。若企业使用的土地存在相关法律瑕疵,在资金充裕且对生产经营影响较小的情况下,建议彻底规范相应问题,包括:停止不合法使用土地的行为,尽力及时补办土地使用权证,转让土地权属有瑕疵的土地使用权,在自有土地上新建厂房、转移产能,杜绝使用不合法的土地。

(3)完善关于土地事项的信息披露。企业应说明土地取得及使用的具体过程,对可能发生的风险进行披露;对于土地瑕疵问题,企业应说明未能取得土地使用权证的原因(如土地瑕疵问题是历史原因造成的),目前办证的进展,预期拿证的计划;对土地潜在的风险进行披露,如是否存在将会被行政处罚或被政府征收土地等风险。

(4)申请土地主管部门出具合规证明或专项证明。若土地存在瑕疵问题,建议由土地主管部门出具相关证明,取得土地主管部门对瑕疵问题发生原因的确认,明确继续使用土地的可行性,说明是否存在行政处罚,以及相关违法行为不构成重大违法行为。

(5)控股股东或实际控制人出具兜底承诺。对于因土地问题导致的搬迁、行政处罚、企业损失等风险和责任,由控股股东或实际控制人承诺承担。

(6)持续关注当地土地政策和政策更新情况。企业应关注相关政策要求,及时履行土地取得、使用、登记等法定程序,避免改变土地用途。

二、募投用地规范要求

(一)理论基础

企业上市募集资金用于募投项目,通常需要土地作为实施募投项目的基本生产资料。对于拟 IPO 企业,募投项目所需使用的土地的取得方式一般包括以下三种:通过参与招拍挂购置取得新的土地、利用现有的土地实施项目、向第三方租赁土地实施项目。

在以前的审核理论下,要求拟 IPO 企业的募投项目用地需取得相应的权属证书,2010 年第三期保代培训窗口指导意见要求:“募投用于房地产的,涉及的土地使用权应当已经落实,合法取得土地使用权证书;募投资金用于非房地产项目的,所涉及的土地使用权应该已经落实:以出让方式取得的,应签订合同、足额缴纳出让金并办理登记手续;以购买方式取得的,应签订合同并办理登记手续;租赁取得的,应签订合同并办理必要的登记手续;以作价入股方式取得的,应办理必要的登记手续。”

随着审核理念的调整和全面注册制的实施,目前取得募投项目用地权属证书已不再是一项硬性要求。《监管规则适用指引——发行类第 4 号》第 13 条第 4 款规定:“发行人募投用地尚未取得的,需披露募投用地的计划、取得土地的具体安排、进度等。保荐机构、发行人律师需对募投用地是否符合土地政策、城市规划、募投用地落实的风险等进行核查并发表明确意见。”由上述规定可见,目前的审核理念,强调的是对募投用地的具体情况和合法合规性的信息披露,募投用地的取得以不存在重大不确定性为基本要求。

(二)典型案例

案例

隆扬电子(昆山)股份有限公司

(股票代码:301389,2022 年 6 月 29 日过会)〔1〕

问询问题:

申请文件及问询回复显示,发行人主要募投项目用地尚未进行招拍挂程序,发行人尚未取得募投用地。

请发行人按照《首发业务若干问题解答》(2020 年 6 月修订)问题 18 的要求,披露募投用地的计划、取得土地的具体安排、进度等,是否符合土地政策、城市规划,募投项目用地落实的风险;如无法取得募投项目用地拟采取的替代措施以及对募投项目实施的影响。

问询回复主要内容:

1. 按照《首发业务若干问题解答》(2020 年 6 月修订)问题 18 的要求,披露募投用地的计划、取得土地的具体安排、进度等,是否符合土地政策、城市规划,募投项目用地落实的风险。

本投资项目拟使用的土地尚未取得不动产权证书。富扬电子(发行人生产基地之一)与淮安经济技术开发区管理委员会于 2021 年 1 月签订的项目投资协议书约定:富扬电子通过报名竞买方式,对该宗用地使用权公开出让进行竞价交易并受让,该宗用地性质为工业用地,使用年限为 50 年。淮安经济技术开发区管理委员会在富扬电子项目开工前,根据富扬电子建设进度计划,协助办理相关国有建设用地使用权竞买手续。

2021 年 3 月 29 日,富扬电子已取得淮安市自然资源和规划局出具的红线图,富扬电子电磁屏蔽及其他相关材料生产项目的用地面积为 18,401.9 平方米,用地性质为工业用地。

2021 年 8 月 12 日,淮安经济技术开发区管理委员会向富扬电子出具说明,称目前淮安经济技术开发区管理委员会已经启动开展土地指标报批前期工作,开展

〔1〕 摘自《关于隆扬电子(昆山)股份有限公司首次公开发行股票并在创业板上市之补充法律意见书(三)》(2022 年 2 月 23 日出具)。

征地清表工作,后续按照流程推进土地预审及土地挂牌等手续,预计2021年第四季度土地挂牌出让。富扬电子的拿地计划、取得土地的具体安排及实际进展情况,均符合国家及地方土地管理、城市规划相关法律法规及政策,募投用地取得不存在实质性障碍,不存在无法落实的风险。

2021年11月12日,淮安市自然资源和规划局已按照工作流程完成该地块的用地预审工作并出具建设项目用地预审与选址意见书,称根据《土地管理法》、《城乡规划法》和国家有关规定,经审核,富扬电子电磁屏蔽及其他相关材料生产项目符合国土空间用途管制要求。

2022年1月24日,淮安经济技术开发区管理委员会向富扬电子出具说明,称目前涉及本项目用地指标的"土地征收成片开发方案"已获江苏省自然资源厅批准,淮安市自然资源和规划局已完成本项目的土地预审工作,后续按照流程将推进土地挂牌等手续,预计将于2022年上半年完成土地出让。

2. 如无法取得募投项目用地拟采取的替代措施以及对募投项目实施的影响。

淮安经济技术开发区目前产业用地储备充沛,若本次土地拍卖不成功,淮安经济技术开发区管理委员会将进行协调。如发行人用协调地块用于募投项目建设,将根据新地块对项目的用电、污水管网规划进行微调,实施计划会因为协调地块拍卖导致时间后移,项目效益会因为地块面积的微调造成一定影响。因此,发行人采用协调地块用于募投项目建设对项目的选址、用电、污水管网、实施计划及效益情况构成一定影响,但不构成实质性影响。

案例小结:

拟进行IPO的企业主要可以通过租赁、利用现有土地新建厂房楼宇、招拍挂、先租后让等方式获得募投项目用地。

以往,在审核中监管机构对于申报前取得募投用地的情况较为关注。近年来,审核机构逐渐不再将取得募投项目用地产权证书作为硬性要求,实践中不乏未取得相关土地使用权仍成功上市的案例,但发行人仍应对募投项目用地的计划、取得土地的具体安排、进度以及是否合法合规等问题进行披露。

本案例中,中介机构解释称,发行人通过报名竞买方式对该宗用地使用权进行了受让,尽管尚未取得不动产权证书,但取得募投用地不存在实质性障碍,不存在无法落实的风险,即便拍卖不成功,淮安经济技术开发区管理委员会也将进行协调,该情况将不会对发行人构成实质性影响。该种解释路径获得了审核机构的认可。

(三)小结与建议

目前,审核机构对拟 IPO 企业的募投项目用地的取得要求有了一定程度的放松,不再强制要求企业在申报时完成办理相应的权属登记手续。结合近年的上市案例,拟 IPO 企业未取得土地使用权证,但若已签署土地出让合同、与当地政府签署投资协议、或取得建设用地预审意见,基本不会构成申报上市实质性障碍。但是,为了提高审核效率,我们建议拟 IPO 企业持相对保守的态度,提前对募投项目用地进行规划,尽量争取在申报过程中尽早取得募投用地的土地使用权,提高审核环节反馈问答的效率,避免出现突发情况影响企业的上市进程。

第二节 房　　产

一、自有房产瑕疵

(一)理论基础

房产是企业生产经营中必备的生产经营场所,也是企业的重要资产,通常包括办公楼、厂房、仓库、员工宿舍等。如果房产存在相关法律瑕疵,将会影响到拟上市企业的资产的合法性、完整性和独立性,此外企业的生产经营场所的稳定性也可能受到影响,进而影响到企业的持续经营能力。因此,房产的合法合规性也是审核机构关注的一项重点。

1. 自有房产的瑕疵的常见类型

结合丰富的上市实践案例,拟 IPO 企业的自有产权存在权属瑕疵,主要是以下三个方面的原因导致的:

(1)土地使用权存在法律瑕疵。这种常见于房产所在土地属于划拨用地或集体建设用地,这类土地性质有特殊的法律规定,除非经过土地性质变更或特别审批程序,在该等土地上建设的房屋无法办理产权证书。

(2)房屋存在违建情形。新建房屋需要依法履行相应的报建手续,包括取得建设用地规划许可证、建设工程规划许可证、施工许可证、房屋竣工验收备案、消防验收等手续。若企业在新建房屋时未依法完整履行上述报建手续,或者未按照许可范围进行建设,均可能影响到房屋权属登记的办理。

(3)特殊政策背景。部分企业可能因特殊政策背景而无法办理权属登记。比如因土地规划发生变动导致房屋规划用途变化,由于规划用途与实际用途不一致而无法办证。再如部分地方招商引资的特殊供地政策遗留下的办证障碍等。

针对相关房产瑕疵,实务中审核机构通常会关注和问询以下问题:①说明自有房产未依法办证的原因,目前的办证进展,办证是否存在实质障碍;②说明自有房产未办证是否存在被征回、强制拆除、行政处罚等风险,未办证对应的行为是否构成重大违法行为;③结合未办证房产的面积占比、使用该等房产所产生的收入、利润等情况,说明未办证房产对发行人生产经营的重要性;④测算若无法继续使用相应房产时发行人可能产生的搬迁费用和损失,说明无法继续使用相应房产对发行人生产经营的具体影响,是否影响发行人的持续经营能力。

2. 房产"住改商"

实务中,部分企业涉及购买或租用住宅小区的房屋后改为经营性用途。未经法定程序不得擅自"住改商",否则企业将承担相应的法律责任。出于行文体系考虑,笔者将租赁房产的"住改商"问题放在此处一并阐述。

(1)自有房产"住改商"。若企业对其自有产房进行"住改商",将涉及民事责任和行政责任的承担。根据《民法典》的规定,业主将住宅改变为经营性用房的,除遵守法律、法规以及管理规约外,应当经有利害关系的业主一致同意;根据《最高人民法院关于审理建筑物区分所有权纠纷案件适用法律若干问题的解释》的规定,业主擅自将住宅改变为经营性用房,有利害关系的业主有权要求排除妨害、消除危险、恢复原状或者赔偿损失。此外,部分地方的法规文件还明确规定对房屋所有人擅自变更房屋用途的行为进行责令改正、罚款等行政处罚。

(2)租赁房产"住改商"。根据《最高人民法院关于审理建筑物区分所有权纠纷案件适用法律若干问题的解释》的规定,建筑物区分所有权纠纷涉及专有部分的承租人、借用人等物业使用人的,参照该解释处理。由上文可见,租赁房屋的业主若擅自"住改商",虽然承担排除妨害等责任的主体是该等业主,但企业作为承租人也必然因此面临搬迁的风险。若是企业承租相应住宅房屋后擅自改为经营之用,则面临被解除租赁合同、承担违约责任等风险。

（二）典型案例

1. 自有房产“住改商”

案例

佛山市燃气集团股份有限公司

（股票代码：002911，2017年10月27日过会）〔1〕

问询问题：

招股说明书披露，发行人及其控股子公司7处自有房产规划用途与实际用途不一致，建筑面积合计为922.21平方米，占自有房屋建筑面积的3.45%。

请发行人补充披露：7处自有房产规划用途与实际用途不一致的原因及合理性，拟采取的整改措施及其可行性。

请保荐机构、发行人律师核查：除招股说明书已披露的情形外，发行人生产经营用房及相关土地使用权是否均已办理权属登记，实际用途与证载用途或规划用途是否相符，是否存在违法违规情形，是否存在被处罚的风险。

问询回复主要内容：

经办律师核查发现，高压管网公司已将上述拥有的3处房屋的规划用途由工业用房变更为公共设施用房；就上述其余房屋，顺德燃气和三水燃气已按照规划用途规范了实际用途，或将房屋清空暂未继续使用。〔2〕

案例小结：

《民法典》第279条规定：业主不得违反法律、法规以及管理规约，将住宅改变为经营性用房。业主将住宅改变为经营性用房的，除遵守法律、法规以及管理规约外，应当经有利害关系的业主一致同意。

实践中，拟上市的企业若存在“住改商”或自有/租赁房产规划用途和实际用途不一致的情形，审核机构通常会比较关注。发行人及中介机构通常可以从不一致的原因及合理性，是否得到有利害关系的业主的一致同意，是否存在重大违法

---

〔1〕 摘自《关于佛山市燃气集团股份有限公司在中国境内首次公开发行人民币普通股股票并上市的补充法律意见（三）》（2017年4月28日出具）。

〔2〕 根据《佛山市燃气集团股份有限公司首次公开发行股票招股说明书》，“三水燃气”是指佛山市燃气集团股份有限公司之全资子公司佛山市三水燃气有限公司；“高压管网公司”是指佛山市燃气集团股份有限公司之控股子公司佛山市天然气高压管网有限公司；“顺德燃气”是指佛山市燃气集团股份有限公司之控股子公司佛山市顺德区港华燃气有限公司。

风险以及发行人准备或已经采取的整改措施等方面进行论证说明。

本案例中,发行人及子公司共有7处自有房产出现规划用途和实际用途不一致的情况。发行人及中介机构以表格形式对相关房产的所有权人、证书编号、地址、面积、规划用途、原实际用途、用途不一致原因、整改措施以及整改后实际用途进行了说明,并说明发行人已分别采用了改变房屋原规划用途、规范实际用途以及将房屋清空并暂停使用的方式进行了解决。该种解决路径获得了审核机构的认可。

2. 涉房业务的专项核查

案例

华虹半导体有限公司

(股票代码:688347,2023年5月17日过会)[1]

问询问题:

根据申报材料:(1)发行人的控股子公司无锡置业及联营企业华虹置业均具有房地产开发资质,经营范围均包含"房地产开发经营",目前承诺为将在"最短时限内"或"及时"注销房地产开发资质;(2)无锡置业正在开发建设的"华虹无锡集成电路产业配套及人才用房"(以下简称无锡置业项目)系华虹无锡项目的配套保障,项目总面积69,501平方米,宗地规划用途包括住宅、办公及少量商业和配套;(3)无锡置业项目住房定向销售给无锡市重大集成电路产业12英寸晶圆代工项目的管理人员、专业技术人员和相关人才,销售定价原则上将考虑土地成本、开发成本以及资金成本等因素予以合理确定,最高不超过16,800元/平方米(毛坯价格),购买人自房屋产权证书办理后5年内不得上市交易,本项目商业配套、办公用房均由无锡置业自持;(4)华虹置业的"华虹创新园"项目系自华虹NEC处承接而来,土地用途为工业用地,华虹置业自持、出售或出租前述房产。

请发行人说明:(1)无锡置业项目建设的必要性及合理性、建设资金来源,不同宗地规划用途的面积,"管理人员、专业技术人员和相关人才"是否均为公司职工,是否保证职工在职期间及离职若干年后不得对公司员工以外人员销售(在此期间不为员工办理房屋产权证书)、仅以建设成本作为销售价格,住宅销售计划、商业配套及办公用房拟自持等全部安排是否已履行完毕所有相关手续;(2)华虹

[1] 摘自《关于华虹半导体有限公司首次公开发行人民币普通股并在上海证券交易所科创板上市之补充法律意见书》(2023年1月19日出具)。

置业自持、出售、出租房产的具体情况,包括房产面积、具体用途、出售/出租的收入情况及定价依据等,华虹置业长期未完成土地增值税清算的原因,相关土地系工业用地但华虹置业持有房地产开发企业暂定资质证书、上海市商品房预售许可证的原因;(3)测算无锡置业、华虹置业及发行人其他控股、参股公司(如有)涉及房地产业务的收入、净利润(参股公司的投资收益)占发行人合并报表收入、净利润的比重情况,房地产开发资质的预计注销时间;(4)发行人保障募集资金尤其是其中的补充流动资金不会用于房地产的有效措施。

请保荐机构、发行人律师对上述事项及发行人涉房业务是否符合国家房地产调控政策的要求进行核查并发表明确意见。请发行人、保荐机构、发行人律师提交关于涉房业务的自查报告和专项核查报告。

问询回复主要内容:

1. 无锡置业项目建设的必要性及合理性、建设资金来源,不同宗地规划用途的面积,“管理人员、专业技术人员和相关人才”是否均为公司职工,是否保证职工在职期间及离职若干年后不得对公司员工以外人员销售(在此期间不为员工办理房屋产权证书)、仅以建设成本作为销售价格,住宅销售计划、商业配套及办公用房拟自持等全部安排是否已履行完毕所有相关手续。

(1)无锡置业项目建设的必要性及合理性。

华虹无锡及无锡置业系根据与无锡市人民政府签订的战略合作协议而设立的无锡基地项目建设主体。无锡置业项目系无锡市集成电路特别重大项目的组成部分。该项目的建设一方面有利于解决无锡市集成电路特别重大项目产业配套和人才公寓问题,另一方面有利于满足华虹无锡员工在无锡当地安居乐业的现实需求,促进华虹无锡更好地保持团队稳定、吸引更多人才,推动华虹无锡快速发展并拥有持续竞争力。

(2)无锡置业项目的建设资金来源及不同宗地规划用途的面积。

①建设资金来源。无锡置业项目资金来源主要为发行人及其控股子公司的自有资金及银行借款。②不同宗地规划用途的面积。略。

(3)“管理人员、专业技术人员和相关人才”是否均为公司职工,是否保证职工在职期间及离职若干年后不得对公司员工以外人员销售(在此期间不为员工办理房屋产权证书)、仅以建设成本作为销售价格,住宅销售计划、商业配套及办公用房拟自持等全部安排是否已履行完毕所有相关手续。

发行人已就无锡置业项目的相关房产作出安排,具体如下:

①"管理人员、专业技术人员和相关人才"是否均为公司职工。

"管理人员、专业技术人员和相关人才"仅限于发行人及发行人控制的子公司的员工。发行人不会向相关人员以外的其他第三方销售住宅房产,也不会向社会公众销售住宅房产,但由政府回购的除外。

②是否保证职工在职期间及离职若干年后不得对公司员工以外人员销售(在此期间不为员工办理房屋产权证书)。

发行人出具更新的承诺函,承诺发行人将要求购房员工购房时签署相关承诺,承诺其在职期间及离职2年内,不得对发行人员工以外的人员销售其购买的住宅房产;在此期间,发行人不为员工办理房屋产权证书。

③仅以建设成本作为销售价格。

发行人出具更新的承诺函,并承诺无锡置业在转让住宅房产给员工时,销售定价将不高于根据土地成本、开发成本等核算确定的综合成本价。发行人出售相关住宅房产不以营利为目的。

④住宅销售计划、商业配套及办公用房拟自持等全部安排是否已履行完毕所有相关手续。

根据无锡市新吴区人民政府与无锡置业于2020年12月18日签署的投资发展监管协议,无锡置业取得上述土地主要用于解决无锡市集成电路特别重大项目产业配套和人才公寓的问题;就上述无锡置业取得的相关土地,无锡置业必须进行整体开发,不得分割转让,不得股权转让;上述土地上的办公用房须50%自持;上述土地上的人才公寓销售价格最高限价为16,800元/平方米(毛坯房),应定向销售给无锡市重大集成电路产业12英寸晶圆代工项目的管理人员、专业技术人员和相关人才,且购买人自房屋产权证书办理5年内不得上市交易。在满足人才公寓需求后仍有余房的,余房可由新吴区政府按照原核定价格回购。根据无锡市新吴区人民政府与无锡置业于2022年7月28日签署的投资发展监管协议补充协议一及无锡市新吴区人民政府于2022年7月28日出具的关于华宏置业(无锡)有限公司清源路南侧地块项目用房相关情况的说明,无锡置业项目土地上的办公用房应由发行人及其控股子公司100%自持或政府回购,不得向第三方出售;上述土地上的商业用房均系满足社区基本生活的商业配套。

就商业配套及办公用房拟自持事宜,发行人出具更新的承诺函,承诺:"本项目商业配套均由无锡置业自持,仅用于本项目所需的食堂、小超市、健身房等,以满足社区的基本生活要求;本项目的办公用房仅由本公司及其控股子公司自持或政府回购,不向其他第三方出售。”

基于上述核查,律师认为,发行人已就该项目住宅销售计划、商业配套及办公用房拟自持事宜出具更新的承诺函,且无锡置业与无锡市新吴区人民政府签署投资发展监管协议对无锡置业房地产项目的相关事宜进行安排,承诺函与监管协议的差异情况不会导致执行障碍,发行人已就该项目住宅销售计划、商业配套及办公用房拟自持事宜履行完毕所有的相关手续。

2. 华虹置业自持、出售、出租房产的具体情况,包括房产面积、具体用途、出售/出租的收入情况及定价依据等,华虹置业长期未完成土地增值税清算的原因,相关土地系工业用地但华虹置业持有房地产开发企业暂定资质证书、上海市商品房预售许可证的原因。

(1)华虹置业自持、出售、出租房产的具体情况,包括房产面积、具体用途、出售/出租的收入情况及定价依据等。

略。

(2)华虹置业长期未完成土地增值税清算的原因。

由于华虹置业向第三方出售房产的相关转让登记手续尚未办理完毕,该项目的房产销售尚未完成,华虹置业不属于《土地增值税清算管理规程》第 9 条规定的应当进行土地增值税清算的情形;华虹置业的主管税务机关已于 2022 年 7 月通知华虹置业进行土地增值税清算,华虹置业预计将于 2023 年上半年完成相关手续。

(3)相关土地系工业用地但华虹置业持有房地产开发企业暂定资质证书、上海市商品房预售许可证的原因。

华虹置业持有的工业用地主要用于开发建设“华虹创新园”项目,除华虹置业自持部分房产及历史上曾出售部分房产外,“华虹创新园”的相关厂房目前主要用于出租给第三方。华虹置业已取得上海市浦东新区发展和改革委员会、上海市浦东新区科技和经济委员会、上海市浦东新区规划和自然资源局于 2020 年 7 月 28 日出具的通知。前述单位已认定华虹置业为浦东新区产业园区开发平台公司(指承担上海市、区级各类园区建设、运营管理的平台型公司),并要求华虹置业在开发运营过程中严格落实土地全生命周期管理,实行整体开发,服务实体经济,满足优秀企业发展空间需求,提升科创研发功能,促进园区能级提升。

华虹置业开发建设“华虹创新园”及出售部分房产属于《城市房地产开发经营管理条例》《房地产开发企业资质管理规定》规定的需办理房地产开发企业资质证书、商品房预售许可证的情形,因此相应办理了房地产开发企业暂定资质证书、上海市商品房预售许可证等证书。

3. 测算无锡置业、华虹置业及发行人其他控股、参股公司(如有)涉及房地产业务的收入、净利润(参股公司的投资收益)占发行人合并报表收入、净利润的比重情况,房地产开发资质的预计注销时间。

(1)房地产业务收入及净利润占比情况。

报告期内,发行人控股子公司及参股公司中仅无锡置业、华虹置业涉及房地产业务。报告期内,无锡置业房地产业务收入目前未产生任何收入,华虹置业房地产业务收入占发行人营业收入的比例分别为1.62%、1.70%、1.49%和0.88%;无锡置业房地产业务净利润占发行人归属于母公司所有者的净利润的比例分别为0、-0.28%、-1.37%和-0.91%,华虹置业房地产业务净利润占发行人归属于母公司所有者的净利润的比例分别为1.32%、3.46%、1.94%和1.13%。

无锡置业项目预计于2024年竣工,并将于2024年开始对员工进行销售,计划于2027年完成销售。发行人预计2024年至2027年无锡置业的房地产业务收入占发行人届时相应年度营业收入的比例均不超过10%。

(2)房地产开发资质的预计注销情况。

经律师核查,就华虹置业持有的房地产开发资质,华虹置业已出具承诺函,承诺华虹置业将于完成土地增值税的清算后,及时向主管部门提交房地产开发企业暂定资质证书注销的相关申请资料并注销前述资质,且华虹置业将不再使用上海市商品房预售许可证(经与主管部门沟通,华虹置业无法主动注销该资质)。根据华虹置业的说明,华虹置业的主管税务机关已于2022年7月通知其进行土地增值税清算,华虹置业预计将于2023年上半年完成相关手续。

4. 发行人保障募集资金尤其是其中的补充流动资金不会用于房地产的有效措施。

截至本补充法律意见书出具之日,无锡置业项目的土地出让金已全额支付,且发行人及其控股子公司的自有资金、银行借款已为后续的开发建设提供了充足的资金储备,无锡置业项目不存在资金不足的情形;除无锡置业项目外,无锡置业不存在其他房地产开发业务或有关其他房地产开发项目的计划,目前及未来亦不会从事其他房地产开发业务。待无锡置业项目竣工后,在相关法律法规及主管部门允许的最短时限内,无锡置业将及时注销房地产开发资质,并删除经营范围中涉及“房地产开发”的有关内容。

经律师核查,发行人首次公开发行股票所募集的资金扣除发行费用后的净额计划投入华虹制造(无锡)项目、8 英寸厂优化升级项目、特色工艺技术创新研发项目及补充流动资金。发行人亦已出具承诺函承诺无锡置业项目不会使用发行人本次发行的募集资金;前述投资方向均不涉及房地产项目。发行人已制定了募集资金管理制度,未来募集资金将存放于募集资金专户集中管理,并由发行人与保荐机构、存放募集资金的商业银行签订三方监管协议;发行人将按照发行申请文件中承诺的募集资金投资计划使用募集资金,发行人董事会、保荐机构亦将对募集资金的存放及使用情况进行持续监督并进行定期披露,前述措施可以保障募集资金不会用于房地产业务。

基于上述核查,律师认为,发行人已采取相应措施保障募集资金尤其是其中的补充流动资金不会用于房地产开发。

5. 发行人涉房业务是否符合国家房地产调控政策的要求。

经律师核查,国务院及中国证监会对涉房企业上市融资的主要国家房地产调控政策要求如下:

略。

经律师核查,根据无锡市自然资源和规划局出具的核查证明,无锡置业从 2020 年 9 月 1 日至 2022 年 9 月 30 日,在该市范围内不存在因为违反土地管理法律法规而受到行政处罚的情形。根据无锡市住房和城乡建设局出具的证明,无锡置业自 2019 年 1 月 1 日至 2022 年 9 月 30 日不存在因违反住建领域相关法律、法规、规章受该局行政处罚的情形。

基于上述核查,律师认为,截至本补充法律意见书出具之日,发行人涉房业务符合上述国家房地产调控政策的要求。

案例小结:

一直以来,涉及房地产业务的行业并不是受审核机构欢迎的行业。尽管近年来针对涉房企业的上市审核有所松动,但上市过程中,审核机构仍然会比较关注该问题并在反馈中进行重点问询。

根据《深圳证券交易所创业板企业发行上市申报及推荐暂行规定》(2022 修订)的规定,属于上市公司行业分类相关规定中下列行业的企业,原则上不支持其申报在创业板发行上市,但与互联网、大数据、云计算、自动化、人工智能、新能源等新技术、新产业、新业态、新模式深度融合的创新创业企业除外:(1)农林牧渔业;(2)采矿业;(3)酒、饮料和精制茶制造业;(4)纺织业;(5)黑色金属冶炼和压延加工业;(6)电力、热力、燃气及水生产和供应业;(7)建筑业;(8)交通运输、仓储和邮政业;(9)住宿和餐饮业;(10)金融业;(11)房地产业;(12)居民服务、修理和其他服务业。禁止产能过剩行业、《产业结构调整指导目录》中的淘汰类行业,以及从事学前教育、学科类培训、类金融业务的企业在创业板发行上市。

根据《上海证券交易所科创板企业发行上市申报及推荐暂行规定》(2022 年 12 月修订)的规定,禁止房地产和主要从事金融、投资类业务的企业在科创板发行上市。

此外,《科创属性评价指引(试行)》(2022 修正)也有规定禁止房地产和主要从事金融、投资类业务的企业在科创板上市。

本案例中,发行人的控股子公司以及联营企业均具有房地产开发资质,经营范围均包含"房地产开发经营",审核人员对相关子公司正在建设的项目的必要性、合理性、资金来源、具体情况,相关联营企业自持、出售、出租房产的具体情况,两个企业及发行人其他控股、参股公司涉及房地产业务的收入等财务状况,房地产开发资质的预计注销时间等问题进行了细致的询问。

发行人对此进行了详细回复,并确认建设资金均不来源于发行人,相关子公司承诺在本项目竣工后在最短时间内注销房地产开发资质,相关联营企业承诺将在完成土地增值税清算后及时注销房地产业务资质证书,发行人亦承诺募集资金不会用于房地产业务。

实践中,若拟上市企业存在此类情况,除论证说明外,发行人也可以参考本案例中的做法争取注销房地产业务资质证书或者通过工商变更、股权转让等方式对涉及的房地产业务进行剥离,以避免该问题成为申报上市的阻碍。

(三)小结与建议

对于企业的自有房产存在相应法律瑕疵的,企业通常需要如实披露房产瑕疵的具体情况,充分说明房产瑕疵的产生背景、对企业生产经营的影响程度、相关行为不构成重大违法行为。此外,建议企业借上市的机会与当地政府部门充分沟通,积极补办权属证书,解决历史遗留问题。再者,通常还需由当地主管部门出具专项合规证明,并由发行人的控股股东或实际控制人作出兜底承诺。

对于拟 IPO 企业的自有房产或租赁房产存在"住改商"情形的,实务中企业通常会采用彻底规范或保留使用并作充分论证两种路径解决。关于彻底规范的路径,涉及自有房产的,企业需补充履行业主同意的程序,或停止经营使用、恢复住宅用途;涉及租赁房产的,企业则需另行租用合规的租赁物。关于继续使用租赁房屋的路径,则需解释该等租赁房屋的可替代性强、对生产经营的影响小。此外,企业通常还需申请主管部门针对该等行为出具专项合规证明,并由控股股东或实际控制人出具相应的兜底承诺。

二、租赁房产瑕疵

(一)理论基础

1. 租赁房产未办理备案登记

根据《商品房屋租赁管理办法》第 14 条的规定,房屋租赁合同订立后 30 日内,房屋租赁当事人应当到租赁房屋所在地直辖市、市、县人民政府建设(房地产)主管部门办理房屋租赁登记备案。在实务中,由于租赁备案登记需要缴纳相关费用,同时要满足较高的纳税合规要求,出租人的配合意愿不高,因此发行人租赁房产后未能办理租赁备案手续的情况非常常见。租赁备案问题基本都有固化的处置惯例和解释口径,不会构成一项发行障碍。

关于租赁房产未及时办理租赁备案,主要涉及以下三方面法律问题:(1)租赁合同的效力。根据《民法典》第 706 条的规定,目前法条层面已经明确了未作租赁备案不影响租赁合同效力。(2)行政处罚风险。根据《城市房地产管理法》和《商品房屋租赁管理办法》等的规定,若租赁当事人未依法办理租赁登记备案,则相关当事人(视合同约定备案义务人而定)将面临责令改正、罚款等行政处罚风险。(3)“买卖不破租赁”的适用。对于“买卖不破租赁”是否适用于未经备案登记的租赁合同,目前在法律层面尚未有明确的规定,部分地方性法规、规章则规定未经登记备案的租赁合同不得对抗第三人。鉴于此,若发行人租赁房产未进行租赁备案,当租赁房产发生权属变更时,发行人存在无法继续使用所租赁的房产的风险。

2. 主要生产经营场所为租赁房产

发行人的生产经营场所主要为租赁房产的,并非一项绝对的瑕疵问题。对于非生产型、轻资产运营的行业和企业,其经营本身不需要大量自有房产,该类企业的主要经营场所采用租赁房产,即属于正常合理的现象。但如果发行人本身为生产型企业,且行业内的主要企业多数有自有房产,而发行人的生产经营场所却大比例为租赁房产,那么发行人的资产完整性和独立性以及持续经营能力将受到质疑。

对于租赁房产的比例较大的企业,审核机构主要关注以下问题:(1)合法合规性,具体关注租赁房产本身是否具有法律瑕疵,包括在权属、房屋建设手续、使用用途、备案登记等方面的瑕疵;(2)对生产经营的影响情况,具体关注租赁房产租期届满后的续租风险、搬迁风险、使用租赁房产所产生的收入和利润情况、无法继续使用租赁房产时对生产经营的影响程度;(3)租金情况,具体关注租金的公允性、自建房产与租赁成本的差异测算、是否符合商业逻辑等。

此外,如果发行人租赁其控股股东、实际控制人房产,还将受到审核机构的特别关注。在以前的审核标准中,发行人的生产经营场所主要承租控股股东或实际控制人的房产的,由于担心影响到发行人的独立性,该方式基本不被认可。但在目前的注册制审核理念下,如果相关租赁比例控制在一定范围内,不构成发行人对控股股东或实际控制人的资产的重大依赖,不会对发行人的生产经营造成不利影响的,是可以得到审核机构容许的。根据《监管规则适用指引——发行类第 4 号》的规定,对于生产型企业的发行人,其生产经营所必需的主要厂房等固定资产系向控股股东、实际控制人租赁使用,则中介机构应当重点关注、充分核查论证并发表明确意见,通常需关注和核查以下方面:相关资产的具体用途、对发行人的重要程度、未投入发行人的原因、租赁或授权使用费用的公允性、是否能确保发行人长期使用、今后的处置方案,并就该等情况是否对发行人资产完整性和独立性构成重大不利影响发表明确意见。

(二)典型案例

1. 使用的主要生产性房产为租赁方式

案例

无锡奥特维科技股份有限公司

(股票代码:688516,2020 年 4 月 15 日过会)[1]

问询问题:

招股说明书披露,发行人拥有 1 宗土地使用权,承租 6 处房产,部分生产经营主要场所的租赁即将到期。请发行人补充披露:(1)租赁房产的证载用途或规划用途、土地使用权性质;(2)生产经营主要场所租赁即将到期的后续安排,是否存在搬迁计划,搬迁计划的具体安排,对生产经营的影响,搬迁费用对财务状况的影响。

请保荐机构和发行人律师核查:(1)发行人所租赁房屋的权属是否存在纠纷,

---

[1] 摘自《关于无锡奥特维科技股份有限公司首次公开发行股票并在科创板上市之补充法律意见书(二)》(2019 年 9 月 20 日出具)。

是否办理租赁备案手续、相关租赁合同是否合法有效,是否存在不能续租的风险;(2)该等租赁的出租方与发行人股东、董事、监事、高级管理人员及主要客户、供应商是否存在关联关系,租赁价格是否公允;(3)发行人是否存在占用国有划拨地或集体土地的情形,是否合法、有效,对发行人持续经营是否构成重大影响;(4)该等事项是否影响发行人的资产完整性和持续经营能力,并发表明确核查意见。

问询回复主要内容:

发行人说明:

1. 租赁房产的证载用途或规划用途、土地使用权性质。

发行人无自有房屋建筑物,生产、办公场所及配套员工宿舍均通过租赁方式取得。

2. 生产经营主要场所租赁即将到期的后续安排,是否存在搬迁计划,搬迁计划的具体安排,对生产经营的影响,搬迁费用对财务状况的影响。

上述房产(除员工宿舍外)租赁期满后,发行人享有优先承租权,出租方亦有意愿继续出租给公司,因此,发行人当前未制订搬迁计划。另外,因房屋租赁期满搬迁而对发行人生产经营产生重大不利影响或费用的风险较小。

中介机构回复:

1. 发行人所租赁房屋的权属是否存在纠纷,是否办理租赁备案手续、相关租赁合同是否合法有效,是否存在不能续租的风险。

作为发行人主要生产经营场所的5处租赁房屋均办理了租赁备案手续,仅作为发行人员工住宿用途的租赁房屋未办理租赁备案手续,对发行人生产经营不会产生实质影响,发行人作为承租方不会因此而承担相应法律责任或对其经营造成重大影响。

出租方均拥有相关租赁房屋的权属证书,相关租赁合同均合法有效。

发行人租赁的位于无锡市新吴区震泽路的员工宿舍将于2020年8月8日到期,该等租赁房屋实际用于员工住宿,不涉及生产经营,若发生出租方违约收回租赁房产或到期后发行人无法续租的情形,并不会对发行人持续经营造成重大不利影响。关于其余5处生产经营场所,根据律师对生产经营用的5家出租方进行的访谈确认,在租赁合同到期前,发行人的生产经营场所的出租方不会提前终止租赁合同;在租赁合同到期时,发行人享有优先承租权,并且出租方有意愿继续出租给发行人或发行人子公司。对于5处生产经营场所发行人不存在不能续租的实质风险。

2. 该等租赁的出租方与发行人股东、董事、监事、高级管理人员及主要客户、供应商是否存在关联关系,租赁价格是否公允。

经核查,律师认为出租方与发行人股东、董事、监事、高级管理人员及主要客户、供应商不存在关联关系。

发行人及其子公司的生产经营厂房租金价格与周边房屋租金水平总体相当,均处于公允价格的合理波动范围。发行人租赁的员工宿舍租金价格与周边房屋租金水平总体相当,均处于公允价格的合理波动范围。

3. 发行人是否存在占用国有划拨地或集体土地的情形,是否合法、有效,对发行人持续经营是否构成重大影响。

发行人持有的不动产权证、土地出让合同及签署的房屋租赁合同表明,发行人境内使用并拥有的土地系通过出让方式合法取得的国有建设用地,发行人租赁使用的房屋所涉土地亦系通过出让方式合法取得的国有建设用地,均合法、有效,不涉及占用国有划拨地或集体土地的情形,不会对发行人持续经营构成重大影响。

4. 该等事项是否影响发行人的资产完整性和持续经营能力,并发表明确核查意见。

律师认为,截至本补充法律意见书出具之日,发行人自有土地使用权已办理权属登记,不存在未办理权属证书的房产;发行人租赁的与生产经营相关的房屋不存在权属纠纷,租赁合同有效且均已办理租赁备案登记手续;发行人不存在到期不能续租的情形。房屋租赁的出租方与发行人股东、董事、监事、高级管理人员及主要客户、供应商不存在关联关系且租赁价格公允;发行人的主要生产过程为装配、调试,其生产过程对生产经营场所的依赖程度较低,无锡及周边地区能满足发行人生产经营所需且可供租赁的厂房众多。同时,发行人目前租赁生产经营用房较多,不存在对单一租赁关系的依赖。

综上,律师认为,发行人拥有上述土地、厂房的合法使用权,该等使用权定价公允,不存在重大不确定性,不存在对相关方的重大依赖,因此,不会对发行人的资产完整性和持续经营能力造成重大不利影响。

案例小结:

本案例中,发行人的生产、办公场所均由租赁取得,审核机构对租赁房产的用途、性质,续期安排,搬迁计划,租赁备案,租赁价格,权属纠纷,合同有效性,与出租方的关联关系等问题进行了全面细致的提问。

实践中,若拟上市企业的生产经营场地为租赁房产,审核机构通常也会比较关注,并主要从租赁价格的公允性,租赁程序的合法合规性,租赁关系的稳定性,若不能续租对企业生产经营的影响等方面展开问询。

相关中介机构应审慎核查租赁房产的权属情况、合同签署情况、租赁备案情况,并从租赁关系的稳定性,租赁生产经营场所面积占比、对发行人的重要性,租赁房产的可替代性等方面进行论证说明,以获得审核机构的认可。通常情况下,主要生产经营场所虽为租赁房产,但房产权属清晰合法、租赁关系相对稳定的,不会构成申报上市的实质性障碍。

2. 新建自有厂房以解决租赁房产的瑕疵

案例

广州禾信仪器股份有限公司

(股票代码:688622,2021 年 7 月 6 日过会)[1]

问询问题:

评估租赁的房屋对发行人的重要性,是否对发行人持续经营能力构成重大不利影响。

问询回复主要内容:

1. 租赁的房屋对发行人的重要性。

除发行人向广州开发区控股集团有限公司租赁的房屋用于员工宿舍外,其他租赁房屋均用于发行人或其子公司的研发、生产及办公。截至本补充法律意见书出具之日,发行人的全部生产经营用地均通过租赁取得,自有生产、研发基地尚在建设过程中。租赁的房产系发行人及其子公司进行产品研发、生产、销售和管理等日常经营活动的基础条件,保证了发行人日常经营的正常进行。

2. 是否对发行人持续经营能力构成重大不利影响。

租赁的房屋不会对发行人的持续经营能力构成重大不利影响,具体分析如下:

(1)发行人从事质谱仪的研发、生产、销售及相关技术服务,对房屋功能设计并无特殊要求,房屋具有较高可替代性。根据对发行人主要生产场地的走访,发

---

〔1〕 摘自《关于广州禾信仪器股份有限公司申请首次公开发行股票并在科创板上市的补充法律意见书(四)》(2021 年 4 月 27 日出具)。

行人目前生产经营中所应用的机器设备均不属于不可拆卸的大型设备，能够在较短时间内完成搬迁。

(2)发行人已经取得一项国有建设用地使用权并在该宗地上建设了生产车间(机械加工车间、产品装配车间、综合调试车间)、仓储中心、总部办公及配套辅助厂房、研发中心厂房(研发及试制车间、工程技术中心、检测中心)以及综合运营管理中心作为研发、生产经营场地。该厂房建设已于2020年7月封顶，发行人的管理、生产、研发、综合服务等业务预计将于2021年搬迁至新建厂房中。发行人的生产研发对房屋无特殊设计要求，即使无法使用租赁房产，发行人也可在短时间内完成搬迁，不会对生产经营造成重大不利影响。

(3)经核查，在发行人租赁的房屋中，位于广州市黄埔区开源大道11号A3栋、D1栋的房屋尚未取得房屋权属证书，部分租赁合同未备案，但相关租赁均为经营性租赁且租赁的房屋的可替代性较强，不会影响发行人的可持续经营。

(4)发行人的实际控制人周某、傅某已出具承诺函，承诺“若发行人及其控股子公司因在首次公开发行股份并上市前租赁的房屋不符合相关的法律、法规而被收回房屋、责令搬迁、处以任何形式的处罚或承担任何形式的法律责任，或因租赁房屋瑕疵的整改而发生的各类费用或补缴税费等各类经济损失，本人对发行人及其控股子公司因此而遭受、承担的任何损失和费用予以全部补偿，使发行人及其控股子公司免受损失”。

综上所述，虽然目前发行人的全部生产经营用地均通过租赁取得，但发行人已取得自有土地使用权并正在建设厂房，发行人的生产研发对房屋无特殊设计要求，房屋的可替代性较高，可在短时间内完成搬迁，且发行人的实际控制人已出具承诺函，租赁的房屋不会对发行人的持续经营能力构成重大不利影响。

案例小结：

拟上市发行人若存在生产经营性用房为租赁用房的情况，除了披露租赁生产经营场所面积占比、对发行人的重要性，论证租赁关系的稳定性、租赁房产的可替代性等以外，发行人还可以采取新建自有厂房的措施来解决。

本案例中，发行人的全部生产经营用地均为租赁取得，该问题引起了审核机构的关注。对此，发行人律师回复称发行人从事的生产经营活动对房屋功能设计并无特殊要求，房屋的可替代性较高，且设备并非不可拆卸的大型设备，可以在短时间内完成搬迁。另外，发行人已经在新建自有厂房，预计2021年搬迁至新建厂房,租赁房屋不会对发行人的持续经营能力构成重大不利影响。相较于仅通过论证回复的方式,在可能的情况下,新建自有厂房似乎是更能彻底打消审核机构顾虑的解决方式。

(三)小结与建议

对于租赁房产未办理租赁备案问题,常规的规范方式包括:(1)尽量与出租人协商,及时补充办理租赁登记备案;(2)在租赁协议中明确约定办理租赁备案的义务人,并随附约定违约责任;(3)从租赁协议的效力、行政处罚对象、搬迁成本和风险等角度充分论证此情况对发行人的影响有限;(4)由主管部门出具合规证明,并由控股股东或实际控制人出具兜底承诺。

对于主要生产经营场所为租赁方式的,实务中可从以下方面进行论证说明:(1)合法合规性,说明相关租赁房产已签署租赁协议,不存在租赁瑕疵;(2)续租风险,说明发行人与出租人的合作关系长久稳定,合同约定的租期较长,在同等条件下享有优先租赁的权利,周边有较多可替代性租赁资源;(3)搬迁风险,结合实际情况说明搬迁难度小,搬迁损失小,控股股东或实际控制人会对潜在的搬迁损失作出赔偿;(4)自购土地房产的计划,说明目前或未来购置或新建土地或房产的具体计划。

第三节 知识产权

一、商标

(一)理论基础

1. 关联方许可使用商标

根据《监管规则适用指引——发行类第 4 号》的规定,商标、专利主要来自控股股东、实际控制人授权使用的,中介机构应重点关注和核查。实务中,对于控股股东或实际控制人使用的重要商标,通常需要转让至发行人名下以确保资产独立性和完整性,但部分企业出于集团化管理等考虑,不进行商标转让,而是采用了许可使用的方式由发行人继续使用。对于关联方许可使用商标的情况,通常需要关注以下要点:

(1)相关商标未投入发行人的原因。结合过往案例,发行人商标来自关联方的常见原因为企业统一的集团形象管理需求,确保对外宣传推广的一致性。如若发行人的股东不存在集团化管理需求,或股东存在利用商标、品牌从事竞争性业务的嫌疑,采用商标许可使用的方式则将难以得到审核机构的认可。

(2)商标许可使用的费用。关联方许可发行人使用商标,采用有偿许可和无偿许可方式的都有,其中,无偿或低价许可较为常见。若采用无偿许可的方式,则需注意论证关联交易公允性的问题,不过在无偿许可方式下,发行人属于受益方,实务中多数会模糊或回避对待该等公允性问题。

(3)许可使用的期限和未来的安排。多数企业会直接约定商标的许可使用期限为长期且不可撤销的。对于商标的未来处置计划,部分企业会安排将核心、重要的商标转给发行人,部分则只是明确商标持有人会依法完成相关商标的展期,确保发行人得以持续地使用相关商标。

2. 商标权纠纷

实务中,相较于专利诉讼纠纷,拟 IPO 企业的商标权纠纷相对较少,但近年来诸如"同仁堂""中乔体育""爱迪特"等企业均在 IPO 过程中遭遇了商标权诉讼。企业在上市过程中遇到的商标权纠纷的类型主要包括商标近似侵权、申请中的商标被提出异议、已注册商标被申请撤销或无效、在先权利侵权、驰名商标侵权等。

不少企业容易在 IPO 阶段发生商标权纠纷,主要是因为企业进入 IPO 阶段,其商标等知识产权的价值逐渐凸显,势必引起更多的关注和质疑;而竞争对手会在竞争加剧的背景下加强对拟 IPO 企业的研究,及时启动诉讼以延缓企业的 IPO 进程。

《首次公开发行股票注册管理办法》第 12 条规定,发行人的发行条件中包括发行人应不存在涉及主要资产、核心技术、商标等的重大权属纠纷,重大偿债风险,重大担保、诉讼、仲裁等或有事项。如果拟 IPO 企业发生商标权纠纷,主要需要论证是否符合上述发行条件。虽然相关商标权纠纷不至于直接构成发行障碍,但是该等纠纷的存在还是会阻碍发行上市的进程,实务中需要予以重视。

(二)典型案例

1. 发行人存在共用商标的情形

案例 1

中信出版集团股份有限公司

(股票代码:300788,2019 年 6 月 14 日过会)[1]

问询问题:

招股说明书披露,中信集团与发行人(中信出版集团股份有限公司,以下简称中信出版)签署商标使用许可合同,约定中信集团将其所有的“中信”、“CITIC”及“中信出版”商标无偿授权发行人长期使用,其中“中信出版”商标为独占许可使用。

请发行人:(1)说明中信集团取得“中信出版”商标的成本,中信集团及发行人各自对“中信出版”商标的维护费用及广告费等,中信集团无偿许可发行人使用“中信出版”等商标是否履行了合法的批准程序;(2)“中信出版”无法转让至中信出版的具体原因及法律依据;(3)结合报告期内发行人使用上述许可商标销售商品及提供服务的金额及占比,说明上述商标使用范围及在发行人生产经营中的作用,是否存在关联企业与发行人使用相同或相似商标的情形,发行人在核心资产方面是否对控股股东、实际控制人及其控制的其他企业存在重大依赖,对发行人资产完整性及独立性的影响;(4)说明如上述商标许可使用无法续期或被提前终止对发行人主要业务的影响,发行人是否已制定相应措施应对可能出现的不利影响;(5)中信集团是否作出了在未来法律许可时将“中信出版”商标无偿转让给发行人的承诺。请保荐机构、发行人律师说明核查过程、依据和方法,并明确发表核查意见。

问询回复主要内容:

1. 说明中信集团取得“中信出版”商标的成本,中信集团及发行人各自对“中信出版”商标的维护费用及广告费等,中信集团无偿许可发行人使用“中信出版”等商标是否履行了合法的批准程序。

中信集团为取得“中信出版”商标支付了商标注册申请费 1000 元。截至本回

---

[1] 摘自《关于中信出版集团股份有限公司首次公开发行 A 股股票并在创业板上市的补充法律意见书(七)》(2019 年 5 月 20 日出具)。

复出具日，中信集团曾为变更该商标注册人名义支付申请费用 500 元，除此之外未发生其他维护费用。截至本回复出具日，中信集团及发行人未对“中信出版”商标支付过任何广告费用。

根据《中信集团商标管理办法》(2013 修订)，下属公司使用中信相关商标的，应依据中信集团公文处理的有关规定向中信集团提出使用请示，中信集团法律合规部进行审核，出具审核意见及批复建议，并会同有关职能部门将有关文件一并上报中信集团审批；经集团批准使用中信相关商标的，由中信集团法律合规部以中信集团名义下发使用许可批复；对经批准使用中信相关商标的下属公司，中信集团均采取无偿许可形式，不收取相关许可费用。

发行人按照上述程序向中信集团提出了使用请示，经中信集团履行批准程序后，发行人与中信集团签署了商标使用许可合同，约定中信集团无偿将其所有的“中信”、“CITIC”、“”及“中信出版”商标授权中信出版长期使用。因此，中信集团无偿许可发行人使用“中信出版”等商标履行了合法的批准程序。

2.“中信出版”无法转让至中信出版的具体原因及法律依据。

根据《商标法》《商标审查及审理标准》[1] 的相关规定，由于“中信出版”商标中的“出版”部分为不具备显著性的通用名称，“中信出版”商标的显著性唯一来源及主要识别要素为在先商标“中信”，因此该商标与“中信”商标构成近似。在中信集团保留“中信”商标在商品/服务全部 42 个类别的统一持有管理专用权的情况下，“中信出版”商标无法单独转让至中信出版。

针对上述情况，根据《商标法》相关规定，若需将“中信出版”商标转入发行人，则与之构成近似商标的“中信”“CITIC”商标(第 41 类核定服务范围包含出版业务的部分)也需一并转入中信出版。但考虑到“中信”和“CITIC”商标是中信集团及下属公司自 1987 年以来统一使用的企业字号，是中信集团所拥有的核心无形资产，自“中信”等商标在中信集团使用以来，从未将相关商标进行过转让。“中信”、“CITIC”及“”商标不仅由中信集团注册并使用，同时也是中信集团下属数百家各级境内外子公司使用的字号及商标。如将相关商标转让给发行人，中信集团也将无法满足自身及下属子公司对该等商标的合理使用需求。

正是由于上述原因限制，中信集团对下属的中信银行、中信重工等已经完成 A 股上市的子公司，也均是采用了签订商标使用许可合同的方式授权使用相应

〔1〕 现已失效。

商标。

3. 结合报告期内发行人使用上述许可商标销售商品及提供服务的金额及占比,说明上述商标使用范围及在发行人生产经营中的作用,是否存在关联企业与发行人使用相同或相似商标的情形,发行人在核心资产方面是否对控股股东、实际控制人及其控制的其他企业存在重大依赖,对发行人资产完整性及独立性的影响。

(1)使用上述许可商标销售商品及提供服务的金额、占比及在发行人生产经营中的作用。

报告期内,发行人的主要产品为图书,在图书封面上一般会使用“”及“中信出版”等商标,相应的销售金额及占比如下表所示:

略。

在发行人所出版发行的图书(包括一般图书出版与发行和数字出版相应产品)中,“中信”、“CITIC”、“”及“中信出版”等商标是发行人的主要标识。由于发行人的多年努力,“中信出版”商标在图书市场享有较高知名度,并被消费者广泛认可,有利于发行人产品的持续市场推广。

(2)是否存在关联企业与发行人使用相同或相似商标的情形。

对于“中信”、“CITIC”及“”商标,因属于中信集团自1987年以来统一使用的企业字号。因此,除发行人外,中信集团及其他下属子公司均会使用上述商标。

对于“中信出版”商标,由发行人独占使用,不存在中信集团及其他下属子公司均会使用的情况。

(3)发行人在核心资产方面是否对控股股东、实际控制人及其控制的其他企业存在重大依赖,对发行人资产完整性及独立性的影响。

为保证发行人的资产完整性,中信集团曾就该商标许可使用事宜出具如下承诺:

①在中信集团为中信出版实际控制人的情况下,中信集团将长期无偿许可中信出版及其控股子公司依据商标许可使用合同的约定使用“中信”、“CITIC”、“”及“中信出版”商标。②在商标许可有效期内,中信集团承诺将仅许可中信出版及其控股子公司使用“中信出版”商标,不再许可其他任何第三方使用该商标。③中信集团将按照《商标法》等法律法规的要求,在规定期限内为上述商标办理续展手续,以维护上述商标的有效性。本承诺在中信集团作为中信出版实际控制人期间持续有效且不可变更或撤销。

为进一步保证发行人的资产完整性,中信集团除承诺将继续长期无偿许可中信出版及其控股子公司依据商标许可使用合同的约定使用“中信”、“CITIC”、“”商标之外,进一步承诺在商标许可有效期内,将许可中信出版及其控股子公司独占使用“中信出版”商标,中信集团自身不使用,同时不再许可其他任何第三方使用该商标。

基于上述情况,通过商标使用许可合同与中信集团的长期承诺,发行人保证了对“中信”、“CITIC”及“”商标的长期无偿使用,并实现了对“中信出版”商标的独占使用。因此,发行人对控股股东、实际控制人及其控制的其他企业的资产、技术、设备等不存在重大依赖,对发行人资产完整性及独立性不存在重大不利影响。

4. 说明如上述商标许可使用无法续期或被提前终止对发行人主要业务的影响,发行人是否已制定相应措施应对可能出现的不利影响。

中信集团于1996年首次取得第41类商品/服务中的“中信”商标,于2004年首次取得第41类商品/服务中的“CITIC”商标,于1995年首次取得第41类商品/服务中的“”商标。其后,中信集团按照《商标法》等法律法规的要求,在规定期限内为上述商标办理续展手续,以维护上述商标的有效性,保障了对上述商标的长期拥有。

中信集团与发行人签署了商标使用许可合同并出具了许可发行人长期使用上述商标的承诺函。截至本回复出具日,发行人按照中信集团商标管理办法的有关规定,及时完成商标使用许可合同的到期续签。在日常运营和品牌管理过程中,发行人审慎使用上述商标,发现有可能导致提前终止授权情形的事件均立即消除,尽最大努力避免出现商标使用许可合同中规定的提前终止情形。

因此,预计上述商标许可使用出现无法续期或被提前终止的风险较小。

5. 中信集团是否作出了在未来法律许可时将“中信出版”商标无偿转让给发行人的承诺。

截至本回复出具日,为保证发行人的资产完整性,中信集团已出具了相关承诺函,承诺对于许可中信出版及其控股子公司独占使用“中信出版”商标,中信集团自身不使用,同时不再许可其他任何第三方使用该商标。

中信集团进一步作出承诺:

“(1)根据《商标法》当前规定,由于‘中信出版’商标中的‘出版’部分为不具备显著性的通用名称,其显著性唯一来源及主要识别要素为‘中信’,因此该商标与‘中信’商标构成近似，在中信集团保留‘中信’商标在商品/服务全部类别的统一持有管理专用权的情况下，‘中信出版’商标无法单独转让至中信出版。

(2)为进一步保证发行人的资产完整性，本公司在原就‘中信出版’商标问题出具的承诺函的基础上，进一步承诺：待未来法律许可时，本公司将视情况择机把‘中信出版’商标无偿转让给中信出版。”

经核查，律师认为，通过商标使用许可合同与中信集团的长期承诺，发行人保证了对“中信”、“CITIC”及“”商标的长期无偿使用，并实现了对“中信出版”商标的独占使用。因此，发行人在核心资产方面不存在对控股股东、实际控制人及其控制的其他企业的重大依赖，发行人资产具有完整性及独立性。

在中信集团的长期承诺及发行人审慎进行商标使用管理下，预计上述商标许可使用出现无法续期或被提前终止的风险较小。本次中信集团进一步出具了关于在未来法律许可时将视情况择机把“中信出版”商标无偿转让给发行人的承诺函。

案例小结：

实践中，发行人的商标来自控股股东、实际控制人或者发行人与关联方共用商标的情况并不罕见，但该种情形可能会对发行人资产的独立性产生一定的影响，在申报上市的过程中往往会引起审核机构的关注，尤其是当涉及发行人的核心商标时。

当出现该种情况时，发行人及中介机构通常会从共用或授权使用商标具有合理性和合法性、不存在利益冲突、不会误导消费者或者混同、各使用方之间不存在纠纷、不影响发行人的独立性和经营等方面进行论证，并可能与授权方或共用方签订协议确认在一定时间后进行商标转让。

本案例中，发行人的主要商标是由其实际控制人中信集团授权使用的，审核机构对此问题较为关注，从多方面进行了问询。对此，中介机构进行了充分论证，解释了相关商标暂时不能转让给发行人的合理性，中信集团亦出具了承诺函，承诺将长期无偿许可发行人使用相关商标，不再许可其他方使用，且可能在未来择机将相关商标无偿转让给发行人。该种解决路径获得了审核机构的认可。

案例2

江西兆驰光元科技股份有限公司(IPO终止)[1]

问询问题:

说明向兆驰照明授权使用商标的期限、许可费的定价依据及公允性;发行人产品是否存在与兆驰股份及其他关联方共用商标的情形,是否存在使用兆驰股份及其他关联方授权商标的情形。

问询回复主要内容:

发行人回复:

发行人产品存在与兆驰股份及其他关联方共用商标的情形,不存在使用兆驰股份及其他关联方授权商标的情形。

发行人和兆驰照明共用注册证号为9089143商标,主要是因为BMTC系发行人英文商号,同时兆驰照明使用BMTC开拓海外照明灯具业务。根据双方的授权协议,兆驰照明可将该商标用于如下领域:灯、汽车照明设备、乙炔照明灯头、冷冻设备和机器、热气装置、卫生设备用水管。兆驰照明使用该商标生产销售的商品与发行人生产销售的LED封装器件及组件差异较大,该等共用商标事宜未造成利益冲突,未导致双方构成同业竞争。

发行人律师核查结论:

发行人向兆驰照明授权使用的商标的使用领域不涉及核心业务,发行人向兆驰照明授权该商标对发行人经营影响较小,发行人向兆驰照明授权使用商标收取的许可费价格公允。发行人产品存在与兆驰股份及其他关联方共用商标的情形,兆驰照明使用该商标生产销售的商品与发行人生产销售的LED封装器件及组件差异较大,该等共用商标事宜未造成利益冲突,未导致双方构成同业竞争。发行人不存在使用兆驰股份及其他关联方授权商标的情形。

案例小结:

同业竞争本身就是上市审核中比较关键的问题,因此,实践中,若关联方与发行人从事类似行业,又共用商标,可能会引起审核机构的担忧。目前,尚未检索到拟上市公司与关联方存在类似业务且共用商标并成功上市的案例。

本案例中,审核机构对发行人是否存在与关联方共用商标的情形进行了问

---

〔1〕 摘自《关于江西兆驰光元科技股份有限公司首次公开发行股票并在创业板上市的补充法律意见书(二)》(2021年10月14日出具)。

询,发行人及中介机构在回复中解释称尽管存在该情形,但是双方将共有商标用于的产品器件和组件有所不同,共用商标事宜未造成利益冲突,不会导致双方构成同业竞争。

不过,该公司最终因控股股东及实际控制人将发生变更撤回了上市申请。

2. 商标重大诉讼

案例

天津同仁堂集团股份有限公司(IPO终止)[1]

问询问题:

公开资料与审核问询回复显示:

1. 发行人与北京同仁堂股份有限公司(以下简称北京同仁堂)围绕"同仁堂"文字与图案商标存在诉讼纠纷。北京同仁堂在诉讼请求中要求发行人停止侵害其所拥有的注册商标专用权,停止使用"同仁堂"字号、变更企业名称,停止不正当竞争,赔偿经济损失及承担诉讼费用。

2. 发行人2002年改制设立时使用的"天津同仁堂股份有限公司"以及目前使用的"天津同仁堂集团股份有限公司"的企业名称均取得了工商行政主管部门的核准。

3. 2006年商务部认定第一批"中华老字号"时,发行人认定的字号为"天津同仁堂",北京同仁堂认定的字号为"同仁堂"。

4. 发行人就上海朴谷、上海彦悦山的侵权事项向天津市高级人民法院提出上诉。

请发行人:(1)结合北京同仁堂的诉讼请求,说明发行人仍在流通的产品在产品包装或宣传中单独使用与"同仁堂"文字以及图文商标相同或近似标识、字样,单独使用"同仁堂"字号的情形,包括涉及的产品名称、数量、金额,相关宣传涉及的具体内容与表现形式,并在此基础上分析涉诉风险、对发行人生产经营稳定性的影响。(2)结合发行人企业名称、字号中包含"同仁堂"字样的情形,发行人企业名称、字号取得所履行的法律程序、工商登记程序及合法合规性,说明在商务部认定发行人字号为"天津同仁堂"的情况下,发行人认为自身可以使用"天津同仁堂"与"同仁堂"两种标识的原因、权利依据与合理性,认为自身可以使用"同仁堂"字

[1] 摘自《关于天津同仁堂集团股份有限公司首次公开发行股票并在深圳证券交易所创业板上市的补充法律意见书(七)》(2022年9月29日出具)。

号的法律规则依据。(3)结合北京同仁堂诉发行人侵害注册商标专用权及不正当竞争纠纷一案的诉讼请求,分析发行人的潜在败诉风险,包括暂停或变更使用"同仁堂"字号或相关标识的影响、诉讼赔偿金额涉及的或有负债事项等。(4)在上述问题的基础上,结合《创业板首次公开发行股票注册管理办法(试行)》[1]第12条第3项、《深圳证券交易所创业板股票首次公开发行上市审核问答》[2]问题4的要求,说明北京同仁堂与发行人的纠纷对发行人持续经营能力、经营稳定性、财务状况的影响。(5)说明与北京同仁堂、上海朴谷、上海彦悦山的侵权诉讼纠纷的最新进展。

问询回复主要内容:

1. 结合北京同仁堂的诉讼请求,说明发行人仍在流通的产品在产品包装或宣传中单独使用与"同仁堂"文字以及图文商标相同或近似标识、字样,单独使用"同仁堂"字号的情形,包括涉及的产品名称、数量、金额,相关宣传涉及的具体内容与表现形式,并在此基础上分析涉诉风险、对发行人生产经营稳定性的影响。

(1)北京同仁堂的诉讼请求。

2021年8月6日,北京同仁堂以发行人为被告之一,向北京知识产权法院起诉,案由为"侵害注册商标专用权及不正当竞争纠纷"。本次诉讼中,北京同仁堂针对发行人提出的诉讼请求:①停止侵害其注册商标专用权;②立即停止使用"同仁堂"字号、变更企业名称,变更后的企业名称中不得含有"同仁堂"或者与"同仁堂"构成近似的字样;③停止不正当竞争行为;④赔偿其经济损失及合理支出费用5000万元;⑤承担本案诉讼费用。

(2)发行人仍在流通的产品在产品包装或宣传中单独使用与"同仁堂"文字以及图文商标相同或近似标识、字样,单独使用"同仁堂"字号的情形,包括涉及的产品名称、数量、金额,相关宣传涉及的具体内容与表现形式。

经核查,发行人仍在流通的产品在产品包装或宣传中使用的是"天津同仁堂",不存在单独使用"同仁堂"三个字的情形。

(3)涉诉风险。

关于本次诉讼相关情况如下:

---

[1] 现已失效。
[2] 现已失效。

①诉讼进展情况。

2022年7月27日,北京知识产权法院开庭审理本案。截至本补充法律意见书出具日,北京知识产权法院尚未就本案作出一审判决。

②诉讼代理律师关于本案的主要意见。

就本次诉讼案件,发行人已经聘请北京市金杜(广州)律师事务所律师、北京市金杜律师事务所(以下简称诉讼代理律师)在本案例中作为其代理人。诉讼代理律师就本案先后出具了诉讼专项法律意见以及诉讼专项补充法律意见。

根据诉讼专项补充法律意见,发行人依法有权使用企业名称;企业名称中使用“同仁堂”三个字作为字号不构成商标侵权行为,也不构成不正当竞争;发行人没有变更企业名称的风险,无须停止使用或变更企业名称。

③类似案件判决情况。

经查询,已有较多的司法案例对于合理使用在先的字号是否对他人在后注册的商标构成侵权持否定态度。现选取部分案例列示和说明如下:

略。

根据诉讼专项法律意见,发行人使用的企业名称、企业简称和字号具有充分的事实基础,发行人对企业名称和字号的使用是基于历史传承的善意使用,不存在攀附北京同仁堂的主观故意。就“同仁堂”注册商标而言,北京同仁堂最早申请注册时间是1982年,远远晚于发行人登记使用“天津同仁堂”字号的时间,显然“天津同仁堂”字号构成北京同仁堂注册商标的在先权利。根据保护在先权利的原则,在先取得企业名称权的权利人有权正当使用自己的企业名称、企业简称和字号。

④发行人对“天津同仁堂”的合法权益已取得生效司法文书的认可。

业已生效的天津市高级人民法院(2022)津民终16号民事判决书对以下内容作出了认定:从发行人公司及其字号的历史沿革看,“天津同仁堂”系发行人企业名称简称及字号;发行人基于善意、依法登记并使用其企业名称,具有明确的史料记载和证据支持;“天津同仁堂”构成反不正当竞争法保护的有一定影响的企业名称;发行人及其前身将“天津同仁堂”等有关标识作为企业字号在中医药行业持续经营,经过长期使用和历史沉淀,该字号已经享有了独特的商誉及潜在的商业价值,并与其经营者形成了较为稳定的对应关系;时至今日,“天津同仁堂”在中医药领域的相关消费者中仍具有一定的知名度和美誉度,该字号仍具有识别商品来源的作用;发行人作为“天津同仁堂”字号的权利人,其享有的合法权益依法应予以保护。

⑤涉及类似纠纷的过会企业案例。

经查询,部分拟上市企业也因企业字号被诉商标侵权及不正当竞争而存在未决诉讼的情形,现选取部分案例说明如下:

略。

(4)本次诉讼对发行人生产经营稳定性的影响。

①发行人无须变更企业名称,即使变更企业名称也不会对发行人的持续经营产生重大不利影响。

发行人在产品包装上注明企业名称不仅是其法定权利也是法定义务。根据《药品管理法》以及《药品说明书和标签管理规定》的规定,在发行人对其现有企业名称享有合法权利的情况下,发行人在药品包装上使用其企业名称具有权利基础,也符合药品监督管理部门的监管要求。

根据诉讼专项补充法律意见,诉讼代理律师认为,发行人无须停止使用或变更企业名称。退一万步讲,即使发行人变更企业名称或企业名称中包含的字号,该等情形也不会对发行人的持续经营产生重大不利影响,理由如下:

发行人变更企业名称不影响其继续持有现有业务资质。根据《药品生产监督管理办法》《药品上市后变更管理办法(试行)》的相关规定,发行人作为从事药品生产和经营的企业,若其变更企业名称,其应在办理完毕工商变更登记后就其所持有的药品生产许可证、药品经营许可证和药品批准文号等业务资质办理相应的变更登记或备案手续。该等登记和备案不涉及业务主管部门的审批或核准,且均有可以预计的办结期限;发行人变更企业名称不影响其继续持有药品生产许可证、药品经营许可证和药品批准文号。

发行人变更企业名称不会导致其已纳入国家医保药品目录的产品被调出。根据《基本医疗保险用药管理暂行办法》的规定,在发行人合法持有药品批准文号和药品注册证书的情况下,仅变更企业名称不会导致发行人已被列入国家医保药品目录的产品被调出该目录。

发行人核心产品具有较强的竞争优势,对企业名称无重大依赖。发行人终端客户以公立医疗机构为主,虽然较强的品牌影响力对产品销售具有一定的促进效果,但最终销售情况主要取决于产品的市场地位以及临床医护人员对产品的认可度。发行人的主要产品肾炎康复片、脉管复康片相较于同类产品具有较强竞争优势。

②本次诉讼对发行人财务状况影响较小。

本次诉讼中发行人无须承担赔偿责任,即使发生赔偿,在法院适用法定赔偿的情况下,最高赔偿金额也不超过500万元,对发行人财务状况影响较小。

根据诉讼专项补充法律意见,诉讼代理律师认为,发行人的行为符合法律规定,不构成商标侵权行为,也不构成不正当竞争,北京同仁堂诉请人民币5000万元的赔偿,不具有事实与法律依据;截至诉讼专项补充法律意见出具日,北京同仁堂从未明确其索赔依据是其因被侵权受到的实际损失或侵权人因侵权所获得的利益或相关商标许可使用费的情况,亦未明确其索赔5000万元的具体计算方式。在此情况下,若人民法院适用法定赔偿,发行人承担的赔偿金额不应超过法定最高赔偿金额,合计人民币500万元。上述500万元占发行人2021年度归属于母公司净利润的比例为2.62%,占发行人2021年年末净资产的比例为0.79%。前述占比较低,对发行人财务状况的影响较小。

发行人实际控制人已承诺赔偿发行人因本次诉讼可能受到的损失。

2021年8月30日,实际控制人张某森、高某琴出具承诺,承诺在本次诉讼中,如果发行人最终被法院认定为侵权而需要向北京同仁堂支付赔偿并承担此案的诉讼费用以及合理必要的律师费,其将承担全部该等费用,或在发行人必须先行支付该等费用的情况下,及时向发行人给予全额补偿,以确保发行人不会因此遭受任何损失。

或有负债事项已依法披露。

基于诉讼代理律师对本案的分析,发行人认为本次诉讼不是很可能导致经济利益流出企业,无须确认预计负债,涉及或有负债已按照《企业会计准则第13号——或有事项》的规定,在招股说明书中进行了披露。

③发行人已采取有效措施保障其生产经营稳定性。

A.发行人已完成产品包装迭代更新。

B.发行人及实际控制人的承诺。

2022年5月22日,发行人及实际控制人出具承诺,发行人在生产经营活动中将明确使用"天津同仁堂集团股份有限公司"企业全称或"天津同仁堂"企业简称,不单独使用"同仁堂"进行宣传、推介。

C.发行人的防范措施。

发行人秉承着尊重历史、善意共存的原则,采取了以下相关防范措施:在生产经营活动中明确使用"天津同仁堂集团股份有限公司"企业全称或"天津同仁堂"企业简称,不单独使用"同仁堂"字样进行宣传、推介;使用商标及标识,与北京同仁堂的"同仁堂"相关注册商标相区分;不以任何方式明示或者暗示与北京同仁堂有关联关系;严格规范商标使用行为,未经他人同意或授权,不得使用他人注册商标;将本次发行、上市后的证券简称修改为“津同仁”,并在招股说明书“重大事项提示”章节中对公司字号的相关事项进行特别说明,以提请投资者注意。

综上所述,发行人在流通产品的包装和宣传中依法有权使用“天津同仁堂”字号或标识;发行人依法有权使用企业名称、企业简称、“天津同仁堂”字号,不构成商标侵权,也不构成不正当竞争;本次诉讼不会对发行人生产经营稳定性造成重大不利影响;本次诉讼不构成本次发行、上市的实质性法律障碍,发行人符合本次发行、上市的实质条件。

2. 结合发行人企业名称、字号中包含“同仁堂”字样的情形,发行人企业名称、字号取得所履行的法律程序、工商登记程序及合法合规性,说明在商务部认定发行人字号为“天津同仁堂”的情况下,发行人认为自身可以使用“天津同仁堂”与“同仁堂”两种标识的原因、权利依据与合理性,认为自身可以使用“同仁堂”字号的法律规则依据。

关于发行人使用的字号及标识情况,律师认为,除了发行人依法核准登记的企业名称中所包含的字号,发行人在生产经营和宣传活动中使用的字号均为“天津同仁堂”,商务部及人民法院等部门认定的发行人字号亦为“天津同仁堂”。发行人的现有企业名称(及其中包含的字号)依法履行了核准登记程序,发行人对其企业名称(及其中包含的字号)的合法权利依法应予保护;“天津同仁堂”属于反不正当竞争法保护的有一定影响的企业名称,发行人有权将“天津同仁堂”等有关标识作为企业字号使用,发行人对“天津同仁堂”的合法权利已经取得人民法院生效判决的认可;发行人基于自身的使用情况以及合理避让原则,承诺在日后的生产经营和宣传活动中均以“天津同仁堂”为字号。具体情况如下:

(1)发行人字号、标识、商标的情况。

略。

(2)发行人取得企业名称和字号履行的法律程序、工商登记程序及合法合规性。

①发行人取得企业名称和字号履行的法律程序、工商登记程序及合法合规性。

经核查,发行人就其企业名称及其中包含的字号履行的工商核准登记程序合法合规。

②发行人不存在因企业名称登记或使用违反规定而受到行政处罚的情形。

根据天津市市场监管委出具的证明,报告期内,天津市市场监管综合行政执法总队未对发行人因使用企业名称和字号等行为进行过行政处罚。

根据审计报告、发行人依法披露的公告文件及其提供的资料和出具的说明,并经律师在国家企业信用信息公示系统等网站进行公开查询,自设立以来,发行人未曾因企业名称及字号使用违法违规而在天津或其他地区受到过行政处罚。

综上,发行人目前的企业名称及其中包含的字号已取得企业登记机关核准登记;发行人的企业名称不存在法律、行政法规以及国家规定禁止的情形或因不符合《企业名称登记管理规定》而应当纠正的情形;发行人不存在因企业名称登记或使用违反规定而受到行政处罚的情形。

(3)发行人有权使用"天津同仁堂"标识的原因、权利依据与合理性。

①发行人在1994年被原国内贸易部认定为"中华老字号",并于2006年被商务部认定为第一批"中华老字号"。根据2006年商务部"中华老字号"认定公示情况,发行人的"字号"为"天津同仁堂"。

②根据天津市高级人民法院作出的(2022)津民终16号民事判决书,从发行人公司及其字号的历史沿革看,"天津同仁堂"系发行人企业名称简称及字号;发行人基于善意、依法登记并使用其企业名称,具有明确的史料记载和证据支持;"天津同仁堂"构成反不正当竞争法保护的有一定影响的企业名称;发行人及其前身将"天津同仁堂"等有关标识作为企业字号在中医药行业持续经营,经过长期使用和历史沉淀,该字号已经享有了独特的商誉及潜在的商业价值,并与其经营者形成了较为稳定的对应关系;时至今日,"天津同仁堂"在中医药领域的相关消费者中仍具有一定的知名度和美誉度,该字号仍具有识别商品来源的作用;发行人作为"天津同仁堂"字号的权利人,其享有的合法权益依法应予以保护。

③从现有的司法案例来看,法律对于企业主体"字号"的保护以及企业主体享有合法权益的"字号",并非仅局限于其登记的企业名称中所包含的字号;从商务部"中华老字号"认定情况来看,大量拥有老字号的企业被认定的"字号"也并非完全局限于其企业名称中所包含的字号。法律对"字号"的保护以一定的市场知名度为实体要件,字号作为一种商业标记性权利,其核心价值在于市场使用。从这一角度来讲,只要在长期的市场经营和积累过程中足以与企业形成稳定、确定的对应关系,具有识别不同经营主体或区分商品服务来源的商业标识意义,企业所使用的字号与企业名称、简称及注册商标均具有商业标记性权利,均可以作为企业的"标识"使用。

④原国内贸易部和商务部均认定发行人为“中华老字号”，足以可见“天津同仁堂”已经具备一定的市场知名度和社会影响力。此外，天津市高级人民法院在(2022)津民终16号民事判决书中认定，“天津同仁堂”在中医药领域的相关消费者中具有一定的知名度和美誉度，发行人的经营规模及经营业绩在全国具有一定的影响力。

综上，律师认为，发行人对“天津同仁堂”享有字号权益，且该等事实已经为人民法院生效判决所认可，发行人有权使用“天津同仁堂”相关字号和标识。

(4)发行人有权将“同仁堂”作为企业名称中字号的法律规则依据。

详见本问询回复第2点第(2)项“发行人取得企业名称和字号履行的法律程序、工商登记程序及合法合规性”。

3. 结合北京同仁堂诉发行人侵害注册商标专用权及不正当竞争纠纷一案的诉讼请求，分析发行人的潜在败诉风险，包括暂停或变更使用“同仁堂”字号或相关标识的影响、诉讼赔偿金额涉及的或有负债事项等。

经核查，律师认为：(1)发行人依法有权使用企业名称、企业简称及字号，需变更企业名称的可能性较低，即使变更企业名称或企业名称中包含的字号也不会对发行人的持续经营能力产生重大不利影响。(2)本次诉讼中发行人无须承担赔偿责任，即使发生赔偿，在法院适用法定赔偿的情况下，最高赔偿金额也不超过500万元。该等赔偿金额占发行人2021年度归属于母公司净利润的比例为2.62%，占发行人2021年年末净资产的比例为0.79%，本次诉讼对发行人财务状况的影响较小。(3)发行人无须就本次诉讼确认预计负债并已就或有负债事项进行充分披露。

关于上述内容的具体分析及说明详见第1点的相关回复。

4. 在上述问题的基础上，结合《创业板首次公开发行股票注册管理办法(试行)》[1] 第12条第3项、《深圳证券交易所创业板股票首次公开发行上市审核问答》[2] 问题4的要求，说明北京同仁堂与发行人的纠纷对发行人持续经营能力、经营稳定性、财务状况的影响。

根据北京同仁堂的民事起诉状及其提交的证据材料，北京同仁堂在本次诉讼中并未对发行人目前持有的注册商标提出任何权利主张、要求或异议，本次诉讼

[1] 现已失效。
[2] 现已失效。

不属于《创业板首次公开发行股票注册管理办法(试行)》第12条第3项规定的涉及发行人注册商标的重大权属纠纷或诉讼。发行人合法持有各项注册商标、专利、核心技术等主要资产,不存在重大权属纠纷或诉讼。

经核查,律师认为,本次诉讼不涉及发行人目前使用的核心技术或注册商标、专利等主要资产;截至本补充法律意见书出具日,发行人核心技术、注册商标、专利等不存在重大权属纠纷或诉讼。

本次诉讼对发行人财务状况影响较小,不会对发行人经营稳定性或持续经营能力产生重大不利影响,不会对本次发行、上市构成实质性法律障碍。

5. 说明与北京同仁堂、上海朴谷、上海彦悦山的侵权诉讼纠纷的最新进展。

(1)发行人与北京同仁堂之间的诉讼案件进展。

详见本问询回复第1点第(3)项①“诉讼进展情况”。

(2)发行人与上海朴谷、上海彦悦山、岳某川之间的诉讼案件进展。

略。

案例小结:

实践中,通常情况下,拟上市公司涉及商标诉讼并不一定会成为IPO审核中的重大障碍,但是若涉及较重大的诉讼或发行人的销售较依赖商标效应,则可能会对企业申报上市产生较大影响。

本案例中,2021年8月,发行人被北京同仁堂以侵害注册商标专用权为名起诉,此外,北京同仁堂还要求发行人停止使用“同仁堂”字号并变更企业名称。该问题引起了审核机构的高度关注。

发行人及中介机构在回复中说明了发行人使用相关标识的合法性及合理性,列出了部分类案判决和涉及商标诉讼的过会企业案例,认为发行人无须变更企业名称,即使变更也不会对发行人的持续经营产生重大不利影响,发行人的控制人亦对此作出了兜底承诺。但该案迟迟未作出判决,审核进程也步履维艰,最终发行人于2022年8月撤回了上市申请。

(三)小结与建议

发行审核中,针对发行人使用的商标来自关联方的授权许可的情况,通常需要基于合理的背景和原因;在签署相关的许可使用合同时,则应注意许可方式、许可费用、许可期限等关键要素;对于关联交易价格公允性问题,需要注意发表意见的前后一致、合理可信;对于商标未来的处置安排,最好的方式是发行人能够形成自主的商标品牌,或关联方将核心商标转让给发行人。

为了预防企业在IPO阶段发生商标权纠纷,企业可从以下方面进行应对:(1)做好商标的全面布局。企业应提前对业务、产品中的相关类别及未来可能拓展的类别进行商标布局,及时注册相关商标,建立完善的商标申请和保护体系。(2)及时排查侵权风险。企业应在日常经营中做好排查工作,排查相关商标的注册情况、商标的续展情况、转让商标是否完成权属变更工作、注册商标是否涉嫌侵害他人权益的情况等。(3)主动维权。若发现自有商标及相关权益被他人侵害,企业应及时启动维权诉讼,做好信息披露工作;若发现他人抢注商标的情况,企业应及时提出异议或申请宣告无效。(4)积极应对商标权纠纷。对于第三方针对企业提出的商标权纠纷,企业应积极应诉,同时应详细披露相关诉讼的具体情况、赔偿金额的占比、对生产经营的影响,充分论证相关纠纷不影响企业达到发行条件。

二、专利

(一)理论基础

1. 专利共有

实务中,部分拟IPO企业存在共有专利的情况。《专利法》第8条规定:“两个以上单位或者个人合作完成的发明创造、一个单位或者个人接受其他单位或者个人委托所完成的发明创造,除另有协议的以外,申请专利的权利属于完成或者共同完成的单位或者个人;申请被批准后,申请的单位或者个人为专利权人。”根据上述规定,专利共有是指两个以上的单位或个人共同享有某项专利的专利权,专利共有往往是因合作研发、委托研发等情形而形成的。

对于专利共有,审核的关注点主要在于发行人的资产完整性和独立性,以及是否拥有独立的研发能力。结合实务案例,审核机构针对专利共有的具体关注要点包括:(1)共有专利的形成背景和形成过程,发行人在专利形成过程中发挥的作用;(2)发行人和共有人对于共有专利的使用、收益分配的具体约定,发行人使用共有专利是否受限,共有专利的后续改进所形成的成果的权属约定;(3)共有专利对发行人的重要性,共有专利是否属于发行人的核心技术成果,共有专利在发行人的产品和业务中的应用情况;(4)发行人形成相关技术成果是否依赖于共有方,发行人是否具有独立研发能力;(5)共有专利是否涉及职务成果,是否存在违反竞业限制或保密协议约定的情形;(6)发行人与共有人以及使用方是否存在争议或纠纷。

2. **科创板的科创属性认定对发明专利的要求**

若拟 IPO 企业选择在科创板上市,则需满足科创板关于技术先进性的基本要求,在科创属性认定上,发明专利的拥有情况是一项重要的评价指标。根据《科创属性评价指引(试行)》的规定,符合科创板定位的企业有两套大标准,其中第一套标准的四项并列指标中有一项即为“应用于公司主营业务的发明专利 5 项以上”,第二套标准的多项选择指标中有一项为“形成核心技术和应用于主营业务的发明专利(含国防专利)合计 50 项以上”。

从上述规定可见,发明专利的数量是一项重要的考核指标,但在审核实务中,除数量以外,审核机构还会关注发明专利的质量,具体而言,关注要点包括:(1)专利的先进性。《科创属性评价指引(试行)》要求发明专利必须是“应用于公司主营业务”,即强调专利的实际运用情况,不能“多而无用”。此外,审核机构也会关注相关专利技术的先进性,权属的清晰性和稳定性,是否能够独立自由实施专利等。(2)专利的权利来源。如果发行人的专利多数是受让取得的,则发行人本身的独立研发能力、科创属性将会被质疑。(3)专利的申请时间。有些企业的多数专利的取得时间较早或企业成立多年但专利申请时间过于集中在近年,都会导致审核机构质疑发行人的技术迭代问题、持续研发能力问题。

(二)典型案例

1. **专利来源于合作研发**

案例

江苏瑞泰新能源材料股份有限公司

(股票代码:301238,2022 年 3 月 15 日过会)[1]

问询问题:

披露发行人与轻工业化学电源研究所、南京大学形成共有专利的背景及原因,相关共有专利的权利义务约定,是否存在授权其他单位使用相关专利的情形,共有专利事项是否存在纠纷或潜在纠纷;发行人与轻工业化学电源研究所、南京大学、常州大学等的研发合作模式、共同研发投入、费用承担、研发成果及归属等情况;相关共有专利是否涉及发行人核心技术,如是,请披露对应发行人产品营业

[1] 摘自《关于江苏瑞泰新能源材料股份有限公司申请首次公开发行股票并上市的补充法律意见书(四)》(2021 年 10 月 29 日出具)。

收入及毛利额占比,发行人核心技术对共有专利是否存在依赖。

问询回复主要内容:

表格略。

根据发行人的说明,以上共有专利皆不涉及发行人的核心技术,发行人对其不存在重大依赖。

案例小结:

实践中,拟上市公司的部分专利若涉及合作研发的情况,审核机构通常会关注以下要点:合作协议的主要内容、权利义务划分、保密措施、风险责任承担方式、成果分配和收益分成约定、合作方基本情况、发行人的独立研发能力、合作对发行人生产经营的影响以及是否存在纠纷等。中介机构应对这些问题进行重点核查并在对审核机构的问询回复中充分论证。

本案例中,中介机构以表格形式列明了共有专利所涉合同、不存在纠纷未授权第三方使用以及研发成果归属的相关情况,并说明发行人目前的共有专利均不是发行人的核心技术,发行人对其不存在重大依赖。该种论证路径获得了审核机构的认可。

2. 继受专利对科创属性的影响

案例

杭州禾迈电力电子股份有限公司

(股票代码:688032,2021 年 11 月 9 日过会)[1]

问询问题:

报告期内受让专利对应实现收入占发行人 13 项主营业务收入相关发明专利实现收入的比重,发行人多项发明专利为受让取得的原因及合理性,发行人是否具备核心技术独立自主研发能力,并结合上述情况进一步论证发行人是否具备科创属性。

问询回复主要内容:

截至 2020 年 12 月 31 日,发行人持有的 16 项发明专利中,有 10 项为受让专利,6 项为自研专利。该等专利皆为局部电路或算法设计,不存在单一专利对应单一产品的情况,因此无法测算受让专利对应主营业务收入占比。但就重要性角度

---

〔1〕 摘自《关于杭州禾迈电力电子股份有限公司首次公开发行股票并在科创板上市的补充法律意见书(一)》(2021 年 5 月 24 日出具)。

而言,自研专利属于直接应用于发行人产品,受让专利仅迭代技术应用于发行人产品,发行人自研专利与发行人主营业务收入的相关性更强。

发行人受让发明专利占发行人发明专利总数比例较大,主要系由于:(1)发行人所在行业的主要核心技术为电路及控制算法的具体设计,部分核心技术若以专利形式公开后,存在竞争对手据此了解设计核心思路并通过一定的修改绕开专利保护的权利要求的可能,不利于发行人核心技术的保护。因此,发行人有相当部分核心技术主要通过技术机密的方式保护。(2)发行人受让的发明专利为杨某、赵某任职于浙江大学期间,其主要参与的其所在实验室在逆变器领域的研发成果,除考虑该等受让专利中的核心思想对发行人后续产品开发起到的作用外,发行人主要出于避免潜在纠纷的考虑收购该等专利。

发行人的核心研发团队成员主要来自浙江大学等高等院校的相关学院,拥有较强的专业背景与研发实力,发行人受让自浙江大学的上述专利,也为核心研发团队成员作为主要发明人于浙江大学任职期间的发明。在其带领下,发行人已经组建了一支专业、高效的研发团队,并形成了系统的研发流程。发行人自初代一拖一产品量产至今,已经经过了多次产品及技术迭代,并推出了一拖二、一拖四等具有市场竞争力的新产品。发行人产品在公开参数上与国际、国内龙头厂商处于可比水平,订单亦处于迅速增长的状态。由此可见,发行人具备核心技术独立自主研发能力,科创属性良好。

案例小结:

根据《上海证券交易所科创板企业发行上市申报及推荐暂行规定》(2022 年 12 月修订)的规定,发行人申报科创板发行上市的,应当对照《科创属性评价指引(试行)》和本规定中的科创属性要求,对其是否符合科创板定位进行自我评估。保荐机构推荐发行人申报科创板发行上市的,应当对发行人是否符合与科创板定位相关的科创属性要求,进行核查把关,作出专业判断。

尽管《科创属性评价指引(试行)》中并未对有关继受取得发明专利的情况作出明确限制,仅对企业的研发投入、研发人员、应用于主营业务的发明专利以及营业收入的增长或总额作出了规定。但在实践审核中,涉及继受取得专利的问题,审核机构通常仍会要求发行人结合该情况对发行人是否具备科创属性进行论证。

不过,正如本案例中的情况,只要发行人及中介机构充分核查事实情况,明确回复审核机构的问题,并充分论证发行人具备自主研发能力,继受取得专利具有合理性、合法性且双方不存在相关纠纷,也可以在一定程度上减轻审核机构的担忧。

(三)小结与建议

对于专利共有问题,我们建议拟 IPO 企业从以下角度进行规范:(1)尽量减少共有专利的数量。由于过多的共有专利会引起审核机构对发行人独立研发能力的质疑,因此,如果发行人存在合作研发或委托研发的合作项目,建议尽量约定将专利权属单独归于发行人所有,发行人给予合作方经济补偿作为合作对价。(2)事先对共有专利的具体事项进行明确约定。若发行人无法取得相关专利的全部权属,则需与合作方签署好合同,提前明确约定相关专利的使用方式、收益分配、转让和许可限制、前景知识产权的归属等内容,避免发生争议。(3)充分论证发行人具有独立研发能力。发行人可结合共有专利的数量占比、在具体产品和业务中的运用情况、发行人在共有专利形成过程中发挥的作用等,充分论证说明其具有独立研发能力,不存在对共有人的技术依赖。(4)由共有人和相关发明人出具声明与承诺。为确保共有专利权属清晰,可由共有人和相关发明人承诺共有专利不涉及职务成果、不存在违反竞业限制或保密协议约定、不存在争议或纠纷等情形。

不同于其他板块,科创板虽然在上市标准上降低了营收和盈利等财务指标的要求,但大幅提升了与科技创新相关的各项要求,其中发明专利就是一项“硬核”指标。尤其是 2024 年 4 月 30 日中国证监会发布了《关于修改〈科创属性评价指引(试行)〉的决定》,将“应用于公司主营业务的发明专利”数量由“5 项以上”调整为“7 项以上”,进一步提高了对发明专利指标的要求。审核机构之所以如此关注发行人的发明专利的数量和质量,目的就在于确认发行人是否拥有核心的先进技术,核心技术能否运用于主营业务并最终形成营业收入,是否具有独立的研发能力。因此,对于计划在科创板上市的企业,建议不断加强自身的创新和研发能力,结合其主营业务和产品的情况,对专利申请做好全面布局,在专利数量、专利应用等方面全面达到科创属性的认定要求。

第四章

业　　务

公司的业务开展情况关乎企业的可持续经营能力这一发行条件。对于拟上市公司而言,其需要确保业务获取方式合法合规,若相关业务达到法定招投标标准,应依法通过招投标程序承揽和开展业务;在业务获取和开展过程中,应杜绝商业贿赂行为的出现。除行业特殊性等特殊原因,公司在开展业务时要注意避免客户集中度过高并形成依赖,否则在独立性和可持续经营能力上都会受到质疑和挑战。此外,对于从事军工业务的企业,或者境外业务占比较大的外向型企业,其还需确保在相关业务资质、境外投资和销售手续上的合法合规性。

第一节　客户集中度

(一)理论基础

1. 基本规定

客户集中度,是指企业在一定期间内从不同客户处取得的收入的分布情况,一般以业务量占比前五名的客户来表示(企业的前五名客户的收入占企业当期总收入的比重),在统计数据时,如不同客户受同一实际控制人控制,该等客户的收入还需合并计算。

2022 年修正的《首次公开发行股票并上市管理办法》第 30 条曾规定:“发行人不得有下列影响持续盈利能力的情形:……(三)发行人最近 1 个会计年度的营业收入或净利润对关联方或者存在重大不确定性的客户存在重大依赖。”随着全面注册制的实施,上述法条已被废止,最新的《首次公开发行股票注册管理办法》在关于“持续经营的能力”的发行条件中已不再将客户重大依赖事项明确列入法条中。但目前《监管规则适用指引——发行类第 5 号》中仍对客户集中问题的核查和信息披露要求作出明确规定,《北京证券交易所向不特定合格投资者公开发行股票并上市业务规则适用指引第 1 号》也作了类似的规定。

从目前的监管规则适用指引来看,对于企业存在客户集中度较高情形的,审核机构主要会关注该情形的合理性、客户稳定性和业务持续性,是否存在重大不确定风险,进而影响发行人的持续经营能力。

2. 审核机构关注该问题的原因

审核机构之所以对客户集中度予以关注,主要涉及发行人的独立性、持续经营能力两项发行条件。如果企业对个别客户的销售量较大甚至构成重大依赖,个别客户未来发生任何经营风险或变化,减少或停止对企业的采购,都可能会对企业的销售和营业收入造成重大不利影响,进而影响企业的抗风险能力。此外,对个别客户的重大依赖也会影响企业本身的独立性认定,若该等客户还与企业存在实质关联关系,还将涉及业绩真实性等问题。

3. 重大客户依赖的判断方式

《监管规则适用指引——发行类第 5 号》明确规定,发行人来自单一客户主营业务收入或毛利贡献占比超过 50% 的,一般认为发行人对该客户存在重大依赖。实践中,除上述量化标准外,对于发行人是否构成对客户的重大依赖,主要可从两个角度进行判断,即依赖对象的公司实力以及对客户的依赖方向,具体而言:

(1)关于依赖对象的实力,可分为知名上市公司或大型国企,以及不知名的小型企业。由于知名上市公司或大型国企这类企业的采购过程相对透明,内控体系相对完善,难以受发行人控制或进行利益输送;而且,通常这类企业的供应商管理要求较严、市场影响力较大,发行人能成为其供应商,本身也代表了发行人本身的业务和产品实力。相反地,如果发行人所依赖的客户是不知名的小型企业,那么发行人与该等客户之间的关联关系和利益输送问题将备受质疑。

(2)关于对客户的依赖方向,可分为发行人的单方依赖,以及发行人与客户之间的相互依赖。如是发行人对客户的单方依赖,若该等客户为前述知名上市公司或大型国企,则该等依赖有一定的正面作用,反之将形成重大不确定性。如是发行人与客户之间的相互依赖,那么双方的合作关系将更加稳固,有利于发行人未来的业务发展。

4. 审核机构的主要关注点

(1)一般的关注要点。

结合《监管规则适用指引——发行类第 5 号》以及实务案例,审核机构对客户集中度的主要关注点包括以下内容:①发行人客户集中度高的原因及合理性,是否符合行业特征、公司产品特征和经营策略;②发行人在报告期内与主要客户的销售情况、销售方式,发行人与主要客户的合作历史、合作模式、业务稳定性和可持续性,相关交易的定价政策、定价公允性;③发行人的主要客户在行业中的地位、透明度和经营状况,是否存在重大不确定性风险;④发行人与主要客户的业务获取方式,与主要客户是否存在关联关系,发行人是否具有独立面向市场获取业务的能力;⑤对客户存在重大依赖的情况对发行人的持续经营能力的影响,发行人是否采取了应对措施。

(2)就客户集中度高的形成原因的特别关注要点。

除上述一般的关注要点外,审核机构还会根据客户集中度高的形成原因有其他特别的关注要点,具体而言:①若是行业因素导致客户集中度高,通常还需关注发行人客户集中与行业经营特点是否一致,是否存在下游行业较为分散而发行人自身客户较为集中的情形;②若是非行业因素导致客户集中度高,通常还需关注该客户是否为异常新增客户,客户集中是否可能导致发行人未来持续经营能力存在重大不确定性。

(3)对单一客户重大依赖的特别关注要点。

如果发行人对单一客户存在重大依赖,审核机构还有以下特别的关注要点:①发行人主要产品或服务应用领域和下游需求情况,市场空间是否较大;发行人技术路线与行业技术迭代的匹配情况,是否具备开拓其他客户的技术能力以及市场拓展的进展情况,包括与客户的接触洽谈、产品试用与认证、订单情况等。②发行人及其下游客户所在行业是否属于国家产业政策明确支持的领域,相关政策及其影响下的市场需求是否具有阶段性特征,产业政策变化是否会对发行人的客户稳定性、业务持续性产生重大不利影响。③对于存在重大依赖的单一客户属于非终端客户的情况,应当穿透核查终端客户的有关情况、交易背景,分析说明相关交易是否具有合理性,交易模式是否符合行业惯例,销售是否真实。

审核规则还明确规定,如无法充分核查并说明发行人单一客户重大依赖的合理性、客户稳定性或业务持续性,保荐机构应就发行人是否具备持续经营能力审慎发表核查意见。

(二)典型案例

1. 非因行业特殊性、行业普遍性导致客户集中度偏高

案例

山东三元生物科技股份有限公司

(股票代码:301206,2021 年 8 月 11 日过会)[1]

问询问题:

补充披露供应商集中度较高的原因,是否为行业普遍现象;说明发行人与主要供应商的合作情况及合作的稳定性,主要供应商与发行人及其控股股东、实际控制人、董监高、其他核心人员以及本次发行中介机构及签字人员,是否存在关联关系或其他利益关系;说明发行人员工或前员工及其关系密切人员是否在供应商中持有权益。

问询回复主要内容:

1. 补充披露供应商集中度较高的原因,是否为行业普遍现象。

2018 年、2019 年、2020 年和 2021 年 1 ~ 6 月,发行人前五大供应商采购金额占当期采购总额的比例分别为 88.16%、67.66%、76.53% 和 78.01%。报告期内,发行人供应商集中度较高,主要原因在于发行人产品结构相对单一,葡萄糖、蒸汽、电力是赤藓糖醇生产成本的主要构成部分,加之葡萄糖行业龙头企业产品质量和价格均具有竞争优势、煤炭经销企业供应稳定性要求高、园区电力及蒸汽独家供应,因此报告期内发行人形成葡萄糖主要由山东西王糖业有限公司及其关联方供应、煤炭主要由定州市国煜煤炭销售有限公司及其关联方曲阳县益宝商贸有限公司供应、电力主要由国网山东省电力公司滨州市滨城区供电公司供应、蒸汽主要由滨州金安热电有限公司供应的格局。

2018 ~ 2020 年,发行人前五大供应商集中度高于同行业可比上市公司,主要原因在于发行人产品结构单一而保龄宝、金禾实业、浙江华康等产品种类较多,同时不同产品间原辅料种类和比重差别也较大,进而导致供应商集中度存在差异。

2. 说明发行人与主要供应商的合作情况及合作的稳定性,主要供应商与发行

[1] 摘自《关于山东三元生物科技股份有限公司首次公开发行股票并在创业板上市申请文件的审核问询函之回复》(2021 年 9 月 8 日出具)。

人及其控股股东、实际控制人、董监高、其他核心人员以及本次发行中介机构及签字人员,是否存在关联关系或其他利益关系。

报告期内,发行人与主要供应商合作关系稳定,主要供应商与发行人及其控股股东、实际控制人、董监高、其他核心人员以及本次发行中介机构及签字人员不存在关联关系或其他利益关系。

3. 说明发行人员工或前员工及其关系密切人员是否在供应商中持有权益。

报告期内,发行人不存在员工或前员工及其关系密切人员在供应商中持有权益的情形。

案例小结:

本案例中,发行人属于生物高新技术企业,不属于因行业因素导致客户集中度高的特殊行业,但其客户集中度高于同行业可比上市公司。对此,发行人及中介机构解释为这是由于发行人产品结构较为单一。赤藓糖醇是其主要产品,而葡萄糖、蒸汽和电力系赤藓糖醇的生产流程中所需用到的主要能源或原料,葡萄糖行业龙头企业的质量和价格较有竞争优势,煤炭经销企业供应稳定性要求高,园区电力及蒸汽独家供应,因此发行人关于这几类产品的主要供应商也较为单一,但是发行人与主要供应商的合作关系均较为持续和稳定。该种论述获得了审核机构的认可。

因此,即便发行人所从事的不属于普遍客户集中度较高的特殊行业,若发行人及中介机构能充分对客户集中度高的合理性,与大客户合作关系的持续性和稳定性,客户集中度高不会对发行人的生产经营能力和持续盈利能力构成重大影响以及发行人采取的应对措施等进行说明,同样可以在一定程度上减轻审核机构的疑虑。

2. 行业特殊性、行业普遍性导致客户集中度偏高

案例

四川天微电子股份有限公司

(股票代码:688511,2021年3月31日过会)[1]

问询问题:

招股说明书披露,受中国兵器工业集团有限公司同一控制的客户是发行人报

[1] 摘自《四川天微电子股份有限公司首次公开发行股票并在科创板上市申请文件的审核问询函的回复》(2021年4月8日出具)。

告期各期第一大客户,且收入占比逐年提高,2019 年、2020 年 1 ~ 6 月收入占比分别达 80.26% 、89.17% 。

请发行人说明:(1)发行人与第一大客户自合作以来历年的销售收入情况。(2)发行人第一大客户占比的集中度是否符合行业特性,是否较同行业可比公司客户更为集中以及原因。(3)报告期内发行人对第一大客户的合同获取是否存在不同的模式,如存在,请按照不同模式说明报告期各期的收入构成;不同合同获取方式是否存在法律风险,是否涉及不正当竞争或违规获取业务,是否符合行业惯例。(4)截至目前,发行人向第一大客户配套灭火抑爆系统等产品的在手订单和订单周期情况;产品配套是否具有可持续性,是否存在特定型号配套周期结束后丧失客户的风险。(5)除已实现销售收入的产品外,发行人与第一大客户目前处于完成研究、设计定型、签订合同等状态的产品情况。(6)结合上述问题回复,根据《公开发行证券的公司信息披露内容与格式准则第 41 号——科创板公司招股说明书》[1]的要求,充分提示发行人的客户依赖风险,风险因素中不得包含风险对策、发行人竞争优势及类似表述,并做重大事项提示。

问询回复主要内容:

1. 发行人与第一大客户自合作以来历年的销售收入情况。

发行人与中国兵器工业集团有限公司的各下属单位独立交易和结算。报告期内发行人对第一大客户 A 单位的收入比重逐渐下降。

2. 发行人第一大客户占比的集中度是否符合行业特性,是否较同行业可比公司客户更为集中以及原因。

(1)发行人第一大客户占比较高的主要原因。

武器装备的最终用户为军方,而军方的直接供应商主要为十二大军工集团,其余的涉军企业则主要为十二大军工集团提供配套供应。十二大军工集团及下属企业具体经营的业务体系各有侧重,其中中国兵器工业集团有限公司是我军机械化、信息化、智能化装备发展的骨干,是现代化新型陆军体系作战能力科研和制造的主体,面向陆军、海军、空军、火箭军、战略支援部队等提供武器装备。其在为我国陆军提供坦克装甲车辆、远程压制、防空反导等主战装备的同时,还着力推动我国装备“走出去”和国际产能合作,大力发展军贸。中国兵器工业集团有限公司现有 50 余家子集团和直管单位,承担了我军大部分坦克、装甲车辆的研制和生产

[1] 现已失效。

任务。发行人军用灭火抑爆系统是装甲车辆防护系统的重要组成部分。虽然装甲车辆面向陆军、海军、空军、火箭军等多兵种,但装甲车辆的总装主要由中国兵器工业集团有限公司下属单位承担,生产任务集中在中国兵器工业集团有限公司,故发行人军用灭火抑爆系统的订单任务主要来源于中国兵器工业集团有限公司。

2017 年年末,在陆军装备部举行的灭火抑爆系统产品统型招标中,发行人凭借多年的技术储备、工艺水平及综合能力,在 7 家竞标单位中成为第一中标单位,军用灭火抑爆系统产品订单大幅增长。发行人主要产品军用灭火抑爆系统主要应用于装甲车辆,而中国兵器工业集团有限公司承担我国大部分装甲车辆的整车研制、生产和销售,因此报告期内,发行人第一大客户中国兵器工业集团有限公司占比的集中度逐渐提升到较高比例是符合行业特性的。

(2)同行业公司的客户集中度情况。

我国军工行业高度集中的经营模式导致军工企业普遍具有客户集中的特性,且第一大客户占比较高的情形较多。各公司客户集中度呈现差异,主要原因系各军工企业的主要产品在国防工业体系中的配套路径和配套关系有所不同,同时各军工企业的产品类型、产品供应数量也不相同。

发行人业务发展目前尚处于成长阶段,产品相对较为单一,军用灭火抑爆系统是发行人主要产品及收入来源。目前,我国军用灭火抑爆系统主要适用于陆军装备,相应负责装备生产的总装企业也相对集中,而同行业可比上市公司的主要产品种类更为丰富,产品装备范围更广,应用领域较广,与发行人客户集中度存在差异。

(3)发行人与中国兵器工业集团有限公司合作关系稳定,业务具有可持续性。

发行人自设立以来,一直从事综合防护领域核心器件及系统集成的生产研发,为高危领域提供电子防护产品。灭火抑爆系统被视为战士生命的最后一道防线,在安全防护装备中占有重要位置,最终用户对产品的稳定性、可靠性、安全性要求非常高,采购对象一般不会轻易发生变化,且型号产品从立项、列装、量产到淘汰的周期较长,因此发行人军品批产供应的后续需求稳定性较高,延续性较强。发行人与中国兵器工业集团有限公司下属单位合作时间较长,双方互相依赖,具有长期稳定、紧密的合作关系。

根据统型招标中标结果,发行人按照明确的武器装备配套关系来进行武器装备的增量生产、存量改造以及研制。根据行业特征,一般重点型号武器装备的系统配套周期都是一个较长的时间,基于保密性、安全性的角度,军方通常情况下不会轻易更换配套厂商。新型军用灭火抑爆系统在2018年下半年才开始批量供应军方,因此发行人与第一大客户中国兵器工业集团有限公司的合作具有可持续性。

发行人目前产品相对较为单一,军用灭火抑爆系统是发行人主要产品及收入来源,未来公司将持续聚焦综合防护领域,致力于核心器件和系统的研制,使技术和产品在更多场景、领域得到应用,以此开拓更多的客户群体。

3. 报告期内发行人对第一大客户的合同获取是否存在不同的模式,如存在,请按照不同模式说明报告期各期的收入构成;不同合同获取方式是否存在法律风险,是否涉及不正当竞争或违规获取业务,是否符合行业惯例。

军工企业获取业务主要通过招投标等,发行人获取业务方式符合行业惯例。根据公开披露的信息,军工企业获取业务方式如下:(1)兴图新科:主要通过单一来源采购、直接采购、公开招标、竞争性谈判和询价方式与客户建立合作关系;(2)艾索信息:主要通过协商谈判、招投标的方式与客户建立合作关系;(3)上海瀚讯:通过参与军方客户和军工企业的项目招标采购或者竞争性议价采购获得项目销售订单;(4)科思科技:主要通过参与客户招投标和竞争性谈判方式获取业务。

保荐机构通过走访中国兵器工业集团有限公司下属主要客户,确认发行人与中国兵器工业集团有限公司下属主要客户合同获取方式不存在法律风险,未涉及不正当竞争或违规获取业务。

发行人制定并实施了全面预算管理制度等规定,建立了完善的资金管理、费用核算等内控制度,对销售流程及合同管理、开票及回款、业务费用报销等进行了规定,对发行人销售环节实施了有效管理。发行人严格审查员工的报销凭证,严禁员工报销与正常生产经营活动业务无关的费用。发行人与市场人员均签署了反商业贿赂承诺函,规范市场人员的销售行为,堵住发生谋取不正当利益行为的制度漏洞。同时,发行人已成立审计部,不定期检查相关内控制度在市场部门的执行情况,并通过重大风险点的揭示,不断完善内控制度。发行人的制度能够有效防范商业贿赂行为。报告期内,发行人及员工未发生因商业贿赂而受到处罚的情形。

发行人在报告期内不存在以提供虚假材料、利用不正当手段诋毁或不正当竞争排挤其他供应商、与采购人或其代理机构恶意串通、商业贿赂或提供不正当利益等违反法律法规的不正当方式获取业务的行为。发行人与各级军方客户之间签署的业务合同不存在应履行招投标程序而未履行的情形,不存在违反军品采购的有关规定,不存在商业贿赂或者其他不正当竞争行为,符合《中国人民解放军装备采购条例》、《中国人民解放军装备采购方式与程序管理规定》、《中国人民解放军装备采购合同管理规定》、《中国人民解放军同类型装备集中采购管理规定》、《中国人民解放军军队物资采购管理规定》和《中国人民解放军军队物资采购评审管理办法》等相关规定。

根据发行人实际控制人巨某里出具的承诺,发行人报告期内的业务获取方式及程序不存在违反军品采购的有关规定,不存在商业贿赂或者其他不正当竞争行为,如发行人因承揽及履行业务合同受到主管机关任何行政处罚(包括但不限于罚款)或基于法律法规承担任何法律责任或遭受任何经济损失或因履行协议、合同或其他任何权利义务与任何第三方产生争议,使得发行人承担任何直接经济损失及因前述事宜涉及的费用支出,巨某里将给予发行人全额赔偿。

2020 年 12 月 11 日,发行人业务主管某军事代表室出具证明:发行人通过参与军方部委、军方用户单位组织的邀请招标等方式获得军用系统类产品、器件类产品的生产及委托研发项目的研发资格,未发现发行人不符合相关用户采购流程的规定;在我室监管期间,未发现发行人与各级军工用户单位之间签署的合同存在应当履行招投标程序而未履行的情况,未发现发行人获取军方主要客户业务的方式及程序不符合《中国人民解放军装备采购方式与程序管理规定》《中国人民解放军装备采购条例》有关规定的情况。

经查阅国家企业信用信息公示系统等网站的公开信息,报告期内,发行人不存在因不正当竞争或其他违法违规行为而被市场监督等主管部门进行处罚的违法或诉讼记录。经查阅军队采购网供应商处罚公告,报告期内,发行人在军方采购活动中并无违法违规或严重失信的记录。

综上,报告期内发行人对第一大客户中国兵器工业集团有限公司的合同主要通过邀请招标方式获取,相关合同获取方式符合行业惯例,不存在法律风险,不涉及不正当竞争或违规。

4. 截至目前,发行人向第一大客户配套灭火抑爆系统等产品的在手订单和订单周期情况;产品配套是否具有可持续性,是否存在特定型号配套周期结束后丧失客户的风险。

(1) 发行人向第一大客户中国兵器工业集团有限公司配套灭火抑爆系统等产品的在手订单和订单周期情况。

略。

(2)产品配套是否具有可持续性,是否存在特定型号配套周期结束后丧失客户的风险。

①军方采购要求和采购计划。

发行人军品的主要客户为军方整机单位,其采购要求需要参照军品采购要求,军方用户对产品质量、技术标准、交付期限、产品价格、项目密级、保密条款等事项进行明确和要求。

军方单位的采购计划主要根据军方采购计划任务安排确定,具体采购计划涉密。一般情况下,军方每年会组织召开订货会,军品订货会上军方一般会先明确当年和次年的军品交付计划,包括军品交付的任务、时间等要求,再与发行人签订正式的军品合同。

②产品配套具有可持续性。

发行人是新型灭火抑爆系统配套厂商,配套周期于近2年开始,根据军工行业特征,一般重点型号武器装备的系统配套周期较长,基于保密性、安全性的角度,发行人的持续配套时间较长,其主要原因为:

发行人自2002年开始与中国兵器工业集团有限公司逐步建立并形成长期的合作关系,具有丰富的军方科研经验、产品配套能力以及客户资源,而不是简单依赖于配套关系,发行人与军方用户单位在新品研制、产品配套保障过程中合作较为稳定。

发行人军用灭火抑爆系统产品配套关系及原则已经陆军装备部批复,结合目前军品生产的保障体系要求,如果发行人不发生重大产品质量问题、交付进度缓慢或其他导致企业不能正常生产经营的情况,整机单位通常情况下不会随意更换发行人的配套产品。

发行人主要客户为大型国有军工整机单位,承担着我军国防武器装备诸多型号的生产任务,经营规模较大,信用良好。因军方客户自身发生风险而导致发行人生产经营受到影响的可能性较小。

此外,陆军装备部对于新研装备方面也明确了配套关系及原则,发行人将按照配套关系承接相关的新型武器装备的配套研制项目,未来发行人有机会形成新的型号产品向军方批量供应。目前,发行人正在进行的配套研制项目涉及多个型号的军用灭火抑爆系统,覆盖国内外多种武器装备。同时,发行人也在积极探索新项目的研制开发,围绕客户需求,丰富自身的产品结构,如发行人已积极研发三防通用采集驱动装置等项目。

因此,即使发行人目前已批量供应的型号产品在经历较长的配套周期结束后,发行人依然不会轻易丧失客户。目前,发行人自主研发和委托研制项目是未来发行人业务持续发展的有力保障。

尽管多年来发行人凭借自身优势与客户形成了长期稳定的合作关系,发行人也在积极探索和研发以实现客户对于新型产品的需求,但如果未来主要客户的产品需求出现不利变化,同时发行人在新型产品方面的开发进度由于技术、方向等原因,无法满足主要客户的新需求,则发行人面临阶段性丧失客户、订单需求下降带来的经营风险,相关风险已在招股说明书披露。

5. 除已实现销售收入的产品外,发行人与第一大客户目前处于完成研究、设计定型、签订合同等状态的产品情况。

略。

6. 结合上述问题回复,根据《公开发行证券的公司信息披露内容与格式准则第41号——科创板公司招股说明书》的要求,充分提示发行人的客户依赖风险,风险因素中不得包含风险对策、发行人竞争优势及类似表述,并做重大事项提示。

2018年、2019年和2020年,按同一控制口径下发行人前五名客户销售收入合计占营业收入的比例分别为87.27%、97.49%和97.77%,呈现客户集中度较高的特点。其中,中国兵器工业集团有限公司下属各单位合计收入占比分别为58.85%、80.26%和88.92%,客户集中度逐渐提升到较高比例。发行人主要业务收入来源于军品销售,主要集中于国防工业军工装备中的综合防护领域,主要向中国兵器工业集团有限公司所属单位供货。

报告期内发行人的第一大客户中国兵器工业集团有限公司客户集中度逐渐提升,特别是2019年以来上升到较高比例,主要是发行人业务发展尚处于成长阶段,产品相对较为单一,军用灭火抑爆系统系发行人主要产品及收入来源。目前,我国军用灭火抑爆系统主要适用于装甲车辆,装备范围相对集中,相应负责装备生产的总装企业也相对集中,即主要由中国兵器工业集团有限公司下属单位承担,因此发行人客户的集中度较高。

尽管多年来发行人凭借自身优势与主要客户形成了长期稳定的合作关系,发行人也在积极探索和研发以实现客户对新型产品的需求,但如果未来发行人主要客户的经营状况出现变化,如资信情况出现大幅下滑,或者主要客户的产品需求出现不利变化,如订单量下降或出现不连续的情形,同时发行人在新型产品方面的开发进度由于技术、方向等原因,无法满足主要客户的新需求,抑或发行人在现有产品的市场开拓中,无法快速进入新的应用领域,则较高的客户集中度将会使发行人出现丧失客户和收入下降风险,对发行人的生产经营状况产生重大不利影响。

案例小结:

客户集中度高、大客户依赖一直以来都是IPO审核中关注的重点问题,通常情况下,若拟上市公司涉及该问题,审核机构主要会对发行人与大客户的合作模式、客户集中的合理性、是否符合行业特性、客户的稳定性、业务的持续性、客户集中可能带来的风险、是否存在关联关系和利益输送以及是否影响发行人的独立性等问题较为关注。

《监管规则适用指引——发行类第5号》对客户集中问题的核查要点作出了规定,即"发行人存在单一客户主营业务收入或毛利贡献占比较高情形的,保荐机构应重点关注该情形的合理性、客户稳定性和业务持续性,是否存在重大不确定性风险,进而影响发行人持续经营能力。发行人来自单一客户主营业务收入或毛利贡献占比超过50%的,一般认为发行人对该客户存在重大依赖"。

此外,该指引还对因行业因素和非因行业因素导致客户集中度高的关注点作出了区分,即"对于因行业因素导致发行人客户集中度高的,保荐机构通常还应关注发行人客户集中与行业经营特点是否一致,是否存在下游行业较为分散而发行人自身客户较为集中的情形。对于非因行业因素导致发行人客户集中度偏高的,保荐机构通常还应关注该客户是否为异常新增客户,客户集中是否可能导致发行人未来持续经营能力存在重大不确定性"。

本案例中,发行人主要服务于军工行业,具备普遍客户集中度较高的行业特性,审核机构对发行人与第一大客户的合作收入、合同获取模式、订单情况、获取合同方式的合法性,合作的可持续性和稳定性,发行人客户集中度高与同行业其他公司的对比,以及客户依赖风险和对策等问题进行了问询。发行人及保荐机构充分论证了:(1)该行业客户集中度高符合行业惯例;(2)发行人与同行业可比公司相比,客户集中度存在差异,但主要是由于发行人业务目前还在成长阶段,产品相对较为单一;(3)发行人通过合法招标获取合同,不涉及以不正当方式获取合同,且取得了某军事代表室出具的相关证明;(4)发行人主要客户业务稳定且合作具有持续性;(5)发行人未来将持续提高技术、开拓业务、减少依赖等。该种解释路径获得了审核机构的认可。

(三)小结与建议

客户集中度高并不直接构成企业上市的一项实质性障碍,审核机构在审核时通常会结合发行人其他风险因素,综合判断发行人是否具有持续经营能力。针对客户集中度高的问题,我们建议企业从以下角度应对:

(1)依法披露相关情况并作充分解释。若拟 IPO 企业存在客户集中度高的情况,则需在相关申报文件和反馈问答中做好信息披露,并充分解释形成原因,结合审核机构的关注要点进行充分阐述。

(2)降低客户依赖程度。对于非行业因素导致的重大客户依赖,企业应采取开发新市场、开拓新客户、优化客户结构等适当的措施,将重大客户依赖比例降下去。对于因行业因素导致的重大客户依赖,建议企业在报告期内呈现重大客户的依赖比例逐年下降的趋势,并至少在最近一期将依赖比例降低至 50% 以内。

(3)提高企业的综合盈利能力和抗风险能力。企业应结合自身的优势,在进行项目投资建设前做好可行性研究,把握好宏观的经营方向,提升自身的综合盈利能力。此外,企业在供应链管理、成本控制、生产管理、产品结构、客户结构、人才管理等全链条的微观经营层面,也要不断优化,提高企业的抗风险能力。

第二节 招 投 标

(一)理论基础

对于涉及国家利益、社会公共利益领域的业务,为了促进公平竞争、防止腐败行为、保护国家和公共利益等目的,相关法律规定该等业务需通过招投标的方式承揽和开展业务。随着市场的发展,招投标成为很多拟 IPO 企业承揽业务的重要方式,招投标程序的履行合规情况、未履行招投标程序的法律风险等均是上市审核机构的关注重点。

1. 应当履行招标程序的情形

根据《招标投标法》第 10 条的规定,招标分为公开招标和邀请招标。公开招标,是指招标人以招标公告的方式邀请不特定的法人或者其他组织投标。邀请招标,是指招标人以投标邀请书的方式邀请特定的法人或者其他组织投标。我们对于法定的应当履行招标程序的主要情形梳理如下,见表4-1。

表4-1 应当履行招标程序情况

文件名称	具体规定
《招标投标法》	第三条 在中华人民共和国境内进行下列工程建设项目包括项目的勘察、设计、施工、监理以及与工程建设有关的重要设备、材料等的采购,必须进行招标: (一)大型基础设施、公用事业等关系社会公共利益、公众安全的项目; (二)全部或者部分使用国有资金投资或者国家融资的项目; (三)使用国际组织或者外国政府贷款、援助资金的项目。 前款所列项目的具体范围和规模标准,由国务院发展计划部门会同国务院有关部门制订,报国务院批准。法律或者国务院对必须进行招标的其他项目的范围有规定的,依照其规定
《政府采购法》	第四条 政府采购工程进行招标投标的,适用招标投标法。 第二十九条 符合下列情形之一的货物或者服务,可以依照本法采用邀请招标方式采购: (一)具有特殊性,只能从有限范围的供应商处采购的; (二)采用公开招标方式的费用占政府采购项目总价值的比例过大的
《必须招标的工程项目规定》	第二条 全部或者部分使用国有资金投资或者国家融资的项目包括: (一)使用预算资金200万元人民币以上,并且该资金占投资额10%以上的项目; (二)使用国有企业事业单位资金,并且该资金占控股或者主导地位的项目。 第三条 使用国际组织或者外国政府贷款、援助资金的项目包括: (一)使用世界银行、亚洲开发银行等国际组织贷款、援助资金的项目; (二)使用外国政府及其机构贷款、援助资金的项目。 第四条 不属于本规定第二条、第三条规定情形的大型基础设施、公用事业等关系社会公共利益、公众安全的项目,必须招标的具体范围由国务院发展改革部门会同国务院有关部门按照确有必要、严格限定的原则制订,报国务院批准。 第五条 本规定第二条至第四条规定范围内的项目,其勘察、设计、施工、监理以及与工程建设有关的重要设备、材料等的采购达到下列标准之一的,必须招标: (一)施工单项合同估算价在400万元人民币以上; (二)重要设备、材料等货物的采购,单项合同估算价在200万元人民币以上; (三)勘察、设计、监理等服务的采购,单项合同估算价在100万元人民币以上。 同一项目中可以合并进行的勘察、设计、施工、监理以及与工程建设有关的重要设备、材料等的采购,合同估算价合计达到前款规定标准的,必须招标

结合上述法规,在判断相关项目和业务是否属于应履行招投标程序的情形,可按照以下三个步骤进行判断:首先,从项目类型、行为主体入手,明确具体的法律适用,如为特定的工程建设项目,则需适用《招标投标法》等相关规定;如为特定的行为主体,即

国家机关、事业单位等，则需适用《政府采购法》等相关规定；其次，从具体项目金额入手，判断是否须履行招投标程序；最后，从业务所属行业的特殊规定入手，判断是否应履行招投标程序。

2. 应招标未招标的法律风险

(1)行政处罚风险。

目前，相关法律法规关于应履行招标程序但未履行的法律责任的规定，见表4-2。

表4-2 未依法履行招标程序的法律责任情况

文件名称	具体规定	处罚对象
《招标投标法》	第四十九条　违反本法规定，必须进行招标的项目而不招标的，将必须进行招标的项目化整为零或者以其他任何方式规避招标的，责令限期改正，可以处项目合同金额千分之五以上千分之十以下的罚款；对全部或者部分使用国有资金的项目，可以暂停项目执行或者暂停资金拨付；对单位直接负责的主管人员和其他直接责任人员依法给予处分……	招标人
《招标投标法实施条例》	第六十四条　招标人有以下情形之一的，由有关行政监督部门责令改正，可以处10万元以下的罚款：(一)依法应当公开招标而采用邀请招标……对单位直接负责的主管人员和其他直接责任人员依法给予处分	招标人
《政府采购法》	第七十一条　采购人、采购代理机构有下列情形之一的，责令限期改正，给予警告，可以并处罚款，对直接负责的主管人员和其他直接责任人员，由其行政主管部门或者有关机关给予处分，并予通报：(一)应当采用公开招标方式而擅自采用其他方式采购的……	采购人

从上述规定可见，行政机关对于应履行招标程序但未履行的违法行为的处罚对象均是招标方/采购人，投标方作为非过错方，不承担被处以行政处罚的法律风险。

(2)合同无效风险。

根据《民法典》第153条的规定，违反法律、行政法规的强制性规定的民事法律行为无效。但是，该强制性规定不导致该民事法律行为无效的除外。《九民纪要》进一步明确规定了“违反招投标等竞争性缔约方式订立的合同”属于效力性强制性规定。

对于违反《招标投标法》《必须招标的工程项目规定》等相关规定应招标未招标而签署的合同的效力情况，司法实践中的观点较为一致，即基本上会因违反效力性强制性规定而被认定为合同无效。而对于政府采购其他非工程项目的货物和服务应招标而未招标的，有司法判决认为，由于与政府签订的合同的内容为产品销售及提供服务，合同内容不属于《招标投标法》等规定的应当履行招投标的效力性强制性规定,《政府采购法》中关于招投标的规定属于管理性强制规定,因此,若上述合同未经过招投标程序订立,不属于合同无效的情形。

但是,合同无效并不影响卖方或承包人追索相应款项的权利。根据《民法典》第793条的规定,建设工程施工合同无效,但是建设工程经验收合格的,可以参照合同关于工程价款的约定折价补偿承包人。建设工程施工合同无效,且建设工程经验收不合格的,按照以下情形处理:①修复后的建设工程经验收合格的,发包人可以请求承包人承担修复费用;②修复后的建设工程经验收不合格的,承包人无权请求参照合同关于工程价款的约定折价补偿。

3. 招投标的IPO审核机构关注要点

结合相关上市案例,IPO审核机构对发行人的招投标业务的关注要点通常包括以下内容:(1)报告期内通过招投标方式和非招投标方式获取的业务的收入金额、毛利、占比情况,与各期投标费用是否匹配,与同行业相比的差异情况;(2)招投标业务是否依法履行了相应手续,是否存在程序瑕疵,是否存在串标、围标、商业贿赂等违法情形;(3)非招投标业务的具体情况,获取业务的具体方式,未履行招投标程序的原因和合法性;(4)是否存在应招标未招标的情形,该部分业务的具体金额、毛利、占比情况,是否存在合同效力问题,是否存在被处罚的风险,是否存在现时或潜在的纠纷,是否影响发行人的生产经营;(5)披露发行人和渠道商或运营商的具体合作模式;(6)报告期内发行人中标率的情况和变动趋势,与为主要客户提供相同或类似服务的主要竞争对手相比,中标率是否存在差异及合理性。

(二)典型案例

1. 未履行招投标程序但经充分论证,上会成功

案例

楚天龙股份有限公司

(股票代码:003040,2021年2月26日过会)[1]

问询问题:

报告期内,发行人业务开展存在未根据《政府采购法》等法律法规和规范性文

---

〔1〕 摘自《关于楚天龙股份有限公司首次公开发行股票并在中小板上市的补充法律意见书之四》(2020年12月17日出具)。

件的规定通过招投标方式获取订单的情形,销售费用和管理费用中均包含业务招待费。

请发行人说明并披露:报告期各期通过不同的订单获取方式(招投标、协商谈判等)实现的业务收入及占比,是否存在应履行招投标程序而未履行的情况,业务开展是否符合《招标投标法》等法律法规和规范性文件的规定。

问询回复主要内容:

经律师核查,发行人获取订单的主要方式包括公开招投标、邀请招标、竞争性谈判及商业性谈判等。

报告期内,发行人业务开展存在少量未根据《政府采购法》等法律法规和规范性文件的规定通过招投标方式获取订单的情形。经核查,发行人同报告期内当期收入在200万元以上(含200万元)的客户的合作情况,报告期内,发行人应履行招投标程序而未履行的项目共计2项,均系发行人在获取业务过程中按照客户要求与其进行商业谈判并签署正式合同或发生交易,客户未明确提出招投标要求。

根据《政府采购法》《合同法》[1]等相关法律法规的规定,发行人应履行招投标程序而未履行的合同存在被撤销或宣告无效的风险。经核查,律师认为,该等情形不会构成发行人本次发行的实质性障碍,理由如下:

(1)发行人获取的业务合同中应履行公开招投标程序而未履行的义务主体不是发行人,发行人未因此受到相关政府主管部门的行政处罚,也不存在因此受到相关政府主管部门行政处罚的风险。

(2)采购人为公开招投标程序的义务主体,如发行人的业务合同因应履行招投标程序而未履行被撤销或宣告无效,发行人可据此请求采购人折价补偿并赔偿发行人因此所受到的损失。

(3)对应客户均正常履行相关业务合同且正常向发行人采购货物并支付货款,发行人已确认收入的项目中未以公开招标方式获得的项目应收账款回款情况良好。发行人与对应客户之间关于前述应履行招投标程序而未履行的合同不存在纠纷或潜在纠纷。

(4)报告期内,前述应履行招投标程序而未履行的合同产生的收入及其占比相对较小。发行人控股股东、实际控制人已出具承诺,如发行人获取订单因应履行招投标程序而未履行受到主管机关任何行政处罚(包括但不限于罚款)或基于

---

〔1〕 现已失效。

法律法规需要承担任何法律责任,或因履行协议、合同或其他任何权利义务与任何第三方产生争议,使得发行人遭受任何经济损失及因前述事宜支出任何费用,发行人的控股股东、实际控制人将给予发行人全额赔偿。

经核查,发行人同报告期内当期收入在200万元以上(含200万元)的客户的合作情况,除前述应履行招投标程序而未履行的合同外,发行人的其他应履行招投标程序的合同均按照《招标投标法》《政府采购法》等法律法规和规范性文件的规定履行了招投标程序,发行人的业务开展符合《招标投标法》《政府采购法》等法律法规和规范性文件的规定。

综上所述,律师认为,报告期内,发行人的业务开展存在少量未根据《政府采购法》等法律法规和规范性文件的规定通过招投标方式获取订单的情形,该等情形不会构成本次发行的实质性障碍。经核查,发行人同报告期内当期收入在200万元以上(含200万元)的客户的合作情况,除前述应履行招投标程序而未履行的项目外,发行人的业务开展符合《招标投标法》《政府采购法》等法律法规和规范性文件的规定。

案例小结:

招投标作为很多企业获取订单的主要方式之一,在企业申报上市的过程中往往会受到审核机构的重点关注。《招标投标法》《招标投标法实施条例》《政府采购法》等法律都对招投标的问题作出了规定,应履行招投标程序而未履行的项目合同存在被认定为无效的风险。

在IPO申报中,涉及招投标问题,审核机构关注的点主要包括发行人通过招投标程序获得合同的合规性,是否存在应履行而未履行招投标程序的情形,未履行招投标程序的原因、风险、订单数量、合同金额、合同的履行情况以及产生纠纷、争议的可能性等。

若发行人确实存在部分项目未履行招投标程序的情况,发行人及中介机构可以从未履行招投标程序的项目数量较少及未履行的合理原因,相关项目对应的收入占主营业务收入的比例较低且呈下降趋势,各方存在争议的可能性较小,发行人不属于过错方、不会受到行政处罚,未履行招投标程序不会导致合同终止等方面进行论证,并可以由控股股东、实际控制人出具兜底承诺,以保障该情况不会对发行人的生产经营造成重大不利影响。

2. 未履行招投标程序且涉及金额和比例较高，上会被否

案例

北京巅峰智业旅游文化创意股份有限公司(IPO终止)[1]

创业板发审委会议问题摘要：

根据申报材料，发行人报告期规划类、设计类业务合同中应进行公开招标而未进行公开招标的数量分别为124项、9项。发行人报告期在承接业务过程中应履行招投标程序而未履行，涉及的金额和比例较高。

(1)请发行人代表说明未履行招投标程序的原因及其风险；(2)请保荐代表人对发行人承接业务过程中应履行招投标程序而未履行的合规性发表意见。

案例小结：

2016年11月25日，中国证监会创业板发审委2016年第70次会议召开，否决了北京巅峰智业旅游文化创意股份有限公司的上市申请，会议上创业板发审委对该公司提出的主要质疑点就包括其报告期存在应履行招投标程序而未履行的情况且涉及的金额和比例较高。

应履行而未履行招投标程序的项目合同存在被认定为无效合同的风险，尽管发行人作为投标人不存在被行政处罚的风险，但是若合同被撤销或者被宣告无效也可能对发行人的业务收入造成不利影响，因此实践中也不乏因该情况而被否决上市申请的案例。在企业申报上市的过程中，相关中介机构应审慎核查企业是否涉及此类情况，若涉及，则需确认未履行招投标程序的项目数量、所涉营收金额和占比是否过高，是否会影响公司的持续经营能力等。若相关情形较为严重，也可能会构成发行人申报上市的障碍。

(三)小结与建议

拟IPO企业在业务获取方式上的合规性是审核机构的惯常关注问题，对于应履行而未履行招投标程序的项目，存在相关业务合同无效的风险。此外，若应招标未招标的业务占比较高，可能还会对发行人的业务合规性、收入确认和持续经营能力造成不利影响。因此，对于存在通过招投标方式承揽业务的企业，我们建议企业建立好完整的招投标业务台账，依法履行相关招投标程序，并妥善保存好招投标的过程文件，包括

---

[1] 摘自《中国证券监督管理委员会创业板发审委2016年第70次会议审核结果公告》(2016年11月25日出具)。

招标公告、自主招标备案登记、邀标文件、投标文件、评标报告、中标通知书、项目合同、招投标费用的支付凭证等,以便中介机构进行核查和信息披露,降低因招投标程序合规问题导致的风险。

第三节　商业贿赂

(一)理论基础

商业贿赂问题历来是审核机构的重点关注问题,也是拟 IPO 企业上市时的一条红线。《首次公开发行股票注册管理办法》第 13 条规定:"发行人生产经营符合法律、行政法规的规定,符合国家产业政策。最近三年内,发行人及其控股股东、实际控制人不存在贪污、贿赂、侵占财产、挪用财产或者破坏社会主义市场经济秩序的刑事犯罪,不存在欺诈发行、重大信息披露违法或者其他涉及国家安全、公共安全、生态安全、生产安全、公众健康安全等领域的重大违法行为。"商业贿赂违背了企业合法合规经营的上市要求,也涉及企业的可持续经营能力、核心竞争力等关键问题。

1. 商业贿赂的认定

我国目前关于商业贿赂的规定主要集中在《反不正当竞争法》和《国家工商行政管理局关于禁止商业贿赂行为的暂行规定》。根据上述法规,关于商业贿赂的认定主要从以下三个方面入手:

(1)商业贿赂的主体。行贿人包括经营者及其工作人员,如果经营者的工作人员采用商业贿赂的方式谋取商业机会,除非经营者有证据证明其工作人员的行贿行为与经营者谋取商业机会无关,否则应认定为经营者的行为。受贿人包括三类主体:一是交易相对方的工作人员;二是受交易相对方委托办理相关事务的单位或者个人;三是利用职权或者影响力影响交易的单位或者个人。

(2)商业贿赂的手段。根据《国家工商行政管理局关于禁止商业贿赂行为的暂行规定》第 2 条的规定,商业贿赂的手段主要包括财物或者其他手段。财物,是指现金和实物,包括经营者为销售或者购买商品,假借促销费、宣传费、赞助费、科研费、劳务费、咨询费、佣金等名义,或者以报销各种费用等方式,给付对方单位或者个人的财物。其他手段,是指提供国内外各种名义的旅游、考察等给付财物以外的其他利益的手段。

(3)商业贿赂的目的。根据《国家工商行政管理局关于旅行社或导游人员接受商场支付的“人头费”、“停车费”等费用定性处理问题的答复》的意见,禁止商业贿赂的实质是禁止经营者以不正当的利益引诱交易,“经营者无论将这种利诱给予交易对方单位或个人,还是给予与交易行为密切相关的其他人,也不论给予或收受这种利益是否入账,只要这种利诱行为以争取交易为目的,且影响了其他竞争者开展质量、价格、服务等方面的公平竞争,就构成《反不正当竞争法》第八条禁止的商业贿赂”。由上述意见可见,商业贿赂行为的认定应结合其是否具有谋取交易或竞争优势的目的。

(4)商业贿赂的特征。商业贿赂的主要特征为“账外暗中”。在正常的商业活动中,经营者可以通过明示的方式向交易相对方支付佣金或折扣,交易双方对该等费用均应如实入账。商业贿赂往往违背上述交易要求,具有“账外暗中”的表现形式。但是,“账外暗中”只是判断商业贿赂的标准之一,不能当然地反向推导出相关交易构成商业贿赂。

2. 商业贿赂的审核关注要点

结合 IPO 审核案例和被否案例,审核机构对商业贿赂问题的主要关注点包括以下内容:

(1)业务获取方式。发行人获取项目的过程是否存在违法违规行为,是否存在必须招投标的情形,是否存在商业贿赂的情形,是否具有保障合规经营的具体措施。

(2)业务推广费的真实合规情况。发行人在业务推广过程中是否存在给予返利、回扣、礼品、变相贿赂等行为;发行人的销售费用中的市场推广费、业务招待费、会议费等费用与营收的占比情况、费用发生原因、发票入账情况,相关费用是否真实合理。

(3)商业贿赂的处罚情况。发行人及其高级管理人员、员工是否存在因商业贿赂行为被立案调查、行政处罚、刑事处罚或负面舆情等情况。

(4)内控措施的实施情况。发行人是否制定了防范商业贿赂的内控制度和有效措施,相关内控措施的执行情况。

3. 商业贿赂的核查方式

结合商业贿赂的“账外暗中”的特征以及相关认定标准,针对商业贿赂问题,具体的核查方式包括以下内容:

(1)走访发行人的客户、供应商。在对发行人的客户、供应商进行走访时,特别是涉及医药、建筑工程等特殊行业的,需与发行人的客户、供应商访谈了解业务获取方式、获取过程、客户和供应商的内部客户开发机制和供应商选择机制等情况。

(2)核查发行人的账务情况。核查发行人的具体账务情况可能会发现商业贿赂的相关线索。具体而言,部分商业贿赂会以借款之名行贿赂之实,具体会体现在应收类科目上。此外,若发行人的账目上存在“促销费、招待费、咨询费、赞助费、宣传费、科研费、佣金”等名义的费用或收入,均需予以重点关注。

(3)核查发行人及关系密切人员的银行流水。发行人除了利用其公账进行商业贿赂外,通过与之关系密切的人员的账户实施商业贿赂的情形也很常见,因此需要重点核查发行人与主要客户、供应商的银行流水情况、交易合同和发票,核查相关文件是否吻合,同时要对发行人的实际控制人、董监高、出纳、采购、销售等关键岗位人员的银行流水进行核查。

(4)核查核心岗位人员的薪酬水平。出纳、销售、采购等核心岗位员工最容易接触和参与到商业贿赂之中,如果该等核心员工的工资显著高于发行人平均水平或行业平均水平,则发行人可能存在以工资或奖金的方式将利益转移给该等员工,再由该等员工实施商业贿赂的情形。

(二)典型案例

1. 实控人存在商业贿赂，通过论证成功过会

案例

四方光电股份有限公司

(股票代码:688665,2021 年 1 月 5 日过会)[1]

问询问题:

根据公开资料,发行人的实际控制人熊某辉曾于 2010~2011 年向原四川省农村能源办公室主任屈某提供过资金 12 万元。2014 年 11 月,四川省绵阳市中级人民法院对屈某受贿案进行了宣判。根据刑事判决书[(2014)绵刑初字第 29 号],屈某因利用职务上的便利,共计收受他人贿赂 699.5 万元及其他财物,其中包含收受熊某辉提供的资金 12 万元。被告人屈某犯受贿罪,被判处有期徒刑 13 年,判决已经生效并执行。

请发行人说明:实际控制人熊某辉及发行人是否存在被追究刑事责任的风险,是否构成发行人或实际控制人的重大违法违规行为,是否构成本次发行的障碍。

---

〔1〕 摘自《关于四方光电股份有限公司首次公开发行股票并在科创板上市申请文件的第二轮审核问询函的回复》(2020 年 9 月 17 日出具)。

问询回复主要内容：

1. 发行人的实际控制人涉嫌行贿的基本情况。

发行人的实际控制人熊某辉曾于2010～2011年向原四川省农村能源办公室主任屈某提供过资金12万元。屈某后因收受多人财物而被四川省绵阳市人民检察院立案侦查。四川省绵阳市中级人民法院于2014年11月作出刑事判决书[(2014)绵刑初字第29号]，认定屈某因利用职务上的便利，共计收受他人贿赂699.5万元及其他财物，其中包含收受熊某辉提供的资金12万元。该案件的判决已经生效并执行。

2. 实际控制人熊某辉及发行人被追究刑事责任的风险分析。

(1)熊某辉行贿事项符合法定可以减轻或免除处罚情形。

根据屈某受贿案件侦查、审判时适用的《刑法》(2011修正)第390条规定，《最高人民法院、最高人民检察院关于办理贪污贿赂刑事案件适用法律若干问题的解释》对于行贿罪"情节严重""情节特别严重"的解释性规定，以及屈某受贿案件的刑事判决书，熊某辉在屈某受贿案件调查期间积极协助调查、主动说明相关情况，属于在被追诉前主动交代行贿行为，且涉及金额较小，依法可以减轻或者免除处罚。

(2)熊某辉目前未被追究刑事责任。

2020年6月22日，屈某受贿案件的办案机关四川省绵阳市人民检察院出具确认函，载明：在四川省绵阳市人民检察院统一业务应用系统中未查询到熊某辉自2013年至今有被移送批准逮捕、审查起诉的相关信息。

2020年5月6日，熊某辉户籍所在地的公安机关武汉市公安局洪山区分局出具的无违法犯罪记录，证明：截至2020年5月6日，经全国公安综合信息系统查询，未发现熊某辉在武汉居住期间有违法犯罪记录；其中，"犯罪记录"包括"人民法院作出的刑事处罚生效判决"。2020年8月3日，武汉市公安局洪山区分局再次出具无违法犯罪记录，确认熊某辉不存在违法犯罪记录。

此外，根据对中国裁判文书网、中国执行信息公开网、12309中国检察网等与司法裁判相关的公开信息进行检索查询，未查询到熊某辉的刑事犯罪记录。

综上所述，截至本回复出具之日，熊某辉未被追究刑事责任。

(3)熊某辉在剩余追诉期限内被追究刑事责任的风险较低。

如前所述，熊某辉涉嫌行贿事项情节较轻，如果需要追究刑事责任，对应的刑期为5年以下有期徒刑或者拘役，即法定最高刑不超过5年。根据《刑法》第87

条、第89条的规定，法定最高刑为5年以上（包括5年本数）不满10年有期徒刑的，经过10年不再追诉。熊某辉涉嫌行贿的行为发生于2010年3月和2011年2月，按照法定最高刑5年所对应的10年刑事追诉期限，该行为的刑事追诉期限应截至2021年2月。因此，截至本回复出具之日，熊某辉涉嫌行贿事项已接近法定追诉时效上限，剩余追诉期限已不足7个月。

根据司法实践，如需要追究行贿人员的刑事责任，司法机关通常就行贿行为与同案受贿行为共同侦查、提起公诉和审理；如审理受贿行为当时未追究行贿人员刑事责任，其后通常不会就行贿行为进行单独追诉。

综合熊某辉涉嫌行贿情节轻微以及该案判决距今已接近6年时间且追诉期限即将届满的事实，熊某辉在剩余追诉期限内因上述涉嫌行贿行为被追究刑事责任的风险较低。

（4）发行人不存在被追究刑事责任的风险。

熊某辉向屈某提供现金的行为事先未经发行人内部合议与审批流程，且熊某辉当时作为发行人持股70%的控股股东，其给予屈某现金实质是为了个人利益，该行为系基于个人意志的个人行贿行为。该行为不属于《刑法》第393条之下的单位行贿情形，发行人不存在被追究刑事责任的风险。

3. 该事项不构成发行人或实际控制人的重大违法违规行为。

根据《科创板首次公开发行股票注册管理办法（试行）》〔1〕第13条以及《上海证券交易所科创板股票发行上市审核问答》〔2〕问题3的相关规定，熊某辉涉嫌行贿发生于9年前，未发生在报告期内，且发行人及实际控制人未因此受到刑事处罚或情节严重的行政处罚，因此该行为不会构成发行人及其实际控制人的重大违法违规行为。

4. 该事项不构成本次发行的障碍。

根据前述，熊某辉涉嫌行贿事项发生在报告期外，且发行人及其实际控制人未受到刑事处罚或情节严重的行政处罚，不构成重大违法违规行为。近3年内，发行人及其控股股东、实际控制人不存在贪污、贿赂、侵占财产、挪用财产或者破坏社会主义市场经济秩序的刑事犯罪，不存在欺诈发行、重大信息披露违法或者其他涉及国家安全、公共安全、生态安全、生产安全、公众健康安全等领域的重大

---

〔1〕 现已失效。
〔2〕 现已失效。

违法行为。董事、监事和高级管理人员不存在最近3年内受到中国证监会行政处罚,或者因涉嫌犯罪被司法机关立案侦查或者涉嫌违法违规被中国证监会立案调查,尚未有明确结论意见等情形。

发行人符合《科创板首次公开发行股票注册管理办法(试行)》第13条的规定,上述事项不构成本次发行的障碍。

案例小结:

根据《首次公开发行股票注册管理办法》的规定,发行人生产经营及其控股股东、实际控制人行为的合法合规性属于发行条件之一。具体要求:发行人生产经营符合法律、行政法规的规定,符合国家产业政策。近3年内,发行人及其控股股东、实际控制人不存在贪污、贿赂、侵占财产、挪用财产或者破坏社会主义市场经济秩序的刑事犯罪,不存在欺诈发行、重大信息披露违法或者其他涉及国家安全、公共安全、生态安全、生产安全、公众健康安全等领域的重大违法行为。

本案例中,发行人实际控制人曾进行商业贿赂,审核机构对其是否会被追究刑事责任,贿赂行为是否构成发行人或实际控制人的重大违法违规行为,是否构成本次发行上市的障碍提出了问询。发行人及中介机构主要从以下几点进行了论证:(1)实际控制人目前尚未被追究刑事责任;(2)该案涉案金额较小,且实际控制人在被追诉前主动交代行贿行为,依法可以减轻或免除处罚;(3)案件已过去近10年,即将超过追诉期限,实际控制人被追诉的可能性较小;(4)该行为系个人行为,不属于单位行贿情形,发行人不会被追究刑事责任;(5)该行为不会构成发行人及实际控制人的重大违法违规行为,亦不会构成本次发行上市的障碍。

实践中,除了以上论证要点,中介机构还可以根据实际情况补充说明行为危害结果较小、与发行人生产经营无关以及发行人已采取严格的内控制度预防内部人员进行商业贿赂等,以进一步减轻审核机构的疑虑。

2. 发行人涉及单位行贿、高管和员工涉及多起商业贿赂，上会被否

案例

力合科技(湖南)股份有限公司

(股票代码:300800,2017年7月11日被否,2019年10月18日再次过会)[1]

主板发审委会议问题摘要:

请发行人代表进一步说明:(1)报告期内,发行人存在因涉嫌单位行贿被司法机关立案和部分高级管理人员、员工涉及多起商业贿赂案件的情形,发行人有关销售、投标、资金费用管理等方面的内部控制制度是否健全且被有效执行,是否能够合理保证生产经营的合法性。(2)报告期内发行人销售费用中的业务招待费占营业收入的比例高于同行业可比上市公司的具体原因,高级管理人员和员工有关业务招待费等费用报销是否真实、合理,是否存在商业贿赂情形。(3)结合订单获取方式、流程,补充说明相关内部控制制度能否有效防范商业贿赂风险;案发后,采取的主要整改措施。(4)发行人及其员工是否还存在其他涉及商业贿赂的案件;发行人相关信息披露是否准确、完整,相关风险揭示是否充分。(5)衡阳市雁峰区人民检察院对发行人立案的具体情况,发行人未披露相关情况的具体原因。(6)发行人在其历次提交的招股说明书(申报稿)等申请材料中均未对发行人存在因涉嫌单位行贿被立案等事项进行披露的具体原因。(7)发行人上述相关情况是否符合《首次公开发行股票并上市管理办法》的相关规定。请保荐代表人发表核查意见,并说明核查的方法、过程、依据及结论。

案例小结:

在IPO申报过程中,若拟上市公司或其控股股东、实际控制人存在较为严重的商业贿赂行为,公司的核心竞争力、获取业务的实力以及持续经营能力都会遭到质疑,甚至可能因涉及重大违法违规而不符合发行条件,涉事人员也可能触犯刑法,涉嫌刑事犯罪。

本案例中,发行人因涉嫌单位行贿而被司法机关立案,其高级管理人员、员工也涉及多起商业贿赂案件,还存在高额的业务招待费,这些情况引起了审核机构的担忧。

2017年7月11日,主板发审委2017年第102次会议召开,会上否决了发行人的上市申请,主板发审委在会上提出的主要问题就包括发行人存在商业贿赂的相

[1] 摘自《中国证券监督管理委员会主板发行审核委员会2017年第102次发审委会议审核结果公告》(2017年7月11日出具)。

关问题。综上,若拟上市公司及其相关人员存在较为严重的商业贿赂问题,发行人及中介机构要尤为关注,该种情况可能构成发行人申报上市的实质性障碍。

(三)小结与建议

商业贿赂的主要特征是“账外暗中”,但实践中其表现形式存在多样性,因此需根据相关标准进行准确认定,并结合审核机构的关注要点进行深入核查。对于拟 IPO 企业,其本身应避免触及商业贿赂的红线,防范商业贿赂的发生,具体可从以下方面予以规范:

(1)反商业贿赂和反腐败政策的制定和宣贯。公司应制定反商业贿赂和反腐败的相应制度,明确具体的行为准则和罚则,声明公司对商业贿赂的零容忍态度。公司应同时将该等制度告知所有员工,通过下发制度、发放员工手册、签署员工确认书、开展培训等方式进行有效宣贯,将公司行为和员工个人贿赂行为进行有效隔离。

(2)合理设置业务和合规部门。公司应对商业贿赂风险较高的业务部门和业务条线进行内部区分,并针对高风险业务部门和业务条线加强风险把控。此外,公司可设置相应的合规部门或独立的合规团队,加强对高风险业务部门和业务条线的检查、审计、处罚等监督。

(3)风险识别、评估和预警机制。公司应建立起针对商业贿赂的风险管理机制,可通过交易记录审查、财务报表审查、员工报销审查、举报投诉等方式,及时对商业贿赂行为进行风险识别、评估和预警。

第四节 军工业务资质

(一)理论基础

由于军工行业的特殊性,军工企业开展涉军业务时在业务资质、保密等方面均受到严格的监管要求。目前,从事军工业务的企业所需取得的业务资质主要包括武器装备科研生产许可/备案证书、武器装备科研生产单位保密资格证书、装备承制单位资格证书、武器装备质量体系认证证书(从 2017 年 10 月 1 日起已与装备承制单位注册证书二证合一,新证书为装备承制单位资格证书)。

1. 军工业务资质的基本要求（见表4-3）

表4-3 军工业务资质的基本要求

资质业务	法律法规	具体规定
武器装备科研生产许可/备案证书	《武器装备科研生产许可管理条例》	第二条 国家对列入武器装备科研生产许可目录(以下简称许可目录)的武器装备科研生产活动实行许可管理。但是,专门的武器装备科学研究活动除外。武器装备科研生产许可,应当在许可目录所确定的范围内实行分类管理。 第三条 未取得武器装备科研生产许可,不得从事许可目录所列的武器装备科研生产活动;但是,经国务院、中央军事委员会批准的除外
	《武器装备科研生产备案管理暂行办法》	第二条 国家国防科技工业局(以下简称国防科工局)对列入《武器装备科研生产备案专业(产品)目录》(以下简称《备案目录》)的武器装备科研生产活动实行备案管理
武器装备科研生产单位保密资格证书	《武器装备科研生产单位保密资格认定办法》	第三条 国家对承担涉密武器装备科研生产任务的企业事业单位,实行保密资格认定制度。承担涉密武器装备科研生产任务的企业事业单位应当依法取得相应保密资格
装备承制单位资格证书	《关于进一步加强装备承制单位资格审查工作的通知》	一、严格落实审查制度 ……自2011年1月起,凡与军方直接签订装备采购合同(含预研、科研、购置、维修、技术服务合同,不含装备技术引进合同,下同)的承制(含承研、承修,下同)单位,必须具备装备承制单位资格
武器装备质量体系认证证书	《武器装备质量管理条例》	第四十六条 国务院国防科技工业主管部门和总装备部联合组织对承担武器装备研制、生产、维修任务单位的质量管理体系实施认证,对用于武器装备的通用零(部)件、重要元器件和原材料实施认证。 国务院国防科技工业主管部门和总装备部在各自的职责范围内,组织对武器装备测试和校准试验室实施认可,对质量专业人员实施资格管理。 未通过质量管理体系认证的单位,不得承担武器装备研制、生产、维修任务
	装备承制单位资格审查和武器装备质量管理体系认证"两证合一"管理改革措施	2017年10月1日起,武器装备质量体系认证证书与装备承制单位注册证书实行两证融合管理,新的证书即为装备承制单位资格证书

2. 军工业务资质的齐全判断

从上述法规可见，目前从事军工业务主要涉及"军工三证"，即武器装备科研生产许可/备案证书、武器装备科研生产单位保密资格证书、装备承制单位资格证书。但并非所有企业都需要同时取得"军工三证"，实践中，可从以下三个方面判断是否需要取得对应的军工业务资质。

(1)根据生产任务级别判断保密资质要求。承担涉密武器装备科研生产任务的公司，应当根据其生产任务级别，判断应取得何种等级的保密资格证书。按照此前的要求，一级保密资格单位可以承担绝密级、机密级、秘密级科研生产任务，二级保密资格单位可以承担机密级、秘密级科研生产任务，三级保密资格单位可以承担秘密级科研生产任务。但2021年6月30日最新出台的《关于公布武器装备科研生产单位保密资格调整有关事项的公告》对保密资格级别进行了调整：自2021年7月1日起，武器装备科研生产单位保密资格调整为一级和二级两个等级，不再受理新的三级保密资格申请。

(2)根据经营范围、主要产品介绍等判断科研生产许可资质要求。结合发行人的相关业务情况，判断发行人的主要产品是否被列入武器装备科研生产许可目录，若被列入，则需取得武器装备科研生产许可证。

(3)根据业务合同、资金往来流水等判断装备承制单位资格要求。结合发行人的业务合同、资金往来流水等确定发行人的客户类型，若客户为军方，则需取得装备承制单位资格证书；若客户为军工集团下属科研院所且不与军方直接发生交易，则无须取得。

3. 对于军工业务资质的IPO审核机构关注要点

对于上述军工业务相关的资质，监管部门在上市审核过程中的关注要点主要包括以下三个方面：

一是业务资质的取得情况。具体包括：(1)公司是否已取得生产经营所需的全部资质；(2)公司取得相关军工资质的时间、方式，取得资质是否合法合规；(3)是否持续符合取得相关军工资质的所需条件，有效期届满后申请续期是否存在实质性障碍。

二是未取得业务资质的情况。具体包括：(1)实际业务开展时是否存在超过资质许可范围的情况；(2)是否存在应取得而未取得业务资质的情况，未取得业务资质对经营业绩的影响；(3)历史上是否存在申请资质或资质续期未获通过的情形，未获通过的原因；(4)公司的供应商是否需取得必要的业务资质，采购行为是否均符合与军工相关的法律规定。

三是业务资质对生产经营的影响。具体包括:(1)对比同行业可比公司、主要竞争对手的业务资质取得情况,判断公司在业务资质上的优势和可持续性,说明公司在军用市场份额是否存在被替代或抢占的风险;(2)结合军工资质取消三级保密资格等政策变化,说明监管政策变化对公司业务的影响。

(二)典型案例

1. 军工资质的齐全性

案例

哈尔滨新光光电科技股份有限公司

(股票代码:688011,2019年7月1日过会)[1]

问询问题:

发行人披露其已取得相关资质证书,部分资质证书正在办理持有人由哈尔滨新光光电科技有限公司变更至发行人的手续。

请发行人披露是否获得所从事业务内容所必需的全部业务资质;相关业务资质的审批主体、资质内容及其有效期,发行人的生产经营业务范围是否超过资质范围,发行人是否合法取得并维持相关资质。

问询回复主要内容:

发行人已取得从事军品生产和销售所需要的相关资质。截至本补充法律意见书出具之日,发行人已获得所从事业务内容所必需的全部业务资质,发行人生产经营业务范围未超过资质范围,发行人合法取得并维持上述资质。

关于上述涉军业务资质的审批主体、资质内容及其有效期等信息,发行人已取得国防科工局关于发行人上市特殊财务信息豁免披露有关事项的批复,豁免披露相关信息。

案例小结:

近年来,军工企业发展势头强劲,军工行业已成为IPO中的热点行业,在军工企业的IPO审核中,资质问题是重中之重。目前,我国法律法规中规定的军工企业的相关资质主要包括:(1)武器装备科研生产单位保密资格证书;(2)武器装备科研生产许可证书;(3)装备承制单位资格证书。

---

〔1〕 摘自《关于哈尔滨新光光电科技股份有限公司首次公开发行股票并在科创板上市的补充法律意见书(一)》(2019年4月29日出具)。

涉及资质问题，审核机构通常关注的要点包括：是否已取得相关业务资质，业务资质是否齐全，目前的生产经营是否超过资质范围，资质有效期及申请续期的难度，资质期满后从事相关业务是否合规，是否存在被处罚的风险等。

本案例中，审核机构针对军工资质提出了几个较为常见的问题，发行人律师经核查认为发行人已合法取得了业务所需的全部相关资质，生产经营范围未超出资质范围。此外，根据《军工企业对外融资特殊财务信息披露管理暂行办法》等法律法规的规定，军工企业涉密信息应采取脱密处理的方式进行披露，部分无法进行脱密处理或者进行脱密处理后仍存在泄密风险的信息，军工企业应当取得主管部门的豁免披露批复。因此，本案例中，关于军工资质的有效期等具体问题，发行人取得了国防科工局的批复，可以豁免披露。

2. 非"三证齐全"的合规性

案例

北方长龙新材料技术股份有限公司

（股票代码：301357，2023年3月2日过会）[1]

问询问题：

申报文件显示：(1)发行人已经取得了相关军品承制所需的必要资质，包括武器装备科研生产单位二级保密资格证书、装备承制单位资格证书。发行人因公司名称、注册地址、经营范围等注册事项发生变化，已申请办理国军标质量管理体系认证证书、装备承制单位资格证书的内容变更手续，上述变更正处于审核中。(2)发行人未取得武器装备科研生产许可，不属于《涉军企事业单位改制重组上市及上市后资本运作军工事项审查工作管理暂行办法》所规定的"涉军企事业单位"，发行人本次发行上市无须履行国防科工局关于军工事项的相关审查程序，但需办理涉密信息披露审查。

请发行人：(1)披露业务相关资质、证书办理变更手续的进展情况，是否存在无法取得或续期的实质障碍。(2)分析并披露发行人未取得武器装备科研生产许可的背景和原因，是否存在实质障碍，发行人客户是否均须取得该资质，以及对发行人业务限制和经营业绩的影响；武器装备科研生产许可与装备承制单位资格证书的主要区别和联系，包括规则依据、资质权限、获取条件，以及对发行人业务经

[1] 摘自《关于北方长龙新材料技术股份有限公司首次公开发行股票并在创业板上市的补充法律意见书（一）》（2021年10月22日出具）。

营的影响。

问询回复主要内容：

1. 披露业务相关资质、证书办理变更手续的进展情况，是否存在无法取得或续期的实质障碍。

报告期内，发行人因公司名称、注册地址、经营范围等注册事项发生变化，申请办理国军标质量管理体系认证证书、装备承制单位资格证书的内容变更手续，并于2021年8月、9月分别取得变更后的装备承制单位资格证书和国军标质量管理体系认证证书。

2. 分析并披露发行人未取得武器装备科研生产许可的背景和原因，是否存在实质障碍，发行人客户是否均须取得该资质，以及对发行人业务限制和经营业绩的影响；武器装备科研生产许可与装备承制单位资格证书的主要区别和联系，包括规则依据、资质权限、获取条件，以及对发行人业务经营的影响。

(1)分析并披露发行人未取得武器装备科研生产许可的背景和原因，是否存在实质障碍，发行人客户是否均须取得该资质，以及对发行人业务限制和经营业绩的影响。

发行人已录入装备承制单位资格证书的生产经营产品均未被列入国防科工局、中央军委装备发展部于2018年11月发布的《武器装备科研生产许可专业(产品)目录》(2018年版)(以下简称2018年版目录)。发行人未直接从事2018年版目录内的武器装备科研生产活动，因此，发行人目前生产经营活动无须取得武器装备科研生产许可证。

发行人为具有独立法人资格的股份有限公司，具备国军标质量管理体系认证证书和武器装备科研生产单位二级保密资格证书，具有与申请从事武器装备科研生产活动相适应的专业技术人员、科研生产条件、检验检测、试验手段、技术和工艺以及安全生产条件，能够提供安全生产达标和环保、消防验收文件，符合《武器装备科研生产许可管理条例》和《武器装备科研生产许可实施办法》关于申请武器装备科研生产许可的条件。如发行人的产品进一步扩展进入2018年版目录，则发行人将着手申请武器装备科研生产许可，发行人申请武器装备科研生产许可不存在实质障碍。

根据发行人与客户签订的销售合同，并向发行人主要客户确认，主要客户对发行人是否须取得武器装备科研生产许可未作出要求。《武器装备科研生产许可管理条例》第14条规定："取得武器装备科研生产许可的单位应当妥善保管武器装备科研生产许可证,严格保密管理,不得泄露武器装备科研生产许可证载明的相关内容。"鉴于武器装备科研生产许可为涉密事项,发行人无法获知客户是否取得武器装备科研生产许可证的情况。

因此,发行人未取得武器装备科研生产许可证不会对发行人目前经营业务造成限制,也不会对发行人目前经营业绩造成不利影响。

(2)武器装备科研生产许可与装备承制单位资格证书的主要区别和联系,包括规则依据、资质权限、获取条件,以及对发行人业务经营的影响。

根据《武器装备科研生产许可管理条例》《武器装备科研生产许可实施办法》《中国人民解放军装备承制单位资格审查管理规定》的相关规定,武器装备科研生产许可是从事武器装备科研生产许可目录所列活动必须具备的资质证书,装备承制单位资格证书是编入《装备承制单位名录》的装备承制单位承接军队装备采购任务所必须具备的资质证书。因此,从事武器装备科研生产许可目录所列活动必须同时取得武器装备科研生产许可证与装备承制单位资格证书,未从事武器装备科研生产许可目录所列活动,仅承接军队装备采购任务,只需取得装备承制单位资格证书,发行人目前经营活动属于后者。

两者的主要区别如下:

略。

案例小结:

实践中,并非所有涉及军工的企业均需取得武器装备科研生产单位保密资格证书、武器装备科研生产许可证和装备承制单位资格证书三项资质,具体需要根据相关企业的生产和经营范围来确定。

本案例中,发行人取得了武器装备科研生产单位保密资格证书和装备承制单位资格证书,但是未取得武器装备科研生产许可证,审核机构对未取得的背景、原因、是否存在实质障碍,该证书的资质权限、获取条件、相关规则依据,以及未取得对发行人业务经营的影响等问题进行问询。

发行人律师在回复中,对武器装备科研生产许可证进行了较为详细的介绍,并说明发行人已录入装备承制单位资格证书的生产经营产品均未被列入2018年版目录,发行人目前生产经营活动无须取得武器装备科研生产许可证。即使发行人进一步拓展业务,其申请武器装备科研生产许可证也不存在实质障碍,且发行人客户亦并未要求发行人取得该许可。该种解释路径获得了审核机构的认可。

(三)小结与建议

若拟IPO企业涉及军工业务,由于军工业务的准入门槛高,相关产品、服务和交易对象均具有特殊性,因此IPO审核机构会对发行人在军工业务资质方面提出较有针对性的问询问题。但并非所有涉军企业均需同时取得"军工三证",实践中需结合生产任务级别、具体业务、客户类型等情况来确定发行人所需取得的资质证书。此外,由于军工事项的保密要求高,在进行信息披露时发行人还需要按规定满足相应的脱密处理要求。

第五节 境外业务的核查

一、境外投资

(一)理论基础

1. 境外投资手续要求

若企业在境外投资设立子公司,需按规定在发改、商务、外汇部门办理相应手续。具体法律手续要求(见表4-4)。

表4-4 在境外投资设立子公司具体法律手续要求

部门	事项	手续要求	法条主要内容
发改部门	境外直接投资	1. 在境外开展敏感类项目:核准管理 2. 在境外开展非敏感类项目:备案管理	《企业境外投资管理办法》 第二条第一款 本办法所称境外投资,是指中华人民共和国境内企业(以下称投资主体)直接或通过其控制的境外企业,以投入资产、权益或提供融资、担保等方式,获得境外所有权、控制权、经营管理权及其他相关权益的投资活动。 第十三条第一款 实行核准管理的范围是投资主体直接或通过其控制的境外企业开展的敏感类项目。核准机关是国家发展改革委。 第十四条第一款 实行备案管理的范围是投资主体直接开展的非敏感类项目,也即涉及投资主体直接投入资产、权益或提供融资、担保的非敏感类项目

续表

部门	事项	手续要求	法条主要内容
发改部门	境外再投资	1. 涉及投资敏感类项目:核准管理 2. 涉及投资非敏感类项目: (1)如境内企业直接投入资产、权益或提供融资、担保:备案管理 (2)如境内企业不投入资产、权益或提供融资、担保,中方投资额3亿美元以上的则需要提交大额非敏感类项目情况报告表,中方投资额在3亿美元以下的则无须提交	《境外投资常见问题解答》(2018年6月19日发布) (九)境内企业通过其控制的境外企业(设立时已核准/备案)再开展境外投资,是否还需要到发展改革部门办理境外投资项目核准/备案手续? 答:境内企业通过其控制的境外企业开展境外投资,如投资敏感类项目,则需要履行核准手续。 如投资非敏感类项目,分两种情况:情况一,境内企业直接投入资产、权益或提供融资、担保,则需要履行备案手续;情况二,境内企业不投入资产、权益或提供融资、担保,则中方投资额3亿美元以上需要提交大额非敏感类项目情况报告表,3亿美元以下无需提交。 (十)境内企业通过其控制的境外企业开展中方投资额不超过3亿美元的非敏感类项目,是否既不需要备案也不需要提交项目情况报告表? 答:此类情况下,如果境内企业不投入资产、权益,也不提供融资、担保,则境内企业既不需要备案也不需要提交大额非敏感类项目情况报告表
商务部门	境外直接投资	1. 涉及敏感国家和地区、敏感行业:核准管理 2. 其他情形:备案管理	《境外投资管理办法》 第二条　本办法所称境外投资,是指在中华人民共和国境内依法设立的企业(以下简称企业)通过新设、并购及其他方式在境外拥有非金融企业或取得既有非金融企业所有权、控制权、经营管理权及其他权益的行为。 第六条　商务部和省级商务主管部门按照企业境外投资的不同情形,分别实行备案和核准管理。 企业境外投资涉及敏感国家和地区、敏感行业的,实行核准管理。 企业其他情形的境外投资,实行备案管理

续表

部门	事项	手续要求	法条主要内容
商务部门	境外再投资	在完成境外法律手续后，向商务主管部门报告	《境外投资管理办法》 第二十五条　企业投资的境外企业开展境外再投资，在完成境外法律手续后，企业应当向商务主管部门报告。涉及中央企业的，中央企业通过"管理系统"填报相关信息，打印《境外中资企业再投资报告表》（以下简称《再投资报告表》，样式见附件4）并加盖印章后报商务部；涉及地方企业的，地方企业通过"管理系统"填报相关信息，打印《再投资报告表》并加盖印章后报省级商务主管部门
外汇部门	境外直接投资	向银行申请办理外汇登记手续，国家外汇管理局及其分支机构通过银行对直接投资外汇登记实施间接监管	《境内机构境外直接投资外汇管理规定》 第六条第一款　外汇局对境内机构境外直接投资及其形成的资产、相关权益实行外汇登记及备案制度。 《国家外汇管理局关于进一步简化和改进直接投资外汇管理政策的通知》 一、取消境内直接投资项下外汇登记核准和境外直接投资项下外汇登记核准两项行政审批事项 改由银行按照本通知及所附《直接投资外汇业务操作指引》（见附件）直接审核办理境内直接投资项下外汇登记和境外直接投资项下外汇登记（以下合称直接投资外汇登记），国家外汇管理局及其分支机构（以下简称外汇局）通过银行对直接投资外汇登记实施间接监管。 （三）相关市场主体可自行选择注册地银行办理直接投资外汇登记，完成直接投资外汇登记后，方可办理后续直接投资相关账户开立、资金汇兑等业务（含利润、红利汇出或汇回）
	境外再投资	无须办理外汇登记手续	《国家外汇管理局关于进一步简化和改进直接投资外汇管理政策的通知》 二、简化部分直接投资外汇业务办理手续 （二）取消境外再投资外汇备案。境内投资主体设立或控制的境外企业在境外再投资设立或控制新的境外企业无需办理外汇备案手续

2. 境外投资的IPO审核机构关注要点

对于拟IPO企业存在境外子公司等境外投资情况的，IPO审核机构通常会关注以下要点：(1)境外投资的背景和原因，在程序上发行人是否履行了发改、商务、外汇等部门的核准、备案、登记手续;(2)若境外投资手续未履行到位,发行人是否采取了补救措施,是否受到行政处罚;(3)发行人境外投资手续的缺失,是否构成重大违法行为,是否影响境外投资主体的实际业务开展,是否影响发行人的持续经营。

(二)典型案例

案例

北京青云科技股份有限公司

(股票代码:688316,2021 年 2 月 1 日过会)[1]

问询问题:

根据首轮问询回复,发行人设立 QingCloud HK、Cloud Computing 未履行境外投资备案程序和外汇登记程序。根据《企业境外投资管理办法》的规定,属于核准、备案管理范围的项目,投资主体有下列行为之一的,由核准、备案机关责令投资主体中止或停止实施该项目并限期改正,对投资主体及有关责任人处以警告;构成犯罪的,依法追究刑事责任。

请发行人说明:发行人设立 QingCloud HK、Cloud Computing 未履行境外投资备案程序和外汇登记程序,是否可能导致发行人被处罚或承担刑事责任等法律责任,是否可能对本次发行上市构成法律障碍,是否存在有权机关的确认文件。

问询回复主要内容:

1. 发行人设立 QingCloud HK、Cloud Computing 未履行境外投资备案程序和外汇登记程序,是否可能导致发行人被处罚或承担刑事责任等法律责任。

根据《境外投资项目核准和备案管理办法》(国家发展和改革委员会令第 9 号,已于 2018 年 3 月 1 日废止,系 QingCloud HK 及 Cloud Computing 设立时适用的法规)、《企业境外投资管理办法》、《境外投资管理办法》、《关于进一步简化和改进直接投资外汇管理政策的通知》(汇发〔2015〕13 号)、《外汇管理条例》(国务院令第 532 号)、《刑法》的相关规定,发行人设立 QingCloud HK、Cloud Computing 未履行境外投资备案程序,存在导致发行人被处以行政处罚的可能性,但不会导致发行人承担刑事法律责任。鉴于发行人未在完成境外直接投资外汇登记前实施资金出入境,发行人不涉及违反外汇监管相关规定。

---

〔1〕 摘自《关于北京青云科技股份有限公司首次公开发行股票并在科创板上市的补充法律意见书(一)》(2020 年 8 月 10 日出具)。

2. 是否可能对本次发行上市构成法律障碍,基于上述监管规定是否存在有权机关的确认文件,并结合发行人的具体情况,律师认为,发行人设立 QingCloud HK、Cloud Computing 未履行境外投资备案程序和外汇登记程序,对本次发行上市不会构成法律障碍,具体理由如下:

(1)就上述行为而言,相关法律法规规定的法律责任相对较轻,不属于重大违法行为。

如上所述,就境内主体境外直接投资未履行境外投资备案程序和外汇登记程序的行为,在不涉及境内外汇非法转移到境外的情况下,相关法律法规规定的法律后果为责令停止实施、给予警告等行政责任,不涉及刑事责任。

同时,结合《科创板首次公开发行股票注册管理办法(试行)》《上海证券交易所科创板股票发行上市审核规则》[1]的相关规定,境内主体境外直接投资未履行境外投资备案程序和外汇登记程序的行为,不构成被处以罚款等处罚且情节严重或者导致严重环境污染、重大人员伤亡、社会影响恶劣等的行为,不属于涉及国家安全、公共安全、生态安全、生产安全、公众健康安全等领域的重大违法行为。

(2)就发行人而言,发行人违法行为轻微且已自行纠正,并未受到有关部门处罚。

①发行人在完成境外投资手续前未擅自开展业务,未擅自实施资金出入境。

根据发行人的说明并经律师核查,QingCloud HK 自设立至注销,发行人未向 QingCloud HK 实际投入投资款等任何资金,QingCloud HK 亦未实际从事生产经营活动,不涉及资金出入境等外汇的实际监管;发行人首次对 Cloud Computing 出资的时间为 2019 年 7 月,此时发行人已就出资 Cloud Computing 事宜办理了境外投资备案及外汇登记,且 Cloud Computing 在 2019 年 7 月获得发行人出资款前并未实际从事生产经营活动,亦不涉及发行人使用任何境内资产实施境外投资。

②发行人已补正境外投资备案程序和外汇登记程序,或者已注销境外投资主体,且在办理过程中相关监管机关并未提出异议。

就发行人投资 Cloud Computing 所涉境外投资事项,发行人已取得北京市发展和改革委员会出具的项目备案通知书、北京市商务局出具的企业境外投资证书,并已取得宁波银行北京分行出具的业务登记凭证,办理了 ODI 中方股东对外义务出资的外汇登记。2019 年 5 月,发行人由优帆有限更名为青云科技,就该

[1] 现已失效。

次更名,发行人已取得北京市发展和改革委员会出具的项目备案变更通知书、北京市商务局出具的企业境外投资证书。发行人就该等境外投资程序瑕疵已补正。

截至本补充法律意见书出具之日,QingCloud HK 已完成注销,发行人已主动停止实施该等存在程序瑕疵的境外投资行为。

根据发行人的说明,在前述事项办理过程中,相关监管机关均未对发行人境外投资备案程序和外汇登记程序的瑕疵提出异议。

③发行人从未因境外投资事宜受到有关监管部门处罚。

截至本补充法律意见书出具之日,发行人未因上述境外投资事宜受到相关主管部门的行政处罚或者承担刑事责任;但发行人就此事项未获得有权机关的确认文件。

此外,发行人共同控股股东及实际控制人已出具书面承诺,如发行人或其子公司因境外投资涉及的商务部门、发改部门等备案手续和外汇登记方面的瑕疵受到任何损害、损失或处罚,其将就此进行全额补偿并承担相关费用。

综上,律师认为,发行人设立 QingCloud HK、Cloud Computing 未履行境外投资备案程序和外汇登记程序,存在导致发行人被行政处罚的可能性。尽管发行人就境外投资事项未获得有权机关的确认文件,但发行人的前述行为不涉及发行人承担刑事法律责任,不属于重大违法行为,不会对本次发行上市构成法律障碍。

案例小结:

在 IPO 审核中,拟上市公司境外投资的合规性是审核机构关注的要点。具体而言,发行人境外子公司设立的目的、程序,子公司在境外的销售模式、纳税情况、违法事项,境外投资的备案和外汇登记手续等问题都是中介机构应重点关注并核查的事项。

本案例中,发行人在境外设立子公司未履行境外投资备案和外汇登记程序,审核机构对于发行人是否会被处罚或承担法律责任以及该问题是否会成为发行上市的障碍等问题进行了问询。

根据《企业境外投资管理办法》的规定,投资主体开展境外投资,应当履行境外投资项目核准、备案等手续,报告有关信息,配合监督检查。

实践中,若拟上市公司存在未按规定履行境外投资项目备案、登记手续的情况,发行人及中介机构可以参考本案例从以下关键点进行回答:(1)通过对比法条规定和实际情况确认发行人是否确实违反外汇监管规定及该事项是否会导致行政或刑事处罚；(2)论证上述行为不属于重大违法行为；(3)说明发行人已纠正或补正违法行为且目前未受到处罚；(4)由控股股东及实际控制人出具兜底承诺等。

(三)小结与建议

实务中，不少企业存在在境外投资时未办理相关手续的情况，对于这种法律手续上的瑕疵，通常可行的应对方式如下：(1)与主管部门沟通，及时补办相关手续；(2)若无法补办手续，争取向主管部门申请出具无法补办的确认意见；(3)结合境外投资主体的经营规模，说明境外子公司并非发行人的主要经营主体，利润贡献占比小，对发行人的业绩影响较小；(4)发行人不存在未办理相应境外投资手续而受到行政处罚或调查的情况，也未被责令中止或停止实施境外投资项目；(5)对主管部门进行访谈或取得主管部门的合规证明，证明不会对发行人进行处罚，相关违法行为不构成重大违法违规行为；(6)发行人的控股股东、实际控制人对潜在的处罚风险进行兜底承诺。

二、境外销售

(一)理论基础

1. 境外销售的合法合规性

对于发行人的境外销售行为，IPO审核机构通常会从以下角度关注其合法合规性：(1)公司在向境外出口销售时，是否符合境内的相关监管要求，包括在海关监管、对外贸易监管、外汇监管等方面的合规情况。(2)公司的境外销售是否符合进口国的法律法规，比如不同进口国或地区对于不同的进口商品存在特殊资质或认证要求(如CE认证、CSA认证、UL认证等)。(3)对于出口至国际贸易摩擦和敏感的国家和地区，需特别关注是否符合相关贸易政策。比如，关注出口地是否属于被联合国纳入经济和贸易制裁的经济体，出口的产品是否属于我国政府出台的相关对外贸易、对外合作的法规和政策，以及联合国发布的各种公告、决议中所规定的禁止出口的产品。

2. 境外销售收入的真实性和准确性

境外销售收入的真实性和准确性，是境外销售核查中的首要目标和核心内容。目前，相关审核规则对于境外销售的核查要求已规定得比较具体明确，具体见表4-5。

表 4－5 对于境外销售的核查要求情况

发布单位	文件名称	法规主要内容
中国证监会	《保荐人尽职调查工作准则》(中国证券监督管理委员会公告〔2022〕36 号)	第二十六条 行业情况及竞争状况 ……根据财务资料,分析发行人出口业务情况,对于发行人进出口依赖度较高,或行业受到国家战略或产业政策、汇率变动、贸易摩擦、地缘政治等外部因素潜在影响较大的,应当针对性分析其面临的风险及对业务的影响程度…… 第二十七条 销售情况 ……对产品大量出口的,应函证或走访海关等相关机构或通过亲自登录发行人报关系统、出口退税申报系统等方式,取得运费(如有)、出口报关单、纳税申报等相关凭证,调查其销售方式、销售途径和客户回款情况,确认销售的真实性,判断收入确认标准的合理性…… 第三十五条 销售收入 ……关注发行人销售模式、销售区域(如经销商模式、加盟商模式或境外销售收入占比较高等)对其收入确认的影响及是否存在异常,可以在合理信赖会计师收入核查工作的基础上,合理利用实地走访、访谈、合同调查、发询证函等手段核查相应模式下的收入真实性……
上交所	《上海证券交易所发行上市审核业务指南第 4 号——常见问题的信息披露和核查要求自查表》(上证函〔2023〕657 号)	第一号 首次公开发行 3－26 境外销售收入金额较大或占比较高 对于境外销售收入金额较大或占比较高的情形,保荐人和申报会计师应就以下事项进行核查: (1)主要境外客户的基本情况、订单获取方式及信用政策,是否为发行人关联方或与发行人存在异常资金往来,境外客户为经销商的,主要最终客户的情况; (2)报告期内发行人境外销售的主要国家和地区,与发行人出口产品相关的贸易政策是否发生重大不利变化,对发行人境外业务开展的具体影响; (3)发行人在销售所涉的国家和地区是否依法取得从事相关业务所需的资质,是否符合国家外汇及税务等有关法律法规的规定; (4)报告期内相同或同类产品是否存在境外销售价格明显高于境内销售价格、或境外销售毛利率明显高于境内销售毛利率的情形,是否存在合理原因; (5)报告期内汇兑损益对发行人的业绩是否存在较大影响,信息披露是否充分; (6)报告期各期发行人海关出口数据、出口退税金额、境外客户应收账款函证情况、物流运输记录、发货验收单据、中国出口信用保险公司数据等的具体核查情况,是否与发行人境外销售收入相匹配; (7)对境外客户以及境外收入实施的核查手段、核查范围、核查过程及核查结论

续表

发布单位	文件名称	法规主要内容
深交所	《深圳证券交易所股票发行上市审核业务指南第3号——首次公开发行审核关注要点》(深证上〔2023〕778号)	26-3　是否存在境外销售占比较高的情形,如境外销售收入占比超过10%。(该指标为常见情形,仅作为参考,不可代替专业判断。发行人与中介机构应根据行业特征、业务模式等实际情况进行专业判断,并说明判断过程及合理性) 如是,发行人应当按照营业收入、分部报告的披露要求,结合客户结构及销售模式,分析主要产品或服务的销售数量、价格与结构变化对营业收入变化的具体影响。披露境外经营的总体情况,并对有关业务活动进行地域性分析。 保荐人应当核查如下事项并发表明确意见: (1)外销客户的基本情况,如前五名客户的销售内容、销售金额及占比、成立时间、行业地位、资质情况、订单获取方式和销售金额及占比,是否为发行人关联方,境外客户为经销商的,主要最终客户的情况。 (2)发行人海关出口数据、出口退税金额、境外客户应收账款函证情况与发行人境外销售收入是否匹配。 (3)对境外销售所采取的具体核查措施、比例和结果,应确保核查比例足以支持核查结论。 (4)发行人外销产品销售价格、毛利率是否存在明显高于内销相同或同类产品的情形,如存在,核查是否具有合理性和商业逻辑。 (5)发行人境外销售的主要地区与发行人出口产品相关的贸易政策是否发生重大不利变化,如发生,对发行人未来业绩是否会造成重大不利影响。 (6)发行人出口主要结算货币的汇率报告期内是否稳定,汇兑损益对发行人的业绩影响是否较大,发行人是否采取了应对外汇波动风险的具体措施。 (7)发行人境外销售模式和占比与同行业可比公司是否存在显著差异,是否符合行业特征。 (8)发行人关于贸易政策、汇率影响的风险提示是否充分

续表

发布单位	文件名称	法规主要内容
北交所	《北京证券交易所向不特定合格投资者公开发行股票并上市业务规则适用指引第 1 号》(北证公告〔2023〕19 号)	1－20　境外销售 发行人报告期存在来自境外的销售收入的,保荐机构、发行人律师及申报会计师应重点关注下列事项:1. 境外销售业务的开展情况,包括但不限于主要进口国和地区情况,主要客户情况、与发行人是否签订框架协议及相关协议的主要条款内容,境外销售模式、订单获取方式、定价原则、信用政策等;2. 发行人在销售所涉国家和地区是否依法取得从事相关业务所必须的法律法规规定的资质、许可,报告期内是否存在被境外销售所涉及国家和地区处罚或者立案调查的情形;3. 相关业务模式下的结算方式、跨境资金流动情况、结换汇情况,是否符合国家外汇及税务等相关法律法规的规定;4. 报告期境外销售收入与海关报关数据是否存在较大差异及差异原因是否真实合理;5. 出口退税等税收优惠的具体情况;6. 进口国和地区的有关进口政策、汇率变动等贸易环境对发行人持续经营能力的影响;7. 主要境外客户与发行人及其关联方是否存在关联方关系及资金往来。 境外销售业务对发行人报告期经营业绩影响较大的,保荐机构、发行人律师及申报会计师应结合上述事项全面核查发行人的境外销售业务,说明采取的核查程序及方法。保荐机构及发行人律师应就境外销售业务的合规经营情况发表明确意见;保荐机构及申报会计师应就境外销售收入的真实性、准确性、完整性,收入确认是否符合企业会计准则规定,境外销售业务发展趋势是否对发行人持续经营能力构成重大不利影响等发表明确意见。 发行人应在招股说明书中对境外销售业务可能存在的风险进行充分披露

(二)典型案例

案例

广东奥迪威传感科技股份有限公司

(股票代码:832491,2022 年 5 月 12 日过会)〔1〕

问询问题:

根据招股说明书,发行人子公司香港奥迪威主要为其出口销售平台。报告期

〔1〕 摘自《关于广东奥迪威传感科技股份有限公司向不特定合格投资者公开发行股票并在北京证券交易所上市之补充法律意见(一)》(2022 年 2 月 23 日出具)。

内,发行人境内收入和境外收入约各占比50%,其中境外收入主要来自港澳台、北美和欧洲地区。发行人实现了对博世(BOSCH)、法雷奥(Valeo)、日本村田(Murata)等国际厂商的进口替代。

请发行人:(1)说明在销售所涉国家和地区是否已依法取得从事相关业务所必需的法律法规规定的资质、许可,报告期内是否存在被境外销售所涉及国家和地区处罚或者立案调查的情形。(2)补充披露境外子公司的设立是否履行必要的审批、登记程序,是否符合我国有关境外投资、外汇管理的有关规定,生产经营活动是否符合所在地的相关规定,是否存在违法违规行为;报告期内发行人的进出口活动是否符合海关、税务等相关法律法规的规定,是否存在违法违规行为,是否存在受到行政处罚的法律风险。

问询回复主要内容:

1.说明在销售所涉国家和地区是否已依法取得从事相关业务所必需的法律法规规定的资质、许可,报告期内是否存在被境外销售所涉及国家和地区处罚或者立案调查的情形。

(1)发行人取得的进出口许可及备案。

报告期内,发行人及其境内控股子公司已取得的进出口相关的登记及备案如下:①海关进出口货物收发货人备案回执;②海关报关单位注册登记证书;③出入境检验检疫报检企业备案表;④对外贸易经营者备案。

(2)发行人在销售所涉国家和地区是否已依法取得从事相关业务所必需的法律法规规定的资质、许可、认证。

经核查发行人取得的认证文件,并经律师访谈发行人的境外销售业务人员,发行人已取得质量管理体系认证IATF 16949、质量管理体系认证ISQ 9001、职业健康安全管理体系认证ISO 45001:2018和环境管理体系认证ISO 14001。上述认证均为非强制性认证,按照国际互认原则执行;除上述非强制性认证以外,发行人销售至欧盟的主要产品电声器件、测距传感器等所使用的物料符合欧盟RoHS标准,RoHS是由欧盟立法制定的一项强制性标准,全称是《关于限制在电子电器设备中使用某些有害成分的指令》(*Restriction of Hazardous Substances*)。

此外,经律师访谈发行人的境外销售业务负责人,发行人销售至欧盟的主要产品电声器件、测距传感器等是零部件而非成品,无须办理CE认证(CE认证是欧盟针对产品安全的强制认证,只针对成品);发行人销售至北美的主要产品测距传感器等是零部件而非成品,无须办理UL认证(UL认证是美国针对产品安全的强制认证,只针对成品)。

(3)报告期内是否存在被境外销售所涉及国家和地区处罚或者立案调查的情形。

发行人及其控股子公司已取得进出口相关的登记及备案,报告期内不存在被境外销售所涉及国家和地区处罚或者立案调查的情形。

2. 补充披露境外子公司的设立是否履行必要的审批、登记程序,是否符合我国有关境外投资、外汇管理的有关规定,生产经营活动是否符合所在地的相关规定,是否存在违法违规行为;报告期内发行人的进出口活动是否符合海关、税务等相关法律法规的规定,是否存在违法违规行为,是否存在受到行政处罚的法律风险。

(1)境外子公司的设立是否履行必要的审批、登记程序,是否符合我国有关境外投资、外汇管理的有关规定。

经核查,截至本补充法律意见出具日,发行人拥有一家境外子公司,即香港奥迪威。根据香港法律意见,香港奥迪威于2010年1月29日按照中国香港法律在中国香港设立,依法有效存续。

2010年6月9日,广东省商务厅向发行人核发企业境外投资证书。发行人申请设立的境外企业名称为“奥迪威电子(香港)有限公司”[AUDIOWELL ELECTRONICS(HK)CO., LIMITED],发行人持有其100%的股权,经营范围为电子元器件产品及相关零件、材料贸易。

根据发行人于2020年11月5日登录国家外汇管理局数字外管平台就ODI存量权益的查询结果及发行人的确认,发行人已就其持有香港奥迪威100%股权完成外汇登记,登记地外汇局为国家外汇管理局广东省分局。

据此,发行人已就香港奥迪威的设立履行了必要的审批、登记程序,符合我国有关境外投资、外汇管理的有关规定。

(2)境外子公司的生产经营活动是否符合所在地的相关规定,是否存在违法违规行为。

根据香港法律意见及香港连慧仪律师事务所出具的香港奥迪威之香港法律意见书,报告期内,香港奥迪威的主要业务为电子元器件产品相关零件、材料等贸易业务,该等业务符合中国香港的法律规定,且无须办理海关登记手续或取得任何证书;香港奥迪威不存在因环境保护、知识产权、产品质量、劳动安全、人身权等原因产生的侵权之债,亦不存在关于外汇、海关、税务、环境保护相关的重大违法行为或违反相关法律而被主管机构处罚的情形。

据此,律师认为,香港奥迪威生产经营活动符合中国香港的相关规定,不存在违法违规行为。

(3)报告期内发行人的进出口活动是否符合海关、税务等相关法律法规的规定,是否存在违法违规行为,是否存在受到行政处罚的法律风险。

根据国家税务总局广州市番禺区税务局和肇庆高新技术产业开发区税务局出具的涉税征信情况,自2018年1月1日至2021年6月30日,未发现广州奥迪威和肇庆奥迪威存在税务行政处罚记录。

根据广州海关出具的企业资信证明,自2018年1月1日至2021年6月30日,广州海关未发现发行人及肇庆奥迪威有走私罪、走私行为和违反海关监管规定等行为。

根据审计报告、发行人及其控股子公司取得的相关海关、税务主管部门出具的无违规证明及发行人的确认,并经律师在中国海关企业进出口信用信息公示平台和国家税务总局广东省税务局查询,报告期内,发行人及其境内控股子公司不存在走私罪、走私行为和违反海关监管规定等行为,也不存在因违反海关、税收等法律法规的规定而被相关部门处以重大行政处罚的情形。

据此,律师认为,报告期内,发行人的进出口活动符合海关、税务等相关法律法规的规定,不存在违法违规行为,不存在受到行政处罚的法律风险。

案例小结:

若拟上市公司存在部分收入来自境外的情况,则对于境外销售相关情况的核查也是中介机构工作内容的重点之一。

通常情况下,审核机构主要关注的内容包括:(1)境外业务的具体情况(包括收入、产品结构、定价方式、结算方式及客户稳定性等);(2)在境外销售是否已取得当地相关资质、许可;(3)销售行为是否符合海关、税务等法律规定;(4)是否存在违法违规行为;(5)是否有被处罚的风险等。

本案例中,涉及发行人境外销售在法律方面的问题,审核机构主要关注了在境外销售的资质、许可的取得情况,设立境外子公司的审批、登记程序的履行情况,以及境外销售活动是否合法合规等问题。中介机构对发行人从事以上事项的合法合规性进行了详细的核查与说明,发行人亦取得了子公司所在地——中国香港特别行政区律师出具的法律意见。

(三)小结与建议

若拟 IPO 企业存在较大业务规模的境外销售,审核机构主要会从境外销售的合法合规性,境外销售收入的真实性和准确性,境外销售对发行人持续经营能力的影响等角度予以关注。

对于境外销售的合法合规性,主要从法律角度进行综合核查,对发行人在海关、外汇、外贸、税务等方面的合规性进行全面的核查和论证,必要时还可聘请境外律师对境外业务出具专门的法律意见作为参考依据。

对于境外销售收入的核查,则需通过执行访谈程序、函证程序、穿行测试、核查境外主要客户合作往来记录及境外客户购买产品的应用场景、核对出口退税数据和海关数据、调查出口信保公司资信报告和第三方商业资信报告、核查大额资金流水等综合手段,进行全面的核查,以明确境外销售收入的真实性和准确性。

对于境外销售收入占比较高的,还需按照审核政策的要求进行核查和信息披露,说明对发行人持续经营能力的影响。

第五章

规 范 运 行

原《首次公开发行股票并上市管理办法》将"规范运行"作为一项核心发行条件,其规范的内容主要包括发行人的治理结构、董监高的合格任职、内控制度的健全和有效执行、重大违法行为、对外担保和资金管理制度;现行有效的《首次公开发行股票注册管理办法》虽已调整发行条件的法条体例,但关于企业规范运行的核心要求未发生实质变化。企业的经营合法合规是监管机构对拟上市企业的基本要求,也是企业成功上市的基本前提,实务中,企业的环境保护、安全生产、劳动用工、税收优惠、行政处罚等特殊问题都会受到审核机构的重点关注,企业需确保在经营各环节、各方面均符合规范运行的要求,才能避免给企业的运营和上市带来不利影响。

第一节 环 境 保 护

一、重污染、"两高"、"双高"

(一)理论基础

审核机构对企业的环保问题的审核态度非常严格,近年来,随着环保问题的凸显和监管的重视,若企业所处行业涉及重污染行业,或者业务项目涉及"两高"(高耗能、高排放),产品涉及"双高"(高污染、高环境风险),其环保合规问题更是重中之重。

1. **重污染行业**

(1)监管要求的演变。

此前关于重污染行业的核查要求主要依据《国家环境保护总局关于对申请上市的企业和申请再融资的上市企业进行环境保护核查的通知》《国家环境保护总局办公厅关于进一步规范重污染行业生产经营公司申请上市或再融资环境保护核查工作的通知》《中国证监会关于重污染行业生产经营公司 IPO 申请申报文件的通知》等文件,根据该等文件,从事重污染行业的公司应向国家环保总局申请开展环保核查,并向中国证监会提交国家环保总局出具的核查意见,否则中国证监会不予受理上市申请。

随着上市环保核查工作的长年推进,为落实国务院关于简政放权、转变政府职能的要求,加快推进环境治理体系和治理能力现代化,进一步强化上市公司和企业的环境保护主体责任,2014 年出台的《环境保护部关于改革调整上市环保核查工作制度的通知》(已失效)明确不再执行上市环保核查工作。但是该等改革并不意味着环保部门和审核机构对环保问题放松了监管,相反,其对环保合规的要求更加严格,对环保违法行为的处罚更为严厉,审核机构对企业在环保方面的信息披露和反馈问询的监管态度也趋于严格。从近年的 IPO 案例可见,在反馈问询中要求发行人和中介机构回复确认发行人是否属于重污染行业的案例很常见。

(2)重污染行业的范围。

根据《国家环境保护总局关于对申请上市的企业和申请再融资的上市企业进行环境保护核查的通知》等文件的规定,冶金、化工、石化、煤炭、火电、建材、造纸、酿造、制药、发酵、纺织、制革和采矿业为重污染行业,企业所属行业属于上述范围的,一般会被认定属于重污染企业。

根据《企业环境信用评价办法(试行)》第 3 条的规定,重污染行业包括火电、钢铁、水泥、电解铝、煤炭、冶金、化工、石化、建材、造纸、酿造、制药、发酵、纺织、制革和采矿业 16 类行业,以及国家确定的其他污染严重的行业。

重污染行业的认定依据是国家和各地方的相应监管规定,若无相关规定,则应参照生态环境部、中国证监会等监管部门对上市公司重污染行业分类规定执行。实务中,中介机构一般需根据《国民经济行业分类》(GB/T 4754—2017)、《上市公司行业分类指引》(2012 年修订,已失效)的规定,结合发行人的主营业务情况确定发行人的所属行业,而后根据《企业环境信用评价办法(试行)》第 3 条对重污染行业的规定,进一步判断发行人是否属于重污染行业。

2. “两高”项目

2021 年 5 月出台的《生态环境部关于加强高耗能、高排放建设项目生态环境源头防控的指导意见》(环环评〔2021〕45 号)(以下简称《两高项目指导意见》)对“两高”项目作出界定,将“两高”项目暂按煤电、石化、化工、钢铁、有色金属冶炼、建材 6 个行业类别进行分类,并授权由省级生态环境部门统筹调度行政区域内“两高”项目情况。《两高项目指导意见》出台后,各省级监管部门陆续出台当地针对“两高”项目的管理细则。

《两高项目指导意见》和各地方的管理细则均明确提出“坚决遏制高耗能、高排放项目盲目发展”,具体而言,“两高”项目的建设准入门槛大幅提高,落后产能基本需被淘汰、被减量替代,以压减产能。

自《两高项目指导意见》出台以来,IPO 审核机构对发行人是否属于“两高”行业、“两高”企业,以及募投项目是否属于“两高”项目的反馈和关注度明显增加。除对环境保护的常规关注要点外,针对“两高”问题,审核机构通常还会关注以下问题:(1)是否属于高耗能、高排放行业,是否属于限制类、淘汰类产业,是否符合国家产业政策,是否纳入相应产业规划布局,是否属于落后产能;(2)募投项目是否属于高耗能、高排放项目,是否履行环保主管部门的审批、核准、备案等程序;(3)是否满足能源消费双控要求,是否取得节能审查意见,主要能源资源消耗情况是否符合当地节能主管部门的监管要求;(4)是否涉及大气污染防治重点区域内的耗煤项目、高污染燃料禁燃区内的高污染燃料燃用项目、新建自备燃煤电厂等情况,如是,具体合规、整改、减量替代的情况。

3. “双高”产品

“双高”产品是指“高污染”“高环境风险”的产品。根据 2007 年国家环境保护总局发布的第一批“高污染、高环境风险”产品名录,“高污染”产品是指在生产过程中污染严重、难以治理的产品,“高环境风险”产品是指在生产、运贮过程中易发生污染事故、危害环境和人体健康的产品。自 2007 年发布“双高”产品名录以来,相关名录已经发布了 12 版。

近年来,IPO 审核机构对“双高”问题的关注问询主要集中在化工行业的拟 IPO 企业上,从相关案例中可见,审核机构对于“双高”问题的审核关注要点主要包括:(1)发行人生产的产品是否属于“双高”产品,如是,“双高”产品是否属于发行人的主要产品,其产生的收入及占发行人主营业务收入的比例;(2)如产品属于“高污染”产品,说明是否满足相关污染物排放标准和超低排放要求、是否达到行业清洁生产先进水平、近一年内是否无因环境违法行为受到重大处罚的情形；(3)如产品属于“高环境风险”产品，说明是否满足环境风险防范措施要求、应急预案管理制度是否健全、近一年内是否发生过重大特大突发环境事件；(4)对于“双高”产品的未来压降计划。

（二）典型案例

1. 发行人所处行业为重污染行业

案例

山东凯盛新材料股份有限公司

（股票代码:301069,2021 年 8 月 10 日过会）[1]

问询问题：

披露发行人是否属于重污染行业，生产经营中涉及环境污染的具体环节、主要污染物名称及排放量、主要处理设施及处理能力、设施实际运营情况；说明危险废物的处置情况，相关处理、运输是否符合环保监管要求。

问询回复主要内容：

1. 披露发行人是否属于重污染行业，生产经营中涉及环境污染的具体环节、主要污染物名称及排放量。

发行人属于重污染行业，为加大环境保护力度，发行人在生产工艺设计和改造过程中十分重视“三废”的减排及循环利用，坚持循环经济及绿色发展理念，持续加大在环保方面的投入，既减少了废气等环保处理压力，又能实现生产循环经济以达到效益最大化。

发行人在生产过程中产生的主要污染物有废水、废气及固体废物，具体环节和主要污染物名称情况如下：

略。

2. 披露主要处理设施及处理能力、设施实际运营情况。

报告期内，发行人主要污染处理设施运作正常，污染处理能力满足相关环境保护要求。

发行人所拥有的污染物处理设施能够确保各项污染物得到有效处理并达标排放，与发行人生产经营所需相匹配。

---

〔1〕 摘自《关于山东凯盛新材料股份有限公司首次公开发行股票并在创业板上市申请文件审核问询函的回复》(2020 年 9 月 3 日出具)。

3. 危险废物的处置情况，相关处理、运输是否符合环保监管要求。

发行人对危险废物进行妥善保存，并委托有资质的第三方进行运输、处置。发行人制定了《危险废物管理制度》，并严格按制度规范执行危险废物的收集、贮存、转移、处置。报告期内，发行人生产经营中就危险废物委托的第三方危险废物处置单位均具备相关资质。

发行人每年均根据实际情况制订危险废物管理计划并报送当地环境保护部门进行登记备案。

综上所述，发行人对危险废物的相关处理、运输符合环保监管要求。

案例小结：

一直以来，环保合规问题也是中国证监会在审核中关注的重点，尤其是涉及重污染企业时，中国证监会通常会在审核中进行较为细致全面的问询。若拟上市公司可能属于重污染企业，相关中介机构应对以下问题进行重点核查：(1) 确认发行人是否属于重污染行业；(2) 发行人生产经营中涉及环境污染的具体情况（包括具体环节、污染物、排放量等）；(3) 发行人对污染物的处理设施、处理能力和处理情况；(4) 发行人对污染物的处置、运输等是否符合环保监管的要求；(5) 发行人是否发生过环保事故；(6) 发行人是否存在环保处罚，如有，是否构成重大违法行为等。

即使属于重污染行业，只要发行人对污染物的处理、运输达到法律规定的标准，符合环保监管的要求，发行人也并未因此受到过重大的处罚，通常情况下，中介机构也可以通过详细核查、全面披露、充分论证来减轻审核机构的疑虑。具体可参考本案例中的情况，中介机构在回复中确认发行人属于法律规定的重污染行业，并对发行人生产中产生的污染物及处理方法进行了披露，认为发行人的污染物处理及排放符合相关法律规定，危险废物的处理、运输亦符合监管要求，最终获得了审核机构的认可。

2. 关注发行人的“两高”情况

案例

广州凌玮科技股份有限公司

(股票代码:301373,2022年9月26日过会)[1]

问询问题:

请发行人披露:

1. 发行人是否属于高耗能、高排放行业,主营业务是否符合国家产业政策和行业准入条件。

2. 发行人已建、在建、拟建项目是否属于高耗能、高排放项目,是否需履行审批、核准、备案、环评等程序及履行情况,是否存在被关停的情况或被关停风险,以及对公司生产经营的影响。

3. 发行人是否具有排污许可证,发行人主要能源资源消耗和污染物排放是否符合国家法律法规和国家标准。

4. 发行人是否曾发生环保事故、重大群体性环保事件或受到环保行政处罚,以及是否存在有关公司执行国家产业政策和环保守法情况的媒体报道。

5. 发行人生产经营和募投项目是否符合国家和地方产业政策和环保规定,是否符合相关主管部门的要求。

6. 发行人在大气污染防治重点区域内的耗煤项目(如有)是否符合《大气污染防治法》第90条规定。

7. 发行人现有工程是否符合环境影响批复文件要求,是否落实污染物总量削减替代要求。

8. 发行人募投项目是否按照《环境影响评价法》要求,以及《建设项目环境影响评价分类管理名录》和《生态环境部审批环境影响评价文件的建设项目目录》(2019年本)的规定,获得相应级别生态环境主管部门环境影响评价批复。

9. 发行人募投项目包括自备燃煤电厂的,相关项目是否符合《关于加强和规范燃煤自备电厂监督管理的指导意见》中“京津冀、长三角、珠三角等区域禁止新建燃煤自备电厂。装机明显冗余、火电利用小时数偏低地区,除以热定电的热电联产项目外,原则上不再新(扩)建自备电厂项目”的要求。

---

〔1〕 摘自《关于广州凌玮科技股份有限公司首次公开发行人民币普通股股票并在创业板上市之补充法律意见书(二)》(2021年5月21日出具)。

10. 发行人及其募投项目是否位于城市人民政府规定的禁燃区内，是否在禁燃区内燃用相应类别的高污染燃料。

11. 发行人现有工程和募投项目是否存在《产业结构调整指导目录》(2019 年本)中淘汰类工艺或装备。

问询回复主要内容：

1. 发行人所属行业属于高耗能、高排放行业，但不属于重点高耗能监察行业，且发行人不属于高耗能、高排放企业，发行人的主营业务符合国家产业政策和行业准入条件。

2. 发行人已建、在建、拟建项目不属于高耗能、高排放项目，已履行备案、环评等程序，不存在被关停的情况或被关停风险，对发行人生产经营不产生消极影响。

3. 发行人子公司冷水江三 A 已办理排污许可证，除冷水江三 A 外，发行人及其他子公司不存在需办理排污许可证而未办理情形；发行人主要能源资源消耗和污染物排放符合国家法律法规和国家标准。

4. 发行人在报告期内未发生环保事故、重大群体性环保事件或受到环保行政处罚，发行人不存在有关公司执行国家产业政策和报告期内发生的环保守法情况的负面媒体报道。

5. 发行人生产经营和募投项目符合国家和地方产业政策和环保规定，符合相关主管部门的要求。

6. 发行人不存在大气污染防治重点区域内的耗煤项目，不适用《大气污染防治法》第 90 条的规定。

7. 发行人现有工程符合环境影响批复文件要求，已落实污染物总量削减替代要求。

8. 发行人募投项目已按照《环境影响评价法》要求，以及《建设项目环境影响评价分类管理名录》和《生态环境部审批环境影响评价文件的建设项目目录》(2019 年本)的规定，获得相应级别生态环境主管部门环境影响评价批复。

9. 发行人募投项目不存在自备燃煤电厂。

10. 发行人及其募投项目的生产场所均不在城市人民政府规定的禁燃区内，不存在禁燃区内燃用相应类别的高污染燃料的情形。

11. 发行人现有工程和募投项目均不存在《产业结构调整指导目录》(2019 年本)中淘汰类工艺或装备。

案例小结：

环保问题一直是国家经济发展中的重要议题，近年来，我国对环保问题的重视程度也越来越高，证券监管部门对企业在环保方面的合规问题也愈加重视，其中就包括“两高”“双高”问题。

根据2021年5月30日公布的《两高项目指导意见》的规定，“两高”项目指高耗能、高排放项目，要严格加强“两高”项目生态环境源头防控。

关于这一问题，审核机构通常提出的问询问题包括：(1)公司是否属于“两高”行业，主营业务是否符合国家产业政策和行业准入条件；(2)公司是否存在“两高”项目，相关审批、备案、环评程序履行情况；(3)公司的耗能和排污是否符合法律法规和相关标准；(4)公司是否存在环保事故、环保处罚；(5)公司生产经营、募投项目是否符合环保监管要求等。

实践中，中介机构需审慎核查拟上市企业是否属于“两高”行业，若属于，需确认其是否属于“两高”企业或是否存在“两高”项目，并论证企业的生产经营符合相关法律规定和环保要求。

3. 关注发行人“双高”产品的情况

案例

华融化学股份有限公司

(股票代码:301256,2022年10月27日过会)[1]

问询问题：

发行人产品及主要下游应用领域产品是否属于《环境保护综合名录》(2021年版)中规定的高污染、高环境风险产品，是否存在不符合国家产业政策的情形，如是，请分析对发行人业务的具体影响。

问询回复主要内容：

1. 发行人产品是否属于高污染、高环境风险产品。

报告期内，发行人主营业务产品包括氢氧化钾、聚氯乙烯(PVC)、盐酸、液氯及次氯酸钠，其中，PVC属于《环境保护综合名录》(2021年版)中规定的高污染、高环境风险产品；除此之外，公司生产的其他产品均不属于该名录中规定的高污染、高环境风险产品。

---

〔1〕 摘自《关于华融化学股份有限公司首次公开发行股票并在创业板上市的补充法律意见书(六)》(2022年1月14日出具)。

2018年，发行人确立并实施“钾延伸、氯转型”的创新发展战略，围绕新型肥料、高端日化、食品医药、新能源、电子信息等现代产业，持续向精细化工等下游延伸扩展，并于2020年11月关停PVC产品生产线。此后，发行人生产的产品不再属于《环境保护综合名录》（2021年版）中规定的高污染、高环境风险产品。

2. 发行人产品主要下游应用领域产品是否属于高污染、高环境风险产品。

发行人产品主要下游应用领域产品中，仅高锰酸钾属于《环境保护综合名录》（2021年版）中规定的“高污染、高环境风险”产品。报告期内，发行人下游客户中生产高锰酸钾的厂商为云南群星化工有限公司，最近3年一期发行人对其销售金额较小且呈下降趋势；占发行人氢氧化钾销售金额比例极低，对发行人业务不构成重大不利影响。

3. 发行人不存在不符合国家产业政策的情形。

（1）发行人主营业务符合国家行业准入要求。

发行人是一家致力于高品质氢氧化钾绿色循环综合利用的先进企业。根据国家发展和改革委员会与商务部颁布的《市场准入负面清单》（2020年版）[1]，发行人的主营业务不属于上述负面清单内行业，符合国家行业准入要求。

（2）发行人生产经营不属于《产业结构调整指导目录》（2019年本）中的限制类、淘汰类产业。

国家发展和改革委员会于2019年10月30日发布《产业结构调整指导目录》（2019年本）将“新建单线产能5万吨/年以下氢氧化钾生产装置”列为限制类产业，并将“单线产能1万吨/年以下氢氧化钾生产装置”列为淘汰类产业。发行人现有氢氧化钾生产装置为一条9万吨/年设计产能的单线生产装置，高于5万吨/年的单线产能限制，不属于该目录规定的限制类或淘汰类产业。

彭州市经济科技和信息化局亦于2021年12月28日出具说明，确认发行人氢氧化钾生产装置单线产能为9万吨/年，符合现行国家产业政策的发展要求，不属于限制类或淘汰类产业。

（3）发行人业务与产品受到国家产业政策支持。

公司依托自身多年的技术、工艺及生产管理经验积累，在精细钾产品与氯产品生产经营中建立了“绿色循环综合利用运营模式”，符合《国民经济和社会发展第十四个五年规划和2035年远景目标纲要》《国民经济和社会发展第十三个五年

---

[1] 现已失效。

规划纲要》《工业绿色发展规划(2016—2020年)》等产业政策的要求。

发行人将零极距制备高品质氢氧化钾集成应用技术应用于高品质氢氧化钾产品与氯产品生产中的电解环节,其工艺技术被纳入《石化和化学工业发展规划(2016—2020年)》中的传统化工提质增效工程;掌握碱类及酸类超净高纯试剂的生产技术和具备量产能力,其电子级、食品级产品契合《国民经济和社会发展第十四个五年规划和2035年远景目标纲要》《国家中长期科学和技术发展规划纲要(2006—2020年)》《战略性新兴产业分类(2018)》《石油和化学工业"十三五"发展指南》等产业政策规划,属于"鼓励类""战略性新兴产业"产品。

(4)发行人募投项目符合国家产业政策。

发行人此次募集资金投资项目均已履行了相关审批、核准、备案、环评(如需)等程序,且相关批复均处于有效期内,项目合法合规,生产经营符合国家中长期科学和技术发展政策。此外,降风险促转型改造项目(一期)中的电子级盐酸与电子级氢氧化钾等产品亦属于国家产业政策中的鼓励类产品,符合政策导向。

综上,发行人现有产品均不属于《环境保护综合名录》(2021年版)中规定的高污染、高环境风险产品;主要下游应用领域产品中仅高锰酸钾属于《环境保护综合名录》(2021年版)中规定的"高污染、高环境风险"产品,但其销售规模与金额占比较小,对发行人业务不构成重大不利影响;发行人不存在不符合国家产业政策的情形。

(5)对发行人业务的具体影响。

①PVC停产前后分产品的收入、毛利构成情况。

略。

②PVC停产是否会导致环保、安全生产、技改等方面更多资金和技术投入,是否存在PVC相关设备和存货减值。

发行人PVC停产在环保、安全生产、技改等方面无须更多资金与技术投入。

PVC停产存在相关设备及存货减值情况,发行人已根据评估结果对相关资产足额计提了减值准备,共计影响2020年损益647.84万元,占利润总额的比例为5.29%,对公司财务状况未构成重大不利影响。

③氯产品业务是否可能持续亏损,发行人持续经营能力是否因此发生重大不利变化。

尽管报告期内发行人氯产品整体呈盈亏平衡或亏损状态,且随着PVC停产,氯产品的亏损金额有所扩大,但随着发行人深入实施"钾延伸、氯转型"发展战略,将氯产品主产品化，不断优化氯产品，细分产品结构，提升高附加值产品的产销能力和收入占比，发行人氯产品有望在未来逐渐减亏直至扭亏。同时，由于发行人始终以氢氧化钾为主要产品，PVC 停产后氢氧化钾的收入和毛利占比均远高于氯产品，因此，氯产品的持续亏损不会对发行人持续盈利能力构成重大不利影响，发行人的持续经营能力不会发生重大变化。

案例小结：

根据《环境保护综合名录》（2021 年版），"双高"产品是指高污染、高环境风险产品，《环境保护综合名录》（2021 年版）中规定了 932 项"双高"产品。如拟上市企业的产品中包含高污染、高环境风险产品，中介机构可以比照相关法律规定，确认公司的"双高"产品的种类，论述其产量较少，占主营业务比重较小，对环境不造成重大影响，并明确后续的生产计划，论证该情况对后续生产经营的影响较小等，以获得审核机构的认可。

（三）小结与建议

对于涉及重污染行业的企业而言，虽然目前环保部门和监管机构不再要求进行上市环保核查，但环保问题仍属重点关注问题之一；对于发行人和中介机构而言，没有环保部门的环保核查兜底，在现有的监管体系下反而要承担更重的责任。中介机构判断发行人是否属于重污染企业时，在确定其所属行业后，主要需根据《企业环境信用评价办法（试行）》的规定作进一步判断。此外，《排污许可管理办法（试行）》和《环境监管重点单位名录管理办法》对重点排污单位的界定作出规定，从审慎角度出发，中介机构可参考上述管理办法，以发行人是否属于重点排污单位作为判断发行人所属行业是否属于重污染行业的参考标准。对于确实难以把握的，最好申请环保主管部门出具企业不属于重污染行业的证明，还可考虑聘请第三方环保检测机构出具核查报告，以此作为判断依据。

"两高"行业涉及被淘汰或压减产能的重要问题，拟 IPO 企业的项目若属于"两高"范畴，将存在较大的风险。从近年案例的相关回复思路来看，对于"两高"问题，通常发行人会从以下几个方面进行论证：发行人不属于"两高"行业、"两高"企业，已建、在建、拟建项目不属于"两高"项目，发行人主营业务符合国家准入条件。由此论证发行人的业务发展符合国家产业政策。

从目前的审核情况来看，发行人生产、销售"双高"产品并不一定会构成上市的实质性障碍。若发行人涉及"双高"的产品属于其主要产品、对应的营收占比也较高，或发行人难以提供行之有效的压降计划,将可能对发行人上市产生不利影响。

二、环保处罚

(一)理论基础

从现有监管规则可见,发行人在报告期内存在环保处罚的,审核机构的基本监管要求如下:(1)若曾发生环保事故或因环保问题受到处罚,需判断是否构成重大违法行为。《监管规则适用指引——发行类第4号》规定:“……发行人曾发生环保事故或因环保问题受到处罚的,保荐机构和发行人律师应对是否构成重大违法行为发表明确意见。”(2)在报告期内不得存在情节严重的环保处罚。《首次公开发行股票注册管理办法》第13条第2款规定:“最近三年内,发行人及其控股股东、实际控制人不存在……其他涉及国家安全、公共安全、生态安全、生产安全、公众健康安全等领域的重大违法行为。”

由上可见,目前审核机构对拟IPO企业的环保处罚事项的监管方式为“粗中有细”,一方面将环保处罚作为一项普通的行政处罚来对待,另一方面则关注其影响程度。若出现严重的环境污染事件、环保事件造成重大人员伤亡或者造成恶劣的社会影响,该等重大不可逆的后果无法从金额和环保主管部门的证明等角度认定不属于重大违法行为,可能不符合相应的发行条件,会构成实质性障碍。

(二)典型案例

案例

武汉天源环保股份有限公司

(股票代码:301127,2021年11月23日过会)[1]

问询问题:

根据申报文件,报告期内发行人存在3项行政处罚。2018年芜湖中电环保发电有限公司发生“6·17”垃圾渗滤液泄漏淹溺一般事故(以下简称芜湖事故),2019年重庆坤源出现超标排放水污染物,2020年蚌埠运营站发生“6·15”渗滤液渗漏环保事故。

[1] 摘自《关于武汉天源环保股份有限公司首次公开发行人民币普通股股票并在创业板上市的补充法律意见书(一)》(2021年3月29日出具)。

请发行人:(1)披露上述违法违规行为对项目运营的具体影响,是否存在停工停产。(2)披露2020年蚌埠运营站发生“6·15”渗滤液渗漏环保事故是否构成重大违法违规,是否构成发行人发行上市的障碍。(3)结合行政处罚后续整改情况,披露发行人主营业务质量控制制度是否健全并有效实施;披露相关风险并作重大风险提示。(4)披露报告期内环保执行情况,是否接受环境保护部门现场检查,如有,请披露涉及的项目、发现的问题和整改验收情况。

问询回复主要内容:

1.披露上述违法违规行为对项目运营的具体影响,是否存在停工停产。

(1)2018年芜湖事故对项目运营的具体影响及停工停产情况。

根据事故调查报告,芜湖事故发生的直接原因系北京盈和瑞环境科技股份有限公司在高密度聚乙烯(HDPE)管道焊接过程中焊接方法选择不当、焊接工艺执行不到位致使焊缝存在未熔合与未焊透缺陷,导致焊接接头开裂,大量垃圾渗滤液泄漏并外泄。北京盈和瑞环境科技股份有限公司对事故发生负有主要责任。发行人作为芜湖中电环保发电项目中垃圾渗滤液处理系统的设备运维单位,对芜湖事故负有一定的管理责任,前述责任事项为该事故发生的“间接原因”。

发行人接受处罚未对项目运营造成重大影响。发行人系芜湖中电环保发电项目的设备运维单位,非芜湖事故的主要责任方,因此发行人相关违法违规行为不直接影响项目运营。发行人配合项目建设单位完成项目现场整改后,项目恢复正常运行,整改期间不存在停工停产。

(2)2019年重庆坤源出现超标排放水污染物事故对项目运营的具体影响及停工停产情况。

重庆坤源在监督性监测采样后的当天及时主动采取有效整改措施,未持续排放超标废水,并且在监督性监测采样的当天綦江垃圾渗滤液处理站已运行稳定,出水稳定达标排放。超标排放对綦江垃圾渗滤液处理站影响时间有限,重庆坤源已落实整改措施,且整改后符合环保法律法规的规定。

因此,本次事故未对綦江垃圾渗滤液处理站运营产生重大影响,不存在停工停产。

(3)2020年蚌埠运营站发生“6·15”渗滤液渗漏环保事故对项目运营的具体影响及停工停产情况。

本次事故未对蚌埠运营站运营产生重大影响,未造成蚌埠运营站停工停产,但该环保事故发生时,蚌埠运营站正处于停产进行管道改造施工期间,其于2020

年6月26日完成管道改造施工及落实完成各项整改意见,并恢复生产。

2.披露2020年蚌埠运营站发生“6·15”渗滤液渗漏环保事故是否构成重大违法违规,是否构成发行人发行上市的障碍。

根据蚌埠市生态环境局于2021年1月19日出具的情况说明,蚌埠开源已按照蚌埠市生态环境局的要求及时整改,并足额缴纳罚款,相关违法行为不属于情节严重的情形,未导致严重环境污染、重大人员伤亡、恶劣社会影响,不构成重大违法违规行为。

根据《最高人民法院、最高人民检察院关于办理环境污染刑事案件适用法律若干问题的解释》[1](法释〔2016〕29号)第1条和第3条的规定,该等行政处罚所涉行为不构成“严重污染环境”或“后果特别严重”的行为。

根据《水污染防治法》第83条之规定,该等行政处罚不涉及“责令停业、关闭”的情形,因此不属于情节严重的行政处罚。

根据蚌埠市生态环境局出具的证明文件,并经核查,蚌埠开源受到的环保处罚所涉违法行为符合《深圳证券交易所创业板股票首次公开发行上市审核问答》[2]问题15关于“不认定为重大违法”的规定。据此,2020年蚌埠运营站发生“6·15”渗滤液渗漏环保事故不构成重大违法违规,符合《深圳证券交易所创业板股票首次公开发行上市审核问答》问题15和《创业板首次公开发行股票注册管理办法(试行)》[3]第13条的相关规定,不构成发行人发行上市的障碍。

3.结合行政处罚后续整改情况,披露发行人主营业务质量控制制度是否健全并有效实施;披露相关风险并作重大风险提示。

(1)相关行政处罚后续整改情况。

①2018年芜湖事故后续整改情况。

该事故发生后,发行人积极落实主管部门的整改建议,具体如下:

第一,制定了《突发环境事件应急预案》,建立健全环境应急预案制度,提高公司应对突发环境污染事件的能力,以便及时有效地实施应急救援工作。

第二,组织安全生产和项目运营管理培训,提高员工安全生产意识,加强员工对渗滤液处理系统的运行管理能力和应急事件应对能力。

---

〔1〕 现已失效。
〔2〕 现已失效。
〔3〕 现已失效。

第三,积极配合事故调查,协助芜湖中电环保发电项目的建设单位及其他相关单位落实项目现场整改工作,恢复项目正常运行。

②2019年重庆坤源出现超标排放水污染物事故后续整改情况。

该事故发生后,重庆坤源迅速采取相应整改措施,具体如下:

重庆坤源发现出水水质指标异常后,立即组织专业技术人员和生产负责人召开了专项会议,并采取了以下整改措施:减少每日进水负荷;加大药剂投入量;增加曝气量;采用清水清洗膜系统,将清水废水回流至调节池;待出水稳定达标后再逐步稳健提升进水量。

③2020年蚌埠运营站发生"6·15"渗滤液渗漏环保事故后续整改情况。

针对检查组对现场情况提出的6项整改要求,蚌埠开源于检查当天下午即组织人员逐条整改,并于检查次日向蚌埠市生态环境局、蚌埠市环境卫生管理处作出汇报。

同时,蚌埠开源召开了专题案例分析会,按照安全生产"四不放过"原则对该等事故进行了严肃处理,对相关负责人进行了处罚,并组织了安全生产培训。

(2)发行人主营业务质量控制制度健全并有效实施。

经核查,发行人已根据相关国家法律法规及规范性文件,并结合公司实际情况,制定了公司质量方针和质量目标,设立了专门质量管控部门,制定了《质量、环境和职业健康安全管理手册》等质量控制制度,就环保装备研发制造与集成、环保工程建造、环保项目运营服务等主营业务,建立了较为完善、合理的质量控制程序与规范并有效实施。

(3)行政处罚风险。

公司业务规模持续扩大,对公司的治理水平和管理水平提出了更高的要求。如果公司未来在经营过程中未能按照相关规定开展业务、主营业务质量控制制度未能有效实施,则有可能受到相关主管部门的行政处罚,进而对公司的生产经营产生一定的不利影响。

4. 披露报告期内环保执行情况,是否接受环境保护部门现场检查,如有,请披露涉及的项目、发现的问题和整改验收情况。

(1)发行人报告期内环保执行情况。

根据发行人及其子公司所在地的环保主管部门出具的守法证明并经发行人确认,除已披露的环保行政处罚及责令改正情形外,报告期内,发行人及其子公司未发生过其他重大环境污染事故,亦不存在其他因违反环境保护法律、法规而受到处罚的情形。

(2)接受环境保护部门现场检查情况。

发行人及其子公司接受各项目所在地环境保护主管部门的不定期检查,该等检查系相关主管部门不定期突击抽查或巡视,如未发现违法违规情况则无通知或检查意见等文件。报告期内,发行人存在一例因现场检查发现违法违规情况而被责令改正违法行为的情况,具体如下:广水市环境保护局对广水永兴源进行了现场检查,发现广水永兴源承接的“广水市双桥垃圾场渗滤液处理运行管理服务项目”未通过环保设施竣工验收,擅自投入生产。鉴于此,广水市环境保护局下发责令改正违法行为决定书,责令广水永兴源立即整改以上环境违法行为。上述事项发生后,广水永兴源及时整改并取得项目竣工环境保护验收监测报告。

随州市生态环境局广水市分局于2020年7月27日出具证明:“经查,广水永兴源环保有限公司在2017年10月11日(公司成立之日)至本证明出具日期间,在生产经营过程中所采取的环保措施、污染物排放、废物处理、环保数据监测与申报、排污费缴纳等均符合法律、法规、规范性文件的规定,未发生过环境污染事故及环保方面的重大违法违规行为,不存在因违反环保管理方面的法律、法规、规范性法律文件而受到行政处罚的情况。”

案例小结:

近年来,国家对环保问题越来越重视,为响应国家政策方针,IPO审核中对环保的要求也更加严格,近年来已有多家企业因重大环境污染或重大环保处罚等原因被否。本案例中笔者主要摘取了其中关于环保处罚的问询问题及回复,一般情况下,如果拟上市企业涉及环保处罚问题,中介机构可以参考本案例中的解决思路,论证:(1)发行人并非事故的主要责任方;(2)违规行为影响时间有限;(3)已经积极整改、缴纳罚款且项目已恢复运行,整改期间不存在停工停产;(4)处罚涉及的行为情节轻微、影响较小、不构成重大违法违规;(5)已获得主管部门出具的说明。

(三)小结与建议

随着国家生态文明建设的不断推进,环保问题越来越受到监管部门的重视,若拟IPO企业在报告期内存在环保方面的处罚,则更加需要予以关注。从企业自身经营和中介机构核查角度出发,对于企业的环保处罚问题,需关注和落实以下内容:(1)若企业属于生产性企业,或所处行业为化工等重污染行业,需做好环保合规事项,避免出现环保处罚；(2)若企业受到环保处罚，需与环保主管部门做好沟通，取得其出具的环保合规证明以及环保处罚不属于重大违法违规行为的专项证明；(3)若未能取得环保主管部门的证明文件，企业和中介机构可从违法行为的主观故意、罚款金额、整改措施的有效性、后续合规情况、环保内控制度的有效性等角度综合论证该等环保处罚不构成重大违法违规行为。

第二节　安全生产

一、安全生产的监管要求

(一)理论基础

安全生产与群众的生产生活息息相关，同时是企业防范生产风险，实现可持续发展的重要保证，因此在企业上市过程中，安全生产是审核机构关注的重点问题。为进一步加强安全生产工作，防止和减少生产安全事故，2021 年《安全生产法》进行修正，进一步压实了生产经营单位的安全生产主体责任，完善生产经营单位及其安全管理机构和人员的职责，完善监管措施手段，加大了对违法行为的处罚力度，大幅提高违法成本，综合而言，新法对拟 IPO 企业的安全生产能力提出了新的要求。对于拟 IPO 公司而言，如何确保在安全生产领域合规经营是需要特别关注的事项。

结合相关上市审核案例，IPO 审核机构对于安全生产的关注要点如下：

(1)经营资质情况。具体包括企业有关安全生产的资质是否齐备、是否存在超资质许可范围生产的情形、相关资质续期是否存在障碍；企业及其服务提供方、产品供应商、经销商是否取得所需的资质。

(2)内控措施、是否存在重大违法行为或纠纷。具体包括企业关于安全生产的内控制度的建立及运行情况，安全生产预案编制、安全培训、安全生产费用提取和使用等方面的具体情况；报告期内是否发生安全事故或受到安全生产行政处罚。

(3)项目审批情况。具体关注项目建设、实施安全审批是否合规。

(4)人员及用工。具体关注员工的年龄结构、具体安全防护措施是否满足安全生产的要求。

(5)特殊行业相关问题。具体包括：对于化工原材料生产行业，关注危险化学品、易制毒/易制爆化学品在购买、使用、储存、运输、生产、销售等环节的内控制度是否健全并逐一落实,生产经营是否符合专项法律法规规范要求。对于矿山、金属冶炼行业,关注生产、安全设备管理问题及生产、安全相关作业人员资质问题,生产经营是否符合专项法律法规规范要求。对于建筑行业,具体关注发包与承包、分包合规问题,分包商资质等问题。

(二)典型案例

案例

上海保立佳化工股份有限公司

(股票代码:301037,2021 年 6 月 15 日过会)[1]

问询问题:

发行人生产经营环节涉及危险化学品、危险废物,其子公司在报告期内存在委托无资质企业运输危险化学品、委托无资质企业处理危险废物的不规范情形。

请发行人说明:

(1)负责危险化学品、危险废物管理、处理和监督的内部机构及主管人员的设置情况;(2)有关危险化学品、危险废物管理、处理和监督等的内控制度建立及执行情况;(3)除已披露的信息,是否还存在其他与危险化学品、危险废物相关的不规范情形;(4)对于不规范情形的整改结果及其潜在风险;(5)已被处罚的涉及危险化学品、危险废物管理、处理的具体情形以及判断其不构成重大违法的依据。

问询回复主要内容:

1. 负责危险化学品、危险废物管理、处理和监督的内部机构及主管人员的设置情况。

发行人负责危险化学品、危险废物管理和处理的内部机构为发行人安全环保部,其主管人员为发行人安全环保总监。发行人安全环保部下辖各生产型子公司安全环保部,其主管人员为各生产型子公司厂长和安全环保部经理。

发行人负责危险化学品、危险废物监督的内部机构为发行人安全生产委员会,其主管人员为发行人总经理,组成人员包括分管生产的副总经理、安全环保总监和各生产型子公司厂长。

---

〔1〕 摘自《关于上海保立佳化工股份有限公司首次公开发行股票并在创业板上市的补充法律意见书(三)》(2020 年 11 月 3 日出具)。

2. 有关危险化学品、危险废物管理、处理和监督等的内控制度建立及执行情况。

(1) 有关危险化学品管理和处理的内控制度建立及执行情况。

发行人已制定《危险化学品安全管理规定》等有关危险化学品管理和处理的内控制度,其执行情况主要如下:

①采购环节:生产运营部向采购部申请采购危险化学品,采购部确定供应商后,安全环保部审核相关供应商是否具备危险化学品经营许可证或安全生产许可证及该等资质是否在有效期内,审核通过并经各生产型子公司厂长、发行人安全环保总监和分管生产的副总经理批准后执行。

②存储环节:发行人厂区内的危险化学品在储罐和甲类仓库中存储,安全环保部每周对储罐及其液位计、压力表、紧急切断阀等仪器仪表和甲类仓库及其附属设施进行检查,安全委员会每月对危险化学品库存台账和检查记录进行查验。

③使用环节:对于储罐存储的主料,在全程密闭状态下,生产运营部使用 DCS (生产自动化)系统将其直接由储罐泵送至对应的反应釜等生产设备;对于甲类仓库储存的辅料,在全程监控条件下,由配料员穿戴防护装备将其从甲类仓库运送至车间并投入反应釜内。

④运输环节:就产成品而言,发行人产成品中仅烟台新材料的产成品溶剂型丙烯酸树脂属于危险化学品。每年度烟台新材料对物流公司进行招标时,需由安全环保部对物流公司是否具备道路运输许可证和危险化学品道路运输许可证进行审核,并由发行人安全环保总监和分管生产的副总经理进行复核。当年年度内,烟台新材料安全生产部需对前述资质是否在有效期内进行持续跟踪。就原材料而言,发行人属于危险化学品的大部分原材料由供应商负责运输,仅有少部分原材料由发行人委托具有资质的物流公司运输,其内控制度的执行情况与前述产成品运输类似。

(2) 有关危险废物管理和处理的内控制度建立及执行情况。

发行人已制定《危险废物处理管理规定》等有关危险废物管理和处理的内控制度,其执行情况主要如下:

①各生产型子公司生产运营部于工作日的每日下午将当天生产过程中产生的全部危险废物集中移交至危险废物仓库内。

②各生产型子公司安全环保部将生产运营部移交的危险废物分类摆放,以防止性质不相容的危险废物混合收集。

③各生产型子公司安全环保部负责联系第三方危险废物处理单位,并调查确认相关单位是否具备危险化学品运输资质及该等资质是否在有效期内,同时确保与相关单位合同中约定的服务期限不超过前述资质的有效期。由各生产型子公司安全环保部提出危险废物处理申请,依次经各生产型子公司厂长、发行人安全环保总监、发行人分管安全生产的副总经理审核通过后执行。

(3)有关危险化学品、危险废物监督的内控制度建立及执行情况。

发行人已制定《安全检查管理制度》《安全生产会议制度》等有关危险化学品、危险废物监督的内控制度,其执行情况主要如下:

①发行人安全环保部和安全生产委员会分别于每月和每季度组织一次安全检查,全面排查危险化学品、危险废物的管理和处理是否符合法律法规和内控制度的相关规定。

②发行人安全生产委员会每月召开一次安全生产会议,由发行人总经理主持,梳理总结发行人安全检查中发现的问题,深入分析危险化学品、危险废物的管理和处理等相关内控制度是否存在落实不到位的情形。

3. 除已披露的信息,是否还存在其他与危险化学品、危险废物相关的不规范情形。

报告期内,除已披露的信息,发行人不存在其他与危险化学品、危险废物相关的不规范情形。

4. 对于不规范情形的整改结果及其潜在风险。

(1)上述不规范情形的具体情况及整改结果。

①发行人委托无资质企业运输危险化学品、许可危险品运输企业转委托。

2017年1月1日,烟台新材料与宇佳物流签署《货物公路运输协议》,烟台新材料委托宇佳物流承运危险化学品,协议有效期至2017年12月31日;2018年1月1日,烟台新材料与宇佳物流签署《货物公路运输协议》,烟台新材料委托宇佳物流承运危险化学品,协议有效期至2018年12月31日。上述协议有效期内,宇佳物流无危险化学品运输资质。

2019年1月1日,烟台新材料与栖霞市浩驰物流有限公司(以下简称浩驰物流)签署《货物公路运输协议》,烟台新材料委托浩驰物流承运危险化学品,协议有效期至2019年12月31日。浩驰物流无危险化学品运输资质。根据浩驰物流与烟台福莱物流有限公司(以下简称福莱物流)签署的《货物公路运输协议》,浩驰物流将其承运的烟台新材料危险化学品相关业务转委托给福莱物流,委托期限至

2019年9月30日。福莱物流持有烟台市交通运输管理处分别于2015年8月14日、2019年5月13日核发的道路运输经营许可证（鲁交运管许可烟字370601240006号），经营范围为危险货物运输（3类、6类1项、8类），有效期至2022年5月12日。

2019年10月1日，烟台新材料与福莱物流签署《货物公路运输协议》，烟台新材料直接委托福莱物流承运危险化学品。同日，烟台新材料与浩驰物流签署《〈货物公路运输协议〉之终止协议》，两公司之间的《货物公路运输协议》于2019年9月30日终止。

②发行人许可危险废物处理商转委托。

略。

（2）上述不规范情形的潜在风险。

①发行人委托无资质企业运输危险化学品，许可危险品运输企业转委托事项的潜在风险。

烟台新材料2017～2018年存在委托无危险化学品运输资质的企业运输危险化学品，2019年1～9月存在与无危险化学品运输资质的企业签署运输合同由其转委托给具有资质的企业运输危险化学品的情形，违反《危险化学品安全管理条例》等的相关规定，存在被行政主管部门处以罚款、没收违法所得的法律风险。

但烟台新材料委托无资质企业运输危险化学品，许可危险品运输企业转委托情形未发生危险化学品事故，亦未对环境产生不利影响；且该等不规范情形已在2019年10月1日得到彻底纠正；烟台经济技术开发区应急管理局已对烟台新材料出具《安全生产守法证明》，证明其报告期内在烟台开发区辖区内从事生产经营活动过程中，无安全生产行政处罚记录，无生产安全事故记录。

因此，烟台新材料报告期内委托无危险化学品运输资质的供应商从事危险化学品运输及许可危险品运输企业转委托事项均未造成重大影响，被有关行政主管部门处分的风险较小，不构成本次发行上市的实质性障碍。此外，报告期各期烟台新材料的营业收入和净利润占发行人合并报表营业收入和净利润的比例均未超过3%，前述事项对发行人整体影响较小。

②发行人许可危险废物处理商转委托事项的潜在风险。

上海新材料2018年12月31日至2019年12月31日存在与不具有危险废物处理资质的企业签署危险废物处理协议并由其转委托给具有资质的企业处理危

险废物的情形，违反《固体废物污染环境防治法》的相关规定，存在被行政主管部门处以罚款的法律风险。

但相关危险废物实际由具备危险废物处理资质的单位处理，未对环境产生不利影响；且该等情形自2020年1月1日起不再存在；上海市奉贤区生态环境局已对上海新材料出具证明，证明其报告期内除2019年9月16日因设备未完全密闭被处以罚款外，未再出现违反国家和地方环境保护法律法规规定的情形，无重大污染事故发生。

因此，上海新材料2018年12月31日至2019年12月31日与不具有危险废物处理资质的企业签署危险废物处理协议并由其转委托给具有资质的企业处理危险废物未造成重大影响，被有关行政主管部门处分的风险较小，不构成本次发行上市的实质性障碍。

③发行人实际控制人针对上述风险出具的承诺。

针对上述事项可能被有关行政主管部门处分的风险，发行人实际控制人杨某瑜、杨某静已作出承诺，如发行人或其子公司因委托无资质企业运输危险化学品，许可危险品运输企业、危险废物处理商转委托事项而被有关行政主管部门处分，其将对发行人或其子公司因此遭受的经济损失（包括但不限于发行人或其子公司被有关行政主管部门处以罚款、没收违法所得所发生的损失等）给予全额赔偿或补偿，并在赔偿或补偿后保证不会向发行人或其子公司追偿，确保发行人及其子公司不会因此遭受任何经济损失。

5. 已被处罚的涉及危险化学品、危险废物管理、处理的具体情形以及判断其不构成重大违法的依据。

报告期内，发行人未因危险化学品、危险废物管理、处理等相关事项受到有关行政主管部门的处罚。

案例小结：

本案例中，发行人子公司在报告期内存在委托无资质企业运输危险化学品和处理危险废物的不规范情形，审核机构对发行人的相关内控制度，对不规范情形的整改结果及其潜在风险，以及是否存在其他有关危险废物的不规范情形等进行了问询。

发行人说明：(1) 公司已建立相关内控制度并进行落实，不存在其他与危险废物相关的不规范情形；(2) 针对子公司此次不规范情形，相关合同已经终止，被处罚的风险较小；(3) 相关主管部门为发行人开具了《安全生产守法证明》，证明发行人报告期内在当地无行政处罚、生产安全事故记录;(4)公司实际控制人亦对处罚风险出具了兜底承诺。该种解释路径获得了审核机构的认可。

(三)小结与建议

企业的安全生产事项主要涉及其生产可持续性、是否被处罚或存在被处罚的风险、投资者对企业未来发生可持续风险的预期状况等。拟 IPO 企业需对安全生产相关问题保持重视的态度,全面规范企业在安全生产方面的合规情况。对拟 IPO 企业的安全生产合规,建议从以下方面予以关注。

(1)经营资质的合规性要求。具体包括:①安排专人管理经营资质的申请和续期工作,落实经营资质与生产经营的匹配,避免续期不畅或超资质范围经营的情形;②由采购、销售部门建立合格供应商、服务商、经销商认证体系,积极并持续关注以上合作商资质及合规情况,在相关合同文本中明确对上述合作商的合规要求。

(2)与安全生产相关的内控措施的有效执行。具体包括:①定期维护、保养和检测安全设备,避免损坏、关闭等影响安全设备运作的行为;②积极与安全监管部门沟通,依法开展危险源辨识和评估,落实本单位重大危险源的安全管理措施(如必要),健全并落实生产安全事故隐患排查治理制度。

(3)项目审批管理。具体包括:①由专人处理项目建设、实施相关的备案、审批、验收程序并留存文件;②对已发生的审批经营情况,积极跟进重新申领、备案,以新增审批补充覆盖原有生产经营待审批事项。

(4)职业健康管理。具体包括:①落实和加强职业健康管理要求,关注从业人员身体、心理状况并提供必要的安防措施;②属于国家高危行业、领域的生产经营单位如危险化学品、煤矿、非煤矿山、金属冶炼、烟花爆竹等行业的生产经营单位,应依法投保安全生产责任保险;③高危行业要特别关注避免职业病的发生,灵活处理用工关系,避免出现争议纠纷或举报投诉,避免产生不良社会影响。

二、危险化学品管理

(一)理论基础

发行人生产经营环节涉及危险化学品的,或者发行人本身即属于危险化学品行业的,其采购、生产、使用、运输、销售等各环节的合规性,是 IPO 审核机构的关注重点。

1. 危险化学品的相关概念辨析（见表5-1）

表5-1 危险化学品相关概念

概念	定义	适用文件	具体名录
危险化学品	具有毒害、腐蚀、爆炸、燃烧、助燃等性质，对人体、设施、环境具有危害的剧毒化学品和其他化学品	《危险化学品安全管理条例》	《危险化学品目录》(2015 版)
剧毒化学品	具有剧烈急性毒性危害的化学品，包括人工合成的化学品及其混合物和天然毒素，还包括具有急性毒性易造成公共安全危害的化学品	《剧毒化学品购买和公路运输许可证件管理办法》	《危险化学品目录》(2015 版)
易制爆危险化学品	列入公安部确定、公布的《易制爆危险化学品名录》，可用于制造爆炸物品的化学品	《易制爆危险化学品治安管理办法》	《易制爆危险化学品名录》(2017 版)
易制毒化学品	易制毒化学品分为三类。第一类是可以用于制毒的主要原料，第二类、第三类是可以用于制毒的化学配剂	《易制毒化学品管理条例》	《易制毒化学品的分类和品种目录》(2021 版)

2. 危险化学品各环节的管理要求（见表5-2）

表5-2 危险化学品各环节的管理要求

环节	资质要求	主要法律依据
采购	剧毒化学品：(1)依法取得危险化学品安全生产许可证、危险化学品安全使用许可证、危险化学品经营许可证的企业，凭相应的许可证件购买剧毒化学品。 (2)前述规定以外的购买单位，应当向所在地县级人民政府公安机关申请取得剧毒化学品购买许可证	《危险化学品安全管理条例》第 38 条 《剧毒化学品购买和公路运输许可证件管理办法》第 5 条
	易制爆危险化学品：(1)依法取得危险化学品安全生产许可证、危险化学品安全使用许可证、危险化学品经营许可证的企业，凭相应的许可证件购买易制爆危险化学品。 (2)前述规定以外的购买单位，需要向销售单位出具营业执照、经办人身份证明复印件、合法用途说明等文件	《危险化学品安全管理条例》第 38 条 《易制爆危险化学品治安管理办法》第 11 条
	易制毒化学品：(1)购买第一类易制毒化学品，需要取得购买许可证。 (2)购买第二类、第三类易制毒化学品的，应当在购买前将所需购买的品种、数量，向所在地的县级人民政府公安机关备案	《易制毒化学品管理条例》第 14 条、第 17 条

续表

环节	资质要求	主要法律依据
生产	危险化学品登记证:生产危险化学品的企业在竣工验收前应办理危险化学品登记并取得危险化学品登记证	《危险化学品登记管理办法》第10条
	危险化学品安全生产许可证:危险化学品生产企业进行生产前,应当依照《安全生产许可证条例》的规定,取得危险化学品安全生产许可证	《危险化学品安全管理条例》第14条
	工业产品生产许可证:国家对生产危险化学品及其包装物、容器等影响生产安全、公共安全的产品的企业实行生产许可证制度	《工业产品生产许可证管理条例》第2条、第5条
使用	危险化学品安全使用许可证:使用危险化学品从事生产并且使用量达到《危险化学品使用量的数量标准》(2013年版)规定数量的化工企业(属于危险化学品生产企业的除外),应办理危险化学品安全使用许可证	《危险化学品安全管理条例》第29条 《危险化学品安全使用许可证实施办法》第2条、第3条
销售	危险化学品经营许可证:国家对危险化学品经营实行许可制度。企业经营危险化学品的,购买危险化学品进行分装、充装或者加入非危险化学品的溶剂进行稀释后销售的,将危险化学品改变物质状态后进行销售的,均应当取得危险化学品经营许可证,但是在本企业厂区范围内销售本企业自产危险化学品的,以及取得港口经营许可证的港口经营人在港区内从事危险化学品仓储经营的除外	《危险化学品安全管理条例》第33条 《危险化学品经营许可证管理办法》第37条 《〈危险化学品目录(2015版)〉实施指南(试行)》第3条
	非药品类易制毒化学品经营许可证:国家对易制毒化学品的经营实行分类管理和许可制度。对第一类易制毒化学品的经营实行许可证管理,对第二类、第三类易制毒化学品的经营实行备案管理	《易制毒化学品管理条例》第9条、第13条
储存	危险化学品经营许可证:(1)在中国境内从事列入《危险化学品目录》的危险化学品的经营(包括仓储经营)活动,适用危险化学品经营许可制度。 (2)储存危险化学品的单位应当建立危险化学品出入库核查、登记制度。对剧毒化学品以及储存数量构成重大危险源的其他危险化学品,储存单位应当将其储存数量、储存地点以及管理人员的情况,报所在地县级人民政府安全生产监督管理部门(在港区内储存的,报港口行政管理部门)和公安机关备案	《危险化学品经营许可证管理办法》第2条 《危险化学品安全管理条例》第25条

续表

环节	资质要求	主要法律依据
运输	危险货物道路运输许可证:(1)若单次运输中危险货物包件数未超过1000个或者有限数量危险货物总质量(含包装)未超过8000千克,在满足《危险货物道路运输安全管理办法》规定的情况下,自2020年1月1日起,公司产品中的危险化学品可以采用普通货物运输的方式。 (2)若运输危险化学品的数量超过上述可以采用普通货物运输的标准,公司应寻找具备危险货物运输资质的第三方运输公司承担大宗危险化学品的运输工作	《危险货物道路运输安全管理办法》第21条 《危险货物道路运输规则 第1部分:通则》(JT/T 617.1—2018)第5.2条 《危险化学品安全管理条例》第44条、第46条

3. 危险化学品的IPO审核关注要点

拟IPO企业的业务中涉及危险化学品的,IPO审核机构通常会关注以下要点:(1)公司是否具备从事危险化学品生产、经营等所需的业务资质,在危险化学品的采购、生产、使用、销售、储存、运输等各个环节是否均具备相应业务资质;(2)公司是否存在超越相应生产资质许可的范围从事生产经营的情形;(3)对于公司已取得的相关业务资质,公司是否持续具备拥有该等业务资质所需的条件;(4)公司的供应商、经销商是否具备生产经营所需的业务资质,如不具备,是否对公司的持续经营造成重大不利影响;(5)公司涉及危险化学品的建设项目是否已履行安全评价等手续;(6)公司是否曾因危险化学品的生产管理受到行政部门的处罚,相关违法行为是否属于重大违法违规行为。

(二)典型案例

案例

苏州昊帆生物股份有限公司

(股票代码:301393,2023年4月18日过会)[1]

问询问题:

申请文件及问询回复显示:发行人(苏州昊帆生物股份有限公司,以下简称昊

[1] 摘自《关于苏州昊帆生物股份有限公司首次公开发行股票并在创业板上市申请文件的第二轮审核问询函的回复》(2022年6月2日出具)。

帆生物)报告期内存在尚未取得危险化学品经营许可证而销售部分危险化学品的情况,为了规范上述情况,安庆昊瑞升已于2021年3月取得了危险化学品经营许可证。

请发行人:说明发行人尚未取得危险化学品经营许可证而销售部分危险化学品的具体情况,包括涉及产品及其具体生产、销售、流通过程,并说明上述违规事项对发行人的影响、是否存在行政处罚风险。

问询回复主要内容:

1.危险化学品的具体名称及销售情况。

报告期内,发行人存在未取得危险化学品经营许可证而销售少量危险化学品的情况,2019年、2020年、2021年1~3月(取得危险化学品经营许可证之前)该等危险化学品销售金额合计占营业收入的比例分别为1.56%、2.51%、0.37%。

2.危险化学品的具体生产、销售、流通过程。

(1)上述危险化学品的生产过程。

发行人及其子公司不涉及危险化学品的生产,无须根据《危险化学品安全管理条例》取得危险化学品安全生产许可证。上述危险化学品由发行人向具有危险化学品生产/经营资质的供应商采购,符合《危险化学品安全管理条例》的规定。

(2)上述危险化学品的销售过程。

发行人销售的5种危险化学品中,大部分为偶发性的零星销售,金额较小;该等危险化学品均不属于《危险化学品目录》(2018版)中的"剧毒化学品",而属于"其他化学品",毒性较剧毒化学品低,也不属于《特别管控危险化学品目录》规定的管控化学品,销售过程中的客观危害相对较小;该等危险化学品销售对象为医药化工企业、科研院校等具备一定专业知识和辨别、管理危险化学品能力的单位,不存在向个人或其他非医药化工领域企业销售的情况。

(3)上述危险化学品的流通过程。

《危险货物道路运输安全管理办法》第21条规定,"运输车辆载运例外数量危险货物包件数不超过1000个或者有限数量危险货物总质量(含包装)不超过8000千克的,可以按照普通货物运输"。

发行人报告期内销售的危险化学品较少,无须委托具有相应危险货物道路运输资质的企业承运,由发行人委托物流公司按照普通货物运输。在委托运输时,发行人进行了严密包装、标识,未导致任何第三方的人身、财产损害及任何环境危害事故或公共安全事故。

3. 上述违规事项对发行人的影响以及是否存在行政处罚风险的核查。

(1)上述违规事项对发行人的影响。

发行人在危险化学品的采购、销售、流通环节均尽到了适当注意义务,从供应商资质、销售客户的选择、运输及包装的合规性上进行了有效控制,未导致任何第三方的人身、财产损害及任何环境危害事故或公共安全事故,不存在第三方对发行人索赔、罚款的情况。

根据发行人及子公司安监主管部门出具的证明,报告期内,发行人及子公司不存在因销售危险化学品而受到行政机关处罚的情形。

综上,发行人报告期内未取得危险化学品经营资质而少量销售危险化学品的行为未对发行人的生产经营造成重大不利影响。

(2)发行人是否存在行政处罚风险。

就发行人报告期内未取得危险化学品经营许可证而销售危险化学品事项,苏州国家高新技术产业开发区综合保税区出具了专项证明:昊帆生物"未取得相关资质销售危险化学品的行为系其认识不足、非主观故意,销售危险化学品的数量较少,未造成第三方的人身、财产损害及环境危害事故或公共安全事故,且上述行为已整改完毕,本单位对昊帆生物上述行为不予行政处罚"。

发行人已就上述事项进行了积极整改,具体整改措施如下:子公司安庆昊瑞升于2021年3月取得危险化学品经营许可证;进一步完善、落实执行包括《危险化学品管理制度》《危险化学品应急预案》在内的相关内控制度;对环保、安全部门人员进行了系统性法律法规培训,加深相关人员对危险化学品各环节必备资质及管理程序的认识,以避免类似问题再次发生。

综上所述,报告期内,发行人存在未取得危险化学品经营许可证而销售危险化学品的情况,但销售数量较少,销售对象均为具备专业背景的医药化工企业或科研院校等,上述危险化学品的采购、流通过程均符合法律法规的要求,未导致任何第三方的人身、财产损害及任何环境危害事故或公共安全事故;报告期内发行人未受到行政处罚,主管部门已就发行人上述行为出具了不予处罚的专项证明,上述行为不会对发行人的生产经营产生重大不利影响;发行人子公司安庆昊瑞升已取得危险化学品经营许可证,发行人因上述行为受到行政处罚的风险较小,不会对本次发行构成法律障碍。

案例小结:

实践中,针对生产经营过程中涉及危险化学品的企业,审核机构通常会较为关注以下几点:(1)发行人是否具有相关业务资质,是否存在超越资质经营的情形,资质到期后的换证问题;(2)发行人生产经营中涉及危险化学品的具体产品和环节;(3)在危险化学品采购、运输、储存等各环节中与发行人合作的企业是否具有相关业务资质;(4)报告期内是否有与危险化学品相关的行政处罚等。中介机构应注意核查并如实披露。

本案例中,发行人存在尚未取得相关资质而销售部分危险化学品的情况,这引起了审核机构的关注。对此,发行人回复称该等危险化学品数量较少,销售金额较小,销售金额占营业收入比例较低;其生产、销售、流通过程合法合规,发行人未因此受到处罚,主管部门亦出具说明称不会再予处罚;发行人已积极进行整改,该情况不会构成本次发行的障碍。该种解决方式获得了中国证监会的认可,相关中介机构可以作为参考。

(三)小结与建议

危险化学品存在多重特殊监管,拟 IPO 企业的业务涉及危险化学品的,其生产经营合规性便成了 IPO 审核机构在审核时、中介机构在 IPO 尽职调查和申报辅导时关注的重中之重。结合相关上市案例,建议对涉及危险化学品的企业在核查时重点关注以下事项:

(1)对于安全生产许可证,在核查时需重点关注证载的危险化学品种类、产量与实际生产经营的匹配情况,当实际生产的危险化学品种类或产量与安全生产许可证证载情况不一致时,建议向主管部门申请重新核定危险化学品生产种类、产量并换领取得新的安全生产许可证,同时取得主管部门的专项合规证明,并由控股股东或实际控制人出具兜底承诺。

(2)对于危险化学品经营许可证,在核查时需关注企业是否存在母子公司之间危险化学品原材料内部调拨,或以未取得危险化学品经营许可证的子公司作为主体进行销售导致存在无证经营的情况。如存在,建议及时终止不规范行为并办理取得危险化学品经营许可证,同时论证说明该行为系偶发性情形,未造成安全事故,并取得主管部门的专项合规证明,以及由控股股东或实际控制人出具兜底承诺。

(3)对于危险化学品的运输,若企业同时生产危险化学品和非危险化学品,在核查时需关注危险化学品运输费用是否与其销售相匹配,是否存在委托不具备相应道路运输经营资质的运输公司运输危险化学品的情况。

(4)对于危险化学品的储存,核查时需关注发行人是否因危险化学品专用仓库空间不充足未合规存储,是否存在受到处罚的法律风险。实践中,笔者建议企业将危险化学品委托有相应资质的第三方公司存储及管理,建议与多个危险化学品仓储经营方进行合作,避免对单一仓储经营方的依赖。

三、生产安全事故

(一)理论基础

1. 生产安全事故的划分标准和处罚

对于生产安全事故,各类法律法规有不同的规定,其适用场景不同,处罚标准也不尽相同。以《生产安全事故报告和调查处理条例》为例,其划分标准规定见表 5 - 3。

表 5 - 3 生产安全事故划分标准和处罚情况

事故级别	划分标准	罚款标准
一般事故	3 人以下死亡/10 人以下重伤(包括急性工业中毒,下同)/1000 万元以下直接经济损失	10 万元以上 20 万元以下
较大事故	3 人以上 10 人以下死亡/10 人以上 50 人以下重伤/1000 万元以上 5000 万元以下直接经济损失	20 万元以上 50 万元以下
重大事故	10 人以上 30 人以下死亡/50 人以上 100 人以下重伤/5000 万元以上 1 亿元以下直接经济损失	50 万元以上 200 万元以下
特别重大事故	30 人以上死亡/100 人以上重伤/1 亿元以上直接经济损失	200 万元以上 500 万元以下

上述罚款的对象为事故发生单位。除此之外,《安全生产法》第 114 条还规定,发生生产安全事故,对负有责任的生产经营单位除要求其依法承担相应的赔偿等责任外,由应急管理部门依照下列规定处以罚款,具体标准见表 5 - 4。

表 5 - 4 生产安全事故罚款标准

事故级别	罚款标准
一般事故	30 万元以上 100 万元以下
较大事故	100 万元以上 200 万元以下
重大事故	200 万元以上 1000 万元以下
特别重大事故	1000 万元以上 2000 万元以下
情节特别严重、影响特别恶劣的	按照前述罚款数额的 2 倍以上 5 倍以下

若涉及特种设备，如对人身和财产安全有较大危险性的锅炉、压力容器(含气瓶)、压力管道、电梯、起重机械、客运索道、大型游乐设施、场(厂)内专用机动车辆等，则需适用《特种设备安全法》，其对事故罚款的规定见表5－5。

表5－5　涉特种设备的生产安全事故罚款标准

事故级别	罚款标准
一般事故	10万元以上20万元以下
较大事故	20万元以上50万元以下
重大事故	50万元以上200万元以下

由上述规定可见，不同法律法规对于生产安全事故的处罚标准不同，若拟IPO企业发生生产安全事故，需要准确适用相关的安全生产法律法规以判断事故级别及对应的处罚标准。

2. IPO审核机构对生产安全事故的监管要求

若拟IPO企业在报告期内发生生产安全事故，需关注是否属于重大违法行为，是否影响企业的IPO。目前，关于生产安全事故的上市审核规则主要见于《首次公开发行股票注册管理办法》第13条第2款对生产经营合规性的规定："最近三年内，发行人及其控股股东、实际控制人不存在贪污、贿赂、侵占财产、挪用财产或者破坏社会主义市场经济秩序的刑事犯罪，不存在欺诈发行、重大信息披露违法或者其他涉及国家安全、公共安全、生态安全、生产安全、公众健康安全等领域的重大违法行为。"

此外，《证券期货法律适用意见第17号》对上述法条的理解和适用作了进一步的规定："涉及国家安全、公共安全、生态安全、生产安全、公众健康安全等领域的重大违法行为是指发行人及其控股股东、实际控制人违反相关领域法律、行政法规或者规章，受到刑事处罚或者情节严重行政处罚的行为。有以下情形之一且中介机构出具明确核查结论的，可以不认定为重大违法行为：1. 违法行为轻微、罚款数额较小；2. 相关处罚依据未认定该行为属于情节严重的情形；3. 有权机关证明该行为不属于重大违法。违法行为导致严重环境污染、重大人员伤亡或者社会影响恶劣等并被处罚的，不适用上述规定。"

按照《证券期货法律适用意见第17号》的规定，若生产安全事故造成重大人员伤亡，则应当被认定为重大违法行为。而重大人员伤亡的界定，通常根据《生产安全事故报告和调查处理条例》中的规定进行判断，该条例将造成人员伤亡相对应的严重等级分为四个档次。因此拟IPO企业若存在生产安全事故，可根据伤亡人数等情况具体判断是否属于重大违法行为。

但是,值得注意的是,《生产安全事故报告和调查处理条例》等规定中的"重大事故""特别重大事故"等事故基本是针对事故程度或情形所作的分类,而《证券期货法律适用意见第17号》是罗列和总结"重大违法行为"的特征因素或情形。因此,《生产安全事故报告和调查处理条例》等项下关于"重大""特别重大"等事故级别的分类与发行条件涉及的"重大违法行为""重大人员伤亡"中的"重大"并非直接、必然的对应关系,实务中还需结合公司受到的行政处罚情况、罚金数额、合规证明内容等综合论证公司的生产安全事故是否属于重大违法行为。

(二)典型案例

案例

鑫磊压缩机股份有限公司(IPO终止)[1]

(股票代码:301317,2022年5月27日过会)

问询问题:

2019年10月4日,发行人生产车间工人因违规操作导致其受伤,经抢救无效死亡;本次事故的性质是一起安全责任事故,事故等级为一般事故,发行人已缴纳罚款并完成整改。

请发行人:

(1)逐条根据《深圳证券交易所创业板股票首次公开发行上市审核问答》[2]关于重大违法行为的规定分析上述行为是否构成重大违法行为;(2)报告期内其他生产安全事故情况及处理结果,是否存在因生产安全事故导致发行人与员工间产生纠纷的情况,如是,请说明原因及处理结果;(3)发行人安全生产制度的建立及运行情况,安全生产制度是否完善,运行是否存在漏洞。

请保荐人、发行人律师根据《深圳证券交易所创业板股票首次公开发行上市审核问答》关于重大违法行为的规定发表明确意见。

问询回复主要内容:

1.逐条根据《深圳证券交易所创业板股票首次公开发行上市审核问答》关于

---

[1] 摘自《关于鑫磊压缩机股份有限公司首次公开发行股票并在创业板上市之补充法律意见书(一)》(2021年10月26日出具)。

[2] 现已失效。

重大违法行为的规定分析上述行为是否构成重大违法行为。

温岭市应急管理局于2020年1月15日向发行人出具行政处罚决定书,认定发行人未在有较大危险因素的生产经营场所张贴起重机安全操作规程,未设置明显的安全警示标志,安全管理存在漏洞,对事故发生负有责任,违反了2014年《安全生产法》第25条第1款及第32条的规定,对发行人处以罚款23万元。温岭市应急管理局于2020年1月15日向发行人法定代表人钟某志出具行政处罚决定书,认定钟某志作为发行人的主要负责人未及时督促、检查本单位安全生产工作并及时消除生产安全事故隐患,对事故的发生负有责任,违反了《安全生产法》第18条第5项的规定,对钟某志作出罚款84,629元的行政处罚。律师核查后认为,前述处罚符合《深圳证券交易所创业板股票首次公开发行上市审核问答》问题15规定的可以不认定为重大违法的条件,具体如下。

(1)相关规定或处罚决定未认定该行为属于情节严重的行为。

根据《生产安全事故报告和调查处理条例》的规定,发行人上述生产安全事故属于一般事故。

结合行政处罚决定书和《安全生产法》第92条的规定,发行人及其实际控制人上述行政处罚相应罚款均在一般事故的罚款区间,未按照较大事故或重大事故的标准进行处罚,发行人上述生产安全事故属于一般事故。

温岭市人民政府出具关于调查报告的通知,该调查报告认定发行人发生的这起一人死亡的生产安全事故为一般等级生产安全责任事故,发行人已故员工违规操作起重机进行吊装作业,对事故的发生负直接责任,鉴于其在事故中死亡,免予追究责任;发行人实际控制人、法定代表人钟某志作为公司主要负责人,未及时敦促、检查本单位的安全生产工作导致事故发生,建议应急管理部门给予行政处罚;发行人的安全管理存在漏洞,建议应急管理部门给予行政处罚。故温岭市人民政府在上述调查报告中认定该事故为一般等级生产安全责任事故,未认定该行为属于情节严重的行为。

(2)有权机关证明该行为不属于重大违法。

温岭市应急管理局出具证明确认:鑫磊股份上述生产安全事故属于一般生产事故,鑫磊股份及其法定代表人的上述行为不属于安全生产重大违法违规行为。除前述情况外,鑫磊股份自2018年1月1日以来未发生其他安全生产责任事故,不存在因安全生产问题而被投诉和举报的情形,不存在因违反安全生产方面的法律法规而受到该局行政处罚的情形。

此外,发行人上述违法行为不属于导致严重环境污染、重大人员伤亡、社会影响恶劣等并被处以罚款等处罚的情形。针对上述违法行为,发行人及其实际控制人、法定代表人钟某志均及时足额缴清罚款,并积极采取相关整改措施依法进行整改。温岭市应急管理局出具整改复查意见书,确认发行人已整改合格。整改完毕后,发行人定期开展员工安全生产教育,避免发生安全事故。

综上所述,律师认为,发行人及其法定代表人、实际控制人钟某志因安全事故受到行政处罚的事项不属于重大违法行为,不构成发行人本次发行上市的实质性障碍。

2. 报告期内其他生产安全事故情况及处理结果,是否存在因生产安全事故导致发行人与员工之间产生纠纷的情况,如是,请说明原因及处理结果。

根据《生产安全事故报告和调查处理条例》等的规定、温岭市应急管理局出具的证明等资料并经律师核查、对发行人安全生产负责人访谈,除上述披露的生产安全事故外,报告期内发行人不存在其他一般及以上级别的生产安全事故,不存在因此导致与员工产生纠纷的情形。

此外,报告期内发行人存在因员工李某明下班途中在施工路段摔倒受伤、公司行车项目工程中提供劳务者陈某在公司厂区因翻动行车梁受伤等事项与员工李某明、劳务提供者陈某发生诉讼的情况,该等诉讼均已结案。

3. 发行人安全生产制度的建立及运行情况,安全生产制度是否完善,运行是否存在漏洞。

发行人制定了《安全生产检查制度》等制度并将该等制度汇编形成发行人《安全生产规章制度》。同时,发行人制定了《电工安全操作规程》等车间操作细则,并下发各个车间。

发行人设立了安环部等部门,明确了安环部等部门和相关人员的安全职责。发行人配备生产经营负责人、首席安全官、管理人员等职务,相关人员共同对公司生产安全进行监督和管理。

根据发行人提供的资料及律师对发行人生产安全负责人的访谈,发行人根据需要或定期组织新职工入职安全教育、日常教育和安全技术培训。发行人按照安全生产管理制度对该等设施进行定期检查、维护及保养,报告期内公司主要生产设施运行情况良好,安全生产运行不存在明显漏洞。发行人发生工伤事故后,报送人力资源和社会保障局工伤受理部门进行备案,并根据该工伤事故发生原因进行整改及强化管理,包括加强安全培训、设备日常检修等。

根据温岭市应急管理局出具的证明,除上述披露的生产安全事故外,发行人报告期内未发生其他安全生产责任事故,不存在因安全生产问题而被投诉和举报的情形,不存在因违反安全生产方面的法律法规而受到该局行政处罚的情形。

综上,律师核查后认为,截至本补充法律意见书出具日,发行人已建立了安全生产相关制度,并在日常生产经营活动中严格按其相应规定执行,其安全生产的内部控制制度健全有效,安全生产运行不存在明显漏洞。

案例小结:

企业安全生产关系着劳动者的生命健康,也是企业经营发展的保障,是企业应时刻守住的红线。

在申报上市的过程中,企业在生产经营中的安全问题也一直受到审核机构的重点关注。尤其是当拟上市公司或其子公司出现安全事故甚至重大安全事故时,这可能会成为企业申报上市的重大阻碍,甚至会导致企业的上市申请被否决。

本案例中,发行人生产车间出现安全事故,审核机构对此问题进行了问询。发行人在回复中称根据当地应急管理局出具的行政处罚决定书及温岭市人民政府出具的事故调查报告中的内容,该情形未被认定为情节严重,属于一般等级生产安全责任事故,不构成重大违法。且发行人已制定了安全生产制度并严格执行,安全生产运行不存在明显漏洞。

(三)小结与建议

安全生产重于泰山,对于拟 IPO 企业来说,发生生产安全事故不仅会遭受人员伤亡和财产损失,还可能构成重大违法行为,涉及企业上市的发行条件。若拟 IPO 企业在报告期内发生生产安全事故,建议从以下方面进行应对:(1)详细说明生产安全事故的发生原因、事故经过、结果、整改措施。若事故原因属于员工个人操作失误,那么在企业的安全生产管理制度的有效性上尚有一定的论证空间。(2)根据《生产安全事故报告和调查处理条例》的规定,判断该事故所属的具体事故级别。如不是一般事故,应详细分析企业是否应承担主要责任。如发行人不属于主要责任方,则一般不构成上市障碍。(3)企业应建立健全完善的安全生产管理制度,加强安全生产管理,对员工进行安全教育,定期开展安全生产隐患自查自纠,确保各项安全防范措施落实到位,杜绝生产安全事故再次发生。(4)取得应急管理部门或安全管理部门出具的相关事故不属于重大违法行为的专项证明。

第三节　劳动用工

一、社会保险、住房公积金

（一）理论基础

社会保险、住房公积金是我国社会保障体系的重要组成部分，为职工缴纳社会保险和住房公积金是法律规定的企业的一项重要义务，随着上市审核机构对社保、住房公积金问题关注的演变，拟 IPO 企业在社保、住房公积金方面的合规情况成为常规的关注问题。

1. 关于社保、住房公积金的 IPO 审核要求

社保、住房公积金的 IPO 审核要求见表 5－6。

表 5－6　社保、住房公积金的 IPO 审核要求情况

文件名称	审核要求
《监管规则适用指引——发行类第 4 号》	4－16　社保、公积金缴纳 发行人报告期内存在应缴未缴社会保险和住房公积金情形的，应当在招股说明书中披露应缴未缴的具体情况及形成原因，如补缴对发行人的持续经营可能造成的影响，揭示相关风险，并披露应对方案。保荐机构、发行人律师应对前述事项进行核查，并对是否属于重大违法行为出具明确意见
《公开发行证券的公司信息披露内容与格式准则第 57 号——招股说明书》	第四十二条　发行人应简要披露员工情况，包括员工人数及报告期内变化情况，员工专业结构，报告期内社会保险和住房公积金缴纳情况
《监管规则适用指引——法律类第 2 号：律师事务所从事首次公开发行股票并上市法律业务执业细则》	第五十八条　律师应当查验报告期内发行人的劳动保护情况，是否与员工签订劳动合同，是否依法为员工缴纳社会保险和住房公积金，是否因违反有关劳动保护的法律法规而受到有关部门的行政处罚，是否构成重大违法行为

由上述审核规则可见，IPO 审核机构对于社保、住房公积金问题关注的核心是发行人是否符合发行条件，始终聚焦于两个问题：（1）发行人是否因劳动用工合规问题而存在重大或情节严重的违法行为；（2）不合规的劳动用工行为是否影响发行人的持续经

营能力。

2. **未全员缴纳社保、住房公积金**

为员工缴纳社保和住房公积金属于企业的强制性义务,除非有特殊情况,一般是必须全员缴纳的。企业未全员缴纳社保、住房公积金的,需要披露并解释具体原因。实务中常见的原因见表 5 – 7。

表 5 – 7　未全员缴纳社保、住房公积金原因情况

事项	具体原因
农村户籍员工	部分非城镇居民员工在老家已购买城乡居民基本养老保险、城乡基本医疗保险,不愿在公司重复购买
员工已在外购买	员工已在其他地区/单位自行购买社保和住房公积金,不愿调入公司
退休返聘、实习生	劳务关系下的退休返聘人员、实习生通常无须缴纳社保和住房公积金。返聘员工享受基本养老保险待遇或领取退休金的,企业与其按劳务关系处理,不用为其缴纳社保和住房公积金;在校生利用业余时间勤工助学,不视为就业,未建立劳动关系,可以不签订劳动合同;若用人单位与实习生构成事实劳动关系,则有可能需要缴纳社保和住房公积金
非全日制用工	非全日制用工仅需购买工伤保险,未强制性要求缴纳社保、住房公积金
外籍员工	外籍人员身份具有特殊性。外国人在中国就业的,参照《社会保险法》规定参加社会保险,可以按照《住房公积金管理条例》等规定缴存和使用住房公积金,非强制缴纳
新入职暂未办理	员工当月新入职,正在办理转接手续或者错过当月缴纳时间,暂时未缴纳
劳务派遣人员	劳务派遣人员的社保、住房公积金由劳务派遣单位缴纳

近年来,IPO 审核机构对社保和住房公积金的缴纳比例的要求逐渐从严,目前实务中拟 IPO 企业一般要求社保覆盖比例达到 90%,住房公积金覆盖比例达到 80%。因此,拟 IPO 企业要在报告期内逐步提高社保和住房公积金的缴纳比例,并在申报文件中详细披露相关人员未缴纳社保和住房公积金的原因,同时还需由控股股东或实际控制人进行兜底承诺。

3. **未按员工实际工资足额缴纳社保、住房公积金**

根据相关法律规定,社保、住房公积金的缴纳基数原则上是按照实发工资额,但在实操中,由于企业本身经营压力、员工自身的意愿以及各地的政策差异等,许多企业会按照社保和公积金缴费基数的下限进行缴纳。由于 IPO 审核机构的关注重点是企业的持续经营能力,因此,实务中通常会要求发行人及中介机构在论证发行人是否符合发行上市条件时,参照当地主管部门允许的社保和住房公积金缴费基数下限或者实发工资来测算补缴差额对净利润的影响,进一步论证和判断企业的经营成果是否源于发行人减少或降低社保和住房公积金缴费水平,以及假设按照法律法规及当地主管部门的要求,完善社保和住房公积金的缴纳基数和比例后,发行人是否还具备持续经营的能力。同时,要求取得社保及住房公积金管理中心合规证明,并由实际控制人兜底承诺。

4. 第三方代缴社保

实务中,有的企业在外地开展业务但未在当地设立子公司或分支机构,而在外地就职的员工因定居当地、子女上学、购房等原因而有在当地缴纳社保和住房公积金的需要,这时企业为便利员工,可能会通过第三方人力资源服务机构代该等员工缴纳社保或住房公积金。通过第三方代缴社保存在以下法律风险:

(1)补缴社保和支付补偿金的风险。按照最新的司法审判实务,对于用人单位跨省市代缴社保的情况,法院倾向于认为无论是委托第三方公司还是关联公司(如集团下属单位)为员工异地缴纳社保,也无论是否取得员工的同意,都不能取代用人单位在其所在地为员工缴纳社保的法定义务。在这种情况下,用人单位可能需要额外承担在其所在地补缴社保的成本、滞纳金以及罚款等,若员工以未缴纳社保为由解除劳动合同,用人单位还可能被判令支付经济补偿金。

(2)行政处罚风险。《社会保险基金行政监督办法》第 32 条规定:"用人单位、个人有下列行为之一,以欺诈、伪造证明材料或者其他手段骗取社会保险待遇的,按照《中华人民共和国社会保险法》第八十八条的规定处理:(一)通过虚构个人信息、劳动关系,使用伪造、变造或者盗用他人可用于证明身份的证件,提供虚假证明材料等手段虚构社会保险参保条件、违规补缴,骗取社会保险待遇的……"由第三方代缴机构替发行人为员工缴纳社保,往往伴随着伪造劳动合同等证明材料,因此代缴行为可能涉及"虚构劳动关系""骗取社保待遇"等情况而面临被行政处罚的风险。

(3)影响用人成本及财务数据。由于各地经济发展水平、居民收入不平衡,各地的社会保险缴纳基数上限(当地职工平均工资的 300%)和下限(当地职工平均工资的 60%)往往存在一定的差异,若社保缴纳地的当地收入(相较于用人单位所在地)偏低导致社会保险缴费基数偏低,可能会影响发行人的用工成本,若发行人的利润偏薄,则可能被质疑通过调整用工成本来提升利润。

5. 员工关于放弃缴纳社保、住房公积金的声明文件的效力

实务中,部分员工因自身原因不愿在企业缴纳社保和住房公积金,企业为了规避责任会要求员工出具自愿放弃缴纳社保和住房公积金的承诺或声明,但是该等放弃声明不当然具备法律效力。

《社会保险法》、《劳动合同法》和《住房公积金管理条例》等均已明确规定为员工缴纳社会保险及住房公积金是用人单位的法定义务。在司法实践中,对于员工出具的自愿放弃缴纳社会保险的承诺或声明的效力,各地的裁判观点不一:部分法院认为用人单位与劳动者建立劳动关系后,用人单位缴纳社会保险费属于用人单位的强制性义务,不接受用人单位提出的因劳动者不愿缴纳而未参保的抗辩意见,但如果协议中明确说明用人单位未参保的原因在于个人,用人单位不存在过错,法院对于劳动者要求用人单位进行补偿的诉求不予支持;部分法院则认为,劳动者作为具备完全民事行为能力的个人,对签署的缴纳社保意向书及承诺书的内容及法律后果应有相应认识,如未提交证据证明其是在受到欺诈、胁迫或者乘人之危的情况下签署的承诺书,法院将支持自愿放弃承诺。

实务中,IPO 审核机构对于员工该等承诺和声明,一般是关注其合法合规性,以及是否存在纠纷或潜在纠纷。中介机构对于该问题,基本的回复思路如下:(1)承认不完全合法且无法完全免责。部分员工出具的放弃缴纳承诺文件的内容与相关规定不符,无法完全免除发行人的缴纳义务及行政处罚的潜在风险。(2)结合法律原则说明具有一定效力。员工作出的书面承诺作为一种真实意思表示的证明,符合《民法典》第 7 条规定的"民事主体从事民事活动,应当遵循诚信原则,秉持诚实,恪守承诺"这一原则,故仍具有一定的法律效力。(3)结合审判实务说明存在司法案例支持相关承诺文件的法律效力。

(二)典型案例

1. 未缴纳社保、住房公积金的比例较大

案例

浙江普莱得电器股份有限公司

(股票代码:301353,2023 年 3 月 13 日过会)[1]

问询问题:

招股说明书披露,报告期各期发行人未缴纳社保的人数占比分别为 41.05%、

〔1〕 摘自《关于浙江普莱得电器股份有限公司首次公开发行股票并在创业板上市的补充法律意见书(四)》(2022 年 6 月 22 日出具)。

41.48%、34.45%、12.68%，未缴纳住房公积金的人数占比分别为91.65%、91.48%、93.75%、75.05%。

请发行人说明是否存在需要补缴的情况，如是，说明需补缴的金额、补救措施及对发行人经营业绩的具体影响，发行人是否存在因此受到行政处罚的风险。

请保荐人、发行人律师核查社保和住房公积金缴纳情况是否符合相关法律法规和所在地政府主管部门的规定，是否存在补缴风险或受到行政处罚的法律风险，并发表明确意见。

问询回复主要内容：

1.是否存在需要补缴的情况，如是，说明需补缴的金额、补救措施及对发行人经营业绩的具体影响。

报告期内发行人未缴纳住房公积金的主要原因系员工自愿放弃缴纳，该部分员工中农村籍和外省籍员工较多，其已有自有住房或短期内无在发行人所在地购房的意愿或能力，同时，缴纳住房公积金将降低其个人当期收入，因此其参与缴纳住房公积金的意愿较低，个人自愿放弃了发行人为其缴纳住房公积金。截至报告期末，发行人通过提供集体宿舍、租房补贴等为部分未缴纳住房公积金的员工提供了替代保障措施。

经合理测算，如发行人补缴报告期内的社保及住房公积金，需补缴的金额及占比均较小，不会对发行人经营业绩产生重大不利影响。

针对报告期内未缴纳社保、住房公积金的情况，发行人已采取以下补救措施：

(1)加强关于社保和住房公积金的法律、法规、政策、制度文件相关知识的宣传和普及，增强员工的缴纳意愿，努力提高缴纳人数和缴纳比例；

(2)为未缴纳社保和住房公积金的员工提供替代保障措施，同时，积极主动为有意愿缴纳的新入职员工、已放弃但再次提出缴纳要求的员工及时办理缴纳手续；

(3)持续推动发行人业务发展和业绩增长，增强发行人的管理能力和盈利能力，适当提升员工的收入水平，降低因缴纳社保和公积金对员工到手收入的影响。

2.发行人是否存在因此受到行政处罚的风险。

虽然报告期内发行人存在未给部分员工缴纳社保、住房公积金的情况，但鉴于法律法规规定行政处罚系以相关主管部门要求限期缴纳、缴存或补足作为前置程序，且社保及住房公积金主管部门已就发行人及其子公司报告期内社保及住房公积金缴纳情况出具了合规证明，发行人及其子公司报告期内不存在因违反社会保险及住房公积金管理相关法律、法规而受到行政处罚的情形。同时，发行人控股股东、实际控制人已就报告期内社保及住房公积金的瑕疵缴纳行为出具了承诺。因此,发行人存在为员工补缴社保和住房公积金、受到行政主管部门处罚的风险,但不构成重大违法行为以及本次发行上市的法律障碍。

案例小结:

按照法律规定,用人单位有义务为员工按时足额缴纳社保和住房公积金,实践中,若拟上市公司存在未为符合条件的全部员工缴纳社保、住房公积金的情况,通常会引起审核机构的关注,尤其是当未缴纳社保、住房公积金的员工占比较大时。

经检索、对比相关案例,笔者发现,关于该问题审核机构在问询中所关注的点通常包括:(1)是否存在应缴未缴的情况,原因是什么;(2)应缴未缴的金额及比例,实际缴纳比例与同行业其他公司相比是否存在差异;(3)是否存在第三方代缴的情况;(4)是否为员工提供替代保障措施;(5)是否存在被行政处罚的风险;(6)是否构成重大违法行为;等等。

相关发行人及中介机构可以参考本案例中的情况,审慎确认及核查,根据公司实际情况参考以下论点进行论证:(1)未缴纳的原因是否系员工自愿放弃缴纳;(2)需补缴金额不大,如需补缴不会对公司经营业绩产生重大不利影响;(3)公司已提供替代保障措施,积极宣传提高员工自愿缴纳的意愿,并为希望缴纳的员工及时办理缴纳手续,经动员后仍不愿缴纳的员工已签署自愿放弃声明;(4)相关主管部门已出具证明确认公司目前未因此受到处罚;(5)未来是否存在被主管部门处罚的风险,是否构成重大违法行为等。此外,公司控股股东和实际控制人也可以出具承诺,对未来可能出现的处罚或被要求补缴的情况进行兜底。

2. 未以员工实发工资为申报基数

案例

宁波利安科技股份有限公司

(2022年12月30日过会)[1]

问询问题:

申请文件及首轮问询回复显示,发行人(宁波利安科技股份有限公司,以下简称利安科技)报告期内未缴纳社保比例为0、1.28%、7.30%,未缴纳住房公积金比

---

[1] 摘自《关于宁波利安科技股份有限公司首次公开发行人民币普通股股票(A股)并在创业板上市补充法律意见(五)》(2023年9月19日出具)。

例为92.31%、3.83%、23.31%。

请发行人:说明测算补缴金额的计算过程,测算的工资基数,与发行人实际工资是否存在较大差异,发行人报告期内未缴纳社保、住房公积金情况是否构成重大违法行为,是否构成本次发行上市的障碍。

问询回复主要内容:

1. 说明测算补缴金额的计算过程,测算的工资基数,与发行人实际工资是否存在较大差异。

发行人实际系按经社会保险和住房公积金管理部门核定的缴纳基数进行缴纳,未以员工实发工资作为申报基数足额缴纳社会保险和住房公积金。

经承办律师核查,报告期内,发行人可能需要补缴金额占利润总额的比例均未超过20%,且报告期内除2020年部分月份享受社保减免政策外,其余年份整体可能需要补缴金额占利润总额比例呈减少的趋势,发行人社会保险及住房公积金缴纳情况较报告期初已逐步规范化。若按实发工资缴纳社会保险和住房公积金,则模拟测算的发行人近两年净利润均为正,且累计净利润不低于5000万元人民币,不会对发行人经营业绩造成重大不利影响,不会构成本次发行上市的实质性法律障碍。

2. 发行人报告期内未缴纳社保、住房公积金情况是否构成重大违法行为,是否构成本次发行上市的障碍。

根据《社会保险法》《住房公积金管理条例》《宁波市社会保险费征缴管理实施意见(试行)》《安徽省社会保险费征缴暂行规定》等相关法律法规,发行人存在被要求补缴的风险。

但鉴于:

(1)根据《人力资源社会保障部办公厅关于贯彻落实国务院常务会议精神切实做好稳定社保费征收工作的紧急通知》,严禁人力资源和社会保障部门自行组织对企业历史欠费进行集中清缴。

(2)宁波市奉化区人力资源和社会保障局、巢湖市人力资源和社会保障局及宁波市住房公积金管理中心奉化分中心均已出具证明,证明发行人在报告期内不存在因违反社会保险、住房公积金相关法律法规而受到相关主管部门的行政处罚且情节严重的情形。

发行人取得相关部门证明的具体情况如下:

宁波市奉化区人力资源和社会保障局出具证明,确认利安科技及其子公司为员工按时、足额缴纳了社会保险,不存在漏缴、拖欠等情形,也不存在因违反社保相关法律法规被该局处罚的情形。在报告期内不存在任何因违反劳动用工及社会保险方面的法律法规而被处罚的情形,也不存在因劳动用工及社会保险方面纠纷或争议引发的仲裁或诉讼事项。

巢湖市人力资源和社会保障局出具证明,确认利安合肥在报告期内遵守有关劳动管理和社会保障的法律法规,没有因违反劳动管理和社会保障相关法律法规而受到处罚的记录。

宁波市住房公积金管理中心奉化分中心出具证明,确认利安科技及其子公司在报告期内没有任何因违反住房公积金方面法律法规而被处罚的情形,也不存在因住房公积金方面纠纷或争议引发的仲裁或诉讼事项。

(3)截至本补充法律意见出具之日,发行人未因上述原因受到属地社会保险和住房公积金主管部门的处罚或收到要求整改的通知。

(4)发行人控股股东、实际控制人已承诺若发行人在首次公开发行人民币普通股股票(A股)并在创业板上市之前的经营活动中因应缴未缴的社会保险和住房公积金而被有关政府部门要求补缴或者处罚,本人将赔偿利安科技由此产生的全部损失。在承担赔偿责任后,本人放弃向利安科技进行追偿,本人保证利安科技不会因此遭受实际损失。

经承办律师核查,前述风险对发行人持续经营造成的影响较小,不属于重大违法行为,不会构成本次发行上市的实质性法律障碍。

案例小结:

社保、住房公积金是社会保障体系的重要组成部分,为员工缴纳社保、住房公积金是用人单位的法定义务。实践中,拟上市公司的社保、住房公积金缴纳情况也属于审核中较为常规的关注问题,上一案例主要是公司未为全部符合条件的员工缴纳社保、住房公积金,本案则涉及企业未以员工实际工资为社保、住房公积金缴纳基数的情形。

本案例中,发行人报告期内存在未缴纳部分员工的社保、住房公积金的情况,其补缴时是以所在地社会保险和住房公积金管理部门公布的缴费基数表的缴纳下限为准,审核机构对补缴金额的计算方法、计算的工资基数、是否与实际工资差异较大等问题进行了问询。

对此,发行人律师解释称发行人系按社会保险和住房公积金管理部门核定的缴纳基数进行缴纳,未以员工实发工资作为申报基数足额缴纳,存在被要求补缴的风险,但即使需要以实发工资作为基数补缴,也不会对发行人经营业绩造成重大不利影响。

目前,该公司已成功过会,比照相关案例,只要充分披露和论证,通常情况下该类问题不会构成上市发行的实质性障碍。

3. 员工放弃缴纳社保、住房公积金的承诺的效力

案例

亚世光电股份有限公司

(股票代码:002952,2019年2月15日过会)[1]

问询问题:

报告期各期发行人(亚世光电股份有限公司,以下简称亚世光电)均有近1/4的员工放弃缴纳社会保险和住房公积金。请发行人结合《劳动法》等法律法规说明员工自愿放弃缴纳社保的具体原因、合法合规性。请保荐机构、发行人律师发表核查意见。

问询回复主要内容:

1. 相关法律法规的规定。

略。

根据上述规定,发行人未为员工足额缴纳住房公积金,存在被住房公积金管理中心责令限期缴存的风险。

2. 员工自愿放弃缴纳社保和住房公积金的具体原因。

部分员工自愿放弃缴纳社保和住房公积金的原因主要为:部分员工为方便就近缴纳城镇职工社会保险,向公司申请和确认由其自行缴纳社保;部分员工在户籍所在地拥有宅基地和住宅,随时可能回户籍地生活,无在工作地购买住宅和长期居住的计划,因此向公司申请和确认不在工作地缴纳住房公积金。

根据发行人提供的资料及书面确认,公司已向全体员工告知可以申请办理缴纳城镇职工社会保险和住房公积金,自愿放弃缴纳社保和住房公积金的员工已签署自愿放弃缴纳的书面声明。

3. 主管部门对发行人缴纳社保和住房公积金的合规证明。

鞍山市高新区劳动监察局出具证明:亚世光电、亚世鞍山自2014年1月1日(或社保账户办理日)至2018年9月30日,一直严格遵守国家和地方有关劳动保

[1] 摘自《关于亚世光电股份有限公司首次公开发行股票并上市的补充法律意见书(七)》(2018年12月14日出具)。

障法律、法规及规范性文件的要求，不存在任何违反有关劳动保障法律、法规及规范性文件规定的行为或记录，亦不存在因违反有关劳动保障法律、法规及规范性文件而受到任何行政处罚的情形，未发生劳动用工方面的争议或纠纷，亦不存在因用工问题正在被调查或可能受到行政处罚的情形。

鞍山市社会保险局出具企业缴纳社会保险费证明：亚世光电、亚世鞍山在市社会保险局注册参加了各项保险。

鞍山市劳动就业服务局出具证明：亚世光电、亚世鞍山自2014年1月（或社保账户办理日）至2018年9月30日，已按照国家及地方有关规定为员工办理了失业保险登记，并按照法定比例缴纳失业保险费。

鞍山市住房公积金管理中心出具证明：亚世光电、亚世鞍山为本中心辖区内的住房公积金缴存单位，已依法在该中心办理住房公积金开户登记手续。2015年7月1日至2018年9月30日，亚世光电、亚世鞍山为员工按规定的缴费比例按时足额缴纳住房公积金，不存在欠缴情况，不存在违反国家及地方住房公积金相关法律法规的行为和记录，亦不存在因住房公积金缴存事宜而被追缴或被政府有关部门处罚的情形，与该中心也无任何相关争议。

4. 控股股东及实际控制人对相关责任承担的承诺。

针对上述情况，公司控股股东亚世香港、实际控制人JIA JITAO已出具承诺函。

案例小结：

正如笔者在本节第一个案例中所述，实践中，当拟上市企业存在未为全部符合条件的职工缴纳社保、住房公积金的情况时，部分企业可能会采取要求相关职工签署自愿放弃社保、公积金缴纳的声明的方式进行解决，现实中也确实存在部分员工出于某些考虑参与社保积极性不高的情况，但是该承诺/声明是否有效是审核机构在反馈中可能会关注的问题。

本案例中的发行人即存在该种情况，审核机构要求结合相关法律法规解释存在该种承诺的原因和合法合规性。发行人律师认为员工自愿放弃缴纳“五险一金”的情形与国家现行法律法规的规定存在一定差异，公司存在被处罚的风险，但鉴于主管部门已出具证明确认公司目前未因此遭受处罚或调查，且公司控股股东及实际控制人已出具兜底承诺，因此该情形不会对公司发行上市产生实质不利影响。该种解释获得了审核机构的认可，发行人目前已上市。

4. 第三方代缴社保未完全清理

案例

上海英方软件股份有限公司

(股票代码:688435,2022 年 11 月 29 日过会)[1]

问询问题:

招股说明书披露:发行人部分员工因工作地点较为分散,存在由无关联第三方机构代缴社保、住房公积金的情况。报告期各期发行人员工总数分别为 255、311、358、398,无关联第三方代缴社保的人数分别为 152、130、112、132,代缴公积金的人数分别为 151、129、112、132。

请发行人说明:由第三方代缴社保、住房公积金是否违反《社会保险法》《住房公积金管理条例》等相关法律法规的规定,是否存在被行政处罚的风险,发行人的整改措施及其有效性。

请保荐机构、发行人律师对上述事项进行核查并发表明确意见。

问询回复主要内容:

1. 报告期内发行人存在第三方代缴社保、住房公积金情形的原因。

发行人基于市场开拓、客户维护等业务需要,在外驻地招聘了技术、销售等人员,该部分人员涉及的人数较多、区域分散。为保障外驻员工享有的社会保险及住房公积金权利,对于未设立分公司或未开立社保、住房公积金账户地区员工,发行人基于满足员工需求的考虑,委托第三方代理机构在该员工实际工作及生活的省市区域为其缴纳社会保险及住房公积金。

2. 由第三方代缴社保、住房公积金是否违反《社会保险法》《住房公积金管理条例》等相关法律法规的规定,是否存在被行政处罚的风险。

发行人委托第三方为其部分员工缴纳社保和住房公积金若被主管部门认定为未为员工办理社保或住房公积金登记情形,存在被责令限期改正、逾期不改正或被予以处罚的风险,对此发行人及其控股股东、实际控制人已出具承诺;根据发行人及分公司取得的社保、住房公积金部门出具的证明,报告期内发行人社保正常缴纳,发行人各地住房公积金账户均处于正常缴存状态,不存在相关行政处罚记录。

---

[1] 摘自《关于上海英方软件股份有限公司首次公开发行股票并在科创板上市的补充法律意见书(一)》(2022 年 3 月 18 日出具)。

3. 发行人的整改措施及其有效性。

报告期各期，发行人陆续在各地设立分公司，并将外地原由第三方机构代缴社保、住房公积金的员工转到发行人设立的分公司名下缴纳，截至2022年4月30日，发行人由无关联第三方代缴社保、住房公积金的比例已下降至24.66%。

为进一步对第三方代缴社保、住房公积金的情形进行整改，发行人拟在员工社保、住房公积金代缴人数较多的城市设立分公司，共涉及两家分公司；同时，征得部分员工同意后，发行人将此部分员工由第三方代缴调整为由发行人或其现有分公司为其缴纳，根据截至2022年4月30日的员工情况进行测算，以上整改措施实施后，发行人由第三方代缴社保和住房公积金的比例将均降低至3.88%，发行人的整改措施具有有效性。

案例小结：

根据《社会保险法》(2018修正)第58条第1款、第84条的规定，用人单位应当自用工之日起30日内为职工向社会保险经办机构申请办理社会保险登记。未办理社会保险登记的，由社会保险经办机构核定其应当缴纳的社会保险费。用人单位不办理社会保险登记的，由社会保险行政部门责令限期改正；逾期不改正的，对用人单位处应缴社会保险费数额1倍以上3倍以下的罚款，对其直接负责的主管人员和其他直接责任人员处500元以上3000元以下的罚款。

根据《住房公积金管理条例》(2019修订)第15条第1款、第37条的规定，单位录用职工的，应当自录用之日起30日内向住房公积金管理中心办理缴存登记，并办理职工住房公积金账户的设立或者转移手续。单位违反该条例的规定，不办理住房公积金缴存登记或者不为本单位职工办理住房公积金账户设立手续的，由住房公积金管理中心责令限期办理；逾期不办理的，处1万元以上5万元以下的罚款。

发行人委托第三方为员工缴纳社保、住房公积金可能涉及违反上述法律法规，并可能因此被处以行政处罚。实践中不乏拟上市企业因存在第三方代缴社保、住房公积金的情况而被问询的案例。在过去，审核机构一般会建议发行人全面清理第三方代缴的问题，改为发行人自己缴纳，或者尽量大幅降低第三方代缴的比例，并承诺在未来某时进行全面清理。但在近年来的一些案例中，笔者发现，审核机构在该问题上并非持绝对禁止的态度，即发行人不一定要全面清理第三方代缴的情况，可以通过：(1)解释代缴原因系员工较为分散，不便集中管理，因此委托了第三方缴纳社保；(2)承诺如未来主管部门认为应予整改会积极配合；(3)由控股股东、实际控制人出具兜底承诺;(4)逐步进行整改,如设立外地分公司,由分公司进行社保缴纳;(5)说明目前代缴比例已经逐渐下降等方式减轻审核机构的担忧。

(三)小结与建议

对于拟IPO企业的社保和住房公积金合规瑕疵的容忍程度,并没有统一的评判标准,一般要结合企业质量及审核时的风向等来综合判断。企业的财务状况越好、合规程度越高,对社保和住房公积金问题的容忍程度也就越高;如果企业盈利能力较弱,自身合规性较差,对社保和住房公积金问题的容忍度就会降低。对于拟IPO企业在社保和住房公积金方面的规范问题,建议从以下方面进行应对:

(1)及时办理社保和住房公积金的开户登记。企业在新设立分、子公司时,无论是否开始实际缴纳社保、住房公积金,均应注意在法定时限内及时开户。

(2)在报告期内逐步提高社保和住房公积金的缴纳人数比例和缴费基数。社保和住房公积金的缴纳建议尽量做到全员覆盖,若无法做到全员覆盖,未缴纳情形应具有合理理由,具体缴纳人数和比例等尺度需发行人与中介机构根据企业实际情况把握。缴费基数应符合所在地社会保险和住房公积金管理部门公布的或允许的缴费基数范围。

(3)对于因合理原因未缴纳社保的员工,可考虑为其单独购买意外险等其他商业保险,或报销其在户籍地缴纳的社保费用并额外给予其本应由公司承担的社保费用的等额补助。对于不愿缴纳住房公积金的员工,可考虑向其提供员工宿舍或支付住房补贴。

(4)经动员后员工确实不愿缴纳社保、住房公积金的,可由其出具自愿放弃缴纳社保、住房公积金的承诺或声明,明确放弃缴纳的原因,并确认未与企业发生纠纷,不会因此追究企业的责任。

(5)结合第三方代缴社保、住房公积金的人数和比例判断该问题的重要程度。如代缴比例较高,需在报告期内逐步降低第三方代缴社保、住房公积金的比例,具体可通过在当地设立分、子公司进行缴纳,或采用合法合理的劳务派遣等用工形式。

(6)中介机构提前测算以员工实际工资作为缴纳基数的补缴金额以及对未缴纳员工的补缴金额,并计算该等补缴金额占企业的净利润的比例,说明发生补缴时对企业财务数据、经营业绩和持续经营能力的影响。

(7)由社保、住房公积金主管政府部门出具合规证明,证明企业不存在违反社保、住房公积金管理的行为,若存在相关行政处罚,则出具不属于重大违法行为的专项证明。

(8)由控股股东或实际控制人出具兜底承诺,若有权部门要求公司为员工补缴社保及住房公积金或因社保和住房公积金缴纳问题遭受行政处罚,实际控制人愿承担该等责任,保证发行人不会因此遭受损失;若企业因社保、住房公积金的合规问题发生补缴、处罚、损失等,由其承担所有责任。

二、劳务派遣与劳务外包

(一)理论基础

1. 劳务派遣的合规要点

劳务派遣,是指劳务派遣单位以经营方式将招用的劳动者派遣至用工单位,由用工单位直接对劳动者的劳动过程进行管理的一种用工形式。劳务派遣的用工形式下,劳动关系与用工关系相分离,被派遣员工与劳务派遣单位有劳动关系但无用工关系,与实际用工单位有用工关系但无劳动关系。《劳动合同法》《劳务派遣暂行规定》《民法典》对劳务派遣的合规要求作了详细的规定,主要的合规要点见表5-8。

表5-8　劳务派遣用工合规要点分析情况

事项	合规要点
派遣岗位	用工单位只能在临时性、辅助性或者替代性的工作岗位上使用被派遣劳动者。 (1)临时性工作岗位是指存续时间不超过6个月的岗位; (2)辅助性工作岗位是指为主营业务岗位提供服务的非主营业务岗位; (3)替代性工作岗位是指用工单位的劳动者因脱产学习、休假等原因无法工作的一定期间内,可以由其他劳动者替代工作的岗位。 劳务派遣单位不得以非全日制用工形式招用被派遣劳动者
用工比例	用工单位使用的被派遣劳动者数量不得超过其用工总量的10%,其中用工总量是指用工单位订立劳动合同人数与使用的被派遣劳动者人数之和
劳动合同和报酬	劳务派遣单位应当与被派遣劳动者订立2年以上的固定期限劳动合同,按月支付劳动报酬。 被派遣劳动者享有与用工单位的劳动者同工同酬的权利。用工单位应当按照同工同酬原则,对被派遣劳动者与本单位同类岗位的劳动者实行相同的劳动报酬分配办法
劳务派遣合同	劳务派遣单位派遣劳动者应当与用工单位订立劳务派遣协议。用工单位应当根据工作岗位的实际需要与劳务派遣单位确定派遣期限,不得将连续用工期限分割订立数个短期劳务派遣协议

续表

事项	合规要点
社保缴纳	劳务派遣单位在用工单位所在地设立分支机构的,由分支机构为被派遣劳动者办理参保手续,缴纳社会保险费。劳务派遣单位未在用工单位所在地设立分支机构的,由用工单位代劳务派遣单位为被派遣劳动者办理参保手续,缴纳社会保险费
用工风险承担	劳务派遣期间,被派遣的工作人员因执行工作任务造成他人损害的,由接受劳务派遣的用工单位承担侵权责任;劳务派遣单位有过错的,承担相应的责任。 用工单位给被派遣劳动者造成损害的,劳务派遣单位与用工单位承担连带赔偿责任
资质要求	经营劳务派遣业务,应当取得劳务派遣经营许可证。用人单位不得设立劳务派遣单位向本单位或者所属单位派遣劳动者

2. 关于劳务派遣的 IPO 审核关注要点

结合相关上市审核案例,实务中 IPO 审核机构对于存在劳务派遣用工形式的拟 IPO 企业,通常会关注以下要点:(1)采用劳务派遣的原因和合理性,是否与同行业可比公司一致;(2)劳务派遣的具体情况,劳务派遣人员比例是否符合 10% 的要求,劳务派遣岗位是否符合“三性”的要求,劳务派遣公司是否具备相应资质;(3)劳务派遣协议的内容是否合规,社保缴纳是否合规,劳务派遣人员是否同工同酬,劳务派遣员工与正式员工工资相比是否存在较大差异;(4)劳务派遣人员是否具备从事劳务作业所需的资质;(5)劳务派遣的定价是否公允,是否有成本费用转移问题;(6)劳务派遣公司是否与发行人存在关联关系,选取劳务派遣公司的标准是什么,是否存在劳务派遣公司仅为发行人提供劳务派遣服务的情形;(7)劳务派遣用工是否对发行人生产经营的稳定性、持续性存在不利影响,是否影响公司产品的质量。

3. 劳务外包的概念辨析

劳务外包并非规范的法律概念,劳务外包通常是指用人单位(发包单位)将业务发包给承包单位,由承包单位自行安排人员按照用人单位(发包单位)要求完成相应的业务或工作内容的用工形式。由于劳务派遣存在诸多严格限制,为了控制用工成本,劳务外包成为很多企业的替代选择,因此 IPO 审核机构对劳务外包也持高度关注的态度。

结合相关法律规定、司法案例和实务案例,劳务派遣与劳务外包存在诸多区别,具体见表 5-9。

表5-9 劳务派遣与劳务外包对比分析情况

事项	劳务派遣	劳务外包
法律关系	涉及用工单位、劳务派遣单位及劳动者三方法律关系,主要适用《劳动法》《劳动合同法》	发包方只与劳务外包单位之间存在合同关系,主要适用《民法典》合同编
合同形式	用工单位与劳务派遣单位签署劳务派遣合同,约定派遣岗位和人员数量、派遣期限、劳动报酬和社会保险费的数额与支付方式等	发包方与劳务外包单位签署劳务外包或者承揽合同,约定服务内容、服务方式与验收等内容
资质要求	劳务派遣单位需取得劳务派遣经营许可证	通常情况下没有特别的资质要求,劳务外包工作涉及国家规定的特许内容的,需具备相应业务资质
人员管理	用工单位直接对劳务派遣人员进行管理,劳务派遣人员受用工单位的规章制度管理	由发包方委托的劳务外包单位对劳动者进行管理,发包方不参与管理,发包方可依据合同对劳务外包单位提出要求和指令
用工风险	用工单位承担实际用工风险,用工单位给被派遣劳动者造成损害的,劳务派遣公司与用工单位承担连带赔偿责任	劳务外包单位招用劳动者的用工风险与发包方无关,发包方与劳务外包单位自行承担各自的用工风险
报酬支付	用工单位委托劳务派遣单位代收代付;用工单位向劳务派遣单位按照劳务派遣协议的约定支付相应的劳务报酬	发包方向劳务外包单位支付劳务费(服务费),劳动者的薪酬由劳务外包单位向其支付和发放
费用结算	一般按照所派遣人员的人数、工资标准来结算相应的费用,遵守同工同酬要求	一般按照合同约定的具体工作量确定结算费用

4. 关于劳务外包的IPO审核关注要点

目前,相关IPO审核规则中对于劳务外包的核查和关注要点已作了明确规定,具体见表5-10。

表 5－10　劳务外包的 IPO 审核要点情况

审核规则	具体要求
《上海证券交易所发行上市审核业务指南第4号——常见问题的信息披露和核查要求自查表》之附件第1号《首次公开发行》	如发行人存在将较多劳务活动交由专门劳务外包公司实施的情况，中介机构应当就以下事项进行核查、充分论证并发表明确意见： (1)保荐人和发行人律师应当核查主要劳务公司的经营合法合规性等情况。比如，是否为独立经营的实体，是否具备必要的专业资质，业务实施及人员管理是否符合相关法律法规规定，发行人与其发生业务交易的背景及是否存在重大风险等。 (2)保荐人应当核查主要劳务公司是否专门或主要为发行人服务，如存在主要为发行人服务的情形，应关注其合理性及必要性、关联关系的认定及披露是否真实、准确、完整，并从实质重于形式角度按关联方的相关要求进行核查，特别考虑其按规范运行的经营成果对发行人财务数据的影响，以及对发行人是否符合发行条件的影响。 (3)保荐人和申报会计师应当核查主要劳务公司的构成及变动情况，劳务外包合同的主要内容，劳务数量及费用变动是否与发行人经营业绩相匹配，劳务费用定价是否公允，是否存在跨期核算情形
《深圳证券交易所股票发行上市审核业务指南第3号——首次公开发行审核关注要点》(2023修订)	问题27－2：是否存在最近一个会计年度及最近一期劳务外包占比较高的情形，如超过10%(该指标为常见情形，仅作为参考，不可代替专业判断。发行人与中介机构应根据行业特征、业务模式等实际情况进行专业判断) 核查要求：保荐人应当核查以下事项并发表明确意见： (1)劳务外包金额较大的原因、是否符合行业经营特点； (2)获取报告期各期劳务外包金额及占当期营业成本比例、劳务外包人数及占当期发行人员工人数比例； (3)劳务公司的经营是否合法合规，是否专门或主要为发行人服务，与发行人是否存在关联关系； (4)劳务公司是否存在较大变动，劳务费用定价是否公允，是否存在跨期核算情形，劳务数量及费用变动是否与发行人经营业绩相匹配

结合上述审核规则和实务案例，对劳务外包的审核关注要点可归纳如下：

(1)关于劳务外包的原因及合理性。劳务外包是否符合行业惯例，是否符合国家法律法规或相关合同要求，是否对发行人的核心竞争力产生不利影响。

(2)关于劳务外包业务的真实性。是否存在劳务派遣转为劳务外包，是否通过劳务外包的形式规避劳务派遣的相关法律和监管规定。

(3)关于劳务外包的成本费用情况。报告期各期劳务外包金额及占当期营业成本比例、劳务外包人数及占当期发行人员工人数比例，劳务外包员工工资水平是否明显低于正式员工，模拟测算与相关人员改为签订劳动合同的情况下对公司经营业绩的影响；劳务外包的数量及费用变动与发行人经营情况匹配情况，相关成本是否真实、准确、完整，是否存在利用外包方式降低成本的情形。

(4)关于劳务外包的工作内容及合同约定。劳务外包涉及的主要岗位、工序,与劳务外包单位签署合同的主要内容、双方权利义务等。

(5)关于劳务外包单位的经营合规性。劳务外包单位是否具备必要的专业资质,劳务外包单位为发行人提供服务过程中是否发生安全生产、环保、人身伤亡等事故,是否因此受到行政处罚,如出现上述情形,发行人是否需要承担法律责任或赔偿责任。

(6)关于劳务外包行为的合规性。将部分工序进行劳务外包是否需经发行人客户同意,是否涉嫌违反与发行人客户商务合同的约定,是否符合关于禁止违法分包、转包等法律法规的要求。

(7)关于劳务外包单位的管理。发行人对劳务外包单位的选择方法、管理模式,项目管理的内部控制措施,包括但不限于合同签署、劳务作业质量、项目验收等内容;劳务外包是否涉及关键生产工序及核心技术,是否存在泄密风险。

(8)关于劳务外包单位设立后短期内成为发行人供应商。劳务外包单位设立后短期内即成为发行人主要劳务供应商的合理性,劳务外包单位曾经或现在是否为发行人实际控制人及其近亲属控制,是否与发行人及其实际控制人、董监高存在关联关系、亲属关系,是否与发行人相互独立。

(9)关于前员工设立的劳务外包单位。劳务供应商中是否存在前员工设立的劳务外包单位,若存在,该等公司是否实际由发行人及其关联方控制;发行人选择与前员工控制的公司合作的原因和必要性,定价依据和价格公允性,是否存在关联关系、委托持股、其他资金业务往来、代垫成本费用等利益安排。

(二)典型案例

1. 劳务外包的通常审核重点

案例

金鹰重型工程机械股份有限公司

(股票代码:301048,2021 年 6 月 16 日过会)[1]

问询问题:

报告期内,发行人(金鹰重型工程机械股份有限公司,以下简称金鹰重工)存在使用劳务派遣用工数量超过其用工总量 10% 的情况。2020 年 8 月 31 日,发行

[1] 摘自《关于金鹰重型工程机械股份有限公司首次公开发行股票并在创业板上市的补充法律意见书(三)》(2021 年 3 月 16 日出具)。

人与湖北省兴鸿翔人力资源开发有限公司(以下简称兴鸿翔)签订了《岗位外包合同》,发行人与兴鸿翔之间的合作方式由劳务派遣方式变更为岗位外包方式。

请发行人补充披露:

(1)劳务外包涉及的具体业务内容、金额及占当期人工成本比重、外包原因、是否涉及关键工序或关键技术、会计核算方法,劳务外包成本与发行人人工成本的差异,是否存在人为压低人工成本的情形;

(2)劳务外包公司的基本情况,其是否具备相关业务资质,开展业务的合法合规性,劳务外包公司是否存在安全事故或质量问题,如何区分责任和处理,发行人是否建立与劳务外包相关的内部控制制度并有效执行,劳务外包公司及其控股股东、实际控制人等关联方与发行人及其关联方之间是否存在关联关系或其他利益安排;

(3)劳务派遣和劳务外包两种模式在主要合同条款、结算方式、采购价格等方面的对比分析;

(4)发行人劳务外包是否符合相关法律法规等的规定,是否存在利用劳务外包规避劳务派遣的相关法律和监管规定的情形,发行人劳务外包岗位的薪酬支付、"五险一金"缴纳等情况,进一步分析并披露发行人劳务外包业务的真实性及合法合规性,报告期内发行人劳务派遣违规是否已得到真实、彻底整改。

问询回复主要内容:

1.劳务外包涉及的具体业务内容、金额及占当期人工成本比重、外包原因、是否涉及关键工序或关键技术、会计核算方法,劳务外包成本与发行人人工成本的差异,是否存在人为压低人工成本的情形。

(1)劳务外包涉及的具体业务内容。

发行人将部分岗位外包给兴鸿翔,由兴鸿翔自行安排提供劳动并对劳动者的劳动过程进行管理。其中,《岗位外包合同》附件一明确了外包的具体岗位以及相应的岗位职责,外包岗位包括部分生产岗位、生产辅助性岗位和行政与后勤岗位等。

(2)劳务外包的金额及占当期人工成本的比重。

略。

(3)发行人岗位外包原因,岗位外包不涉及关键工序与关键技术。

①岗位外包原因。

原因系在满足《劳务派遣暂行规定》相关规定的基础上,根据公司业务开展实际情况,优化原有的用工结构与方式,并同时规范解决公司原来使用劳务派遣员工人数超过用工总人数10%的问题。

②岗位外包不涉及关键工序与关键技术。

公司外包至兴鸿翔的岗位非发行人生产经营过程中的核心岗位,不涉及公司的关键工序与关键技术。

随着我国高速铁路的快速发展,发行人业务不断拓展,保持着较大的用工需求。兴鸿翔作为专业的劳动服务机构,有通畅的劳动力供应渠道和充足的劳动力供应能力,且具有丰富的生产岗位管理经验,可持续、有效保障发行人的用工需求。发行人将非关键性岗位外包至兴鸿翔,有助于从招工、用工管理等大量繁杂的事务性工作中解放出来,可以更好地组织、优化生产,提高生产效率,集中精力专注于核心技术、业务拓展以及关键岗位的质量管控。

(4)发行人岗位外包与原劳务派遣会计核算方法的差异。

略。

(5)发行人岗位外包成本与发行人人工成本的差异情况,不存在人为压低人工成本的情形。

①原劳务派遣员工与正式员工人工成本差异情况。

发行人在使用劳务派遣员工期间,正式员工与劳务派遣员工的工资差异主要系不同类型员工的学历背景、录用方式、工龄、技能水平、岗位设置、星级等多种因素造成,不存在发行人通过劳务派遣用工形式人为压低人工成本的情形,且主管政府机关已确认金鹰重工未违反同工同酬的相关规定,发行人亦不存在因使用劳务派遣员工期间的同工同酬事项受到行政处罚的情况。

②改为岗位外包后对发行人用工成本的影响。

根据统计数据,兴鸿翔在发行人处工作的员工每月税前工资未出现明显变化。

此外,劳务派遣转为岗位外包前后,发行人的营业成本未出现明显变化,因此,发行人亦不存在通过将部分岗位外包给兴鸿翔而降低其员工薪酬,从而调减发行人人工成本的情形。

2.劳务外包公司的基本情况,其是否具备相关业务资质,开展业务的合法合规性,劳务外包公司是否存在安全事故或质量问题,如何区分责任和处理,发行人是否建立与劳务外包相关的内部控制制度并有效执行,劳务外包公司及其控股股东、实际控制人等关联方与发行人及其关联方之间是否存在关联关系或其他利益安排。

(1)劳务外包公司的基本情况。

略。

(2)兴鸿翔的相关业务资质及其开展业务的合法合规性。

兴鸿翔在其工商核准的经营范围内从事岗位外包服务,其与发行人之间的岗位外包合作不涉及需要取得特殊业务资质的情形,兴鸿翔向发行人提供岗位外包服务具有合法合规性。

(3)兴鸿翔的安全生产情况及质量情况。

兴鸿翔在与发行人合作过程中,不存在发生安全事故的情况,亦不存在兴鸿翔的员工完成的工作存在质量问题导致发行人被质量技术监督主管部门处罚的情况。

针对发行人的安全生产情况,米庄镇政府安全生产办公室出具证明,载明:自2017年1月1日至该证明出具日,金鹰重工的生产经营能够遵守国家有关安全生产的法律法规和其他规范性文件,未发生安全事故,无因违反国家有关安全生产的法律法规而受到行政处罚的过往记录。

此外,针对发行人的产品质量情况,襄阳市市场监督管理局出具说明,载明:自2017年1月1日至2020年8月14日,金鹰重工未有被列入经营异常名录等不良信息记录。

(4)兴鸿翔与发行人的责任区分机制。

根据兴鸿翔与发行人签署的《岗位外包合同》的约定,兴鸿翔应按照发行人的工艺标准及技术要求开展工作,应符合发行人的质量安全标准,应按照合同约定的质量交付服务成果并需通过发行人验收。

(5)发行人建立的与劳务外包相关的内部控制制度及其执行情况。

经岗位外包单位兴鸿翔确认,在岗位外包合作过程中,双方合作情况良好,未发生产品质量问题,亦未发生争议及纠纷。因此,发行人建立了与劳务外包相关的内部控制制度且有效执行。

(6)劳务外包公司及其控股股东、实际控制人等关联方与发行人及其关联方之间的关联关系情况或其他利益安排情况。

兴鸿翔的控股股东及实际控制人等关联方与金鹰重工及其关联方不存在关联关系,亦不存在其他利益安排。

3. 劳务派遣和劳务外包两种模式在主要合同条款、结算方式、采购价格等方面的对比分析。

略。

4. 发行人劳务外包是否符合相关法律法规等的规定，是否存在利用劳务外包规避劳务派遣的相关法律和监管规定的情形，发行人劳务外包岗位的薪酬支付、"五险一金"缴纳等情况，进一步分析并披露发行人劳务外包业务的真实性及合法合规性，报告期内发行人劳务派遣违规是否已得到真实、彻底整改。

（1）岗位外包的合法合规性，不存在利用劳务外包规避劳务派遣的相关法律和监管规定的情形。

发行人与兴鸿翔于2020年8月31日签订《岗位外包合同》后，已通过变更与发行人的结算方式、设置现场管理办公室并派驻现场管理人员、对岗位外包人员进行人事管理、与发行人相关生产负责人员对接并巡查发行人生产场所、直接支付岗位外包人员的劳动保护用品费用及福利费用等方式开展对相应外包岗位和岗位工作人员的管理工作。

（2）发行人劳务外包岗位的薪酬支付、"五险一金"缴纳等情况。

发行人向兴鸿翔支付岗位外包费用，由兴鸿翔负责劳务人员工资发放及社保、住房公积金缴纳，发行人不向劳务人员发放工资和缴纳社保与住房公积金。

①社会保险。

A. 使用劳务派遣员工期间社会保险缴纳基数的基本情况。

报告期内，兴鸿翔向发行人派遣的劳务人员集中在襄阳地区，对于该等劳务派遣员工，兴鸿翔系以各劳务派遣员工上一年度月平均工资的70%为基数（低于人力资源和社会保障部门公布的最低缴费基数标准的，则以人力资源和社会保障部门公布的最低缴纳标准为基数）为各劳务派遣员工缴纳社会保险。

如以各劳务派遣员工上一年度月平均工资总额为基数测算，兴鸿翔应缴纳社保费用与已经实际缴纳的劳务派遣员工社保费用存在差额，但差额部分的社保费用金额占发行人利润总额的比例较小。

B. 兴鸿翔未足额为其员工缴纳社会保险的原因。

兴鸿翔向发行人派遣的劳务人员集中在襄阳地区，其系考虑所在地区经济发展水平及大部分企业的实际情况而确定的社会保险的缴纳基数。

尽管前述社保缴纳基数标准低于相应劳务派遣员工月平均工资金额，但该项缴纳基数仍高于襄阳市规定的社会保险缴纳基数下限。

C.社保缴纳基数事项的改进措施。

为进一步保护原劳务派遣员工的利益,经发行人与兴鸿翔协调,兴鸿翔拟提高社保缴纳基数,将其安排至发行人处工作的职工的社保缴纳基数统一上调为相应员工上一年度月平均工资的金额。

根据襄阳市襄城社会保障办事处出具的证明,兴鸿翔已将其安排至发行人处工作的职工的社保缴纳基数统一上调至相应员工上一年度月平均工资的金额,并进行了申报,待后续完成社会保险款项的支付。针对安排至发行人位于武汉地区机构工作的职工,兴鸿翔亦根据前述情况完成了社保缴纳基数的调整,待后续完成社会保险款项的支付。

针对兴鸿翔在发行人相应外包岗位上工作的员工社保缴纳基数事项,兴鸿翔已经出具承诺,载明:"本公司拟于2021年2月申报后续月份社保缴纳基数时,向社会保险征缴部门申请按照相应员工上一年度月平均工资的金额作为缴纳基数。"

因此,发行人已经协调兴鸿翔就社保缴纳基数事项提出了具体的改进措施,有利于进一步保护相关职工的权益。

D.主管政府部门出具的认定意见。

就上述社会保险缴纳基数问题,襄阳市人民政府出具了证明,确认:"兴鸿翔派遣至金鹰重工的劳务派遣用工的社会保险缴纳基数虽与相应劳务派遣工本人上一年度月平均工资金额存在差异,但社会保险的缴纳基数仍高于我市规定的社会保险缴纳基数下限,且整体处于全市较高水平,未造成重大不良社会影响。同时,金鹰重工已承诺后续将协调外包单位按照相应岗位外包员工月平均工资金额为基数足额缴纳社会保险,故该情况不属于重大违法违规行为,我市及相关部门不会对上述差异对应的社保费用进行追缴,不会因此对金鹰重工进行处罚。"

根据襄阳市人民政府出具的前述确认文件,报告期内,兴鸿翔未为派遣至金鹰重工的劳务派遣用工足额缴纳社会保险的情况不构成发行人的重大违法违规行为。

E.控股股东承诺。

针对发行人曾使用劳务派遣员工的事项,包括劳务派遣员工的社保缴纳事宜,发行人控股股东武汉局集团已出具承诺,承诺内容包括:"如因劳务派遣单位未为发行人劳务派遣员工缴纳、未足额缴纳或未及时缴纳养老保险、医疗保险、工伤保险、失业保险、生育保险及其他根据法律法规应缴纳的待遇或费用而导致发行人承担连带责任或被追索相关费用的,本公司将足额、及时补偿发行人的全部损失及其因此所产生的全部费用,保证该等事项不会给发行人带来任何损失或不利影响。”

武汉局集团出具的前述承诺有利于保护发行人及发行人上市后中小股东的权益。

②住房公积金。

A. 住房公积金缴纳的基本情况。

考虑地区经济发展水平及辖区内大部分企业的实际情况,兴鸿翔未为其在发行人相应岗位工作的员工缴纳住房公积金。

B. 补缴住房公积金对发行人的影响。

经测算,未缴纳的住房公积金金额占发行人利润总额的比例较低。

C. 住房公积金缴纳事项的整改及规范措施。

为进一步保护职工的利益,兴鸿翔已出具承诺文件,承诺:“本公司将为相应员工缴纳住房公积金,依法保障相应员工的利益。本公司将积极与住房公积金管理部门沟通,并拟于2021年3月起为本公司在金鹰重工相应外包岗位上工作的员工缴纳住房公积金。”

针对安排至发行人位于襄阳、武汉地区机构工作的职工,截至本补充法律意见书出具之日,兴鸿翔已完成了公积金账户的开立,待后续完成住房公积金款项的支付。

D. 主管政府部门出具的认定意见。

襄阳市人民政府出具了确认函,确认金鹰重工已经通过岗位外包方式进行了整改,在使用劳务派遣员工期间相关事项不属于重大违法违规行为。

综上,律师认为,发行人岗位外包符合相关法律法规等规定,不存在利用劳务外包规避劳务派遣的相关法律和监管规定的情形,具有真实性及合法合规性;报告期内发行人劳务派遣违规已通过岗位外包方式得到真实、彻底整改。

案例小结:

在IPO审核过程中,若企业涉及劳务外包的情况,审核机构通常会对该问题较为关注,问询中涉及的重点问题通常包括:(1)劳务外包合同的主要内容、定价公允性;(2)劳务外包涉及的劳务人员数量、费用、占比;(3)相关劳务公司的经营合法合规性情况;(4)劳务外包的原因是否涉及关键工序或技术;(5)劳务外包是否合法合规;(6)劳务外包公司及其关联方与发行人及其关联方是否存在关联关系;(7)是否存在利用劳务外包规避劳务派遣的相关法律和监管规定的情形;

(8)劳务外包岗位的薪酬支付及五险一金缴纳情况等。

对于这些相关问题,中介机构应审慎核查并全面披露,重点从劳务外包的必要性、合理性、合规性、独立性和内控制度等角度进行论证,若存在不规范情况,可参考本案例中的情况建议发行人及时整改,避免这些问题成为公司申报上市的阻碍。

2. “劳务外包”实质上属于“劳务派遣”

案例

苏州朗威电子机械股份有限公司

(股票代码:301202,2023 年 5 月 10 日过会)[1]

问询问题:

申请文件及问询回复显示:发行人使用的“劳务外包用工”实质上属于“劳务派遣用工”。报告期内,发行人聘请了 4 家劳务派遣公司和劳务外包公司,但仅部分主体具备劳务派遣用工经营资质;上述主体并非主要或专门为发行人设立,但缺少分析论证。

请发行人:结合“劳务外包用工”实质上属于“劳务派遣用工”情况,说明发行人劳动用工相关信息披露是否准确、完整,部分劳务供应商未取得资质即实质开展劳务派遣业务是否合法合规,上述主体是否存在被处罚风险。

问询回复主要内容:

1.“劳务外包用工”实质上属于“劳务派遣用工”情况。

报告期内,为保障生产稳定持续进行,针对用工季节性缺工、人员流动性大的问题,发行人与春申人力合作,由春申人力为发行人提供劳务中介服务。其中 2019 年,发行人与春申人力签订了《外包服务合同》,但实际合作过程中,由春申人力为发行人招聘员工,相关员工由发行人在经营场所统一进行管理。发行人与春申人力之间的结算,也并非按照外包的工作成果计算,而是将春申人力代为招聘的员工工资(按照发行人统一的工资制度进行工资核算)、相应员工的保险费和招聘管理费用统一支付给春申人力,其中员工工资部分再由春申人力支付给相应员工。

鉴于上述情况,需要对春申人力向发行人提供的服务是属于劳务外包还是

---

〔1〕 摘自《关于苏州朗威电子机械股份有限公司首次公开发行股票并在创业板上市之补充法律意见书(三)》(2022 年 6 月 24 日出具)。

劳务派遣进行认定。劳务外包是一种业务经营模式,发包单位与承包单位之间是民事关系,主要受民事法律调整,承包方与劳动者之间是民事关系,而劳动者虽然有可能直接与发包单位在工作中发生实际的接触,但法律上并不存在直接关系。劳务派遣是一种非标准劳动关系的用工形式,属于劳动法意义上的概念,其对应的概念是直接用工。劳务外包和劳务派遣的本质区别在于劳动过程中对劳动者的指挥管理权的归属以及劳动风险的承担不同。具体情况如下表。

劳务派遣与劳务外包的区别

序号	区别	劳务派遣	劳务外包
1	法律适用不同	劳务派遣属于劳动法意义上的概念,对应概念是直接用工,适用《劳动合同法》	劳务外包是一种业务经营模式,以意思自治为核心,对应概念是直接经营,属于民事关系,受民事法律调整
2	对劳动者的指挥管理权限不同	劳务派遣情况下,用工单位对劳动者的劳动过程享有完整的指挥管理权,用工单位的各种规章制度适用于被派遣劳动者	劳务外包中,指挥管理权由承包单位行使;发包人不直接对其进行管理,发包人的各种规章制度也并不适用于从事外包劳务的劳动者。但发包单位基于安全、消防、质量等因素,可对劳动者行使一定间接管理权
3	劳动风险的承担不同	劳务派遣中的核心要素是劳动过程,劳务派遣单位对被派遣劳动者的工作结果不负责任,劳动结果风险由用工单位承担	业务外包中的核心要素是工作成果,发包人关注的是承包人交付的工作成果,承包人只有在工作成果符合约定时才能获得相应的外包费用,从事外包业务劳动者的劳动风险与发包人无关

续表

序号	区别	劳务派遣	劳务外包
4	用工风险的承担不同	劳务派遣是一种劳动用工方式，用工单位系劳务派遣三方法律关系中的一方主体，需承担一定的用工风险	业务外包中，承包人招用劳动者的用工风险与发包人无关，发包人与承包人自行承担各自的用工风险，各自的用工风险完全隔离
5	经营资质要求不同	劳务派遣单位必须是严格按照劳动合同法规定设立的、获得劳务派遣行政许可的法人实体	业务外包中的承包人一般都没有特别的经营资质要求
6	会计处理不同	在劳务派遣中，劳务派遣人员工资总额纳入用工单位工资总额的统计范围	在业务外包活动中，承包人从发包人支付的外包费用中向从事业务外包工作的劳动者支付劳动报酬，业务外包费用不纳入发包人的工资总额

2019年，发行人与春申人力虽然签订的是《外包服务合同》，但是由春申人力代为招聘的员工在发行人的经营场所开展工作，由发行人直接进行管理，且春申人力并不向发行人交付劳动成果。因此，发行人在2019年使用的由春申人力提供的“劳务外包用工”实质上属于“劳务派遣用工”，相应的劳务外包用工人数需按其实质作为劳务派遣用工计入用工总量。

发行人在2019年年末名义上为劳务外包用工但实质上为劳务派遣用工的人数为606，其余劳务派遣人员34名，两者合计占用工总量的比例为43.99%，不符合《劳务派遣暂行规定》的规定。因此，发行人自2020年10月开始通过加大对正式员工的招聘，将劳务派遣用工转为正式用工的方式对用工不合规的情况进行整改，2020年年末劳务派遣员工人数占用工总量比例降至5.81%，并持续控制劳务派遣用工人数，满足不得超过10%的要求。

2. 说明发行人劳动用工相关信息披露是否准确、完整。

发行人将其名义上为“劳务外包用工”但实质上属于“劳务派遣用工”的情况，以及对于其用工不规范的整改情况，在《招股说明书》第五节“发行人基本情况”第十部分“发行人员工情况”第4项“发行人劳务外包和劳务派遣情况”中按照其业务实质进行了准确、完整的披露。

3. 部分劳务供应商未取得资质即实质开展劳务派遣业务是否合法合规，上述主体是否存在被处罚风险。

报告期内，2019 年春申人力与发行人签订了《外包服务合同》，但实质为发行人提供劳务派遣服务。自 2020 年 10 月开始，发行人对用工性质进行整改，并与春申人力按照业务实质签订了《劳务派遣合作协议》，在 2020 年 11 ~ 12 月、2021 年以及 2022 年 1 ~ 6 月春申人力继续为发行人提供少量劳务派遣服务，其经营范围包含“劳务派遣经营；以承接服务外包方式从事企业生产线工段的外包服务”等内容，其报告期内具有劳务派遣资质和人力资源服务许可证。

苏州国静畅企业管理有限公司于 2021 年 7 月开始为发行人提供劳务派遣服务，其经营范围包含“人力资源服务”等内容，于 2020 年 5 月即取得劳务派遣资质。

慈溪苏甬企业管理服务有限公司和苏州巧之连餐饮管理有限公司为发行人提供员工食堂、保洁外包服务，根据现行法律法规规定承接上述业务的外包不需要取得特殊资质。慈溪苏甬企业管理服务有限公司为发行人提供员工食堂、保洁外包服务，其经营范围包含“保洁服务；为企事业单位内部食堂提供餐饮管理服务”等内容。苏州巧之连餐饮管理有限公司为发行人提供员工食堂外包服务，其经营范围包含“餐饮管理”等内容。

经查询劳务派遣和劳务外包公司所在地的工商、环保、税务、劳动保障等主管部门官方网站、国家企业信用信息公示系统、企查查等网站以及根据劳务派遣和劳务外包公司出具的书面说明，报告期内，发行人合作的劳务派遣和劳务外包公司向发行人及其子公司提供劳务派遣和外包服务相关经营不存在因违反法律法规而受到工商、环保、税务、劳动保障等主管部门行政处罚的情形。

4. 量化分析劳务派遣用工数量和劳务费用与发行人业绩变动是否匹配及具体原因。

报告期内，发行人生产环节劳务派遣用工人数和劳务费用与发行人业绩变动不匹配，其中劳务派遣费用占主营业务成本的比例呈明显下降趋势。出现上述情况主要是由于发行人于 2020 年 10 月开始通过增加正式员工招聘、大幅减少劳务派遣用工人数的方式对用工情况进行规范，因此发行人 2020 年、2021 年用工数量和劳务费用大幅下降。

但是，报告期内发行人直接人工成本占主营业务成本的比例分别为 18.46%、15.61%、11.79% 和 12.46%，与发行人业绩变动匹配。发行人直接人工成本占主营业务成本的比例也呈小幅下降趋势,主要是由于报告期内发行人主要产品产销量出现快速增长,且发行人提升了生产的自动化程度,单位产品平均人工成本下降。

案例小结:

《劳动合同法》《劳动合同法实施条例》《劳务派遣暂行规定》等相关法律法规对企业的劳务派遣问题设置了一些监管要求,如用工单位使用的被派遣劳动者人数不得超过其用工总量的10%;劳务派遣员工需与用工单位员工同工同酬,用工单位需支付加班费、绩效奖金等福利待遇;劳务派遣单位须取得劳务派遣经营许可证等。相较而言,劳务外包在这些方面的要求可能会宽松一些。因此,实践中可能存在一些企业试图通过劳务外包的形式规避关于劳务派遣的监管规定的情形。

当拟上市企业存在劳务外包的情况时,审核机构也可能对是否涉及规避劳务派遣监管规定的情况进行问询。相关中介机构可以参考本案例,审慎核查发行人的劳务供应商是否具备相关资质,明确区分劳务外包与劳务派遣的区别,确认是否存在"劳务外包用工"实质上属于"劳务派遣用工"或其他不合规的情况,不合规情况是否已进行及时整改,判断劳务外包是否具有必要性和合理性,发行人及相关劳务派遣、劳务外包公司是否会受到行政处罚等。

3. 建筑劳务外包

案例

元道通信股份有限公司

(股票代码:301139,2022 年 6 月 7 日过会)[1]

问询问题:

重大销售合同显示,其大多有不得分包或转包的禁止性条款,结合劳务采购的具体内容等相关约定及实际执行情况,说明是否构成实质上的分包或转包,是否导致发行人采用劳务外包方式提供服务从而构成合同违约。

问询回复主要内容:

发行人劳务外包不属于实质上的分包或转包,并未构成合同违约。

1. 通常而言,转包是指承包商承接项目后,不履行合同约定的责任和义务,将

[1] 摘自《关于元道通信股份有限公司申请首次公开发行股票并在创业板上市的补充法律意见书之一》(2020 年 12 月 25 日出具)。

承包的全部工作或者将全部工作肢解后以分包名义分别转给其他单位实施的行为;分包是指承包商承接项目后,违反法律法规规定或者合同约定,将应当承担的全部工作或部分工作分包给其他单位实施的行为。前述所说的转包与分包均不包括劳务外包的情况。

根据新疆维吾尔自治区通信管理局出具的确认函,"发行人所从事的通信工程相关的室内分部、综合接入、基站安装、通信线路工程、通信网络维护与优化等业务属于信息通信工程项目,不属于房屋建筑、市政基础设施工程项目,不适用《房屋建筑和市政基础设施工程施工分包管理办法》及建筑业相关规定;该局对发行人从事上述业务部分工序时的劳务外包企业不强制要求取得建筑业相关资质证书,亦没有禁止劳务外包的强制性规定"。

另经查询与发行人从事相同业务的上市公司公开披露的信息,其从事的通信技术服务业务中均存在劳务外包的方式。

报告期内,发行人相关重大销售合同中有关不得分包或转包的禁止性条款是指发行人不得将其承接的业务在自身不参与实施的情况下整体或分解成若干部分再分包。发行人劳务外包系基于产业链专业分工、灵活调配用工人数、项目执行效率以及管控成本等目的,结合通信技术服务行业特点,将部分非核心、辅助性工作交由劳务外协人员实施。在发行人项目实施过程中其自有员工均会负责团队管理、现场管理、人员调度、客户沟通、实施抢修、应急通信保障(铁塔发电)、设备调试、开通验收等技术含量高的核心业务环节,劳务外协人员则在发行人员工指导下从事非核心、辅助性工作。对于每个项目,发行人不存在自身不参与项目实施及管理或不承担法律责任的情况,其在主营业务活动中存在劳务外包情况,但不属于合同条款禁止的实质上的转包与分包。

2. 经查验,发行人披露的报告期内重大销售合同中,有43项合同中存在不得分包或者转包的约定。对此,发行人已取得其中大部分对应客户出具的说明函,确认发行人通过招投标等方式为客户提供的通信网络维护、通信网络优化、通信网络建设服务中通过劳务外包方式实施系行业惯例,不属于相关协议中禁止的分包、转包情形,未违反相关协议约定,相关合同均合法有效。

另经律师访谈及网络核查,发行人在执行上述重大销售合同过程中,不存在客户以发行人使用劳务外协单位为由主张发行人构成违约或追究违约责任的情况,涉及各方不存在与此有关的争议或纠纷。

综上所述,律师认为,尽管发行人与通信运营商的重大销售合同中有不得分包或转包的禁止性条款,但发行人开展劳务外包不构成实质上的分包或转包,且已经大部分客户确认,发行人采用劳务外包方式提供服务不构成合同违约。

案例小结:

劳务分包是指建筑工程领域的劳务外包。具体而言,根据《房屋建筑和市政基础设施工程施工分包管理办法》的规定,劳务作业分包是指施工总承包企业或者专业承包企业将其承包工程中的劳务作业发包给劳务分包企业完成的活动。

若拟上市企业涉及劳务分包情形,审核机构通常会对企业采取该经营模式的合法性、合理性,劳务分包公司的资质,劳务外包合同的具体情况,是否存在挂靠或违法分包行为等问题较为关注。

本案例中,发行人存在劳务外包的情况,审核机构对于该业务模式是否构成实质上的劳务分包进行了问询,发行人论证了其所从事的劳务外包不属于分包或转包的情况,且取得了新疆维吾尔自治区通信管理局出具的确认函,证明了发行人所从事的业务不需取得建筑业相关资质证书,取得了部分客户出具的说明函,确认发行人的劳务外包形式符合行业惯例,不属于违反合同的情况。该种论证路径获得了审核机构的认可。

(三)小结与建议

拟IPO企业在采用劳务派遣、劳务外包等用工形式时,存在各种用工瑕疵属于相对常见的现象,通常也是审核机构关注的重点。结合前述IPO审核关注要点及实操经验,拟IPO企业对于劳务派遣、劳务外包方面的规范性问题,可从以下几个方面进行应对:

1. 排查企业在用工上的瑕疵问题,积极采取整改措施消除瑕疵。具体而言:(1)如派遣岗位违反“三性”要求,可考虑通过将劳务派遣员工转为正式员工的形式进行整改;(2)如劳务派遣用工比例超过法定要求,可考虑通过将劳务派遣员工转为正式员工或劳务外包的形式进行整改,如考虑转为劳务外包形式,同时需要注意满足劳务外包相关审核要求;(3)如劳务派遣单位或劳务外包单位不具备资质,可考虑及时更换为具备相关资质的单位;(4)劳务外包要具有必要性及合理性,不得利用劳务外包规避劳务派遣相关监管规定。

2. 建立完善的劳务外包内部控制管理制度并有效执行。为确保企业在劳务派遣和劳务外包等方面用工的规范性,企业应建立健全相应的内部控制制度,包括劳务派遣单位和劳务外包供应商的遴选机制、相关合同的内部审批和履行监督、内部考核及责任追究等方面,并采取措施切实有效地执行。

3. 如企业确实存在相关用工瑕疵问题,建议取得主管部门出具的相关用工瑕疵不属于违法行为,或不属于重大违法行为的证明。

4. 针对企业的相关用工瑕疵,由控股股东或实际控制人出具相应的兜底承诺。

第四节 税收优惠和政府补助

(一)理论基础

1. 税收优惠政策的制定权限

《税收征收管理法》第 3 条规定:"税收的开征、停征以及减税、免税、退税、补税,依照法律的规定执行;法律授权国务院规定的,依照国务院制定的行政法规的规定执行。任何机关、单位和个人不得违反法律、行政法规的规定,擅自作出税收开征、停征以及减税、免税、退税、补税和其他同税收法律、行政法规相抵触的决定。"

从上述规定可见,根据税收法定原则,相关税收优惠政策的制定权限主要在于国家,但实践中很多地方为了招商引资,会制定地方的特殊税收优惠政策。为了清理规范税收优惠政策,国务院先后出台了相应的规范性文件,包括《关于清理规范税收等优惠政策的通知》(国发〔2014〕62 号)、《关于税收等优惠政策相关事项的通知》(国发〔2015〕25 号)等,要求切实规范各类税收等优惠政策,除具有相应税政管理权限外,各地区一律不得自行制定税收优惠政策。

2. 税收优惠的 IPO 审核要求

基于上述监管背景,IPO 审核机构对于拟 IPO 企业取得的税收优惠,基本会关注其合法性和依赖性等问题。目前 IPO 审核机构对于发行人税收优惠问题的监管要求散见于不同监管规则中,具体见表 5 - 11。

表 5-11　IPO 审核机构对税收优惠的监管要求

发布单位	文件名称	生效时间	主要内容
中国证监会	《公开发行证券的公司信息披露内容与格式准则第 57 号——招股说明书》(中国证券监督管理委员会公告〔2023〕4 号)	2023 年 2 月 17 日	第五十五条　发行人应披露报告期母公司及重要子公司、各主要业务适用的主要税种、税率。存在税收优惠的,应按税种分项说明相关法律法规或政策依据、批准或备案情况、具体幅度及有效期限。 报告期发行人税收政策存在重大变化或税收优惠政策对发行人经营成果有重大影响的,发行人应披露税收政策变化对经营成果的影响及报告期各期税收优惠占税前利润的比例,并分析发行人是否对税收优惠存在严重依赖、未来税收优惠是否可持续
	《公开发行证券公司信息披露的编报规则第 12 号——公开发行证券的法律意见书和律师工作报告》(证监发〔2001〕37 号)	2001 年 3 月 1 日	第四十五条　发行人的税务 (一)发行人及其控股子公司执行的税种、税率是否符合现行法律、法规和规范性文件的要求。若发行人享受优惠政策、财政补贴等政策,该政策是否合法、合规、真实、有效; ……
	《监管规则适用指引——发行类第 5 号》	2023 年 2 月 17 日	5-6　有关涉税事项 二、中介机构应对照税收优惠的相关条件和履行程序的相关规定,对发行人税收优惠政策到期后是否能够继续享受优惠发表明确意见:(1)如果很可能获得相关税收优惠批复,按优惠税率预提预缴经税务部门同意,可暂按优惠税率预提,并说明如果未来被追缴税款,是否有大股东承诺补偿;同时,发行人应在招股说明书中披露税收优惠不确定性风险。(2)如果获得相关税收优惠批复的可能性较小,需按照谨慎性原则按正常税率预提,未来根据实际的税收优惠批复情况相应调整

3. 税收优惠的合规性

从上述监管规则中可见,税收优惠政策的合法合规性、真实有效性是 IPO 审核机构关注的要点,其主要是担心发行人因税收优惠的效力问题而被追缴税收,进而对公司的经营能力构成不利影响。实务中,对于税收优惠政策合法性的核查方式,除了具体核查分析相关政策的制定依据、取得常规的合规证明外,还可以结合税收优惠对发行人的业绩影响程度,进一步取得税务主管部门出具的专项证明。

4. 对税收优惠的依赖性

对税收优惠存在依赖性,常见于高新技术企业和软件企业,其中高新技术企业可享受15%的企业所得税优惠税率,软件企业则可享受软件销售增值税即征即退、企业所得税三免两减半、企业所得税叠加研发费用加计扣除等优惠政策。由于该等政策的税收优惠力度较大,企业的业绩可能因此较为亮眼,但若除去该等优惠政策,企业本身的业绩表现不佳,则其对税收优惠的过度依赖问题便会凸显出来。

IPO审核机构关注发行人对税收优惠的依赖性,本质上是关注企业的持续经营能力。若企业对税收优惠存在依赖性,可反映出企业本身的主营业务盈利能力不足,并引起对其能否持续维持现有的利润水平的质疑。

5. 政府补助的审核关注要点

根据《企业会计准则第16号——政府补助》的规定,政府补助是指企业从政府无偿取得货币性资产或非货币性资产。在法律方面,对于发行人享受的政府补助,审核机构的关注要点与税收优惠基本一致,均是关注相关政策的合法合规性、真实有效性以及重大依赖情况。在会计方面,则关注其会计处理方式的准确性,《监管规则适用指引——会计类第1号》和《会计监管风险提示第1号——政府补助》等规则均对相关核查要求作出规定。

(二)典型案例

1. 税收优惠的合规性存疑

案例

深圳市宇驰检测技术股份有限公司(IPO终止)[1]

发审委会议问题:

报告期内,发行人(深圳市宇驰检测技术股份有限公司,以下简称宇驰检测)享受软件企业税收优惠政策。请发行人代表说明:(1)将检测业务收入认定为软

[1] 摘自《中国证券监督管理委员会第十七届发行审核委员会2018年第145次发审委会议审核结果公告》(2018年9月11日出具)。

件产品开发销售收入是否合理、合规；(2)是否存在因不应享受软件企业所得税优惠政策而被税务部门追缴税款并予以处罚的风险，是否有应对措施。请保荐代表人说明核查依据、过程并发表明确核查意见。

案例小结：

在首发审核中，企业享受的税收优惠的合法合规性是审核机构较为常见的关注点，通常审核机构主要关注发行人享受的税收优惠是否合法合规，是否存在因享受的税收优惠政策不合规而被追缴或处罚的风险，等等。

实践中也存在一些因税收优惠不合规而被否决的案例，本案例中宇驰检测被否决就与此问题有关。2018年9月11日，中国证监会第十七届发审委2018年第145次发审委会议召开，会议上，发审委否决了宇驰检测的上会申请，发审委会议主要对该公司涉及的四个问题存在疑问，其中一个问题即涉及税收优惠政策的合规性。除此之外，爱威科技股份有限公司等也曾因该情况被否决上市，由此可见，企业在申报上市的过程中应对该问题加以重视，若情况较为严重，该问题也可能构成公司发行上市的障碍。

2. 对税收优惠的依赖性

案例

杭州申昊科技股份有限公司(IPO终止)〔1〕

发审委会议问题：

报告期内，发行人税收优惠和政府补助合计占当期利润总额的比例较高。请发行人代表说明报告期各期各项税收优惠及政府补助的具体内容以及对净利润的具体影响金额，发行人利润的可持续性，是否严重依赖税收优惠和政府补助。请保荐代表人说明核查方法、过程，并发表核查意见。

案例小结：

经过检索相关案例，笔者发现涉及对税收优惠政策的依赖问题时，审核机构通常会关注企业获得税收优惠的原因、合法性和合理性，税收优惠的具体情况，企业获得的税收优惠金额占利润总额的比例以及企业所获得的税收优惠政策是否存在被撤销的风险等问题。

若企业获得的税收优惠占企业利润总额的比例较高，企业可能会被认为对税

〔1〕 摘自《中国证券监督管理委员会第十七届发行审核委员会2018年第103次发审委会议审核结果公告》(2018年7月17日出具)。

收优惠存在重大依赖,那么一旦税收优惠政策被撤销,则可能会对企业的经营业绩和盈利能力产生重大影响。因此,若该问题未被充分论证和解决,可能会被审核机构质疑,成为企业申报上市的实质性障碍。

3. 大额财政补贴,被质疑依赖性

案例

广州禾信仪器股份有限公司

(股票代码:688622,2021 年 7 月 6 日过会)[1]

问询问题:

2016~2018 年,公司计入当期损益的政府补助金额分别为 2315.45 万元、2319.91 万元和 1111.58 万元,占利润总额的比例分别为 99.27%、111.48% 和 50.09%,占比维持在较高水平。

2019 年 1~6 月,公司计入当期损益的政府补助金额为 902.92 万元,利润总额为 -1819.19 万元。公司经营业绩对政府补助存在依赖。

2016~2018 年,公司享受的税收优惠金额分别为 300.22 万元、376.82 万元和 556.55 万元,2019 年 1~6 月,公司享受的税收优惠金额为 116.39 万元。

请发行人说明:(1)发行人经营业绩依赖税收优惠及政府补助的原因;(2)2018年政府补助金额大幅减少对发行人生产经营的影响;(3)发行人获得政府补助及税收优惠是否具有稳定性与可持续性,是否存在重大不确定性风险;(4)政府补助及税收优惠占利润总额的比例维持在较高水平,是否符合《科创板首次公开发行股票注册管理办法(试行)》[2]第 12 条关于"发行人……具有直接面向市场独立持续经营的能力"的相关规定。

问询回复主要内容:

1. 发行人经营业绩依赖税收优惠及政府补助的原因。

(1)发行人享受税收优惠的原因。

①公司及子公司昆山禾信为高新技术企业享有所得税优惠及研发费用加计扣除;②公司销售的软件产品享受增值税即征即退政策。

高新技术企业税收优惠政策和增值税即征即退政策自实施以来,政策历史一

---

[1] 摘自《关于广州禾信仪器股份有限公司首次公开发行股票并在科创板上市申请文件的审核问询函回复报告》(2019 年 12 月 19 日出具)。

[2] 现已失效。

致性与连贯性较强，因此公司享受的优惠政策具有可持续性，税收优惠不会对公司的经营业绩产生重大不利影响。

(2)发行人经营业绩依赖于政府补助的原因。

公司获得政府补助主要由于公司科研能力获得科技主管部门认可，自成立以来一直积极承担与质谱仪研发相关的政府重大科研项目，获得的研发项目补助数额较高，由于质谱仪研发与产业化周期长，公司产品产业化时间短，公司经营业绩对政府补助存在依赖。未来随着公司经营规模的持续扩大，公司经营业绩对政府补助的依赖程度将不断减弱。

2. 2018年政府补助金额大幅减少对发行人生产经营的影响。

由于公司承担的多项科技攻关类政府科研项目在2017年结题，公司2018年政府补助金额大幅减少，该种情况属于公司承担政府科研项目的正常情形，不会对公司的生产经营产生重大不利影响。

在业务方面，政府补助金额减少未改变公司的主营业务，公司一直处于正常生产经营状态，公司的主营业务、主要产品、主要客户供应商等业务开展要素未因政府补助大幅减少发生重大变化，2018年营业收入增长。

在日常经营方面，政府补助金额减少未影响公司经营稳定性及持续经营能力。随着公司业务的进一步开展，公司员工总数和人均薪酬不断提高，公司研发成果持续增加。

在财务方面，首先，作为公司利润总额的组成部分，2018年政府补助减少降低了公司当年的净利润水平，但2018年政府补助金额占利润总额比重降低为50.09%；其次，公司已将上述政府补助全部计入非经常性损益，政府补助减少未对公司扣除非经常性损益后的净利润产生影响；最后，2018年政府补助减少对公司当年经营活动现金流量产生了一定的不利影响，但政府补助产生的现金流入占经营活动产生的现金流入的比重降为4.36%，公司经营活动现金流入不依赖政府补助。

3. 发行人获得政府补助及税收优惠是否具有稳定性与可持续性，是否存在重大不确定性风险。

(1)发行人获得政府补助是否具有稳定性与可持续性，是否存在重大不确定性风险。

公司研发项目补助占政府补助比例分别为84.22%、67.31%、65.62%和85.20%，是公司政府补助第一大来源。公司基于自身掌握的质谱相关技术，积极参加各项国家级、省市级科技攻关项目，参与质谱技术领域的相关研究，获得相关科研项目补助，具有较强的连续性。获得该类政府补助是公司科技创新能力获得国家科技主管部门认可的直接证明，虽然在短期内会使得公司的经营业绩对政府补助存在依赖，且基于相关项目的大量研发投入会对公司的扣非后净利润产生一定影响，但从长期来看，该类政府补助的获得将会使得公司进一步提升自身的科技创新水平，为公司提升技术壁垒，建立技术"护城河"提供了有效的支撑。

未来随着国家对科研创新重视程度的不断加强以及公司技术研发水平的不断提高，公司预计将持续承担国家重大科技攻关项目，因此公司所获得的科技攻关项目补助、研发投入补助、产业发展扶持专项补助等存在非常强的稳定性与可持续性，其他各项补助（如新三板挂牌补助、广州股权交易中心挂牌补助、高新企业补助）不属于公司政府补助的主要构成部分，具有一定的偶发性，不会对公司未来经营情况产生重大不确定性风险。

（2）发行人获得税收优惠是否具有稳定性与可持续性，是否存在重大不确定性风险。

公司享受的税收优惠为所得税优惠、增值税即征即退、免征增值税。其中所得税优惠包括高新技术企业所得税优惠与研发费用加计扣除优惠。

公司及子公司昆山禾信已取得高新技术企业资质，在资格证书有效期内享受高新技术企业税收优惠。公司根据《企业会计准则》[1]的有关规定，明确研发费用支出的核算范围，享受研发费用加计扣除优惠。

增值税即征即退与公司质谱仪主设备配套的软件产品销售直接相关，与公司主营产品销售密切相关。

所得税优惠、增值税即征即退税收优惠在国家政策不发生重大变化的情况下预期具有稳定性与可持续性。免征增值税方面，报告期内公司仅于2018年度享受53.82万元免征增值税的税收优惠，金额及影响较小。

综上所述，公司享受的税收优惠主要为所得税优惠、增值税即征即退，具有稳定性与可持续性，不存在重大不确定性风险。

4.政府补助及税收优惠占利润总额的比例维持在较高水平，是否符合《科创板首次公开发行股票注册管理办法（试行）》第12条关于"发行人……具有直接面向市场独立持续经营的能力"的相关规定。

---

〔1〕现已失效。

公司符合《科创板首次公开发行股票注册管理办法(试行)》第12条关于"发行人……具有直接面向市场独立持续经营的能力"的相关规定。

(1)业务完整且具有直接面向市场独立持续经营的能力。

公司拥有独立的采购、研发、生产和销售体系,主要通过生产与销售质谱仪并提供相关技术服务实现盈利。

公司的业务来源于自身开拓,通过自身在产品应用领域积累的丰富经验和对客户需求的全面、精准理解,积极开拓市场获得业务。政府补助及税收优惠与公司业务来源不存在关联。

公司的技术来源于自主研发,2004年,公司创始人、实际控制人周某响应国家海外高层次创业人才政策回国创业,公司自创立之初即坚持自主研发,通过10余年的研发积累,不断巩固在国内的技术优势和行业地位,并且通过技术创新、不断开发新产品来保证公司持续发展。

日常经营方面,报告期内,随着业务规模逐年稳健增长,公司主要通过经营盈余积累、短期借款及自发性流动负债筹措公司运营所需流动资金,整体财务状况保持良好。

未来,随着行业市场空间和发展前景的持续向好、募集资金的到位和募投项目的实施,公司将进一步提升产品研发力度、丰富产品线品类,进一步提高产品性价比,并积极开拓医疗器械、食品安全、工业分析、国防航天等其他领域的市场,以进一步增强盈利能力和持续经营能力。

公司具有资产完整性及业务独立性,具有完整的业务体系和直接面向市场独立持续经营的能力,公司与控股股东、实际控制人及其控制的其他企业间不存在对发行人构成重大不利影响的同业竞争以及严重影响独立性或者显失公平的关联交易,符合《科创板首次公开发行股票注册管理办法(试行)》第12条第1项之规定。

(2)主营业务、控制权、管理团队及核心技术人员稳定。

公司主营业务、控制权、管理团队和核心技术人员稳定,最近2年内主营业务和董事、高级管理人员及核心技术人员均没有发生重大不利变化;控股股东和受控股股东、实际控制人支配的股东所持发行人的股份权属清晰,最近2年实际控制人没有发生变更,不存在导致控制权可能变更的重大权属纠纷,符合《科创板首次公开发行股票注册管理办法(试行)》第12条第2项之规定。

(3)不存在对持续经营有重大不利影响的事项。

2016~2018年,公司计入当期损益的政府补助金额占利润总额的比例维持在较高水平,公司经营业绩对政府补助存在依赖。

自成立以来,公司积极承担与质谱仪研发相关的政府重大科研项目,与研发相关的政府补助一直是公司政府补助的最大来源,持续获得较高的与研发相关的政府补助是公司具有研发实力并得到相关科技主管部门认可的体现,政府补助金额与公司研发实力相匹配。

公司获得的科研项目类政府补助具有非常强的稳定性和持续性,不存在重大不确定性风险,并且随着公司经营业绩的不断改善,2018 年年末公司扣除非经常性损益后已由亏损转为盈利,扣非后净利润为 1307.30 万元,且公司的营业收入也逐年上涨。

2016~2018 年,公司获得的税收优惠占利润总额的比例较高,但公司经营业绩对税收优惠不存在依赖。高新技术企业所得税优惠、研发费用加计扣除优惠以及增值税即征即退政策自实施以来,政策历史一致性与连贯性较强,因此公司享受的优惠政策具有稳定性和持续性,不存在重大不确定性风险,税收优惠不会对公司的经营业绩造成重大不利影响。

公司不存在主要资产、核心技术、商标等的重大权属纠纷,重大偿债风险,重大担保、诉讼、仲裁等或有事项,经营环境已经或者将要发生重大变化等对持续经营有重大不利影响的事项,符合《科创板首次公开发行股票注册管理办法(试行)》第 12 条第 3 项之规定。

案例小结:

本案例中,发行人获得的政府补助和税收优惠金额占利润总额的比例较高,公司经营业绩对此存在一定程度的依赖。该问题引起了审核机构的关注,审核机构对公司依赖税收优惠和政府补助的原因,政策的稳定性和可持续性,优惠和补助占利润总额比例较高是否合规等问题进行了问询。

发行人及中介机构主要从以下几个方面进行了论证:首先,从获得优惠和补助的原因来看,其获得税收优惠主要是基于其作为高新技术企业的企业性质以及其销售的软件产品所享受的政策,其获得政府补助主要依据其科研能力和从事的科研项目,而相关优惠和补助均具有可持续性;其次,从依赖性来看,公司此前主要从事研发工作,投产时间尚短,因此税收优惠和政府补助占利润总额的比例较高,但今后随着业绩改善,依赖会逐渐减弱;最后,从依赖带来的影响来看,公司业务完整且有独立持续经营和盈利的能力,主营业务、控制权、核心技术人员等较为稳定,不存在对持续经营有重大不利影响的事项。该种论证路径获得了审核机构的认可。

归根结底,审核机构对发行人对政府补助及税收优惠的依赖性的关注实质上是对企业独立持续盈利能力的关注,若拟上市企业遇到类似问题,可以本案例作为参考,主要从企业自身的持续盈利能力出发围绕多个角度进行论证。

(三)小结与建议

从目前的上市案例和监管态度来看,即使发行人所享受的税收优惠政策存在合法性瑕疵,由于税收优惠政策的制定和适用是地方政府的行为,发行人只是执行和享受政策的角色,本身不存在主观过错,一般情况下也不会因此构成上市障碍。对于发行人的税收优惠政策合法性问题,实务中可从以下角度进行应对:(1)说明发行人所享受的税收优惠政策的具体法律依据;(2)说明发行人的生产经营等具体情况符合其所享受的税收优惠政策的具体条件;(3)取得税务主管部门出具的发行人在税务方面的合规证明;(4)若存在税务风险,在相关申报文件中作出“重大事项提示”;(5)发行人的控股股东、实际控制人对发行人潜在的税务补缴风险作出兜底承诺;(6)若税收优惠政策存在越权审批等情况,发行人可将相应的税收优惠列入非经常性损益。

相较于税收优惠合法性问题,企业对于税收优惠是否存在重大依赖往往是更为重要的问题。实务中,如果企业所享受的税收优惠政策合法合规,因其具有一定的稳定性和可持续性,一般不认定企业对税收优惠存在依赖;但若税收优惠本身不合法,则需扣除该部分税收优惠来判断企业的业绩情况,结合税收优惠对企业净利润的占比情况、增长趋势等来综合判断是否存在重大依赖。

实务中,对于发行人享受的政府补助的核查与税收优惠相似,均需关注政府补助的合法合规性、对发行人业绩的影响以及在会计处理上的准确性。

第五节 行政处罚

(一)理论基础

1. 行政处罚的界定

根据《行政处罚法》第 2 条的规定,行政处罚是指行政机关依法对违反行政管理秩序的公民、法人或者其他组织,以减损权益或者增加义务的方式予以惩戒的行为。行政处罚需由具有行政处罚权的行政机关在法定职权范围内实施。根据《行政处罚法》第9条的规定,行政处罚的种类包括警告、通报批评,罚款、没收违法所得、没收非法财物,暂扣许可证件、降低资质等级、吊销许可证件,限制开展生产经营活动、责令停产停业、责令关闭、限制从业,行政拘留等。

行政处罚必须具备以下要素:(1)行政处罚的主体必须是行政机关或受委托的组织,个人或企业均无权作出行政处罚;(2)行政处罚的法律依据只能是法律、法规、部门规章、地方政府规章,其他规范性文件均不得作为行政处罚的依据;(3)行政处罚程序必须满足我国法律对简易程序或一般程序的规定。实践中,不少企业会混淆行政处理和行政处罚,常见的是将税务行政处理决定误解为行政处罚,如被税务主管部门加收滞纳金,这其实是一项征税行为,而非行政处罚行为。

2. 审核机构对行政处罚的关注要点

《首次公开发行股票注册管理办法》第13条对发行人的生产经营合规性和相关主体的合规性作了基本的规定:发行人生产经营符合法律、行政法规的规定,符合国家产业政策。最近3年内,发行人及其控股股东、实际控制人不存在贪污、贿赂、侵占财产、挪用财产或者破坏社会主义市场经济秩序的刑事犯罪,不存在欺诈发行、重大信息披露违法或者其他涉及国家安全、公共安全、生态安全、生产安全、公众健康安全等领域的重大违法行为。董事、监事和高级管理人员不存在最近3年内受到中国证监会行政处罚,或者因涉嫌犯罪正在被司法机关立案侦查或者涉嫌违法违规正在被中国证监会立案调查且尚未有明确结论意见等情形。

在审核问询层面,结合相关IPO案例,审核机构对行政处罚问题的审核问询主要围绕行政处罚是否构成公司重大违法违规行为、是否影响公司的持续经营能力两个方面,常见的问询问题包括:(1)发生行政处罚的背景、原因,处罚的具体内容,对生产经营的具体影响;(2)行政处罚所涉事项是否已整改完毕,发行人是否建立合规经营的内控制度,内控制度是否有效执行,是否有新增行政处罚的风险;(3)行政处罚是否构成重大违法行为,出具专项证明的行政机关是否为有权机关;(4)发行人的实际控制人是否出具兜底承诺,是否对潜在风险采取有效措施。

3. 重大违法行为的界定

《证券期货法律适用意见第17号》对"重大违法行为"的界定标准作出了明确规定:"有以下情形之一且中介机构出具明确核查结论的,可以不认定为重大违法行为:1. 违法行为轻微、罚款数额较小;2. 相关处罚依据未认定该行为属于情节严重的情形;

3. 有权机关证明该行为不属于重大违法。”

此外,《证券期货法律适用意见第 17 号》还将被处罚主体(本质上是看对发行人生产经营的影响程度)作为重大违法行为的一个认定标准:“发行人合并报表范围内的各级子公司,如对发行人主营业务收入或者净利润不具有重要影响(占比不超过百分之五),其违法行为可不视为发行人本身存在重大违法行为,但相关违法行为导致严重环境污染、重大人员伤亡或者社会影响恶劣等的除外。如被处罚主体为发行人收购而来,且相关处罚于发行人收购完成之前已执行完毕,原则上不视为发行人存在重大违法行为。但发行人主营业务收入和净利润主要来源于被处罚主体或者相关违法行为导致严重环境污染、重大人员伤亡或者社会影响恶劣等的除外。”

在说明行政处罚是否属于重大违法行为时,通常从以下三个角度进行论证:(1)违法行为的性质。主要可结合处罚金额和处罚手段进行判断,处罚依据中一般会区分违法情形属于一般违法还是重大违法,处罚金额也会划分为不同档次,各地的行政处罚裁量标准通常也能作为一项判断依据。(2)主观恶意程度。主要可从违法行为的发生原因、偶发性、整改情况、信用修复等多个角度来判断主观恶意程度。(3)社会评价。主要依赖主管部门出具的专项证明来判断有权机关的评价情况。

(二)典型案例

案例

广州明美新能源股份有限公司

(2023 年 2 月 17 日过会)[1]

问询问题:

发行人董事长、总经理及实际控制人梁某明在报告期内因将人民币资金通过境内银行账户汇至换汇公司指定账户,并通过境外银行账户及现金方式收取外币资金,构成外汇违法行为,被处以警告及罚款 1,814,721 元。……

请发行人:(1)说明上述外汇违法行为发生的背景、原因、资金来源及处罚过程,认定上述外汇违法行为不属于重大违法行为的判断依据以及充分性,认定上述外汇违法行为不构成本次发行上市的法律障碍的判断依据。(2)结合相关法律法规的规定,说明梁某明不应因此被刑事立案、追究刑事责任或追究其他责任的

---

[1] 摘自《关于广州明美新能源股份有限公司首次公开发行股票并在创业板上市之补充法律意见书(二)》(2022 年 12 月 21 日出具)。

判断依据,并充分提示相关风险。

问询回复主要内容:

1. 说明上述外汇违法行为发生的背景、原因、资金来源及处罚过程,认定上述外汇违法行为不属于重大违法行为的判断依据以及充分性,认定上述外汇违法行为不构成本次发行上市的法律障碍的判断依据。

(1)说明上述外汇违法行为发生的背景、原因、资金来源及处罚过程。

根据国家外汇管理局广东省分局出具的处罚决定书、罚款缴纳凭证,以及梁某明的离婚判决书、离婚财产分割协议及购房协议,经访谈梁某明,并经查阅在我国香港地区执业的周启邦律师事务所于2022年8月12日出具的法律意见书和梁某明、明美通信、明美科技、UNITEDENERGYPRODUCTSLIMITED的银行流水,上述外汇违法行为发生的背景、原因、资金来源、处罚过程如下:

根据梁某明提交的罚款缴纳凭证,其已于2022年4月26日缴纳完毕前述罚款。

(2)认定上述外汇违法行为不属于重大违法行为的判断依据以及充分性。

①引述:《深圳证券交易所创业板股票首次公开发行上市审核问答》[1]关于重大违法行为如何理解的规定;《外汇管理条例》第45条关于不同违法情形的处罚规定;《外汇管理行政罚款裁量办法》附件《罚款幅度裁量区间》关于处罚幅度的规定。

②国家外汇管理局广东省分局出具的《关于广州明美新能源股份有限公司涉外外汇管理有关事宜的复函》,确认对梁某明的上述外汇违法行为"适用法定从轻或减轻情节予以处罚"。

③与2022年3月29日在深交所创业板上市的苏州富士莱医药股份有限公司(股票代码:301258)在上市审核期间披露的外汇处罚情况进行对比分析。

基于上述,国家外汇管理局广东省分局对梁某明上述违法行为的处罚决定未认定该行为情节严重,而且梁某明被认定具有法定从轻或减轻的情节,经国家外汇管理局广东省分局综合权衡后"适用法定从轻或减轻情节予以处罚",被处以罚款的金额占其违法汇出的人民币金额的比例低于3%,明显不属于同类违法行为较重情节及严重情节的罚款区间,甚至低于同类违法行为较轻情节的罚款区间的最小值,因此,根据《深圳证券交易所创业板股票首次公开发行上市审核问答》《外

---

〔1〕 现已失效。

汇管理行政罚款裁量办法》等相关规定,梁某明的上述违法行为不构成重大违法行为,认定依据具有充分性。

(3)认定上述外汇违法行为不构成本次发行上市的法律障碍的判断依据。

国家外汇管理局广东省分局就梁某明的上述违法行为进行的行政处罚已执行完毕,梁某明已按该等处罚决定缴纳完毕相关罚款,且梁某明上述外汇违法行为不属于重大违法行为。梁某明不应因此被刑事立案、追究刑事责任或追究其他责任。综上,梁某明的上述外汇违法行为不构成本次发行上市的法律障碍。

2. 结合相关法律法规的规定,说明梁某明不应因此被刑事立案、追究刑事责任或追究其他责任的判断依据,并充分提示相关风险。

引述:《刑法》第 225 条、《全国人民代表大会常务委员会关于惩治骗购外汇、逃汇和非法买卖外汇犯罪的决定》第 4 条、《最高人民法院、最高人民检察院关于办理非法从事资金支付结算业务、非法买卖外汇刑事案件适用法律若干问题的解释》(法释〔2019〕1 号)第 2 条、《全国人民代表大会常务委员会法制工作委员会关于印送〈立法技术规范(试行)(一)〉的函》(法工委发〔2009〕62 号)等规定。

根据上述规定,对于非法买卖外汇行为是否构成犯罪应根据《刑法》第 225 条关于非法经营罪的认定标准进行判断。如不满足非法经营罪的构成要件,则该等非法买卖外汇行为不构成犯罪。梁某明的上述外汇违法行为不构成非法经营罪,不应因此被刑事立案、追究刑事责任,依据如下。

(1)《刑法》第 225 条规定的非法经营罪要求存在"非法经营行为",而梁某明上述外汇违法行为因不具备非法营利目的、不属于经营者、没有经营所得而不属于非法经营行为。

引述:①《刑法》第 225 条规定;②《检察日报》于 2019 年 7 月 9 日刊载并被最高人民检察院官网转载的文章《"营利目的"是非法买卖外汇入罪的关键要素》;③广东省高级人民法院刑二庭课题组 2016 年《关于审理地下钱庄类非法经营犯罪案件法律适用问题的调研报告》;④北京大学法学院教授、博士生导师陈兴良于 2015 年 11 月发表在《刑事法判解》上的《非法买卖外汇行为的刑法评价——黄光裕案与刘汉案的对比分析》;⑤北京大学法学院资深教授、博士生导师及最高人民检察院荣誉专家咨询委员储槐植,北京大学法学院博雅讲席(资深)教授、博士生导师及最高人民检察院专家咨询委员陈兴良,中国政法大学刑事司法学院教授、博士生导师、中国刑法学研究会副会长曲新久于2022年7月9日出具的《关于梁某明非法兑换外汇案专家论证法律意见书》。

经查阅司法案例，包括最高人民法院以及发行人所在地的广东省广州市中级人民法院、广东省高级人民法院等在内的司法机关均认可将是否存在非法营利目的、是否存在经营行为作为定罪的标准之一。

根据《外汇管理条例》的规定，违反《外汇管理条例》第45条的，由外汇管理机关没收违法所得，而根据国家外汇管理局广东省分局于2022年4月18日出具的行政处罚决定书（粤汇处〔2022〕1号），梁某明上述资金的用途均是“履行与前妻之间离婚协议以及在我国香港地区购房居住等自用用途”，且没有违法所得，因此未被国家外汇管理局广东省分局处以没收违法所得的处罚。

基于上述，非法经营罪的定罪要求具备“非法经营行为”，并因此内在要求主观上具备“非法营利目的”，主体上要求为“经营者”，而梁某明上述资金的用途均是“履行与前妻之间离婚协议以及在我国香港地区购房居住等自用用途”，没有违法所得，且梁某明上述违法行为仅是一种单纯的非法兑换货币的行为，目的是获得境外的港元，没有赚取汇率差价的主观意图，不具备营利目的，梁某明作为购汇者属于外汇交易行为的服务对象，不是以营利为目的的经营者，因此梁某明上述违法行为并非非法经营行为，且不涉及倒买倒卖外汇或其他以营利为目的外汇违法行为。综上，梁某明的上述违法行为不构成非法经营罪。

（2）外汇管理部门未将本案移送公安机关，公安机关未就梁某明上述外汇违法行为立案调查。

引述《行政执法机关移送涉嫌犯罪案件的规定》第3条、第5条、第8条及第11条规定。就梁某明的上述外汇违法行为，国家外汇管理局广东省分局于2022年2月28日立案查处，并已在查清相关案件事实后于2022年4月18日作出处罚决定。广州市公安局黄埔区分局刑警大队于2022年8月9日出具《关于商请指导明美新能源发行上市审核相关事项的复函》确认梁某明无相关刑事侦查或处罚记录。据此，梁某明的上述违法行为不属于非法经营行为，不构成《刑法》第225条规定的非法经营罪，不应因此被追究刑事责任。

因此，国家外汇管理局广东省分局未将梁某明上述违法行为移送公安机关，亦证明了梁某明的外汇违法行为未构成犯罪行为，不应因此被立案调查及承担刑事责任。

案例小结：

本案例中，实际控制人因外汇违法行为被有权机关处以警告并罚款逾 180 万元，罚款金额较大，且该等外汇违法行为涉及非法经营罪，因此审核机构在第一轮审核问询中便关注到该问题并要求说明该等违法行为是否构成重大违法行为。经过首轮问询回复后，审核机构仍觉得相关核查和论证不足以打消其顾虑，在第二轮问询中又继续追问具体细节、要求论证说明具体的判断依据，甚至追查起历史上实际控制人及发行人的所有行政处罚情况（不限重大、不限金额）。由本案可见，审核机构对于重大的行政处罚，尤其是涉及实际控制人以及外汇等重大领域的事项，持有高度的关注度和质疑态度。为了打消审核机构的疑虑，本案的中介机构可谓是殚精竭虑地进行"罪名洗脱"，除了极尽翔实地披露违法行为和行政处罚的来龙去脉和个中细节外，还大量引证了法条、学术观点、司法案例、相似的上市案例，甚至还请了法学专家专门出具法律意见书作为支撑。值得一提的是，论证不构成重大违法行为的常规方式是申请主管部门出具专项合规证明，本案例中，发行人同样申请了公安机关予以确认，但公安机关的回复口径却仅限于"未发现有有关外汇违法行为被公安机关立案侦查和刑事处罚记录"，并未兜底承诺不予追究责任，这也是发行人中介机构花了较大精力选用多种资料进行论证的原因。

（三）小结与建议

企业的合规经营是 IPO 的一项基本要求，对于企业在经营过程中发生的行政处罚，笔者建议从以下角度应对：(1) 受到行政处罚时，建议首先咨询律师的意见，判断行政处罚决定是否合法，如确实存在违法行为，需及时改正，尽量免除或减轻行政处罚后果；(2) 收到行政处罚决定后，及时对违法行为进行整改、缴纳罚款，并制定、完善相应的内控制度，避免违法违规行为的再次发生；(3) 在上市申报文件中如实、完整地披露行政处罚情况，论证说明行政处罚对公司的影响；(4) 取得主管部门对于行政处罚及对应违法行为不属于重大违法违规行为的专项证明；(5) 中介机构核查并充分论证说明相关行政处罚不构成重大违法行为。

第六节　关联方共同投资

(一)理论基础

关联方共同投资,是指拟 IPO 企业与其控股股东、实际控制人、董事、监事、高级管理人员及其近亲属等关联方共同出资设立或投资其他经营主体的行为。关联方共同投资的存在一般是企业为了业务的发展而与关联方进行利益捆绑。

1. 关联方共同投资的界定

各交易所有关关联方共同投资的规定见表 5 – 12。

表 5 – 12　关联方共同投资的规定

发布单位	文件名称	生效时间	主要内容
深交所	《深圳证券交易所上市公司自律监管指引第 7 号——交易与关联交易》(深证上〔2023〕21 号)	2023 年 1 月 13 日	第二十一条　上市公司与关联人共同投资,向共同投资的企业增资、减资,或者通过增资、购买非关联人投资份额而形成与关联人共同投资或者增加投资份额的,应当以上市公司的投资、增资、减资、购买投资份额的发生额作为计算标准,适用《股票上市规则》关联交易的相关规定
	《深圳证券交易所股票上市规则》(深证上〔2023〕701 号)	2023 年 9 月 4 日	6.3.2　上市公司的关联交易,是指上市公司或者其控股子公司与上市公司关联人之间发生的转移资源或者义务的事项,包括:……(七)与关联人共同投资……
	《深圳证券交易所创业板股票上市规则》(深证上〔2023〕702 号)	2023 年 9 月 4 日	7.2.1　上市公司的关联交易,是指上市公司或者其控股子公司与上市公司关联人之间发生的转移资源或者义务的事项,包括:……(六)关联双方共同投资……

续表

发布单位	文件名称	生效时间	主要内容
上交所	《上海证券交易所上市公司自律监管指引第5号——交易与关联交易》(上证发〔2023〕6号)	2023年1月13日	第十七条　上市公司与关联人共同投资,向共同投资的企业增资、减资时,应当以上市公司的投资、增资、减资金额作为计算标准,适用《股票上市规则》的相关规定
	《上海证券交易所股票上市规则》(上证发〔2023〕127号)	2023年9月4日	6.3.2　上市公司的关联交易,是指上市公司、控股子公司及控制的其他主体与上市公司关联人之间发生的转移资源或者义务的事项,包括:……(七)与关联人共同投资……
	《上海证券交易所科创板股票上市规则》(上证发〔2023〕128号)	2023年9月4日	7.2.2　本章所称"关联交易",是指上市公司或者其合并报表范围内的子公司等其他主体与上市公司关联人之间发生的交易,包括第7.1.1条规定的交易和日常经营范围内发生的可能引致资源或者义务转移的事项
北交所	《北京证券交易所股票上市规则(试行)》(北证公告〔2023〕49号)	2023年9月4日	7.2.1　上市公司的关联交易,是指上市公司或者其控股子公司等其他主体与上市公司关联方发生本规则第7.1.1条规定的交易和日常经营范围内发生的可能引致资源或者义务转移的事项

2. 关联方共同投资的审核要求

《监管规则适用指引——发行类第4号》规定,发行人如存在与其控股股东、实际控制人、董事、监事、高级管理人员及其亲属直接或者间接共同设立公司情形,发行人及中介机构应主要披露及核查以下事项:(1)发行人应当披露相关公司的基本情况,包括但不限于公司名称、成立时间、注册资本、住所、经营范围、股权结构、最近一年又一期主要财务数据及简要历史沿革。(2)中介机构应当核查发行人与上述主体共同设立公司的背景、原因和必要性,说明发行人出资是否合法合规、出资价格是否公允。(3)如发行人与共同设立的公司存在业务或资金往来,还应当披露相关交易的交易内容、交易金额、交易背景以及相关交易与发行人主营业务之间的关系。中介机构应当核查相关交易的真实性、合法性、必要性、合理性和公允性,以及是否存在损害发行人利益的行为。(4)如公司共同投资方为董事、监事、高级管理人员及其近亲属,中介机构应核查说明公司是否符合《公司法》的相关规定,即董事、监事、高级管理人员未经董事会或者股东会同意,不得利用职务便利为自己或者他人谋取属于公司的商业机会,自营或者为他人经营与所任职公司同类的业务。

从上述监管规则可见，审核机构在对拟IPO企业与关联方共同投资的审核中重点关注两个方面：(1)核查和披露关联方共同投资的基本情况，并按照关联交易的要求进行核查和信息披露，说明是否存在损害发行人利益的情形；(2)关联方共同投资是否违反《公司法》关于董事、监事、高级管理人员忠实义务的规定，是否履行了必要的程序(经股东会同意)。

(二)典型案例

案例

永臻科技股份有限公司

(2023年9月26日过会)[1]

问询问题：

发行人于2019年开始进入光伏组件领域，2020年其光伏组件代加工业务实现营业收入5093.76万元，2021年发行人终止光伏组件代加工业务。永臻新幕原负责光伏组件的代加工生产，发行人董事HU HUA实际控制的企业北京正银达科技有限公司原持有永臻新幕20%的股权。

请发行人说明：与HU HUA共同投资永臻新幕的相关情况是否符合《监管规则适用指引——发行类第4号》的相关要求。

问询回复主要内容：

发行人与HU HUA共同投资永臻新幕的相关情况符合《监管规则适用指引——发行类第4号》第4－15条关于发行人与关联方共同投资的相关要求，具体分析如下：

1. 发行人应当披露相关公司的基本情况，包括但不限于公司名称、成立时间、注册资本、住所、经营范围、股权结构、最近一年又一期主要财务数据及简要历史沿革。

永臻新幕基本情况、简要历史沿革：……

发行人已在《招股说明书》对收购前后永臻新幕公司名称、成立时间、注册资本、住所、经营范围、股权结构、最近一年又一期主要财务数据及简要历史沿革进

[1] 摘自《关于永臻科技股份有限公司首次公开发行股票并在主板上市之补充法律意见书(一)》(2023年7月13日出具)。

行了披露，符合《监管规则适用指引——发行类第4号》第4－15条第1款的相关要求。

2. 中介机构应当核查发行人与上述主体共同设立公司的背景、原因和必要性，说明发行人出资是否合法合规、出资价格是否公允。

（1）发行人与北京正银达共同投资设立永臻新幕的背景、原因和必要性。

因天合光能、晶澳科技、晶科能源等光伏组件厂商因阶段性需求的原因，在需求较为旺盛时，综合考虑销售订单需求及其自有产能情况对部分生产环节安排外协采购组件加工服务。基于客户对于组件代加工的客观需求，为积极开拓客户资源，导入客户的供应链体系，为客户提供多元化的产品服务并建立长期稳定的合作关系，因此发行人积极布局光伏组件代加工业务。

公司时任营销主管、副总经理 HU HUA 拥有在保定天威英利新能源有限公司、加拿大 Optimiral Inc.、加拿大 Silfab Solar Inc. 的工作经历，在光伏行业发展、产品推广、客户开拓与关系维护、光伏组件质量控制等方面积累了丰富的经验，能够为公司在光伏组件代加工领域的业务开展提供重要的支持，也能够有效弥补公司在组件代工领域的空白。因此公司决定与 HU HUA 100% 持股的北京正银达科技有限公司（未开展实际经营活动）共同投资设立永臻光伏科技（常州）有限公司（2022年1月24日更名为常州永臻智能新幕建筑系统科技有限公司），并由 HU HUA 作为光伏组件代加工业务的负责人。

因此，公司与 HU HUA 100% 持股的北京正银达科技有限公司共同投资设立永臻新幕具有合理的背景、原因及必要性。

（2）发行人出资是否合法合规、出资价格是否公允。

2019年1月29日，永臻新幕设立时注册资本为10,000.00万元，由发行人、北京正银达科技有限公司分别认缴8000.00万元、2000.00万元，出资价格均为1元/股。

截至2020年8月末（永臻新幕重组前），永臻新幕实收资本为3196.00万元，其中发行人实缴3196.00万元，资金来源为发行人经营积累，北京正银达科技有限公司未实缴出资。

2020年9月15日，北京正银达科技有限公司与发行人签订《股权转让协议》，将所持有永臻新幕20%的股权（对应2000.00万元认缴出资额，实缴出资0元）零对价转让给发行人。2020年9月16日，本次股权转让的工商变更手续完成后，发行人持有永臻新幕100%的股权。截至2022年12月31日，永臻新幕实收资本为

4702.05 万元。

综上，发行人与北京正银达科技有限公司设立永臻新幕时出资价格为 1 元/股，价格公允，且发行人已履行了相应的公司内部决策程序，合法合规。

3. 如发行人与共同设立的公司存在业务或资金往来的，还应当披露相关交易的交易内容、交易金额、交易背景以及相关交易与发行人主营业务之间的关系。中介机构应当核查相关交易的真实性、合法性、必要性、合理性及公允性，是否存在损害发行人利益的行为。

报告期内，永臻新幕为公司控股子公司，永臻新幕与公司之间存在少量业务往来及资金往来，主要交易内容情况如下：……上述业务资金往来均为公司合并报表范围内的业务往来，相关交易真实、合法，具有必要性、公允性、合理性，不会对公司的经营业绩及财务状况产生重大不利影响，不会损害发行人利益。

4. 如公司共同投资方为董事、高级管理人员及其近亲属，中介机构应核查说明公司是否符合《公司法》的相关规定，即董事、高级管理人员未经股东会或者股东大会同意，不得利用职务便利为自己或者他人谋取属于公司的商业机会，自营或者为他人经营与所任职公司同类的业务。

发行人在永臻新幕中的共同投资方为北京正银达科技有限公司，系发行人董事、高级管理人员 HU HUA 100% 持股的企业。

经律师核查，2019 年 1 月 24 日，经永臻有限股东审议、通过，同意永臻有限与 HU HUA 100% 持股的北京正银达科技有限公司共同投资设立永臻光伏科技（常州）有限公司。发行人已就该共同投资事宜履行了相应的内部决策程序，发行人与北京正银达科技有限公司共同投资符合《公司法》（2018 修正）第 148 条规定，不存在董事、高级管理人员未经股东会或者股东大会同意，利用职务便利为自己或者他人谋取属于公司的商业机会，自营或者为他人经营与所任职公司同类的业务的情况。

案例小结：

本案例中，发行人在报告期内存在与董事的关联法人共同投资的情况，尽管该共同投资情况已通过关联方将所持标的公司的股权全部转让给发行人以彻底清理共同投资情况，审核机构仍要求发行人说明历史上的共同投资情况的合规性，并明确应适用《监管规则适用指引——发行类第 4 号》的规定。发行人律师按照《监管规则适用指引——发行类第 4 号》逐条对照分析，说明该等共同投资具有合理的商业背景、投资定价公允、决策程序合规、关联交易符合监管要求，且目前已结束共同投资状态,清晰地说明和自证该等关联方共同投资不存在异常情况,不存在利益输送等合规风险。本案例的回复直接按照监管规则的体例,简明扼要地逐项论证,可谓范本,同时也提供了一个重要思路,以转让股权等方式终止关联方共同投资状态,是解决该问题最彻底和容易被接受的处理方式。

(三)小结与建议

目前,相关审核规则并未直接禁止关联方共同投资行为,实务中建议从以下角度进行规范:(1)完善关联法人共同投资的内部决策程序。《公司法》规定董事、监事、高级管理人员经营与所任职公司同类业务的行为需取得董事会或股东会的同意,若拟 IPO 企业确有与关联方共同投资的需要,则需严格按照公司章程和《公司法》的规定履行内部决策程序。(2)完善信息披露和论证解释。现有监管规则对关联方共同投资的审核要求已规定得很具体明确,拟 IPO 企业若存在关联方共同投资,则需按照要求完整、充分地进行披露和解释,说明关联方不存在通过共同投资的公司进行利益输送的行为,打消监管机构的疑虑。(3)及时清理不规范的共同投资行为。若拟 IPO 企业在关联方共同投资的背景、原因及必要性,以及关联交易的合规性等方面均存在重大瑕疵且无法合理解释,建议最好在企业申报前通过股权转让、减资退出等方式清理掉不规范的共同投资行为。(4)建立健全完善的关联交易内控制度。关联方共同投资实质上也是一项关联交易,因此企业需通过关联交易内控制度的制定和有效执行,避免不正当利益输送、损害发行人利益等情况的出现。